KURZLEHRBÜCHER
FÜR DAS JURISTISCHE STUDIUM
——

HEINRICH MITTEIS, DEUTSCHE RECHTSGESCHICHTE
NEUBEARBEITET VON HEINZ LIEBERICH

D1726539

DEUTSCHE
RECHTSGESCHICHTE

EIN STUDIENBUCH

VON

HEINRICH MITTEIS

WEILAND O. PROFESSOR AN DER UNIVERSITÄT
MÜNCHEN

Neubearbeitet von

HEINZ LIEBERICH

PROFESSOR AN DER UNIVERSITÄT
MÜNCHEN

14., ergänzte Auflage

Mitteis, Heinrich
Deutsche Rechtsgeschichte: e. Studienbuch / neubearb. von

C.H.BECK'SCHE VERLAGSBUCHHANDLUNG
MÜNCHEN 1976

CIP-Kurztitelaufnahme der Deutschen Bibliothek

Mitteis, Heinrich
Deutsche Rechtsgeschichte: e. Studienbuch/neubearb. von
Heinz Lieberich. – 14., erg. Aufl. – München: Beck, 1976.
(Juristische Kurz-Lehrbücher)
    ISBN 3 406 06503 1

NE: Lieberich, Heinz [Bearb.]

ISBN 3 406 06503 1

Druck der C. H. Beck'schen Buchdruckerei Nördlingen

Vorwort zur 14. Auflage

Die Neuauflage, die in umfänglicher Weise neues Schrifttum zu berücksichtigen hatte, führt wegen ihres Aussagewertes nunmehr auch zahlreiche Artikel des Handwörterbuches zur deutschen Rechtsgeschichte (HRG) von A. Erler- E. Kaufmann (1965 ff., unvollendet) einzeln an. Ich bin mir dessen bewußt, daß die mit der raschen Folge der Auflagen verbundene Stoffanreicherung die Spannung zwischen flüssiger Darstellung und Information zu steigern geeignet ist. Wer vorab an ersterer interessiert ist, möge das Kleingedruckte und die Schrifttumangaben im Text überlesen. Die Hinweise auf das Kurzlehrbuch „Deutsches Privatrecht" beziehen sich auf dessen 7. Auflage (1976).

München, August 1976   H. Lieberich

Aus dem Vorwort zur 3. Auflage

Die rasche Folge der 3. Auflage bestätigt den starken Anklang, den das einen umfänglichen Stoff mit großer Überschau und glänzender Feder bewältigende Werk gefunden hat. Der Gedanke, es nach dem allzu frühen Tode des Autors als Denkmal einer überragenden Persönlichkeit unverändert bestehenzulassen, kann gegenüber dem Bedürfnis nach Unterrichtung der akademischen Jugend, die dem Verfasser ein so persönliches Anliegen war, und dem Wunsch, das Werk seinem Verdienste entsprechend im wissenschaftlichen Strom zu erhalten, nicht bestehen. Kleinere Erweiterungen können sich darauf berufen, daß der Verfasser zunächst wohl selbst nur im Hinblick auf seine allzu vielfältige Inanspruchnahme darauf verzichtet hat. Schwerer wog der Entschluß, da und dort zu ändern, wo neuere Ergebnisse inzwischen zum gesicherten Besitz der Fachwissenschaft geworden sind. Nach den Störungen der zurückliegenden Jahre hat gerade die jüngste Zeit eine Fülle gewichtiger Publikationen gebracht, an denen nicht vorbeigegangen werden konnte. Zusätze und Änderungen macht ein Vergleich mit der noch vom Verfasser besorgten zweiten Auflage leicht erkennbar.

München, April 1954   H. Lieberich

Aus dem Vorwort zur 1. Auflage

Dieses „Kurzlehrbuch" soll in erster Linie das sein, was sein Name sagt, nämlich kurz. Daher wurde auf die schlanke Führung der Linie das Hauptgewicht gelegt und die Instrumentation so durchsichtig wie möglich gehalten; wissenschaftliche Streitfragen und antiquarische Einzelheiten mußten zurücktreten. Trotzdem wird der Leser, wie ich hoffe, einen Eindruck von der Größe des Stoffes erhalten und aus den sparsamen Literaturangaben vielleicht auch Anregungen zu selbständiger Weiterarbeit schöpfen.

München, Juni 1949   H. Mitteis

Inhalt

Einleitung

Erster Teil: Die germanische Zeit

Zweiter Teil: Die fränkische Zeit

Dritter Teil: Das hohe Mittelalter

Vierter Teil: Das späte Mittelalter

Fünfter Teil: Die frühe Neuzeit

Sechster Teil: Das bürgerliche Zeitalter

Abkürzungen

Abh. . . . . Abhandlungen

AD . . . . Archiv für Diplomatik

AUF . . . . Archiv für Urkundenforschung

BlDLG . . . . . . Blätter für deutsche Landesgeschichte

DA . . . . Deutsches Archiv für Erforschung des Mittelalters

Hg . . . . Herausgeber

Hist. Jb. . . . . . Historisches Jahrbuch

HRG . . . . Handwörterbuch zur deutschen Rechtsgeschichte

HZ . . . . Historische Zeitschrift

JC . . . . Jus Commune, Veröffentlichungen des M. Planck-Instituts für Europäische Rechtsgeschichte in Frankfurt

JE . . . . Jus Ecclesiasticum

JRMA . . . . Jus Romanun Medii Aevi

JZ . . . . Juristenzeitung

Ma., ma. . . . . . Mittelalter, mittelalterlich

MIÖG . . . . Mitteilungen des Instituts für österreichische Geschichtsforschung

RA . . . . Reichsabschied

Rh. Vjbl. . . . . . Rheinische Vierteljahrsblätter

SB . . . . Sitzungsberichte

VF . . . . Vorträge und Forschungen, hrsg. vom Konstanzer Arbeitskreis für mittelalterliche Geschichte

VSWG . . . . . . Vierteljahrschrift für Sozial- und Wirtschaftsgeschichte

ZBLG . . . . Zeitschrift für bayerische Landesgeschichte

ZGO . . . . Zeitschrift für Geschichte des Oberrheins

ZRG . . . . Zeitschrift der Savigny-Stiftung für Rechtsgeschichte (wenn nichts anderes angegeben, Germanistische Abteilung)

Zs . . . . Zeitschrift

Einleitung

Kap. 1. Die Aufgaben der deutschen Rechtsgeschichte

Schrifttum: K. v. Amira, Über Zweck und Mittel der germanischen Rechtsgeschichte, 1876; Cl. Frhr. v. Schwerin, Einführung in das Studium der germanischen Rechtsgeschichte, 1922; Heinrich Mitteis, Vom Lebenswert der Rechtsgeschichte, 1947; ders., Die Rechtsgeschichte und das Problem der historischen Kontinuität, Abh. Ak. Berlin, 1947; ders., Die Geschichte der Rechtswissenschaft im Rahmen der allgemeinen Kulturgeschichte, JZ 6 (1951) 673ff.; E. Betti, Das Problem der Kontinuität im Lichte der rechtshistorischen Auslegung, 1957; H. Thieme, Ideengeschichte und Rechtsgeschichte, Festschr. J. v. Gierke (1950) 266ff.; ders., Rechtsgeschichte und Zeitgeschichte, Festschr. E. Bonjour (Basel 1968) 227ff.; K. S. Bader, Aufgaben und Methoden des Rechtshistorikers, 1951; ders., Das Wertproblem in der Rechtsgeschichte, Festschr. J. Spörl (1965) 639ff.; U. Wesel, Zur Methode der Rechtsgeschichte, Kritische Justiz 1974 S. 337ff.; G. K. Schmelzeisen, Über die Ideen in der Rechtsgeschichte, Hist. Jb. 94 (1974) 118ff.; ders., Rechtsgeschichte und soziale Wirklichkeit, Festschr. F. Lenz (1961) 371ff.; A. Erler, Rechtsstil und Zeitstil, Festschr. H. Lentze (1969) 153ff.; F. Beyerle, Der Entwicklungsgedanke im Recht, 1938; E. W. Böckenförde, Die historische Rechtsschule und das Problem der Geschichtlichkeit des Rechtes, Festschr. J. Ritter (1965) 9ff.; O. Brunner-H. Krause-H. Thieme, Der Historiker und die Geschichte von Verfassung und Recht, HZ 209 (1969) 1ff.; W. Seagle, Weltgeschichte des Rechts, 3. neu bearb. Aufl. 1967; R. v. Stinzing-E. Landsberg, Geschichte der deutschen Rechtswissenschaft, I–III, 1880–1910 (Neudruck, 4 Bde, 1957).

I. Die **Rechtsgeschichte** ist ein Teilgebiet sowohl der Rechts- wie der Geschichtswissenschaft. Sie gehört also zwei Disziplinen an, wahrt aber beiden gegenüber die Selbständigkeit ihrer Methode.

1. Als Teilgebiet der **Rechtswissenschaft** behauptet sie ihren traditionellen Platz am Beginn des juristischen Studiums; sie führt in das geltende Recht ein, indem sie dessen komplizierten Bau aus seinen einfachsten Grundelementen entstehen läßt; sie legt die Triebkräfte bloß, die zur Fortbildung des Rechtes als der lebensbedingenden Ordnung jeder Gemeinschaft führen. Sie zeigt das Recht im Flusse der lebendigen Entwicklung nicht als Gewesenes, sondern als Gewordenes; dadurch unterscheidet sie sich von der Altertumskunde des Rechtes, die aber gleichfalls Gegenstand der Forschung ist. Geschichtliche Erfahrung ist die Grundlage jeder gesunden Rechtspolitik, aus ihr können Richter und Gesetzgeber Anregungen schöpfen; indem sie die Gegenwart erhellt und für die Zukunft arbeitet, wird die Rechtsgeschichte zur **geschichtlichen Rechtswissenschaft**. Der historisch gebildete Jurist wird niemals ein volks- und lebensfremder Dogmatiker sein; die Rechtsgeschichte befreit vom Zwang der Schlagworte, sie zeigt, daß das Recht allezeit dem Menschen geholfen hat, sich von der blinden Naturkausalität zu befreien; so ist sie eine Freiheitslehre.

2. Als Teilgebiet der **Geschichtswissenschaft** steht sie in engster Verbindung mit deren anderen Zweigen, mit der Wirtschafts-, Sozial- und Geistesgeschichte. Ihre Methode ermöglicht oft ein schärferes Erfassen historischer Zusammenhänge. Sie erforscht die rechtlichen Grundlagen geschichtlicher Vorgänge, sie ist **Geschichte unter**

dem Aspekt des Rechtes. Sie zeigt, unter welchen politischen, wirtschaftlichen und sozialen Bedingungen sich die Rechtsnormen bilden und wie diese selbst wieder auf den Geschichtsverlauf zurückwirken, wie die Geschichte oft nichts anderes ist als Verwirklichung des Rechts; die meisten großen Geschichts- sind zugleich Rechtstatsachen. Sie lehrt, wie Macht durch Recht gebändigt wird, und daß das Recht selbst eine Geistesmacht ist, der sich niemand ungestraft widersetzen kann. Sie strebt nach Erkenntnis der im Einzel- wie im Völkerleben wirkenden Rechtsidee, deren Gang durch die Geschichte sie ebenso enthüllt wie die wechselseitige Bedingtheit von Persönlichkeit und Gemeinschaft.

3. Sie lehrt uns aber auch, daß alles positive Recht das Ergebnis eines geschichtlichen Prozesses ist. Das Recht ist zwar seiner Natur nach auf Dauer angelegt, eine abstrakte Rechtsnorm will beständig sein. Zugleich wohnt allem Recht der Wille zur Anwendung inne. Voraussetzung dafür ist ein Höchstmaß an Verbindlichkeit, die ihrerseits wesentlich von der Form und Entstehungsweise des Rechtes mitbedingt ist. In der Anwendung ist zugleich das Moment der Weiterbildung enthalten. Anwendung und Weiterbildung des Rechts erfolgen unter dem Einfluß der in stetem Wandel befindlichen Denkgewohnheiten und Massenemotionen. Gleiches gilt für die Auswahl der zeitbewegenden Rechtsprobleme. Der Gesellschaftsbezug, der allem positiven Recht innewohnt, schließt aus, daß es absolutes Recht sein kann. Frei von gesellschaftlichen Bindungen zu sein, beanspruchen das göttliche Recht (ius divinum) und das Naturrecht (ius naturale). Ihre Schwäche bildet es, daß sie keine praktikablen Rechtsnormen liefern.

a) Die Teilhabe des Rechtes am geschichtlichen Prozeß findet ihren Niederschlag im Ausbau wie in der Umformung von Rechtsinstituten, aber auch in rational oft nicht begründbaren Rückgriffen auf scheinbar abgestorbene Rechtsstrukturen. Das Recht als geschichtliches Phänomen verkörpert weder eine geradlinig ablaufende Entwicklung, noch stellt es eine Summe bloßer Begriffsmodelle dar; Fortdauer und Wiederkehr, Bewegung und Beharren stehen nicht selten hart nebeneinander.

Schrifttum: T. Mayer-Maly, Die Wiederkehr von Rechtsfiguren, JZ 1971 S. 1ff.; P. Landau, Rechtsgeschichte und Soziologie, VSWG 61 (1974) 145ff.; H. Thieme, Kontinuität–Diskontinuität in der Sicht der Rechtsgeschichte, in H. Trümpy (Hg), Kontinuität–Diskontinuität in den Geisteswissenschaften, 1973 S. 150ff.; W. Ebel, Recht und Form, Vom Stilwandel im deutschen Recht (Recht und Staat 449), 1975; A. Wolf, Forschungsaufgaben einer europäischen Gesetzgebungsgeschichte, JC V (1975) 178ff.

b) Der Marxismus steigert den Gesellschaftsbezug des Rechtes zu einer totalen Abhängigkeit des Rechtes von den die Gesellschaft jeweils bestimmenden emotionalen Impulsen (vgl. Privatrecht, Kap. 6 III). Das Recht wird damit zum Instrument der Politik degradiert, die das 19. Jahrhundert vorab unter dem Gesichtspunkt der Machterweiterung („Realpolitik") verstanden hat. Die geschichtliche Wirklichkeit zeigt demgegenüber, daß sich die Politik nicht nur den Formen des Rechts unterwirft, sondern in hohem Maße vom Recht als tragender Idee bestimmt bleibt.

Schrifttum: G. Baaken, Recht und Macht in der Politik der Staufer, HZ 221 (1975) 553ff.

II. Die Rechtsgeschichte umfaßt selbst wieder verschiedene Teilgebiete.

1. Im Vordergrund steht die Geschichte der **politischen Verfassung** als der tragenden Lebensordnung von Volk und Staat. Nur im Staate

kann ein Volkstum geformt werden und sich voll entfalten. Die deutsche Rechtsgeschichte verfolgt das tragische, noch nicht beendete Ringen des deutschen Volkes um seinen Staat. Selbst Höhepunkte wie die Karolinger- oder die Stauferzeit haben nur Ansätze gebracht. Immer wieder tritt das Bestreben hervor, den Ausgleich zwischen Einheit und Vielheit in einem echten, den Blick auf das Ganze freigebenden Föderalismus zu finden, und vom Obrigkeits- zum volksnahen Rechtsstaat zurückzukehren. Mit der Verfassung eng verbunden ist die Verwaltung und ihr Hauptträger, das Beamtentum, das seine historische Rolle nicht auf bürokratische Macht, sondern auf Dienst am Volk hinweist.

2. Aber die staatliche Ordnung ruht selbst wieder auf **wirtschaftlichen und sozialen Grundlagen,** deren rechtliche Prägung zu erfassen eine weitere Aufgabe der Rechtsgeschichte ist. Dabei ergibt es sich, daß das Recht nicht abhängige Funktion, sondern Norm und Richtmaß der Wirtschaft ist; diese muß rechtlich geregelt sein, sowie sie über die primitivste Bedarfsdeckung hinausgeht. Wirtschaft und Recht, äußere „Faktoren" und innere „Elemente" der Rechtsbildung, stehen in steter Wechselwirkung. Auch die Sozialverfassung strebt nach Gerechtigkeit und steigender Sicherung des Aufstiegs in höhere Schichten.

3. Unter den Staatstätigkeiten erfordert die **Rechtspflege** die besondere Aufmerksamkeit des Rechtshistorikers. Stets ist zu fragen, wie die Gesamtheit gegen rechtswidriges Verhalten vorgeht und in welchen Formen dem einzelnen Rechtsschutz gewährt wird. Daher sind **Strafrecht** und **Rechtsgang** (Prozeß) in jeder Epoche gesondert zu behandeln. Es muß klargestellt werden, daß diese Materien nicht nur Elemente der juristischen Technik, sondern Kulturerscheinungen sind, die nur aus ihrer Zeit heraus verstanden werden können. So läßt sich ein tieferes Verständnis für die Gegenwartsprobleme des Straf- und Prozeßrechts gewinnen.

4. In jedem Zeitabschnitt werden endlich die **Rechtsquellen** besprochen werden (s. Kap. 2 I). Hingegen bleibt die Geschichte des Privatrechts einer gesonderten Darstellung überlassen, soweit sie nicht in unmittelbarem Zusammenhang mit der Verfassung steht.

III. Unter **deutscher** Rechtsgeschichte verstehen wir zunächst die Rechtsgeschichte des deutschen, durch Kultur und Sprache verbundenen Volkes selbst. Dieses ist aber erst mit dem Ausgange der Karolingerzeit als staatlich geformte historische Größe in Erscheinung getreten. Daher bedarf die deutsche Rechtsgeschichte der Erweiterung nach zwei Richtungen:

1. Sie muß zurückgehen bis auf die Frühzeit des Germanentums und wird so zugleich zur **germanischen** Rechtsgeschichte. Als solche verfolgt sie das Fortleben der germanischen Elemente in seiner vollen räumlichen und zeitlichen Ausdehnung, aber unter steter Rücksichtnahme auf die Einflüsse von **Antike** und **Christentum.** Diese haben eine neue Geistigkeit gebracht, die von den germanischen Völkern übernommen und eingeformt worden ist und zur Ethisierung des Rechtes erheblich beigetragen hat. Die Rechtsgeschichte rechnet mit zwei Spiel-

arten der historischen Kontinuität: Einmal mit der Übernahme und Anpassung fremder, zum zweiten mit der Behauptung eigener, angestammter Kulturelemente.

2. Die Eigenart der deutschen Entwicklung wird nur voll verständlich durch den Vergleich mit anderen auf dem gleichen Kulturboden stehenden Nationen. Dieser wird eben dadurch möglich, daß germanisches Rechtsdenken sich neben antikem und christlichem bei fast allen Völkern des europäischen Kulturkreises erhalten hat. Die vergleichende Rechtsgeschichte will einen Beitrag zum gegenseitigen Verständnis der Völker liefern und zugleich die historischen Voraussetzungen der heutigen weltpolitischen Situation einsichtig machen helfen; in diesem Sinne ist sie eine völkerverbindende Wissenschaft. Sie will die Kulturgemeinschaft zwischen den Nationen vorbereiten und versucht eine Antwort auf die brennenden Schicksalsfragen Europas zu finden.

Schrifttum: W. Fliess, Die Begriffe Germanisches Recht und Deutsches Recht bei den Rechtshistorikern des 19. und 20. Jahrhunderts, Diss. Freiburg 1968.

Kap. 2. Die Methoden der deutschen Rechtsgeschichte

Schrifttum: Wie oben zu Kap. 1; Cl. Frhr. v. Schwerin, Einführung in die germ. Rechtsgeschichte, 1936; E. Frhr. v. Künßberg, Rechtl. Volkskunde, 1936 (neubearb. von P. Tzermias 1965); E. Wohlhaupter, Rechtssymbolik der Germanen, 1941; K. Fröhlich, Die rechtl. Volkskunde als Aufgabenbereich der deutschen Universitäten, Hess. Blätter f. Volkskunde 41, 1950; H. Fehr, Kunst und Recht, 3 Bde; ders., Die Dichtung des Ma. als Quelle des Rechts, Festschr. K. Haff, (1950) 62ff.; K. Larenz, Methodenlehre der Rechtswissenschaft, Teil I: Rechtstheorie- u. Methodenlehre seit Savigny, 2. Aufl., 1969; W. Fikentscher, Methoden des Rechts in vergleichender Darstellung, Bd. I: Frühe und religiöse Rechte – Romanischer Rechtskreis, Bd. II: Anglo-amerikanischer Rechtskreis, 1975; F. Ebel, Über Legaldefinitionen – Rechtshistorische Studien zur Entwicklung der Gesetzgebungstechnik in Deutschland, insbesondere über das Verhältnis von Rechtssetzung und Rechtsdarstellung (Schrift. z. Rechtsgesch. 6) 1974; H. J. Wolff, Der Rechtshistoriker und die Privatrechtsdogmatik, Festschr. F. Hippel (1967) S. 687ff.

I. Die rechtsgeschichtliche **Forschung**, begründet durch die „Historische Rechtsschule" zu Beginn des 19. Jahrhunderts, geht aus von den **Rechtsquellen,** die sie unter sinnvoller Verwendung juristischer, historischer und philologischer Methoden auslegt. Unter den Rechtsquellen sind zu scheiden:

1. **Unmittelbare** Rechtsquellen; das sind Quellen der Rechtssetzung, Selbstaussagen des Rechts; sie haben seinerzeit Recht erzeugt und bezeugen es heute. So

a) Reichs- und Landesgesetze, Verordnungen, Statuten, Privilege (Handfesten), Satzungen, Zunftordnungen, Weistümer usw.;

b) Gerichtsurteile und Aufzeichnungen über Akte der freiwilligen Gerichtsbarkeit; sie gehören hierher, da das Gericht früherer Zeiten nicht Recht anwandte, sondern Recht setzte;

c) Urkunden rechtserheblichen Inhalts, insbesondere über politische und sonstige Verträge; auch sie enthalten meist objektive Normen für konkrete Verhältnisse;

d) in etwas erweitertem Sinne auch die Rechtsbücher des Mittelalters (Sachsenspiegel, Schwabenspiegel, Stadtrechtsbücher usw.), die ursprünglich nur mittelbare Rechtsquellen waren, aber später vielfach das Ansehen von Gesetzen erlangt haben.

Alle diese unmittelbaren Rechtsquellen sind nur kritisch zu verwerten. Oft ist die Datierung unsicher, die Echtheit zweifelhaft, die wirkliche Geltung schwer feststellbar. Eine Fehlerquelle ergibt sich daraus, daß oft das in der Volkssprache gewiesene Recht lateinisch aufgezeichnet wurde; vgl. Ph. Heck, Übersetzungsprobleme im Mittelalter, 1931.

Auch ist zu beachten, daß Sachvorgang und Rechtsform häufig nicht übereinstimmen. Dem hagiographischen Topos entsprechen im mittelalterlichen Rechtsleben „Tarnformen" (W. Ebel), etwa bei Weistümern u. Privilegien. Erstere sind häufig obrigkeitliche Ordnungen, die nur zur Hintanhaltung der Verschweigung jährlich gewiesen werden (Öffnung), Privilegien u. Gesetze (z. B. die Goldene Bulle von 1356) sind meist Verträge, die aus Standesrücksichten eine Scheinform erhalten.

Die größte, aber noch nicht vollständige Sammlung der Rechtsquellen enthalten die Monumenta Germaniae Historica, begründet 1819 von Frhr. v. Stein, in ihrer Abteilung „Leges". Handlicher die „Germanenrechte" im Verlag H. Böhlau, Weimar (z. T. Texte mit Übersetzung, z. T. nur neuhochdeutsche Wiedergaben).

2. Mittelbare Rechtsquellen sind Aussagen über Recht, Zeugnisse des ungesetzten (Gewohnheits-)Rechtes. Ihre Zahl ist unübersehbar. Die wichtigsten unter ihnen sind

a) schriftliche, wie Urbare, Traditionsbücher, antike Autoren, Chroniken, Dichtungen (nordische Poesie und Prosa, der altsächsische Heliand, das Nibelungenlied);

b) bildmäßige, wie Stadtpläne, Flurkarten, Bilderhandschriften, Denkmäler (Rolande);

c) gegenständliche, wie Straf- und Folterwerkzeuge, Gerichtsstätten, vorgeschichtliche Funde (Moorleichen), Siegel, Wappen, Münzen, Hausmarken usw.;

Schrifttum: F. Engel, Stadtgeschichtsforschung mit archäologischen Methoden, ihre Probleme und Möglichkeiten, BlDLG 88 (1951) 205 ff.

d) brauchtümliche, so Handwerks-, Hochzeits-, Begräbnisbräuche, Kinderspiele; mit ihnen befaßt sich besonders die junge Wissenschaft der rechtlichen Volkskunde; dazu grundsätzlich K. S. Bader, Rechtliche Volkskunde in der Sicht des Juristen und Rechtshistorikers, Festschr. K. S. Kramer, Das Recht der kleinen Leute·(1975) 1 ff.; s. a. K. S. Kramer, Brauchtum und Recht, HRG I 506 ff.

e) sprachliche (Rechtswörter, -sprichwörter).

II. Die Darstellung der Rechtsgeschichte wird zunächst nach Zeiträumen und erst innerhalb dieser nach Rechtsinstituten gegliedert. Jede Periodisierung ist ein notwendiges Übel; eine allseitig befriedigende wird kaum je gefunden werden. Wir folgen im großen ganzen der allgemein üblichen Einteilung und behandeln

1. die germanische Zeit, in der das Recht noch frei von allen Fremdeinflüssen war; sie endet mit den Staatsgründungen der Germanen auf römischem Boden (um 500 n. Chr.). In ihr fehlt es noch ganz an unmittelbaren Rechtsquellen; sie enthält das Vorspiel der europäischen Rechtsgeschichte;

2. die **fränkische** Zeit (etwa 500 bis 900), genannt nach der für die Folgezeit wichtigsten dieser Gründungen, der des Frankenreichs; innerhalb ihrer gebührt dem karolingischen Imperium besondere Aufmerksamkeit. Ihre typischen Rechtsquellen sind die sog. Volksrechte (s. Kap. 18); sie verbindet die germanische Komponente der Rechtsentwicklung mit der antiken und der christlichen;

3. die Zeit des **Mittelalters** (etwa 900 bis 1500) wollen wir abweichend vom üblichen Schema weiter gliedern in

a) das Hochmittelalter bis etwa 1250, die Zeit des Imperiums, gekennzeichnet durch das Vorwiegen der Urkunden;

b) das Spätmittelalter, die Zeit der Staatenbildung in Deutschland und Europa, in der überall Rechtsbücher entstehen (s. Kap. 37).

Der Einschnitt um 1250 wird sich sogar als der wichtigste herausstellen. Um diese Zeit ist die Idee des Imperiums gebrochen; die Einzelstaaten der Landesfürsten innerhalb des Reiches, die neben ihm entstehenden Nationalstaaten bestimmen künftig den Geschichtsverlauf. Im 13. Jhdt. wurden die Grundlagen des europäischen Verfassungslebens bereits gelegt; dieses entwickelt sich von da ab fast zwangsläufig.

4. Die Neuzeit von 1500 ab, erfährt eine tiefen Einschnitt um 1800 (französische Revolution, Ende des Reiches). Wir gliedern demgemäß in:

a) die frühe Neuzeit bis etwa 1800; gefördert durch die Glaubensspaltung vollzieht sich in ihr eine tiefgreifende Rationalisierung und Säkularisierung des Rechtsdenkens. Der Sinn der sozialen und politischen Ordnung wird zweckhaft gesehen, das Rechtsleben durch Aktenvorgänge gelenkt;

b) das bürgerliche Zeitalter bis etwa 1930; es zielt auf die rechtliche Gleichheit der Menschen. Zugleich wird einerseits die überlieferte Gesellschaftsordnung bewahrt, andererseits das freie Spiel der Kräfte gefordert (Liberalismus); als Kollektivinteresse entartet es zu Nationalismus und Imperialismus. Da der 4. Stand und die farbigen Völker nur am Rande des Blickfeldes erscheinen, bleibt der Gleichheitsgedanke weitgehend formal und ideologisch. Die bürgerliche Epoche ist das Zeitalter der Presse.

III. Die Rechtsgeschichte vermag wie jede andere Beschäftigung mit der Vergangenheit über die Ermittlung von Fakten hinaus nur begrenzte Aussagen zu machen. Wollte man von ihr verlangen mit absolutem Wahrheitsanspruch in umfassender Weise aufzuzeigen „wie es wirklich gewesen ist", so wäre sie wie alle Geschichtsforschung zweifellos überfordert. Immer wird sie aber der Aneignung der Vergangenheit durch den gegenwärtigen Menschen zu dienen haben.

1. Ihr Erkenntniswert wird dabei bestimmt durch das Maß an Vorurteilsfreiheit und die Assoziationsfähigkeit der Forscher. Grenzen setzen ihren Ergebnissen aber auch die methodische Reife und das technisch-wissenschaftliche Rüstzeug, das die zeitgenössische Umwelt bietet. Hinzutritt das Problem der Quellenüberlieferung, d. h. die Frage nach Art, Umfang und Zustand der Primärquellen.

Eine bittere Grenze setzt beispielsweise die Quellenarmut der germanischen Zeit und des „dunklen" 10. Jahrhunderts (Normannen- und Ungarneinfälle). Verfälschend wirkt sich die überwiegend kirchliche Herkunft der früh- und hochmittelalterlichen Quellen aus. Mächtig gefördert hat die rechtsgeschichtliche Forschung der Ausbau der von den französischen Bollandisten des 17. Jahrhunderts begründeten diplomatischen Wissenschaft und die auf ihr basierende Quellenedition (Urkunden- und Regestenwerke, Monumenta Germaniae usw.).

2. Mit jeder neuen Generation werden neue wissenschaftliche Fragestellungen geboren, die oft eine erneute Quellenbefragung verlangen. Die ältere Forschung erfährt nun herbe Kritik, sie erscheint blind und voreingenommen, ihre Deutungen unhaltbar. Man bedenke aber, daß keine Epoche gefeit ist gegen die Zeitgebundenheit ihrer Leitbilder und Fragestellungen. Die Rechtsgeschichte wird, wie alle Wissenschaft, niemals ein abgeschlossenes, keiner Revision mehr unterworfenes Bild der Vergangenheit liefern können.

3. Jede Epoche hat Anspruch darauf aus ihrer eigenen Begriffswelt und den ihr innewohnenden Wertvorstellungen verstanden zu werden. Die Anwendung eines zeitfremden Vokabulars behindert echtes Verständnis. Fremde Maßstäbe lassen die Vergangenheit immer wirr und die Gegenwart überlegen erscheinen. Anachronismus, ein Todfeind allen Geschichtsverständnisses, sollte auch der Rechtsgeschichte fernbleiben.

Zu den stark verfälschenden anachronistischen Vorstellungen des 19. Jahrhunderts sind die germanische Urdemokratie und die Projektion des Monarchie- und Nationalstaatskonzeptes der Zeit auf das mittelalterliche Kaiserreich zu zählen. Anzuführen wäre aber auch der moderne Ordnungsgedanke, Gegenspieler der mittelalterlichen Freiheitsvorstellung (Gewalt als Recht, verwirklicht in der Fehde).

Schrifttum: E. W. Böckenförde, Die deutsche verfassungsgeschichtliche Forschung im 19. Jahrhundert. Zeitgebundene Fragestellungen und Leitbilder, 1961; E. Sjöholm, Rechtsgeschichte als Wissenschaft und Politik. Studien zur germanistischen Theorie des 19. Jahrhunderts, Münch. Univ. Schriften 10 (1972); wichtig durch die Auseinandersetzung mit älteren Begriffsschemata auch O. Brunner, Land und Herrschaft, 5. Aufl., 1965.

4. Schafft die unbewußte Bindung an den Zeitgeist und seine Denkkategorien eine Erkenntnisgrenze der Forschung, von der erwartet werden darf, daß sie der weitere Wissenschaftsfortgang überwindet, so ist die freiwillige Bindung an ein vorgegebenes Geschichtsbild unvereinbar mit dem modernen Wissenschaftsbegriff. Eine eschatologisch, kulturzyklisch oder sonstwie festgelegte Rechtsgeschichte ist als geschichtliches Phänomen denkbarer Gegenstand rechtsgeschichtlicher Betrachtung, aber niemals legitimer Ersatz echter Rechtsgeschichte.

IV. Wichtigstes Schrifttum der deutschen Rechtsgeschichte

1. Die erste zusammenfassende Darstellung ist Karl Friedrich Eichhorns Deutsche Staats- und Rechtsgeschichte, 4 Bände, 1808–1823, in 5. Aufl. 1843/44; in Einzelheiten überholt, als Ganzes richtungweisend in der Fundierung der Rechtsgeschichte auf die Gesamtgeschichte. Eichhorn begründete mit K. Fr. v. Savigny die Historische Rechtsschule (Näheres im Kurzlehrbuch „Deutsches Privatrecht" Kap. 5). Von seinen Nachfolgern wurde zum „Klassiker" der deutschen Rechtsgeschichte Heinrich Brunner (1840–1915) mit seiner leider unvollendeten

Deutschen Rechtsgeschichte (I² 1906, II² 1928, bearbeitet von Cl. Frhr. v. Schwerin, [Neudruck 1961 (I) und 1958 (II)]), ausgezeichnet durch Stoffbeherrschung und Darstellungskunst, mit fast zu strenger Isolierung des Juristischen. Eine bis zur Neuzeit durchgeführte Darstellung gibt Richard Schroeders Lehrbuch der deutschen Rechtsgeschichte (7. Aufl., bearb. v. E. Frhr. v. Künßberg, 1932, Nachdr. 1966) mit reichen Literaturangaben. Durch eine modernen Ansprüchen gerecht werdende breitere Behandlung der Neuzeit und eingehende Schrifttumangaben zeichnet sich die Deutsche Rechtsgeschichte von Hermann Conrad aus (Bd. I Frühzeit und Mittelalter, 2. Aufl. 1962, Bd. II Neuzeit, 1966).

2. **Die Altertumskunde** des deutschen Rechts wurde begründet durch Jacob Grimms Deutsche Rechtsaltertümer (1828, 4. Aufl. von Heusler und Hübner, 1899, Neudruck 1965). Eine ähnlich mehr systematische als historische Übersicht gibt Karl v. Amira, Grundriß des germanischen Rechts (3. Aufl. 1913), 4. neubearb. Aufl. (K. A. Eckhardt) 1960 (Bd. II: Rechtsaltertümer, 4. Aufl. 1967).

3. **Grundrisse** der Rechtsgeschichte: Hans Fehr, Deutsche Rechtsgeschichte, 6. Aufl. 1962, sehr anschaulich und mit steter Rücksicht auf die Kulturgeschichte, geschrieben; Hans Planitz, Deutsche Rechtsgeschichte, 1950, zugleich 4. Auflage seiner „Germanischen Rechtsgeschichte", 3. Aufl. (K. A. Eckhardt) 1971, ausgezeichnete Einführung; Cl. Frhr. v. Schwerin, Grundzüge der deutschen Rechtsgeschichte, 4. Aufl., besorgt von H. Thieme 1950; Germanische Rechtsgeschichte, 2. Aufl., 1944; B. Gebhardt, Handbuch der deutschen Geschichte, 4. Bde., 9. Aufl. (Hg. H. Grundmann), 1970 (Verfassungsgerichtliche Abschnitte Bd. I: K. Bosl, Bd. II: G. Oestreich, Bd. III: W. Treue), erschienen auch als Taschenbuchausgaben, Bde 7, 11, 12, 17; Jahrbücher der deutschen Geschichte (Fränkisches und Deutsches Reich) seit 1863 herausgegeben von der Historischen Kommission bei der Bayer. Akademie d. Wissenschaften, teilweise bereits neubearbeitet, umfassend die Jahre 714–1233 und König Albrecht I.

4. **Verfassungsgeschichte:** Georg Waitz, Verfassungsgeschichte des deutschen Volkes (bis 12. Jahrh.) 8 Bde, 1844–1878, verschied. Aufl., Neudr. 1953–56; Andreas Heusler, Deutsche Verfassungsgeschichte, 1905; O. Kimminich, Deutsche Verfassungsgeschichte, 1971; A. Meister, Deutsche Verfassungsgeschichte bis ins 15. Jhdt., 3. Aufl., 1922; H. Mitteis, Der Staat des hohen Mittelalters, 9. Aufl., 1974; O. Brunner, Land und Herrschaft, 5. Aufl., 1965; F. Hartung, Deutsche Verfassungsgeschichte vom 15. Jhdt. bis zur Gegenwart, 8. Aufl., 1964; E. R. Huber, Deutsche Verfassungsgeschichte seit 1789, (bis 1918), 4 Bde (1957 bis 1969), Bd. 1–3: 2. Aufl., 1970; E. W. Böckenförde, Moderne deutsche Verfassungsgeschichte (1815–1918), 1972; R. Scheyhing, Deutsche Verfassungsgeschichte der Neuzeit, 1960; H. F Feine, Kirchliche Rechtsgeschichte, Bd. 1, 5. Aufl., 1972; W. Plöchl, Geschichte des Kirchenrechts, j Bde, 1953–1966, 2. Aufl. 1960–1970; A. Werminghoff, Verfassungsgeschichte der dt. Kirche im Mittelalter, In. Meisters Grundriß II 6, 1913; O. Stolz, Grundriß der österr. Verfassungs- und Verwaltungsgeschichte, 1951; E. C. Hellbling, Österreichische Verfassungs- und Verwaltungsgeschichte, 2. Aufl., Wien 1974; H. Baltl, Österreichische Rechtsgeschichte, 2. Aufl., Graz 1972; E. Werunsky, Österreichische Reichs- und Rechtsgeschichte, 12 Lieferungen, 1894–1939; A. Bachmann, Lehrbuch der österreichischen Reichsgeschichte. Geschichte der Staatsbildung und des öffentlichen Rechtes, 1896, Neudr. 1968; L. Carlen, Rechtsgeschichte der Schweiz (Einführung), 1968. An einen breiteren Leserkreis denkt die nach Stichworten gruppierte, mit ausgedehnten Quellentexten versehene Rechtsgeschichte von Karl Kroeschell (Rororo-Taschenbücher), Bd 1 (Ma.) 1972, Bd. 2 (1250–1650), 1973. Auf bestimmte Schwerpunkte und Themenkreise beschränken sich: W. Ebel, Geschichte der Gesetzgebung in Deutschland, eine staatsbürgerliche Einführung, 2. erw. Aufl., 1958; F. Kern, Recht und Verfassung im Mittelalter, HZ 120 (1919), Neudr. 1965; H. Coing, Epochen der Rechtsgeschichte in Deutschland, 2. Aufl., 1971: R. Laufs, Rechtsentwicklung in Deutschland, 1973; H. Hattenhauer, Zwischen Hierarchie und Demokratie. Eine Einführung in die geistesgeschichtlichen Grundlagen des geltenden Rechts für Stu-

dienanfänger, 1971; Chr. F. Menger, Deutsche Verfassungsgeschichte der Neuzeit (vorwiegend Ideengeschichte), 1975.

5. **Wirtschafts- und Sozialgeschichte:** H. Aubin-W. Zorn, Handbuch der deutschen Wirtschafts- und Sozialgeschichte Bd. 1 (bis 1800), 1971; G. Franz (Hg), Deutsche Agrargeschichte, 5 Bde, 1962 ff. (teilweise Neuaufl.); F. Lütge, Deutsche Sozial- und Wirtschaftsgeschichte, ein Überblick, 3. erw. Aufl., 1966; ders., Gesch. d. dt. Agrarverfassung vom frühen Ma. bis z. 19. Jahrh., (Deutsche Agrargeschichte Bd. III), 2. Aufl., 1963; ders., Geschichte des deutschen Bauernstandes vom frühen Ma. bis zum 19. Jahrh. (Deutsche Agrargeschichte Bd. V), 1970; H. Bechtel, Wirtschaftsgeschichte Deutschlands, 3 Bde, 1951/56; H. Mottek, Wirtschaftsgeschichte Deutschlands, 2 Bde, 1968–1972; H. Haussherr, Wirtschaftsgeschichte der Neuzeit vom Ende des 14. bis zur Höhe des 19. Jahrh., 4. Aufl., 1970; C. Brinkmann, Wirtschafts- und Sozialgeschichte, 2. Aufl., 1953; R. Koetzschke, Allgem. Wirtschaftsgeschichte des Mittelalters, 1924; W. Thompson, An economic and social history of the middle ages, 2. Aufl., 1951; H. Pirenne, Sozial- und Wirtschaftsgeschichte Europas im Mittelalter, 2. Aufl., 1971; E. Schremmer, Die Wirtschaft Bayerns vom hohen Mittelalter bis zum Beginn der Industrialisierung, 1970; A. Hauser, Schweizerische Wirtschafts- und Sozialgeschichte, 1961; F. Tremel, Wirtschafts- und Sozialgeschichte Österreichs von den Anfängen bis 1955, Wien 1969; A. Dopsch, Beiträge zur Sozial- und Wirtschaftsgeschichte, 2 Bde, 1926/28; ders., Naturalwirtschaft und Geldwirtschaft i. d. Weltgeschichte, 1930; H. Prösler, Hauptprobleme der Sozialgeschichte, 1951; E. Keyser, Bevölkerungsgeschichte Deutschlands, 3. Aufl., 1943; A. Schulte, Geschichte des mittelalterlichen Handels und Verkehrs, 2 Bde, 1900, Neudr. (mit Geleitwort H. Ammann) 1966; W. Täuber, Geld und Kredit im Mittelalter, 1933; A. Suhle, Deutsche Münz- und Geldgeschichte von den Anfängen bis zum 15. Jahrhundert, 3. Aufl., 1968; E. Köhler, Einzelhandel im Mittelalter, 1938; E. Schmieder, Geschichte des Arbeitsrechts im deutschen Mittelalter, 1939; H. Mauersberg, Wirtschafts- u. Sozialgeschichte zentraleuropäischer Städte in neuerer Zeit, 1960; Kh. Blaschke, Bevölkerungsgeschichte von Sachsen bis zur industriellen Revolution, 1968.

6. **Volkskunde:** Cl. Frhr. v. Schwerin, Rechtsarchäologie, 1943; G. Hafström, Volkskunde und Rechtskunde (Festschrift S. Erixon 1957/58); E. Frhr. v. Künßberg, Rechtsgeschichte u. Volkskunde, neu bearbeitet von P. Tzermias, 1965. H. Fehr, Das Recht in der Dichtung, 1931; C. Borchling, Rechtssymbolik im germanischen und römischen Recht, 1926, Neudr. 1965; B. E. Siebs, Weltbild, symbolische Zahl und Verfassung, 1969; J. F. Eisenhart, Grundsätze der deutschen Rechte in Sprüchwörtern, 1759.

7. **Quellensammlungen:**

a) **Reichs- und Landrecht:** Neben den Monumenta Germaniae, von denen die Abteilungen Diplomata und Leges, letztere mit den Unterabteilungen Capitularia und Constitutiones (diese bisher erschienen für die Zeit von 911–1330 und 1346–1349) besonders bedeutsam sind, müssen unter den großen Quellenwerken hervorgehoben werden die von der Historischen Kommission bei der Bayer. Akademie der Wissenschaften seit 1867 herauskommenden Deutschen Reichstagsakten. Sie gliedern sich in eine ältere Reihe, von denen bisher die Jahre 1376–1445 (Bd. 1–17) bzw. 1453–1454 (Bd. 19/1) und 1468–1470 (Bd. 22/1) vorliegen, eine jüngere Karl V. gewidmete Reihe (seit 1893 herausgegeben, davon vorliegend die Bde 1–4, 7, 8, umfassend die Jahre 1519–1524, 1527–1530) und eine mittlere Reihe (Kaiser Maximilian I.), von der Bd. 3/1 (1488–1490) vorliegt. Den Volksrechten des Frühmittelalters und den Rechtsbüchern des Hochmittelalters gewidmet ist die heute von der Zentraldirektion der Monumenta Germaniae betreute Reihe Germanenrechte: umfassend Westgermanische Rechte (8 Bde), Land- u. Lehnrechtsbücher (6 Bde) und Texte und Übersetzungen der Volksrechte (17 Bde). Eine Zusammenfassung der wichtigsten Verfassungsurkunden des deutschen Reiches (981–1820) bietet K. Zeumer, Quellensammlung zur Geschichte der deutschen Reichsverfassung, 4. Aufl. 1926; G. Dürig-R. Walter (Hg.), Texte zur deutschen Verfassungsgeschichte, 1967; einzelne Reichsgesetze in kommentierten Ausgaben nun auch in der Reihe

Böhlau Quellenbücher, 1973ff.; Quellen zur neueren Geschichte, hrsg. vom Histor. Institut d. Universität Bern, bisher 32 Bde, 1952–1975; ferner zu nennen sind Altmann-Bernheim, Ausgewählte Urk. z. Erläuterung d. Verfassungsgeschichte Deutschlands i. Mittelalter, 5. Aufl., 1920; K. Bosl (Hg.), Dokumente zur Geschichte von Staat und Gesellschaft in Bayern, Bd. 1: Altbayern bis 1180 (1974); Hans Planitz, Quellenbuch der deutsch-österreichischen und schweizerischen Rechtsgeschichte einschließlich des deutschen Privatrechts, 1948; Sander-Spangenberg, Urk. z. Geschichte der Territorialverfassung, 1924, Neudr. 1965; Schwind-Dopsch, Ausgew. Urk z. Verfassungsgeschichte der deutsch-österreichischen Erblande, 1895, Neudr. 1968; H. Fischer-G. Sivestri, Texte zur österreichischen Verfassungsgeschichte von der pragmatischen Sanktion bis zur Bundesverfassung (1713–1966), Wien 1970; Quellen zur neueren deutschen Privatrechtsgeschichte, Bd. I Landrechte (W. Kunkel, 1935), Bd. II Polizei- u. Landesordnungen (G. K. Schmelzeisen, 1968).

b) Städtewesen: C. van der Kieft-J. E. Niermeyer, Elenchus fontium historiae urbanae (bis ca. 1250), Leiden 1967; H. G. P. Gengler, Deutsche Stadtrechte des Mittelalters, 1866, Neudr. 1964; ders., Deutsche Stadtrechtaltertümer, 1882, Neudr. 1964; F. Keutgen, Urk. z. städt. Verfassungsgeschichte, 1899/1901, Neudr. 1965; W. Schlesinger, Quellen z. Gesch. d. dt. Städtewesens im Ma., 2 Bde 1948 (ergänzt Keutgen für Ostdeutschland).

c) Ländliche Rechtsquellen: H. Wopfner, Urk. z. deutsch. Agrargeschichte 1–3, 1925/28, Neudr. 1969; G. Franz, Deutsches Bauerntum im Mittelalter (Germanenrechte, N. F., 1940); für die bäuerliche Rechtsgeschichte wichtig sind die Weistümersammlungen, vor allem die von J. Grimm (7 Bde, 1840–1878) (Neudr. 1957) und für Österreich (1870ff., bisher 17 Bde), Baden (1917ff.), Rheinprovinz (Trier 1900, Köln 1913f.), Pfalz (1960ff.), Ostfriesland (1964), Luxemburg (1870, Neudr. i. Vorb.)

8. Zeitschriften: Zeitschr. der Savigny-Stiftung für Rechtsgeschichte, erscheint alljährlich in drei Abteilungen (Romanistische, Germanistische, Kanonistische), jetzt Bd. 90 (1973); Tijdschrift voor Rechtsgeschiedenis (Revue d'histoire du droit), jetzt Bd. 41 (1973); Revue historique de droit français et étranger, jetzt 4e série, 48 (1970); Rivista di storia del diritto Italiano, jetzt Bd. 44/45 (1971/72); Zeitschrift für schweizerisches Recht, jetzt Bd. 92 (1973).

9. Wörterbücher und Nachschlagewerke: Balon, Grand dictionaire de droit du moyenâge, (Jus medii aevi 5), 1792ff.; S. Oberländer, Lexikon Juridicum Romano-Teutonicum, 1736; Chr. G. Halthaus, Glossarium Germanicum medii aevi, 1758; J. H. Zedler, Großes vollständiges Universallexikon aller Wissenschaften und Künste, 68 Bde, 1732–1754, Neudr. Graz 1961–1964; J. Weiske, Rechtslexikon für Juristen aller teutschen Staaten, 1839ff.; C. v. Rotteck-K. J. Welcker, Staatslexikon oder Enzyklopädie der Staatswissenschaften, 19 Bde, 3. Aufl., 1856ff.; E. Brinckmeier, Glossarium diplomaticum, 2 Bde, 1856, 1863, Neudr. 1967; F. v. Holtzendorff, Rechtslexikon, 3. Aufl., 1880; Du Cange (Charles du Fresne), Glossarium mediae et infimae latinitatis; 7 Bde (1840–1850), Neudr. 1883; Deutsches Rechtswörterbuch (seit 1911 in Lieferungen erscheinend, noch unvollendet, erschienen bis „Kaperschiff"); J. Hoops, Reallexikon der germanischen Altertumskunde, 4 Bde, 1913–1918, 2. Aufl., 1968; H. Rössler-G. Franz, Sachwörterbuch zur deutschen Geschichte, 1956ff.; A. Erler-E. Kaufmann, Handwörterbuch zur deutschen Rechtsgeschichte (HRG), 1965ff. (unvollendet, erschienen bis „Landrechtsbücher"); G. Köbler, Lateinisch-germanisches Lexikon, 1975; E. Mischler-J. Ulbrich (Hg.), Österreichisches Staatswörterbuch (Handbuch d. gesamt. österr. öff. Rechtes), 4 Bde, 2. Aufl., 1905–1909.

10. Bibliographie: Hans Planitz-Thea Buyken, Bibliographie zur dt. Rechtsgeschichte bis 1500, 1952; O. Stobbe, Geschichte der dt. Rechtsquellen, 2 Bde, 1860, 1864, Neudr. 1965; E. Keyser, Bibliographie zur Städtegeschichte Deutschlands,

1969; K. Schottenloher, Bibliographie zur deutschen Geschichte im Zeitalter der Glaubensspaltung 1517–1585, 7 Bde, 1933–1966; G. Köbler, Bibliographie der deutschen Hochschulschriften zur Rechtsgeschichte (1945–1964), 1969, desgl. 1885–1945 (1976); H. Thieme-W. Leiser-B. Diestelkamp, Bibliographische Einführung in die Rechtsgeschichte und Rechtsethnologie Deutschlands, Brüssel 1970; H. Coing (Hg.), Handbuch der Quellen und Literatur der Neueren europäischen Privatrechtsgeschichte, Bd. 1: Mittelalter (1100–1500): Die gelehrten Rechte und die Gesetzgebung, 1973; Eingehende bibliographische Angaben bieten auch die Deutsche Rechtsgeschichte von H. Conrad (Bd. I Frühzeit u. Ma, 2. Aufl. 1962, Bd. II Neuzeit, 1966) und die verfassungsgeschichtlichen Abschnitte von B. Gebhardt (Hg. H. Grundmann) Handbuch der deutschen Geschichte, 9. Aufl., 1970.

An älteren Werken sind heute noch von Wert: H. J. O. König, Lehrbuch der allgemeinen juristischen Literatur, 1785; J. St. Pütter, Litteratur des Teutschen Staatsrechts, Teil 1–3 (1776–1783), Teil 4 bearb. von J. L. Klüber (1791), Neudr. 1965; E. J. K. v. Fahnenberg, Litteratur des Kaiserlichen Reichskammergerichts und Reichshofrats, 1792; Th. Chr. F. Enslin-W. Engelmann-G. W. Wuttig-L. Rossberg, Bibliotheca iuridica. Handbuch der gesamten juristischen und staatswissenschaftlichen Literatur, Hauptband und 3 Supplemente, 2. Aufl., 1840–1877, Neudr. 1968.

Erster Teil

Die germanische Zeit

Kap. 3. Die älteste Rechtsbildung

Schrifttum: K. v. Amira, Grundriß des germanischen Rechts, 3. Aufl., 1913, 4. neubearb. Aufl. (K. A. Eckhardt), 2 Bde, 1960 u. 1967; M. Scovazzi, Le origini del diritto germanico, Fonti, Preistoria, Diritto pubblico (Mailand 1957); Th. Bieder, Geschichte der Germanenforschung, 3 Bde, 1921–1925, teilweise Neuauflage (Teil 1: 1500–1806), 1939.

I. 1. Als die Germanen in das volle Licht der Geschichte eintraten, hatten sie schon eine kulturelle Entwicklung von Jahrtausenden hinter sich. Schon in der jüngeren Steinzeit sind feste Siedlungen einer bäuerlichen Bevölkerung nachweisbar. Die klimatisch begünstigte Bronzezeit, die etwa das 2. Jahrtausend v. Chr. umfaßt, gestattete die ruhige Entfaltung einer reichen Kultur. Hingegen war die anschließende Eisenzeit von Kämpfen erfüllt, in denen die Germanen ihren Siedlungsraum unter Verdrängung der Illyrier und Kelten weit nach Süden und Westen bis in das Mittelgebirge und in das Rhein-Donaugebiet vorschoben. Dann schirmten Rhein, Donau und Limes das Römische Reich ab und führten in den ersten nachchristlichen Jahrhunderten zu einer relativen politischen Ruhelage. Erst jetzt wird das germanische Recht für den Forscher faßbar; die vorgeschichtlichen Funde geben nur wenige Anhaltspunkte.

2. Die Germanen gehören dem indogermanischen Kulturkreis an; sie bilden eine engere Gruppe mit den Westindogermanen (Griechen, Italikern, Kelten usw.). Daher kann der Vergleich mit dem ältesten griechischen, römischen, keltischen Recht zur Aufhellung der ursprünglichen germanischen Rechtszustände verwendet werden wie auch umgekehrt von diesen aus neues Licht besonders auf das römische Urrecht fällt. Mit größerer Vorsicht sind weitere indogermanische (slawische, indische) Parallelen zu verwerten. In einem noch weiteren Felde liegt die Heranziehung der Rechte sonstiger primitiver Völker, die den Gegenstand der sog. „ethnologischen Jurisprudenz" bilden.

3. Die Germanen waren bei ihrem Eintritt in die Geschichte staatlich nicht geeint. Auch ihr ältester Rechtsbestand ist nicht durch unmittelbare Zeugnisse belegt; indessen läßt sich annehmen, daß es, wie eine germanische Gemeinschaftskultur, so auch ein gemeingermanisches Recht gegeben habe, dessen Erschließung eine Aufgabe der Wissenschaft ist. Sie bedient sich dazu antiker Autoren (besonders Cäsar und Tacitus) sowie der vergleichenden Rückschlüsse aus den gemeinsamen Zügen der historisch faßbaren Stammesrechte; diese stellen gleichsam Variationen über ein erst zu ermittelndes Grundthema dar, allerdings nur soweit sie unverfälscht germanisches Recht wiedergeben, was in geringerem Maße der Fall zu sein scheint als man früher annahm.

Die Angaben der antiken Autoren über die Germanen sind dürftig und unzuverlässig. Der Bericht Caesars über die Sueben (IV 1–3) ist von älteren Schriftstellern abhängig. Seine Ausführungen über den germanischen Agrarkommunismus wiederholen verbreitete Utopien über die Völker des Nordens. Seine Darstellung der Germanen (VI 21–28) ist tendenziös und hat nur geringe eigene Erfahrungen als Grundlage (vgl. G. Walser, Caesar und die Germanen, Historische Zeitschrift für alte Geschichte, Einzelschriften Heft 1, 1956). Die Methode vergleichender Rückschlüsse ist im 19. Jahrhundert über Gebühr angewandt worden. Sie hat zu einer unzulässigen „Antikisierung" hoch- und spätmittelalterlicher Zustände verführt. Demgegenüber hat die Bodenforschung in neuerer Zeit zunehmend an Gewicht gewonnen.

4. Immerhin läßt sich mit einiger Sicherheit behaupten, daß sich schon früh eine Scheidung zwischen zwei Gruppen ergeben hat, den ost- und den westgermanischen Rechten, die unter sich in engerer Urverwandtschaft stehen.

a) Ostgermanische Rechte sind die der Wandalen, Burgunder und Goten. Da diese Völker alle aus dem Norden gekommen sind, kann man auch die skandinavischen Rechte hierher stellen. Das skandinavische Recht weist, wiewohl erst seit dem 12. Jhdt. aufgezeichnet, sehr altertümliche Merkmale auf; es ist von Fremdeinflüssen nur wenig berührt. Seine Erforschung ist vor allem den Münchner Germanisten Konrad Maurer und Karl v. Amira zu danken. Die vorhin genannen Völker haben weite Wanderwege zurückgelegt (s. u. Kap. 11 II), bei ihnen ist die Herrschergewalt stärker ausgeprägt. Von Spanien aus ist ostgermanisches (gotisches) Recht nach Lateinamerika gekommen.

b) Westgermanisch sind die Rechte der eigentlich deutschen Stämme (Franken, Sachsen, Schwaben, Baiern), aber auch der später in Italien seßhaft gewordenen Langobarden und der Angelsachsen. Von England aus sind westgermanische Rechtselemente nach Übersee gelangt. Das fränkisch-französische Recht hat noch im 19. Jhdt. durch die Gesetzgebung Napoleons weite Einflußgebiete gewonnen.

Der rechtsgeschichtliche Befund deckt sich keineswegs mit dem sprachgeschichtlichen, von dem die herkömmliche Gruppierung der germanischen Stämme ausgeht. Eine ursprüngliche „westgermanische" Sprach- oder Rechtseinheit ist keineswegs erweislich (vgl. W. Fliess, Die Begriffe Germanisches Recht und Deutsches Recht bei den Rechtshistorikern des 19. u. 20. Jahrh., Diss. Freiburg i. Br. 1968).

Fest steht, daß die deutsche Rechtsgeschichte mit einer Mehrheit von – allerdings untereinander verwandten – Rechten zu rechnen hat; das historische „deutsche" Recht ist ebenso eine wissenschaftliche Abstraktion wie das „germanische".

II. Das älteste Recht der Germanen ist

1. Volksrecht, also ungesetztes Recht, nicht das Werk eines göttlichen oder menschlichen Gesetzgebers, autonome, nicht heteronome Ordnung. Es lebt im Gewissen jedes einzelnen und in der Überzeugung aller; es fließt aus dem „Volksgeist" als der Summe der verbindenden Wertvorstellungen einer konkreten Gemeinschaft. Es gehört zum Weltbild der Germanen; ihre Welt ist eine Welt des Rechts, dem selbst die Götter unterworfen sind. Von der Wahrung des Rechtes hängt der Bestand der Welt ab.

2. Es ist eine vernünftige Ordnung der Dinge, eine objektive Wahrheit, die nur gefunden zu werden braucht. Dies geschieht im Gericht, wo das Recht aus dem Unterbewußtsein geschöpft wird; es

ist „Spruchrecht", das Urteil nicht bloß Rechtsanwendung, sondern allgemein verbindliche Erkenntnis.

Gemeingermanische Bezeichungen für Recht: *lagh* (die richtige Lage, engl. *law*; vgl. lat. *leg-s*); *ewa* (vgl. lat. *aevus*, heute noch Ehe); *bilida* (vgl. billig, Unbilde, Weichbild, engl. Bill); *redja* (vgl. redlich, lat. *ratio*). Unser Wort Recht (got. *raihts*) bezeichnet ursprünglich das subjektive Recht. – Meist spricht man von einem altgerm. „Gewohnheitsrecht" – nicht ganz angemessen, da die Gewohnheit niemals Rechtsquelle, nur Erkenntnismittel für die dahinterstehende Überzeugung ist.

Für die von F. Kern begründete, lange herrschende Lehre vom Wesen des germanischen Rechtes, zu dessen Grundeigenschaften Alter und Unveränderlichkeit gehören, so daß nicht Rechtsänderung, sondern lediglich Wiederherstellung (reformatio) des alten Rechtes möglich ist, fehlt die quellenmäßige Grundlage. Wo solche Vorstellungen im Frühmittelalter greifbar werden, stehen sie bereits unter antik-christlichem Einfluß (vgl. G. Köbler, Das Recht im frühen Mittelalter, 1971). Während das römisch-kanonische Recht für die Bildung von Gewohnheitsrecht eine longa inveterata consuetudo fordert, kennt das deutsche als Geltungserfordernis weder eine fest umrissene Anwendungsdauer noch Rationalität (vgl. G. K. Schmelzeisen, Zum frühen Gewohnheitsrecht, Tijdschr. v. Rechtsgesch. 42 [1974] 313 ff.). Den Schwerpunkt der Rechtsprechung bildet die Feststellung des subjektiven Rechtes. Das Zurücktreten der allgemeinen Norm demgegenüber wahrte, ungeachtet grundsätzlicher Statik, dem frühen Recht Anpassungsfähigkeit (vgl. K. Kroeschell, Rechtsfindung, Festschr. H. Heimpel z. 70. Bd 3 (1972) 498 ff.).

3. Das Recht ist ungeschrieben, entsprechend der schriftlosen Kultur der Urzeit. Es wird mündlich überliefert, im Norden durch „laghsaga", Rechtsvorträge von „Gesetzsprechern". Daraus folgt

a) die einfache, formelhafte, einprägsame Fassung der Rechtssätze, wie sie uns oft später noch in den Schriftquellen begegnen; noch im Mittelalter dienen Rechtssprichwörter in Versform oder Stabreim als Gedächtnishilfen;

Zum Beispiel: „Bürgen soll man würgen." „Was die Fackel zehrt ist Fahrnis." „Hand wahre Hand."

b) das Bedürfnis, jeden einzelnen Rechtsakt hörbar oder sichtbar zu machen, die plastische Formensprache des Rechtes, in der sich der Gestaltungswille des Volkes so äußert wie in der Kunst. Das Recht lebt in der Form; Form und Inhalt fallen zusammen. Daher die öffentliche Vornahme von durchweg formgebundenen Rechtsgeschäften vor Zeugen oder in Versammlungen unter Verwendung von Symbolen, durch die ein Gedankeninhalt veranschaulicht werden soll.

Es gibt symbolische Gegenstände (z.B. der Stab des Boten, des Richters; die Insignien des Königs; Fahne, Hut als Gewaltsymbole, die Schlüssel als Zeichen der Hausfrau) – und zahllose symbolische Handlungen (Schilderhebung des Herrschers, Zuwerfen des Fehdehandschuhs, Formen der Auflassung, Trauung, Adoption usw.). Vgl. jetzt zusammenfassend Cl. Frhr. v. Schwerin, Rechtsarchäologie, 1943; ferner P. E. Schramm, Herrschaftszeichen und Staatssymbolik, Beiträge zu ihrer Geschichte vom 3.–16. Jahrh., 3 Bde (1954–56).

III. Ist das germanische Recht auch nicht göttlichen Ursprungs, so ist es doch durchsetzt mit religiösen Vorstellungen.

Schrifttum: W. Groenbech, Kultur und Religion der Germanen, 2 Bde, deutsch 1937, 5. Aufl., 1954; J. de Vries, Altgermanische Religionsgeschichte, 1956; K. v. See, Kontinuitätstheorie und Sakraltheorie in der Germanenforschung (Antwort an O. Höfler), 1972.

1. Die germanische Volksreligion ist Dämonenglaube; die Naturkräfte gelten als beseelt und als beherrschbar durch Zauber. Das wurde für das Recht erheblich, das den Schadenzauber bestraft und sich den Runenzauber im Los dienstbar macht; auch der Eid ist zauberische Handlung (vgl. Kap. 10 III). Der Tote lebt als Dämon fort und kann zum „Wiedergänger" werden; er fordert Opfer (Ursprung des Erbrechts!) und Rache, kann klagen und verklagt werden, auch den Mörder selbst überführen (Bahrgericht).

2. Diese primitive Volksreligion wird überschichtet durch eine vom Adel getragene Hochreligion. In ihr wandelt sich die Furcht vor dem Toten zur Ehrfurcht (R. His); das Ahnengrab wird zur Stätte des Ahnenkults. Jetzt tritt Wotan als Totengott hervor. Sakrale Männerbünde vollziehen zu heiligen Zeiten die mystische Vereinigung mit den Toten; hier liegt der kultische Ursprung vieler späterer Verbände (Gilden, Zünfte, Hansen usw.). Neben den Sippenkult tritt der Staatskult, das gemeinsame Opfer um Frieden und gute Ernte unter Vorantritt der Fürsten; sie (und in Königsstaaten der König) sind zugleich Priester; daher ist noch im Mittelalter das Königtum mit sakraler Weihe umkleidet, und die Dauerkraft dieser religiösen Vorstellung trägt noch das landesherrliche Kirchenregiment der Reformationszeit.

Der enge Zusammenhang des ältesten Rechtes mit magisch-sakralen Vorstellungen ist der Schlüssel zu dessen Verständnis; er erhält sich bis ins christliche Ma. In dem langsamen Übergang vom traditional gebundenen zum rationalen Denken neuerer Zeiten liegt der spannungsreichste Prozeß in der Rechtsgeschichte der europäischen Völker und zugleich ein Stück Menschheitsgeschichte.

Kap. 4. Sippe und Haus

Schrifttum: HRG-Artikel: Ehre (R. Scheying) I 846ff.; Entsippung (R. Hessler) I 947ff.; Erbgut (W. Ogris) I 964f.; Familia (K. Kroeschell) I 1066ff.; Fremdenrecht (H. Thieme) I 1270ff.; Gefolgschaft (K. Kroeschell) I 1433ff.; Geschlechtsleite (A. Erler) I 1601f.; Handgemal (W. Weber) I 1960ff.; Hausfriede (K. Kroeschell) I 2022ff.; Haushenrschaft (H. K. Schulze) I 2030ff.; Herrschaft (K. Kroeschell) II 104ff.

Das germanische Volk tritt in Gemeinschaften gegliedert in die Geschichte ein. Alles Recht ist ursprünglich Gesamtrecht; die Gemeinschaft steht vor und über dem einzelnen; sie vermittelt ihm erst die Teilhabe am Rechtsleben. Gewiß kannte schon die Frühzeit überragende Persönlichkeiten; aber das isolierte Individuum war für das Recht noch nicht vorhanden. Jeder steht in festen Lebenskreisen, deren Normen für ihn verbindlich sind.

I. Die älteste und bedeutsamste Gemeinschaft ist die auf gemeinsamer Abstammung beruhende, die Sippe (*sibja* zu *sve* = *suus*; vgl. die *sui heredes* im röm. Recht; auch *slaht, fara, künne* zu Kunde).

1. Zunächst war die Sippe die Gesamtheit der von einem Stammvater abstammenden Männer (sog. agnatische oder „feste" Sippe, da sie für alle Nachkommen desselben Stammvaters den gleichen Kreis um-

faßte). Sie war ein sakraler Männerbund; Frauen konnten höchstens passive Mitglieder (Schutzgenossinnen) sein. Im hohen Adel hat sich diese Form bis zur Neuzeit erhalten (sog. „salisches" Thronfolgeprinzip).

2. Schon in vorgeschichtlicher Zeit trat daneben die „wechselnde" Sippe; jetzt bildet jede Eheschließung einen neuen Sippekreis; nur vollbürtige Geschwister haben die gleiche „Magschaft". Die Angehörigen der festen Sippe (Männer der Vaterseite) bilden vielfach noch die in Erbrecht und Wergeldempfang bevorzugte Gruppe der Speer- oder Schwertmagen gegenüber den Spindel- oder Kunkelmagen.

Durch diesen Übergang von der festen (geschlossenen) zu wechselnden (offenen) Sippe ist zwar der Kreis der fehde- und unterstützungspflichtigen Verwandten erweitert, zugleich aber die Festigkeit des inneren Zusammenhalts geschwächt und die später von Staat und Kirche geförderte Auflösung der Sippe eingeleitet worden. Heute spielt die „Großfamilie" im Recht nur eine geringe Rolle; unser „Familienrecht" ist wesentlich Ordnung der Kleinfamilie, des Hauses (s. II).

Die Bedeutung und den Verbandscharakter der Sippe, besonders der geschlossenen, bezweifelt Felix Genzmer, Die germ. Sippe als Rechtsgebilde, ZRG 67 (1950), 34 ff. Richtig ist, daß ihr Gefüge ziemlich locker war. Gegen die Gefahr des Aussterbens schützte indessen die Geschlechtsleite, s. u. III 1. Der Blutsverband bildete aber wohl stets den Sippenkern.

Die Bedeutung auch der mütterlichen Verwandtschaft bei den Germanen bezeugt Tacitus (Germania c. 20). Die agnatische Sippe (genealogia), am reinsten verkörpert durch das Königshaus mit seinem Geblütsheil, wird in karolingischer Zeit überschattet durch die wechselnde Sippe. Dagegen erstarkt sie sichtlich in staufischer Zeit. Ausdruck dessen ist das Aufkommen gentilizischer Namen und Wappen, die Gesamtbelehnung der Agnaten und die Rechtsbedeutsamkeit des Stammgutes (Hantgemal) als praedium libertatis.

Schrifttum: K. Schmid, Zur Problematik von Familie, Sippe und Geschlecht, Haus und Dynastie beim mittelalterlichen Adel, ZGO 105 (1957) 1 ff.; J. Balon, L'Handgemal à l'épreuve du droit, ZRG 73 (1954) 141 ff.

3. Die Sippe ist ein Element der Verfassung und erfüllt nach der klassischen, von Heinrich Brunner geprägten, heute freilich stark umstrittenen Lehre eine Reihe öffentlicher Aufgaben. Sie ist

a) Friedensgemeinschaft (*sibba* = *pax*). Sie gewährt ihren Genossen Frieden und damit Anteil an Recht und Freiheit (*friunt* = der Blutsfreund, Verwandte = der „Freiende"). Wer keine Sippe hat, der steht außerhalb des Rechts (der Fremde, Unfreie, Friedlose).

b) Schutzgemeinschaft. Sie schützt die Ehre ihrer Glieder; Angriff auf eines von ihnen ist Schädigung des Sippenheils, das wiederhergestellt werden muß durch Fehde und Blutrache; diese richtet sich gegen die gesamte Tätersippe, die ihrerseits zur Unterstützung des Angreifers verpflichtet ist (s. Kap. 9 I 2). Im Rechtsgang führt die Sippe Klage und leistet Eidhilfe (s. Kap. 10 III), sie empfängt Buße und Wergeld und haftet dafür. Diese Schicksalsgemeinschaft wird nur durch Verbrechen gelöst, die zur Preisgabe oder Friedlosigkeit (Zwangsentsippung) führen können (s. Kap. 9 III).

c) Rechtsgemeinschaft. Aus altem Gesamtrecht der Sippe stammen das Verwandtenerbrecht sowie das spätere Beispruchsrecht zu Vergabungen. Verlobung und Trauung waren von Haus aus Rechtsgeschäfte zwischen Sippen; zu gesamter Hand führt die Sippe die Aufsicht über den zum Vormund (*munt-poro, foramunto*) geborenen nächsten Schwertmagen. Als Rechtsverband übte die Sippe autonome Gerichtsbarkeit über Vergehen gegen Sippengenossen, die bis zur Ausstoßung oder Tötung gehen konnte.

d) Wehreinheit. Das germanische Heer ist die Gesamtheit der nach Sippen geordneten wehrhaften Männer. „*Non casus nec fortuita conglobatio turmam aut cuneum facit, sed familiae et propinquitates*" (Tac. Germ. c. 7). Der gesamte Heerbann wurde nur zur Verteidigung des heiligen Volksbodens aufgerufen; Angriffszüge wurden von Volksteilen oder Gefolgschaften unternommen.

e) Siedlungsgemeinschaft. Die Sippe als agrarische Produktionsgemeinschaft und Empfänger von Landzuweisungen ist nach Ausweis der Ortsnamenkunde (vgl. die Ortsnamen auf -ing, -ingen und -heim) schon zur Zeit der germanischen Siedlung auf römischem Reichsboden durch den herrschaftlichen Gesellschaftsaufbau verdrängt.

Vgl. Fritz Langenbeck, Untersuchungen über Wesen und Eigenart der Ortsnamen, ZGO 99 (1951) 54ff.; Ernst Schwarz, Deutsche Namenforschung II: Orts- und Flurnamen, 1950, S. 126ff.

4. Die vielseitigen Funktionen, welche die überkommene Lehre der Sippe als Ordnungsmacht zuweist, darf nicht dazu verführen, sie als korporativen Geschlechtsverband anzusehen. Entsprechend der bis in neueste Zeit fortlebenden Gleichsetzung von Freundschaft und Verwandtschaft (Magschaft) ist sie mehr *Lebenskreis* als festgefügte Organisation. Sie besitzt weder eine klare genealogische Grenze noch einen festen Mittelpunkt (Senior); jeder ist Mittelpunkt „seiner" Sippe. Die vorangeführten Funktionen der Sippe sind daher mehr Wirkungsweisen als Rechtsformen. Was die Sippe von der Hausgemeinschaft (familia) als soziale Erscheinungsform grundsätzlich unterscheidet, ist das freie Nebeneinander und die ständische Gleichheit (Ebenbürtigkeit) ihrer Glieder.

Schrifttum: K. Kroeschell, Die Sippe im germanischen Recht, ZRG 77 (1960) S. 1 ff.

II. Im Gegensatz zur genossenschaftlich organisierten Sippe ist das Haus des einzelnen Hausvaters streng herrschaftlich geordnet Es wird beherrscht von der väterlichen Hausgewalt (*munt,* lat. *manus* vgl. Mündel, mündig).

1. Der Munt des Hausherrn (*frô*) unterstehen

a) die Ehefrau, über die er die Gewalt von ihrem Muntwalt durch Sippenvertrag (schlecht sog. „Frauenkauf") erworben hat. Nach außen wird die Frau vom Manne in allen Rechtsfragen vertreten; im Innern des Hauses hat sie die Leitungsbefugnis (Schlüsselgewalt), daher *frouwa* fem. zu *frô*); Näheres im Privatrecht;

b) die von der echten Ehefrau geborenen und vom Vater ins Haus aufgenommenen Kinder; doch scheiden die Töchter durch Eintritt in eine Muntehe, die Söhne spätestens mit Begründung einer eigenen Hausgewalt aus der Vatermunt aus;

c) das freie Gesinde (*famuli* zu *familia*), während unfreie Diener der Gewere unterstehen (s. Kap. 6 II 1 a).

2. Die Munt ist zuerst Herrschaftsrecht über Personen (*pater* zu *potis* Gewalthaber, Despot), aber auch Schutzpflicht; kraft dieser forderte der Hausherr die Buße für Verletzung seiner Muntlinge, haftete aber auch für sie. Die Herrschaft äußerte sich vor allem in der Gerichtsbarkeit des Hausvaters, die bis zur Tötung, Verstoßung, Veräußerung gehen konnte; noch die Könige des Mittelalters (Konrad II., Friedrich II.) haben über unbotmäßige Söhne selbst gerichtet. Veräußerung war auch in „echter Not" (s. Kap. 10 I 1) statthaft.

Das Haus zeigt also (wie übrigens auch die Sippe) eine streng vaterrechtliche Struktur, die für alle Indogermanen typisch ist. Angebliche Spuren (vorindogermanischen?) Mutterrechts sind nicht sicher nachweisbar.

Schrifttum: K. Kroeschell, Haus und Herrschaft im frühen deutschen Recht. Ein methodischer Versuch, Göttinger rechtswiss. Stud. 70 (1968); A. Waas, Herrschaft und Staat im deutschen Frühmittelalter, Hist. Stud. 335 (1938).

III. Nachgebildete Verwandtschaftsverhältnisse können entstehen

1. durch Aufnahme in eine Sippe (Geschlechtsleite), so etwa bei Freigelassenen (s. Kap. 6 II 2a) oder bei Umsippung des Täters (s. Kap. 9 II 2);

2. durch Aufnahme in ein Haus (Wahlkindschaft, Adoption, fk. Affatomie), oft als *adoptio in heredem*, oder zur Sicherung politischer Bündnisse;

3. durch Blutsbrüderschaft (Rasengang); auch hier liegt eine Wurzel des im Mittelalter verbreiteten bündischen Wesens.

Schrifttum: W. Fritze, Die fränkische Schwurfreundschaft der Merowingerzeit. Ihr Wesen und ihre politische Funktion, ZRG 71 (1954) 74ff.

IV. Umgekehrt ist Entsippung möglich (durch Zerbrechen von vier Erlenstäben); auch konnte die Sippe einen Rechtsbrecher ausstoßen und sich von im lossagen (s. Kap. 9 I 1).

Kap. 5. Die Rechtsordnung der Wirtschaft

I. Das älteste Wirtschaftsrecht ist wesentlich Bodenrecht, und selbst dieses zeigt noch je nach dem Grade der Seßhaftigkeit wechselnde Bildungen. Die extensive Wirtschaftsweise zwang oft schon fest angesiedelte Völker oder Teile davon zu neuer Landnahme und Landverteilung; auch der Freiheitsdrang konnte zu Auswanderung führen.

1. Daher entstehen feste Rechtsbeziehungen zuerst zur **Fahrhabe**. Jagd- und Kriegsbeute, Waffen und Schmuck werden den einzelnen zugeordnet, auch schon der Viehstand (daher Erbe, *yrfé* = Viehstand). Vieh ist Reichtum und Zahlungsmittel (*faihu, fé* = Gut, Entgelt schlechthin, *pecunia* zu *pecus*, Kapital zu *caput*). Noch z.Z. der Volksrechte bedeutete Geldrechnung noch nicht Geldzahlung.

2. **Handel** mit Bernstein, Pelzen, Metallen bestand schon in der Urzeit und erstarkte durch die Berührung mit den Römern (Wein, Gewürze, Sklaven). Aber ein geldwirtschaftlich gerichtetes Handelsrecht konnte sich nicht entwickeln. Nicht das Geld war unbekannt (Münzfunde!), wohl aber Geldgesinnung, Zins und Wucher. Schätze werden gehortet und dienen oft religiösen Zwecken (Opfer, „heiliges Geld").

II. Das klassische Zeugnis für das germanische **Bodenrecht** ist das vielumstrittene 26. Kapitel von Tacitus' Germania, während die um rund 150 Jahre älteren Nachrichten Caesars (de bello Gall. IV 1; VI 22) wohl nur einzelne noch nicht zur Ruhe gekommene Teile des Suebenstammes betreffen. Aus Tacitus gewinnen wir das folgende durch Bodenkunde und spätere Verhältnisse ergänzte Bild:

1. Die Landnahme erfolgt im Verbande unter gegenseitiger Unterstützung der Genossen.

2. Das Pflugland wird unter diese „*secundum dignationem*" verteilt, so also, daß die an Kindern und Arbeitskräften Reicheren und Verdienteren (der Adel) erhöhte Anteile erhalten. Am Ackerboden besteht also zunächst nicht Sondereigentum, nur Sondernutzung, die Heimfall an die Gemeinschaft und Neuverteilung ermöglichte.

3. Zwischen Ackerland und Brache wird alljährlich gewechselt („Zweifelderwirtschaft"). Ob bereits Veranlassung bestand, die Feldflur in Gewanne gleicher Bodengüte zu gliedern und den einzelnen Höfen Flurstücke daraus zur Bewirtschaftung zuzuteilen, ist eine Frage der Siedlungsdichte. Die Vorstellung großer Haufendörfer schon zur Landnahmezeit (A. Meitzen) entspricht nicht dem Befund der Bodenforschung (vgl. Th. Mayer, Vom Werden und Wesen der Landgemeinde, VF 8 [1964] 173 ff).

Das Alter der Gewannflur ist noch ungeklärt. Heute neigt man dazu, die Gewannverfassung erst der mittelalterlichen Siedlungsgeschichte zuzuweisen. In Niederösterreich östlich Wiens ist sie erst im Zuge des Landesausbaues nach dem Ungarnsieg Heinrich III. entstanden. Auch ist sie nicht überall vorhanden. So fehlt sie in großen Teilen des alpinen Österreich (Kärnten, Steiermark, Salzburg) gänzlich. Vgl. D. Werkmüller, Gewann, HRG I 1649 ff.

4. **Gesamtnutzung** besteht an der gemeinen Mark, „**Allmende**"; dazu gehören die unverteilten Naturschätze wie Wald, Weide, Wasser, Steinbruch, Torfstich usw. Hier ist jeder Teilhaber seinem Bedarf entsprechend mitnutzungsberechtigt.

In Innerdeutschland, das zu dieser Zeit noch großenteils Wald- und Moorlandschaft ist, bilden die Siedlungen vielfach Inseln. Erst das Anwachsen der Bevölkerung läßt an Stelle leerer Grenzstreifen Gemarkungsgrenzen treten. Neben dem ausschließlichen Nutzungsanspruch der Siedlergemeinde (Nachbarschaft) am unbebauten Land verliert nun die freie Nutzung immer mehr an Boden.

5. Im Sondereigentum stehen bereits Haus und Hofstatt (*gard*) als umfriedetes Besitztum. Daß hier zuerst sich ein Individualrecht bilden mußte, ergibt sich schon aus der Heiligkeit des Hauses als Sitz der Hausgötter und Grabstätte der Ahnen. Aber auch dieses Eigentum ist nicht frei verfügbar, sondern familienhaft gebunden („Verfangenschaftsrecht"). Grundverkehr und Grundkredit waren unbekannt.

6. Das ganze System verlangt bei größerer Siedlungsdichte eine planmäßig geleitete Wirtschaft mit „Flurzwang". In Überschätzung der Dorfgrößen glaubte man daher nicht ohne die Annahme einer entwickelten Dorfgemeinschaft oder einer neben ihr stehenden, manchmal mehrere Dörfer umfassenden „Markgenossenschaft" auskommen zu können, deren Alter und Verbreitung jedoch umstritten ist.

Die „Juristenlehre" von der urgermanischen Markgenossenschaft (O. v. Gierke) darf als abgetan gelten (vgl. K. S. Bader, Das mittelalterliche Dorf als Friedens- und Rechtsbereich, Bd. I 1957). Dagegen gewandt haben sich zunächst die Wirtschaftshistoriker, vor allem Alfons Dopsch (Wirtschaftliche und soziale Grundlagen der europ. Kulturentwicklung I², 1923; Die freien Marken in Deutschland, 1933). Danach wäre die Markgenossenschaft eine spätere, grundherrliche Neuerung; am Anfang stünde die freie, ungeregelte, eigentumsartige Nutzung an Feldflur und Ödland. Ähnlich in tief eindringender Forschung für Mitteldeutschland Fr. Lütge, Die Agrarverfassung des früheren Ma. im mitteldeutschen Raum, 1937; desgl. für den Mittel- und Niederrhein F. Steinbach, Ursprung und Wesen der Landgemeinde nach rheinischen Quellen (Arbeitsgemeinschaft f. Forschung des Landes Nordrhein-Westf., Geisteswissenschaft 87, 1960). Zu einer merkwürdigen Urständ hat der Marxismus-Leninismus der Markgenossenschaftslehre verholfen (vgl. dazu A. Olowson, Markgenossenschaftslehre und Marxismus, Diss. Zürich, 1967). – Eine gewisse Wirtschaftsregelung dürfte es allerdings stets gegeben haben, vor allem ein persönliches, genossenschaftliches Band, gegenseitige Unterstützungspflicht usw. Diese nachbarliche Solidarität war der Kern der Gemeinwirtschaft. Möglicherweise fiel die Wirtschafts- regelmäßig mit der Dorf- oder Familiengemeinschaft zusammen. In manchen Teilen Europas (Norden, Friesland, Alpenvorland) gab es echte, das Dorf übergreifende Marken.

7. Auch über die Siedlungsformen lassen sich keine allgemeinen Aussagen machen; die Grenzen zwischen Dorf, Weiler und Einzelhof waren fließend; Einzelhöfe überwiegen z. B. in Westfalen und im Alpengebiet; bei ihnen stand auch das Ackerland im Sondereigentum; Allmenden (Almen) gab es auch hier.

Die Frage, ob die Germanen bereits **Burgen** bauten, kann nicht schlechthin mit Ja oder Nein beantwortet werden. Von einem durchgehenden Burgenbau (H. Dannenbauer) kann keine Rede sein. Im allgemeinen lebte auch der Adel auf kaum befestigten Herrenhöfen. Dagegen haben Kampfzeiten, wie die Auseinandersetzungen mit Rom oder innere Stammesfehden sehr wohl zur Anlage von Volksburgen geführt, die nicht nur Fliehburgen waren, da sie den Kleinkönigen als Wohnsitz dienten, wie im 4. Jahrh. das alamannische Glauberg bei Büdingen. Entfiel der Anlaß, so verfielen solche Wehrbauten jedoch rasch wieder, schon weil ein gedrängtes Zusammenleben dem germanischen Unabhängigkeitsdrang widersprach.

Schrifttum: J. Werner, Zu den alamannischen Burgen des 4. und 5. Jahrh., Festschrift J. Spörl (1965) 439ff.; G. Mildenberger, Germanische Burgen in Mitteldeutschland, Festschr. W. Schlesinger I (1973) 31ff.

8. Das Wirtschaftsbild der klassischen Rechts- und Verfassungsgeschichte ist bestimmt von der Vorstellung einer tragenden Schicht ge-

meinfreier Großbauern. Die neuere Forschung hat es wahrscheinlich gemacht, daß ein herrschaftlicher Einschlag, Hausmachtbildungen und Kampfverbände, von je die germanische Wirtschaftsordnung wesentlich beeinflußt haben. Der freie Germane schätzt Kampf und Abenteuer und überläßt Ackerbau und Rodung lieber seinen hörigen Knechten. Die germanische bäuerliche Urdemokratie – ein romantisches Wunschbild, in dem sich Tacitus und das 19. Jhdt. begegneten – hat es in dieser Reinheit wohl nie gegeben. Das unstete Schweifen, das gefahrvolle Leben, wie es die Heldensage so hoch bewertet, verlangte nach Führung und Unterordnung ebenso wie nach wirtschaftlicher Ungebundenheit.

Kap. 6. Die Stände des Volkes

Schrifttum: R. Hachmann, Zur Gesellschaftsordnung der Germanen in der Zeit vor Christi Geburt, Archaeol. Geogr. 5/6 (1956/57) 7ff.; R. Scheyhing, Ebenbürtigkeit, HRG I 793 ff.

I. Über die altgermanische Sozialverfassung lassen sich nur schwer allgemeine Aussagen machen, da sie offenbar in ständiger Umformung und Differenzierung begriffen war. Es kommt hier weniger darauf an, den Urzustand darzustellen, als die für die Folgezeit entscheidenden Momente aufzuzeigen. Das ganze Mittelalter ist von einem starken Gefühl dafür beherrscht, daß Ränge und Ordnungen im Weltplan vorgegeben seien; das deutet auf ihr Vorhandensein schon in sehr früher Zeit hin.

1. Stände sind Menschengruppen, die nach rechtlichen Gesichtspunkten gebildet sind, also nicht nach wirtschaftlichen, wie Klassen, oder religiösen, wie Kasten. Zum Unterschied von diesen sind die germanischen Stände nicht streng voneinander abgeschlossen, Aufstieg in einen höheren, Absinken in einen niederen Stand ist möglich. Daher spalten die Stände auch das Volk nicht auf, sind vielmehr vom Volksrecht anerkannt.

2. Die Stande waren Geburtsstände; kraft seiner Herkunft war einer des anderen Über- oder Ungenoß. Diese „Ebenburt" hat mannigfache Bedeutung, z.B. für die Ehe und das Schicksal der Kinder. Erst später treten Berufsstände auf, z.B. der Ritterstand, die sich wieder zu Geburtsständen zurückbilden können.

II. Wie viele Geburtsstände man anerkennt, hängt von der Bewertung der Unfreiheit ab. Die bisherige Lehre unterschied drei Stände: Die Freien bilden den „Normalstand", unter ihnen stehen Minderfreie, über ihnen steht der Adel.

1. Keinen Stand im Rechtssinne bilden nach herrschender Meinung die Unfreien.

a) Der Knecht (*Schalk, deo,* fem. *diorna* zu *dionôn*) gehört überhaupt nicht in eine für Menschen geltende Ordnung hinein, er steht unter Sachenrecht, also nicht in der Munt, sondern in der Gewere seines

Herrn; er hat kein Wergeld, vielmehr sein Herr den Anspruch auf eine Sachbuße, wie er auch für ihn haftet. Er ist ehe-, wehr- und vermögensunfähig sowie zu ungemessenen Diensten verpflichtet. Wirtschaftlich standen die Knechte nach Tac. Germ. c. 25 kaum schlechter als die Halbfreien (unten 2); sie konnten zum Hausgesinde gehören, aber auch eine eigene Wirtschaft überlassen bekommen (*servi casati*). Zur Knechtschaft führt Kriegsgefangenschaft, unfreie Geburt und Zahlungsunfähigkeit; Tac. Germ. cap. 24 berichtet von der Selbstverknechtung des Spielschuldners.

b) Die Knechtschaft kann enden durch Freilassung; sie bedeutet rechtliche Verwandlung einer Sache in einen Menschen. Jedoch gab volles Freienrecht nur die öffentliche Freilassung in der Landsgemeinde in Verbindung mit Geschlechtsleite. Private Freilassung durch den Herrn führt nur zur Minderfreiheit.

Diese Lehre wird jetzt mit guten Gründen bestritten von Arnold Ehrhardt (Rechtsvergleichende Studien zum antiken Sklavenrecht, ZRG Rom. 68, (1951) 74ff.). Danach ist ein Unterschied zwischen rechtlicher und wirtschaftlicher Lage der Unfreien für die Frühzeit nicht anzunehmen; die Sachqualität des „Sklaven" tritt erst in den schon vom spätantiken Sklavenrecht beeinflußten Quellen der nächsten Periode hervor. Nach Tacitus war zumindest der *servus casatus* nicht ganz vermögensunfähig. Ist das richtig, so müßten vielleicht Abstufungen schon innerhalb der germanischen Unfreiheit angenommen werden, und die Unfreien dürften nicht mehr aus der Ständeordnung ausgeschieden werden. Es würde sich so aber auch erklären lassen, daß noch dem Ma. der römische Begriff der Sklaverei als Statuslosigkeit, als *character indelebilis*, die Figur des „herrenlosen" Sklaven unbekannt geblieben ist. Unfrei war nur, wer einen Herrn über sich hatte. Daraus werden unten Kap. 30 I 2a Folgerungen gezogen.

2. Minderfreie sind

a) zunächst die **Freigelassenen** (*liberti*); sie sind als Personen anerkannt und haben (gemindertes) Wergeld; doch mußte ihnen die Schutzgewalt ihres Patrons die fehlende Sippe ersetzen. Im übrigen richtete es sich nach den Bedingungen der Freilassung, ob sie freizügig wurden oder schollensässig (*glebae adscripti*) blieben und inwieweit sie zu (jetzt stets gemessenen) Diensten und Abgaben verpflichtet waren. Haben sie ein eigenes Gut, so können sie als Zubehör nur noch mit diesem veräußert werden und sich u. U. aus dessen Erträgen freikaufen.

b) In die gleiche Rechtslage kam später die Gruppe der **Liten** (*laeti, lassi, aldii*); das waren Angehörige unterworfener, meist stammverwandter Völkerschaften, die oft auf die Vornehmen des Siegerstaates verteilt wurden und deren Anhang und politischen Einfluß vermehrten.

3. Die **freien Leute** (Frilinge, Kerle) sind die durch eine freie Sippe geschützten Vollberechtigten. Sie sind, soweit waffenfähig, Träger der politischen Rechte, Teilnehmer an Landsgemeinde und Rechtsprechung, aber auch zu gegenseitiger Rechtshilfe verpflichtet. Sie bilden den Kern des Volkes.

4. Der germanische **Adel** wird von alten Geschlechtern gebildet, die ihren Ursprung auf göttliche Ahnen zurückführen und mit über-

natürlichen Heilskräften begabt sind. Die rechtliche Sonderstellung des Adels, oft zu Unrecht bestritten, beruhte auf seiner Leitungsgewalt in Landsgemeinde (s. Kap. 7 II 2) und Justiz (s. Kap. 10 I 2) sowie auf seinem Gefolgschaftsmonopol (s. Kap. 8 III 1). Sie war letztlich religiös fundiert (s. Kap. 3 III 2); daher noch im Mittelalter die adlige Kirchherrschaft (s. Kap. 12 II 5). Der Adel war aber auch wirtschaftlich begünstigt (s. Kap. 5 II 2); seine Herrensitze sind zugleich Volks- und Fluchtburgen. Korrelat der Adelsherrschaft ist eine erhöhte Verantwortung; adlige Geiseln sichern politische Verträge. Die Adelsherrschaft ist eines der stärksten Dauerelemente der Verfassungsgeschichte geworden; auch das Aufkommen eines Dienstadels nach der Völkerwanderung (s. Kap. 12) bedeutet nur eine neue Rechtsform, unter der sich die Substanz des germanischen Geburtsadels erhalten hat.

Kap. 7. Die Verfassung

Schrifttum: Felix Dahn, Die Könige der Germanen, 20 Bde, 1861–1909; W. Merk, Der german. Staat, 1927; R. Wenskus, Stammesbildung und Verfassung, das Werden der frühmittelalterlichen Gentes, 1961. Weiteres zu Kap. 8.

I. Man hat oft gefragt, von welchem Zeitpunkt an der Ausdruck „Staat" sinnvoll gebraucht werden könne. Viele wollen ihn auf den „modernen", bürokratisch organisierten und mit einem „Apparat" versehenen Territorial- und Anstaltsstaat beschränken. In rechtsgeschichtlicher Sicht ist jedoch Staat jede auf keinen anderen Titel rückführbare Ordnung des Volksverbandes. Der älteste europäische Staat war weder Patriarchalstaat (erweiterte Sippe) noch Patrimonialstaat (auf Eigentum gegründet). Bis zum Ausgange des Mittelalters war der Staat eine lebendige, organische Gemeinschaft, die mehr auf persönlichen als auf institutionellen Bindungen beruhte, also ein „Personenverbandsstaat", eine personenrechtliche Gemeinschaft, ein Volksstaat. Zweifellos ist dieser Staat dem modernen gegenüber unvollkommen, er ist noch im Werden begriffen, und das Tempo der Entwicklung war in den verschiedenen Ländern Europas sehr ungleich. In der germanischen Zeit waren die Staatsziele jedenfalls noch äußerst beschränkt, viele Aufgaben noch der Selbstverwaltung von Teilverbänden, z.B. der Sippen, überlassen; aber im Ernstfalle wußte der Staat ihnen gegenüber seine Souveränität zu wahren; die Friedlosigkeit durchschnitt das Sippenband (s. Kap. 9 III). Der Staat ist nicht aus den Sippen entstanden, eher im Kampfe gegen sie; aber in ihrer Anerkennung als Selbstverwaltungsorgane liegt zugleich ein rechtsstaatliches Moment; der Staat war Rechtsstaat, da er die Sonderrechte der Teilverbände achtete. Die Wurzeln der Selbstverwaltung liegen also schon im germanischen Staate; in England sind sie kräftig weiterentwickelt worden, während sie im kontinentalen Polizeistaat verkümmerten und im 19. Jhdt. künstlich neubelebt werden mußten.

1. Tacitus kennt den germanischen Staat als „*civitas*" und schildert ihn als Klein-, ja Zwergstaat, der nicht einen ganzen Stamm, nur eine

Völkerschaft umschließt. Damit gibt er eine Momentaufnahme, die nur für die Rheingermanen seiner Zeit richtig ist. Vorgeschichtliche Fürstengräber lassen darauf schließen, daß es in der Frühzeit größere, straffer geleitete Staaten gegeben hat; Restbestände von ihnen sind die Kultverbände, z. B. der Semnonen, aus denen sich dann wieder völkerrechtliche Bündnisse, oft mit Hegemonie eines Staates, bilden konnten (so bei den Sueben, Cheruskern, Markomannen). Der Stammesstaat der Sachsen beruhte noch zur Zeit Karls d. Gr. auf einem solchen bündischen Zusammenschluß.

2. Mit zunehmender Seßhaftigkeit wird dem Staat ein durch einen breiten Grenzsaum geschütztes Staatsgebiet eigen. Innerhalb der civitas können sich politische Gliederungen finden, die aber nicht etwa modernen Verwaltungsbezirken gleichzusetzen sind. Solche sind

a) bei größeren Staaten der Gau, unter einem oder mehreren Gaufürsten, der außenpolitisch eine gewisse Selbständigkeit genießen kann, so daß auch innerhalb der einzelnen civitas ein föderales Moment zutage tritt;

Über das Wesen des Gaues *(pagus)* besteht keine klare Vorstellung. Es gab sehr ausgedehnte, aber auch kleinere, ja örtliche *(locus)* Gaue. Vielfach dürften in ihnen römische Verwaltungseinheiten (Stadt-, Kastell-, Fiskalbezirke) nachklingen. Vgl. H. K. Schulze, Gau, HRG I 1392 ff.

b) die Hundertschaft *(huntari)*, ursprünglich ein Heeresverband, vielleicht die Gefolgschaft eines Adligen, später Träger der Sühnegerichtsbarkeit (s. Kap. 10) und bei manchen Stämmen, so den Friesen und Alemannen, als Herrschaftsbezirk territorialisiert.

Vgl. H. Dannenbauer, Hundertschaft, Centena und Huntari, Hist. Jb. 62/69 (1949) 155 ff., Neudr. in: Grundlagen der ma. Welt (1958) 179 ff.; F. Steinbach, Hundertschar, Centena und Zentgericht, Rh. Vjbl. 15/16 (1950/51) 121 ff., Neudr. in: Collectanea F. Steinbach (1967) 706 ff.; Theodor Mayer, Staat und Hundertschaft i. fränk. Zeit, Rh. Vjbl. 17 (1952) 344 ff., Neudr. in: Ma. Studien (1958, Nachdr. 1963) 98 ff.; K. Kroeschell, Hundertschaft, HRG II 271 ff.

II. Der geringe Umfang der civitas gestattet eine einheitliche Staatswillensbildung. Ihr Zentralorgan ist das *conuilium ciuitatis,* wofür wir nach Schweizer Muster Landsgemeinde sagen; alte Ausdrücke sind *ding, thing* (zu idg. *tenkos*, lat. *tempus,* eine zu bestimmter Zeit stattfindende Versammlung), *mahal, mallus* zu *mahalan* sprechen, vgl. vermählen, Parlament. Der Entzug des Versammlungsrechts durch die Römer traf manche Germanenstaaten ins Mark.

Die Landsgemeinde heißt auch der „Diot"; als Hauptwort um 1500 abgestorben lebt es fort in *deutsch,* ital. *tedesco,* englisch *dutch* = Holländer.

1. Die Landsgemeinde tritt als „echtes Ding" in regelmäßigen Zeitabschnitten zusammen, meist bei Mondwechsel (Zeitrechnung nach Nächten!), außerdem als „gebotenes" Ding in Eilfällen. Sie ist zugleich Heerversammlung – daher Pflicht zu bewaffnetem Erscheinen – und Opferversammlung; sie tagt in geweihtem Ring, wird feierlich „gehegt" und steht unter dem „Bann" *(imperium)* der Priester, worin

in Ermangelung eines Klerus die Fürsten in kultischer Funktion zu verstehen sind.

2. Der Adel hat aber nicht nur die formelle, sondern auch die materielle Leitungsgewalt. Dies folgt aus dem oft zu schnell überlesenen
Schlüsselsatz Tac. Germ. cap. 11:

*De minoribus rebus principes consultant, de maioribus omnes, ita tamen, ut ea quoque
quorum penes plebem arbitrium est, apud principes praetractentur.*

Es besteht also ein **Fürstenrat**, die Keimzelle der späteren adligen
Hof- und Reichstage, der alle Angelegenheiten vorberät, die kleineren
endgültig entscheidet und nur die größeren vor das Plenum bringt. Er
verfügt also über den Verhandlungsstoff, und schon dadurch konnten
die Fürsten auch in der Versammlung selbst einen bestimmenden Einfluß ausüben. Sie stellen die Anträge und lenken von bevorzugten
Plätzen aus durch die Macht ihres Wortes die Beratungen. Das Volk
kann die Anträge ablehnen oder annehmen, letzteres, die „Vollbort"
(*vulbort* von *vulberan*) geschieht durch Waffenrührung (*vapnaták*),
womit zugleich die Verpflichtung übernommen wird, zu dem Be-
schlusse zu stehen.

3. Die Beschlüsse der Landsgemeinde werden einstimmig gefaßt;
Abstimmung und Mehrheitsbildung sind noch unbekannt. Sie betreffen
zentrale politische Entscheidungen, etwa über Krieg und Frieden,
Wahlen, Freilassung, Wehrhaftmachung usw. Über die Landsgemeinde
als Gericht s. Kap. 9 III.

4. **Vollstrecker** der Beschlüsse sind gleichfalls die Fürsten. Aber
keinesfalls darf man sie deshalb als „Beamte" kennzeichnen; sie haben
keinen fest umgrenzten Pflichtenkreis, bestimmen vielmehr ihre Aufgaben unter eigener Verantwortung; sie beherrschen nicht das Volk,
sondern dieses herrscht über sich selbst durch die Fürsten als seine
Repräsentanten. So ist jeder Gegensatz zwischen Adels- und Volksrecht ausgeschaltet und der demokratische Charakter der Verfassung
gewahrt, wenn auch mit deutlichem aristokratischem Einschlag. Die
germanische Demokratie ist keine gleichmacherische (egalitäre), sondern
eine gestufte (hierarchische), aber stets Selbstregierung des Volkes.

Kap. 8. Königtum, Herzogtum und Gefolgschaft

Schrifttum: F. Kern, Gottesgnadentum und Widerstandsrecht im früheren Ma.,
1914, 5. Aufl., 1970; R. Kienle, Germ. Gemeinschaftsformen, 1939; H. Naumann,
Altdeutsches Volkskönigtum, 1949; K. Hauck, Geblütsheiligkeit, in „Liber Flori-
dus", Festg. f. P. Lehmann, 1950; ders., Die germanische Auffassung von Königtum und Adel (Rapports III 96 ff. des 11. Internat. Historikerkongresses, 1960); H.
Schneider Herrscher und Reich in der dt. Heldendichtung, Festschrift f. J. Haller,
1940; H. Dannenbauer, Adel, Burg und Herrschaft bei den Germanen, Grund-
lagen d. dt. Verf.-Entwicklung, Hist. Jb. 61 (1941) 1 ff., Neudr. in: Wege d. Forschung
II (1956) 66 ff.; Otto Höfler, Germanisches Sakralkönigtum, Bd. I, 1952; ders.,
Der Sakralcharakter des germanischen Königtums, VF 3 (1956) 75 ff.; J. de Vries,
Das Königtum bei den Germanen, Saeculum 7 (1956) 289 ff.; A. Erler, Heil,
HRG II 41 ff.; ders., Königsheil, HRG II 1040 f.; Sammelband VF 3 (1954):

Das Königtum – Seine geistigen und rechtlichen Grundlagen; K. Bosl, Reges ex nobilitate, Duces ex virtute sumunt (Tacitus, Germania c. 7), in: Frühformen d. Gesellschaft (1964) 62ff.; W. Schlesinger, Herrschaft und Gefolgschaft in der germ.-deutschen Verf.-Geschichte, HZ 176 (1935) 226ff., Neudr. i. Beitr. z. dt. Verf.-Gesch. d. Ma. (1963) I 9ff.; ders., Über germanisches Heerkönigtum, VF 3 (1956) 105ff., Neudr. in: Beiträge I (1963) 286ff.; H. Mitteis, Formen der Adelsherrschaft im Ma., Festschrift F. Schulz (1951) 226ff., neu abgedr. in Die Rechtsidee in der Geschichte (1957) 636ff.

Während die im vorigen Kapitel geschilderten Verfassungselemente einen mehr statischen Charakter tragen, sollen nunmehr die dynamischen, in die Zukunft der europäischen Staatenwelt weisenden Faktoren zusammengefaßt werden.

I. Das **Königtum,** das bei den Stämmen der Ostgermanen bereits fest eingewurzelt war, ist gegen Ende der germanischen Epoche auch zu den Westgermanen vorgedrungen. Nur die alten Sachsen haben an der „Prinzipatsverfassung" festgehalten.

1. Auch das Königtum war ein Stück der Volksverfassung. Es gab keinen Gegensatz zwischen Monarchien und Republiken; die Königsstaaten sind gleichfalls aristokratische Republiken, wenn auch gekrönte; auch in ihnen steht neben dem Königtum ein Adel, der König ist nur der erste Edelmann des Landes; er entstammt der adligsten der Sippen, der *stirps regia.* Aus dem Bestreben des Adels, sein eigenes Erbcharisma neben dem des Königsgeschlechts zur Geltung zu bringen, haben sich später schwere Spannungen ergeben; die Kämpfe des Adels um und oft auch gegen das Königtum haben das Schicksal der europäischen Staaten bis an die Schwelle der Gegenwart bestimmt.

2. Der König war Symbol der Volkseinheit, Mittler zu den Göttern, Bürge für Ernteglück, Sieg und Frieden; besondere Heilskräfte strahlen von ihm aus (*kuninc* wahrscheinlich herzuleiten von *kunne* = können). Zwischen ihm und dem Volke besteht ein Verhältnis der Gegenseitigkeit; seine Macht beruht auf dem Volksrecht und Volkswillen *(vis pendet in populi sententia)*; daher das Widerstandsrecht des Volkes gegen einen König, der die Verfassung mißachtet und zum Tyrannen wird. Nicht das Volk gehört dem König, sondern der König dem Volke als sein höchstes Gut; daher das Königsopfer, wenn die Heilskräfte des Königs versiegt sind; dieses Schicksal konnte später (751, 919) das ganze königliche Haus treffen (s. Kap. 11 III 5, Kap. 20 III 1 e).

3. Der König erwirbt seine Würde weder durch Erbrecht noch durch freie Wahl. Die Wahl ist vielmehr gebunden an das Geblütsrecht; sie ist Auswahl des Tauglichsten aus dem Königsgeschlecht; erst wenn dieses erloschen ist oder sein Heil verloren hat, kann zu einer anderen Adelssippe übergegangen werden. Der König kann aber auch selbst die Thronfolge beeinflussen; er kann alle seine Söhne bis auf einen ausschließen und diesen einen zu sich auf den Hochsitz bescheiden, zum Mitregenten machen; darin liegt zugleich ein bindender Wahlvorschlag, eine Designation (s. Kap. 23 I). Es können aber auch mehrere Söhne zur Samtherrschaft gelangen und gesonderte Wirk-

bereiche zugewiesen erhalten; diese Form hat sich besonders lange bei den Franken erhalten, während die meisten übrigen Stämme zur Einherrschaft übergegangen sind (s. Kap. 11, 13 II 1), wieder mit Ausnahme der Sachsen, die an der „Prinzipatsverfassung" festhielten (s. Kap. 20 I 1 b).

Die ältere Auffassung, wonach das Sakralkönigtum allen germanischen Stämmen ursprünglich gemeinsam war und die Prinzipatsverfassung einzelner Stämme eine jüngere Entwicklungsstufe darstellt, gewinnt neuerdings wieder an Boden (vgl. W. Schlesinger, Heerkönigtum, S. 115 f., R. Wenskus, Stammesbildung, S. 412ff.). Die Prinzipatsverfassung stellt darnach eine revolutionäre Entwicklung des letzten vorchristlichen Jahrhunderts dar, die vom keltischen Raum her beeinflußt ist und in Zusammenhang steht mit dem Übergang zu befestigten Höhensiedlungen (oppida) durch benachbarte westgermanische Stämme. „So wie das Heiligtum die Basis des Sakralkönigtums ist, so ist die Burg das Fundament der Adelsherrschaft" (Wenskus).

II. Neue Kraftquellen erschlossen sich dem Königtum, als in den Stürmen der Völkerwanderungszeit das Moment der Führung im Kriege immer bedeutsamer wurde. Das Königtum verband sich mit dem zur Dauereinrichtung gewordenen Herzogtum.

1. Ursprünglich war der Herzog *(dux, herizogo)* ein für die Dauer eines Krieges bestellter militärischer Leiter der Völkerschaft. Dabei kam es weniger auf Abstammung als auf Verdienst an. „Reges ex nobilitate, duces ex virtute sumunt" (Tac. Germ. cap. 7). Jedoch liegt hierin kein echter Gegensatz, da der Adel sich meist auch durch Kriegserfahrung auszeichnete.

2. Das Herzogtum bedeutete, verfassungspolitisch gesehen, einen Ausnahmezustand. Beschlüsse der Landsgemeinde banden den Herzog nicht, auch die Sippenfehde ruhte im mobilen Heere; zugespitzt könnte man sagen, im Kriege herrschte Friede. Verfrühte Versuche (Marbod, Arminius), den Ausnahmezustand in einen dauernden zu verwandeln, scheiterten; erst der geschichtliche Verlauf brachte es mit sich, daß das Herzogtum sich immer mehr befestigte; so konnte der Heerbann des Königs-Herzogs zum Ausgangspunkt neuer verfassungsrechtlicher Bildungen werden; von dort aus ist dem Königtum die Gesetzgebungs- und Vollzugsgewalt zugewachsen, die ihm in den späteren Großreichen eignet. Es konnte sich die Auffassung bilden, daß das ganze Volk eine große Königsgefolgschaft darstelle; auf diese Weise hat das persönliche Verhältnis von König und Volk eine feste Grundlage erhalten.

III. Die Gefolgschaft *(comitatus, druht, trustis* zu Trost, daher *druht-sazzo,* Truchseß) ist gleichfalls eine organische Einrichtung der germanischen Verfassung. Sie ist für die Folgezeit von kaum zu unterschätzender Bedeutung geworden.

1. Eine Gefolgschaft zu halten steht Königen, Herzögen und Adligen zu. Sie übernehmen die kriegerische Ausbildung der Jungmannen (*degen* zu griech. τέκνον), die unter ihre Munt treten und von ihnen verpflegt und ausgerüstet werden. Auf der Gefolgschaft beruhte die Adelsmacht im Frieden wie im Kriege *(in pace decus, in bello praesidium).*

2. Im Laufe der Zeit wird die Gefolgschaft immer mehr zu einem

Dauerverhältnis, das auch ältere, bewährte Krieger umfaßt. Der Gefolgsmann leistet dem Herrn einen Treueid, der ihn auf Leben und Tod verpflichtet. Die Gefolgschaftstreue ist das poetisch verklärte Vorbild jeder Treuebindung geworden. Herrentreue und Gefolgschaftstreue bedingen einander. Auch die Gefolgsleute untereinander bilden, ähnlich wie die Sippe, eine Friedensgemeinschaft; sie ist selbst genossenschaftlich organisiert und in Ränge gegliedert; daraus erklärt es sich, daß später sich auch die Vasallen eines Herrn zu Lehnskurien zusammenschließen konnten.

Die germanische Treue ist nicht Gesinnungssache, sondern Bestandteil der alle archaischen Gesellschaften bestimmenden Rechtsmagie. Treue gründet auf Treuschwur, Treubruch bedeutet Selbstverfluchung, deren Folgen man durch Opfer und Buße abzuwenden sucht. Die in kultischer Form mit der Hand gegebene Treue ersetzt in der Frühzeit die fehlende Rechtssanktion seitens der Staatsgewalt. Mit der Rationalisierung des Rechtes verfällt die Bindekraft der Treue. Mit der Formel „Treu und Glauben" endet die Rechtsmagie des Mittelalters.

3. Mit solchen Gefolgschaften werden Beute- und Eroberungszüge unternommen, ganze Gefolgschaften treten in den Dienst fremder Herrscher; auch in das römische Heerwesen ist der Gefolgschaftsgedanke eingedrungen. An Stelle der Ausstattung mit Waffen, des „Heergewätes", das bei Ausscheiden des Gefolgsmannes an den Herrn zurückfällt, tritt vielfach die Hingabe von Land oder nutzbaren Rechten; diese Abschichtung läßt das Gefolgschaftsband unberührt. So wird die Gefolgschaft zur Vorstufe des späteren Lehnswesens (s. Kap. 16 II 1 b), andrerseits ist aber noch der personelle Charakter des ma. Reiches im Gefolgschaftsgedanken verwurzelt.

Die germanische Gefolgschaft *(comitatus)* des Tacitus ist nach H. Kuhn (Die Grenzen der germanischen Gefolgschaft, ZRG 73 [1956] S. 1ff.) eine Sondererscheinung des Reckenzeitalters (Recke = heimatloser Held, von germ. *wrekan* = rächen, verfolgen). Auf Abenteuer und Beute abgestellt konnte sie nur in den großen Unruhezeiten (Römer- und Völkerwanderungszeit im Süden, Wikingerzeit im Norden) gedeihen. Nicht problemlos war ihre Berührung mit dem abhängigen Gefolge (den *clientes* des Tacitus). Beiden Schichten gemeinsam ist Treuepflicht und Waffenhilfe. Sind die freien Gefolgsleute zahlreich, so neigen sie dazu, sich als eine Art Hofgesellschaft von den minderfreien Hausgenossen abzusondern, von denen sie sich schon nach Herkunft wie durch die Ausschließlichkeit des Waffendienstes und die freie Lösbarkeit des Bandes unterscheiden. Andererseits hat die enge Berührung mit der Gefolgschaft zur sozialen Hebung der minderfreien Hausgenossen beigetragen und die Verschmelzung beider Schichten begünstigt. Wie in der Hausgenossenschaft, so stehen sie später auch im Lehnhof beisammen.

Schrifttum: H. Hattenhauer, Zur Autorität des germanisch-mittelalterlichen Rechtes, ZRG 83 (1966) S. 258ff.; F. Graus, Über die sogenannte germanische Treue, Historica 1 (Prag 1959) 71ff.; ders., Herrschaft und Treue, Betrachtungen zur Lehre von der germanischen Kontinuität I, Historica 12 (Prag 1966) 5ff.; H. Helbig, Fideles Dei et regis. Zur Bedeutungsentwicklung von Glaube und Treue im hohen Mittelalter, Arch. f. Kult. Gesch. 33 (1951) 275ff.; W. Fritze, Die fränkische Schwurfreundschaft der Merowingerzeit, ihr Wesen und ihre politische Funktion, ZRG 71 (1954) 74ff.; W. Schlesinger, Randbemerkungen zu drei Aufsätzen über Sippe, Gefolgschaft und Treue, Festschr. O. Brunner (1963) 11ff., Neudr. in: Beiträge 1 (1963) 286ff.; K. Schmid, Über das Verhältnis von Person und Gemeinschaft im frühen Mittelalter, Frühma. Stud. 1 (1967) 225ff.; K. Kroeschell, Gefolgschaft, HRG I 1433.

Kap. 9. Die Unrechtsfolgen

Schrifttum: Wilda, Das Strafrecht der Germanen, 1842; K. v. Amira, Die germanischen Todesstrafen, 1922; R. His, Das deutsche Strafrecht bis zur Carolina, 1928; F. Beyerle, Das Entwicklungsproblem im germanischen Rechtsgang I: Sühne, Rache und Preisgabe in ihrer Beziehung zum Strafprozeß der Volksrechte, 1915; K. Binding, Die Entstehung der öffentlichen Strafe im germanisch-deutschen Recht, 1909; H. Keutgen, Private und öffentliche Sühne im Strafrecht, 1936; J. Jastrow, Der Ursprung des Strafrechts aus dem Stand der Unfreien, Schweiz. Zeitschr. f. Strafrecht 50, (1936) 33 ff.; Jul. Goebel, Felony and misdemeanour, New York 1937; dazu H. Mitteis, ZRG. 58 (1938), 857; B. Rehfeldt, Todesstrafen und Bekehrungsgeschichte; zur Rechts- und Religionsgeschichte der germanischen Hinrichtungsbräuche, 1942; Eb. Schmidt, Einführung in die Geschichte der deutschen Strafrechtspflege, 3. Aufl. 1965; P. Achter, Die Geburt der Strafe, 1951; G. Radbruch und H. Gwinner, Geschichte des Verbrechens, Versuch einer histor. Kriminologie, 1951; H. v. Hentig, Die Strafe, 1. Teil: Frühe Formen und kulturgeschichtliche Zusammenhänge, 1954; O. Hennsler, Formen des Asylrechtes u. ihre Verbreitung bei den Germanen, 1954; Ch. Leitmaier, Die Kirche und die Gottesurteile (Wien 1953); H. Nottarp, Gottesurteilsstudien, 1956; K. S. Bader, Schuld – Verantwortung – Sühne als rechtshistorisches Problem (im Sammelbd. E. R. Frey, Schuld – Verantwortung – Strafe; Zürich 1964); K. G. Cram, Judicium belli, Zum Rechtscharakter des Krieges im deutschen Ma. (Arch. f. Kulturgesch. Beiheft 5) 1955. Vgl. a. HRG Artikel: Fehde (E. Kaufmann) I 1083 ff.; Friede (E. Kaufmann) I 1275 ff.; Friedensgeld (E. Kaufmann) I 1296f.; Gerüfte (G. Buchda) I 1584ff.; Gesamthand (G. Buchda) I 1587ff.; Handhafte Tat (D. Werkmüller) I 1965ff.; Haussuchung (H. Holzhauer) I 2040ff.; Kompositionssystem (K. O. Scherner) II 995ff.

I. Die Art und Weise, wie das germanische Altertum sich Einbrüchen in die Rechts- und Friedensordnung gegenüber verhielt, läßt sich nur aus der Gesamthaltung der sozialen und ethischen Kultur heraus verständlich machen. Der das moderne Recht beherrschende Gedanke eines **staatlichen Strafrechts** ist der Urzeit noch fremd und hat sich erst später durchgesetzt; jahrtausendelang hat er in schwerem Kampfe mit dem menschlichen Urtrieb zur **Rache** gelegen, dessen Ausläufer bis in die Gegenwart hinabreichen. Bei den Germanen, wie bei den meisten jugendlichen Völkern, war die Rache zur sakralen Pflicht, zum Rachekult gesteigert; sie zielte auf ungemessene Vergeltung, auf Vernichtung des Gegners ab, gehörte aber zugleich zum Bestande des ältesten Rechtes.

1. **Träger des Rachekultes ist die Sippe.** Ihr allein bleibt die Gegenwehr überlassen, solange sich ein schwerer Angriff nur gegen die Rechtsgüter eines einzelnen, gegen sein Leben, sein Gut, seine Ehre richtet. Für den Toten muß seine Sippe Rache üben, dem Lebenden muß sie zur Rache helfen, und zwar richtet sich diese gegen die gesamte Tätersippe, die ihrerseits wieder dem Täter zum Beistand verpflichtet ist, wenn sie keine triftigen Gründe hatte, sich von ihm loszusagen. Schon daraus folgt, daß solche Angriffe zwar als Rechtsbrüche, aber **nicht** als „**Verbrechen**" in unserem Sinne angesehen wurden, eher als **Herausforderungen**, als erste Kampfhandlungen, durch welche die latente Feindschaft der Sippen in offene **Fehde** *(inimicitia)* verwandelt wurde. Der Staat greift in solchen „Fehdefällen"

nicht ein, aber er muß diese im Sakralrecht wurzelnde Sippenfehde dulden; sie gehört zum Bilde der Verfassung bis zum Ausgange des Mittelalters, ebenso aber gehören dazu die unaufhörlichen Versuche des Staates, sie zurückzudrängen.

2. Aber neben den „Fehdefällen" gibt es auch „Achtfälle", wirkliche Verbrechen, die sich entweder gegen den Staats- und Volksverband unmittelbar richten oder ehrloser Gesinnung entsprungen sind. Solche Taten durchschneiden das Sippeband; der Täter verfällt der „Friedlosigkeit", er wird aus jeder Gemeinschaft ausgestoßen, auch aus seiner Sippe, die ihm bis dahin den Frieden gewährte; er kann zur Entsühnung des Volkes preisgegeben werden (vgl. III). Hier liegen die ersten Ansätze zu einem späteren staatlichen Strafrecht; zugleich bewährt der junge Staat in der „Zwangsentsippung" sein Hoheitsrecht gegenüber den Sippen.

Der Volksfriede ist jünger als der Sippenfriede. Die im Blutracheverband sich manifestierende Sippe mußte erst durch die weitergreifende Stammeseinheit gebändigt werden, damit Volksfriede entstehen konnte. Die im Aufbau befindliche Staatsmacht hat sich dabei erfolgreich christlicher Vorstellungen bedient (vgl. H. Siuts, Bann und Acht und ihre Grundlagen im Totenglauben, 1959).

3. Nicht bloß die Gesamtheit, auch Teilverbände des Volkes können gegen Rechtsbrecher einschreiten. Die Sippe kann den in ihrem eigenen Kreise begangenen Frevel selbst ahnden und dabei bis zur Lebensvernichtung gehen, ebenso der Vater kraft seiner Hausgewalt, auch der Gefolgsherr. Man darf dies alles nicht etwa „Privatstrafrecht" nennen, da ja Sippe, Haus und Gefolgschaft Bestandteile der Volksverfassung und autonome Selbstverwaltungskörper sind.

II. Die **Rache** kann in verschiedenen Formen auftreten.

1. Am unmittelbarsten trifft sie den Täter **auf handhafter Tat,** wenn er bei der Begehung selbst betroffen oder bei sofortiger Verfolgung gestellt wird. Der Angegriffene erhebt das „Gerüfte", dem alle zu folgen verpflichtet sind, besonders die Sippegenossen, die ja zugleich Nachbarn sind. Der ergriffene Täter ist, da er sich selbst außerhalb des Rechtes gestellt hat, ohne Rücksicht auf die Schwere des Angriffs dem Tode verfallen. Es war nur notwendig, die gerechte Rache vor einem Notgericht zu „verklaren", wobei die Schreimannen als Eidhelfer dienen (Klage gegen den Toten); damit sollte die Gegenrache der Tätersippe ausgeschlossen werden. Indessen konnte auch der umgekehrte Weg gegangen werden. Der Täter wurde gebunden vor ein Standgericht gestellt und dort ohne Verteidigung zum Tode verurteilt. In dieser Form ist das Handhaftverfahren als Bestandteil der Volksjustiz erhalten geblieben und hat im Mittelalter große Bedeutung gewonnen (s. Kap. 28 II 3 b).

Sehr alt und im ganzen indogermanischen Rechtskreis belegt ist die Verfolgung des handhaften Diebes mit Spurfolge und Haussuchung in kultischen Formen. Führte die Spurfolge nicht in bestimmter Frist zum Ziele, so konnte es später noch zum ‚Anefang' der gestohlenen Sache kommen, wobei der Beklagte sich indessen auf einen Gewähren berufen durfte; s. Kap. 38 II 1; Näheres im Privatrecht. Der Anefang ist keine „Abspaltung" der Spurfolge, er steht selbständig neben dieser als einem Handhaftverfahren. Vgl. K. Rauch, Spurfolge und Dritthandverfahren in der fränk. Rechtsentwicklung, ZRG 68 (1951) 1 ff.

2. War die Tat nicht mehr handhaft, war sie „übernächtig" geworden, so kam es zur **organisierten Rache,** zur **Fehde.**

a) Der Fehdegang soll die Sippenehre im Wege der Selbsthilfe wiederherstellen. Ursprünglich war wohl jede Schädigung des Gegners erlaubt; mit der Zeit treten Milderungen ein, so Achtung des Hausfriedens und sonstiger Freistätten (Asylrecht). Die Blutrache sucht nicht immer den Täter zu treffen, manchmal auch den besten Mann der Tätersippe oder den, der im Verwandtschaftsbild dem Getöteten entspricht.

b) Die Fehde kann enden durch Urfehde, Versöhnung, wofür poetische Formeln überliefert sind; sie wurde gefestigt durch Eide, Friedensbund, Verlobung; es konnte zur Umsippung des Täters kommen, woraus erhellt, daß dieser nicht als ehr- oder gar friedlos galt. Voraus ging meist die Festsetzung der Buße *(compositio)* durch ein Schiedsgericht; diese ist nicht Abkauf der Rache, sondern Sühneleistung für verletztes Sippenheil. Die wichtigste Buße ist die **Mannbuße** für Tötung, das **Wergeld** (vgl. lat. *vir*); die anderen Bußen sind meist Bruchteile davon. Haben beide Parteien Bußen verwirkt, so können diese gegeneinander aufgerechnet werden. Die Wergelder waren so hoch bemessen, daß zu ihrer Tilgung ganze Viehherden aufgebracht werden mußten; so sind manche Sippen verarmt. Der insolvente Wergeldschuldner konnte preisgegeben werden.

III. Friedlosigkeit bedeutet Reaktion der Gesamtheit gegen ein Verbrechen.

1. Sie trat ein

a) wenn die **Rechtsgüter des Volkes und des Staates selbst** verletzt waren, so daß dieser um seines eigenen Bestandes willen eingreifen mußte. So besonders bei Kultdelikten (Tempelraub, Leichenraub, Schadenzauber, Mord – insofern ein Kultdelikt, als **der Tote** „gemordet", d. h. versteckt und dadurch dem Totenkult entzogen wurde); ferner bei Hoch- und Landesverrat, Heerflucht und anderen Kriegsverbrechen;

b) bei Taten **ehrloser Gesinnung,** Meintaten, Neidingswerken –, so besonders nächtlichem schweren Diebstahl, nächtlicher Brandstiftung, Notzucht, Grenzfrevel; die heimliche Begehung, die Wehrlosigkeit des Angegriffenen führen zu besonders strenger Ahndung. So erklärt es sich, daß Diebstahl noch im Mittelalter schwerer wog als offener Raub; noch bei Dante büßen die Diebe schwerer als die Räuber.

2. Ein solches Verbrechen machte den Täter ohne weiteres **friedlos,** d. h. es verhinderte das Eingreifen der Sippe zu seinen Gunsten; und da er nur durch sie am Rechte teilgehabt hatte, wurde er zugleich **rechtlos** *(exlex, outlaw).* Alle seine rechtlichen Bande werden gelöst: Seine

Frau wird Witwe, seine Kinder verwaisen, sein Gut wird herrenlos; jede menschliche Gemeinschaft wird ihm versagt; niemand darf ihn hausen oder hofen, ohne selbst friedlos zu werden (Begünstigung!), er wird Waldläufer, Werwolf, *gerit caput lupinum*. So ist die erste Wirkung der Friedlosigkeit die Ausweisung, Verbannung; es kann sogar eine Fluchtfrist gewährt werden. In diesem Primärstadium konnte die Friedlosigkeit später zur lösbaren, der Wiedereinkauf in den Frieden möglich werden.

3. Zu dieser negativen Wirkung treten indessen meist positive: Der Friedlose darf nicht nur, er soll auch bußlos erschlagen werden wie ein Wolf, besonders auf handhafter Tat. So wird die Friedlosigkeit zur Acht (= Verfolgung). Auf seinen Kopf kann ein Preis gesetzt werden, er liegt unbegraben, den Vögeln zum Fraße (daher „vogelfrei"). Nach dem Gesagten kommt der Friedlosigkeit nicht der Charakter einer eigentlichen Strafe zu; sie war aber die Voraussssetzung für die nunmehr zu schildernden weiteren Maßnahmen.

4. Der erste Ansatz zu einem rechtlich geordneten Einschreiten gegen den Rechtsbruch zeigt sich erst, wenn der Friedlose vor Gericht verklagt und dort verurteilt wird. Das geschah durch die Landsgemeinde, die für Achtsachen ausschließlich zuständig war. Dort wurde der Täter friedlos gelegt, geächtet (*utlagare, gawargian* von *vargr* Wolf). Das Urteil hatte einen doppelten Sinn: Es stellte zunächst rechtsförmlich fest, daß schon durch die Tat selbst die Friedlosigkeit und Todeswürdigkeit eingetreten sei. Ferner aber setzte es die Folgen der Tat fest, es bestimmte die entsprechende Art der Vollstreckung, war also zugleich Todesurteil. Daher ist die Rechtssitte des Stabbrechens, das ursprünglich das Zerbrechen der „Mannheiligkeit" bei der Ächtung symbolisierte, noch viel später beim Todesurteil angewandt worden.

5. In der Hinrichtung des Friedlosen liegt also die durch Urteil der Landsgemeinde gebotene gemeinsame Achtvollstrekkung.

a) Dabei waren die Todesarten nach Delikten verschieden: Diebe wurden gehenkt, Mörder gerädert, Notzüchter enthauptet, Sittlichkeitsverbrecher in den Sumpf versenkt (Tac. Kap. 12), Zauberer und Hexen verbrannt. Dabei waren sicherlich sakrale, magische Motive mit im Spiele; aber die Annahme K. v. Amiras, daß damit bestimmten Göttern Opfer gebracht werden sollten, ist schwerlich haltbar; war doch ein Verbrecher überhaupt kein taugliches „Opfer"in dem religionsgeschichtlich einzig zulässigen Sinne des Wortes (vor allem kein „Menschenopfer", wie das „Teeren und Federn" beweist). Die Wurzel dieser Riten liegt nicht in der Hochreligion, sondern in der Volksmagie (s. Kap. 3 III) und brachte gerade deswegen noch in christlicher Zeit neue Triebe hervor. Von einer „Todesstrafe" wird man besser noch nicht sprechen, um die damit verbundene Vorstellung eines moralischen Unwerturteils über den Täter zu vermeiden. Eher wird man annehmen können, daß das Volk durch Preisgabe des Verbrechers an Naturgewalten und Elemente entsühnt, daß dadurch die gestörte Weltordnung wiederhergestellt werden sollte (Rehfeldt). Zwischen dieser magischen Entsühnung und den Gottesurteilen oder Elementordalen (s. Kap. 10 II 2) besteht eine enge Verwandtschaft; daher die „Zufallsstrafen" wie das Aussetzen in leckem Schiff, ebenso das Verbot, den mißglückten Vollstreckungsversuch zu wiederholen, oder das Befragen von Losen vor der Hinrichtung.

b) Die auf dem Urteil des Volkes beruhende Hinrichtung wird von ihm auch zu gesamter Hand vollzogen. Bei einigen Vollzugsarten forderte dies die Natur der Sache, so bei der Steinigung oder beim Spießrutenlaufen, das sich im Heere bis ins 19. Jhdt. hinein erhalten hat. Aber auch am Bau des Galgens, des Scheiterhaufens müssen sich alle beteiligen, um die Gesamthaftung für die Rechtmäßigkeit des Justizaktes zu übernehmen. Dieser Gedanke klang nach, solange die Hinrichtungen öffentlich vollzogen wurden. Auch die spätere Unehrlichkeit des Henkers ist auf magische (Tabu-) Vorstellungen zurückzuführen.

6. Die Friedlosigkeit ergreift auch das Vermögen des Täters, besonders sein Haus, das, gleichfalls unter Teilnahme aller, der Wüstung verfällt, die später in Fronung zugunsten der öffentlichen Gewalt umgewandelt wurde.

7. Fehde- und Achtfälle sind auf den sippenverbundenen freien Mann abgestellt. Von grundsätzlich anderer Art ist die strafrechtliche Stellung des **Unfreien**. Ihm fehlt die Mannheiligkeit, d. h. die personale Bedeutung innerhalb der Racheordnung. Er steht in der Gewere seines Herrn, an den auch seine später als Wergeld bezeichnete Sachbuße fällt. Seine Bindung an das Haus unterwirft ihn dem Züchtigungsrecht des Hausherren. Will dieser für die Missetat des Unfreien nicht aufkommen, so kann er ihn in jüngerer Zeit dem Verletzten ausliefern, auf den damit das Züchtigungsrecht übergeht. Im Zeitalter der Volksrechte wird daraus eine Auslieferung an die öffentliche Gewalt, die den Unfreien vor willkürlichen Mißhandlungen schützt. Die leibliche Abstrafung des Unfreien wurde zu einer wesentlichen Wurzel der peinlichen Strafe überhaupt (s. Kap. 38 I 2). Ihr verfällt auch die ehrlose Tat (Neidingswerk, s. Kap. 9 III 1 b), die „Knechtssinn" verrät.

Schrifttum: G. Ch. v. Unruh, Friedlosigkeit und magisch-kultische Vorstellungen bei den Germanen, ZRG 74 (1957) 1 ff.; D. Landes, Acht HRG I 25; G. Meyer, Die Gerichtsbarkeit über Unfreie und Hintersassen nach ältestem Recht, ZRG 2 (1881) 83 ff., 3 (1882) 102 ff.

IV. Gemeinsame Grundsätze galten für den **materiellen Charakter der Missetat**, mochte sie acht- oder fehdewürdig sein.

1. Die Unrechtsfolgen wurden stets an die Tat selbst angeknüpft, an die objektive Rechtswidrigkeit des schadenstiftenden Handelns. „Die Tat tötet den Mann." Das älteste Recht fragt nur nach Verursachung, nicht nach Verschulden. Auch das spätere Strafrecht stützt sich noch

lange auf den **objektiven Erfolg** der Tat („Erfolgsstrafrecht"). Die Tat galt weniger als ein Werk freien Willens denn als das Verhängnis dämonischer Mächte, mehr als **Schicksal** denn als **Schuld.**

So verfällt der blinde Wintergott Hödur der Rache, obwohl er den Frühlingsgott Baldur unwillentlich auf Anstiften Lokis mit dem Mistelzweig tödlich getroffen hat, noch im Mittelalter wird unbeabsichtigte Tötung im Turnier bestraft.

2. Nur negativ wurde das **Fehlen bösen Willens** berücksichtigt bei den sog. „**Ungefährwerken".** Aber auch hier entschied nicht die Würdigung des Einzelfalls, sondern bei gewissen **typischen** Tatbeständen nahm man Handeln „*âne gevaerde*" an, so bei Tötung beim Baumfällen, durch eine Tierfalle, eine mißglückte Kur, einen rückprallenden Pfeil. Zwischen Fahrlässigkeit und Zufall wurde nicht geschieden. Stets aber mußte der Täter das Fehlen der Gefährdungsabsicht **verklaren** und die schadenstiftende Sache preisgeben. Ebenso konnte sich der Herr durch Preisgabe von der Haftung für Unfreie und Tiere befreien. In solchen Fällen war die Rache ausgeschlossen, es verfiel nur eine Buße als Wiedergutmachung. Das gleiche galt in immer steigendem Maße für kleinere Vergehen.

3. Aus dem gleichen Grunde ist der nicht betätigte Wille rechtlich belanglos. „Man kann den falschen Mut nicht sehen, die Tat sei denn dabei." Daher Straflosigkeit des **Versuchs,** der **Anstiftung,** der **Beihilfe.** Später kamen eigene Versuchsdelikte auf, wie die Wegelagerei, das Schwertzücken, die Wassertauche usw. – Im Übergang von der typischen zur individuellen Wertung von Tat, Täter und Schuld liegt aber erst in viel späterer Zeit der Fortschritt in der Richtung auf ein echtes Strafrecht, dessen Leitstern die Gerechtigkeit ist.

Im vorigen konnte auf die zahlreichen, das altgermanische Strafrecht betreffenden Streitfragen nicht eingegangen werden. Erwähnt sei nur

a) die Ansicht v. Amiras u.a. von dem „dualistischen" Aufbau des germanischen Strafrechts, wonach Fehde und Friedlosigkeit einem „profanen", die Todesstrafe einem „sakralen" System angehören sollten. Das scheint der Einheit des archaischen Rechtsbewußtseins nicht zu entsprechen.

b) die weitverbreitete Auffassung der Fehde als „relativer" Friedlosigkeit. M. E. stellt sie eine juristische Konstruktion ohne zureichende Quellenbasis dar. Meist wird übersehen, daß ja nicht nur der Täter, sondern seine ganze Sippe „relativ friedlos" geworden sein müßte, während die „absolute" Friedlosigkeit nur den Täter, nicht auch die Tätersippe erfaßte. Auch fehlt die Grundvoraussetzung eines die Sippen übergreifenden allgemeinen Volksfriedens, bei dessen Annahme allerdings unerklärlich bliebe, wieso die Fehde jahrtausendelang eine rechtlich anerkannte Institution bleiben konnte. Fehde und Friedlosigkeit liegen auf ganz verschiedenen Ebenen und lassen sich nicht auf einen Nenner bringen. Die Fehde ist ehrlicher Kampf; der Friedlose hingegen wird nicht im Kampfe getötet, sondern ausgerottet wie ein wildes Tier. Daher ist auch der handhafte Täter einer Fehdetat kein Friedloser; das Band zwischen ihm und seiner Sippe bleibt bestehen, erst die Verklarung schließt deren Gegenrache aus, s. oben II 1 und oben II 2b über Umsippung.

Kap. 10. Der Rechtsgang

Schrifttum: Franz Beyerle, Das Entwicklungsproblem im germanischen Rechtsgang I, 1915; HRG Artikel: Eid (A. Erler-U. Kornblum) I 861ff., Eidhelfer (R. Scheyhing) I 870ff., Geschäftszeugen (W. Sellert) I 1596ff., Gottesurteil (A. Erler) I 1770ff., Klage (D. Werkmüller) II 837ff., Wo kein Kläger, da ist kein Richter (W. Sellert) II 853ff., Ladung (W. Sellert) II 1336ff.

I. Organe der Rechtspflege waren sowohl die Hundertschaften (für die Fehdesühne) als auch die Landsgemeinde (für Achtsachen).

Von Hundertschaftsgerichten als ständigen öffentlichen Einrichtungen kann kaum gesprochen werden. Ein Zusammenhang der fränkischen Centene und der hochmittelalterlichen Zent mit der germanischen Hundertschaft *(huntari)*, wie ihn die ältere Lehre annahm, ist nicht zu beweisen (vgl. das Kap. 7 I 2b gen. Schrifttum).

1. Die von Fall zu Fall zur Beilegung von Sippenfehden zusammentretenden Schiedsgerichte (s. Kap. 9 II 2b) haben das Gerichtsverfahren maßgeblich beeinflußt. Daher prägt sich auch in ihm deutlich ein vertragsmäßiger Zug aus. Das Gericht kann nur tätig werden, wenn die Parteien sich ihm durch ein Streitgedinge unterworfen haben (vgl. die römische *litis contestatio*). In historischer Zeit war der Abschluß eines solchen bereits erzwingbar, Rechtsweigerung bildet jetzt einen neuen Fall der Friedlosigkeit, die man „sekundäre" nennen kann, da sie nicht durch die Tat selbst, sondern durch die nachherige Rechtsweigerung ausgelöst wurde. Diese trat aber auch ein, wenn das abgeschlossene Streitgedinge nicht erfüllt wurde, insbesondere wenn der Beklagte ausblieb, ohne durch „echte Not" *(sunnis legitima)* entschuldigt zu sein; ein Verfahren in der Sache selbst war dann allerdings ausgeschlossen, da nur gegen einen Anwesenden die Klage erhoben werden konnte.

Dadurch, daß die Volksgesamtheit ihre Organe zur Wiederherstellung des verletzten Rechtes und des gestörten Friedens zur Verfügung stellte, gewann sie den Anspruch auf einen Teil der Buße als Friedensgeld *(fredus* im Gegensatz zu dem weiterhin an den Kläger und seine Sippe zu entrichtenden *faidus,* dem „Fehdegeld").

2. Das Gericht kann echtes oder gebotenes Ding sein. Als echtes Ding tagt es unter dem Vorsitz eines Fürsten, der als „Reiserichter" mit seiner Gefolgschaft die Dingstätten seines Gaues in bestimmter Reihenfolge besucht; Tac. Germ. c. 11 spricht von den *principes, qui per pagos vicosque iura reddunt.* So bewährt sich die Adelsherrschaft auch in der Gerichtsbarkeit: Erst der adlige Vorsitz macht das Gericht zum Gericht des ganzen Volkes und verleiht seinem Urteil die volle Rechtskraft. Aber der Fürst als Richter ist nur Gerichtshalter, nicht auch zugleich Urteiler; er hat nur die formelle Leitung des Gerichts; er erfrägt das Urteil, das ihm die autonome Gerichtsgemeinde findet. Die Trennung von Richter und Urteilsfindern ist ein Wesenszug der germanischen Gerichtsverfassung und hat sich überraschend lange erhalten; noch die Ordnung des Reichskammergerichts von 1495 beruht auf ihr (s. Kap. 41 I 1b). Aber andrerseits wirken die getrennten Gewalten doch wieder zusammen: Der Richter muß das gefundene Urteil „ausgeben", d.h. verkünden und das Rechtsgebot erlassen; er konnte sich dessen weigern, wenn er das Urteil mißbilligte.

II. Das Verfahren vor Gericht steht unter strengem Formzwang. Die Verhandlungen sind ein Kampf der Parteien vor dem Gericht, das

3*

eine passive Rolle spielt; es herrscht Parteibetrieb, Verhandlungsmaxime. Schon in dieser Herrschaft der Parteien lag der Formalismus
begründet, noch tiefer jedoch in sakralen Motiven, konnte doch der
ganze Rechtsgang als eine Art Gottesurteil erscheinen. Jeder Formver-
stoß ist daher Versagen bei einer Kulthandlung, er macht diese un-
wirksam und führt zum Prozeßverlust; es herrscht Prozeßgefahr
(vare).

1. Die Einleitung des Verfahrens war Sache des Klägers. „Wo kein
Kläger, da kein Richter."

a) Der Kläger mußte den Beklagten laden *(manôn)* und gegen den vor
Gericht Erschienenen die Klage in feierlicher Form erheben, die Blut-
klage „mit dem Toten", der vor Gericht gebracht wurde und selbst
als Kläger galt.

b) Die Klage bedeutete stets den Vorwurf eines Rechtsbruchs. Jeder
Prozeß war im heutigen Sinne Straf-, nicht Zivilprozeß. Man konnte
z. B. nicht auf Rückgabe, sondern nur wegen böswilliger Vorenthaltung
einer geliehenen Sache klagen.

c) Der Beklagte mußte auf die Klage Wort für Wort antworten, indem
er das Recht des Klägers zugestand oder bestritt. Einreden waren dem
ältesten Prozeß unbekannt; wer sich etwa auf Notwehr berufen wollte,
mußte selbst „gegen den Toten" klagen (s. Kap. 9 II 1).

2. Auf die Wechselreden der Parteien folgt das Urteil.

a) Dieses besteht aus dem Urteilsvorschlag *(consilium)* und der Vollbort *(auctoritas, folge)* des Umstandes. Den Urteilsvorschlag zu erstatten ist jeder Dinggenosse verpflichtet, wenn er dazu aufgefordert
wird *(tanganare)*.

Die Annahme, daß es schon in der Frühzeit bei einzelnen Stämmen ständige Urteiler, also eine Art von frühem „Berufsrichtertum" gab, hat neuerdings G. Köbler
(Der oberdeutsche Esago, Tijdschrift voor Rechtsgeschiedenis 40 (1972) 501ff.) zu
Fall gebracht. Der bislang dahingehend gedeutete asega (fries.) bzw. esago (baier.)
basiert auf dem Vokabular biblischer bzw. antiker Autoren und stellt lediglich eine
Lehnsübersetzung dazu dar. Eine Art berufsrichterliche Funktion ergibt sich erstmals
für den baierischen soneo (lat. iudex) der Karolingerzeit (s. Kap. 19 I 1b).

b) Der Urteilsvorschlag kann, bevor er die Folge erlangt hat, von
jeder Partei, aber auch von jedem Dinggenossen gescholten werden,
aber nur sofort *(stante pede)* und unter Findung eines andern Urteils.
Die Schelte bedeutet den ehrenrührigen Vorwurf der bewußten
Rechtsbeugung; sie richtet sich nicht gegen die Ansicht, sondern
gegen die Absicht des Urteilsfinders (H. Brunner); sie bildet den besten
Beweis für die Gleichartigkeit des Rechtsbewußtseins. Daher mußte es
jetzt zum Zweikampf kommen, und der Ausgang dieses Zwischen-
verfahrens entschied zugleich den Hauptprozeß.

3. Das Urteil konnte je nach dem Verhalten des Beklagten verschieden
lauten.

a) War er geständig, so konnte sofort Endurteil auf Bußzahlung ergehen.

b) Erklärte er sich für unschuldig, so mußte das Urteil über den Beweis entscheiden, zugleich aber darüber, was der Beklagte im Falle des Mißlingens des Beweises zu leisten habe, es mußte zugleich Beweis- und Endurteil, „zweizüngiges" Urteil sein *(„juret aut componat")*. Auf jeden Fall endete die Tätigkeit des Gerichts mit dem Erlaß dieses Urteils; der Beweis selbst wurde dem Gegner außergerichtlich erbracht, gegebenenfalls vor Zeugen; kraft der formalen Natur der Beweismittel (s. u. III) war die Entscheidung automatisch gegeben.

c) Eine staatliche **Zwangsvollstreckung** war dem Fehdesühneverfahren unbekannt. Vielmehr mußte der Verurteilte die Erfüllung des Urteils (Beweis oder Zahlung) **geloben**. Weigerte er das Gelöbnis, so war dies ein neuer Rechtsbruch mit der Folge der Fehde oder Friedlosigkeit. Bei Nichterfüllung konnte der Kläger auf Grund seines wiederauflebenden Fehderechts zur eigenmächtigen **Pfandnahme** schreiten. Doch diente das Pfand noch nicht seiner Befriedigung, es sollte nur ein indirekter Zwang zur Erfüllung geübt werden (Zurückbehaltungsrecht).

III. Der **Beweis** war, wie schon das Gesagte ergibt, regelmäßig Sache des **Beklagten**. Dieser mußte das Recht erhalten, sich von dem Klagevorwurf zu reinigen; also gab es keine „Beweislast" im heutigen Sinne. Diese Reinigung geschah gleichfalls mit streng **formalen** Mitteln. Nicht die Wahrheit einzelner Behauptungen zu erhärten oder einzelne Tatsachen festzustellen ist das Ziel des Beweises, sondern die Ehre des Beklagten wiederherzustellen; sein gesamtes Recht, seine ganze Persönlichkeit sind im Streit befangen.

1. Das Hauptmittel der Reinigung ist der **Eid** des Beklagten (vgl. engl. *answer* zu *swerian*).

a) Dieser ist noch nicht Anrufung Gottes, sondern magische Beschwörung, „bedingte Selbstverfluchung" (Brunner). Der Schwörende setzt sich und sein Gut für die Wahrheit des Eides ein; im Falle des Meineides sollen ihn eine Naturgewalt (Blitz) oder eine durch Berührung zauberisch geladene Waffe vernichten. Der Eid wird vom Gegner „gestabt" und muß in genau vorgeschriebener Haltung geleistet werden.

b) Nur selten war der Eid vom Beklagten allein (als Eineid) zu leisten, fast stets mit **Eidhelfern**, meist Sippegenossen. Ihre Zahl war je nach Lage der Sache verschieden; es gab Eide selbdritt, selbsiebent, selbzwölft usw. Der Eid Vornehmer konnte höher gewertet werden. Die Eidhelfer sind streng von Zeugen zu unterscheiden. Sie schwören nicht über das Beweisthema, brauchen also vom streitigen Sachverhalt selbst gar keine Kunde zu haben. Sie beschwören, daß der Eid des Beklagten „rein und nicht mein" sei, setzen sich also für dessen Gesamtpersönlichkeit ein und verstärken so seine Glaubwürdigkeit.

c) Wie das Urteil, so konnte auch der Eid unter Wegziehung der Schwurhand gescholten werden; dann aber mußte der Scheltende auch mit sämtlichen Eidhelfern kämpfen.

Schrifttum: F. Thudichum, Geschichte des Eides, 1911, Neudr. 1968.

2. Neben dem Eid stand als subsidiäres Beweismittel das **Gottesurteil.** Zu ihm griff man wohl nur bei Eidesunfähigen (Frauen, Unfreien) oder wenn der Eidhelferbeweis mißlungen war; in diesem Falle konnte es als letztes Auskunftsmittel dienen. Auch hierbei sollten nicht etwa allwissende Götter entscheiden; es handelt sich vielmehr um **Elementordale,** bei denen Naturkräfte den Befragten reinigen sollten. So besonders das Feuer; Formen der Feuerprobe waren der Kesselfang, der Pflugscharengang, das Tragen des glühenden Eisens. Daneben stand die Wasserprobe: die reine Flut sollte den Unschuldigen aufnehmen (später „Hexenwaage"). Jünger dürfte das Losordal sein, das schon einer höheren Religionsstufe angehört.

Alter und Herkunft der „Gottesurteile" sind umstritten. Nach v. Amira, v. Schwerin u.a. sind sie aus dem Orient importiert und der germanischen Zeit unbekannt. Dagegen spricht indessen ihre weite Verbreitung im ganzen indogermanischen Kulturkreis. Auch scheint es zwar begreiflich, daß die christliche Kirche germanische Ordale übernommen und mit Ritualen versehen hat (s. Kap. 19 II 2c), aber nicht, daß sie ihr spätes Eindringen geduldet oder gar gefördert haben sollte. Vgl. noch H. Nottarp, Gottesurteile, 1949 (erweiterte Neuauflage „Gottesurteilstudien", 1956), dessen reiches Material noch der synthetischen Auswertung bedarf.

3. Kein Gottesurteil war ursprünglich der gerichtliche **Zweikampf.** Solange die Parteien ihn selbst ausfechten mußten, war er ein Stück in das gerichtliche Verfahren eingesprengte, legalisierte und auf die Parteien beschränkte Fehde. Zum Gottesurteil wurde er erst später, als die Parteien ihn durch gedungene Lohnkämpfen austragen lassen durften. Durch Angebot des Zweikampfs schon bei der Klageerhebung („Kampfklage") konnte der Kläger dem Beklagten den Reinigungseid verlegen; die Kampfklage war eine vorweggenommene Eidesschelte.

Im gerichtlichen Zweikampf wird der Prozeß als Sonderfall des Krieges deutlich. Der germanische Brauch, den Streit ganzer Völker oder Heere durch den Zweikampf von Kämpen entscheiden zu lassen, hat lange nachgewirkt. Hildebrand und Beowulf waren solche Kämpen. Kämpen niederer Herkunft sind die nordischen Berserker.

4. Der **Zeugenbeweis** kann im germanischen Prozeß, wenn überhaupt, so nur sehr beschränkt zugelassen worden sein, jedenfalls nicht der Beweis durch Zufallszeugen. Der Zeuge (ahd. *urchundo,* während die Urkunde *buoch* heißt) mußte schon zu dem beweisbedürftigen Rechtsakt zugezogen worden sein *(testes per aures tracti),* so etwa zu einer Ladung, Mahnung oder Grenzfestsetzung. Der Zeuge war also, wie in der Antike, zugleich Garant der strittigen Rechtspflicht (vgl. F. Pringsheim, Le témoignage dans la Grèce et Rome archaïque, Revue Intern. des Droits de l'antiquité 6, Brüssel 1951, S. 161 ff.). Auch der Zeugeneid war scheltbar. Da die Aussage der Zeugen sich streng an das Beweisthema halten mußte und nicht frei gewürdigt werden konnte, hatte auch der Zeugenbeweis formalen Charakter.

Zweiter Teil

Die fränkische Zeit

Kap. 11. Die Reichsgründungen der Germanen

Schrifttum: H. J. Kellner, Die Römer in Bayern, 1971; M. Grant, Das römische Reich am Wendepunkt; die Zeit von Mark Aurel bis Konstantin (deutsch 1972); H. Aubin, Vom Altertum zum Mittelalter, 1949; R. Folz, De l'antiquité au monde médiéval. Paris 1972; H. Vetters, Das Problem der Kontinuität von der Antike zum Mittelalter, VF 10 (1965) 29ff.; W. Suerbaum, Vom antiken zum frühmittelalterlichen Staatsbegriff, 1961; Christopher Dawson, Die Entstehung des Abendlandes, deutsch 1935, 2. Aufl., 1950; F. Behn, Römertum und Völkerwanderung. Mitteleuropa zwischen Augustus und Karl dem Großen, 1963; P. E. Hübinger (Hg.), Kulturbruch oder Kulturkontinuität im Übergang von der Antike zum Mittelalter, 1968; R. Buchner, Die römischen und germanischen Wesenszüge in der neuen politischen Ordnung des Abendlandes, Settimane di studio V 1 (Spoleto 1958) 223ff.; O. Höfler, Das germanische Kontinuitätsproblem, HZ 157 (1938) 1ff.; K. F. Stroheker, Germanentum und Spätantike, 1965; H. Pirenne, Mahomet et Charlemagne (Paris-Brüssel 1937), deutsche Übers. von P. E. Hübinger, Die Geburt des Abendlandes, 2. Aufl., Amsterdam 1942; Lot-Pfister-Ganshof, Les destinées de l'Empire en Occident de 395 a 888, 2. Aufl. 1941; F. Lot, Les invasions germaniques. La pénétration mutuelle du monde barbare et du monde romain, 1953; ders., La fin du monde antique et le début du moyenâge, 2. Aufl., Paris 1951; L. Schmidt, Geschichte der deutschen Stämme bis zum Ausgang der Völkerwanderung, 2. Aufl. 1934; R. Wenskus, Stammesbildung und Verfassung, das Werden des frühmittelalterlichen Gentes, 1961; H. Löwe, Von Theoderich dem Großen zu Karl dem Großen. Das Werden des Abendlandes im Geschichtsbild des frühen Mittelalters, DA 9 (1952) 353ff., SA 1956, Nachdr. 1958; K. Bosl, Die germanische Kontinuität im deutschen Mittelalter, in: Frühformen der Gesellschaft im europäischen Mittelalter (1964) 80ff.

I. Die **Völkerwanderung**, üblicherweise begrenzt durch die Jahre 375 (Hunneneinfall) und 568 (Landnahme der Langobarden in Italien), ist in Wirklichkeit nur ein Ausschnitt einer viel länger anhaltenden Ost-West-Bewegung, die erst um 1100 in der Gründung der Normannenstaaten (s. Kap. 32 II, III) ausläuft. Sie bedeutet auch für die Rechtsgeschichte den Beginn einer neuen Epoche. Die Germanen treten in engere Beziehungen zu Antike und Christentum; aus der Synthese dieser Elemente entsteht die Kultur des Abendlandes. Dabei wird das antike und christliche Geistesgut von den Germanen nicht nur übernommen, sondern ihrem Wesen gemäß umgestaltet und eingeformt; aber auch das germanische Kulturerbe bewahrt seine Dauerkraft; all dies kann die Rechtsgeschichte besonders einsichtig machen.

1. Daher sind zunächst die inneren Vorgänge im germanischen Rechtskreis ins Auge zu fassen.

a) Eine durchgehende Konzentration faßt die zahlreichen kleinen Völkerschaften der Vorzeit zu **Stammesstaaten** zusammen, in denen sich die Leitungsgewalt verstärkt, wenn auch der bündische Aufbau mit relativer Selbständigkeit der Teile gewahrt bleibt. Schon in den

Kämpfen des 3. und 4. Jahrhunderts treten den Römern am Rhein solche geschlossenen Verbände gegenüber, so die Franken und Alemannen, deren Name schon auf einen bündischen Zusammenschluß hinweist.

Die späteren Großstämme sind mehr oder minder zusammengesetzt. Sie haben auch Nichtgermanen in sich aufgenommen. Asinius Quadratus nennt die Alemannen ein zusammengespültes und vermengtes Volk. Bei ihnen gab es im 4. Jahrh. 15 Kleinkönige (reguli). Die Langobarden gliederten ihrem Heeresverband Volkssplitter der Bulgaren, Gepiden und Sarmaten an.

b) In allen diesen Stammesstaaten entsteht ein Königtum herrscherlichen Charakters, aber immer noch auf volksrechtlicher Grundlage. Dazu tragen außer dem Heerbann auch religiöse Faktoren bei. Die meisten Germanenstämme nahmen das Christentum in der Form des Arianismus an, schon aus Opposition gegen die offizielle römische Reichskirche; der christliche Kult bediente sich der Nationalsprache (gotische Bibelübersetzung des Wulfila). Es entstanden **Nationalkirchen** unter königlicher Führung als frühe Vorläufer des späteren landesherrlichen Kirchenregiments. Selbst nach dem Übertritt der Herrscher zum Katholizismus blieb der nationalkirchliche Aufbau vielfach erhalten, die germanische Königsweihe lebte in verchristlichter Form weiter.

2. Dem so innerlich gefestigten Germanentum war die **Auseinandersetzung mit der Antike** aufgegeben. Dabei kam es nicht zu einer Katastrophe; die Germanen haben das weströmische Reich eher erhalten als zerstört.

a) Dies versteht sich daraus, daß den Germanen nicht die Kultur der klassischen, sondern die bereits innerlich verwandelte der ausgehenden Antike entgegentrat. Das römische Reich war bereits entnationalisiert und in kaum überschätzbarem Maße germanisiert. Heer und Verwaltung lagen in den Händen germanischer Adliger – wenigstens im Westreich, während im Ostreich eine nationale Reaktion die Germanenherrschaft brach; Justinians bewußt nationalrömisch gerichtete Gesetzgebung gehört in diesem Zusammenhang mit hinein.

Die Grenzkämpfe mit Parthern, Persern und Sarmaten hatten die Römer schon im dritten Jahrhundert dazu gezwungen Einheiten von Panzerreitern zu bilden. Die militärische Katastrophe des römischen Heeres unter Kaiser Valens in der Schlacht von Adrianopel (378), ausgelöst durch die Überlegenheit der westgotischen Reiterei, ließ auch im römischen Heer die Kavallerie zur wichtigsten Waffengattung werden. Sie blieb auch im byzantinischen Reich die Königin der Schlachten und zugleich Garant der Adelsherrschaft.

b) Auch in der Wirtschaft war die Umbildung zu den Formen des frühen Mittelalters in vollem Gange. Der städtische, vom Seehandel her bestimmte Geld- und Kapitalverkehr war geschwunden; an seine Stelle war die Land- und Naturalwirtschaft getreten. Große Grundherrschaften beherrschten die Masse der unfrei gewordenen Bauern, der schollengebundenen Kolonen; die Grundherren hatten sich auch der politischen Rechte bemächtigt; sie übten von ihren Herrensitzen aus die Steuer-, Polizei-, Gerichts-, ja sogar die Kirchenhoheit aus; ihre Privatarmeen *(bucellarii)* kopierten das Muster der germanischen Gefolgschaft. Die Feudalisierung des Reichs war in vollem Gange.

c) Dieser Zersplitterung der Staatsgewalt entsprach die äußere Dezentralisation des Reiches mit Reichsteilungen und Verlegung der Kaiserresidenzen in die ehemaligen Provinzen. Rom selbst wurde politisch bedeutungslos; nur noch die Kirche und das immer mehr dem Primat zustrebende Papsttum hielten den Romgedanken aufrecht. So wurde die Gründung germanischer Reiche vorbereitet; sie war das Ergebnis von Bruderkämpfen, und der Wechsel der Herrschaft vollzog sich ohne große Erschütterung.

d) Auch im Recht bahnten sich Ausgleichsvorgänge an. Aber auch hier ist nicht mehr das klassische römische Recht im Spiele, das seine wirtschaftlichen Grundlagen eingebüßt hatte und in Justinians Gesetzgebung künstlich neu belebt werden sollte. Unter seiner Decke galt ein spätrömisches Vulgärrecht, ein Seitenstück zu dem für die Bildung der romanischen Sprachen so wichtigen Vulgärlatein. Jenes konnte stellenweise mit dem germanischen Volksrecht eine Verbindung eingehen, woraus sich eine freilich noch nicht sehr folgenreiche Frührezeption ergab.

Grundlegend jetzt Ernst Levy, West Roman Vulgar Law of Property (Philadelphia 1951), und Weströmisches Vulgarrecht, Das Obligationenrecht (Weimar 1956). Über den Zustand des römischen Rechtes im Westreich in der Völkerwanderungszeit vgl. zusammenfassend F. Wieacker, Allgemeine Zustände und Rechtszustände gegen Ende des weströmischen Reiches (IRMA I 2 a, Mailand 1963); ders., Recht und Gesellschaft der Spätantike, 1964.

Schrifttum: A. v. Halban, Das römische Recht in den germanischen Volksstaaten, 3 Teile, 1899, 1901, 1907; J. Gaudemer, La formation du droit séculier et du droit de l'église au IVe et Ve siècle, Paris 1957; ders., L'église dans l'empire romain. Histoire du droit et des institutions de l'église en occident, Paris 1958; ders., Survivances romaines dans le droit de la monarchie franque du Ve au Xe siècle, Tijdschrift voor Rechtsgeschiedenis 23 (1955) 149ff.; A. Steinwenter, Zum Problem der Kontinuität zwischen antiken und mittelalterlichen Rechtsordnungen, JURA 2 (1951) 15 ff.

II. Die einzelnen **germanischen Reichsgründungen** lassen sich nach ihren Schicksalen in Gruppen zusammenfassen; entscheidend war die Art und Weise der Begegnung mit der Mittelmeerkultur.

1. Einige von ihnen sind der Vernichtung anheimgefallen.

a) So besonders das von Ostrom zerstörte Vandalenreich in Nordafrika, obwohl es eine starke staatliche Struktur und eine echt staatsrechtliche Thronfolgeordnung besaß (Senioratsgesetz Geiserichs).

b) Ferner das Reich der Ostgoten in Italien (Ravenna). Unter Theoderich (493–526) hatte es einen Höhepunkt germanischer Staatsgestaltung erreicht. Theoderich gründete seine Herrschaft auf einen doppelten Titel: auf das Mandat des oströmischen Reiches, das er voll anerkannte, und auf das germanische Königsrecht. Demzufolge hielt er die Sphären getrennt: Heer und Gericht gehörten zum germanischen, Zivilverwaltung und Bildungswesen zum römischen Rechtsbereich. Zugleich aber wurde das Reich Theoderichs zum Mittelpunkt eines germanischen Bündnissystems in Form einer patriarchalen Hegemonie: familiäre Beziehungen verbanden ihn mit Franken, Vandalen, Burgundern, Thüringern, Westgoten; im westgotischen Reich führte er von 507 bis 526 die vormundschaftliche Regierung und rettete es vor dem völligen Aufgehen ins Frankenreich. Daraus entstand ein ostgotisch-fränkischer Gegensatz, aus dem heraus die Franken die Vernichtung der

Ostgoten durch Justinians Feldherren Belisar und Narses duldeten, ohne einzugreifen. So brach der Plan einer germanischen Mittelmeerherrschaft zusammen.

Schrifttum: Fr. Beyerle, Süddeutschland in der politischen Konzeption Theoderichs des Großen, VF 1 (1955) 65 ff.

2. Andere Germanenstämme sind **romanisiert** worden.

a) So die **Westgoten**, deren Reich von 415–507 als tolosanisches, von da ab als toledanisches in Spanien bestand. Es war die erste germanische Reichsgründung, König Eurich (466–484) der erste germanische Großherrscher und Gesetzgeber (Codex Euricianus, s. Kap. 18 II 4a). Die Stärke des Reichs wird von der historischen Wissenschaft heute höher eingeschätzt als früher. Allerdings entfaltete sich bald eine germanische Adelsherrschaft, die, zumal nach dem Sieg des Katholizismus, im Gewande des Kirchenstaatstums auftrat (Reichskonzil von Toledo als Zentralinstanz, an deren Beschlüsse der König bei Strafe des Kirchenbannes gebunden war). Das so geschwächte Reich erlag im 8. Jhdt. dem Ansturm der Sarazenen. Aber das germanische Volkstum blieb ungebrochen, und vom Adel ist seit dem 11. Jhdt. die „Reconquista" ausgegangen. Unter dem stark romanisierten Reichsrecht lebten germanische Lokalrechte *(fueros)* weiter, s. Kap. 18 II 4.

b) ferner die **Burgunder**, im frühen 5. Jahrh. am Niederrhein (erst das Waltharilied verlegt sie nach Worms, Schauplatz des Nibelungenliedes), wo sie durch einen Überfall der Hunnen 436 schwerste Verluste erlitten. Ihre Reste siedelte Aetius in Savoyen und an der Rhône (Regnum Arelatense) an (433). Sie gingen 534 im fränkischen Reich auf.

c) Die **Langobarden**, seit 568 in Italien, unter Führung adliger Herzöge, die aber 584 das Königtum restaurierten, dem dann die Aufrichtung einer starken Staatsgewalt gelang. Hier entstand ein fast rein germanisches Staatswesen; die römische Verwaltung wurde weggefegt, das Römertum politisch entrechtet. Der langobardische Staat war innerlich noch ungebrochen, als er 772 von Karl d. Gr. erobert wurde; er bildete fortan einen wertvollen Baustein für das Imperium.

d) Einen Hauptgrund für die rasche Romanisierung dieser Stämme bildet die **Rechtsform der Landnahme**. Da sie *foederati* waren, unterwarfen sie sich dem römischen System der *hospitalitas*, wonach die Germanen einzeln auf den Kolonengütern einquartiert wurden und einen Landanteil zu jederzeit teilbarem Mieteigentum erhielten; das so bewirkte schachbrettartige Durcheinanderwohnen ergab bald eine Vermischung der Volksteile, „*iunctas possessiones et animas*" (Cassiodor), uud eine Angleichung an die Kultur der Besiegten.

Alle diese Versuche einer staatlichen Organisation unter der Synthese germanischer und spätantiker Elemente sind nicht ausgereift; nirgendwo gelang der Ausgleich der Nationalitäten, der Konfessionen und der persönlichen Rechte.

3. In viel geringerem Maße und nur durch Vermittlung der Kirche wirkte das antike Erbe auf die **innerdeutschen Stämme** ein, die den Boden Italiens nie betreten haben.

a) Die **Alemannen** (Sueben, Schwaben) begründen im 5. Jhdt. das Einkönigtum in einem Siedlungsraum, der vom Oberrhein bis zur Schweiz und nach Tirol reicht. Sie leben später unter von den Franken mehr oder weniger abhängigen Stammesherzögen.

Schrifttum: W. Müller (Hg.), Zur Geschichte der Alemannen, 1975.

b) Zeitlich als letzter Stamm erscheinen die **Baiern**, jedoch sogleich in ihrem heutigen Siedlungsraum, den sie zäh behaupteten. Nach verbreiteter Ansicht tragen sie ihren Namen von den keltischen Boiern, deren Name in Böhmen (Boioheim) fortlebt. Wahrscheinlich waren die Baiwaren jedoch Sueben, die andere Volksteile aufnahmen. Ihre engen Beziehungen zu den Langobarden dürften in die Wanderungszeit zurückreichen. Die Landnahme der Baiern fällt, sofern man überhaupt von einer solchen sprechen kann, in die Zeit zwischen 488 und 550. Die Stammesbildung mag schon Theoderich der Große zu Beginn des sechsten Jahrhunderts zwecks Abschirmung seines Reiches gegenüber Franken und Thüringern begünstigt haben. Zu einem festen Stamm sind die Baiern aber doch wohl erst unter den Franken (nach 535) geworden, die die Agilolfinger als Herzöge einsetzten. (Vgl. K. Reindel, Staat und Herrschaft in Raetien und Noricum im 5. u. 6. Jahrh., Verh. d. hist. Ver. d. OPf. 106 (1966) 23ff.). Die These I. Zibermayrs (Noricum, Baiern und Österreich, 1944, 3. Aufl., 1972), daß die Baiern vom Schwarzen Meer gekommen („Baibewohner") und Ostgermanen gewesen seien, hat sich nicht durchgesetzt. Vgl. Heinz Löwe, Die Herkunft der Bajuwaren, ZBLG 15 (1949) 5ff.; H. Mitscha-Märheim, Österreich zwischen Baiern und Slawen, Ber. über d. 8. Österr. Hist. Tag (1965) S. 49ff.; L. Steinberger, Die Herkunft der Baiern, ZBLG 18 (1955) 81ff. Seit dem 6. Jhdt. leben sie gleichfalls im Verbande des fränkischen Reiches unter Herzögen aus dem Geschlecht der Agilolfinger, die aus Amts- zu Stammesherzögen wurden.

c) Die **Thüringer** (Hermunduren) wurden im 6. Jhdt. teils von den **Franken**, teils von den **Sachsen** unterworfen, die **Friesen** im 8. Jhdt. von den Franken; über die Sachsen s. Kap. 20 I.

III. Die folgenschwerste Reichsgründung war die der Franken.

1. Die Franken sind eine Völkergruppe, aus der sich unter Führung der **Salier** ein Stamm entwickelt hat. Die Salier saßen in den Niederlanden, daran schlossen sich Uferfranken, **Rheinfranken** (**Ribuarier**) mit der Hauptstadt Köln und weiter östlich die **Chatten** (Hessen) an. Im salischen Stamm gewinnt mit Chlodovech (481–511) die Dynastie der **Merowinger** die Herrschaft. Dieser greift den seit 476 selbständigen Reichsstatthalter der ehemaligen römischen Provinz Gallien an, um den Westgoten und Alemannen zuvorzukommen, und besiegt ihn 486. Das Einsickern fränkischen Volkstums in die romanischen Gebiete war damals schon längst im Gange. Da keine römische Reichskirche mehr bestand, konnte Chlodwig sofort zum Katholizismus übertreten und zum Schutze des Glaubens und der romanischen Bevölkerung gegen Alemannen und Westgoten Kriege führen. Auch von den Ribuariern zum König gewählt, beherrscht Chlodwig bei seinem Tode ein Großreich, das seine Söhne fast auf alle Westgermanen ausdehnten; in ihrer Italienpolitik ist Karl d. Gr. vorausgeahnt.

Das Problem der fränkischen Landnahme in Nordgallien und der germanisch-romanischen Sprachgrenze ist sehr umstritten. Übersichten bei W. v. Wartburg, Die Entscheidung der romanischen Völker, 1939, und F. Petri in Rh.Vjbl. 15/16, 1950/51; ders., Zum Stand der Diskussion über die fränkische Landnahme und die Entstehung der germanisch-romanischen Sprachgrenze, 1954; H. Dannenbauer, Die Rechtsstellung der Gallorömer im fränkischen Reich, WaG 7 (1941).

2. Da die Franken keine Föderaten mehr waren, beachteten sie die römischen Einquartierungsgesetze nicht, sondern siedelten geschlossen auf Fiskalgütern, die durch Landschenkungen in die Hand des Adels kamen. Eine Romanisierung trat nur teilweise und unter Wahrung des germanischen Erbguts ein; nur ein Teil der Franken ist zum Kern der heutigen Franzosen geworden. Germanen und Romanen hielten sich im Frankenreich stets ungefähr die Waage.

3. Nach Chlodwigs Tode regierte die merowingische Königssippe durch seine vier Söhne in Samtherrschaft. Sie bekamen gesonderte Herrschaftsbereiche zugeteilt; aber die Teilung betraf nur die Funktionen der Staatsgewalt; die Substanz mußte im Personalstaat ungeteilt bleiben, weil deren Substrat, das Volk, unteilbar war. Es kam auch mehrfach zur Wiedervereinigung der Reichsteile durch Anwachsung. Verhängnisvoll wirkte es indessen, daß der Gedanke des Sippefriedens den Merowingern verlorenging; ihre inneren Fehden gaben dem nur äußerlich unter das Joch des Königsdienstes gebeugten Adel ein Übergewicht, das schon 614 im Pariser Edikt Chlotars II. deutlich hervortrat (s. Kap. 14 II 2f, Kap. 17 I 5).

4. An der Spitze des Adels kamen die austrasischen Hausmeier aus dem Geschlecht der Arnulfinger (Karolinger) in die Höhe und stellten die Reichseinheit wieder her (Sieg bei Tertry 687). Das bedeutete zugleich eine Verstärkung des germanischen Elements; der Schwerpunkt der europäischen Kultur verlagerte sich aus dem nunmehr zunehmend vom Islam beherrschten Mittelmeergebiet weiter nach Norden.

5. Die Hausmeier (vgl. Kap. 14 I 2) waren fortan die eigentlichen Träger der Regierungsgewalt; sie setzten den merowingischen Schattenkönig ein, zeitweise gab es überhaupt keinen König, „nur der dynastische Gedanke saß auf dem Thron" (v. Schubert). Noch aber wirkte das germanische Königsheil nach, bis endlich 751 Pippin II. den Staatsstreich wagte und die glücklos gewordene Merowingersippe seiner eigenen zum Opfer brachte. Eine neue Macht gab ihm die Legitimation dazu: Der Papst verpflichtete die fränkischen Magnaten, niemals mehr vom Hause der Karolinger abzugehen, und salbte dessen ersten Vertreter zum König; das christliche Charisma sollte sich mit dem germanischen Königsmythos verbinden. Dafür förderte Pippin die Kirchenreform des Bonifatius und übernahm den Schutz der römischen Kirche als patricius Romanus; zugleich begründete er den Kirchenstaat durch Überlassung des Dukats Rom *(patrimonium Petri)* und des Exarchats Ravenna an den Papst. Hier öffnet sich das Tor zur Kaiserkrönung Karls (800) und zur Führung der abendländischen Christenheit, aber auch zu den schweren Problemen des Mittelalters.

Schrifttum: U. Nonn, Vom maior domus zum rex. Die Auffassung von Karl Martells Stellung im Spiegel der Titulatur, Rh. Vjbl. 37 (1973), 107ff.

Kap. 12. Wirtschaft und Gesellschaft im frühen Mittelalter

Schrifttum: K. Bosl, Gesellschaftsprozeß und Gesellschaftsstrukturen im Mittelalter, in: K. Bosl-E. Weis, Die Gesellschaft in Deutschland von der fränkischen Zeit bis 1848 (1976) 11ff.; Dopsch, Lütges. Kap. 5 II 6; A. Dopsch, Die Wirtschaftsentwicklung der Karolingerzeit vornehmlich in Deutschland, 1912, 3. Aufl. 1962; ders., Herrschaft und Bauer in der deutschen Kaiserzeit, 2. Aufl., 1964; F. Lütge, Die Agrarverfassung des frühen Ma., 2. Aufl., 1966; ders., Geschichte der deutschen Agrarverfassung vom frühen Ma. bis zum 19. Jahrh., 2. Aufl., 1963; ders., Die mitteldeutsche Grundherrschaft, 2. Aufl., 1957; Ph. Dollinger, L'évolution des classes rurales en Bavière depuis la fin de l'époque Carolingienne jusqu'au milieu du XIIe siècle, 1949; F. Rörig, Luft macht eigen, Festschr. G. Seeliger, 1920; J. Höffner, Bauer und Kirche im deutschen Ma., 1939; S. Hofbauer, Die Ausbildung der großen Grundherrschaften im Reiche der Merowinger, 1927; T. Sommerlad, Die wirtschaftliche Tätigkeit der Kirche in Deutschland, 2 Bde, 1900–1905 (Neudr. i. Vorb.); ders., Das Wirtschaftsprogramm der Kirche des Ma., 1903 (Neudr. i. Vorb.); W. Schlesinger, Die Entstehung der Landesherrschaft I, 1941; K. S. Bader, Das mittelalterliche Dorf als Friedens- und Rechtsbereich, Bd. I, 1957, Bd. II, 1962, Bd. III, 1973; Sammelbände (VF 7 u. 8): Die Anfänge der Landgemeinde und ihr Wesen, 1964; G. Köbler, Die Lehre von den Ständen in fränkischer Zeit, ZRG 89 (1972) 161 ff.; K. Schmid, Über die Struktur des Adels im frühen Ma. (Jahrb. f. fränk. Landesforschung 19 [1959] S. 1ff.); A. Bergengrün, Adel und Grundherrschaft im Merowingerreich (Beiheft 41 [1958] der VSWG); K. F. Werner, Die Entstehung des Fürstentums. Studien zur fränkischen Reichsstruktur und zur Geschichte der nichtköniglichen Herrscher, 2 Bde, 1970; R. Sprandel, Struktur und Geschichte des merowingischen Adels, HZ 193 (1961) 33 ff.; F. Irsigler, Untersuchungen zur Geschichte des frühfränkischen Adels, Rhein. Arch. 70 (1969) mit Überblick über den Forschungsstand; R. Wenskus, Amt und Adel in der frühen Merowingerzeit, Mitt. Heft d. Marb. Univ. Bundes 1959 S. 40ff.; D. Gladiss, Fidelis regis, ZRG 57 (1937) 442ff.; ders., Adel und Freiheit im deutschen Staat des frühen Mittelalters, DA 2 (1938) 172ff.; E. F. Otto, Adel und Freiheit im deutschen Staat des frühen Mittelalters. Studien über nobiles und Ministerialen, Neue Dt. Forschgn, Abt. ma. Gesch. (1937); F. Steinbach, Das Ständeproblem des frühen Mittelalters, Rh. Vjbl. 7 (1937) 313ff., Neudr. Collectanea F. Steinbach (1967) 693ff.; H. L. Günter Gastroph, Herrschaft und Gesellschaft in der Lex Baiuvariorum. Ein Beitrag zur Strukturanalyse des agilolfingischen Stammesherzogtums vom 6. bis zum 8. Jahrhundert, Misc. Mon. 53 (1974); E. Müller-Mertens, Karl der Große, Ludwig der Fromme und die Freien. Wer waren die Liberi homines der karolingischen Kapitularien (742/43–832)? Forsch. z. ma. Gesch. 10 (1963); H. Krause, Die Liberi der Lex Baiuvariorum, Festschr. M. Spindler z. 75. (1969) 41ff.; J. P. Bodmer, Der Krieger der Merowingerzeit und seine Welt. Eine Studie über Kriegertum als Form der menschlichen Existenz im Frühmittelalter (Geist u. Werk d. Zeiten, Heft 2), 1957; H. Nehlsen, Sklavenrecht zwischen Antike und Mittelalter, Germanisches und römisches Recht in den germanischen Rechtsaufzeichnungen, I: Ostgoten, Westgoten, Franken, Langobarden, 1972.

Vgl. a. HRG Artikel: Agrarverfassung (F. Lütge) I 63ff., Dreifelderwirtschaft (E. Kaufmann) I 784ff., Freiteil (W. Ogris) I 1249ff., Forst (H. Rubner) I 1168ff., Freilassung (R. Scheyhing) I 1242ff., Gemeinfreie (G. Dilcher) I 1513ff., Glebae adscripti (M. Kobler) I 1695f., Grundherrschaft (H. K. Schulze) I 1824ff., Grundrente (W. Ogris) I 1852ff., Gutsherrschaft (P. Selmer) I 1878ff., Hausmeier (E. Wadle) I 2035ff., Heiratserlaubnis (J. Schwab) II 60ff., Heiratszwang (J. Schwab) II 66ff.

I. Auch im wirtschaftlichen und sozialen Bereich brachte die Völkerwanderung große Strukturwandlungen mit sich. Sie vollzogen sich, wenn auch nicht ganz gleichmäßig, bei allen Stämmen der Germanen; im folgenden sollen vorwiegend die fränkischen, für Deutschland und Frankreich bedeutungsvollsten Vorgänge ins Auge gefaßt werden. Wiederum sind zunächst die inneren Wandlungen der germanischen Wirtschaft, dann die antiken Einflüsse darzustellen.

1. a) Mit der endgültigen Seßhaftwerdung vertiefte sich das vormals lose Verhältnis zum Grund und Boden. War die Landnahme im Sippenverband erfolgt, so gerät nun das Ackerland in die dauernde Verfügungsgewalt des Bebauers. Haus, Hof und Äcker standen jetzt in familienhaft gebundenem **Sondereigen**; das schloß wiederum nicht aus, daß Allmende weiterbestand. Aus großen Allmendgenossenschaften sind z. B. die Schweizer Urkantone entstanden.

b) Aber das Sondereigentum erfuhr seine Krönung erst durch Anerkennung des Erbrechts. Der Heimfall an die Gemeinde trat zurück hinter der Anwartschaft der Söhne, bald auch der Töchter und Seitenverwandten; ein Anerbenrecht blieb unbekannt, so daß mehrere Geschwister den Hof zunächst in ungeteilter Gesamthand bewirtschafteten, sich aber auseinandersetzen konnten; aus solchen Teilungen entstand Klein- und Zwergbesitz. Auch der rechtsgeschäftliche Verkehr mit Grundstücken wurde möglich, die Sippenhaftung für Bußen und Wergelder zwang oft zu Landabtretung; aber es kommt auch schon vor, daß Grund und Boden freiwillig veräußert oder verpfändet wird. Die Verschiedenheit der Besitzlage, von vornherein schon dadurch gegeben, daß bei der Landnahme „secundum dignitatem" Besitz unterschiedlicher Größe zugeteilt worden war (s. Kap. 5 II), nimmt weiter zu, indem der Boden zum besseren Wirt wandert. Größere Grundbesitzer mit einem vielköpfigen Hausstand hatten auch bessere Möglichkeiten in der Allmende zu roden und durch den Neubruch (bifanc, adprisio, novale) ihre Wirtschaftskraft zu vervielfachen.

2. Eine noch viel schärfere Besitzungleichheit fand sich bei der römischen Bevölkerung. Dort gab es große Staatsdomänen und Großgüter von *potentes*, in deren Arme der unerträgliche Steuerdruck viele Kleinbesitzer getrieben hatte; sie wirtschafteten jetzt als halbfreie Kolonen oder Träger einer *precaria*, eines Zinsgutes (abzuleiten vom römischen *precarium* = Leihe auf Widerruf, schon nach römischem Vulgärrecht meist auf ein Lustrum = 5 Jahre fest verliehen).

3. Durch die Eroberung entsteht allenthalben Großgrundbesitz in bisher unerhörtem Ausmaße. Dieser ballt sich am stärksten in der Hand des Königs zusammen, wobei allerdings verschiedene Rechtstitel in Frage kamen; bei den Langobarden mußte z. B. das Königtum nach seiner Restauration erst vom Adel dotiert werden. Am besten stand auch hier der fränkische König, der die römischen Fiskalländer kraft Beuterechtes an sich zog; außerdem standen ihm große unerschlossene Waldgebiete, die als herrenlos galten (*forestis*), zur Rodung offen. So entstanden königliche Domänen, die von eigenen Beamten (*domestici, actores*) verwaltet wurden. Die Forsthoheit des Königs und später der Fürsten ist im ganzen Ma. eine Machtquelle ersten Ranges gewesen.

4. Aber zum großen Teil gelangte das Königsland durch Schenkungen in die Hand der geistlichen und weltlichen Aristokratie. Diese hatte bei der Eroberung führend mitgewirkt, und ihr Anteil an der Beute konnte ihr nicht verweigert werden. So entsteht adliger Großbesitz, wiederum vermehrt durch Rodung großen Stiles. Die Kirche zog den größten Nutzen aus dem Schenkeifer der neu zum Christentum Bekehrten. Bald gab es Klöster, wie Luxeuil oder Fulda, die 15 000 Hufen zu je etwa 10 ha ihr Eigen nannten.

Voraussetzung dafür war, daß eine freie Verfügung auch über Grundbesitz geschaffen wurde. Germanisches Sippenrecht und römische Testierfreiheit, vertreten durch die Kirche, standen in dieser Frage lange schroff gegeneinander. Den Ausgleich bildet die Anerkennung der Testierfreiheit hinsichtlich einer Vermögensquote (in der Regel ein Drittel). Dieser Freiteil, im Bereich der irischen Mission schon im 8. Jhdt. geläufig (L. Baiuv. I 1), findet im 12. Jhdt. allgemeine Verbreitung. **Schrifttum:** A. Schulze, Augustin u. der Seelteil des germ. Erbrechts, Studien z. Entstehungsgeschichte d. Freiteils, Sächs. Abh. 38, 4, 1928; E. F. Bruck, Kirchenväter und soziales Erbrecht, 1956. Das Alter der germanischen Grundherrschaft ist noch wenig geklärt. Nach A. Bergengruen (Adel und Grundherrschaft im Merowingerreich, VSWG, Beiheft 41 [1958]) hat sich im Merowingerreich erst Ende des 6. Jahrh. aus der Königsgefolgschaft ein fränkischer Grundadel entwickelt.

a) Dieser Großbesitz bildet teils zusammenhängende Flächen (Latifundien), teils befindet er sich in Streulage. Im Mittelpunkt des ganzen Systems liegt der Herrenhof, Sedlhof, Salhof, *curtis*, umgeben von Herrenland, das mit Unfreien im Eigenbetrieb bewirtschaftet wird (*terra salica, indominicata*); in der Umgebung, oft aber auch Hunderte von Meilen entfernt, lagen die abhängigen Hufen (*mansi*), dazwischen verstreut als Vermittlungsstellen größere Güter, Meierhöfe (*curiae villicales, villicationes*), auf denen verderbliche Naturalleistungen in Dauerware umgesetzt wurden. Die Höfe der Grundherren konnten in einem Dorfverbande liegen; dann wurde der Grundherr Teilhaber der Markgenossenschaft und gewann meist bald als Obermärker bestimmenden Einfluß, oft geradezu die Dorfherrschaft (Zwing und Bann).

b) Die wirtschaftliche Ungleichheit vertiefte sich noch durch die Intensivierung des Großbetriebes, die mit zunehmender Technik nicht ausbleiben konnte. In der Landwirtschaft setzte sich zuerst auf den Großgütern die Dreifelderwirtschaft durch, die erhöhten Ertrag brachte und eine bessere Ausnützung der Arbeitskräfte gestattete. Der Obst- und Gemüsebau verfeinerte sich in Nachahmung südlicher Vorbilder. Planmäßig angesetzte Gewerbebetriebe (Schmieden, Mühlen, Backöfen usw.) sicherten dem Großbetrieb seine Autarkie; auch Kunst und Kunsthandwerk (Kirchenbau, Schnitzkunst) fanden in der Grundherrschaft ein reiches Tätigkeitsfeld.

c) So kam der Kleinbesitzer auch betriebstechnisch immer weiter ins Hintertreffen. Seine Wirtschaft wurde unrentabel und krisenempfindlich. Daher gingen viele Kleinbauern zum Anschluß an den Großgrundbesitz über. Sie übertrugen ihm das Eigentum an ihrem Betrieb, um ihn als Leihgut, Zinsgut (*precaria oblata*) wieder zurückzunehmen.

Daneben gab es die bei der Kirche unbeliebte *precaria data*, die direkte Ausgabe von Zinsland und die *precaria remuneratoria*, bei der Land hingegeben und ein größeres oder ein anderes Stück zurückempfangen wurde.

Der Bauer gewann als Prekarist eine gesichertere Existenz. Im Falle von Wirtschaftskrisen oder Naturkatastrophen konnte er auf die Hilfe des Grundherrn wie auf eine Art von Versicherung zählen. Seine Eigenwirtschaft behielt er bei; die Grundrente war zwischen ihm und dem Herrn verteilt, die meist mäßigen Naturalzinse leistete er aus seinen Überschüssen. So ist durch diesen wirtschaftlichen Feudalismus die Erhaltung eines wirtschaftlich selbständigen Bauerntums möglich geworden.

II. Alle diese Vorgänge spielen sich zunächst nur auf dem Gebiet der Wirtschaft ab. Aber es konnte nicht ausbleiben, daß auch die Gliederung der Gesellschaft durch sie in Mitleidenschaft gezogen wurde. Zwar kann keine Rede davon sein, daß der Stand freier Bauern ganz verschwunden sei; im Alpengebiet und etwa auch in Westfalen hat sich ein kräftiger Stamm von Freibauern erhalten (s. Kap. 34 III 1 b). Die _precaria oblata_ brachte als solche keine Einbuße an Freiheit und Persönlichkeitsrecht mit sich; es gab auch freie Leihen _(mansi ingenuiles)_.

1. Anders wurde es erst, wenn ein von Haus aus Freier sich dem persönlichen Schutze eines Mächtigeren unterstellte. Das begegnet uns schon im spätantiken _patrocinium :_ der „Klient" wird Höriger _(cluere_ hören) des Patrons. In der römischen Provinz Gallien kamen Kommendationen an potentes vor; aus wirtschaftlicher Not verpflichtet sich der Schutzsuchende zu lebenslänglichem Dienst gegen Versorgung, er wird der _susceptus, sperans, vassus_ (von kelt. _gwas_ Knecht) des Patrons. Auch Germanen mögen sich kommendiert haben, um einen Ersatz für den immer schwächer gewordenen Sippenverband oder Schutz vor den Übergriffen königlicher Beamter zu erlangen. Der Patron vertrat sie dann in Heer und Gericht und nahm ihnen die immer drückender werdenden öffentlichen Lasten ab; er prozessierte ja auch mit mehr Erfolg als die kleinen Leute; auch mußte er für sie die Haftung übernehmen _(homines unde mithio redebit;_ vgl. Kap. 17 II 1a); damit schieden sie aber auch aus dem öffentlichen Wehr- und Gerichtsverband aus.

2. Aber nicht überall sind solche „Autotraditionen" häufig bezeugt, zumal nicht im deutschen Ostteil des Frankenreiches (Lütge). Wenn dort trotzdem ein ständiges Absinken Altfreier in die Hörigkeit zu beobachten ist, so kann nur eine automatisch wirkende, fast unmerkliche Gewichtsverlagerung die Ursache gewesen sein, eine Angleichung nach unten. Je intensiver die Fronhofwirtschaft und Gutsverwaltung, je größer der Anteil der unfreien Arbeit wurde, um so leichter mußte die Anwendung des Hörigenrechts auch auf ursprünglich freie Hintersassen gelingen. Diese versäumten gleichfalls in immer steigendem Maße die Erfüllung ihrer Wehr- und Gerichtspflicht und verschwiegen sich schließlich mit ihren Rechten zugunsten des Grundherrn. Immer stärker sprach eine schwer widerlegbare Vermutung für die Hörigkeit, nicht mehr der Freie, sondern der Hörige erscheint jetzt als der bäuerliche „Normalstand"; der Satz „Luft macht unfrei" wirft seinen Schatten voraus. Den Endpunkt bildet die ganz von selbst eingetretene Unterstellung unter die grundherrliche Gerichtsbarkeit. Damit ist der Großgrundbesitz zur Grundherrschaft geworden, die sich zwischen Staat und Bauern einschiebt und diese mediatisiert. Daran wird unten Kap. 17 II wieder anzuknüpfen sein.

3. Diese abgesunkenen Freien kamen in eine ähnliche Rechtslage wie die schon vorher **Minderfreien** (s. Kap. 6 II 2), die Liten und privat Freigelassenen, wozu noch die römischen Kolonen treten, ferner die langobardischen Aldien und die bairischen Barschalke.

a) Sie alle kennzeichnet ein geringerer Wergeldsatz als der dem Freien zustehende, ferner die mangelnde Freizügigkeit, sie sind *glebae adscripti*, Zubehör des Guts, *homines pertinentes*;

b) weiterhin haben sie die Pflicht zu Frondiensten, die im einzelnen verschieden, aber stets gemessen sind; ferner zur Leistung eines Kopfzinses *(litimonium)*;

c) endlich leisten sie Abgaben bei besonderen Anlässen, so die Heiratsgebühr *(maritagium)*, den Sterbfall *(mortuarium, Besthaupt)* und Besitzwechselabgaben *(laudemium)*.

All dies hat sich z. T. bis ins 19. Jhdt. erhalten. Indessen gelang es manchen Hörigen, sich aus dem Ertrag ihrer Arbeit freizukaufen.

4. Die **Unfreien** haben wohl im Zuge der Eroberungen an Zahl zugenommen und bilden einen erheblichen, wahrscheinlich sogar den überwiegenden Teil der Bevölkerung. Die Kriegs- und Beutezüge der Wanderungszeit haben Kriegsgefangenschaft als Ursache der Unfreiheit in den Vordergrund treten lassen und den Rechtsschutz der Unfreien gemindert, die nun nicht selten unter die Stellung des spätantiken Sklaven absinken. Der Zustrom von Kriegsgefangenen, der den Sklavenhandel zum überaus wichtigen Handelszweig machte, blieb bis zur Christianisierung der Slaven (Slave = Sklave) ungebrochen. Die ältere Lehrmeinung, wonach der reine Sachcharakter der Unfreien in fränkischer Zeit stark zugunsten einer mehr personalen Betrachtungsweise abgebaut worden sei, ist von der neueren Forschung nicht bestätigt worden (H. Nehlsen, Sklavenrecht zwischen Antike und Mittelalter, Germanisches und römisches Recht in den germanischen Rechtsaufzeichnungen I, 1972). Nach Aussage der Volksrechte unterliegen die Unfreien (servi, mancipia) nach wie vor uneingeschränkt dem Sachenrecht (s. Kap. 6 II 1); auch die Kirche, in Hinblick auf ihren gewaltigen Grundbesitz selbst vorrangiger Nutznießer der unfreien Arbeitskraft, hat zwar im ethischen, aber kaum im rechtlichen Bereich zugunsten der Personenqualität der Unfreien gewirkt. Sehr langsam, deutlich erst im 11. Jahrhundert wandelt sich der rechtlose Sklave zum hochmittelalterlichen Leibeigenen. Ansätze zur Deliktsfähigkeit und das Verlangen nicht nur nach Gehorsam, sondern Treue gegenüber dem Herrn kennzeichnen seine Personwerdung. Nun wird die für ihre Tötung dem Herrn verfallende Sachbuße als Wergeld bezeichnet und ihren Angehörigen ein Anteil daran gewährt; der Grundbetrag war allerdings noch gering, bei den Franken 12 Solidi, 6% des Freienwergeldes. Grundlose Tötung durch den eigenen Herrn wird nun untersagt, Ehe- und Vermögensfreiheit gewährt. Nach Fahrnisrecht werden nur noch fremde Sklaven veräußert; daß mit ihnen Handel getrieben wurde, ist bezeugt. Hingegen wurden die *servi casati* als Zubehör des Grundstücks anerkannt, *glebae adscripti*. Andrerseits konnten Hausdiener, die zu persönlicher Bedienung des Herrn herangezogen wurden *(ministeriales, vassi ad ministerium)*, besonders in adligen Häusern oder gar beim König *(pueri regis)*, zu höherem Rang aufsteigen und ein höheres Wergeld erhalten, ja sogar als bewaffnetes Gefolge auftreten und Haus- sowie Staatsämter bekleiden.

Die Freilassung geschah

a) zu Vollfreiheit (daher auch Hörigen zugänglich) durch den König in der Form des Schatzwurfs – *(manumissio per denarium, denariatio,* symbolischer Verzicht auf den dargebotenen Kopfzins). Knechte anderer Herren werden dem König ad hoc zu treuen Händen übergeben. Da der *homo denarialis* keine Sippe hatte, fielen Wergeld und Erbe an den König;

b) zu minderem Recht in verschiedenen Formen: die Kirche führte die römisch-rechtliche *(ecclesia vivit secundum legem Romanam)* Freilassung durch Urkunde ein, ihre Freigelassenen hießen *tabularii,* die von weltlichen Herren in der gleichen Form Freigelassenen *cartularii.* Sie blieben unter dem Patronat ihres Freilassers als seine Muntmannen und hatten diesem Zins und Dienste zu leisten wie Liten; die Kirche forderte oft einen Zins in Wachs *(cerarii,* Wachszinsige).

5. Wie weit sich Reste alten germanischen **Blutsadels** bis in die karolingische Zeit herübergerettet haben, bleibt unklar. Daß die 5 genealogiae der lex baiuv. solche Reste darstellen, ist zweifelhaft (vgl. F. Prinz, Herzog u. Adel im agilulfingischen Bayern, ZBLG 25 (1962) S. 283 ff.). Einen besonderen Blutstolz bewahrte sich der sächsische Adel, der das sechsfache Freienwergeld beanspruchte. Bei den Sachsen wurden Ehen zwischen Adel und Freien mit dem Tode bestraft (s. Kap. 20 I 1 b). Dieser sächsische Adel stellte eine verhältnismäßig breite Schicht von Grundherren dar, ihre Sonderstellung beruhte, ähnlich wie später bei den Normannen in England, vermutlich auf Überlagerung im Zuge der Eroberung. Nur bei den Franken soll nach herrschender Meinung der alte Stammesadel gänzlich verschwunden und durch einen königlichen Dienstadel ersetzt worden sein. Doch war der Königsdienst wohl nur die neue Rechtsform, in der sich der alte Adel der biologischen Substanz nach erhalten hat. Die fränkischen Rechtsquellen zeigen deutlich eine nivellierende Tendenz und lassen den Willen des Königstums ersehen, den alten Adel zu entrechten, daher erkennen sie dem Adligen kein höheres Wergeld zu als dem Vollfreien; aber sie geben ein falsches Bild. Es ist dem Königtum auch bei den Franken nicht gelungen, das germanische, sakral fundierte Adelsrecht zu brechen, das Charisma zu monopolisieren. Nur so erklärt sich die autogene Gerichts- und Kirchenherrschaft des Adels, von der noch zu sprechen sein wird (Kap. 13 IV). Bezeichnend ist, daß manche vom Volke verehrte Heilige altfränkische Adelsnamen tragen. Das Pariser Edikt Chlotars II. von 614, die „Magna Carta" des fränkischen Adels, hätte dem König schwerlich von einem neugeschaffenen Dienstadel abgerungen werden können.

R. Wenskus (Amt und Adel S. 41 ff.) erklärt das Fehlen des Adelswergeldes bei den Franken damit, daß der fränkische Adel den Abkauf der Blutrache als unehrenhaft abgelehnt habe. Bei den Wergeldbestimmungen der Lex Alamanorum und der Lex Baiwariorum sind politische Einwirkungen seitens der siegreichen Franken nicht von der Hand zu weisen. Die in letzterer namentlich genannten fünf Geschlechter dürften kaum den gesamten baierischen Adel, wohl aber dessen frankophilen und vielleicht darum bevorzugten Teil ausmachen.

Die durch verschiedene Wergelder getrennten Stände sind bei den einzelnen germanischen Stämmen nach Art und Zahl recht verschieden. Abweichungen im Wortsinn erschweren zudem einen Vergleich. Eine wirksame Vereinheitlichung bahnt sich erst im 9. Jahrh. an. Ihr sinnfälliger Ausdruck ist das Hervortreten eines das gesamte karolingische Reich umspannenden Reichsadels, dessen Stellung weniger vom Stammesrecht als vom Umfang seines Grundbesitzes und seinem Verhältnis zur Krone abhängt.

Die Wergeldbestimmungen (dreifaches Wergeld im Königsdienst) zeigen, daß es in dieser Zeit eine doppelte Gliederung des Volkes nach Volks- und Königsrecht gab. Die Standesunterschiede des Volksrechtes konnten durch Königsrecht ausgeschaltet werden. Der Königsdienst (s. Kap. 13 I 1 b) bot den Ansatzpunkt zur Bildung eines Dienstadels.

Zusammenfassend läßt sich sagen, daß das Sozialleben auf Rechtsungleichheit aufgebaut war; jedem war ein fester Platz, sein Platz, im Volksgefüge zugeteilt. Es galt ein hartes Herrenrecht, die Möglichkeiten des Aufstiegs waren gering selbst im Herrendienst und in der Kirche. Doch differenzierte sich das soziale Gefüge zusehends; es kündigt sich schon das hochmittelalterliche Bild der Stufenfolge an: die menschliche Gesellschaft wird ihr ein Spiegelbild der Weltordnung nach Rängen *(ordines)*, des neuplatonisch-scholastischen „Stufenkosmos".

Über den frühmittelalterlichen Handel soll erst später im Zusammenhang mit der Stadtwirtschaft gesprochen werden. Vgl. unten Kap. 29 II.

Vom Münzwesen ist zum Verständnis der Rechtsquellen notwendig zu wissen: Seit den Chlodwigssöhnen herrscht Goldprägung (Gold war die Kaisermünze, offenbar war Gleichstellung mit Ostrom beabsichtigt!), der Goldschilling *(solidus)* zählt in der Lex Salica 40 Silberdenare. Später sank der Schilling auf etwa ein Drittel (12 Denare). Die Karolinger gingen zur Silberprägung über und schufen die noch für das Mittelalter maßgebende Gleichung: ein Pfund Silber = $^1/_{12}$ Pfund Gold = 24 Schillinge = 240 Denare.

Schrifttum: A. Verhulst, Der Handel im Merowingerreich, Gesamtdarstellung nach schriftlichen Quellen, Genf 1970; J. Werner, Waage und Geld in der Merowingerzeit, Bayer. Ak. d. Wiss., Phil.-hist. Kl., Jg. 1954 Heft 1.

Kap. 13. Die fränkische Reichsverfassung

Schrifttum: Rudolf Sohm, Die fränkische Reichs- und Gerichtsverfassung, 1871, Neudr. 1971 (stark vom Staatsrecht der Bismarckzeit beeinflußt); E. Zöllner, Die politische Stellung der Völker im Frankenreich, Wien 1950; Th. Mayer, Die Staatsauffassung der Karolingerzeit, HZ 173 (1952) 467ff.; F. Kern, Gottesgnadentum und Widerstandsrecht im früheren Ma, 5. Aufl., 1970; C. Brühl, Fodrum, Gistum, Servitium regis. Studien zu den wirtschaftlichen Grundlagen des Königtums im Frankenreich und in den fränkischen Nachfolgestaaten Deutschland, Frankreich und Italien vom 6. bis zur Mitte des 14. Jahrh., 2 Bde, 1968; ders. Königspfalz und Bischofsstadt in fränkischer Zeit, Rh. Vjbl. 23 (1958) 161 ff.; ders., Das fränkische Fodrum, ZRG 76 (1959) 53ff.; H. Wieruszowski, Reichsgut und Reichsrechte im Rheinland (500–1300), Bonner Jb. 131 (1926); R. Buchner, Das merowingische Königtum, VF 3 (1956, Nachdr. 1963) 143ff.; Th. Mayer, Der Wandel unseres Bildes vom Mittelalter. Stand und Aufgaben der mittelalterlichen Geschichtsforschung, BlDLG 94 (1958) 1ff. S. a. HRG Artikel: Imperium = Befehlsgewalt (H. Holzhauer) II 330ff., König (E. Kaufmann) II 999ff., Königsbann (E. Kaufmann) II 1023ff., Königsdienst (E. Kaufmann) II 1026ff., Königsfrieden (E. Kaufmann) II 1032ff., Königsheil (A. Erler) II 1040f., Königsrecht (E. Kaufmann) II 1055ff., Königsschutz (D. Willoweit) II 1058ff., Königswahl (G. Theuerkauf) II 1061ff., Königszins (J. Sigle) II 1065ff.

I. Wie sich schon aus dem bisher Gesagten ergibt, war die fränkische Verfassung keine stabile Größe. Schon in der Merowingerzeit, die hier vorwiegend betrachtet werden soll, haben sich die Schwerpunkte mehrfach verlagert. Die Hauptprobleme liegen im Verhältnis des Königtums zum Volk und zum Adel. Da diese auch in den übrigen Germanenreichen auftraten, trifft das Folgende meist auch auf diese zu.

1. Daß die Machtstellung des **Königtums** sich verstärkte, war in erster Linie das Ergebnis seiner militärischen und politischen Erfolge.

a) Durch sie erhob sich das Königtum über Völker verschiedener Abstammung. Das fränkische Reich war kein Nationalstaat mehr, es war ein Nationalitätenstaat geworden. Das Staatsvolk bildete nicht mehr, wie in der Stammeszeit, eine geschlossene Einheit; es konnte nur durch eine starke Zentralgewalt zusammengehalten werden. Zwischen den verschiedenen Volksgruppen herrschte grundsätzlich Gleichberechtigung. Wenn die Römer (Provinzialen), soweit sie persönlich frei waren, nur das halbe Wergeld des freien Franken, also 100 Solidi, erhielten, so bedeutete das, zumindest in der früheren Merowingerzeit, noch keine Zurücksetzung; da der Römer nicht in einer Sippe stand, mußte der auf diese treffende Anteil entfallen.

b) Aber der fränkische König gewann auch in seinem eigenen Stammvolk eine überragende Stellung; er hatte sich gleichsam sein eigenes Volk erobert. Das bedeutet aber nicht, daß dieses jetzt zu einer gestalt- und willenlosen Masse von „Untertanen" abgesunken wäre. Noch immer bildete das Volksrecht die Grundlage der Verfassung und eine Schranke der Königsmacht; der König war noch immer Repräsentant des Volkes, kein absoluter Monarch oder Diktator. Zwar konnte sich neben dem Volksrecht eine neue Schicht von Königsrecht bilden; aber zwischen beiden bestand kein offener Gegensatz. Das Widerstandsrecht des Volkes, das allerdings immer mehr durch die adlige Oberschicht repräsentiert wurde, blieb erhalten und wurde gelegentlich noch geübt. Volk und König waren durch ein persönlich gedachtes Treuband verknüpft; als Personenverbandsstaat trägt auch das fränkische Reich einen germanischen Grundzug. Der von den Königen zur Bestärkung der Treue geforderte Eid heißt *leudesamio*, was auf die von den Gefolgsleuten des Königs geschuldete Treue hindeutet. Innerhalb dieses weiteren bildet die eigentliche Gefolgschaft des Königs, seine *leudes*, *fideles*, *antrustiones*, einen engeren Treukreis; die königliche *trustis* war die Trägerin der vollziehenden Gewalt. Zum ersten Male in der europäischen Geschichte gab es im Reiche der Franken und der anderen Germanen – eine Exekutive im rechtsfreien Raum.

Nach Th. Mayer (Die Königsfreien und der Staat des frühen Ma., VF 2 (1955, Neudr. 1963) 7 ff.) besteht zwischen antrustiones und leudes ein ständischer Unterschied. Die ersteren sind die im Königsdienst stehenden Vollfreien und späteren Kronvasallen, während die leudes Minderfreie (Königsfreie) sind, die als königliche Heermannen (fränkisch: *scariti, scaramanni*) zum Kriegsdienst und anderen öffentlichen Leistungen verpflichtet sind und dafür vom König durch Verleihung bäuerlicher Hufen *(mansi ingenuiles)* versorgt werden, die sie weder verlassen noch veräußern dürfen. Durch Schenkung sind sie vielfach an die Reichskirche übergegangen und durch Ablösung des Kriegsdienstes (Zahlung des *hostilicium*) zu sog. Königszinsern geworden; sie klingen nach in den „freien Bauern" und „freien Gotteshausleuten" des Hochmittelalters.

Die Lehre von den Königsfreien hat erhebliche Verbreitung gefunden; gleichwohl ist bis heute Königsfreiheit, d. h. Freiheit als Folge des Königsdienstes ebensowenig zu beweisen gewesen, wie eine Rodungsfreiheit, d. h. Freiheit als automatische Folge von Rodungstätigkeit. Freiheit kann noch im Hochmittelalter nur durch förmliche Freiung oder Verschweigung erworben werden.

Schrifttum: H. K. Schulze, Rodungsfreiheit und Königsfreiheit, Zur Genesis und Kritik neuer verfassungsrechtlicher Theorien, HZ 219 (1974) 529ff.; H. Krause, Die liberi der lex Baiuvariorum, Festschr. M. Spindler (1969) 41ff.; ders., Königsfreie, HRG II 1029ff.; W. Müller, Die Gotteshausleute. Zur Problematik ständischer Benennungen des 14. bis 17. Jahrhunderts, ZRG 92 (1975) 89ff.

c) **Römische Einschläge** im fränkischen Staatsleben waren zweifellos vorhanden (Kanzlei und Urkundenwesen, Reste der römischen Finanzverwaltung, Majestätsrecht des Königs usw.). Aber im Gesamtbild treten sie zurück; die den Gallorömern anerzogene Unterwürfigkeit verflüchtigte sich mit dem Erstarken des germanischen Elements gegen das Ende der Merowingerzeit. Einen wirklichen Begriff vom römischen Staat vermochte die einstige Provinz Gallien nicht mehr zu vermitteln, wo schon längst Feudalbarone über abhängigen Kolonen saßen.

2. Die **Landsgemeinde** der germanischen Zeit ist mit der Großstaatsbildung verschwunden, auch die anfänglich noch bezeugten Stammeslandtage werden durch eine alljährlich abgehaltene Heerversammlung, das **Märzfeld**, ersetzt. Da aber der allgemeine Heerbann gleichfalls erlosch und nur noch im Falle der Landesnot zur **Landfolge**, Landwehr einberufen wurde, bestand die Heerversammlung nur noch aus Teilaufgeboten. Dazu kam, daß die bäuerlichen Krieger immer mehr verschwanden und von den Panzerreitern der Senioren verdrängt wurden. Daß das „Märzfeld" 755 in den Mai verlegt wurde, ist der sprechendste Ausdruck dafür. Solche Versammlungen konnten nur noch als Plattform für Erklärungen des Königs und der Großen dienen.

3. Politische **Entscheidungen** fielen meist auf den **Hoftagen**, in denen wir den verselbständigten Fürstenrat des Tacitus wiedererkennen. Ihre Einberufung war Sache des Königs, ebenso hing von ihm das Gewicht ihrer Beratung ab; formelle Beschlüsse, an die der König gebunden gewesen wäre, faßten sie nicht. Der König konnte auch Personen seiner engeren Umgebung zu internen Beratungen zuziehen; daraus konnte sich später ein **engerer Rat** oder Staatsrat (engl. *privy council*) entwickeln. So schaltete sich der Adel als Zwischeninstanz zwischen König und Volk ein.

Schrifttum: H. Weber, Die Reichsversammlungen im ostfränkischen Reich 840–918 (Würzb. Diss. 1962).

II. Die **Thronfolge** bestimmte sich in alter Weise nach Sippenrecht.

1. Es regierte nicht der einzelne König, sondern die Sippe der Merowinger, von 751 an die der Karolinger. Die Bestimmung des konkreten Thronfolgers geschah innerhalb des königlichen Hauses; die Hausgewalt enthielt zugleich die Verfügung über die Reichsgewalt. Der König konnte einen seiner Söhne zum Mitregenten oder Unterkönig erheben, er konnte ihn zum Nachfolger adoptieren oder allen seinen Söhnen das Reich hinterlassen; dann fand eine Teilung der funktionellen Zuständigkeit statt, welche die Einheit des Reiches der Idee nach bestehen ließ;

jeder Teilkönig war rex Francorum, die Wiedervereinigung konnte eintreten, indem alle Teile einem Überlebenden anwuchsen.

Schrifttum: R. Schneider, Königswahl und Königserhebung im Frühmittelalter; Untersuchungen zur Herrschaftsnachfolge bei den Langobarden und Merowingern, 1972.

2. Faktisch haben sich allerdings die Reichsteile immer mehr zu Teilreichen fortentwickelt, und es ist gegen Ende der Merowingerzeit das Wahlrecht des Adels wieder stärker hervorgetreten, zuletzt übergegangen auf dessen Führer, den Hausmeier, der den König einsetzt. Das Wahlprinzip ist also auch in der fränkischen Zeit niemals ganz vom Erbrecht absorbiert worden; es setzte sich um so stärker durch, je häufiger mehrere Anwärter um den Thron stritten.

III. Das Werkzeug der königlichen Regierung war der **Königsbann.** Vom Heerbann ausgehend, ergriff er alle Zweige des öffentlichen Lebens; auch die Friedenswahrung, Wirtschaftsregelung, Sozialordnung dienten in letzter Linie der Erhaltung der Wehrfähigkeit. Der Königsbann ermöglichte es schon den früheren Merowingern, eine einheitliche politische Linie einzuhalten; sie legten die Grundlagen, auf denen die kräftigeren Karolinger aufbauen konnten. So blieb dem fränkischen Reich das Schicksal des westgotischen erspart.

1. Unter **Bann** *(imperium)* kann im Sinne des fränkischen Staatsrechts dreierlei verstanden werden:

a) Ein Befehl oder Verbot,

b) der dadurch geschaffene Zustand (vgl. Bannmeile, Bannware),

c) die Strafe der Zuwiderhandlung. Letztere war stets eine Geldstrafe, beim Königsbann meist 60 Schillinge; die Mannheiligkeit durfte der König nicht antasten, Leibes- und Lebensstrafen konnte nur das Volksrecht verhängen.

2. Man unterscheidet drei Arten des Königsbannes (Brunner): den Friedensbann, den Verordnungs- und den Verwaltungsbann.

a) Kraft des Friedensbannes nimmt der König bestimmte Personen oder Sachen in seinen Sonderschutz und verbietet Angriffe auf sie; so Witwen und Waisen, Geistliche und Pilger, Kaufleute; ferner Kirchen, Kirchengut, Straßen, Forsten, Gewässer – womit zugleich Jagd und Fischfang Regal wurden.

Hingegen beruht es schon auf altem Sakralrecht, wenn Rechtsverletzungen gegen den König selbst, sein Gefolge, in der Königspfalz, auf dem Pfalzwege strenger geahndet werden; ebenso der Sonderfriede des Gerichtes, Heeres, Hauses und Marktes.

So konnte sich der Gedanke entwickeln, daß der Schutz des Landfriedens im allgemeinen Sache des Königs sei. Ansätze zu einer Landfriedensgesetzgebung finden sich schon in fränkischer, besonders karolingischer Zeit. Der König bezieht auch die Friedensgelder, und die Ächtung verhängt das Königsgericht.

b) Kraft des Verordnungsbannes kann der König allgemein bindende Rechtsnormen aufstellen; er gewinnt das dem germanischen König noch fehlende Recht der Legislative. In welchen Formen er es ausübte (Edikte, Kapitularien) ist erst unten Kap. 18 III zu besprechen. Der König konnte so das Volksrecht verstärken und Tatbestände unter Strafe stellen, die schon nach Volksrecht strafbar waren; dann floß ihm die gesamte Bannbuße zu, die höher war als das Friedensgeld. Er konnte ferner das Volksrecht ergänzen und neue Strafnormen schaffen (z.B. gegen Versuchshandlungen). Hingegen konnte er das Volksrecht nicht einseitig aufheben oder abändern. Immerhin zeigen die königlichen Verordnungen eine deutlich reformatorische, erzieherische Tendenz, so z.B. im Bemühen, Fehde und Selbsthilfe einzuschränken (s. Kap. 19 I).

c) Kraft des Verwaltungsbannes ist der König Träger der Exekutive, vor allem der Polizeigewalt. Diesen Bann kann er Unterorganen delegieren. Näheres Kap. 14.

Schrifttum: D. Willoweit, Königsschutz, HRG II 1058ff., W. Goez-E. Kaufmann, Bann, HRG I 308ff.

IV. Zur fränkischen Reichsverfassung gehört auch das Verhältnis des Königtums zur Kirche.

Schrifttum: H. E. Feine, Vom Fortleben des römischen Rechts in der Kirche, ZRG Kan. 73 (1956) 1ff.; H. v. Schubert, Geschichte der christlichen Kirche im Frühmittelalter, 1921; K. Voigt, Kirche und Staat von Constantin d. Gr. bis zum Ausgang der Karolingerzeit, 1936, Neudr. 1965; ders., Die karolingische Klosterpolitik und der Niedergang des westfränkischen Königtums. Laienäbte und Klosterinhaber, 1917, Neudr. 1965; R. Weyl, Das fränkische Staatskirchenrecht zur Zeit der Merowinger, 1888, Neudr. 1970; J. Schur, Königtum und Kirche im ostfränkischen Reiche vom Tode Ludwigs des Deutschen bis Konrad I., 1931; H. H. Anton, Fürstenspiegel und Herrscherethos in der Karolingerzeit, Bonn. Hist. Forschgn 32 (1968); E. Ewig, Zum christlichen Königsgedanken im Frühmittelalter, VF 3 (1956, Nachdr. 1963) 7ff.; ders., Kirche und Civitas in der Merowingerzeit, SSCI 7 (1960); C. de Clerq, La législation religieuse franque de Clovis à Charlemagne, Löwen-Paris 1936; F. L. Ganshof, L'église et pouvoir royal dans la monarchie franque sous Pepin III et Charlemagne, SSCI 7 (1960); D. Claude, Die Bestellung der Bischöfe im merowingischen Reiche, ZRG Kan. 80 (1963) 1ff.; H. Aubin, Stufen und Formen der christlichen und kirchlichen Durchdringung des Staates im Frühmittelalter, Festschr. G. Ritter (1950) 61ff.; E. Delaruelle, L'église romaine et ses relations avec l'église franque jusqu'en 800, SSCI 7 (1960); J. Semmler, Reichsidee und kirchliche Gesetzgebung, Zschr. f. Kirch. Gesch. 71 (1966); ders., Traditio und Königsschutz, Studien zur Geschichte der königlichen monasteria, ZRG Kan. 76 (1959) 1ff.; F. Prinz, Frühes Mönchtum im Frankenreich. Kultur und Gesellschaft in Gallien, den Rheinlanden und Bayern am Beispiel der monastischen Entwicklung (4.–8. Jahrh.), 1965; ders., Klerus und Krieg im frühen Mittelalter (Monograph. z. Gesch. d. Ma. 2), 1971; ders., Die bischöfliche Stadtherrschaft im Frankenreich vom 5. bis zum 7. Jahrhundert; HZ 217 (1973) 1ff.; A. Erler, Laieninvestitur. HRG II 1351f.

1. Es wird vorwiegend bestimmt durch die in die christliche Zeit hineinragende sakrale Prägung des Königtums, die es zur Leitung der Kirche vorbestimmte. So entstand eine fränkische Nationalkirche, für die ja auch das Staatskirchentum der arianischen Germanenstaaten ein Vorbild bot. Die Merowinger lösten die Kirche aus ihren Verbin-

dungen mit Rom, gewannen Einfluß auf die Besetzung der Bistümer, auf die Beschlüsse der Nationalkonzile, die von ihnen meist zusammen mit Hoftagen einberufen wurden, sowie auf die Gerichtsbarkeit über Kleriker. Die höheren Kirchenämter kamen durch sie in die Hand des Adels, nicht selten von Laien; manche Bistümer wurden zum Erbgut adliger Häuser (domus infulatae). Fortan ist die Kirche des Mittelalters eng mit dem Adel verbunden.

Daß die fränkische Kirchenpolitik gleichwohl zu keiner romfreien, sondern zu einer „romverbundenen Landeskirche" (Lortz) führte, ist wesentlich das Verdienst des Bonifatius. Sein Reformwerk (concilium germanicum 743), das in der deutschen Bistümerorganisation dauernde Spuren hinterließ, blieb jedoch Stückwerk, da es nur für kurze Zeit nach dem Tode Karl Martells die Unterstützung der Karolinger genoß. Bonifatius hat die Einheit der Kirche gerettet, damit aber auch die Rombindung der karolingisch-ottonischen Kirchenpolitik vorbestimmt (s. Kap. 21 II 2).

Kennzeichnend für die Lage ist, daß es dem Papst nicht gelang, Martin von Tours in seiner Eigenschaft als Schutzpatron des fränkischen Heeres durch Petrus zu ersetzen. Später einigte man sich auf den Erzengel Michael, der so als Reichsbannerherr zum deutschen Michel wurde.

Schrifttum: J. Lortz, Bonifatius und die Grundlegung des Abendlandes, 1954; Th. Schieffer, Winfried – Bonifatius und die Grundlegung Europas, 1954; K. Hallinger, Römische Voraussetzungen der bonifatianischen Wirksamkeit im Frankenreich, in: Bonifat. Gedenkgabe, 2. Aufl., 1954; H. Nottarp, Die Bistumserichtung in Deutschland im achten Jahrh., 1920, Neudr. 1964; R. Weyl, Die Beziehungen des Papsttums zum fränkischen Staats- und Kirchenrecht unter den Karolingern, 1892, Neudr. 1970; W. Gundlach, Die Entstehung des Kirchenstaates und der curiale Begriff Res publica Romanorum. Ein Beitrag zum fränkischen Kirchen- und Staatsrecht, 1899, Neudr. 1969; W. H. Fritze, Papst und Frankenkönig. Studien zu den päpstlich-fränkischen Beziehungen von 754 bis 824, VF Son.Bd. 10 (1973).

2. Die enge Verbindung, die Königtum und Kirche miteinander eingingen, hat die Kirche staatlichen Zwecken dienstbar gemacht, andererseits aber auch den Staat zunehmend mit christlichem Geist erfüllt. Sie zeugte eine neue Staatsauffassung, die erst das Entstehen eines königlichen Verordnungsbannes ermöglichte. Für die Kirche ist das Königtum nicht Gefolgschaftsspitze, sondern Regierungsgewalt, ihr Ideal ist der theokratische Staat, die Civitas Dei Augustins, eine Vorstellungsweise, die in der Umgebung Ludwig des Frommen zum vollen Durchbruch gelangt (vgl. Hinkmar von Reims, De regis persona et regis ministerio).

3. Von der Staatskirchenhoheit, die sich in der Karolingerzeit noch steigern sollte, zu scheiden ist das Eigenkirchenwesen, dessen Domäne von Haus aus die Niederkirchen waren. Die Eigenkirche war von einem Grundherrn ins Leben gerufen, galt als Attribut der Grundherrschaft, als Sondervermögen und erwerbswirtschaftliches Unternehmen, der Geistliche als Angestellter des Grundherrn, dieser als Schirmvogt und Gerichtsherr seiner Kirche. Auch das Eigenkirchenrecht war eine Form der Adelsherrschaft; in ihm lebt das Erbcharisma des germanischen

Adels fort; auch die Annahme des Christentums hat es den Königen nicht ermöglicht, ihr Charisma zu monopolisieren. Aber nicht bloß Adlige, auch die Könige selbst hatten Eigenkirchen und vor allem Eigenklöster, mit denen sie ihre Verwandten und Anhänger ausstatteten. Auch die Bischöfe hatten Eigenklöster; im übrigen waren die Eigenkirchen ihnen gegenüber gefreit. Staatskirchenhoheit und Eigenkirchenrecht widersprachen aufs schärfste der Idee des römischen Zentralismus. Der Kampf um sie durchtobte das Mittelalter; der Investiturstreit bildet seinen Höhepunkt (s. Kap. 21).

Schrifttum: U. Stutz, Die Eigenkirche als Element des mittelalterlichen germanischen Kirchenrechts 1 (1895); ders., Eigenkirche, Eigenkloster, PRE 2,2. Aufl. 1913; H. E. Feine, Ursprung, Wesen und Bedeutung des Eigenkirchentums, MJÖG 58 (1950) 195ff.; K. Voigt, Die königlichen Eigenklöster im Langobardenreich, 1909, Neudr. 1969; W. Plöchl, Eigenkirche, HRG I 879f.

Kap. 14. Die fränkische Reichsverwaltung

I. Mit dem Worte „Verwaltung" darf nicht die moderne Vorstellung eines durchgebildeten Behördenapparates verbunden werden; auch hier war alles noch unfertig. Einzig die Kanzlei verdient allenfalls schon den Namen einer „Behörde". Es gab wohl bereits den Begriff des Amtes *(ambaht,* ein Wort keltischen Ursprungs, *honor, ministerium)* – aber noch keine „Beamten" im heutigen Sinne, fungible Personen, denen ein fest abgegrenzter Pflichtenkreis zugewiesen wird. Auch hier beruhte alles noch mehr auf persönlichen Bindungen. Gelegentlich bekommen die Beamten genaue Dienstbefehle, deren strikte Einhaltung bei schwerer Strafe verlangt wird, so vor allem unter Karl d. Gr.; in der Regel aber mußten sie ihren Aufgabenkreis nach eigenem pflichtmäßigem Ermessen abgrenzen, sie waren Vertrauensleute, Sachwalter des Königs, meist Männer, die aus seiner persönlichen Umgebung stammten (vgl. *comes,* Begleiter = Graf!).

In den durchwegs lateinisch geschriebenen Quellen des Frühmittelalters werden einzelne Titulaturen des spätrömischen Ämterwesens – vor allem der *dux* und *comes* – weiterverwandt. Im Merowingerreich verlieren sie mit dem Untergang des römischen Städtewesens im 7. Jahrhundert ihren letzten Sinngehalt. Erst unter den Karolingern kennzeichnen sie wieder nicht nur Personen sondern auch Aufgaben. Im Gegensatz zu dem fränkischen *dux* besitzt der langobardische *dux* eine unmittelbare antike Wurzel; er leitet sich von dem byzantinischen στρατηγός ab.

Schrifttum : R. Sprandel, *Dux* und *comes* in der Merowingerzeit, ZRG 74 (1957) S. 41ff; D. Claude, Untersuchungen zum frühfränkischen Comitat, ZRG, 81 (1964) 1ff.

1. Mittelpunkt der Reichsverwaltung ist der **königliche Hof** *(aula, palatium regis).* Dieser hatte keinen festen Sitz, der König zog mit seinem Gefolge von Pfalz zu Pfalz, oder er nahm die „Gastung", meist der Bischöfe und Äbte, in Anspruch. Die Hofleute *(aulici, palatini)* bildeten keinen abgezirkelten Personenkreis, am Hofe herrschte ein ständiges Kommen und Gehen.

2. Den ruhenden Pol bilden die **Hofämter**. Ihre Träger übernehmen vielfach auch Staatsgeschäfte, die Reichsverwaltung ist eine verlängerte Hofverwaltung.

a) Von den vier alten germanischen **Hausämtern** ist das des **Truchsessen** *(druhtsazzo)* zeitweise unbesetzt geblieben oder vom Hausmeier mit versehen worden. Der Kämmerer verwaltet den Königsschatz und zugleich den davon nicht getrennten **Reichsfiskus**. Der **Marschall** *(comes stabuli)* hat militärische, der **Schenk** *(summus pincerna)* ernährungswirtschaftliche Aufgaben. Der laufende Dienst wird von unfreien Hausdienern geleistet.

Über den **Pfalzgrafen** s. Kap. 15 I. Vom Hofe gingen auch Spezialbevollmächtigte, kgl. Kommissäre, in die Provinzen, so die *sacebarones*, die in den Grafengerichten die Friedensgelder einkassierten.

b) Sie alle überholte weit der **Hausmeier** *(maior domus, Seneschall)* – dessen Amt nicht bloß bei den Franken bezeugt ist. Ursprünglich die Spitze der Hausverwaltung, wird der Hausmeier unter den späteren Merowingern Regierungschef. In jedem Reichsteil entsteht jetzt ein Majordomat. Das Amt wird zunächst unentziehbar, unter den Karolingern in Auster sogar vererblich; seit 687 bestand ein einheitlicher Majordomat für das ganze fränkische Reich. So verbindet sich die Reichsregierung unlösbar mit dem austrasischen Herzogtum (s. u. III). Das unter den Merowingern zerfallende Reich wird so von den karolingischen Hausmeiern wieder vereinigt. Von größter Bedeutung war es ferner, daß der Hausmeier Führer der königlichen Gefolgschaft *(trustis)* geworden war, zu der nicht nur die am Hofe dienenden Antrustionen, sondern auch die abgeschichteten Vasallen gehörten. So traten die Hausmeier an die Spitze des gesamten Adels und gelangten schließlich selbst auf den Thron (751).

Das Hausmeiertum ist eine universalgeschichtliche Erscheinung. Schon in der Spätantike stand der germanische Patricius neben dem weströmischen Schattenkaiser. In Japan stand bis 1867 der Shogun neben dem Mikado.

Schrifttum: E. Hermann, Das Hausmeieramt ein echt germanisches Amt, 1880, Neudr. 1970

3. Zu den Hofämtern gehört auch die königliche **Kanzlei**. Mit ihr treten Schriftwesen und Bürokratie in das Verfassungsleben ein, wobei an die spätantike Tradition angeknüpft werden konnte. In der Kanzlei werden die Königsurkunden *(diplomata)* ausgefertigt, die bald das sicherste Beweismittel und Vorbild für die Privaturkunden werden sollten.

Vorstand der Kanzlei war unter den Merowingern der weltliche **Referendarius**, oft ein Romane. Seine Aufgabe war es, die Echtheit der Königsurkunden zu beglaubigen (Rekognition). In der Karolingerzeit tritt an seine Stelle der geistliche **Kanzler** *(cancellarius)* – ein Beweis für die noch im Mittelalter oft beklagte geringe Bildung des germanischen Weltadels. Später verband sich das Amt im ostfränkischen Reiche mit dem des Erzkaplans; es entstand das Erzkanzleramt in der Hand des Erzbischofs von Mainz, der die laufenden Geschäfte dem Vizekanzler und den Notaren überließ und sich auf das Feld der großen Politik begab. In dem Übergang der Kanzlei in geistliche Hände liegt der Keim einer schweren Problematik.

II. In den Provinzen haben sich **Verwaltungsbezirke** gebildet.

1. Der wichtigste von ihnen ist die **Grafschaft** *(comitatus).* die vor allem im Westen mit dem Gau *(pagus)* zusammenfiel. Die Grafschaft war anscheinend als durchgehende Verwaltungseinheit für das ganze Reich gedacht. Doch scheint das ganze fränkische Reich keineswegs mit einem lückenlosen Netz dicht aneinander grenzender Grafschaften überzogen gewesen zu sein. Diesem Idealbild kam der romanische Süden und Westen am nächsten, wo sich die Grafschaften an die römischen civitates anschlossen. Im germanischen Gebiet waren die Grenzen fließender, der Graf oft mehr Graf i m Gau als Graf d e s Gaues; zwischen den Gauen konnte Niemandsland liegen, der beste Mutterboden für adlige Sonderbildungen (s. Kap. 17 II 2). Auch östlich des Rheins reicht die Grafschaftsverfassung in merowingische Zeit zurück; am spätesten wurde sie in Sachsen (782) eingeführt.

Die Streuung der Grafschaft über ein Riesenreich mit sehr unterschiedlichen regionalen Voraussetzungen hat einheitliche Aufgaben für den Grafen erschwert. Das Gemeinsame ist der personale Bezug des Grafen zum König. Er lastet ihm auch die Verantwortung für das Königsgut und die Königsfreien seines Bereiches an. Strittig ist nicht allein die Aufgabe des Grafen, sondern auch das Ausmaß der Räumlichkeit der Grafschaft und ihre Beziehung zum Gau, der seinerseits wiederum eine Raumeinheit unterschiedlichster Größe und rechtlicher Bedeutung bezeichnet (s. Kap. 7 I 2).

Schrifttum: H. K. Schulze, Die Graftschaftsverfassung der Karolingerzeit in den Gebieten östlich des Rheins, Schrift. z. Verf.Gesch. 19 (1973); D. Willoweit-E. Wadle, Graf, Grafschaft, HRG I 1775.

2. Der Graf *(comes, gerefa* zu *rôva* Zahl, Schar) war ursprünglich wohl, wie schon sein Name sagt, der Führer einer Heeresabteilung; nach der Landnahme erhielt er dazu noch umfangreiche zivile Kompetenzen. Der gegenüber dem dux ursprünglich ranghöhere spätantike comes fließt spätestens um die Mitte des 8. Jhdt. mit dem Grafen zu einem Amt zusammen.

a) Seine militärischen Aufgaben bestanden fortan in Aushebung und Ausbildung der Mannschaft, die er auch ins Feld führte; er konnte auch vom Dienste befreien, was oft recht willkürlich geschah.

b) Dazu trat seine **Polizeigewalt.** Er bot zur **Landfolge** gegen Gewaltverbrecher auf, überwachte die Märkte, zog die Pflichtigen zu öffentlichen Arbeiten (Straßen- und Brückenbau) heran sowie auch zum Postdienst.

Die Post war nach römischem Muster nur für den Staat da. Nur die kgl. Kanzlei konnte eine *tractoria* ausstellen, die das Recht auf Spanndienste *(angariae, paraveredi –* Pferde) und Beherbergung *(mansiones)* verlieh.

c) Der Graf führte die **Finanzverwaltung.** Eingänge bildeten vor allem die **Zölle**; Verkehrszölle, Straßengelder, Schiffahrtsabgaben, an den Grenzen, aber auch vielfach als Binnenzölle erhoben; ferner Marktzölle. Es bestand ein königliches Zollregal, aber viele Zölle wurden verliehen. Steuern spielten eine geringere Rolle; das reiche römische Steuerbukett war bis auf spärliche Reste abgeblüht. Kopfsteuern, wie sie die Provinzialen zu entrichten hatten, widersprachen dem germanischen Freiheitsbegriff; eher verstand man sich zu Grundsteuern (Herdgelder, *focagia*) und Jahresgeschenken. Weitere Einnahmen hatte der Staat aus Friedensgeldern, Bannbußen, Regalien (Münz-, Forst-, Salzregal) und vor allem aus den Domänen.

d) **Richterliche** Funktionen hatte der Graf zunächst nur im romanischen Gebiet als Nachfolger des römischen Judex. Im übrigen s. u. Kap. 15 II.

e) Der Graf bezieht kein festes Einkommen; er bekommt ein Drittel der Friedensgelder (also $^1/_9$ der Gesamtbuße) und zieht die Nutzungen seines Amtsguts *(fiscus comitalis)*, ferner hat er den Grafenbann von meist 15 Schillingen, wofern ihm nicht der **Königsbann** im Einzelfalle übertragen ist.

f) In der **Ernennung** und **Absetzung** der **Grafen** waren die Merowinger ursprünglich völlig frei; selbst Unfreie konnten Grafen werden. Doch änderte sich dies bald. Schon im Pariser Edikt Chlotars II. von 614 ist die entscheidende Wendung vollzogen: der König muß versprechen, nur noch Grundbesitzer aus der Grafschaft selbst zu Grafen zu bestellen. Die amtliche Begründung, daß auf diesem Wege der Graf mit seinem Eigengut für Dienstvergehen haftbar gemacht werden könne, verharmlost den Sachverhalt. In Wirklichkeit **ist damit das Grafenamt dem Grundbesitzadel ausgeliefert worden**. Eine Versetzung war jetzt ausgeschlossen, die Absetzung bedeutete für das gräfliche Geschlecht keine Existenzvernichtung mehr. Den Hintergrund dieser Maßnahme bildete die durch Wirtschaftskrisen und Handelsschrumpfung eingetretene Entwertung der fiskalischen Einnahmen; fortan konnte das Grafenamt nur noch vom Eigenbesitz seines Inhabers getragen werden. Es war nur noch ein Schritt zur Erblichkeit der Grafschaft und zur Bildung von Grafendynastien (*„Dei gratia comes"* im 9. Jhdt.). Ein Gegenschlag des Königtums war die gleichzeitige Anerkennung der **Immunität**, aus der sich aber wieder „autogene" Grafschaften entwickeln konnten; s. Kap. 17 II.

3. Als eine Untergliederung der Grafschaft und gleich dieser Träger der Königsherrschaft erscheint die fränkische **Centene**, über deren Wesen und Aufgabe die Quellen jedoch wenig aussagen, was zu umstrittenen Deutungen geführt hat. In Alamannien und Baiern stirbt sie Anfang des 11. Jahrhunderts ab. Ob und wie weit die ostfränkisch-lothringische Zent des Hochmittelalters (s. Kap. 28 I 2) an die fränkische Centene anknüpft, ist ungeklärt. Der an der Spitze der fränkischen Centene stehende Centenarius hat Verwaltungs- und Gerichtsfunktionen ausgeübt.

a) Neuen Forschungen (s. Kap. 7 I 2 b) zufolge kommt der fränkische Centenar von der spätrömischen Militärorganisation her und ist wohl zu unterscheiden von dem germanischen huntari. 560 kommen Childebert I. von Paris und Chlotar I. von Soissons in einem Pactus pro tempore pacis überein zur Friedenswahrung und Verfolgung von Verbrechern centenae einzuführen, eine Art grundherrlicher Gemeinden mit einem frei gewählten Centenar an der Spitze. Erst später scheint der Centenar über die Verwaltung des Königsgutes in das Gerichtswesen eingedrungen zu sein.

b) Eine von Dannenbauer begründete und von Theodor Mayer ausgebaute Lehre deutet die Centene als Gegenstück zur langobardischen Arimannie, sieht also in ihr einen militärischen Siedlungsverband, mittels dessen das fränkische Königtum im Südosten „Neuland kolonisiert und fremde Gebiete erobert hat“ (Dannenbauer). Die Centene wäre damit eine Wiederbelebung spätrömischer Militärkolonisation auf Fiskalgut und eine Sondererscheinung der Königsgutverwaltung. Die sich daraus ergebende Anbindung der Königsfreien (s. Kap. 13 I 1) an die Centene entbehrt der Quellenbasis.

Schrifttum: H. Krug, Untersuchungen zum Amt des „centenarius“-Schultheiß, ZRG 87 (1970) 1 ff.; G. Gudian, Centena, HGR I 603 ff.

4. Verhältnismäßig unberührt von der staatlichen Organisation sind die „kleinen Ordnungen des täglichen Lebens“ (Heimpel), die Dorfschaften, Bauernschaften, Nachbarschaften. Auch sie üben öffentliche Funktionen in Selbstverwaltung; doch gehen die Rechtsquellen darauf nur selten ein.

Alter und Entstehung der ländlichen Genossenschaft (s. Kap. 5 II 6) sind strittig. Der Ausbau der Nachbarschaft (Bauernschaft) zur entwickelten Dorfgemeinde (Dorfgenossenschaft) gehört überwiegend erst dem Spätmittelalter an.

Schrifttum: K. S. Bader, Das mittelalterliche Dorf als Friedens- und Rechtsbereich, Bd. I, 1957, Bd. II, 1962, Bd. III, 1973; Th. Mayer (Hg), Die Anfänge der Landgemeinde und ihr Wesen, 2 Bde, VF 7 u. 8 (1964); F. Steinbach, Ursprung und Wesen der Landgemeinde nach rheinischen Quellen, in: Arbeitsgem. f. Forsch. d. Landes Nordrhein-Westf., Heft 87 (1960) 5 ff., Neudr. Collectanea F. Steinbach (1967) 559 ff.; K. Kroeschell, Dorf, HRG I 764 ff.

III. Einer Sonderbehandlung bedürfen die Teilreiche und die Herzogtümer.

1. **Teilreiche** haben sich aus den Reichsteilen entwickelt, die für die merowingischen Prinzen ausgesondert wurden. Das waren zunächst Neustrien (Neu-Westrien), Austrasien (Auster) und Burgund; später gab es noch ein Unterkönigtum Aquitanien (Guyenne). Ursprünglich als Verwaltungsbezirke gedacht, werden die Teilreiche immer selbständiger; jedes hat seinen eigenen Majordomat. So tritt auch hier ein föderales Moment zutage. In Auster gewinnen die Arnulfinger herzoggleiche Stellung, es wird zum Dukat. Neustrien und Austrasien erscheinen bald als Träger einer hegemonischen Stellung; von Neuster aus wird das westliche, von Auster das östliche Frankenreich, insbesondere Oberdeutschland, kontrolliert. Über die weitere Entwicklung s. Kap. 20 III.

2. **Die Herzöge** waren ursprünglich rein militärische Führer; wir hören von 10 bis 30 Herzögen des fränkischen Heeres. Bald aber bilden sich Dukate, Provinzen, die von „Amtsherzögen“ als Obergrafen verwaltet werden. So etwa im Westen die Provence, die Bretagne, das Elsaß; ihre Abhängigkeit vom Königtum lockerte sich zusehends. Noch gefährlicher war die Verbindung des Herzogtums mit den angegliederten

Stämmen im Osten, so in Thüringen, Schwaben, Baiern. Dort entstehen Herzogsdynastien (so die Agilolfinger in Baiern), das Ernennungsrecht des Königs wird bedeutungslos. Diese Stammesherzöge hielten Stammeslandtage und Herzogsgericht, übten autonome Gesetzgebung und zeitweise die Kirchenhoheit. Die Karolinger haben den Kampf dagegen aufgenommen und mit Erfolg durchgeführt; Karl d. Gr. beseitigte 788 den letzten dieser älteren Stammesherzöge, Tassilo III. von Baiern. Doch entstand unter Karls schwachen Nachfolgern ein „jüngeres" Stammesherzogtum als der vornehmste Träger der Adelsherrschaft im späteren Deutschen Reich. Darüber unten Kap. 21 I 2.

Der spätantike Amtstitel *dux* fließt erst in merowingischer Zeit mit dem germanischen Herzog zusammen. Vom fränkischen Herzog wohl zu unterscheiden ist der langobardische, dessen Dukat etwa der fränkischen Grafschaft entspricht.

Schrifttum: W. Kienast, Der Herzogtitel in Frankreich u. Deutschland (9. bis 12. Jahrh.), 1968; R. Sprandel, Dux und comes in der Merowingerzeit, ZRG 74 (1957) 41 ff.

IV. So wichtig das Königtum und seine Amtsträger für die Verstaatlichung geworden sind, so dürfen sie andererseits in ihrer Bedeutung für den Zusammenhalt des Reiches auch nicht überschätzt werden. Daß der unmittelbare Einfluß der königlichen Zentralgewalt in den Ostprovinzen des Merowingerreiches zeitweilig schwach ist, war keineswegs gleichbedeutend mit Zerfall und Loslösung. Die Verklammerung des Reiches durch die Reichsaristokratie besaß vorrangiges Gewicht. In enger Versippung bezieht sie die Spitzengruppe des alamannischen und baierischen Adels ein, endete also keineswegs am Rhein. So greifen die herkunftsmäßig nicht einzuordnenden, schon früh mit den Karolingern versippten Agilolfinger, Herzöge in Alamannien und Baiern in ihrem Einflußbereich weit in den Westen und Süden aus. Ihren Widerstand gegen den Herrschaftsanspruch der Karolinger hat die Forschung aus der landesfürstlichen Sicht des 19. Jahrhunderts vorschnell als antifränkisch und separatistisch gewertet.

Schrifttum: H. Schulz, Die sogenannte Reichsaristokratie im 9. Jahrhundert, Diss. Jena 1956; R. Sprandel, Der merowingische Adel und die Gebiete östlich des Rheins, 1957; ders., Struktur und Geschichte des merowingischen Adels, HZ 193 (1961), 33 ff.; E. Hlawitschka, Franken, Alemannen, Bayern und Burgunder in Oberitalien 774–962. Zum Verständnis der fränkischen Königsherrschaft in Italien, 1960; G. Tellenbach, Kritische Studien zur großfränkischen und frühdeutschen Adelsgeschichte, ZWLG 15 (1956) 169 ff.; ders., Der großfränkische Adel und die Regierung Italiens in der Blütezeit des Karolingerreiches, in: Studien u. Vorarbeiten z. Gesch. großfränk. u. frühdt. Adels (1957) 40 ff.; W. Störmer, Adelsgruppen im früh- und hochmittelalterlichen Bayern, 1972; ders., Früher Adel. Studien zur politischen Führungsschicht im fränkisch-deutschen Reich vom 8. bis 11. Jahrhundert, 1973; G. Mayr, Studien zum Adel im frühmittelalterlichen Bayern, Stud. z. bayer. Verf Gesch. V (1974); W. Goez, Über die Anfänge der Agilulfinger, Jb. f. fränk. Land. Forsch. 34/35 (1973) 143 ff.; M. Mitterauer, Karolingische Markgrafen im Südosten. Fränkische Reichsaristokratie und bayerischer Stammesadel im österreichischen Raum, Wien 1963.

Kap. 15. Die Gerichtsverfassung

Schrifttum: R. Sohm, Die fränkische Reichs- und Gerichtsverfassung, 2. Aufl., 1911, Neudr. 1971; G. Köbler, Richten-Richter-Gericht, ZRG 87 (1970) 57 ff. Vgl. a.

HRG Artikel: Friedensgeld (E. Kaufmann) I 1296f., Gerichtsverfahren (G. Buchda) I 1551ff., Gerichtsverfassung (G. Buchda) I 1563ff., Geschworene (W. Sellert) I 1602, Gnade (H. Krause) I 1714ff., Königsgericht (E. Kaufmann) II 1034ff.

Die fränkische Gerichtsverfassung steht gleichfalls im Zeichen eines ständig wachsenden Einflusses des Königtums. Dieser zeigt sich im Entstehen eines eigenen Königsgerichts, ferner aber auch im Eindringen königlicher Beamter in die Volksgerichte.

I. Das **Königsgericht** hat die einstige Gerichtsbarkeit der Landsgemeinde an sich gezogen.

1. Es ist ein Gericht, dem der König oder sein Sonderbeauftragter vorsitzt. Als solcher erscheint der Hausmeier, später auch der **Pfalzgraf**. Dieser war von Haus aus der Polizeichef der von der Grafengewalt befreiten Königspfalz, dann wird er notwendiger Beisitzer, vielleicht regelmäßiger Urteilsfinder im Königsgericht, schließlich Verhandlungsleiter; ihm ist eine eigene Kanzlei zur Ausfertigung der Gerichtsurkunden *(placita)* unterstellt.

Schrifttum: H. E. Meyer, Die Pfalzgrafen der Merowinger und Karolinger, ZRG 42 (1921) 380ff.

2. Das Königsgericht tagt meist in einer Königspfalz (auf der Freitreppe, daher *stappulum regis*), aber ohne feste Ortsbindung, in merowingischer Zeit monatlich, in karolingischer wöchentlich, manchmal in mehreren Abteilungen unter Stammespfalzgrafen.

3. Das Königsgericht war ein **öffentliches** Gericht, keine Kabinettsjustiz. Wie in jedem Volksgericht ist der König nur Frager des Rechtes, das ihm von den Urteilern gefunden wird und die Vollbort des Umstands erhält. Anzuwendendes Recht ist grundsätzlich das Volksrecht, Stammesrecht des Beklagten. Allerdings kann der König als oberster Gerichtsherr die Strenge des Volksrechts mildern und der **Billigkeit** Rechnung tragen (*iudicium aequitatis* als Rest germanischen, kirchlich sanktionierten Sakralrechts). Dieses Prinzip hat das Königsgericht zum Pionier einer Rechts- und Prozeßreform gemacht (Strafmilderung bei absichtsloser Missetat, Lockerung der Formstrenge, Zulassung der Stellvertretung usw.). Eine spätere Parallele ist die englische Equity jurisdiction, aus der ein besonderes System der „Equity" neben dem Common law herauswuchs.

Gegen die herrschende Lehre von der Billigkeitsjustiz des Königsgerichtes hat sich wiederholt P. Kirn gewendet, ZRG 47 (1927) 115, desgl. 52 (1932) 53, Festschrift E. E. Stengel (1952) 195; ähnlich auch E. Kaufmann, Aequitatis iudicium, Königsgericht und Billigkeit in der Rechtsordnung des frühen Ma. (Frankfurter wiss. Beiträge, rechts- u. wirtschaftswiss. Reihe 18), 1959; s. a. R. Schreiber, Aequitatis iudicium, Königsgericht und Billigkeit in der Rechtsordnung des frühen Ma., 1959.

4. Das Königsgericht wurde tätig.

a) als **erste** Instanz für Acht, Todesurteile gegen Personen höheren Standes, Amtsvergehen, Eidesweigerung, schließlich in Adelssachen

(Lehnssachen), wo sich Ansätze zu einem privilegierten Gerichtsstand zeigen;

b) als **zweite** Instanz bei Rechtsverweigerung und Rechtsverzögerung, gelegentlich auch schon bei Urteilsschelte; doch wurde die Entwicklung eines echten Rechtszugs durch die Scheu vor Umgehung der Volksgerichte lange gehemmt.

c) Kraft **Evokation** konnte der König jede Sache an sein Gericht ziehen, die an sich vor ein Volksgericht gehörte oder dort schon anhängig war;

d) gewisse Parteien (Kirchen, Muntlinge, der Fiskus) gewannen das Recht, ihre Sachen durch **Reklamation** an das Königsgericht zu bringen;

e) auch in **nichtstreitigen** Sachen (Frei-, Auflassung) wurde das Königsgericht tätig – das erwies sich als hoch bedeutsam für die Geschichte des Bodenrechtes.

II. Die Volksgerichte bleiben weiter in Wirksamkeit.

1. Zur Zeit der Reichsgründung sind sie völlig autonom. Jede Gerichtsgemeinde tagt für sich unter Leitung **eines Richters** (iudex), dessen fränkische Bezeichnung zur Zeit der Lex Salica Thungin lautet. Er ist Volksrichter schon insoferne, als das Volk bei seiner Bestellung mitwirkt. Bestellung durch Wahl gilt zum mindesten zeitweilig auch für den Zentenar, der vordem in seiner Wirksamkeit auf das Staatsgut beschränkt, spätestens im 8. Jhdt. in die Rechtsprechung eindringt und hier neben dem Grafen den Richter aus dem Gerichtsvorsitz verdrängt. Das allgemeine Volksgericht hält alle sechs Wochen an echter Dingstatt (auf dem „Malberg") ein echtes Ding von dreitägiger Dauer, dazwischen gebotene Dinge nach Bedarf, zu denen nicht mehr alle Dinggenossen zu erscheinen brauchten. Auch im echten Ding wirken jetzt ständige Urteilfinder, **Rachinburgen** (Ratbürgen), mindestens sieben, die Vorläufer der späteren Schöffen; die übrigen Dinggenossen wurden auf die Vollbort beschränkt.

Nach F. Beyerle, Festschr. John Meier, 1949, waren die Rachinburgen „Rechenbürgen", Schätzleute des Grafen; R. Wenskus, Bemerkungen zum Thunginus der Lex Salica, Festschr. P. E. Schramm (1964) 217ff.

2. Schon im 6. Jhdt. vollzog sich eine folgenschwere Wandlung durch Übergang des Vorsitzes auf den **Grafen**, der nicht Volks-, sondern Königsrichter (iudex fiscalis) ist.

Vgl. E. v. Guttenberg, Judex h. e. grafio, Festschrift E. E. Stengel, (1952) 93ff.; D. Claude, Untersuchungen z. frühfränk. Comitat, ZRG 81 (1964) 1ff.

a) Dieser wurde zunächst mit der Vollstreckung der Urteile betraut. Statt eigenmächtig zu pfänden, konnte sich der siegreiche Kläger jetzt an den Grafen mit der Bitte um Auspfändung des Schuldners (*strudis legitima*, d. h. gesetzlicher Raub) wenden.

Von den genommenen Pfändern bekommt der Graf ein Drittel als Friedensgeld, zwei Drittel übereignet er kraft öffentlicher Gewalt an den Gläubiger, der jetzt also

Eigentum und materielle Deckung erhält, während die volksrechtliche Eigenpfändung ihm nur ein Zurückbehaltungsrecht verschaffen konnte (Kap. 10 II 3 c). Die Gläubigerpfändung ist eine Form der Fehde, die Grafenpfändung eine Abspaltung der Acht. Später wurde die eigenmächtige Pfändung vielfach verboten oder von richterlicher Erlaubnis abhängig gemacht. Vgl. H. Planitz, Die Vermögensvollstreckung im deutschen mittelalterlichen Recht, 1912.

b) Als Vollstreckungsbeamter konnte der Graf dem Ding beiwohnen, um sich von der Richtigkeit des Titels zu überzeugen. Daraus konnte sich sein Ehren-, später der wirkliche Vorsitz ergeben. Der Zentenar wird zum Beisitzer, Unterrichter *(vicarius)*, er löst aber auch den Grafen in der Vollstreckung ab und heißt dann S c h u l t h e i ß, *exactor* – ein Name, der auch sonstige Unterbeamte bezeichnen kann.

c) Damit war im Grunde, nachdem das Grafenamt wieder adlig geworden war (Kap. 14 II 2 f), die A d e l s h e r r s c h a f t über die Gerichte wiederhergestellt, wie sie schon in germanischer Zeit bestanden hat. Der Graf bereiste jetzt, wie einst der taciteische princeps, die Dingbezirke seiner Grafschaft, die durch seinen Vorsitz z u r i d e e l l e n E i n h e i t d e s G r a f e n g e r i c h t s zusammengefaßt wurden. Ein besonderes Grafschaftsgericht neben oder über ihnen gab es n i c h t. Die Zuständigkeit der einzelnen Gerichte wurde dadurch erweitert: Ihre Urteile galten jetzt für die ganze Grafschaft, die an einer Dingstätte angebrachte Klage konnte an einer andern erledigt werden; diese Vergrößerung der Gerichtsbezirke war für die Wirksamkeit der Justiz sehr günstig.

3. Da der Graf auch nur alle sechs Wochen sein echtes Ding an wechselnden Dingstätten hielt, ergab sich für den einzelnen Gerichtsbezirk das Bedürfnis nach Zwischenterminen. Diese hielt jetzt der Zentenar als Botdinge ab, aber mit beschränkter Zuständigkeit. Nur *causae minores* standen ihm zur selbständigen Erledigung zu; *causae maiores* (peinliche, Grundstücks- oder Freiheitsprozesse) durfte er zwar verhandeln, aber nicht zum Spruch bringen (terminare, finire) oder vollstrecken. So bahnt sich die Scheidung von h o h e r und n i e d e r e r Gerichtsbarkeit an, wobei die Tendenz hervortritt, den Grafengerichten die einträglichen Sachen mit hohen Bußen oder Lösungssummen zuzuweisen. Das führt zur „Fiskalisierung" des Strafrechts; darüber Kap. 19 I 4.

Kap. 16. Die Entstehung des Lehnswesens

Schrifttum: H. Mitteis, Lehnsrecht und Staatsgewalt, 1933, Neudruck 1958 u. 1972; Br. Meyer, Das Lehen in Recht und Staat des Ma., Z. d. schweiz. Gesch. 26, 1946; F.-L. Ganshof, Qu'est-ce que la féodalité?, 1947, 3. Aufl. 1957, deutsche Übersetzung (Was ist das Lehnswesen?) 3. Aufl., 1970; ders., Lehnswesen und Reichsgewalt in karolingischer Zeit, VF 5 (1960) 37ff.; H. Helbig, Fideles Dei et regis, Arch. f. Kulturgesch. 33 (1951) 275 ff.; Ch. E. Perrin, La société allemande et ses institutions du Xᵉ au XIIᵉ siècle (Paris 1957); R. Boutruche, Seigneurie et féodalité. Le premier âge des liens d'homme à homme, Bd. 1 (Paris 1959); J. P. Bodmer, Der Krieger der Merowingerzeit und seine Welt. Eine Studie über Kriegertum als Form der menschlichen Existenz im Frühmittelalter, Geist u. Werk d. Zeiten 2 (Zürich 1957). S. a. HRG Artikel: Beneficium (F.L. Ganshof) I 366ff., Kommendation (B. Diestelkamp) II 960ff.

I. Während der fränkische Staat noch im Aufbau begriffen war, trat die Aufgabe an ihn heran, sich mit den Resten des spätantiken Feudalismus auseinanderzusetzen, einem gefährlichen Erbe, das die Grundlagen des Staates in Frage stellte; zumal auch im germanischen Bereich feudale Ansätze nicht fehlten (Kap. 8 III 3). Die fränkischen Könige haben diese Aufgabe so gelöst, daß aus der Synthese antiker und germanischer Elemente etwas Neues entstand, das typisch fränkische Lehnswesen, das später dem ganzen Mittelalter seine Signatur aufprägen sollte. Seine juristische Form gab das Lehnrecht, in dem die Rechtstechnik des Mittelalters ihren Gipfelpunkt erreichte.

Zum Verständnis der Entwicklung müssen einige Grundbegriffe geklärt werden.

a) **Lehen** (*beneficium*, seit dem 9. Jhdt. *feudum* von *fehu* = Gut) heißt ein Gut, das von einem Lehnsherrn (Senior) einem Lehnsmann (Vasallen) auf Zeit gegen Dienst und Treue verliehen wird. Lehngut kann alles sein, was einen nachhaltigen Ertrag abwirft, Sachen, vor allem Landgüter, Burgen, ferner Rechte und Inbegriffe beider, also ganze Herrschaftsbezirke, aber auch Renten, öffentliche Einkünfte usw. Dienst und Treue werden auf Grund eines personenrechtlichen Vertrags geschuldet. Es sind also stets zwei Seiten im Lehnsverhältnis zu scheiden: die dingliche und die persönliche.

b) Solche Lehnsverträge werden verfassungsrechtlich bedeutsam, wenn das Lehngut aus staatlichem Vermögen entnommen und als Dienste Leistungen zugesagt werden, die für den Staat lebensnotwendig sind. Beides trat schon im fränkischen Reiche ein, der Staat wurde zusehends zum **Lehnsstaat**. Wichtige Staatsziele in Heerwesen und Verwaltung konnten nur noch über den Abschluß von Lehnsverträgen erreicht werden. Durch Unterleihe entstehen ganze Lehnsketten, eine Lehnspyramide mit der Spitze im König. Zwischen ihn und seine Untertanen treten die Lehnsinhaber als Zwischeninstanzen, die Untervasallen werden „mediatisiert", der König wird auf die Treue seiner Vasallen angewiesen. Mit diesem „politischen" verbindet sich meist der „ökonomische" Feudalismus (s. Kap. 12 I4c), erst die Verfügung über hörige Bauern macht ein Rittertum möglich.

Der Feudalismus ist eine universalgeschichtliche Erscheinung. Er bildet eine Wachstumsstufe, die dann eintritt, wenn der Staat zu groß wird, um noch zentral geleitet zu werden, zumal in Zeiten der Naturalwirtschaft und primitiver Verkehrsverhältnisse. Manche Staaten haben diese Zwischenstufe erst neuerdings überwunden (Afrika, islamische Welt); andere erst im 19. Jhdt. (Japan). Im Aufbau des britischen Reichs stecken heute noch feudale Elemente. In der modernen Wirtschaftstheorie spricht man von Banken-, Industriefeudalismus. – Im Mittelalter war die gesamte Kultur von feudalen Motiven her geprägt (Epos, Minnesang).

c) Auch das ausgehende römische Reich war feudalisiert (s. Kap. 11 I 2). Den fränkischen Herrschern ist es gelungen, die negativen, staatszersetzenden Wirkungen des „wilden" Feudalismus in positive, staatstragende Kräfte umzuwandeln; aber am Ende der Karolingerzeit bricht die zentrifugale Tendenz wieder durch. Diese wurde in Frankreich, England, Spanien überwunden, anders in Deutschland und Italien, wo sie die staatliche Einung verzögerte. Im Lehnrecht Mitteleuropas gewann das Vasallenrecht die Oberhand, es wurde zur Form der Adelsherrschaft; in Westeuropa siegte das Recht des Königs als Oberlehnsherrn und hier bereitete das Lehnrecht dem Einheitsstaat den Weg.

II. Historisch ist das fränkische Lehnswesen aus zwei Elementen entstanden, einem persönlichen, der **Vasallität**, und einem dinglichen, dem **Benefizium**.

1. Das persönliche Element entsprang wieder aus zwei Wurzeln.

a) Die eine Wurzel liegt in der gallorömischen Kommendation (s. o. Kap. 12 II 1). Das durch sie begründete Verhältnis ist die **Vasallität** älteren Stils. Der Vasall (von kelt. *gwas* Knecht) tritt unter den Schutz und die Gewalt eines Herrn *(dominus, senior)* und verspricht ihm gegen Unterhalt lebenslang Dienst und Gehorsam *(servitium et obsequium)*. Die Dienste konnten zunächst beliebige sein, auch bäuerliche. In dem Maße jedoch, wie die Macht, aber auch die Machtkämpfe der fränkischen Adligen zunahmen, wurden deren Vasallen zum Dienst als Panzerreiter ausgebildet; es entstanden „Privatarmeen". Bald beschränkt sich der Name Vasall auf den zu gehobenem ritterlichem Dienste Verpflichteten.

Die Kommendation bedeutet keine Freiheitsminderung; es gab freie und unfreie Vasallen. Aber auch jene waren gehorsamspflichtig; der Ritus der Kommendation, das Einlegen der gefalteten Hände in die Hände des Herrn (Handgang) deutet auf strikte Unterordnung hin. In Frankreich hat sich die „condition servile" des Vasallen lange erhalten; in Westeuropa wurden die Vasallen stets in strengerer Zucht gehalten als in Deutschland. Daher mußte sich im Reiche ein neuer Stand unterhalb der Lehnsritter bilden, die Dienstmannen (Ministerialen), deren Gehorsamspflicht aus der einstigen Unfreiheit stammte. Vgl. Kap. 30 I 1 b.

b) Die andere Wurzel liegt in der germanischen Gefolgschaft Durch sie wird die Vasallität veredelt, sie wird zur Vasallität neuen Stiles. Das in ihr liegende Treumoment wird verstärkt durch den Treueid, der jetzt vom Vasallen wie vom germanischen Gefolge gefordert wird; Hulde und Mannschaft begründen jetzt das persönliche Band. Aus dem Knechtsdienst ist Ehrendienst, Treudienst geworden.

Treue (vom germ. *triggwa, treowa*, das Gewachsene, vgl. engl. *tree*) ist ein sittlicher Höchstwert der Persönlichkeit. Sie fordert nicht nur einzelne angebbare Dienste, sondern ein Gesamtverhalten: Alles tun, was dem Herrn nützt, alles unterlassen, was ihm schadet. Aber sie ist gegenseitig: Getreuer Herr, getreuer Knecht. Treuwidrigkeit des Herrn, ebenso auch unzumutbare Forderungen an den Vasallen berechtigen und verpflichten diesen zum Widerstand, schließlich zur Treuaufsage *(diffidatio)*. So wird mit dem Treubegriff zugleich der Pflichtenkonflikt geboren. – Ein Mittel, die Herrentreue zu verwirklichen, bot später der Zusammenschluß der Vasallen zu einem Lehnshof *(curia)*, vor dem sich der Herr verantworten mußte.

c) Erst diese veredelte Vasallität wird staatspolitisch bedeutsam. Sie ersetzt die Antrustionen am kgl. Hofe und bindet den Adel an das Königtum; in der Karolingerzeit sind Herzöge, Grafen, Bischöfe, Äbte

Kron- oder Untervasallen. Sie kann auch zur Begründung von Bündnissen mit ausländischen Fürsten, oft in hegemonialer Form, verwendet werden.

So die Unterwerfung der böhmischen Häuptlinge unter König Arnulf 895, dessen Oberherrschaft über die westfränkischen und italienischen Teilreiche gleichfalls eine lehenrechtliche Suprematie war. Die Eingliederung Baierns und Schwabens in das Ottonenreich erfolgte in der Weise, daß die Herzöge Arnulf von Baiern und Burchard von Schwaben gegenüber König Heinrich lehnpflichtig wurden (s. Kap. 21 I 2).

2. Auch das **Benefizium** hat eine Vorgeschichte.

a) Am Anfang stehen die Landschenkungen der Merowinger (und der bair. Agilolfinger) an ihre Gefolgsleute. Sie begründeten aber als „Zweckschenkungen" kein freies Eigentum, das geschenkte Gut blieb meist unveräußerlich und das Recht an ihm war durch die Treue bedingt, durch den Tod befristet. Das begreift sich schon daraus, daß diese Landausstattung an die Stelle der früheren Ausrüstung des Gefolgen mit dem „Heergewäte" (s. Kap. 8 III 3) getreten ist. – Allerdings ist es dem Königtum nicht oft gelungen, sein Heimfallrecht durchzusetzen, so ging viel Staatsgut verloren. Bei der Kirche fiel die Befristung auf Lebenszeit ohnehin weg, andererseits blieb das Kirchengut unter der kgl. Kirchenhoheit, es schied nicht ganz aus dem Staatsgut aus, wechselte vielmehr nur seine Zweckwidmung.

b) Die Karolinger fanden einen erschöpften Fiskus vor. Aber gerade sie bedurften neuen Landkapitals zur Stärkung ihrer Partei und zur Führung von Fernkriegen mit schnellen Truppen. So griffen sie auf das überreiche Kirchengut und säkularisierten es im großen Stile; der Schenker machte das Recht zur Rücknahme wegen Eigenbedarfs geltend. Dies bedeutete aber keine Enteignung, es konnte nur eine Z w a n g s -anleihe unter Anerkennung des kirchlichen Obereigentums in Frage kommen. Denn inzwischen war das Kirchengut dem kanonischen Recht unterstellt und unveräußerlich geworden. Die Kirche selbst konnte es nur noch zu Leiherecht (als *beneficium*) ausgeben, und dies geschah auch hier, indem die Vasallen Benefizien *(precariae verbo regis)* erhielten und davon dem König dienten. Als Entschädigung legten die Karolinger auf diese Güter den Doppelzehnt *(decima et nona)* als erste Kirchensteuer. So verwandelten sie totes Kapital der Kirche in produktive Renten, aus denen die bonifazische Kirchenreform und die Errichtung von Pfarreien finanziert wurde, die wieder die Voraussetzung für das Königtum der Karolinger bildete. So gehen Heeres-, Wirtschafts-, Kirchen- und Staatsreform Hand in Hand.

H. Brunners Theorie von der Entstehung des Lehnswesens aus den Araberkriegen Karl Martells ist jetzt überwunden durch Cl. Sanchez-Albornoz, En torno de los origenes del feudalismo, 3 Bde, Mendoza 1942.

3. Entscheidend war nun aber die **Verbindung von Vasallität und Benefizium.**

a) Diese liegt n i c h t auf dem Gebiet des Tatsächlichen. Es gab noch im Mittelalter unbelehnte Vasallen und Benefizien von Nichtvasallen. Das grundlegende Neue ist, daß etwa seit der Zeit Karls d. Gr. gerade für das vasallitische Benefizium ein ganzes System von Rechtssätzen entstand, eben das Lehnrecht, also eine juristische Synthese. Vasallität und Benefizium bedingen einander, die Vasallität gilt als Rechtsgrund (causa) des Lehens. Die persönlichen Pflichten sind führend im Lehnsverhältnis.

So ist es in Westeuropa auch geblieben. In Deutschland und Italien hat sich das Kausalverhältnis umgekehrt: Das Lehen wird Rechtsgrund des Dienstes; der Mann dient nicht mehr um ein Lehen, sondern vom Lehen, nur noch *pro viribus feudi*, seine Haftung ist auf das Lehen beschränkt, durch dessen Aufgabe wird er des Dienstes und der Treue ledig. Das bedeutet eine erhebliche Schwächung des Herrenrechtes; das Lehnrecht wird „verdinglicht" (s. Kap. 27).

b) Die Normen des Lehnrechts haben sich in fränkischer Zeit erst langsam gebildet; sie beruhen noch mehr auf Verträgen als auf Gesetzen. Sowohl Vasallität wie Benefizium waren höchstpersönlich gedacht; beim Tode des Herrn wie des Mannes sollte das Lehen heimfallen (Herrenfall, Mannfall). Der Herrenfall bedeutete aber regelmäßig nicht das Ende des Lehnsbandes; die Vasallen huldigten dem neuen Herrn, dabei konnten die Bedingungen neu festgesetzt werden. Aber auch der Mannfall kam ab, die Lehen wurden erblich. Allerdings nicht so, daß der Erbe sofort in das Lehen gefolgt wäre: wohl aber wurde der Herr als verpflichtet angesehen, dem tauglichen Erben das heimgefallene Lehen neu zu verleihen (erbrechtlicher Leihezwang). So schon das berühmte Kapitular von Kiersy 877.

III. Das Lehnswesen hat den fränkischen Staat von Grund aus verwandelt, besonders das Heerwesen und die Verwaltung.

1. Der allgemeine Heerbann zu Fuß wurde immer seltener aufgeboten, nur noch zu Landwehr und Landfolge. Größere Kriege werden mit dem Reiterheer der Vasallen unter Führung ihrer Senioren unternommen. Die Senioren bieten ihre Lehnsleute auf, können sie aber auch befreien. Dadurch wurde die Leistungsfähigkeit des Reichsheeres geschwächt; nicht einmal Karl d. Gr. war seiner ganz sicher. Auch gab es keinen eigentlichen Oberbefehl mehr, der König war auf die Treue der Unterführer angewiesen; das Heer konnte leicht in getrennte Kontingente zerfallen.

Die Verpflichtung zum persönlichen Kriegsdienst ist an einen zureichenden Landbesitz gebunden. Die Besitzballung in wenigen Händen läßt die bewaffnete Machnun ganz in die Hände der großen Grundherren gleiten, die ein zahlreiches Lehenst gefolge auszustatten vermögen. Das zur Gestellung eines Ritterpferdes verpflichtende Ritterlehen hat in der Folge in Einklang mit der karolingischen Heerbannreform die Mindestgröße von 4 Hufen.

2. Die höchsten Amtsträger des Reiches waren jetzt großenteils Vasallen, die Ämter waren zunehmend zu Lehen ausgegeben. Das bedeutet einerseits eine Verstärkung des persönlichen Bandes zum König durch die Treue. Aber andererseits konnte das Amt dem Vasallen nur noch im Falle des Treubruchs (der „Felonie") entzogen werden; das Lehnsverhältnis gab ihm ein festes Recht auf sein Amt, ja seit Durchdringen der Vererblichkeit sogar seinem Erben. Es entstehen ganze Amtsdynastien, die ihr Amt als Familienbesitz betrachten; ihr Amtsbezirk wird Staat im

Staate, die Untertanen werden mediatisiert, zwischen sie und die Krone schiebt sich eine mächtige „Reichsaristokratie", in der das germanische Vorrecht des Adels auf die Staatsleitung fortlebt. So hat sich die anfangs planmäßige Dezentralisation in hemmungslose Dekomposition verwandelt, deren Folgen in den Nachfolgestaaten des fränkischen Reichs nur mühsam beseitigt werden konnten.

Kap. 17. Die Immunität

Schrifttum: Kroell, L'immunité franque, 1910; Rietschel, Art. Immunität in Haucks Realenzyklopädie für prot. Theologie und Kirche; E. E. Stengel in: Die Religion in Geschichte und Gegenwart III, 1929; ders., Die Immunität in Deutschland bis zum Ende des 11. Jahrh., 1910, Neudr. 1964; L. Santifaller, Zur Geschichte des ottonisch-salischen Reichskirchensystems, SB Wien 229, 1 (2. Aufl., 1954); H. Goetting, Die klösterliche Exemtion in Nord- und Mitteldeutschland vom 8. bis 15. Jahrh., AUF 14 (1936) 105ff.; K. Fischer-Drew, The immunity in Carolingian age, Speculum 37 (1962) 182ff.; Th. Mayer, Fürsten und Staat, 1950, Kap. I mit weiterer Lit.; F. L. Ganshof, L'immunité dans la monarchie Franque, in: Les liens de vassalité et les immunités, 2. Aufl. (Brüssel 1958) 171ff.; J. Heidrich, Die Verbindung von Schutz und Immunität, ZRG 90 (1973) 10ff.; K. Kroeschell, Haus und Herrschaft (1968) 37ff.; D. Willoweit, Immunität, HRG II 312ff.

I. Die Immunität steht mit dem Lehnswesen insofern in Zusammenhang, als durch sie wenigstens teilweise eine Feudalisierung der Justiz eingetreten ist.

1. **Immunität** *(emunitas)* kam schon im spätrömischen Reiche den kaiserlichen Domänen, dem Kirchengut und gewissen Privatgütern zu. Sie bedeutete Freiheit von Steuern und bestimmten öffentlichen Lasten (*munera sordida*, Hand- und Spanndienste, Baufronden usw.).

2. Diese Immunität erbte das fränkische Königsgut; es unterstand nicht den Grafen, sondern eigenen Domänenverwaltern (s. Kap. 12 I 3), die Pfalz dem Pfalzgrafen (s. Kap. 15 I 1). Schon in der Merowingerzeit erwarben kirchliche Würdenträger, aber auch weltliche Große die Immunität für ihre Güter. Zahlreiche Immunitätsprivilege für die Kirche haben sich erhalten. Die kgl. Benefizien (s. Kap. 16 II 2b) waren fast stets gefreit; aber die Freiung war nicht der einzige Inhalt des Benefiziums (so H. Krawinkel, Untersuchungen zum fränk. Beneficialrecht, 1936).

3. Die fränkische Immunität ist umfassender als die römische. Sie enthält eine fast vollständige Befreiung von den Eingriffen staatlicher Beamter, vor allem der Grafen. Ihnen werden in feststehender Formel verboten *introitus*, das Betreten der Freiung, ferner *districtio*, jede Zwangshandlung gegen deren Insassen (Vorladung, Verhaftung), und *exactiones*, also Erhebung von Abgaben, Auflage öffentlicher Arbeiten. Soweit solche auch von den Immunitäten verlangt werden, wie Straßenbau oder Wachdienst, hatte der Immunist seine Leute zu stellen.

4. Dies ist zunächst der negative Inhalt der Immunität – aber schon dieser bedeutet genug, die Immunität wird ein exemptes, exterritoriales Gebiet innerhalb der Grafschaft, ein gefreiter Friedensbezirk. Der Graf,

der sie verletzt, büßt sein Wergeld. Daran schließen sich indessen p o s i - t i v e Wirkungen: der Immunist erhält die dem Fiskus entgehenden Leistungen, er übt Zwing und Bann gegen seine Hintersassen.

5. Um die politischen Wirkungen dieser Vorgänge ermitteln zu können, geht man am besten vom Pariser Edikt Chlotars II. (614) aus. Dies enthält die erste allgemeine Anerkennung der Immunität, vor allem der kirchlichen. Man kann das als einen Gegenschlag des Königtums gegen die Auslieferung des Grafenamtes an den Adel (s. Kap. 14 II 2 f) verstehen. Wenn schon der König den Einfluß auf die Grafenämter preisgab und sie mit dem Grundbesitz verkoppelte, so sollte dem Grafen wenigstens das übrige Adelsgut entzogen werden. Damit war es ja nicht aus dem Staatsverband überhaupt herausgenommen; der König selbst und seine Sonderbeauftragten waren von den oben genannten Verboten nicht betroffen. Die Absicht des Königs ging offenbar dahin, reichsunmittelbares Adelsland zu schaffen. Dieser Plan ist allerdings gescheitert; in den Zeiten der Schwäche des Königtums wirkten gerade die Immunitäten als Sprengkörper der Staatseinheit und strebten in Konkurrenz mit den Grafschaften zur Landesherrlichkeit.

II. Hand in Hand damit ging die Ausbildung einer **Immunitätsgerichtsbarkeit.**

1. Von Haus aus ist mit der Immunität keine Gerichtsbarkeit verbunden gewesen. Sie ist ihr durch Aufnahme der leib- und grundherrlichen Justiz zugewachsen.

a) Seit je übte der Leibherr über seine Hörigen Justiz, wie er ja auch für sie haftete. Eine solche Haftung traf ihn auch für Freie, die unter seine Schutzgewalt gekommen waren; sie wurden *homines unde mithio* (Verantwortung) *redebit* (s. Kap. 12 II 1). Auch konnte er Streitigkeiten seiner Grundholden als Schiedsrichter schlichten, er hielt eine *privata audientia*, ein Hofgericht, Hallengericht (ags. *halimôt*).

b) Doch betraf dies alles zunächst nur Sachen, die als *causae minores* galten. Für schwere Kriminalsachen blieb der Graf zuständig, der Grundherr mußte dann seinen Mann ausliefern, konnte ihm aber einen Verteidiger beigeben, den *advocatus*, Vogt. Dieser konnte auch als Beistand tätig werden, wenn ein Grundholder vor dem Grafen verklagt ward oder selbst klagte, was ihm anfangs freistand, wenn er nicht vor dem Grundherrn prozessieren wollte. Zugleich konnte der Vogt den Grundherrn in dessen Gericht vertreten.

c) Die entscheidende Wendung trat aber dadurch ein, daß auch Dritte, die nicht zu den Leuten der Immunität gehörten, genötigt wurden, ihre Klagen gegen Grundholde vor dem Immunitätsgericht anzubringen *(actor forum rei sequitur)*. Damit ist die öffentliche Gerichtsverfassung endgültig durchbrochen. Der Grundholde hat jetzt seinen allgemeinen Gerichtsstand vor dem Grundherrn, er ist seinem ordentlichen (staatlichen) Richter entzogen, der Vogt ist für seinen Bereich in die Stellung des Zentenars eingerückt. So ist durch die Verbindung mit der Immunität die ursprünglich nicht staatliche Justiz der Grundherren in den Rang einer staatlichen Funktion erhoben worden.

. 2. Die Karolinger konnten nicht daran denken, diese Entwicklung rückgängig zu machen und die Immunitäten zu beseitigen. Sie konnten im Gegenteil nur versuchen, sie für den Staat nutzbar zu machen. Das taten sie, indem sie an die Rechtskunde der Vögte erhöhte Anforderungen stellen, sie wie öffentliche Beamte den Treueid schwören ließen, sie der Kontrolle der *missi* (s. Kap. 20 I 3 d) unterstellten. So wird die Immunität, wie der Feudalismus, eingestaatet; die Vogtei wurde eines der wichtigsten Institute der mittelalterlichen Verfassung. Aber andererseits liegt in der Immunität gerade wieder eine Teilfeudalisierung der Justiz, da diese so in die Hand des Adels geriet und zur Mediatisierung weiter Volkskreise beitrug; die Bauern traten unter die „Vogteiverfassung". In nachfränkischer Zeit haben die Immunitätsherren meist sogar die hohe Gerichtsbarkeit erworben, und diese weit über das Gebiet ihrer Grundherrschaft hinaus erstreckt, vor allem auf jenes „Niemandsland", in dem die gräfliche Gewalt nicht wirksam geworden war (s. Kap. 14 II 1). So entstanden adlige „**Bannbezirke**" als Keimzellen späterer Landeshoheit. Zugleich wandelte sich der Typus der Vogtei. Aus dem untergeordneten „Beamtenvogt" der fränkischen Zeit wurde der „**Edelvogt**" oder „**Herrenvogt**" des Mittelalters; insbesondere sind es die mit ganz besonderen Rechten ausgestatteten **Kirchenvogteien**, die zum begehrten Lehnsobjekt des Weltadels werden. Für die Kirchen und Klöster hatten schon die Karolinger den **Vogtzwang** eingeführt, in den Eigenklöstern war die hohe Vogtei oft ein erbliches Vorrecht der Stifterfamilie (Gründervogtei). Der Kirchenvogt hatte weitergehende Aufgaben als der Vogt einer Freiung; insbesondere hatte er nicht nur die Muntmannen der Kirche, sondern auch diese selbst vor Gericht zu vertreten (Schirmvogtei).

In alledem zeigt sich nichts anderes als das **Fortleben der germanischen Adelsherrschaft über die Gerichtsbarkeit** (s. o. Kap. 10 I 2). Das Königtum mußte stets mit einer autogenen, nicht von ihm abgeleiteten, dem Adel angestammten Justiz rechnen, die historisch älter war als seine eigene. Diese glich sich der königlichen auch äußerlich so weit an, daß Adlige den Grafentitel annahmen, ohne ihn je vom König verliehen bekommen zu haben.

Kap. 18. Die Rechtsquellen der fränkischen Zeit

Schrifttum: Wattenbach-Levison, Deutschlands Geschichtsquellen im Ma., Vorzeit und Karolinger; Beiheft: R. Buchner, Die Rechtsquellen (1953, Neudr. 1960); W. Ebel, Die Geschichte der Gesetzgebung in Deutschland; eine staatsbürgerliche Einführung, 2. erweit. Aufl. 1958; R. Sprandel, Über das Problem neuen Rechtes im frühen Ma., ZRG, Kan. 79 (1962) 117 ff.; R. Winterswyl, Das neue Recht. Untersuchungen zur frühma Rechtsphilosophie, Hist. Jb. 81 (1962) 58 ff.; G. Köbler, Zur Frührezeption der consuetudo, Hist. Jb. 89 (1969) 337 ff.; ders., Land und Landrecht im frühen Ma., ZRG 86 (1969) 1 ff.; ders., Das Recht im frühen Ma., Untersuchungen zu Herkunft und Inhalt frühmittelalterlicher

Rechtsbegriffe im deutschen Sprachgebiet, Forsch. z. dt. RG 7 (1971). Vgl. auch Kap. 31.

I. Wichtiger als das Aufzählen der einzelnen Quellen ist die Einsicht in die treibenden Kräfte der Rechtsbildung. Der grundlegende Unterschied zur germanischen Periode liegt im massenhaften Auftreten ge-satzten und geschriebenen Rechts, das vom Willen eines Gesetzgebers getragen ist. Zum ersten Male treten Recht und Gesetz als Willenswerk auf; von hier führt eine Linie zum Gesetzespositivismus der Neuzeit. Die fränkische Zeit ist die quellenreichste der ganzen älteren Rechtsgeschichte, daher auch die bisher am genauesten durch-forschte. Die Hauptmasse bilden die sog. Volksrechte, leges barbarorum, genauer die Stammesrechte der einzelnen germanischen Stämme. Ihre Aufzeichnung beginnt mit dem westgotischen Codex Euricianus um 475 und erreicht auf dem Aachener Reichstag um 802 einen Höhepunkt und zugleich vorläufigen Abschluß. Sie erfolgt in lateinischer Sprache – allerdings einem „barbarischen" Vulgärlatein, das schon den Übergang zu den romanischen Sprachen zeigt und gelegentlich mit deutschen Aus-drücken durchsetzt ist. Im Gegensatz dazu hatten die Angelsachsen seit etwa 600 eine reiche Königsgesetzgebung in der Volkssprache, die auch an Umfang die übrigen Germanenrechte weit überragt (muster-gültige Ausgabe mit Erläuterungen von Felix Liebermann, Gesetze der Angelsachsen, 3 Bde, 1906 ff.). Die gleichfalls in der Volkssprache niedergelegten nordgermanischen Quellen liegen viel später (ab 12. Jhdt.), weisen aber z. T. einen sehr altertümlichen Inhalt auf; sie werden hier nicht mitbehandelt.

Der Quellenreichtum der fränkischen Zeit darf nicht dazu verführen die praktische Bedeutung der Schriftlichkeit im Rechtsleben zu überschätzen. Die Kunst des Lesens und Schreibens beschränkte sich nördlich der Alpen, vom Klerus abgesehen, auf eine kleine Oberschicht. Auch war die Rechtsaufzeichnung durch kein Registratur- und Archivwesen abgesichert. Besonders sorglos waren darin, im Gegensatz zu den Langobarden, die Franken. Das hatte etwa zur Folge, daß man selbst am Hofe Ludwig des Frommen mangels einer amtlichen Kapitulariensammlung ersatzweise auf eine private Zusammenstellung zurückgreifen mußte.

Schrifttum: H. v. Fichtenau, Mensch und Schriftlichkeit im Mittelalter, 1946.

1. Der Ausdruck „Volksrechte" darf nicht zu der Annahme verleiten, es handle sich durchweg um eine eigenwüchsige Gesetzgebung des Volkes, in dem der „Volksgeist" sich spontan offenbart hätte. Der Antrieb lag fast überall (mit Ausnahme der Friesen, s. u. II 3 c) beim Königtum. Die Gesetze sind königliche Willensakte im Gewande des Volksrechts; in den meisten Fällen sind sie unter Mitwirkung von Kennern des Volksrechts zustande gekommen, gleichsam mit dem Volke vereinbart (daher die Bezeichnung als „pactus"). Aber die Herstellung der Texte selbst kann nur in staatlichen Kanzleien erfolgt sein, in denen die antike Tradition nachwirkte. Das Königtum hatte auch das größte sachliche Interesse an einer Gesetzgebung schon unter dem Gesichts-punkt der Friedenssicherung.

Entscheidenden Anteil an der Aufzeichnung der Stammesrechte hat das im fränki-schen Großreich geltende Personalitätsprinzip (s. unten 2), das fallweise die Anwen-dung von Stammesrechten weitab von ihrem eigentlichen Geltungsbereich erzwang.

a) Die Stammesrechte sollten die Flut der Sippenfehden eindämmen helfen. Die Fehde direkt zu bekämpfen war vorerst kaum aussichtsreich; einen indirekten Weg dazu bot die Festsetzung genau bestimmter Bußen für jeden einzelnen Deliktsfall, wodurch der erbitterte Streit um die Höhe der Buße, der oft zum Wiederaufleben der Fehde führte, abgekürzt werden sollte. So bestehen die „Volksrechte" in der Hauptsache aus endlosen Bußkatalogen in kasuistischer Fassung; für jedes Körperglied, jedes denkbare Objekt einer Sachbeschädigung oder eines Diebstahls wird eine besondere Buße festgesetzt, deren Annahme abzulehnen Rechtsverweigerung bedeutete.

b) Dem Frieden dient auch ein geordneter Rechtsgang; daher enthalten die „Volksrechte" auch zahlreiche prozessuale Normen, während das Privatrecht und erst recht das Verfassungsrecht noch stark zurücktritt.

c) Da das Königtum mit der christlichen Kirche verbündet ist, sollen die Gesetze ferner das Durchdringen des Christentums fördern helfen; daher zahlreiche Normen zum Schutze der Kirche. Aber auch das Strafrecht und der Prozeß werden im christlichen Sinne umgeformt. Schon dadurch mußte das Christentum die Aufzeichnung des Rechtes fördern, da es selbst auf schriftlichen Zeugnissen für den Willen Gottes beruhte.

d) Offensichtlich war das Königtum bemüht, mit dem echten Volksrecht enge Fühlung zu halten. Daher beruhen große Teile der Gesetze auf Rechtsweisungen. Der später hinzugefügte Prolog zur Lex Salica nennt z. B. die Namen von vier sagenhaften „Gesetzsprechern", die das Recht gewiesen haben sollen. An der Lex Baiuwariorum haben bairische *iudices* mitgewirkt. Die Gesetze anderer Stämme, z. B. der Goten und Langobarden, lassen diese Tendenz weniger deutlich hervortreten, gehen meist unter dem Namen von Königen, enthalten aber auch Satzungen echten Volksrechtes.

e) Andererseits spricht gegen eine wirkliche Volksgesetzgebung die gegenseitige Abhängigkeit der Quellen voneinander. So ist z. B. fast in allen „Volksrechten" der Codex Euricianus (s. u. II 4) benutzt worden, auch sonst finden sich Spuren der Übernahme von Rechtssätzen aus stammfremden Quellen. Insofern handelt es sich um eine Gesetzgebung für, aber nicht durch das Volk. Durch die westgotischen Quellen sind sogar Sätze des römischen Vulgärrechts auch anderwärts eingedrungen, und zwar, wie die neuere Forschung lehrt, in nicht ganz geringem Maße; das macht die „Methode der vergleichenden Rückschlüsse" (s. Kap. 3 I 3) fragwürdig.

2. Der stammesweisen Rechtsaufzeichnung entspricht, daß jeder nach seinem Stammesrechte, der *lex originis* beurteilt wurde; er stand ursprünglich nur mit seinem eigenen Stamme in Rechtsgemeinschaft; es galt das sog. **Personalitätsprinzip.** Jeder behielt sein Geburtsrecht, in welchem Stammesgebiet er sich auch aufhalten mochte, und mußte sich gegebenenfalls dazu bekennen *(professio iuris)*. So konnte der in der germanischen

Zeit noch undenkbare Fall eintreten, daß mehrere Rechte zusammentrafen; es entstand die „Kollision der Statuten", das Problem des heutigen „Internationalen Privatrechts". Während nun z. B. die Goten und Langobarden grundsätzlich nur ihr eigenes Recht angewandt zu haben scheinen, behandelten die Franken bei Verträgen und im Prozeß jeden Beteiligten nach seinem Geburtsrecht; die Gerichte kamen so in die Lage, stammesfremdes Recht anzuwenden; das Königsgericht urteilte jeweils nach dem Stammesrecht des Beklagten. Die Rechte der im fränkischen Reich vereinigten Stämme wurden so als gleichwertig anerkannt. Daher finden sich in manchen Handschriften mehrere Volksrechte für den Gerichtsgebrauch zusammengestellt. Nur noch der außerhalb des Reiches Stehende wurde nach „Fremdenrecht" als rechtlos behandelt, genoß aber den Königsschutz und stand unter Königsrecht (besonders wichtig für Gesandte, Kaufleute usw.).

3. Der König konnte auch eigenes Recht neben und über dem Volksrecht setzen; er hatte den Verordnungsbann (s. Kap. 13 III 2 b, IV 2). Dabei bestehen wieder Unterschiede: das westgotische und langobardische Recht lassen äußerlich kaum mehr erkennen, was altes Volks-, was neues Königsrecht war. Im fränkischen Recht ist der Dualismus noch sehr deutlich wahrnehmbar, wenn auch offene Widersprüche vermieden wurden. Volksrecht sind die Leges und die Novellen dazu (Zusatzkapitularien, s. u. III 2 a), Königsrecht und somit überstämmisch die königlichen Edicta, Decreta, Capitularia usw. sowie das Spruchrecht der königlichen Gerichte. Das Königsrecht zeigt dem Volksrecht gegenüber meist eine fortschrittliche, reformatorische Tendenz. Aber ob diese immer durchgedrungen ist, läßt sich schwer sagen. Es fehlte dem Königtum ein Verwaltungsstab, der seinen Willen strikt ausgeführt hätte. Unter den Karolingern bestand wohl auch der Plan, aus dem Königsrecht ein einheitliches Reichsrecht zu entwickeln, aber er ist nie Wirklichkeit geworden. Es ist daher stets zu untersuchen, für welchen Reichsteil die Kapitularien vorwiegend bestimmt sind; weitaus die meisten haben westfränkische Verhältnisse im Auge.

Rechtsetzung durch den König bedurfte im Frankenreich der Zustimmung des Volkes (*Lex consensu populi et constitutione regis fit* sagt das Edikt von Pîtres 864). Bis 803 hat Karl der Große die Volksrechte – mit Ausnahme des sächsischen – nicht angetastet. Erst als römischer Kaiser hat er – dies bezeugt auch Einhard (Vita Caroli Magni c 29) – Änderungen der Volksrechte vorgenommen und sie durch *Capitularia legibus addenda* ergänzt. In der *Francia orientalis* wurden Capitularien von grundsätzlicher Bedeutung bereits unter Ludwig dem Frommen nicht mehr erlassen.

II. Die einzelnen Volksrechte.

Ausgaben finden sich in den Monumenta Germaniae Historica, Abt. Leges, und in der Sammlung „Germanenrechte", Weimar 1934 ff., mit Übersetzung.

1. Die fränkischen Leges.

a) Die älteste Quelle ist die **Lex Salica**, ursprünglich vielleicht *Pactus legis Salicae* genannt, das Stammesrecht der salischen Franken. Sie ist in zahlreichen Handschriften überliefert, deren keine den Urtext wiedergibt. Dieser dürfte in den letzten Regierungsjahren des Reichsgründers Chlodwig (508–511) auf Grund älterer Rechtsweisungen entstanden sein; aber auch Spuren des Codex Euricianus finden sich. Die von den Schreibern oft willkürlich vermehrten Handschriften weisen 65 bis 99 Titel auf, eine karolingische „*Lex Salica emendata*" von 803 deren 70. In dieser fehlt die sog. „Malbergische Glosse", älteste deutsche Rechtswörter, die als Stichworte eingefügt worden waren, um die Benutzung der Lex bei Verhandlungen in fränkischer Sprache *(„in mallobergo")* zu erleichtern. Hinzugefügt wurden der Lex Prologe und Epiloge sowie Gesetze späterer Könige. So der Pactus pro tenore pacis Chlotars I. und Childeberts I. und ein Edikt Chilperichs (561–584). Hauptgebiet der Lex Sal. war das spätere Frankreich.

Textprobe aus der Lex Salica: Tit. 2 de furtis porcorum. Si quis porcellum lactantem furaverit et ei fuerit adprobatum, mallobergo „chramnechaltium" hoc est, CXX dinarios qui faciunt solidos III culpabilis iudicetur. – Die Lex Salica ist in den Mon. Germ., hrsg. von K. A. Eckhardt (2 Teile, 1962 u. 1969), desgleichen in der Sammlung Germanenrechte (Lex Salica 1953, Pactus Legis Salicae 1954–56). Schulausgabe mit Erläuterungen von Geffcken, 1898. Unentbehrlich bleibt die synoptische Ausgabe von Hessels-Kern 1880. – Der Versuch Simon Steins (Speculum 22, 1947, 116 ff.), die L. Sal. als Fälschung des 9. Jhdts. zu erweisen, kann als gescheitert gelten. Vgl. R. Buchner, DA9 (1951) 59 ff.; K. A. Eckhardt, Festschr. zur Feier des 200jähr. Bestehens der Ak. Göttingen, 1951. Das Edikt Chilperich I. hat F. Beyerle (ZRG 78 [1961] 1 ff.) textlich überprüft und in seiner legislatorischen Bedeutung gewürdigt; vgl. auch ders., Die Malberg-Glossen der Lex Salica, ZRG 89 (1972) 1 ff. und H. A. Roll, Zur Geschichte der Lex Salica-Forschung, 1972.

b) Die **Lex Ribuaria** *(Pactus legis Ribuariae)* ist weniger ein Stammesrecht der Ribwaren als ein Landesgesetz für Austrasien. Zum Teil verbesserte Neuauflage der Lex Salica, enthält sie auch ein austrasisches Königsgesetz und Anklänge an die Lex Burgundionum. Die Abweichungen von der Lex Salica beruhen wohl weniger auf Unterschieden der völkischen Rechtsauffassung als auf der Zeitdifferenz, doch enthält die L. Rib. auch einige ältere Sätze. Spuren der L. Rib. zeigt das spätere rheinische Recht. Die Entstehungszeit der Lex ist unsicher, die Meinungen schwanken zwischen etwa 630 und nach 750.

Neuausgabe in den Mon. Germ. von F. Beyerle u. R. Buchner 1954.

c) Die **Ewa Chamavorum** ist ein Weistum über das Recht eines kleinen fränkischen Volksteiles im Hamaland an der Yssel, aufgenommen auf dem Aachener Reichstag 802. Sie enthält mehr eigentliches Volksrecht als die beiden anderen fränkischen Leges.

2. Stark fränkisch beeinflußt sind die **oberdeutschen Volksrechte**.

a) Bei den **Alemannen** folgte auf einen nur bruchstückweise überlieferten *Pactus Alamannorum* aus dem 7. Jhdt. die **Lex Alamannorum** aus der Zeit des Herzogs Lantfrid (710–720, Lex Lantfridiana). Sie wirkte nach in Schwaben und in der deutschen Schweiz.

b) Die **Lex Baiuwariorum** stammt nach herrschender, aber nicht unbestrittener Meinung aus der Zeit des Herzogs Odilo (Lex Odiloniana), und zwar aus den Jahren 741–744.

Lichtdruckwiedergabe der Ingolstädter Handschrift mit Einleitung von Konrad Beyerle, 1926. B. nimmt Abfassung im Kloster Niederaltaich im Auftrag der fränkischen Reichsgewalt mit Zustimmung des Bayernherzogs unter Mithilfe bair. Judices an. Diese Annahme wird heute allgemein abgelehnt.

c) Beide Leges sind aber nur formell Herzogsgesetze, materiell von fränkischen Herrschern veranlaßt. Ob dies erst Karl Martell und Pippin II. als Hausmeier waren oder merowingische Könige des 7. oder gar des 6. Jhdt., ist noch ungeklärt, ebenso ob den erhaltenen Redaktionen ältere vorausgegangen sind. Beide Leges zeigen den Einfluß des Codex Euricianus und der Lex Salica. Sie sind im Aufbau sehr ähnlich: Kirchensachen, Herzogssachen, Volkssachen; darin war die Lantfridiana das Vorbild der Odiloniana. Beide Leges geben für die Erkenntnis echt schwäbischen oder bairischen Volksrechts nicht allzuviel her. Die Lex Baiuwariorum wird ergänzt durch die Dingolfinger und Neuchinger Dekrete (Landtagsbeschlüsse) aus der Zeit Tassilos III.

3. **Niederdeutsche Stammesrechte.**

a) Die sächsische Gesetzgebung ist nur aus den Ereignissen der Sachsenkriege Karls d. Gr. verständlich. Ihre erste Phase wurde abgeschlossen mit der Capitulatio de partibus Saxoniae, wohl 782, einem Siegerdiktat, das Sachsen unter Standrecht setzt, Rückfälle ins Heidentum und Angriffe auf die Kirche und die fränkische Herrschaft unter schwerste Strafe stellt. Das Capitulare Saxonicum 797 brachte dann Milderungen und die Mitwirkung sächsischer Volksrichter. Auf dem Reichstag von Aachen 802 wurde endlich die Lex Saxonum erlassen, die sich äußerlich an die Lex Ribuaria anlehnt und ältere Gesetze Karls d. G. für Sachsen aufnimmt, aber viel altsächsisches Volksrecht enthält und bis ins Ma. nachgewirkt hat; ihr Erlaß war eine großzügige Geste der Versöhnung.

b) Die im thüringischen Gebiet ansässigen Angeln und Warnen erhielten gleichfalls zu Beginn des 9. Jhdt. eine Lex Angliorum et Werinorum id est Thuringorum, mit interessantem Ständerecht.

c) Die sog. Lex Frisionum ist eine aus älteren Weistümern und fränkischen Gesetzen für Friesland zusammengestellte, z. T. noch mit heidnischen Bräuchen rechnende Aufzeichnung über verschiedene friesische Rechte, nicht ohne Anlehnung an die Lex Alamannorum; vielleicht zur Vorlage auf dem Reichstag von 802 bestimmt, aber nicht zum Gesetz erhoben und Rechtsbuch geblieben. Angefügt sind ihr die Rechtsweisungen der Gesetzsprecher Wlemar und Saxmund.

4. **Westgotische Gesetze.**

Das Edictum Theodorici wird überwiegend als ein unter dem Westgotenkönig Theuderich II. 458/59 für die westgotischen Föderaten erlassenes Edikt eines römischen Statthalters gedeutet (vgl. H. J. Becker, Edictum Theodorici, HRG I 801ff.). Es ist meist aus römischen Quellen zusammengestellt und kann außer Betracht bleiben. Es stellt eine wertvolle Quelle für die Kenntnis des römischen Vulgärrechtes dar.

Ältestes eigenständiges Gesetz ist der umfangreiche Codex Euricianus von etwa 475, von dem ein Bruchstück erst um die Mitte des 19. Jhdt.

in einem Pariser Codex rescriptus wiederaufgefunden wurde. Dieses älteste germanische Gesetzgebungswerk muß eine Großleistung gewesen sein, zeigt aber starke Anlehnung an das römische Recht (s. o. I. 1 e) und galt als Reichsgesetzbuch für Goten und Römer. Aber bald darauf (506) erließ Alarich II. nur für die im Reich lebenden Römer eine Lex Romana Visigothorum (Breviarum Alarici), eine Kompilation aus römischen Rechtsquellen. Auf der Grundlage des Euricianus erließ Leovigild (gest. 586) einen Codex revisus. Erst im *Liber iudiciorum* Rekkesvinths (um 654, Lex Visigothorum) ist die Trennung zwischen Goten und Römern endgültig überwunden und einheitliches, später durch Novellen vermehrtes Reichsrecht geschaffen; dieses zeigt stark römischrechtlichen Einschlag, doch hat sich das germanische Gewohnheitsrecht der Goten unter der Decke des offiziellen Reichsrechts erhalten und ist später in den altspanischen Stadt- und Landrechten *(fueros,* portug. *forais)* wieder zutage getreten; noch heute weisen einige spanische Landschaften („Foralprovinzen") Züge germanischen Rechtes auf.

Ein später Ableger der im Westgotenreich selbst aufgehobenen Lex Romana Visigothorum ist die rhätische Lex Romana Curiensis aus dem 8. Jhdt., die aber mehr germanisches Recht enthält; dazu die Capitula Remedii des Bischofs Remedius von Chur aus dem 9. Jhdt., Neuausgabe von E. Meyer-Marthaler in der Sammlung Schweizer Rechtsquellen XV (Graubünden 1959, 2. Aufl. 1966).

5. **Burgundische Gesetze** sind

a) die Lex Burgundionum, aufbauend auf einer 501 erlassenen Lex des Königs Gundobad; sie galt für Germanen und Streitsachen zwischen Römern und Germanen und beeinflußte die Rechtsentwicklung in der Westschweiz.

b) die Lex Romana Burgundionum gleichfalls von Gundobad 506 für Streitigkeiten unter Römern erlassen, aber bedeutungslos geblieben.

6. Viel bedeutsamer ist hingegen die Gesetzgebung der **Langobarden,** die von allen Germanen den schärfsten juristischen Verstand gehabt zu haben scheinen.

a) Den Beginn macht König Rotharis Edikt von 643, ein Werk aus einem Guß, vor den anderen Volksrechten ausgezeichnet durch klare Gliederung und genaue Ausdrucksweise. Es enthält langobardisches Volksrecht, das starke Verwandtschaft mit sächsischen, angelsächsischen und nordgermanischen Rechten aufweist; aber auch Beziehungen zum fränkischen Recht fehlen nicht. König Liutprand (712–744) und seine Nachfolger haben Novellen hinzugefügt.

b) Das langobardische Recht ist als einziges germanisches wissenschaftlich bearbeitet worden. In der Rechtsschule von Pavia entstand später der Liber Papiensis, eine umfassende, immer wieder glossierte und kommentierte Sammlung, später ausgestaltet zu einem großen Rechtsbuch, der „Lombarda". Die so erlernte Technik wendeten die lombardischen Juristen später auf die römischen Rechtsquellen an (Glossatorenschule von Bologna, s. Kap. 40 I 3).

Das Edikt ist neu hrsg. und erläutert von F. Beyerle, Weimar 1947. – Über die langob., aber auch die anderen „Volksrechte" gibt es eine reiche italienische und spanische Literatur, die für tieferes Eindringen unentbehrlich ist. Vgl. z. B. P. S. Leicht, Storia del diritto italiano I, Le fonti, 1941; F. Calasso, Lezioni di storia del dir. it., Le fonti, 1948; M. Garcia Gallo, Historia del derecho español I³, 1943; Curso de hist. del der. esp. I, 1950.

III. Das **fränkische Königsrecht** schlug sich nieder in zahlreichen Einzelverordnungen, die in der Merowingerzeit Dekrete oder Edikte, in der karolingischen Epoche Kapitularien heißen. Man unterscheidet

1. nach dem Inhalt Capitularia ecclesiastica, mundana, mixta;

2. nach der Geltung

a) Capitularia legibus addenda, die ein, mehrere oder alle Volksrechte ergänzen sollten; sie setzten für Erlaß und Aufhebung Zustimmung des betreffenden Stammes oder seines Adels voraus;

b) Capitularia per se scribenda, Verordnungen auf Grund der Banngewalt, einseitig vom König erlassen und aufhebbar, wenn auch gelegentlich auf einem Reichstag vorberaten;

c) Capitula missorum, Dienstanweisungen für die missi dominici (s. Kap. 20 I 3 d), oft zugleich Verwaltungsverordnungen.

Eine private, aber sehr unvollständige Sammlung der Kapitularien war der Liber legiloquus des Abts Ansegis von Fontanella (St. Wandrille in der Normandie, 827); eine Fälschung die Sammlung des sog. Benedictus Levita, s. u. Kap. 20 III 2. – Die Kapitularien haben sehr verschiedenen Umfang und Inhalt. Das Ludwig d. Fr. zugeschriebene Capitulare de villis ist eine Domänenordnung, das Edictum Pistense (864) eine ganze Landesordnung für das Westreich; manche Kap. haben schon Landfriedenscharakter.

Die Kapitularien wiederholen immer wieder ältere Bestimmungen, wohl ein Zeichen mangelhafter Wirksamkeit. Mit dem Verfall des Karolingerreiches verschwinden sie, im Ostreich nach 843, im Westreich mit dem Tode Karls des Kahlen, in Italien mit Ludwig II. Das absolut letzte Kapitular datiert von 898.

Schrifttum: F. L. Ganshof, Was waren die Kapitularien? Deutsche Ausg. 1961; R. Schneider, Zur rechtlichen Bedeutung der Kapitularientexte, DA 23 (1967) 273 ff. Vgl. a. HRG Artikel: Capitulare de villis (C. Brühl) I 587 f., Kapitularien (W. Eckhardt) II 623 ff., Königsrecht (E. Kaufmann) II 1055 ff.

IV. **Urkunden** werden mit Zunahme des Schriftwesens immer häufiger vor allem für Kirchen und Klöster ausgestellt und von ihnen aufbewahrt oder in Traditions- und Kopialbücher übertragen. Das Urkundenwesen knüpft bei allen germanischen Stämmen an antike Vorbilder an, die aber nicht unverändert übernommen wurden. Man unterscheidet

1. Königsurkunden *(diplomata)* und Privaturkunden. Erstere waren öffentliche Urkunden, unscheltbar und voll beweiskräftig; letztere bedurften der Festigung durch Zeugen und konnten angefochten werden *(perforatio)*, was zum Zweikampf führte.

2. Die Privaturkunden waren entweder cartae oder notitiae.

a) Die carta (in Baiern: *epistola*) ist Geschäftsurkunde; ihre Übergabe (Begebung, oft durch Aufnehmen von der Erde) bringt das Rechtsgeschäft selbst zur Vollendung (*traditio cartae, cartam levare*). Daher sprach der Aussteller selbst im Praesens (subjektive Stilisierung: *Ego Martinus trado*). Die Urkunde trägt den Namen des durch sie vollzogenen Rechtsgeschäfts: *traditio, donatio, testamentum, osculum*. Sie wird meist durch Zeugen gefestigt (*firmatio*).

b) Die notitia ist schlichte Beweisurkunde außerhalb des Rechtsgeschäfts. Sie berichtet nur von dessen früherer Vornahme, ist daher objektiv stilisiert: *Martinus tradidit*. Die in ihr genannten Zeugen garantieren nicht die Urkunde, sondern das Rechtsgeschäft.

Diese von Brunner (Rechtsgeschichte der römischen und germanischen Urkunde, 1880) begründete klassische Lehre ist nicht unbestritten geblieben. Vor allem ist das Verhältnis des frühma. zum spätantiken Urkundenwesen nicht geklärt. – Über die Weiterentwicklung der Carta zum Wertpapier ist in der Privatrechtsgeschichte zu handeln.

Schrifttum: H. Bresslau, Handbuch der Urkundenlehre in Deutschland und Italien, 2 Bde., 2. bzw. 3. Aufl., 1958–60; H. Fichtenau, Arenga, MJÖG Erg.-Bd. 18 (1957); P. Classen, Kaiserreskript und Königsurkunde. Diplomatische Studien zum römisch-germanischen Kontinuitätsproblem. AD 1 (1955) 1ff. und 2 (1956) 1ff.; E. Pitz, Papstreskript und Kaiserreskript, 1971; H. Steinacker, Die antiken Grundlagen der frühmittelalterlichen Privaturkunde, 1927. Vgl. a. HRG Artikel: Carta (K. Jordan) I 597f., Königsurkunde (W. Heinemeyer) II 1060f.

V. Keine Urkunden, sondern Vorlagen dafür sind die Formeln (*formulae*), also nur mittelbare Rechtsquellen, aber höchst wichtig für die Kenntnis der Urkundenpraxis und des materiellen Rechtes. Sie heißen nach ihrem Verfasser oder Entstehungsort Formulae Marculfi, Turonenses, Andegavenses usw. Sammlung von Zeumer M. G. Leges V.

Kap. 19. Strafrecht und Rechtsgang

Schrifttum: R. Sohm, Der Proceß der Lex Salica, 1867, Neudr. 1971; G. Köbler, Klage, klagen, Kläger, ZRG 92 (1975) 1ff.; E. Osenbrüggen, Der Hausfrieden, 1863, Neudr. 1968; HRG Artikel: Acht (E. Kaufmann-D. Landes) I 25ff., Billigkeit (E. Kaufmann) I 431ff., Blutrache (W. Preiser) I 459ff., Buße (E. Kaufmann) I 575ff., Diebstahl (R. Lieberwirth) I 730ff., Ehebruch (R. Lieberwirth) I 836ff., Ehrenstrafen (W. Drücker) I 851ff., Fehde (E. Kaufmann) I 1083ff., Hochverrat (C. U. Schminck) II 179ff. Vgl. a. Kap. 9 u. 10. Daran, daß die fränk. Zeit bereits ein wirkliches, wenn auch noch unfertiges Strafrecht gekannt hat, halte ich gegen Achter (oben zu Kap. 9) fest.

Beide können zusammengefaßt werden, da in ihnen die gleichen Kräfte zu einer Umgestaltung der germanischen Grundlagen geführt haben. Es sind dies die christliche Kirche und das Königtum.

I. Im Strafrecht laufen beider Bemühungen parallel und ihre Anteile lassen sich nicht trennen.

1. Die gegebenen Ansatzpunkte für eine Reform waren Sippenrache und Sippenfehde.

a) Die Rache auf handhafter Tat war derart im germanischen Rechtsempfinden verwurzelt, daß die Gesetze nur versuchen konnten, sie in einzelnen Punkten abzuschwächen. So wurde die sofortige Tötung nicht mehr in allen Fällen zugelassen, wohl aber noch bei Diebstahl, Brandstiftung, Ehebruch und stets bei Widerstand und Fluchtversuch des Täters. Bei dieser Sachlage konnte immer noch K lag e gegen den toten Mann erhoben werden, die der Verklarung diente; der Tote wurde mit den Schreimannen als Eidhelfer überwunden, doch konnte seine Sippe den Eid schelten und es zum Zweikampf kommen lassen – ein Beweis, daß der handhafte Täter kein Friedloser war, wie meist angenommen wird.

In allen anderen Fällen sollte der Täter nur noch gebunden vor ein Notgericht gebracht werden; die Schreimannen bezeugten dann die Rechtmäßigkeit der Fesselung; ein Reinigungsrecht hatte er nicht, da die Tat ihn richtete; das Urteil lautete auf Tod.

Ein besonderes „Spurfolgeverfahren" mit Verteidigung des Beklagten scheint nur das salische Recht ausgebildet zu haben, während die Spurfolge sonst einfach als Fall der Handhaft erscheint, vgl. Rauch Kap. 9 II 1.

b) Auch die Sippenfehde zu beseitigen gelang nicht. Wenn westgotische und burgundische Königsgesetze sie schlechtweg verboten, so war das Zukunftsmusik. Die fränkischen Rechte gehen andere Wege: Der Kreis der Fehdebeteiligten wird eingeengt, gewisse Racheakte werden verboten, wie Überfall und Mordbrand –, und doch hat gerade das „Raub- und Brandrecht" als Nachklang der Fehde noch im späten Mittelalter gegolten. Auch wurden die Freistätten vermehrt, der Haus-, Heer- und Dingfriede streng eingeschärft.

Die Fehde konnte unterbunden oder abgekürzt werden durch Preisgabe des Täters an die verletzte Sippe, der er dann als Schuldknecht die Arbeitskraft des Toten ersetzte. Auch der insolvente Wergeldschuldner konnte preisgegeben und verknechtet werden.

Vor allem aber begann der Staat, einen Zwang zur Fehdesühne auszuüben; Weigerung der Urfehde, Nichtzahlung öffentlich gelobter Buße konnten zur Friedlosigkeit führen. Ferner wird größter Wert darauf gelegt, daß die Parteien sich vor dem öffentlichen Gericht vergleichen; außergerichtliche Taidigung, bei der der Staat um sein Friedensgeld geprellt wird, gilt jetzt als eine Form der Begünstigung. Um den Streitteilen die Sühne annehmbar zu machen, stellen die Volksrechte ihre Bußkataloge auf (s. Kap. 18 I 1 a).

In diesem Zusammenhang zu sehen ist der in baierischen Quellen seit der Mitte des 8. Jahrhunderts erweisliche *soneo* (lat. iudex), ein bereits institutionalisierter Sühnevermittler.

So treten in den Rechtsquellen Wergeld und Buße beherrschend hervor. Die Wergelder sind außerordentlich hoch, auf ihre Stufung können der Rang oder Stand des Getöteten oder des Täters Einfluß haben. Das Normalwergeld des freien Franken betrug 200 Schillinge, was etwa dem Wert von 60 Rindern gleichkam. Davon fielen zwei Drittel an die Verwandten des Getöteten, und zwar ein Drittel an die Erben als Erbsühne, ein weiteres an die Sippe als Magsühne; dieser „*faidus*" war Sühnegeld und zugleich pauschalierter Schadenersatz. Das letzte Drittel fiel als „*fredus*" an den Staat und trug den Charakter einer

Geldstrafe; insofern gehören jetzt auch Bußen und Wergelder in das Strafensystem mithinein. Gegen Ende der fränkischen Zeit wurde der Staatsanteil immer mehr zur Hauptsache, schließlich fiel die ganze Buße an den Richter, und wie der Verletzte sich schadlos halten wollte, blieb ihm überlassen.

2. Bei der **Friedlosigkeit** (Acht) hat sich der Schwerpunkt auf die „sekundäre" (s. Kap. 101 1) verlagert. Sie trifft den Rechtsweigerer, der vor Gericht nicht erscheint, die Urfehde oder Buße nicht leistet oder flüchtig wird. Für die Ächtung war in solchen Fällen das Königsgericht zuständig; der König konnte die Folgen der Acht im Einzelfalle bestimmen, also Verknechtung, Verbannung, Fronung des Vermögens verfügen. Doch kommt die Acht auch noch als primäre Deliktsfolge vor, z.B. bei Hoch- und Landesverrat; in manchen Fällen konnte sie auch noch das Volksgericht verhängen. Auch der Graf konnte eine beschränkte Bezirksacht aussprechen (*forbannitio*, Vorbann, später Verfestung genannt). Außer wenn der Täter auf handhafter achtwürdiger Tat ergriffen wurde, war die Acht regelmäßig lösbar geworden.

3. Aus den alten volksrechtlichen Entsühnungsriten hat sich jetzt die **Todesstrafe** als rein staatliche Vergeltungsmaßnahme entwickelt; im Volke mögen sich die alten magisch-sakralen Vorstellungen gehalten haben. In der Merowingerzeit wird die Todesstrafe auffallend selten angedroht, was auf die Abneigung der Kirche gegen sie zurückgeht; später hat die Kirche ihre Stellung geändert, nicht nur weil die kirchlichen Organe stärker zu Staatsgeschäften herangezogen und mit den Staatsnotwendigkeiten befaßt wurden, sondern auch, weil immer mehr germanische Edle in kirchliche Ämter einrückten. Die Gesetze Karls d. Gr. für Sachsen zeigen fast ein Übermaß von Todesdrohungen, sogar wegen Bruchs des Fastengebots. In Sachsen galt nicht einmal der sonst allgemein anerkannte Asylschutz.

4. Neben der Todesstrafe finden sich zahlreiche **Leibesstrafen**, verstümmelnde Strafen, oft von besonderer Grausamkeit. Sie sind oft „spiegelnde" Strafen, wie der Handverlust bei Meineid und Falschmünzerei, der Zungenverlust bei Gotteslästerungen. Doch waren mit verschwindenden Ausnahmen alle peinlichen Strafen, auch die Todesstrafe, ablösbar; der ursprünglich dafür maßgebliche Gedanke durch Abkauf der Rache die Vergeltungskette zu durchbrechen (s. Kap. 9 II 2 b) tritt hinter den fiskalischen Gesichtspunkt zurück, so daß die Grausamkeit der Strafdrohung nur noch dazu diente ein hohes Lösegeld einzubringen. So wird das Strafrecht immer mehr „fiskalisiert" und seinem eigentlichen Zwecke entfremdet; es gewinnt geradezu einen „plutokratischen" Zug, nur noch der Arme muß *„de vita, de dorso componere"*, wie man die Todes- oder Prügelstrafe jetzt genannt findet. Letztere, ursprünglich wohl Sklavenstrafe, wird jetzt auch gegen Freie als Ehrenstrafe verhängt, ebenso wie das Kahlscheren („Strafe zu Haut und Haar") und das Brandmarken (des Falschmünzers mit der glühenden Münze).

5. Das **materielle Strafrecht** wird verbessert.

a) Die kasuistische Fassung der Volksrechte zeitigte immerhin die Notwendigkeit, genauere Verbrechenstatbestände aufzustellen.

Eine Reihe neuer Tatbestände treten auf, vor allem Staatsverbrechen wie Weigerung des Untertaneneides, Beamtendelikte, Vergehen gegen den christlichen Kult; dazu gehört jetzt auch der Meineid. Als Mord wird jetzt nicht mehr nur die verheimlichte, sondern auch die heimliche Tötung bestraft.

Schrifttum: H. R. Hagemann, Vom Verbrechenskatalog des altdeutschen Strafrechts, ZRG 91 (1974) 1 ff.; F. L. Ganshof, Charlemagne et le serment, Mélanges d'histoire du moyen âge, dédiés a L. Halphen, Paris 1951, S. 259ff.; A. Schmitt-Weigand, Rechtspflegedelikte in der fränkischen Zeit, Münch. Beitr. z. Rechts- u. Staatswiss. 7 (1962).

b) Unter dem Einfluß der kirchlichen Bußpraxis wird das Willensmoment stärker berücksichtigt. Gelegentlich wird die Schuld schon in den Tatbestand mit hineingezogen, so bei der wissentlich falschen Anklage und beim Meineid. Die subjektiven Unrechtselemente werden schärfer gesehen, so die Absicht des Münzfälschers oder Rechtsbeugers. Im allgemeinen blieb aber auch die fränkische Zeit auf dem Boden der Erfolgshaftung; nur daß die Zahl der Ungefährwerke vermehrt wird, z. B. um die Taten Unmündiger, wobei dann kein Friedensgeld verfällt; Totschlag im Affekt wird milder gebüßt als freventlicher Totschlag. Auch die Versuchsverbrechen und Anstiftungsfälle werden vermehrt. So beginnt die Strafe *(punitio)* auf die Person des Täters Rücksicht zu nehmen; der „Automatismus" (Achter) der Tatfolgen schwächt sich ab; aber ein „Täterstrafrecht" hat sich nicht entwickelt; der böse Wille wurde nur für den konkreten Fall in Betracht gezogen.

6. Auch das königliche Billigkeitsrecht (s. Kap. 15 I) konnte mildernde Umstände gewähren; der König erwarb das Recht zu begnadigen. Umgekehrt entwickelte das Königsrecht eine Reihe eigener, dem Volksrecht unbekannter Tatbestände auf Grund des Königsbanns, z. B. Verkauf Unfreier ins Ausland, eigenmächtige Pfandnahme; es können auch volksrechtliche Delikte zusätzlich mit der Königsbannbuße von 60 Solidi belegt werden. Darüber hinaus entsteht ein Generaltatbestand der *infidelitas*. Auf Grund der allgemeinen Treupflicht konnte der König, gleichgültig ob ein Delikt nach Volksrecht strafbar ist (etwa Diebstahl, Begünstigung) oder nicht, nach seinem Ermessen eine Strafe (Harmschar) festsetzen, auch eine Ehrenstrafe (Sattel-, Hunde-, Steinetragen). So erklärt sich, daß später in England die *felony* zum Typus des schweren Delikts und zum Zentralbegriff des Strafrechts überhaupt geworden ist.

II. Im Rechtsgang sind einschneidende Veränderungen vor sich gegangen, vor allem durch das Entstehen eines eigenen königsgerichtlichen Verfahrens, das auf den Prozeß vor den Volksgerichten eingewirkt hat.

1. In diesem wurde, seit der Graf den Vorsitz führte, die Herrschaft der Parteien zurückgedrängt; die richterliche Prozeßleitung wurde straffer.

6*

a) Das Streitgedinge kann jetzt erzwungen werden, ebenso seine Sicherung durch Bürgschaft. Auch kann der Kläger, statt den Beklagten einseitig zu laden *(mannitio)*, sich mit einer Ladungsbitte an den Richter wenden, der dann dem Beklagten das Erscheinen bei Strafe des Bannes befiehlt *(bannitio)*.

b) Die Verhandlung vor Gericht ist noch Sache der Parteien; aber sie können auch schon Anträge an das Gericht stellen, das dann dem Beklagten die Antwort, einem Urteiler das Urteil abfrägt. Die Antwort des Beklagten kann jetzt in einer Einrede bestehen (Ersitzung, Unzuständigkeit des Gerichts).

c) Im Urteil wurde jetzt dem Beklagten auferlegt, Erfüllung zu geloben; ja schließlich konnte das Urteil direkt auf die geschuldete Leistung gehen. Dem Ungehorsamen drohte die lösbare Königsacht.

d) Aus der Urteilsschelte begann sich ein echter Rechtszug an ein höheres (das Königs-, Herzogs-) Gericht zu entwickeln, und es muß nicht mehr unbedingt zum Zweikampf kommen. Aus der Sachlage ergibt es sich, daß der Rechtszug sich nicht gegen den Prozeßgegner, sondern gegen den Finder des angefochtenen Urteils richtet; noch im Mittelalter ist vielfach nicht der Prozeßgegner, sondern der Richter der Vorinstanz Berufungsbeklagter.

2. Der **Beweis** liegt noch grundsätzlich beim Beklagten, doch kann ihm der Kläger in bestimmten Fällen durch Voreid, Zeugenangebot, Urkundenvorlage oder Erbieten zum Gottesurteil die Reinigung verlegen.

a) Der Beweis mit Eidhelfern wurde dadurch erschwert, daß diese ganz oder zum Teil vom Gegner ausgewählt wurden und nicht mehr mit gesamtem Munde, sondern einzeln und nacheinander schworen. Der Eid wurde verchristlicht, zur Anrufung Gottes umgestaltet und auf den Altar, die Reliquien oder die Evangelien abgeleistet.

b) Der Beweis durch Zeugen wurde häufiger zulässig; es fand eine *discussio testium* statt, ein Verhör, in dem allerdings nur die Glaubwürdigkeit der Zeugen erforscht wurde; der nicht gescholtene Zeugeneid hatte immer noch formale Beweiskraft. Von der Tendenz zur Wahrheitsfeststellung war der volksgerichtliche Prozeß immer noch weit entfernt.

Die Zahl der erforderlichen Zeugen bzw. Eidhelfer wechselt nach dem Gewicht der Sache. Die Beschränkung auf zwei Zeugen entsprechend der Bibel (Joh. 8/17, Dt. 17/6, 19/15) hat im weltlichen Prozeßrecht erst in nachmittelalterlicher Zeit allgemeine Verbindlichkeit erlangt.

c) Auch die Gottesurteile wurden verchristlicht, die schon bekannten mit Ritualen versehen, und neue traten hinzu (Abendmahls-, Kreuzprobe). Auch der Zweikampf ist jetzt Gottesurteil, daher Vertretung durch berufsmäßige Kämpen gestattet. Der Kläger konnte von Anfang an die Klage mit Angebot des Zweikampfes erheben, den Beklagten „kämpflich grüßen"; dann war dessen Eid gleichsam im voraus gescholten. Die übrigen, vor allem die „einseitigen" Ordale, standen meist nur in subsidiärer Anwendung.

d) Neu aufgenommen wurde der Urkundenbeweis. Über den Unterschied zwischen der unscheltbaren Königs- und der scheltbaren Privaturkunde s. Kap. 18 IV. Neben der förmlichen Urkundenschelte *(perforatio)* mit Kampffolge gab es auch die schlichte Bestreitung der Urkunde, die dann durch Eid des Ausstellers oder der Zeugen bekräftigt werden mußte.

Schrifttum: Zum mittelalterlichen deutschen Beweisrecht haben wichtige Untersuchungen geliefert A. v. Kries (Der Beweis im Strafrecht des Mittelalters, 1878, Neudr. i. Vorb.), R. Loening, E. Mayer, Mayer-Homberg, Ruth; über Gottesurteile vgl. H. Nottarp, Gottesurteilsstudien (Bamb. Abh. u. Forsch. II) 1956 und Ch. Leitmaier, Die Kirche und die Gottesurteile. Eine rechtshistorische Studie, Wiener rechtsgesch. Arb. 2 (1953). S. a. U. Kornblum, Beweis, HRG I 401; ders., Eid, gerichtlicher, HRG I 863 ff.

3. An das Urteil konnte sich jetzt eine staatliche Zwangsvollstreckung schließen.

a) Die Gläubigerpfändung von Fahrnis wird, soweit sie nicht, wie in Sachsen, bei Königsbann verboten ist, an richterliche Erlaubnis gebunden.

b) Neben sie tritt die Pfändung durch den Grafen (s. Kap. 15 II 2 a), die als „gesetzlicher Raub" *(strudis legitima)* bezeichnet wird. Sie war Konfiskation zwecks Gläubigerbefriedigung.

c) Auch Liegenschaften erfaßt die Fronung *(missio in bannum regis)* durch den Grafen. Die Beschlagnahme geschah durch Aufstecken eines Strohwisches *(wiffa, schaub)*. Der Schuldner konnte binnen Jahr und Tag das Gut auslösen, sonst verfiel es an den König, der daraus den Gläubiger befriedigen konnte.

4. Weitere Reformen des volksgerichtlichen und Besonderheiten des königsgerichtlichen Verfahrens werden in Kap. 20 II 2 b zur Sprache kommen.

Kap. 20. Das karolingische Imperium

Schrifttum: H. W. Strätz, Karl der Große, HRG II 638 ff.; A. Brackmann, Die Erneuerung der Kaiserwürde durch Karl d. Gr., geschichtliche Studien für A. Hauck, 1916; K. Heldmann, Das Kaisertum Karls d. Gr., Theorien und Wirklichkeit, 1928, Neudr. 1971; J. Haller, Das Papsttum II, 1, 1936; E. E. Stengel, Kaisertitel und Souveränitätsidee, DA 3 (1939) 1 ff.; Koschaker, Europa und das römische Recht, 1947; H. v. Fichtenau, Das Karoling. Imperium, 1949; ders., Karl d. Gr. u. das Kaisertum, MIÖG 61 (1953) 257 ff.; H. Mitteis, Politische Verträge des Ma., ZRG 67 (1950) 76 ff.; C. Erdmann, Forschungen zur pol. Ideenwelt des Frühma., hrsg. von F. Baethgen, 1951, I: Die nichtrömische Kaiseridee; P. E. Schramm, Die Anerkennung Karls d. Gr. als Kaiser, HZ 172 (1951) 449 ff.; F. L. Ganshof, The imperial coronation of Charlemagne, 1949; G. Barraclough, The medieval empire, idea und reality, 1950; R. Holtzmann, Der Weltherrschaftsgedanke des mittelalterl. Kaisertums, HZ 159 (1939) 255 ff.; W. Ohnsorge, Die konstantinische Schenkung Leo III. und die Anfänge der kurialen römischen Kaiseridee ZRG 68 (1951) 78 ff.; ders., Renovatio regni Francorum, in Festschr. z. 200jähr. Bestand des Haus-, Hof- und Staatsarchivs in Wien II (1951) 303 ff.; ders., Abendland und Byzanz, Gesammelte Aufsätze z. Gesch. der byzantinisch-abendländischen Beziehungen und des Kaisertums, 1958; F. Dölger, Byzanz und die europäische Staatenwelt (1953); H. Beumann, Nomen imperatoris, Studien zur Kaiseridee Karl d. Gr., HZ 185 (1958) 515 ff.; ders., Romkaiser und fränkisches Reichsvolk, Festschr. E. E. Stengel (1952) 157 ff.; R. Folz, Le Couronnement impérial de Charlemagne (Paris 1964); H. Fuhrmann, Konstantinische Schenkung und abendländisches Kaisertum, DA 22 (1966) 63 ff.; G. Wolf (Hg.), Zum Kaisertum Karls des Großen, Beiträge und Aufsätze, 1972; P. Classen, Karl der Große, das Papsttum und Byzanz, 1968; ders., Romanum gubernans imperium, DA 9 (1952) 103 ff.; S. Epperlein, Über das romfreie Kaisertum im frühen Mittelalter, Jb. f. Gesch. 2 (Ostberlin 1967) 307 ff.; H. Löwe, Von den Grenzen des Kaisergedankens in der Karolingerzeit, DA 14 (1958) 345 ff.

I. Das karolingische Imperium bedeutet auch für die Rechtsgeschichte einen so tiefen Einschnitt, daß es in einem besonderen Kapitel im Zusammenhange behandelt werden muß. In ihm liegt der Übergang zum Mittelalter und zugleich die geistige Geburt des heutigen Europa; das letzte Leuchten der Antike verband sich mit der Jugendkraft der germanisch-christlichen Kultur. Das weströmische Reich ersteht neu in verwandelter Gestalt, fast sein ganzer Raum wird zum ersten Male wieder von einem einheitlichen politischen Willen beherrscht; auch das Recht wird weithin neu gestaltet.

1. Den äußeren Rahmen gab die Ausweitung des fränkischen Reiches nach Norden (Einbeziehung der Sachsen, Abwehr der Dänen), Osten (Slaven- und Avarenkämpfe, Vordringen in die Ostalpen und bis nach Istrien und Dalmatien) und Süden (Unterwerfung der Langobarden, Selbstkrönung mit der eisernen Krone, Spanische Mark). Dazu treten neue Außenbeziehungen zu England, Irland, Spanien, dem Kalifat von Bagdad (Harun al Raschid); der Patriarch von Jerusalem übersendet die Schlüssel des Hl. Grabes (Vorahnung der Kreuzzüge!).

a) Die Unterwerfung der Sachsen war eine unabweisbare politische Notwendigkeit. Dieser vitalste Germanenstamm mußte das Gleichgewicht des Reiches wiederherstellen, das durch die Angliederung der romanisierten Langobarden gestört worden wäre. Karls Sachsensieg eröffnete der christlich-abendländischen Kultur den Weg nach dem Osten und verhinderte den im Bereiche der Möglichkeiten liegenden Anschluß der kontinentalen Sachsen an den angelsächsischen Staatenbund.

b) Der sächsische Stammesstaat war selbst bündisch gegliedert; er stand unter der Prinzipatsverfassung, weder ein Königtum noch ein dauerndes Herzogtum hatte sich gebildet. Die Teilgebiete Westfalen, Engern, Ostfalen und Nordalbingien genossen große politische Selbständigkeit. Ein gemeinsames Organ besaßen sie in der jährlichen Stammesversammlung zu Marklô, zu der die Gaufürsten und Vertreter aller Stände, auch den Liten, zusammenkamen – der erste Ansatz zu einer „parlamentarischen" Vertretung in Europa. Die Liten waren den Freien stark angenähert, beide Stände vom Adel durch eine breite Kluft getrennt (sechsfaches Adelswergeld, Todesstrafe auf Ehen mit Freien). Der sächsische Adel hat sich (ähnlich wie der bairische) zuerst dem fränkischen Reichsgedanken angeschlossen und unter den Schutz des fränkischen Eroberers gestellt. Vgl. M. Lintzel, Der sächs. Stammesstaat, 1933.

c) Karls dreißigjähriger Krieg gegen die Sachsen wurde mit großer Härte geführt; aber auch das „Blutbad von Verden" war kein Rechtsbruch, sondern Vollstreckung der schon zum Schutze des Adels und der fränkischen Herrschaft erlassenen Gebote (s. o. Kap. 18 II 3a). Nachkommen Widukinds haben später die Kaiserkrone getragen. Das sächsische Recht blieb sogar in größerem Umfange bestehen als das anderer einverleibter Stämme. Vgl. Sabine Krüger, Studien zur sächs. Grafschaftsverfassung im 9. Jhdt., Studien und Vorarbeiten zum Histor. Atlas Niedersachsens 19, Göttingen 1950; A. Hömberg, Grafschaft, Freigrafschaft, Gografschaft, 1949; dazu kritisch K. Haff, ZRG 68 (1951) 490 ff.

2. Schon lange vor der Kaiserkrönung Karls tauchten für das Frankenreich die Bezeichnungen *imperium, imperiale regnum* auf; Karl selbst wurde *summus rex, augustus, pater Europae* genannt. Das alles entsprang der Vorstellung einer auf politischer Geltung beruhenden hegemonialen Gewalt (*imperatura*, s. u. Kap. 24 I 3). Die römische Krönung verstärkte die schon in dieser enthaltene oberste Schutzgewalt über die abendländische Kirche und die Pflicht zur Verteidigung und Ausbreitung des christlichen Glaubens.

Den äußeren Anlaß zu der überraschenden Krönung am Weihnachtstage 800 bot die bedrohte Lage des Papstes Leo III., gegen den von römischen Adelsparteien Anklage wegen Hochverrats erhoben war. Der Papst konnte sich nur der Gerichtsbarkeit eines weströmischen Kaisers unterwerfen, der in der Stadt Rom den Blutbann ausübte. Daher wurde die von Karl schon bekleidete Würde des Patricius Romanus zur Kaiserwürde gesteigert. Darin lag mehr eine bestärkende Anerkennung als eine Neubegründung von Karls Kaisertum; daher war die Akklamation, nicht die Krönung das Wesentliche (Schramm).

a) Das so erneuerte weströmische Kaisertum knüpfte aber nicht so sehr an den Dominat der spätrömischen Cäsaren an, als vielmehr an das germanische Königspriestertum und an die Civitas Dei im Sinne Augustins. Das römische Reich als solches war nicht Substanz, nur Substrat einer Theokratie, in der dem Papst nur die Stellung des obersten Reichsbischofs zufallen sollte. Karl nannte sich nicht *imperator Romanorum*, obwohl die Römer ihn durch Akklamation dazu gewählt hatten; er führte den Titel: *serenissimus augustus a Deo coronatus magnus pacificus imperator, Romanum gubernans imperium, qui per misericordiam Dei rex Francorum atque Langobardorum*.

Indessen knüpfte auch dieser Titel an die spätrömische staatsrechtliche Tradition an, vgl. Peter Classen, DA 9 (1952) 103 ff. Der Titel enthält mehr als „imperator Romanorum", nämlich den Anspruch auf Herrschaft im ganzen Reich, nicht nur im Bezirk der Stadt Rom, deren Bewohner später ein „Kaiserwahlrecht" für sich beanspruchten. Dem entspricht es, daß Karl, wenigstens in den ersten Jahren seines Kaisertums, den Bezug auf Konstantin pflegte (vgl. P. E. Schramm, DA 24 [1968] 9), wenngleich sich erst im 9. Jhdt. die Auffassung befestigte, daß die römischen Kaiser Vorläufer der Karolinger gewesen und ihre Gesetze noch in Kraft seien. So entstand die „Romidee", die später die Grundlage für die Rezeption des römischen Rechts bilden sollte.

b) Die Kaiserkrönung von 800 konnte damit gerechtfertigt werden, daß in Byzanz die Kaiserin Irene 797 den unglücklichen Konstantin VI. beseitigt und selbst den Titel Basileus (Imperator) angenommen hatte. Dies konnte als rechtswidrige Usurpation angesehen werden und der kaiserliche Thron als vakant gelten.

Karl scheint seine Würde zunächst als persönliche aufgefaßt zu haben, als „Gegenkaisertum" gegen Ostrom. Erst nachdem der oströmische Kaiser sich zu ihrer Anerkennung entschlossen hatte (812), gab er sie seinem Sohne Ludwig weiter.

Diese Anerkennung durch Ostrom ist weltgeschichtlich mindestens ebenso wichtig wie der Akt von 800. Nunmehr entstand der Rangstreit zwischen Ost- und Westrom, das „Zweikaiserproblem" des Mittelalters, dessen Bedeutung erst durch Werner Ohnsorge (Zweikaiserproblem, 1947) ins rechte Licht gerückt worden ist.

c) Karl befahl seinem Sohn Ludwig, sich nach byzantinischem Muster die Krone selbst aufs Haupt zu setzen und machte ihn so zum Mitkaiser: *consors imperialis nominis* (813). Der Papst sollte von der Krönung ausgeschaltet bleiben (vgl. das „*a Deo coronatus*" im Kaisertitel). Diesen Zusatz ließ aber Ludwig der Fromme fallen und unterzog sich einer zweiten Krönung durch den Papst, s. u. III.

Bis 800 hatte der Papst nichts mit der Kaisererhebung zu tun. Die Folgen der päpstlichen Handlungsweise am Weihnachtstag dieses Jahres hat Karl nicht mehr abzuschütteln vermocht, sie verschaffte der Kurie eine Einmischungsmöglichkeit, die bei der Regelung der Nachfolgefrage zu Tage trat. Die Rücksichtnahme auf den Papst verlangte von Karl den Verzicht auf den Ausbau Aachens zur secunda Roma und eine Fühlungnahme bei der divisio regnorum. Die Frage einer päpstlichen Mitwirkung bei der Regelung der Nachfolge im Kaisertum blieb zwar zunächst offen, aber der ohne päpstliche Mitwirkung 813 in Aachen vollzogenen Krönung Ludwigs des Frommen folgte 816 dann doch noch eine solche durch den Papst in Reims. Seit 823 ist Rom als Krönungsort und das päpstliche Krönungsrecht nicht mehr strittig. Vgl. W. Schlesinger, Beobachtungen z. Gesch. u. Gestalt d. Aachener Pfalz in d. Zeit Karl d. Gr., in Studien z. europäisch. Vor- u. Frühgeschichte (1968) 258 ff.; L. Falkenstein, Der „Lateran" der Karolingischen Pfalz zu Aachen, Köln. hist. Abh. 13 (1966).

3. Die römische Krönung gab dem *imperiale regnum* Karls erst seine volle Legitimation. Die neue Würde strahlte auf das vorher schon als kaiserliche Waltung geübte fränkische Königtum zurück und gab ihm einen neuen staatsrechtlichen Inhalt.

a) Schon etwa 789 hatte Karl einen allgemeinen **Treueid** aller Untertanen gefordert, nachdem dieser unter den letzten Merowingern abgekommen war. Nach der Kaiserkrönung (802) wurde ein neuer Treueid auf den Kaiser befohlen, mit der bezeichnenden Formel: *sicut per drictum* (frz. droit) *debet esse homo domino suo*, also in deutlicher Anlehnung an den Vasalleneid. Das ganze Volk sollte zur Gefolgschaft des Kaiser-Königs werden. In dem Eid lag zugleich die Anerkennung des Kaisertums durch das Volk. Eine ausführliche Belehrung über den Inhalt der Treupflicht wurde hinzugefügt. Diese sollte sich nicht nur auf die Person des Kaisers, sondern zugleich auf Staat und Recht beziehen. Fortan wurde der Treubruch *(infidelitas)* nach dem Ermessen des Kaisers bestraft (Kap. 19 I b).

b) Als Vogt der römischen Gesamtkirche könnte der Kaiser nunmehr auch im Frankenreiche die **volle Kirchenhoheit** beanspruchen. Hatte Karl schon vor der Kaiserkrönung zu Glaubensfragen autoritär Stellung genommen *(Libri Carolini)*, so mehren sich jetzt die Capitularia ecclesiastica, in denen nicht bloß das *ius circa sacra*, sondern auch das *ius in sacra*, die Entscheidung in Glaubens- und Kultusfragen, in Anspruch genommen wird. Die Bischofsämter stehen zur freien Verfügung des Kaiser-Königs, der sowohl die weltlichen wie die Seelsorgerechte durch Ring und Stab übertrug. Die Bischöfe leisteten Hulde und Mannschaft wie die weltlichen Vasallen und bekleideten führende Stellungen im Heer wie in der Reichsverwaltung.

c) Wie für die deutsche Sprache, so sorgte Karl als Kaiser für das deutsche Recht. Daß auf dem Aachener Reichstag 802/03 neue Volksrechte beschlossen, die alten verbessert wurden, ist schon in Kap. 18

erwähnt worden. Der Plan, ein über den Stammesrechten geltendes Reichsrecht zu schaffen und jene einander anzugleichen, tritt deutlich hervor, freilich ohne durchschlagende Ergebnisse zu zeitigen.

d) Erst Karls Kaiserzeit brachte die Vollendung des Instituts der **Missi dominici**, die in der Wissenschaft „Königsboten" genannt werden, obwohl sie rechtlich Vertreter waren.

α) Schon die Merowinger und dann die Hausmeier hatten Spezialkommissare vom Hof in die Provinzen entsandt; aber erst Karl machte daraus eine ständige Einrichtung, und erst nach 802 wurde das Reich in feste Missatsprengel eingeteilt, die alljährlich von einem geistlichen und einem weltlichen Magnaten bereist wurden, worin sich die Doppelnatur des Imperiums zeigte. Diese bekamen genaue Instruktionen in den Capitula missorum (s. Kap. 18 III 2c), oft ganze Fragebogen, auf Grund deren dem König Bericht zu erstatten war.

β) So wurden die Missi ein Zentralinstitut der Verfassung. Sie traten überall als Vertreter des Reichsgedankens auf. Ihre Aufgabe war die Kontrolle der Verwaltung in allen ihren Zweigen, Entgegennahme von Beschwerden gegen Beamte, Abhaltung von Landtagen; darüber hinaus hatten sie gerichtliche Funktionen, und zwar hatten die Missatgerichte die gleiche Stellung wie das Königsgericht: Sie konnten alle Sachen an sich ziehen, richteten bei Königsbann, insbesondere in Fällen der Justizverweigerung und -verzögerung, und nach Billigkeit; sie hatten das Recht zur Inquisition. Auch die Immunitäten und ihre Vögte wurden von den Missi überwacht, ebenso das gesamte Wirtschaftsleben; dieses kam immer mehr unter staatliche Aufsicht, insofern war Karl d. Gr. „der Testamentsvollstrecker Diocletians" (Max Weber).

γ) Das Institut der Missi beruhte ganz auf der persönlichen Autorität Karls d. Gr.; nach seinem Tode ist es rasch entartet, die Reisen und der regelmäßige Wechsel der Machtboten hörte auf, sie wurden in ihren Bezirken seßhaft und selbst Träger partikularistischer Interessen.

Karl der Große legte selbst den Keim des Verfalls, indem er, wie die Lorscher Annalen berichten (MG SS I 38), um Bestechung auszuschalten, dazu überging, anstelle geringeren Palastpersonals Magnaten als Königsboten zu verwenden.

Schrifttum: V. Krause, Geschichte des Instituts der missi dominici, MIÖG 11 (1890) 193ff.; W. A. Eckhardt, Königsbote, HRG II 1025.

e) Die Durchführung des missatischen Instituts setzte die **Beseitigung des Stammesherzogtums** voraus. Diese ist Karl d. Gr. in der Tat gelungen. Im Jahre 788 wurde der letzte Stammesherzog, der Agilolfinger Tassilo III., wegen eines 763 begangenen „herisliz" seines bairischen Herzogtums entsetzt, zum Tode verurteilt, aber zu dauernder Klosterhaft begnadigt. Die Stämme sollten zwar Elemente der Reichsverfassung bleiben, aber nicht Stützpunkte der Herzogsgewalt. Die Grafschaft sollte der oberste Verwaltungsbezirk sein. Aber wenn Karl geplant haben sollte, die Grafschaften zu einem lückenlosen Gefüge auszubauen, so ist dieses Programm unausgeführt geblieben. Überhaupt darf man im Karlsreich keinen durchorganisierten, zentralistisch und bürokratisch regierten Staat sehen. Die ältere Wissenschaft hat unter dem Eindruck der scheinbaren Stabilität aller staatsrechtlichen Verhältnisse in der Bismarckzeit die karolingische Monarchie überbewertet und mußte unter dieser Perspektive dazu kommen, die ganze deutsche Kaiserzeit als eine Verfallsperiode zu sehen und ein ständiges Abbröckeln der karolingischen Grundlagen festzustellen; damit wurde der Eigenleistung des Mittelalters nicht Rechnung getragen, und das Gesamtbild der deutschen Geschichte verzeichnet. Nur scheinbar ist die ursprüngliche „Einheit" des karolingischen Reichs im Ma. zerfallen; in Wirklichkeit war das Reichsgefüge immer so lose, daß es Neubildungen Raum ließ, die es schließlich überwucherten.

II. Als besonders folgenschwer erwiesen sich die Reformen der Karolingerzeit auf dem Gebiete des **Heeres-** und **Gerichtswesens.**

1. Die Umgestaltung des **Heeres** ist eine Folge der veränderten wirtschaftlichen und politischen Verhältnisse.

a) Der allgemeine Heerbann war für die Minderbemittelten immer drückender und zuletzt undurchführbar geworden; vor allem seit die Heere vorwiegend aus Panzerreitern bestanden, deren Ausrüstung sehr kostspielig war und die einer besseren Ausbildung bedurften. Immer häufiger mußten die Grafen vom Dienst befreien, wobei oft recht willkürlich vorgegangen wurde. Erst Karl d. Gr. brachte Ordnung hinein, indem er den Besitz von 4 Hufen zur Grundlage für den persönlichen Kriegsdienst erklärte und kleinere Grundbesitzer zu Gestellungsverbänden zusammenschloß, wie sie auch schon im ausgehenden Römerreich und später in England vorkamen. Diese Verbände mußten mit ihrer Beisteuer *(adiutorium)* je einen vollgerüsteten Mann stellen, den der Graf auswählte. Dabei wurde keine starre Norm festgesetzt, sondern die Zahl der Beisteuerpflichtigen der Wirtschaftslage, vor allem wohl dem Ernteausfall, angepaßt. Aus dieser Beisteuer konnte sich jedoch nur allzu leicht eine Heersteuer an den Grafen (der später sog. Grafenschatz) entwickeln, der ihm ermöglichte, die Truppe aus seinen eigenen oder angeworbenen Leuten zu bilden. So verschwand der kleine Grundbesitzer immer mehr aus dem Heere, erlitt eine schwere Einbuße an seinem Waffenrecht, wurde zum „armen Mann", zugleich politisch mundtot und des Friedensschutzes bedürftig; die Berufsspezialisierung setzte sich fort.

Als „armer Mann" gilt um 800, wer weniger als 3 Hufen sein eigen nennt. Sein geringer Besitz, der nicht mehr für den persönlichen Heeresdienst ausreicht, rückt ihn bereits bedenklich in die Nähe der Hörigen (K. H. Ganahl, Hufe und Wergeld, ZRG 53 [1933]. S. a. Kap. 30 I 3 a α).

Trotzdem gelang es nicht, alle Mißstände im Heerwesen zu beseitigen. Bezeichnend ist, daß Karl d. Gr. besondere *„haribannatores"* oder die Missi mit der Eintreibung der Heerbannbußen beauftragen mußte, die auch Grafen und Senioren verwirkten, die grundlose Befreiungen aussprachen. Die Senioren waren immer mehr als Truppenführer an Stelle der Grafen getreten, sie hafteten auch für die Mannszucht im Heere. Manche Freie traten in den geistlichen Stand ein oder unterstellten sich dem Abt eines durch kgl. Privileg gefreiten Klosters, um sich dem Dienst zu entziehen. Jedoch waren nur niedere Geistliche dienstfrei, nicht die vielen Bischöfe und Äbte, die hohe Kommandostellen bekleideten.

b) Ein besonderer militärischer Grenzschutz entstand in den **Marken** des Reiches. So errichtete Karl d. Gr. eine dänische, wendische, sorbische, avarische, spanische, bretonische Mark, die Mark Meißen, die bairische Ostmark, Mark Friaul usw. In die Marken wurde das Schwergewicht der Heeresorganisation verlagert; das Binnenreich konnte als befriedet gelten. Die Marken waren Bollwerke für die Reichsverteidigung und Aufmarschräume für Angriffskriege. Sie standen unter dem Befehl eines **Markgrafen** (*marchio, marchisus*, daher *Marquis*, aber auch *dux*), der mit Sondervollmachten ausgestattet war; die Marken standen außerhalb der Reichsverfassung. In ihnen wurde eine wehrhafte Bauernbevölkerung angesiedelt und zum Burgenbau verpflichtet. Offenbar ist mindestens schon in karolingischer Zeit der Staat als Träger des Siedlungswerkes aufgetreten; den Umfang dieser Staatssiedlung zu ermitteln ist Aufgabe der Forschung. Sie entsprechen den röm. Militärkolonien der *limitanei*; später haben die Habsburger ihre Reichsgrenze nach Osten ähnlich gesichert. Die Stammesunterschiede waren dabei bedeutungslos; in diesen politischen Räumen entwickelte sich ein territoriales Staatsgefühl, die Bewohner nannten sich nach dem Lande (Steiermärker, Kurmärker). Hier liegt der Ansatz zum späteren Gebietsstaat, und es gehört zu den Grundtatsachen der deutschen Geschichte, daß die entscheidenden Großstaatbildungen aus solchen Marken hervorgingen (Brandenburg-Preußen und Österreich).

Nach H. Dannenbauer (Die Freien im karolingischen Heer, Festschrift Th. Mayer I (1954) 51 ff.) besteht der Heeresauszug schon in karolingischer Zeit ausschließlich aus königlichen Gefolgsleuten bzw. den in Centenen organisierten, auf Fiskalland gegen Zins bzw. Heeresdienst angesiedelten sog. Königszinsern (fränkisch: Bargilden, langobardisch: Arimannen), denen vermutlich auch die bairisch-österreichischen Barschalken und die Edlinger Innerösterreichs zuzurechnen sind (s. Kap. 13 I 1 b). In dieser Ausschließlichkeit trifft dies aber wohl kaum zu.

2. In der Gerichtsbarkeit ergab sich die Notwendigkeit von **Reformen der Volksgerichte** gleichfalls aus der wirtschaftlichen Lage; daneben stehen neue Verfahrensarten des Königsgerichts von weittragender Bedeutung.

a) Die allgemeine Dingpflicht lastete auf der freien Bevölkerung ebenso schwer wie die Heerpflicht. Seit dem Auftreten ständiger Urteilsfinder (der Rachinburgen, s. o. Kap. 15 II 1) war zudem der Großteil der Bevölkerung der ständigen Teilnahme an der Rechtsfindung entwöhnt. Karl d. Gr. zog daraus die einzig mögliche Folgerung, indem er die **Schöffenverfassung** einführte.

Danach sollten in jedem Gerichtsbezirk nur noch d r e i e c h t e G r a f e n d i n g e im Jahr unter Teilnahme der ganzen Bevölkerung stattfinden. Die g e b o t e n e n Dinge wurden nur noch von den S c h ö f f e n (*scabini*, zu *scapjan* schaffen) wahrgenommen, deren Siebenzahl sich aus einer Verselbständigung der Rachinburgen erklärt. Diese Schöffen sollten zu den *meliores* gehören, sie mußten ja auch einen bestimmten Grundbesitz haben, um ihrer Amtspflicht ohne Berufsstörung nachkommen zu können. Sie leisteten einen Amtseid und traten auch in den echten Dingen als Urteilsfinder auf; dadurch ergab sich eine größere Einheitlichkeit der Rechtsprechung. Später wurde das Schöffenamt mit gewissen Gütern verbunden (Hantgemal), erblich und zum Teil Grundlage eines eigenen Standes der „Schöffenbarfreien", des höchsten Freienstandes (s. Kap. 30 I 3 a). Jedoch ist die Schöffenverfassung nicht überall durchgedrungen, so nicht in Schwaben. In Baiern kommen die Schöffen um die Mitte des 13. Jhdt. außer Gebrauch.

b) Aus der **königsrechtlichen** Justiz sind besonders hervorzuheben **Rüge** und **Inquisition.**

α) Grundsätzlich galt immer noch das Anklageprinzip (wo kein Kläger, da kein Richter; s. Kap. 10 II 1). So blieben manche Verbrechen ungesühnt, vielfach aus Angst vor der Rache des Täters; so entgingen gerade landschädliche Leute der Strafe. Schon die Merowingerzeit zeigt Ansätze zu einer Verfolgung von Amts wegen. Aber erst karolingische Kapitularien geben den Königsrichtern, vor allem den Missi, die Vollmacht, angesehene Männer bei ihrem Eide oder dem allgemeinen Treueide zur R ü g e der im Bezirke begangenen Verbrechen zu verpflichten. Der Gerügte wurde dann von Amts wegen vorgeladen und mußte sich reinigen; es konnte aber auch der durch die Rüge ermutigte Verletzte selbst das ordentliche Verfahren einleiten. Dieses Rügeverfahren begegnet im Mittelalter in mannigfacher Anwendung, vor allem in den Send- und Femgerichten. In Feld- und Forstrügesachen hat es sich bis ins 19. Jhdt. erhalten. Im 13. Jhdt. wurde der Richter im Verfahren gegen landschädliche Leute selbst rügepflichtig und damit das Offizialverfahren in den Kriminalprozeß eingeführt. In England hat sich aus dem Rügeverfahren die Anklagejury (*grand jury*) entwickelt, während auf dem Kontinent die Staatsanwaltschaft zur Anklagebehörde geworden ist.

β) Die **Inquisition** bedeutet eine Umgestaltung des Beweisverfahrens. An Stelle des einseitigen, formalen volksrechtlichen Zeugenverfahrens trat Auswahl und Vernehmung vereidigter Zeugen durch den Richter (*inquisitio*) zwecks Feststellung der materiellen Wahrheit. Dieses Verfahren diente in erster Linie dazu, fiskalische Ansprüche vor der Prozeßgefahr zu sichern. Daher hatten das Recht zur Inquisition die Königsgerichte, das Recht auf Inquisition der König selbst und besonders damit Beliehene (Kirchen und Klöster). – Im Inquisitionsverfahren liegt eine der Wurzeln des modernen Prozeßrechts. Allerdings ist es auf dem Kontinent zeitweilig stark zurückgetreten und erst im Zeitalter der Landfriedensbewegung (11.–13. Jhdt.) erneut erstarkt. In der Normandie und später in England hat sich daraus die Einrichtung der Beweis-, schließlich der Urteilsjury (*petty jury*) entwickelt, die heute noch den anglo-amerikanischen Prozeß beherrscht. Hingegen wurden die im 18. Jhdt. aus England nach Frankreich, im 19. Jhdt. von da nach Deutschland übernommenen Geschworenengerichte in Deutschland 1924 abgeschafft; in Bayern waren sie in jüngster Zeit vorübergehend wieder tätig.

Schrifttum: Heinrich Brunner, Die Entstehung der Schwurgerichte, 1871; E. Hermann, Über die Entwicklung des altdeutschen Schöffengerichts, 1881, Neudr. 1970.

III. Die Auflösung des karolingischen Imperiums.

Schrifttum : Th. Schieffer, Die Krise des karolingischen Imperiums, Festschr. G. Kallen (1957) 1ff.; H. Fichtenau, Das karolingische Imperium – Soziale und geistige Problematik eines Großreiches, 1949; Der Vertrag von Verdun, Sammelwerk, hrsg. von Th. Mayer, 1943; Martin Lintzel, Die Anfänge des deutschen Reiches, 1942; Gerd Tellenbach, Die Entstehung des Deutschen Reiches, 4. Aufl., 1947; ders., Germanentum und Reichsgedanke im frühen Ma, Hist. Jb. 62/69 (1949) 109ff. F. L. Ganshof, Die ordinatio imperii von 817, Festschr. G. Kisch, 1955; ders., Zur Entstehungsgeschichte und Bedeutung des Vertrages von Verdun, DA 12 (1956) 313ff.; W. Schlesinger, Kaisertum und Reichsteilung, zur Divisio regnorum von 806 (Festschr. F. Hartung (1958) 9ff.; ders., Kaisertum u. Reichsteilung, i. Beiträge z. dt. Verf. Gesch. d. Ma. (1963) I 193ff.; ders., Die Auflösung des Karlsreiches, Festschr. Karl d. Große I (1965) S. 792ff.; H. Zatschek, Die Reichsteilungen unter Ludwig dem Frommen, MJÖG 49 (1935) 186ff.; S. Epperlein, Herrschaft und Volk im karolingischen Imperium. Studien über soziale Konflikte und dynastisch-politische Kontroversen im fränkischen Reich, 1969; H. Weber, Die Reichsversammlungen im ostfränkischen Reich 840–918. Eine entwicklungsgeschichtliche Untersuchung vom karolingischen Großreich zum deutschen Reich, 1962; H. H. Anton, Fürstenspiegel und Herrscherethos in der Karolingerzeit, Bonn. hist. Forsch. 32 (1968).

Sie ist die Folge von Änderungen der verfassungsrechtlichen Struktur. Zugleich wandelt sich das Verhältnis von Staat und Kirche, diese gewinnt unter Ludwig dem Frommen immer mehr Einfluß auf den Staat und beginnt sich auf ihre Unabhängigkeit von ihm zu besinnen.

1. Das Hauptproblem des Verfassungsrechts war die Erhaltung der **Reichseinheit,** die durch die Idee des Imperiums gebieterisch gefordert wurde.

Die Einheit des Frankenreiches verkörpert sich in der Königssippe. Aus dem Sippenrecht erwuchs die Erbbeteiligung der jüngeren Söhne an der Herrschaft. Sie gewann Gestalt in der Bildung von Teilreichen, deren umschließendes Band die caritas fraterna sein sollte. Die vom Grundsatz der Anwachsung beherrschte Brüdergemeine (corpus fratrum) wird um die Mitte des 9. Jahrhunderts in Frage gestellt durch ein Eintrittsrecht der Söhne verstorbener Brüder, das beim Tode Lothar I. 855 erstmals Eingang in die politische Praxis fand. Die damit verbundene Steigerung des Wahlrechtes des Adels leitete die Loslösung der Herrschaft von der karolingischen Sippe ein, erstmals vollzogen mit der Thronerhebung Bosos in der Provence (Regnum Provinciae) 879. Am Ende des Karolingerreiches steht so nicht ein neues Königshaus, wie beim Sturz der Merowinger, sondern eine Mehrzahl von Stammesbereichen, die ein bodenständiger Grundadel beherrscht.

a) Karl d. Gr. selbst hatte in seinem politischen Testament von 806 (zu unterscheiden von seinem 810 errichteten Privattestament) eine *divisio regnorum* unter seine Söhne angeordnet, die aber, solange die Einheit des *corpus fratrum* erhalten geblieben wäre, die Reichseinheit nicht gefährdet hätte. Sein einziger überlebender Sohn Ludwig der Fromme (813–840) verfolgte das gleiche Ziel in der *Ordinatio imperii* von 817. Die Kaiserwürde sollte ungeteilt auf den ältesten Sohn Lothar übergehen, für die jüngeren Söhne wurden Teilreiche ausgesondert. Lothar wurde zum Mitkaiser erhoben und mußte sich, wie kurz vorher sein Vater, selbst krönen. Das Kaisertum wurde so – allerdings nur vorübergehend – zu einer innerfränkischen Angelegenheit. Deutlich verstärkt ist im Reichsplan von 817 gegenüber der Ordnung von 806 das herrschaftliche Moment. Der Kaiser sollte seinen Brüdern als Familienhaupt und Lehnsherr übergeordnet sein, auch die alleinige Vertretung des Reiches nach außen haben. Der Reichsplan wollte also einen dezentralisierten Einheitsstaat schaffen. Die Ordinatio von 817 ist später öfters nachgeahmt worden, so in Polen und Norwegen.

b) Ludwig selbst verstieß gegen die Reichsordnung, indem er für seinen nachgeborenen Sohn Karl (den Kahlen) ein neues Teilreich im Westen schuf. Das führte die anderen Söhne gegen ihn und nach seinem Tode gegen den neuen Kaiser Lothar zusammen. Die Straßburger Eide von 842, die sich Ludwig der Deutsche und Karl der Kahle vor ihren versammelten Heeren gegenseitig leisteten, sind das erste Dokument, in dem die deutsche und französische Sprache einander gegenübertraten.

Ludwig der Deutsche schwor in französischer, Karl in deutscher Sprache, also in der Sprache des Empfängers der Erklärung. So ist heute noch eine Erklärung so abzugeben, daß der Gegner sie verstehen kann.

c) Der Vertrag von Verdun (843) brachte – immer noch unter ideeller Wahrung der Reichseinheit – eine Teilung in ein West-, Ost- und Mittelreich, welch letzteres dem Kaiser zufiel.

Es bildete einen langen schmalen Streifen von der Nordseeküste bis zum Golf von Gaeta in Italien. Offenbar sollte der Kaiser die Hauptstützpunkte der Reichsgewalt, die Städte Aachen und Rom, den Rhein, die Alpenpässe, die lombardische Ebene in die Hand bekommen. Diese „Kegelbahn" ist die schwerste Gefahrenzone für den Frieden Europas geworden. Bald lösten sich Burgund und Italien ab und gingen eigene Wege. Der Teil nördlich der Alpen fiel an Lothar II. als Lothari regnum, der Name beschränkte sich später auf das heutige Lothringen, das ein eigenes Herzogtum wurde. Der Vertrag von Verdun ist nicht die Geburtsstunde des Deutschen Reiches (so Georg Waitz); er ist nur der erste Schritt auf dem Wege dazu. Auf die nationale Zusammengehörigkeit wurde nicht bewußt Rücksicht genommen. Die Kommission von 300 Mitgliedern, die eine Aufnahme des gesamten Reiches durchführte (vgl. die Anlage des Domesday book in England nach 1066!) arbeitete nach rein wirtschaftlichen Gesichtspunkten. Auch blieb das Gesamtreich als solches bestehen; es gab noch Gesetze, die in allen Reichsteilen Geltung erlangen sollten. Für die Reichseinheit trat vor allem der Adel ein: Die Geistlichen, weil das Interesse der Kirche in einem Einheitsreich besser gewahrt war, die Weltlichen, weil ihre Güter meist in mehreren Teilreichen lagen.

d) In der Tat kam es nach neuer Teilung zwischen dem Ost- und Westreich zu Mersen (870) durch Anwachsung noch einmal zu einer Vereinigung aller Reichsteile unter Karl dem Dicken (885). Aber nach seiner Absetzung 887 erfolgte ein scharfer Rückschlag. Im Westreich wurde Graf Odo von Paris als Gegenkönig gegen die Karolinger aufgestellt, die sich indessen noch 100 Jahre an der Macht hielten; im Ostreich wurde Arnulf von Kärnten als erster König von allen deutschen Stämmen und nur von ihnen gewählt. Aber auch dies ist noch nicht die Geburt des deutschen Reiches (so Brunner, M. Lintzel). Arnulf verzichtete insofern nicht auf das Gesamtreich, als er sich von beiden Kronprätendenten im Westreich den Lehnseid leisten ließ und sie durch Übersendung von Königskronen investierte – er übte also das kaiserliche Recht der Königserhebung und beanspruchte, wie Karl, ein *imperiale regnum*.

In dieser ganzen Epoche tritt das Wahlrecht des Adels wieder stark hervor. Vor allem konnte nur durch Wahl von Fall zu Fall über das sog. Eintritts- oder Repräsentationsrecht entschieden werden, also über die Frage, ob Söhne eines vorverstorbenen Bruders zur Regierung gelangen oder von ihren Oheimen ausgeschlossen werden sollten.

e) Erst als nach dem Aussterben der Karolinger 911 und der Zwischenregierung Konrads I. die Krone durch dessen Designation auf den Sachsenherzog Heinrich I. überging (919), war die Trennung vollzogen. Es war ein deutsches Reich entstanden, das allerdings amtlich immer noch als Regnum Francorum orientale bezeichnet wurde. In einem 921 auf dem Rhein bei Bonn geschlossenen Vertrag traten sich Deutschland und Frankreich als selbständige Staaten auf dem Boden des Völkerrechts gegenüber. Damit hat der langgestreckte Vorgang, der zur Entstehung des deutschen Reiches geführt hat, seinen Abschluß gefunden.

Über die Vorgänge von 919, das „Selbstopfer" des fränkischen Königshauses und die „Designation" Heinrichs I. vgl. jetzt H. Mitteis, Die Krise des dtsch. Königswahlrechts, SB Ak. München 1950; W. Schlesinger, Die Königserhebung Heinrich I. Der Beginn der deutschen Geschichte und die deutsche Geschichtswissenschaft, HZ 221 (1975) 529ff.; H. Beumann, Regnum Teutonicorum und rex Teutonicorum in ottonischer und salischer Zeit, AKG 55 (1973) 219ff.; C. R. Brühl, Anfänge der deutschen Geschichte, SB d. wiss. Ges. Frankfurt 10 Nr. 5 (1972).

f) Deutschland und Frankreich sind die eigentlichen Nachfolgestaaten des fränkischen Imperiums geworden. Aber ihr Aufbau war verschieden: In Frankreich bestand schon seit der Römerzeit ein stärkeres Staatsbewußtsein, die Gliederung war mehr landschaftlich als stämmisch. In Deutschland fand der Adel immer wieder seinen stärksten Rückhalt an den Stämmen und wurde dadurch dem Königtum gefährlicher. Frankreich zerfiel im 10. Jhdt. in ein loses Bündel von Lehnsherrschaften, aber gerade diese starke Durchbildung des Lehnsrechts gestattete es später dem Königtum, von der obersten Lehnsherrschaft aus den Staat wieder zu zentralisieren (s. Kap. 30 I). In Deutschland wurde das Lehnrecht immer mehr ein Instrument der Adelsherrschaft. In beiden Ländern war diese in der letzten Karolingerzeit mächtig gewachsen. Das Versagen der Zentralgewalt gegenüber den Angriffen der Normannen, Ungarn, Sarazenen hatte die Machthaber in den Provinzen ganz auf sich selbst gestellt. So ist der Zerfall des Imperiums weniger auf die Teilungsverträge als auf die gesamte Zeitlage zurückzuführen, die seine Schwäche schonungslos enthüllte und dem Adel einen neuen Auftrieb gab.

2. Schon seit dem Regierungsantritt Ludwigs d. Fr. begann das Imperium seine Suprematie über die Kirche aufzugeben. Ludwig gestattete dem Papst eine zweite **Krönung** in Reims, womit er seine Selbstkrönung annullierte. Genau so handelte Lothar I., der aber schon zur

Krönung nach Rom zog. Seitdem war es für mehr als 600 Jahre Rechtens, daß die Kaiserkrone nur in Rom erlangt werden könne. Seit der Mitte des 9. Jhdt. tritt innerhalb des Krönungsritus die **Salbung** des Kaisers durch den Papst in den Vordergrund; damit war der Selbstkrönung für die Zukunft der Boden entzogen.

Eine weitere Unterstützung verschaffte der Kirche eine Reihe von **Fälschungen.** So das Constitutum Constantini, demzufolge der römische Kaiser Konstantin dem Papst Silvester die in Reims 816 verwendete Krone mit dem Recht, die kaiserliche Würde zu vergeben, geschenkt haben sollte. Dadurch sollte das Kaisertum noch enger an Rom gekettet werden. Ferner die sog. Pseudo-Isidorischen Decretalen, eine Sammlung kirchlicher Normen unter dem Namen des Bischofs Isidor von Sevilla, und die Kapitulariensammlung des Benedictus Levita (Pseudonym für einen Erzbischof von Mainz). Beide Sammlungen enthielten zahlreiche gefälschte Stücke, in denen das kirchliche Recht über das staatliche erhöht wurde; Staatsgesetze sollten nichtig sein, wenn sie dem Kirchenrecht widersprachen, alle Fürsten den Bischöfen Gehorsam leisten, kein Geistlicher vor weltliche Gerichte kommen usw. Diese Fälschungen haben ihre Wirkung hauptsächlich in Frankreich entfaltet; dort konnten die Bischöfe niemals mehr in dem Umfange zu Staatsorganen werden wie in Deutschland, ein Staatskirchentum ottonischen Stils war für Frankreich unmöglich geworden; dafür ist dort auch der Investiturstreit glimpflicher verlaufen (s. Kap. 21 II 3 g).

Die lange umstrittene Entstehung der konstantinischen Schenkung wird jetzt von W. Ohnsorge, ZRG 68 (1951) 78 ff. auf 804/05 datiert, von Schramm a. a. O. jedoch auf die Mitte des 8. Jhdts.; weiteres **Schrifttum:** W. Gericke, Wann entstand die Konstantinische Schenkung?, ZRG Kan. 74 (1957) 1 ff.; H. Fuhrmann, Konstantinische Schenkung und abendländisches Kaisertum. Ein Beitrag zur Überlieferungsgeschichte des C. C., DA 22 (1966) 63 ff.; ders., Päpstlicher Primat und pseudoisidorianische Dekretalen, QF aus Jt. Arch. 49 (1969) 313 ff.; ders., Die Fälschungen im Mittelalter, HZ 197 (1963) 529 ff.; ders., Einfluß und Verbreitung der pseudoisidorianischen Fälschungen von ihrem Auftauchen bis in die neuere Zeit (Schrift. d. Mon. Germ. 24 I–III), 1972–74; J. Haller, Pseudoisidorians erstes Auftreten im deutschen Investiturstreit, Studi Greg. 2 (1947); D. Maffei, La donazione di Constantino nei giuristi medievali, Mailand 1964; A. Erler, Konstantinische Schenkung, HRG II 1110 ff.

Dritter Teil

Das hohe Mittelalter

Kap. 21. Verfassungsgeschichte bis zum Wormser Konkordat

Aus der historischen Literatur: Giesebrecht, Geschichte der deutschen Kaiserzeit, 6 Bde; Joh. Haller, Die Epochen der deutschen Geschichte; R. Holtzmann, Geschichte der sächsischen Kaiserzeit, 1941; Hampe-Baethgen, Deutsche Kaisergeschichte im Zeitalter der Salier und Staufer, 10. Aufl., 1948; H. Heimpel, Deutschlands Mittelalter – Deutschlands Schicksal, 1933; Aloys Schulte, Der deutsche Staat, Verfassung, Macht und Grenzen, 1933; K. Bosl, Geschichte des Ma., 1950 (gute kurze Darstellung); Hampe-Tellenbach, Das Hochmittelalter, Geschichte d. Abendlandes von 900 bis 1250, 4. Aufl., 1953; G. Barraclough. Die mittelalterlichen Grundlagen des modernen Deutschland (deutsche Übertragung von Baethgen), 1953, 2. Aufl., 1955; ders., Geschichte einer sich wandelnden Welt, 1955, (deutsche Übertragung 1957); B. Gebhardt, Handbuch d. dt. Geschichte, Bd. 1: Frühzeit und Mittelalter, 9. Aufl., 1970 (K. Bosl: Staat, Gesellschaft, Wirtschaft im deutschen Ma.).

Die Verfassung des Mittelalters kennt keine sich selbst gleichbleibenden staatsrechtlichen Einrichtungen und Begriffe, keine „Statik". Es kommt alles darauf an, die Dynamik dieser bewegten Zeit zu erfassen, die ständigen Wandlungen des Staatsbildes, die wieder mit politischen, wirtschaftlichen und sozialen Umschichtungen in Wechselwirkung stehen. Dabei kann auch das persönliche Moment nicht ausgeschaltet werden; jeder einzelne aus der glänzenden Königsreihe hat seiner Zeit ein besonderes Gepräge gegeben, selbst als die Königsverfassung unmerklich in eine Fürstenverfassung überzugleiten begann. Das Wechselspiel zwischen Königtum und Adel gibt der Zeit ihr Gepräge. Die nichtadligen Volksschichten haben auf die große Politik keinen nennenswerten Einfluß; für sie gelten die „kleinen Ordnungen des Lebens" (Heimpel) in Dorf- und Hofmarken.

I. Das deutsche Reich, dessen Entstehung in Kap. 20 beschrieben wurde, war formell betrachtet die Fortsetzung des ostfränkischen, sachlich aber ein neues Gebilde; es war nur eine geschichtliche Erinnerung, wenn es amtlich als Regnum Francorum, Francia orientalis bezeichnet wurde.

1. Einen kaum noch genügend gewürdigten Einfluß mußte es auf die Verfassung haben, daß die sächsischen Könige ihre eigenen Rechtsauffassungen mitbrachten. Das sächsische Herzogtum war eine unmittelbare Volksregierung ohne feudale Zwischeninstanzen gewesen; das sächsische Recht war „präfeudal". In der sächsischen Dichtung, etwa dem „Heliand", finden wir dafür die Beweise. Dieser Umstand mußte verzögernd auf die Fortentwicklung des Lehnrechts in Deutschland wirken; auch die oberlehnsherrliche Stellung des Königs wurde nicht genügend ausgebaut.

Heinrich I. lehnte bekanntlich Salbung und Krönung durch die Geistlichkeit ab; er wollte Volksherrscher bleiben. Indessen wandelte er im Laufe seiner Regierung seinen Sinn; nur sein Tod verhinderte einen Romzug.

2. Heinrichs Königtum beruhte zunächst nur auf der Anerkennung durch seinen eigenen und den fränkischen Stamm, der an die Designation Konrads I. gebunden war. Diese Stämme stellten die adlige Königsgefolgschaft, die für die Erhaltung des Reiches eintrat. Die oberdeutschen Stämme traten zunächst in Opposition. In den schweren Abwehrkämpfen der späten Karolingerzeit hatte sich das jüngere Stammesherzogtum gebildet. In Baiern war ein dem Stammesadel angehöriges Geschlecht zur Führung gelangt, in Schwaben hatten ehemalige Königsboten, Mitglieder des Reichsadels, herzogliche Stellung erlangt. Die Baiern wählten sogar, wie die genau 1000 Jahre später wiederentdeckten großen Salzburger Annalen melden, ihren Herzog Arnulf zum Gegenkönig *„in regno Teutonicorum"*; sie wollten also keinen bairischen Sonderkönig, sondern die Führung im ganzen, hier zum ersten Male so genannten deutschen Reich, dessen ungeteilter Fortbestand auch für sie außer Zweifel stand. Jedoch gelang es Heinrich I., den bairischen und den schwäbischen Herzog zur Lehnshuldigung zu bewegen; sein Reich war also eine föderative Hegemonie in feudalen Formen.

Schrifttum: H. Stingl, Die Entstehung der deutschen Stammesherzogtümer am Anfang des 10. Jahrhunderts, 1974; K. Reindel, Herzog Arnulf und das Regnum Bavariae, ZBLG 17 (1954) 187ff. Reindel hat neuerdings die Vorstellung vom Gegenkönigtum Arnulfs aufgegeben zugunsten einer selbständigen südostdeutschen Reichsgründung, ähnlich der Abspaltung Burgunds (vgl. ZBLG 25 (1962) 675 ff.).

Das gleiche gilt für Lothringen; die Herzogtümer wurden so „feuda oblata" des Reiches. In Lothringen hatte sich das Herzogtum als Restbestand des alten Lothari regnum erhalten; später zerfiel es in Ober- und Niederlothringen. Die Lothringer waren kein eigener Stamm, sondern Rheinfranken. Der fränkische Stamm hat keine Zusammenfassung in einem geschlossenen Stammesherzogtum gefunden, er hat sich politisch immer nur in Teilen verkörpert, außer in Lothringen später etwa in der Pfalzgrafschaft bei Rhein, im Herzogtum Würzburg. Die Franken waren eine Art „Reichsvolk". Auch die Thüringer bildeten keinen Stamm, standen aber zeitweise unter Herzögen, später unter Landgrafen. Die eigentlich tragenden Stämme des Reiches waren die Sachsen, Franken, Baiern, Schwaben; sie bildeten noch im Mittelalter Rechtsgemeinschaften (W. Merk, Die deutschen Stämme in der Rechtsgeschichte, ZRG 58, 1938).

3. Zu den wesentlichen Verdiensten Heinrich I. gehört, daß es ihm gelang, die Frage seiner Nachfolge zu klären und den reibungslosen Übergang der Krone auf den von ihm designierten Sohn Otto I. sicherzustellen. Das deutsche Reich war im Gegensatz zu Frankreich ein Verband von stammesmäßig fundierten Herzogtümern. Das karolingische Prinzip der Aufteilung des Reiches unter die Mitglieder der Königssippe war angesichts dieser strukturellen Gegebenheit undurchführbar. Es konnte hinfort nur eine ungeteilte Königsherrschaft geben. Das bedeutete gleichzeitig den Ausschluß der übrigen Mitglieder der Königssippe von der Herrschaft. Aufruhr und Empörung im Königshaus wurden so zum Preis für die Einheit des Reiches.

Schrifttum: K. Schmid, Die Thronfolge Ottos des Großen, ZRG 81 (1964) 80 ff.
Die früher Heinrich I. zugeschriebene Burgenverfassung Sachsens (Burgwardeien) ist nach W. Schlesinger (Festschr. R. Koetzschke (1937) S. 77 ff.) erst das Verdienst Otto I. S. a. H. Büttner, Zur Burgenbauordnung Heinrich I., BlDLG 92 (1956) 95 ff.

II. In Heinrichs I. Regierung finden wir Ansätze, die erst Otto I. (der Große) zur Entfaltung brachte. Er knüpfte bewußt wieder, schon bei seiner Krönung, an die fränkische Tradition an und versuchte das Reich stärker zu zentralisieren.

1. Sein erster Reichsplan ging, nicht unähnlich dem von 817, auf eine patriarchale Hegemonie; Angehörige des Königshauses sollten in die Stammesherzogtümer einheiraten. Dieser Plan scheiterte; selbst Ottos nächste Verwandte wurden zu Exponenten des Stammespartikularismus und empörten sich gegen ihn.

So führte ein Systemwechsel zur **ottonischen Kirchenpolitik.** Die Kirche war die einzige über den Stämmen stehende Instanz, auf die der König sich stützen konnte; hier war ein Erblichwerden der Ämter nicht zu befürchten. So wurden jetzt die Reichsbischöfe und Reichsäbte Träger der höchsten Reichsämter, das Kirchengut Teil des Reichsgutes. An der freien Investitur der Bischöfe mit Ring und Stab, den Symbolen ihres geistlichen Amtes, hielt Otto fest, wozu er um so mehr berechtigt war, als ja auch sein Königtum sakralen Charakter trug. Zugleich erhielten die Bistümer in den „ottonischen Privilegien" reiche Zuwendungen und volle Immunität, in der edelfreie Vögte die hohe Gerichtsbarkeit ausübten; dafür leistete die Kirche *servitium regis,* sie stellte das Hauptkontingent zum Reichsheer (s. Kap. 28 III 2).

Schrifttum: Zusammenfassend L. Santifaller, Zur Geschichte des ottonisch-salischen Reichskirchensystems (Öst. Akademie der Wissenschaften Phil.-hist. Kl. Bd. 229 Abh. 1 [1954], 2. Aufl. 1964); J. Ficker, Das Eigentum des Reiches am Reichskirchengut, SB Wien 72 (1873); G. Waitz, Der Ursprung des sog. Spolienrechtes, FDG 13 (1873); H. L. Mikoletzky, Kaiser Heinrich II. und die Kirche, Wien 1946.

2. Das ottonische System der Kirchenhoheit war sonach eine unmittelbare Folge der stämmischen Zersplitterung Deutschlands; es mußte mit Notwendigkeit auf den Weg nach Rom führen, denn nur von dort aus war die deutsche Kirche zu beherrschen. Genau wie 800, so forderte auch 962 die Lage des Papsttums das Eingreifen eines starken Kaisertums. Schon vorher (951) hatte Otto Reichsitalien mit dem regnum Teutonicum zum Imperium im engeren Sinne verbunden; später (1032) kam noch Burgund hinzu. Schon 955 war der Ungarnsieger auf dem Lechfelde vom Heere zum Kaiser, zum Beherrscher des weltlich-politischen Machtbereiches ausgerufen worden, und selbst wer diese Meldung Widukinds von Corvey nicht für bare Münze nehmen wollte, wird zugeben müssen, daß damals die Idee des Heerkaisertums die deutschen Stämme einte; es galt, wie schon in der Spätantike, der Satz „den Kaiser macht das Heer". Dieses weltlich-nationale, überstämmische Imperium wurde nunmehr überhöht und gerechtfertigt durch das sakrale, christliche *imperium mundi*; der Kaiser sollte

fortan das Schwert der Kirche, der Schützer und Vorkämpfer der abendländischen Christenheit sein. Damit übernahmen der Kaiser und das deutsche Volk eine große Kulturmission als unabweisbare Aufgabe; ihr Sinn war „Weltdienst, nicht Weltherrschaft" (Heimpel). Imperium und Sacerdotium sollten in unlösbarer Gemeinsamkeit die Völker zum Heile führen.

Der berühmte Streit um die mittelalterliche Kaiserpolitik knüpft an die Namen Sybel und Ficker an (die einschlägigen Schriften hrsg. unter dem Titel „Universalstaat oder Nationalstaat" von F. Schneider, 1941, Neudr. 1967; vgl. von demselben „Neuere Anschauungen über die Kaiserpolitik des Mittelalters", 5. Aufl. 1944, M. Lintzel, Die Kaiserpolitik Ottos des Gr., 1943. Bis zuletzt hat sie als Irrweg betrachtet Georg v. Below (Die deutsche Kaiserpolitik, 1927). Daß die Frage der Kaiserpolitik auch aus dem Verhältnis zum oströmischen Reich gesehen werden muß, zeigt W. Ohnsorge (s. Kap. 20 I 2). Zum Doppelsinn des otton. Imperiums vgl. H. Beumann, Widukind v. Korvei, 1950, S. 228 ff.; C. Erdmann, Forschungen (s. Kap. 20) 43 ff.; Wilh. Schmidt, Deutsches Königtum und dt. Staat im Hochmittelalter während und unter dem Einfluß der italienischen Heerfahrten. Ein zweihundertjähriger Gelehrtenstreit im Lichte der histor. Methode. Zur Erneuerung der abendländischen Kaiserwürde durch Otto I., 1964.

3. Die ottonische Kirchenhoheit wurde von den **Saliern** (1024 bis 1125) fortgesetzt.

a) Sie erreichte einen Höhepunkt in Konrad II. (1024–1039) und Heinrich III. (1039–1056). Aber während Konrad sie ganz realpolitisch im Reichsinteresse ausnützte, war Heinrich III. selbst von den Idealen der Kirchenreform ergriffen, die von den Klöstern Cluny und Gorze ausging und auf Freiheit der Kirche von jedem weltlichen Einfluß *(libertas ecclesiae)* abzielte.

Schrifttum: K. Hallinger, Gorze-Kluny. Studien zu den monastischen Lebensformen und Gegensätzen im Hochma., 2 Bde, 1950/51; H. Koller, Die königliche Klosterpolitik im Südosten des Reiches. Ein Beitrag zum Niedergang der Reichsgewalt, DA 19 (1973).

Der „Investiturstreit" war ein gigantischer Kampf um die rechte Ordnung der Welt (Tellenbach, Libertas, 1936), um das Verhältnis der obersten Gewalten; Hauptangriffsziel war die Laieninvestitur und das Eigenkirchenrecht, überhaupt die ganze germanisch bestimmte Reichskirchenverfassung. Den ersten Schlag führte Nicolaus II. mit dem Papstwahlgesetz von 1059, das im Kardinalskolleg eine ausschließliche Wahlkörperschaft schuf und dem Kaiser künftig die Ein- und Absetzung von Päpsten unmöglich machte. Politisch fand das Papsttum eine Stütze in den Normannenstaaten Süditaliens.

Dem römischen Kaiser stand das Recht auf Bestätigung der Papstwahl zu (festgehalten in der Constitutio Lotharii von 824: MG Cap. I 352ff.). Es verlor sich im Zeitalter der Kirchenreform nachdem bei der Neuregelung der Papstwahl 1059 die kaiserlichen Rechte nur in sehr allgemeiner Weise Berücksichtigung fanden (Kap. 25 III 1). Unklar war das Ausmaß der kaiserlichen Mitwirkung bei Papstabsetzungen (Einberufung und Leitung der Synode). Sie war belastet mit der These von der Nichtjudizierbarkeit des Papstes (Sedes prima a nemine iudicatur), die schon anläßlich des Verfahrens gegen Papst Leo III. 800 eine Rolle spielte. Nur Häresie konnte einen rechtmäßigen Papst zu Fall bringen.

Schrifttum: H. Zimmermann, Papstabsetzungen des Mittelalters, 1968; H. G. Krause, Das Papstwahldekret von 1059 und seine Rolle im Investiturstreit, Stud. Gregor. 7 (1960); W. Berges, Gregor VII. und das deutsche Designationsrecht, Studi Gregor. 2 (1947) 189ff.

b) In Gregor VII. und Heinrich IV. traten sich zwei Prinzipien gegenüber. Gregor formulierte in seinem „Dictatus Papae" erstmals das Programm der päpstlichen Weltherrschaft, das Recht, den Kaiser abzusetzen und vom Treueide zu lösen. Die Laieninvestitur wurde als Simonie verboten und mit Bann bedroht. Das Herrschertum sollte seines sakralen Charakters entkleidet werden („rex terrenus"). Die dialektische Scholastik setzte an Stelle des principium unitatis den Dualismus, ausgedrückt in der Zweischwerterlehre.

Früher war das Kaisertum „das Schwert der Kirche" gewesen. Jetzt lehrte man nach Ev. Lucae 22, 38, daß es zwei Schwerter, ein geistliches und ein weltliches, gebe, und stritt über deren Rangordnung. Nach deutsch-kaiserlicher Auffassung empfingen Kaiser und Papst ihr Schwert unmittelbar von Gott, nach kirchlich-kurialer empfing beide Schwerter der Papst und sollte das weltliche dem Kaiser weiterleihen, womit die Unterstellung des Reiches unter die Kirche besiegelt war (ein anderes Bild war Sonne und Mond).

Schrifttum: W. Levison, Die mittelalterliche Lehre von den beiden Schwertern, DA 9 (1951), 14ff.; W. Enßlin, Auctoritas und Potestas. Zur Zweigewaltenlehre des Papstes Gelasius I., Hist. Jb. 74 (1954) 661ff.; H. Hoffmann, Die beiden Schwerter im hohen Mittelalter, DA 20 (1964) 78ff.;H. X. Arguillière, Origines de la théorie des deux glaives, in Studi Gregor. 1 (1947); J. Leclerque, L'idée de la royauté du Christ au moyen âge, 1959; W. Dürig, Der theologische Ausgangspunkt für die mittelalterliche liturgische Auffassung vom Herrscher als Vicarius Dei, Hist. Jb. 78 (1958) 174ff.; O. Hiltbrunner, Die Heiligkeit des Kaisers, in: Frühma. Stud. 2 (1968).

Heinrich IV. stützte sich in seinem Kampfe auf die unteren Volksschichten, zu deren Gunsten er Gottes- und Landfrieden erließ (s. Kap. 31 II); er suchte aus den Dienstmannen ein Reichsbeamtentum zu gewinnen (s. Kap. 30 I 1 b). Sein persönlicher Sieg in Canossa (1077) verdeckte nur mühsam die politische Niederlage. Sie lag in der Anerkennung des Papstes als Schiedsrichter zwischen König und Fürsten (promissio Canusina) sowie in der freien Wahl von Gegenkönigen ohne Rücksicht auf die Königssippe (s. Kap. 24 I 5). Heinrich IV. scheiterte schließlich an dem Widerstand des Hochadels unter Führung seines Sohnes Heinrich V.

c) Unter Heinrich V. fand der Investiturstreit seinen formellen Abschluß durch das Wormser Konkordat von 1122.

Schrifttum: Sammelband (VF 17): Investiturstreit und Reichsverfassung, 1973; HRG Artikel: Investitur (H. J. Becker) I 403ff., Investiturstreit (M. Herberger) II 407ff.; A. Hofmeister, Das Wormser Konkordat, 1962; H. Hoffmann, Ivo von Chartres und die Lösung des Investiturproblems, DA 15 (1959) 393ff.; R. Sprandel, Ivo von Chartres und seine Stellung in der Kirchengeschichte, 1962; P. Classen, Das Wormser Konkordat in der deutschen Verfassungsgeschichte, VF 17 (1973) 411ff.

α) Dieses raffiniert ausgeklügelte Kompromiß beruhte auf der in der französischen Wissenschaft (Schule von Chartres) erarbeiteten begrifflichen Scheidung zwischen temporalia und spiritualia. Dem Kaiser verblieb die Investitur mit den Temporalien (Regalien, Kirchengüter und weltliche Regierungsrechte), die Spiritualien (Seelsorge) empfing der Bischof künftig nach kanonischem Recht, durch Wahl des Domkapitels und Konsekration.

β) Wichtig war dabei die Reihenfolge der Akte, bei der wieder unterschieden wurde: In Deutschland sollte auf die Wahl zunächst die Investitur folgen, die Konsekration den Schluß bilden; in Italien und Burgund sollte umgekehrt der gewählte Bischof zuerst konsekriert und dann investiert werden. Daher hatte auch nur in Deutschland der König das Recht, die Wahl durch einen Kommissar überwachen und prüfen zu lassen (*praesentia regis*, wie im englischen Konkordat von 1107), ja sogar das Entscheidungsrecht bei zwiespältiger Wahl. In den übrigen Reichsteilen verlor er jeden Einfluß auf die Wahl und konnte dem konsekrierten Bischof zwar die Regalien sperren, ihm aber nicht das Kirchenamt nehmen. Das beförderte später die Loslösung der burgundischen und italienischen Bischöfe vom Reich.

d) Aber auch in Deutschland haben sich die im Wormser Konkordat festgelegten Grundsätze zum Schaden der Reichsgewalt ausgewirkt. Die Investitur mit den Regalien erteilte der König jetzt mit dem Szepter; sie mußte dem Denken der Zeit entsprechend als B e l e h n u n g aufgefaßt werden; dadurch traten die Bischöfe unter das Lehnrecht, sie erhielten ein unentziehbares Recht an ihrem Amt und bildeten eine Einheitsfront mit den weltlichen Reichsfürsten; der Wandel von der Königs- zur Fürstenverfassung war damit vorgezeichnet. Die Bischöfe konnten künftig nicht mehr die Träger der Reichsverwaltung sein, das ottonische System war zusammengebrochen. Sie werden „geistliche Reichsfürsten" und bilden so einen nur in Deutschland vorkommenden Typus von Politikern, der in sich schon den Keim eines schweren Pflichtenkonfliktes trug. Sie waren die ersten, die in ihren Territorien eine kraftvolle Landesherrschaft ausbildeten.

e) Über die Geltungsdauer des Wormser Konkordats ist nachträglich Streit entstanden; auch legten es beide Parteien sehr verschieden aus. Zu Unrecht wollte die Kirche die „Privilegientheorie" anwenden, wonach es mit Heinrichs V. Tode erloschen wäre, auf dessen Namen die päpstliche Urkunde ja auch lautete, da die Kurie ein „Deutsches Reich" als Vertragspartner nicht anerkannte. Aber das Konkordat war sachlich kein Privileg; es bestätigte nur das alte Königsrecht der Investitur unter genauer Festlegung ihrer Form.

f) Auf einem Nebenkriegsschauplatz des Investiturstreits spielte der Kampf um die Klostervogtei; darüber s. Kap. 28 II 2e.

g) In anderen Ländern, z.B. in Frankreich, ist der Investiturstreit milder verlaufen, weil er nicht so an die Grundlagen der Staatsverfassung rührte und weil die Bistümer großenteils nicht in der Hand des Königs, sondern Mediatbistümer der Fürsten waren. Dort hat der Investiturstreit die Staatsgewalt eher gestärkt; die von der Kirche geplante Säkularisation der Herrschergewalt rief die Rückbesinnung der Staaten auf ihre Eigenkräfte hervor, und sie versuchten fortan, eine weltliche, von Beamten geführte Verwaltung aufzubauen. So insbesondere die Normannenstaaten England und Süditalien-Sizilien. In Deutschland sind ähnliche Bestrebungen erst später in den Territorien aufgetreten, nicht aber im Reiche.

Kap. 22. Fortsetzung bis zum Ende der Stauferzeit

I. Heinrich V. hat das Wormser Konkordat nur um 3 Jahre überlebt; mit ihm erlosch die salische Dynastie 1125.

1. Nach seinem Tode zeigten sich sofort die Folgen des Investiturstreites. Die Fürsten übergingen den nach dem Geblütsrecht nächsten Thronanwärter, Konrad von Staufen, und erhoben in regellosem Verfahren den söhnelosen Sachsenherzog Lothar. Dessen Regierung ist eine Episode geblieben; die von ihm begünstigte Ostkolonisation kam nicht dem Reich, sondern den Landesfürsten zugute. Der Kirche erwies sich Lothar insofern willfährig, als er dem Papst als erster deutscher König den Marschalldienst des Steigbügelhaltens (*officium strepae et stratoris*) leistete, ferner, indem er sich die Güter der Markgräfin Mathilde v. Tuszien gegen einen Jahreszins von der Kurie übertragen ließ; aus beidem konnte leicht die Anerkennung eines vasallitischen Verhältnisses konstruiert werden.

Kennzeichnend für die Ostpolitik Kaiser Lothars ist, daß er noch als Herzog von Sachsen 1123 entgegen dem kaiserlichen Willen die sächsische Ostmark mit der Lausitz an Albrecht den Bären und die Mark Meißen an Konrad von Wettin gab. Durch ihn wurde damit der Übergang der deutschen Ostpolitik im Norden vom Reich auf den Territorialstaat eingeleitet und die Rückverlegung des Schwerpunktes des Reiches von Sachsen an den Oberrhein mit veranlaßt.

Schrifttum: W. Ullmann, Von Canossa nach Pavia. Zum Strukturwandel der Herrschaftsgrundlagen im salischen und staufischen Zeitalter, Hist. Jb. 93 (1973) 265ff.; F. J. Schmale, Lothar III. und Friedrich I. als Könige und Kaiser, VF 12 (1968) 33ff.; R. Holtzmann, Der Kaiser als Marschall des Papstes, 1928 und HZ 145 (1931) 301ff.; E. Eichmann, Officium stratoris et strepae, HZ 142 (1930) 16ff.

2. Auf Lothar III. folgte 1138 Konrad III., der schon 1128 zum Gegenkönig erhoben worden war und nun durch einen Staatsstreich unter Leitung Erzbischof Alberos von Trier auf den Thron gelangte, wobei Lothars Schwiegersohn, der Welfe Heinrich der Stolze, zurückgesetzt wurde, obwohl oder gerade weil er als Herzog von Sachsen und Baiern der mächtigste Fürst im Reiche war. Das staufische Königtum sah sich von Anfang an der erdrückenden Übermacht der Welfen, ja geradezu einem latenten welfischen Gegenkönigtum gegenüber, das noch dazu außenpolitisch gestützt wurde (von den Normannen, England, Ostrom). Konrad verzehrte sich in vergeblichen Kämpfen um seine Anerkennung und kehrte ruhmlos aus dem gescheiterten zweiten Kreuzzuge zurück. Aber insofern erwies er sich doch als Vorläufer Barbarossas, als er auch ohne die päpstliche Krönung erlangt zu haben den Kaisertitel führte und damit die Idee eines romfreien deutschen Kaisertums neu belebte, was schon für die Gleichstellung mit Byzanz höchst bedeutungsvoll war. Das Königtum war zugleich eine kaiserliche Waltung (*imperatura*), der König ein „Kaiser-König"; es ist kein Zufall, daß noch der Sachsenspiegel die Worte Kaiser und König als gleichbedeutend gebraucht.

Sinnfällig für den erhöhten Anspruch des staufischen Kaiser-Königtums ist es, daß nunmehr der Herrscher nicht mehr als bloßer Bewahrer sondern als Gestalter des Rechtes *(legum conditor)* erscheint.

Schrifttum: J. Fried, Königsgedanken Heinrichs des Löwen, Arch. f. Kult.-Gesch. 55 (1973) 312ff.; W. Berges, Der Fürstenspiegel des hohen und späten Mittelalters, 1938; H. Krause, Kaiserrecht und Rezeption, 1952.

3. Auch **Friedrich I.** (Barbarossa, 1152–1190) nannte sich schon vor der römischen Krönung Kaiser; als solcher erließ er gleich nach seinem Regierungsantritt sein erstes umfassendes Landfriedensgesetz, dessen strikte Durchführung ihn bei Volk und Fürsten in Respekt setzte; der unbedingte Wille, das Recht zu wahren, kennzeichnete auch fernerhin seine Regierung. Mit Heinrich dem Löwen, der inzwischen das welfische Erbe angetreten hatte, verglich er sich 1156, indem er ihn im Besitze von Sachsen und Baiern bestätigte, aber von Baiern die bisherige Markgrafschaft Österreich als neues Herzogtum der Babenberger abzweigte.

4. Die **Erhebung Österreichs zum Herzogtum** war ein politischer Akt von weittragender Bedeutung. Das neue Herzogtum wurde mit ungewöhnlichen Vorrechten, zumal auf dem Gebiete der Gerichtsbarkeit, ausgestattet, die den Babenbergern den Aufstieg zur Landeshoheit sehr erleichterten; das Privilegium minus gab ihnen und noch den Habsburgern den Rechtstitel zum Vorgehen gegen die eigenständigen Eigengewalten im Lande.

Das Privilegium minus ist das Ergebnis einer einmaligen geschichtlichen Situation und blieb deshalb auch ein Sonderfall. Es ist die Gegenleistung Barbarossas für den Verzicht des Babenbergers Heinrich Jasomirgott auf das Herzogtum Baiern. Wichtigste Bedingung dafür war die Behauptung gleichen Ranges mit den Welfen und ein Designationsrecht hinsichtlich der Nachfolge im Herzogtum, da Heinrich 1156 noch ohne Söhne war.

Die eigentliche Ostmark bildete nur einen kleinen Teil des späteren Herzogtums. Die tatkräftigen Babenberger Markgrafen schufen sich darüber hinaus an der stets gefährdeten Ostgrenze des Reiches schon während des Investiturstreites einen erweiterten Befehlsbereich *(regimen)*, der 1156 als Herzogtum in die Reichsverfassung eingegliedert wurde (vgl. Th. Mayer, Das österr. Priv. minus, Mittl. d. Obösterr. Landesarchivs Bd. 5, 1957).

Die lange bezweifelte Echtheit der darüber ausgestellten Urkunde, des „Privilegium minus", ist jetzt in mustergültiger Untersuchung sichergestellt worden (Konrad Joseph Heilig, Ostrom und das Deutsche Reich um die Mitte des 12. Jhdt., in: Kaisertum und Herzogsgewalt im Zeitalter Friedrichs I., hrsg. von Th. Mayer, 1944, Nachdr. 1952). Zum reichen Schrifttum über das Privilegium minus vgl. die zusammenfassende Arbeit von H. Appelt, Die Erhebung Österreichs zum Herzogtum (BlDLG 95 [1959] 25 ff.). Von demselben auch eine kommentierte Einzelausgabe (Böhlau, Quellenbücher, Bd. 1, 1973). Längst als Fälschung Rudolfs IV. von Habsburg (1355–1361) erkannt ist die Erweiterung des pr. minus zum *Privilegium maius*, das trotzdem in der österreichischen Geschichte eine große Rolle gespielt hat. Von Kaiser Karl IV. als Fälschung erkannt und zurückgewiesen, wurde es von Kaiser Friedrich III. (selbst ein Herzog von Österreich) 1453 bestätigt und so rechtswirksam.

Österreich stellte einen ganz neuen Typus dar, ein Gebiets-, kein Stammesherzogtum. Von jetzt ab vollzog sich der Übergang von der Stammes- zur Gebietsherrschaft, vom Personenverbands- zum

Flächenstaat, vom Personal- zum Territorialprinzip. Darin liegt die wichtigste Wandlung der deutschen Reichsverfassung im Mittelalter. Friedrich Barbarossa hat noch mehrere Gebietsherzogtümer dieses neuen Typs geschaffen, so 1168 Würzburg (mit ähnlichen Gerichtsvorrechten wie Österreich), ferner das Herzogtum Steiermark, nach dem Sturze Heinrichs des Löwen das Herzogtum Westfalen; aber auch die Rheinpfalz und die Landgrafschaft Thüringen waren der Sache nach Herzogtümer. Barbarossa plante offensichtlich eine Dezentralisation des Reiches zum Zwecke des Landfriedensschutzes. Aber dieser Versuch trug den Keim des Zerfalls in sich. Der hohe Adel versagte sich dem Reich. Auch diese neuen Gebietsherzogtümer trugen die Herzöge vom Reich zu Lehen, sie bildeten mit den geistlichen Magnaten zusammen den Reichsfürstenstand; die Umwandlung des Reiches in einen Lehnsstaat vollendete sich.

Schon daraus erhellt, daß die Ausdrücke Personenverbands- und Flächenstaat keine strengen Gegensätze bezeichnen, sondern nur ein typisches Gestaltungsprinzip hervorheben wollen. Auch der ältere Personenverbandsstaat hatte ein Landgebiet, und im neueren Flächenstaat gab es personelle Bindungen.

5. Die Aufgliederung des Reiches in Gebietsherzogtümer wurde gestört, durch ein aus wilder Wurzel erwachsenes Titelherzogtum. Es entstand dadurch, daß abgesetzte Herzöge ihren Titel weiterführen und ihn sogar zu vererben und auf ihr Hausgut zu übertragen suchen. Im gleichen Sinne wurden auf Reichsitalien bezügliche, sogar ihrem rechtlichen Gehalt nach andersartige Herzogtitel (s. Kap. 14 III 2) auf deutschem Boden geltend gemacht. Tatsächlich gelang es einigen „Herzogsgleichen", ihr deutsches Hausgut aus dem Verband des Herzogtums zu lösen und einen an ihre Person gebundenen Herzogsstaat zu errichten. So wurde auch von dieser Seite der Territorialstaat des 13. Jahrhunderts vorbereitet.

Das klassische Land solcher Herzogsherrschaften ist Schwaben. Exemte Herzogsstaaten konnten hier im Westen die Zähringer, im Osten die Welfen errichten. Auch das Haus Andechs-Meran hat gleiches für sein schwäbisches Hausgut erreicht. Den Staufern, zunächst auf ein nordschwäbisches Restherzogtum beschränkt, gelang erst durch Beerbung Herzog Welfs VI. (1191) und das Erlöschen des Zähringer Herzoghauses (1218) die vorübergehende Wiederherstellung eines schwäbischen Gesamtherzogtumes.

Schrifttum: H. Werle, Titelherzogtum und Herzogsherrschaft, ZRG 73 (1956) 225ff.; ders., Herzog, Herzogtum, HRG II 119ff.

6. Auf eine Emanzipation vom alten Herzogtum zielte auch der von nicht wenigen Bischöfen (Trient, Brixen, Magdeburg, Hildesheim, Münster) in dieser Zeit beanspruchte Dukat. Legitim und von Dauer waren nur das Herzogtum Franken des Bischofs von Würzburg (Privileg von 1168) und die erzbischöflich kölnischen Herzogtümer Ribuarien (linksrheinisch, verliehen 1151) und Westfalen (verliehen 1180).

II. Die Italienpolitik Barbarossas begreift sich zum großen Teil aus dem Bestreben, gegen diese Entwicklung ein Gegengewicht zu schaffen.

1. Dies geschah zunächst durch Anknüpfung an das römische Recht. Bei der Abfassung der Gesetze, die der Kaiser auf dem ronkalischen Reichstag von 1158 beschließen ließ, waren die vier berühmtesten Rechtslehrer von Bologna und 28 italienische, gleichfalls des römischen Rechtes gelehrte Stadtrichter beteiligt.

Sie stellten in der „*Constitutio de regalibus*" einen Katalog königlicher Rechte auf, die teils dem deutschen, teils dem römischen Rechte entnommen waren. So begann eine Frührezeption des römischen Rechtes, die auch praktische Wirkungen zeitigte, indem sie die Reichseinnahmen erheblich steigerte. Darüber hinaus aber ging ihre geistige Wirkung: Dem Weltrecht der Kirche, das soeben im *Decretum Gratiani* (1140) seine erste Formung erhalten hatte, sollte das römische Weltrecht als kaiserliches entgegengestellt werden, der *sancta ecclesia* sollte das *sacrum imperium* als gleich gottunmittelbar zur Seite treten.

Die Bedeutung des römischen Rechtes für Roncalia ist umstritten. Die Beiziehung der Bologneser Doktoren war jedenfalls mehr als eine persönliche Ehrung durch den Kaiser, wenngleich Barbarossa sehr behutsam vorging und sich, so weit wir sehen, erst 1165 (MGCC I Nr. 222) offiziell zum römischen Recht als Kaiserrecht bekannte (vgl. A. Katsuta, Friedrich Barbarossa und die sog. „Theoretische Rezeption des Römischen Rechts", Hitotsubashi Journal of Law and Politics V (Tokio 1967) 20 ff.). Die lotharische Legende, derzufolge bereits Kaiser Lothar III. das römische Recht 1135 durch Reichsgesetz förmlich rezipiert hat, gehört erst dem 16. Jahrh. an.

Schrifttum: H. Appelt, Friedrich Barbarossa u. das röm. Recht, Röm. Hist. Mitt. 5 (1961/62) 18ff., Neudr. (mit Nachtrag) in: G. Wolf (Hg.), Friedrich Barbarossa (1975) 58ff.

Der Wortlaut der vier roncalischen Gesetze war mit Ausnahme der Lex Regalia verschollen. Erst in jüngster Zeit ist er in der Pariser Nationalbibliothek wieder entdeckt worden.

Schrifttum: P. W. Finsterwalder, Die Gesetze des Reichstags von Roncalia, ZRG 51 (1931) 1ff.; A. Erler, Die ronkalischen Gesetze des Jahres 1158 und die oberitalienische Städtefreiheit, ZRG 61 (1941) 127ff.; V. Colorni, Le tre leggi perdute di Roncalia (1158) ritrovate, Ged. Schr. A. Giuffrè, (Mailand 1966), deutsche Übers. in Unt. z. dt. Staats- u. Rechtsgesch. NF 12 (1969).

2. Von Italien aus sollte der so neu gefestigte Staatsbegriff seinen Ausgang nehmen. Im Reichsland Italien wurde der Feudalismus gebrochen, der Lehnsstaat in einen Beamtenstaat übergeführt. Barbarossa setzte in den lombardischen Städten vielfach deutsche Dienstmannen als Konsuln ein, und wo die Beamten frei wählbar waren, mußten sie den Königsbann einholen. Der Amtscharakter der Lehen wurde scharf betont, ihre Teilung verboten. Der Begriff der Regalien erhielt einen neuen, umfassenden Inhalt (vgl. Irene Ott, Der Regalienbegriff im 12. Jhdt., ZRG Kan. 66, 1949). Doch gelang es allen diesen Maßnahmen nicht, den Widerstand des von den Päpsten geförderten lombardischen Städtebundes auf die Dauer zu brechen.

Schrifttum: G. Fasoli, Federico Barbarossa e le città Lombarde, VF 12 (1968) 121ff.; P. Brezzi, I communi cittadini italiani e l'impero medioevale, in: Nuove questioni di storia medioevale (Mailand 1964); A. Haverkamp, Königsgastung und Reichssteuern, ZBLG 31 (1968) 768ff.; ders., Herrschaftsformen der Frühstaufer in Reichsitalien I (Monogr. z. Gesch. d. MA I 1), 1970; H. Appelt, Friedrich Barbarossa und die italienischen Kommunen, MIÖG 72 (1964) 311ff., Neudr. in: G. Wolf (Hg.), Friedrich Barbarossa (1975) 83ff.

3. In Deutschland sollte sich dies alles im königlichen H a u s g u t aus-
wirken. Barbarossa plante, die staufische Landeshoheit in Franken und
Schwaben stark auszubauen; er gründete königliche Städte und sorgte
für eine geregelte Verwaltung. So hätte eine staufische Hausmacht von
staatsartigem Charakter entstehen sollen; Erwerbungen im Osten, bis
ins „Vogtland" (bei Plauen) hinein, sollten einen Keil zwischen die
welfischen Herzogtümer Sachsen und Baiern treiben.

H e i n r i c h d e r L ö w e war gleichfalls im Begriffe, seine Herzogsgewalt
zu einem Staat nach westlichem Muster auszubauen; seine Regierungs-
praxis konnte den Vergleich mit der englischen oder sizilisch-norman-
nischen aushalten. Seine Wirtschafts-, Städte- und Kirchenpolitik waren
von weitschauendem Unternehmungsgeiste getragen, seine Außenpolitik, welche Bündnisse mit Byzanz, England, den Normannen, dem
antikaiserlichen Papst Alexander III. umfaßte, war die eines Souveräns.
Das Löwendenkmal vor seiner Burg in Braunschweig war eine Herausforderung des Kaisers.

Reichs- und Hauspolitik des Königs konnten naturgemäß nur soweit reibungslos
ineinandergreifen, als sich das Hausgut in der Hand des Königs befand. Da das staufische Hausgut auf mehrere Familienglieder verteilt war, die ihrerseits selbständige
Territorialpolitik betrieben, sah sich Barbarossa immer wieder genötigt, solche Hausmachtpolitik seiner Familie dem Reichsinteresse unterzuordnen, ein Zwang, der für
Heinrich den Löwen nicht bestand.

Schrifttum: H. W e r l e, Staufische Hausmachtpolitik am Rhein im 12. Jahrhundert, ZGO 110 (1962) 241 ff.; H. H e u e r m a n n, Die Hausmachtpolitik der Staufer
von Herzog Friedrich I. bis König Konrad III. (1079–1150), 1939.

4. Die unvermeidliche Auseinandersetzung zwischen dem Kaiser und
seinem „Übervasallen" spielte sich in den Formen eines Rechtsverfah-
rens ab. Der „P r o z e ß H e i n r i c h s d e s L ö w e n", der zu seinem Sturze
führte, ist ein Markstein der deutschen Geschichte.

a) Der Kaiser vermied es, selbst gegen Heinrich als Kläger aufzutre-
ten. Heinrichs Verhalten gegen ihn, besonders die Hilfsverweigerung
vor der Schlacht bei Legnano (1176), waren nur Anlaß, nicht Grund
des Prozesses. Meist wird bestritten, daß Heinrich überhaupt verpflichtet
gewesen sei, sich an den Kämpfen in Italien zu beteiligen; richtig ist,
daß eine solche Verpflichtung nach Reichsrecht wohl nur für die Romfahrt zur Kaiserkrönung, nicht zu sonstigen Fahrten „über Berg" bestand; diese konnte nur auf einen besonderen Vertrag gestützt werden,
und dieser war nicht zustande gekommen, da Heinrich einen unerhörten
Preis, die Reichsstadt Goslar mit ihren Silbergruben, gefordert hatte.
Darin, daß er seinen Lehnsherrn in der Not im Stiche ließ, lag sicher eine
Verletzung der allgemeinen Treupflicht; aber dies war eine zu unsichere
Grundlage für ein Rechtsverfahren.

b) So wartete Barbarossa, bis Heinrich von sächsischen Edeln, die in
seiner Gewaltpolitik eine Kette von Landfriedensbrüchen erblickten, vor
dem Hofgericht verklagt wurde. Da Heinrich sich nicht stellte, wurde
er geächtet; und da der Kaiser in seinem Ungehorsam eine Felonie
erblickte, wurde er in einem zweiten, gleichzeitig mit dem landrechtlichen ablaufenden lehnrechtlichen Verfahren s e i n e r R e i c h s l e h e n,

der Herzogtümer Sachsen und Baiern, für verlustig erklärt. Beide Urteile beruhten auf dem rein formalen Grunde des Ungehorsams gegen die Ladung, nicht auf einem nicht voll beweisbaren „Hochverrat" Heinrichs, den manche in seiner antikaiserlichen Politik sehen wollten.

Über den Prozeß Heinrichs d. L. gibt es eine reiche Literatur. Vgl. J. Haller, Der Sturz Heinrichs des Löwen, 1911; F. Güterbock, Die Gelnhäuser Urkunde und der Prozeß H. d. L., 1920; H. Mitteis, Polit. Prozesse des früheren Ma. in Deutschland und Frankreich, 1927, Neudr. 1974; C. Erdmann, Der Prozeß H. d. L., in „Kaisertum und Herzogsgewalt", hrsg. von Th. Mayer, 1944, S. 273–365; dazu aber H. Mitteis, ZRG 65 (1947) 316ff.; K. Schambach, ebenda 69 (1952) 309ff.

c) Von den beiden Urteilen erwies sich das lehnrechtliche als das weitaus wirkungsvollere. Denn die Reichsacht war lösbar; in der Tat ist Heinrich begnadigt worden und nach mehrjährigem Exil in England auf seine deutschen Eigengüter zurückgekehrt. Das Lehnsurteil hingegen hatte volle Rechtskraft und veränderte die politische Situation in Deutschland vollkommen.

d) Allerdings geschah dies nicht so, daß der Kaiser die Lehen der Welfen nunmehr für das Reich einzog, wie es 1202 der französische König Philipp August tun konnte, nachdem sein Hofgericht dem englischen König Johann seine festländischen Lehen abgesprochen hatte (s. Kap. 32 I). Dem Reiche ging der Gewinn aus dem Sturz Heinrichs verloren; die Fürsten verteilten das Fell des Löwen. Der Kaiser gab beide Großlehen wieder aus; Sachsen wurde geteilt, die Westhälfte kam als Herzogtum Westfalen an den Erzbischof von Köln, die Osthälfte an die Askanier, daraus entstand später das Herzogtum Anhalt, aber auch die spätere Entwicklung Brandenburg-Preußens hängt damit zusammen; Bayern kam verkleinert an Otto von Wittelsbach, der die bis 1918 regierende Dynastie begründete.

e) Auch diese politisch bedenkliche Maßnahme Barbarossas erklärt sich nur aus der Rechtslage. Schon damals galt offenbar der Satz, den später der Sachsenspiegel formulierte, wonach der König kein erledigtes Fahnlehen (weltliches Fürstenlehen) länger als Jahr und Tag unverliehen in eigener Hand behalten durfte. Dieser **Leihezwang** war die Erweiterung eines im Erbfalle schon lange geltenden (s. Kap. 16 II 3 b) Prinzips auf den Heimfall wegen Felonie. Er entsprach der Rechtsauffassung der Reichsfürsten, die eine Verminderung ihres Gesamtbestandes an Lehen auf Kosten der Reichsgewalt fürchteten. Sie forderten die Wiederausgabe der welfischen Lehen als Preis für die Verurteilung Heinrichs des Löwen.

Der Satz des Sachsenspiegels über den königlichen Leihezwang spiegelt zwar kein normatives Recht (vgl. W. Goez, Der Leihezwang, 1962), entspracht aber gleichwohl der Rechtswirklichkeit; vgl. nunmehr auch H. G. Krause, Der Sachsenspiegel und das Problem des sogenannten Leihezwanges, ZRG 93 (1976).

f) Damit war zugleich der Abschluß des **Reichsfürstenstandes** gegeben. Grafen und freien Herren, die Vasallen weltlicher Fürsten waren, ist nun der Aufstieg zum Reichsfürsten versagt. Erhoben werden können dazu nur solche, die ausschließlich Lehen vom König oder der Reichskirche besitzen. Der juristische-technische Ausdruck dafür ist die lehenrechtliche Heerschildordnung (s. Kap. 27 II 1), die den König an der Verkürzung der Lehenkette hinderte; Abschluß des Reichsfürstenstandes, Heerschildordnung und Leihezwang gehören eng zusammen; sie haben bewirkt, daß der Reichsfürstenstand das Königtum wie mit einer Isolierschicht umgab und das Aufsteigen neuer Schichten verhinderte. Von 1180 an war dem deutschen Reich der Weg zum Einheitsstaat verschlossen, die Reichsfürsten wurden die gegebenen Träger der Landeshoheit. Die Adelsherrschaft war nunmehr felsenfest gegründet, das Lehnrecht in seiner typisch deutschen Ausprägung ihr sprechendster Ausdruck geworden.

Schrifttum: J. v. Ficker-P. Puntschart, Vom Reichsfürstenstande, Bd. I 1861, Bd. II (3 Teile) 1911, 1921, 1923, Neudr. 1932 u. 1961; F. Güterbock, Die Neubildung des Reichsfürstenstandes und der Prozeß Heinrich des Löwen, Festschr. K. Zeumer (1910) 579 ff.; E. E. Stengel, Land- und lehensrechtliche Grundlagen des Reichsfürstenstandes, ZRG 66 (1948) 294 ff.; Th. Mayer, Fürsten u. Staat, Studien z. Verfassungsgesch. d. dt. Ma., 1950, Neudr. 1969; H. Fehr, Fürst und Graf im Sachsenspiegel, SB Sächs. Ges. d. Wiss., Phi.-hist. Kl. 58 (1906); K. Hörger, Die reichsrechtliche Stellung der Fürstäbtissinen, AUF 9 (1925) 195 ff. S. a. HRG Artikel: Fürst (G. Theuerkauf) I 1337 ff., Fürstenabsetzung (G. Hageneder) I 1351 ff., Fürstenspiegel (A. Erler) I 1361 f.

III. Barbarossa hatte über Heinrich den Löwen gesiegt, aber den Fürsten war er unterlegen. Zum Ausgleich verstärkte er seine Italienpolitik; er griff nach dem sizilisch-süditalischen Normannenreich, das sein Sohn Heinrich durch die Heirat mit Konstanze, der Tochter des Normannenkönigs Roger II., erwarb. **Sizilien** war das Zentrum des Mittelmeerraums und wichtigste Etappenstation für die Kreuzzüge.

1. Auf diesen glänzend organisierten Staat (s. Kap. 32 III) gestützt, verfolgte Heinrich VI. (1190–1197) imperialistische Ziele. Sein Einfluß erstreckte sich auf Zypern, Armenien, Spanien, Tunis und Tripolis; der gefangene englische König Richard Löwenherz mußte sogar den Lehnseid für England leisten, der allerdings bald in Vergessenheit geriet.

2. In Deutschland unternahm Heinrich einen Vorstoß gegen das Wahlrecht der Fürsten. Sein **Erbreichsplan** bedurfte der Zustimmung des Papstes, der durch finanzielle Zugeständnisse gewonnen werden sollte, und der Fürsten, denen Heinrich die volle Erblichkeit ihrer Lehen auch in der Seitenlinie zusagte. Aber die Fürsten, in Sorge um ihre Adelsherrschaft und beunruhigt durch die Versuche Heinrichs VI., den Leihezwang zu brechen (Einziehung der Mark Meißen 1195), verzögerten die Verhandlungen; vor ihrem Abschluß starb Heinrich, erst 32 Jahre alt, mit der Welt zu seinen Füßen. Sein Tod war die größte Katastrophe der deutschen Geschichte.

Schrifttum: F. Wilhelm, Das Aufkommen der Idee eines deutschen Erbreiches, MJÖG, Erg.-Bd. 7 (1907) 1 ff.

3. Die Thronfolge war nicht geregelt; Heinrichs dreijähriger Sohn Friedrich wuchs in Sizilien auf und kam unter die Vormundschaft des Papstes Innozenz III. In Deutschland brach der staufisch-welfische Gegensatz wieder auf. Die Stauferpartei wählte Philipp von Schwaben (1198–1208) als Platzhalter für den Königssohn, die welfische Partei er-

hob Heinrichs des Löwen Sohn Otto von Braunschweig (1198–1218). Hinter den Staufern stand Frankreich, hinter den Welfen England, die Krone war Handelsobjekt geworden; der Papst wurde als Schiedsrichter angerufen und entschied für Otto (s. Kap. 23 II 1 c). In den Thronwirren wurde das Reichsgut unsinnig verschleudert, die Adelsherrschaft wuchs immer mehr. Ottos unglückliche Politik führte zur Niederlage gegen Frankreich bei Bouvines (1214, s. Kap. 32 I).

4. Inzwischen hatte Innozenz III. den jungen Friedrich II. anerkannt; dieser wurde 1211 zum Gegenkaiser gegen Otto gewählt. Die Bedingung des Papstes war die Aufhebung der Personalunion zwischen Sizilien und dem Reiche (der *unio regni ad imperium*) gewesen; Friedrich sollte seinem unmündigen Sohne Heinrich Sizilien überlassen, das dann weiter unter päpstlicher Vormundschaftsregierung geblieben wäre. Das Umgekehrte geschah: Friedrich bewog die Fürsten, Heinrich zum deutschen König zu wählen (1220), er selbst behielt sich das Königreich Sizilien vor. Dafür mußte zunächst an die geistlichen Fürsten ein hoher Preis gezahlt werden: die **Confoederatio cum principibus ecclesiasticis** gewährte ihnen bedenkliche Eingriffe in die wichtigsten Regalien des Reiches, Zoll, Münze, Gerichtsbarkeit; ihre Territorien wurden zu Riesenimmunitäten, sie selbst zu Landesherren.

Um die kirchliche Unterstützung zu gewinnen mußte Friedrich II. auch die Versprechungen Otto IV. übernehmen (Goldbulle von Eger 1213), als da waren Verzicht auf Regalien- und Spolienrecht, auf die praesentia regis bei den Bischofswahlen samt der Entscheidung strittiger Wahlen und der uneingeschränkten Freigabe der Appellation nach Rom. Damit sank die königliche Regalieninvestitur gegenüber der Reichskirche zur Formsache ab.

5. Zwischen Heinrich (VII.) und seinem Vater entwickelten sich, seitdem jener mündig geworden war (1228), scharfe Gegensätze; Heinrich wollte die Städte und Ministerialen zu Pfeilern der Reichspolitik machen, ähnlich wie seinerzeit Heinrich IV. Der hierüber aufgebrachte fürstliche Adel zwang ihn zur Aufgabe dieser Politik und zu neuen Zugeständnissen im **Statutum in favorem principum** von 1231, das der Kaiser 1232 mit kleinen Abschwächungen bestätigen mußte. Nun erlangten alle Fürsten die Vorteile, die die Geistlichen schon seit 1220 hatten, und noch mehr. Besonders deutlich ist die städtefeindliche Tendenz; die Stadträte und Städtebünde wurden verboten. So verzichtete das Reich darauf, aus dem aufstrebenden Bürgertum neue Kraft für eine zentralistische Politik zu gewinnen.

Schrifttum: F. Knöpp, Die Stellung Friedrichs II. und seiner Söhne zu den deutschen Städten, 1928.

6. Vergebens versuchte Friedrich im **Großen Mainzer Reichslandfrieden** (1235), die Reichsrechte zu retten; diese sollten nach der Fassung dieses Gesetzes den Fürsten nur zur Ausübung verliehen, der Substanz nach beim Reiche verbleiben. Die Geschichte ist über diesen Versuch, ein Reichsgrundgesetz zu schaffen, hinweggeschritten; die Reichsfürsten strebten nach Anerkennung und Verallgemeinerung bereits

erworbener Rechte und deren Absicherung gegenüber der konkurrierenden königlichen Hausmacht- und Städtepolitik. Die Reichskirche suchte andererseits aber auch Schutz beim König gegenüber den Laienfürsten. Rückschauender Betrachtung erscheinen die Fürstengesetze Friedrichs II. als die unwiderrufliche Anerkennung des deutschen Fürstenstaates. Das Reich war im Wettlauf um die Verstaatung unterlegen; Sieger waren die Einzelstaaten – und, weltpolitisch gesehen, die Nationalstaaten, die in allen Teilen Europas aufzusteigen begannen und deren verkleinerte Abbilder die deutschen Einzelstaaten später werden sollten.

Nach H. Angermeier (Landfriedenspolitik und Landfriedensgesetzgebung unter den Staufern, VF 16 [1974] 167ff.) stellt der Reichslandfriede von 1235 aus der Sicht der Krone ein uneinheitliches Bündel augenblicksbedingter Regelungen dar, das erst nachträglich mangels einer weiterführenden Kodifikation des Reichsrechtes zur Würde eines Reichsgrundgesetzes gelangt ist.
Die Meinungen über die Auswirkungen der Confoeratio und des Statutum sind geteilt. Nach überwiegender Ansicht wurden dadurch wichtige Kronrechte preisgegeben und dadurch den Landesfürsten erst eine selbständige Politik ermöglicht. Die gegenteilige Auffassung vertritt neuerdings mit guten Gründen wieder E. Klingelhöfer (Die Reichsgesetze von 1220, 1231/32 und 1235; 1955). Danach ist die tatsächliche Wirkung gering gewesen und dadurch die Entwicklung der Landeshoheit nicht wesentlich gefördert, keinesfalls aber erst eingeleitet worden (S. 221). Für das weittragendste Zugeständnis der Confoeratio hält er die Zusicherung, daß dem kirchlichen Bann die weltliche Acht folgen solle (S. 51 u. 215). Die Bindung des Staates an kirchliche Zielsetzungen wurde dadurch in bedenklichem Ausmaß verstärkt.

Schrifttum: E. Schrader, Zur Deutung der Fürstenprivilegien von 1220 und 1231/32, in Stupor mundi (1966) 420ff.; H. Koller, Zur Diskussion über die Reichsgesetze Friedrich II., MJÖG 66 (1958) 29ff.; E. u. O. Schönbauer, Die Imperiumspolitik Kaiser Friedrich II., in Stupor mundi (1966) 553ff.

7. Friedrich II. hat diese Entwicklung weder gewollt noch vorausgesehen. Er wollte Deutschland nicht zum „Nebenland" absinken lassen, hoffte vielmehr, ähnlich wie Barbarossa, von Sizilien aus zunächst Reichsitalien, dann Deutschland staatlich organisieren zu können. Einen Anfang machte er in dem den Babenbergern abgewonnenen Österreich, das er durch Generalkapitäne verwalten ließ. Aber er verzehrte sich im Kampfe gegen das Papsttum, dem er vergebens eine Koalition der Nationalstaaten gegenüberzustellen suchte. Trotz des päpstlichen Bannes war seine Kraft noch ungebrochen, als er 1250 starb. Erst in den Stürmen des Interregnums ist der staufische Reichsgedanke versunken.

Kap. 23. Die Thronfolge

Schrifttum: H. Mitteis, Die deutsche Königswahl, 2. Aufl., 1944, Neudr. 1965; ders., Die Krise des deutschen Königswahlrechts, SB Ak. München 1951; F. Rörig, Geblütsrecht und freie Wahl in ihrer Auswirkung auf die deutsche Geschichte, Abh. Ak. Berlin 1948; H. Zielinski, Zur Aachener Königserhebung von 936, DA 28 (1972) 210ff.; R. Schneider, Königswahl und Königserhebung im Frühmittelalter, 1972; ders., Die Königserhebung Heinrich II. im Jahre 1002, DA 28 (1972) 74ff.; W. Böhme (Hg.), Die deutsche Königserhebung im 10. und 11. Jahrhundert, 1970; H. Hlawitschka (Hg.), Königswahl und Thronfolge in ottonisch-frühdeutscher Zeit (Wege d. Forschg. 178), 1971; M. Krammer (Hg.), Quellen zur Geschichte der deutschen Königswahl und des Kurfürstenkollegs, 1911/12, Neudr. 1972; K. G. Hugelmann, Die deutsche Königswahl im Corpus iuris canonici, 1909, Neudr. 1966; M. Buchner, Die deutschen Königswahlen und das Herzogtum Bayern vom Beginn des 10. bis zum Ende des 13. Jahrhunderts. Ein Beitrag zur Entstehungsgeschichte des Kurrechtes der Laienfürsten, 1913, Neudr. 1971; R. Schneider, Die Königserhebung Heinrich II. im Jahre 1002, DA 28 (1972) 74 ff.; S. Haider, Die Wahlversprechungen der römisch-deutschen Könige bis zum Ende des 12. Jahrhunderts, Wien 1968; W. Schlesinger, Die Anfänge der deutschen Königswahl, ZRG 66 (1948) 381 ff., veränderter Neudr. in: Wege d. Forschg I (1956) 363 ff.; A. Nitschke, Die Einstimmigkeit der Wahlen im Reich Ottos des Großen, MIÖG 70 (1962) 29 ff.; W. Giese, Zu den Designationen und Mitkönigerhebungen der deutschen Könige des Hochmittelalters (936–1237), ZRG 92 (1975) 174 ff.; A. Schulte, Die Kaiser- und Königskrönungen zu Aachen 813–1531 (1924); P. E. Schramm, Die Krönung in Deutschland bis zum Beginn des salischen Hauses (1028), ZRG Kan. 24 (1935) 184 ff.; s. a. HRG Artikel: Designation (G. Theuerkauf) I 682 ff., Königswahl (G. Theuerkauf) II 1061 ff., Krönung (C. Brühl) II 1235 f.

I. Die Thronfolge beruhte im Mittelalter auf einer Kette von Akten, die zusammen ein Ganzes bilden; keiner von ihnen, auch nicht die Königswahl, darf isoliert betrachtet werden.

1. Auch im fränkischen Reich hatte sich kein Rechtssatz gebildet, daß der Thron kraft Erbrechts erworben werde. Im Gegenteil war gegen Ende der Karolingerzeit das Wahlrecht der Großen wieder deutlich hervorgetreten. Stets war indessen das Sippenrecht beachtet worden, das aus der germanischen Urzeit stammte.

2. Daher ist auch im deutschen Reich des Mittelalters die Wahl stets ein notwendiges, konstitutives Element der Thronerlangung geblieben. Sie allein konnte die Teilung des Reiches verhindern; eine Samtherrschaft mehrerer Könige, wie in der Merowingerzeit, ist nicht mehr aufgetreten.

3. Das Sippenrecht wurde auch weiterhin beachtet. Die Aussage des Sachsenspiegels (Ldr. III 54 § 3), daß jeder freie Mann König werden könne, ist reine Theorie geblieben. Solange die Dynastie bestand, blieb man bei ihr; selbst bei Wechsel der Dynastien legte man Wert auf den Blutzusammenhang. So kamen nur Hochadlige zur Königswürde. Indessen gab der Geblütsvorzug niemandem ein festes Recht auf den Thron; das Geblütsrecht war objektives, nicht subjektives Recht.

4. Besonders gesteigert erscheint das Sippenrecht, wenn der regierende König schon bei seinen Lebzeiten einen seiner Söhne designierte und zugleich zum Mitregenten machte, auf den Hochsitz beschied. Diese Designation war ein bindender Wahlvorschlag, dem zu folgen Treupflicht war. So konnte in der sächsischen, salischen, staufischen Dynastie wiederholt der Sohn auf den Vater folgen; aber auch hier entstand nur der Schein einer Erbfolge; auch hier bedurfte es einer bestätigenden Wahl, und dem Sohne wuchs nach dem Tode des Vaters das Reich an.

5. Diese „Wahl nach Sippenrecht" konnte sich nach zwei Richtungen hin weiterentwickeln:

a) Der Zug zum völlig freien Wahlrecht konnte sich verstärken. Das war das Programm der Kirche, die das in heidnischen Vorstellungen wurzelnde Geblütsrecht bekämpfte und alles auf die Eignung zum

Königtum (*idoneitas*, d. h. vorwiegend kirchliche Gesinnung) abstellen wollte. In den Gegenkönigswahlen des Investiturstreits (1077 Rudolf v. Rheinfelden, 1081 Hermann v. Salm) ist diese neue Auffassung wirksam geworden, ebenso 1125 bei der Wahl Lothars III. Aber zum Siege gelangt ist sie damals noch nicht; noch fast ein Jahrhundert lang konnten die Staufer am Geblütsrecht festhalten.

b) Nur daraus erklärt sich die Gegenbewegung zum **Erbrecht** hin. Einen Vorstoß in dieser Richtung versuchte der **Erbreichsplan Heinrichs VI.** (s. Kap. 22 III 2). Erst sein Scheitern bewirkte den vollen Umschwung in der Doppelwahl von 1198. In der Folgezeit ist das freie Wahlrecht immer mehr durchgedrungen. So bedeutet das Jahr 1198 in dieser, aber auch in anderer Beziehung (unten III) den tiefsten Einschnitt im deutschen Thronfolgerecht.

6. Aber zur Thronfolge gehört noch mehr als die Wahl. Sie ist im ganzen gesehen **Besitzergreifung am Reich.**

a) Der König **muß auf den Thron erhoben werden**, „auf den Stuhl zu Aachen kommen", wie der Sachsenspiegel (Ldr. III 52) sagt. Diese Thronsetzung war ursprünglich ein weltlicher Akt, ist allerdings unter den Ottonen verkirchlicht und mit der Salbung verbunden worden. Aber die Erinnerung an seine alte weltliche Natur hat sich lange gehalten. Noch Albrecht I. wurde 1298 im Heerlager zum König ausgerufen, auf ein Pferd gesetzt und im Lager herumgeführt.

b) Die Thronsetzung in Aachen bedeutete zugleich den Erwerb der **Krone Karls d. Gr.** Daher suchte jeder König so schnell wie möglich die **Krönung in Aachen** zu erlangen, die vorzunehmen ein Recht des Erzbischofs von Köln war. Oft mußte die Stadt Aachen erst belagert und eingenommen werden; symbolisch wird dies, auch wenn es nicht notwendig war, bezeichnet durch das dreitägige „Königslager" vor Aachen. – Auf die Krönung folgte das Krönungsmahl, bei dem Fürsten die Ehrendienste leisteten.

c) Die Krönung bedeutete eine weitere Legitimation des Königs, eine Steigerung des Königsheils. Das gleiche galt vom **Erwerb der Reichsinsignien**, besonders der heiligen Lanze, der Krone mit dem „Waisen", des Reichsschwertes, die meist auf einer Reichsburg (Trifels) verwahrt wurden, oft aber auch den Gegnern des Königs erst abgewonnen werden mußten. Dadurch konnten Zögernde zum Anschluß bewogen werden; d. h. Wahl und Krönung folgten nicht etwa als getrennte Rechtsakte zeitlich aufeinander, vielmehr waren sie ineinander verflochten und konnte sich die Wahl nach der Krönung fortsetzen; noch nach Jahren konnten Wahlerklärungen abgegeben werden.

7. Daraus folgt bereits, daß es **kein fest geregeltes Wahlverfahren** geben konnte. Oft fanden zwar Wahlversammlungen statt, wie bei Konrad II. oder Lothar III. Aber sie blieben stets Improvisationen und waren nicht abgeschlossene rechtlich normierte Handlungen; auch Ausgebliebene konnten nachträglich noch wählen.

a) Unbestimmt war das aktive Wahlrecht. Ursprünglich mag der Gedanke vorgeherrscht haben, daß das Volk als solches wahlberechtigt sei, aber nicht als gestaltlose Masse, sondern gegliedert nach den vier Hauptstämmen; diese waren zu Wahlkörpern geworden.

b) Praktisch war es der Stammesadel, der die entscheidenden Erklärungen abgab. Das Volk war auf die Vollbort beschränkt; die Wahl war ähnlich gegliedert wie ein Urteil. Die Fürsten erscheinen in diesem Stadium noch als Repräsentanten des Volkes, wie in germanischer Zeit; in diesem Sinne kann man bis ins 12. Jhdt. noch von einer „Volkswahl" sprechen. Adel und Volk bildeten eine nach Rängen gegliederte Wählergefolgschaft. Aber die Tendenz mußte zwangsläufig auf Ausschaltung des Volkes, Verengerung des Wählerkreises, schließlich auf das Alleinwahlrecht des Fürsten gehen.

c) Auch die Geistlichen wählten anfangs als Angehörige ihrer Stämme, so noch 936. Im Laufe des 11. Jhdt. sondern sie sich ab und bilden einen eigenen Wahlkörper. Aus der kirchlichen Hierarchie konnte sich eine Rangfolge der Wähler ergeben. Der Erzbischof von Mainz als Primas von Deutschland, nächst ihm die Erzbischöfe von Köln und Trier traten an die Spitze der Geistlichkeit, die ihnen folgepflichtig wurde. Unter den weltlichen Magnaten war eine solche Rangfolge schwerer herzustellen. Am ehesten konnte der Pfalzgraf bei Rhein als Richter über den König eine führende Stellung für sich beanspruchen.

8. Trotz des Mangels an Satzungen kann aus den Geschichtsquellen die wichtige Unterscheidung zwischen **Wahl** und **Kur** ermittelt werden, die später im Sachsenspiegel formuliert wird.

a) Die Wahl (im engeren Sinne) ist die Auswahl unter mehreren möglichen Kandidaten. Sie ist Verhandlung der Wähler über die Thronwerber, Ausschluß Ungeeigneter, endlich meist Einigung auf einen Kandidaten *(vota dirigere in unum)*. Das ist das Stadium der Willensbildung. Das Mehrheitsprinzip gilt dabei nicht; oft entschied die Autorität einzelner „Königsmacher", denen man folgte.

Bei Designationswahlen schrumpfte diese Wahl auf die Annahme des bindenden königlichen Wahlvorschlags zusammen. In anderen Fällen fanden oft lange Beratungen statt.

b) Die Kur (die zur Wahl im weiteren Sinne gehörte) war Bekenntnis zu einem bestimmten Thronwerber, Ausrufung des Königsnamens, also Willenserklärung. Sie setzt voraus, daß der zu Kürende sich zur Annahme bereit erklärt hat, also Verhandlungen mit ihm gepflogen worden sind. Dabei können von beiden Seiten Bedingungen gestellt werden. Besonders bedenklich waren die den Gegenkönigen im Investiturstreit gestellten Bedingungen, z.B. der Verzicht auf Designation eines Sohnes; hier klingen schon die späteren Wahlkapitulationen an. – Da die Kur eine Erklärung an den Gekorenen war, konnte sich mit ihr die Huldigung verbinden; diese Akte treten in den Quellen viel schärfer hervor als die interne Wahl.

II. Die große Wende des Thronfolgerechtes brachten die Vorgänge nach dem Tode Heinrichs VI. (1197).

1. Es kam zur Doppelwahl Philipps von Schwaben und Ottos von Braunschweig. Die Anzeige der Wähler Philipps an den Papst sagt bezeichnend, jener sei *in imperaturam Romani solii* gewählt worden.

a) Eine Entscheidung, wer von beiden gültig gewählt sei, war nicht möglich. Philipp hatte die Mehrheit der Fürsten für sich und die echten Reichsinsignien; aber ihm fehlten die Aachener Krönung und die Stimmen der als führend geltenden Reichsfürsten, der drei rheinischen Erzbischöfe und des Pfalzgrafen bei Rhein. Otto hatte diese für sich und war in Aachen gekrönt, aber nicht mit den echten Reichsinsignien. Eine Entscheidung hätte nach germanischer Auffassung nur durch das Gottesurteil der Schlacht getroffen werden können. Die Machterlangung im ganzen Reich hätte dann die Mängel der Wahl und Krönung geheilt.

b) In dieser Lage entschloß sich die Welfenpartei dazu, den Papst Innozenz III. zum Schiedsrichter anzurufen. Die Begründung dafür ergab sich daraus, daß es sich nicht mehr um eine innere deutsche Königswahl handelte, sondern um die Wahl des zum Imperator Designierten; die staufische Partei hatte Philipp schon zur Kaiserschaft *(in imperaturam)* gewählt. S. Kap. 22 I 2.

c) Der Papst formulierte in seiner „*Deliberatio super tribus electis*" (er bezog auch den Knaben Friedrich II. ein) erstmals Rechtsgrundsätze für die Königswahl. Sie konnten sich nur den Sätzen des kanonischen Rechtes anschließen. Dieses aber betont das freie Wahl- und Teilnahmerecht. Von hier aus gelangte Innozenz dazu, die Wahl Philipps zu verwerfen, weil zu ihr die oben genannten vier rheinischen Fürsten nicht geladen waren. Er bezeichnete diese Fürsten zugleich als unentbehrlich für die Königswahl.

Das die wichtigsten Aktenstücke enthaltende Regestum Innocentii III. papae super negotio Romani imperii, ist kritisch ediert von Fr. Kempf (Rom 1947). Dort unter Nr. 14 die vorhin erwähnte Wahlanzeige. Die Anrufung des Papstes gab diesem Gelegenheit sein im 12. Jahrhundert auf Grund der Lehre von der Translatio imperii und der Stellung des Kaisers als Schutzherr (advocatus) der römischen Kirche (s. Kap. 25 I 3 b) beanspruchtes Approbationsrecht bei der Königswahl geltend zu machen. Papst Innozenz III. hat es 1203 kirchenrechtlich verankert (C 34 X de elect. I 6). Es machte über den Wahlvorgang hinaus die Eignung des Gewählten zum Prüfungsgegenstand. Erst in Rhens (s. Kap. 33 III 2) rafften sich die Kurfürsten 1338 zu einer geschlossenen Abwehr auf.

d) Diese Entscheidung hat die Geschichte des Königswahlrechts tief beeinflußt. Jetzt wird die Königswahl ein an feste Regeln gebundenes Rechtsgeschäft. Zugleich wird sie notwendig reine Fürstenwahl, die Teilnahme des Volkes fällt weg.

2. Den ersten Niederschlag fand die neue Lehre im Sachsenspiegel.

a) Der Sachsenspiegel (III 57 § 2) kennt nur noch die Fürsten-, nicht mehr die Volkswahl.

b) Das Wahlrecht steht noch allen Fürsten zu. Erst beim Kürspruch treten sechs von ihnen als die „ersten an der Kur" hervor. Das sind die vier rheinischen Fürsten, die schon der Papst als unentbehrlich bezeichnet hatte, dazu kommen der Herzog von Sachsen und der Markgraf von Brandenburg.

Wie Eike v. Repgow zu dieser Auswahl kam, ist nicht aufgeklärt. Vielleicht wollte er den drei geistlichen Fürsten drei weltliche gegenüberstellen, den vier Rheinländern wenigstens zwei Fürsten des sächsischen Stammesgebietes. Die beiden damals mächtigsten Herzöge, der von Baiern und der von Österreich, sind übergangen, was später seltsame Folgen zeitigte.

Schrifttum: E. Boshof, Erstkurrecht und Erzämtertheorie im Sachsenspiegel, HZ Beih. 2 (1973) 84ff.

c) Diese sechs Kurfürsten sollen den von den Fürsten Erwählten *„bi namen" kiesen,* d. h. seinen und ihren eigenen Namen (zum Zeichen ihrer Teilnahme) nennen; nach ihnen kiesen die übrigen Fürsten.

d) Die Willenserklärung der Kurfürsten ist also an die Willensbildung der gesamten Fürsten gebunden; sie sind ihre Treuhänder. Bei der Wahl selbst genießen sie keinen Vorzug. Praktisch mußten die Fürsten ihnen aber folgen, da sie im Ernstfalle kein Mittel gehabt hätten, einen von der Wahl abweichenden Kürspruch anzufechten. So entwertet schon das System des Sachsenspiegels das Wahlrecht der Fürsten.

Eike bringt das Kurrecht der drei weltlichen Kurfürsten damit in Verbindung, daß sie die Ehrenämter („Erzämter") beim Krönungsmahl bekleiden. Er nennt den Pfalzgrafen bei Rhein den Truchseß des Reiches, den Herzog von Sachsen den Marschall, den Brandenburger den Kämmerer des Reiches. Den Inhaber des Schenkenamtes, den König von Böhmen, will er von der Kur ausschließen, weil er kein deutscher Mann sei.

In Wirklichkeit war gerade das Schenkenamt des Böhmen das einzige damals (seit 1114) schon bestehende Reichserzamt. Die drei anderen weltlichen Kurfürsten haben ihre Reichserzämter erst infolge der Theorie des Sachsenspiegels erlangt. Die Könige von Böhmen waren längst als Reichsfürsten anerkannt und hatten vielfach deutsche Frauen geheiratet; der Prager Hof hatte deutsche Kultur. Eike gab wohl nur eine in sächsischen Adelskreisen herrschende Ansicht wieder.

Wieweit Eike in seiner Schilderung des Kurkollegs überhaupt den Sachverhalt seiner Zeit wiedergibt oder ideales Recht darstellt, ist umstritten. Die Vorstellung von der Siebenzahl der Wähler begegnet schon zur Zeit Heinrichs IV. bei Bonizo von Sutri. Die ursprüngliche Spitzenreihe bilden die Herzöge von Franken, Sachsen, Lothringen, Schwaben, Baiern u. Kärnten u. die Erzbischöfe von Mainz u. Köln als Metropoliten des Wahl- u. Krönungsortes. Trier rückt erst 1138 auf.

3. Die Wahltheorie des Sachsenspiegels hat die weitere Gestaltung des Königswahlrechts maßgebend beeinflußt. Allerdings sind nicht alle seine Sätze ins Reichsrecht übernommen worden.

a) Nicht gehalten hat sich der Ausschluß des Böhmen, der schon 1237 an der Wahl Konrads IV. teilnahm und später als Ranghöchster der erste weltliche Kurfürst, der „Obermann" wurde.

b) Ins Reichsrecht eingegangen ist die Kurfürstenliste des Sachsenspiegels, aber in der vollen Siebenzahl. Und zwar erwerben die Kurfürsten bald das alleinige Wahlrecht. Wahl und Kur fallen zusammen.

Dieses Alleinwahlrecht ist also nicht durch Reichsgesetz eingeführt, hat sich vielmehr durch den Wegfall des schon entwerteten Fürstenwahlrechts ganz von selbst ergeben. Schon die Wahlen im Interregnum (Richards v. Cornwall, Alphons' v. Kastilien) sind nur noch von den

Kurfürsten vollzogen worden. Politisch bedeutungslos, sind sie für die Entwicklung des Königswahlrechts maßgebend geworden.

c) Hingegen ist wieder nicht ins Reichsrecht übergegangen die **notwendige** Teilnahme der sieben Kurfürsten an der Wahl. **Kein einziger deutscher König ist von allen sieben Kurfürsten gewählt worden.** Vielmehr genügten stets vier Kurstimmen. Mit vier Stimmen war das Kurkolleg beschlußfähig, dieses „Quorum" bildete zugleich die Majorität. Ob die drei anderen Kurfürsten dagegen stimmten oder der Wahl fernblieben, war bedeutungslos. Die Siebenzahl verbürgte, daß künftig von Rechts wegen keine Doppelwahl mehr stattfinden konnte.

d) Die weitere Entwicklung des Königswahlrechts ist in Kap. 33 zu besprechen. Jetzt schon ist festzustellen, daß durch die ständige Verengerung des Wählerkreises die Wahl aufgehört hatte, eine Angelegenheit des ganzen deutschen Volkes zu sein. Sie lag in der Hand einer kleinen Fürstengruppe, die allen möglichen Einflüssen, auch vom Auslande her, ausgesetzt war. Das Wahlrecht verband sich mit einigen geistlichen Ämtern und einigen weltlichen Dynastien; ein Fortschritt zum Erbkönigtum war fortan unmöglich. So ist in Deutschland nicht wie in Frankreich und England die Krone, sondern das Wahlrecht der weltlichen Kurfürsten erblich geworden; bei den geistlichen führte die Tradition des Amtes zu einem ähnlichen Ergebnis. Dies brachte eine schwere Gefahr für die Stellung des Reiches in der Weltpolitik mit sich.

Die politischen Vorgänge, die zur Ausbildung des Kurkollegs geführt haben, schildert eingehend der Kanadier Charles C. Bayley, The formation of the German College of electors, Toronto 1949. Die Rolle, die das Krönungszeremoniell bei der Ausbildung des Kurkollegs spielt, betont erneut M. Lintzel, Die Entstehung des Kurfürstenkollegs, Ber. und Verh. d. Sächs. Ak. d. Wiss., Phil.-hist. Kl. 99 Heft 2 (1952) und Ausg. Schriften 2 (1961), Neudr. (= Libelli Bd. 200) 1967; s. a. HRG Artikel: Kurfürsten (E. Kaufmann) II 1277ff., Kurfürstenrat (H. J. Becker) II 1290ff., Kurlande (F. Kreh) II 1297 ff., Kurverein (H. J. Becker) II 1310ff., Kurwürde (A. Erler) II 1314ff.

4. Als letzte Folgerung aus dem alleinigen Wahlrecht der Kurfürsten ergab sich, daß nunmehr auch die **Absetzung** des Königs ausschließlich in ihren Händen liegt. Die charismatische Überhöhung des Königtums barg von je als Kehrseite in sich den legitimen Sturz des heillos gewordenen Königs. Von der Gefahr der Absetzung und der Wahl eines Gegenkönigs waren alle deutschen Könige bedroht. Eine bedingte Sicherung bot allein die Kaiserkrone, insoferne als sie eine Absetzung von der Mitwirkung der Kurie abhängig machte. Nur dank päpstlicher Unterstützung war sie bei Kaiser Ludwig IV. möglich, während bei König Wenzel ein Übereinkommen von vier Kurfürsten genügte.

Schrifttum: K. Schnith, Gedanken zu den Königsabsetzungen des Spätmittelalters, Hist. Jb. 91 (1971) 309ff.

Kap. 24. Königsrecht und Adelsrecht

Schrifttum: Th. Mayer, Fürsten und Staat, Neudr. 1969; H. Mitteis, Formen der Adelsherrschaft im Ma., Festschr. Fritz Schulz, 1951; G. Rauch, Bündnisse deutscher Herrscher mit Reichsangehörigen vom Regierungsantritt Friedrich Barbarossas bis zum Tode Rudolfs von Habsburg (Unters. z. Staats- und Rechtsgesch. 5) 1965; O. Brunner, Land und Herrschaft, 5. Aufl., 1965; K. S. Bader,

Volk, Stamm, Territorium, HZ 176 (1953) 449ff., erw. Abdr. in: Wege d. Forschg II (1956) 243ff.; H. Wolfram, Splendor Imperii. Die Epiphanie von Tugend und Heil in Herrschaft und Reich, MIÖG ErgBd. 20/3 (1963); G. Tellenbach, Die Unteilbarkeit des Reiches, HZ 163 (1941) 20ff., Neudr. in: Wege d. Forschg. I (1956) 110ff.; ders., Vom karolingischen Reichsadel zum deutschen Reichsfürstenstand, in Th. Mayer (Hg.), Adel und Bauern (1943) 22ff.; H. W. Klewitz, Germanisches Erbe im fränkischen und deutschen Königtum, in: Die Welt als Gesch. 7 (1941) 201ff.; H. Aubin, Vom Aufbau des deutschen Reiches, HZ 162 (1940) 479ff.; R. Schmidt, Königsumritt und Huldigung in ottonisch-salischer Zeit, VF 6 (1961); W. Ullmann, Schranken der Königsgewalt im Mittelalter, Hist. Jb. 91 (1971) 1ff.; A. Schulte, Der deutsche Staat. Verfassung, Macht und Grenzen 919-1914 (1933), Neudr. 1968.

I. Das deutsche Königtum des Mittelalters ist historisch betrachtet die Fortsetzung des ostfränkischen. Damit ist zugleich gesagt, daß es auf germanischen Rechtsgrundlagen aufruht.

1. Es war daher keine Monarchie kraft eigenen Rechtes, sondern ein Volkskönigtum, eine Verkörperung des deutschen Volkes als Personengemeinschaft, der Idee nach als große Königsgefolgschaft. Der König repräsentierte das Reich, besonders im Verkehr mit anderen Völkern. Indessen hat sich schon früh die Vorstellung gebildet, daß neben dem König das Reich als eigenes Wesen stehe. Schon Konrad II. sprach zu den Bewohnern von Pavia, die nach dem Tode seines Vorgängers die verhaßte Königspfalz zerstört hatten, die berühmten Worte, daß das Reich weiterlebe, auch wenn der König gestorben sei. Die Vorstellung einer eigenen Reichspersönlichkeit mußte vom römischen Recht her noch gefestigt werden und weiter dazu führen, daß dieses Reich nicht nur im König, sondern auch in den Fürsten als einem „Senat" verkörpert erschien. Die Adelsherrschaft verstärkte sich noch durch den Wechsel der Dynastien. Dies bildete die geistige und politische Grundlage für die Umbildung der Königs- in eine Fürstenverfassung, die sich unter den Staufern anbahnte; der Reichstag wurde regelmäßig zu wichtigen Reichsgeschäften zugezogen, aber noch ohne Anerkennung eines festen Rechts der „Reichsstandschaft" oder einer Bindung des Königs an Reichstagsbeschlüsse.

Alle entscheidenden Ereignisse der deutschen Geschichte sind begleitet von Reichsversammlungen. Sie bezeugen die Bindung des Königs an den Adelswillen. Das Treueband berechtigt die Gefolgschaft zur Mitsprache (consilium), die vorzüglich auf den kgl. Hoftagen zu Wort kommt; soweit sie das Reich in seiner Gesamtheit betrafen, besaßen diese den Charakter von Reichsversammlungen; sie haben sich nur sehr zögernd institutionalisiert. Das Beschlußverfahren lehnt sich an die Verfahrensweise des kgl. Hofgerichtes an. Dem Zusammenspiel von Urteilern und Umstand bei Gericht entspricht beim Reichstag der nachstaufischen Zeit das Zusammenwirken von Kurfürsten und Fürsten, die sich nun zu Kurien formieren.

Schrifttum: P. Guba, Beiträge z. Gesch. d. dt. Reichstags in den Jahren 911 bis 1125 (1884); M. Lintzel, Die Beschlüsse der deutschen Hoftage von 911 bis 1056 (1924); C. Wacker, Der Reichstag unter den Hohenstaufen, 1882; P. Schmid, Die Regensburger Reichsversammlungen im Mittelalter, VHVOPf. 112 (1972) 3ff.

2. Der Titel des Königs lautete noch bis ins 11. Jhdt. *rex Francorum*, gelegentlich auch *Teutonicorum*, später *rex*, nach der Krönung *imperator Romanorum augustus* (falsch übersetzt mit „Mehrer des Reichs"). Römischer König hieß dann auch der zum Nachfolger designierte Kaisersohn.

Der König lebte persönlich nach fränkischem Recht; Prozesse gegen ihn entschied nach diesem das Hofgericht unter Vorsitz des Pfalzgrafen bei Rhein.

3. Der deutsche König herrschte auch über die „Nebenländer" des Reiches, das lombardische Königreich (Reichsitalien) und seit 1032 das Königreich Burgund. Diese regna bildeten mit Deutschland zusammen das Imperium im engeren, rein politischen Sinne. Daher konnte sich der König mit Recht schon vor der Krönung in Rom Imperator nennen (s. Kap. 22 I 2 u. Kap. 25 I 6). Das bedeutete die über den deutschen Stämmen und den angegliederten regna stehende kaiserliche Waltung und politische Leitungsgewalt. Ein allerdings nur einmal in der Stauferzeit belegtes Wort dafür ist „imperatura" (im Regestum super negotio imperii Innozenz III., Nr. 14; s. Kap. 23 II 1 c). In diesem Sinne gab es also der Sache nach schon im Mittelalter ein deutsches Kaisertum. Der Klarheit halber wird im folgenden nur vom Königtum gesprochen, wenn nicht das römische Kaisertum gemeint ist.

4. Der von den Deutschen Gewählte hatte den Anspruch auf die Kaiserkrönung in Rom, den er aber an der Spitze des Heeres geltend machen mußte. Dieses Imperium im weiteren Sinne bedeutete die Hegemonie über das christliche Abendland, die Vogtei (Schirmherrschaft) über die Gesamtkirche, die Pflicht zu Kreuzzug, Heidenmission und Ketzerbekämpfung, nicht aber einen Titel zur „Weltherrschaft" über andere Nationen; nur an *auctoritas*, nicht an *potestas* überragte der Kaiser die anderen Fürsten.

Der Kaiser wurde bei der Krönung *filius specialis* der Kirche und erhielt geistlichen Rang als Diakon. Das Verhältnis zwischen Imperium und Sacerdotium barg schwere Konflikte. Seit Gregor VII. beanspruchte der Papst das Recht, den Kaiser abzusetzen und die Fürsten vom Treueide zu lösen, ferner das Entscheidungsrecht bei zwiespältiger, endlich das Approbationsrecht bei jeder Wahl (s. Kap. 23 II 1 c). Hingegen hatte der Kaiser seit 1059 kein Recht mehr, Päpste ein- oder abzusetzen. Lehnsmann des Papstes war der Kaiser nie; auch der Marschalldienst war kein Lehns-, sondern reiner Ehrendienst (s. Kap. 22 I 1).

5. Zwischen König und Volk bestand noch das gleiche Treuverhältnis wie im germanischen Altertum. Auch der König war stets an das objektive Recht gebunden und dessen Verletzung konnte das Widerstandsrecht des Volkes unter Führung des Adels auslösen. Ansätze dazu finden sich in der Zeit des Investiturstreits. Es findet sich auch der Gedanke, daß der König ein Treuhänder des Volkes am Reiche sei.

So sagt Reinmar v. Zweter: „Das riche ist des Kaisers nicht; er ist sin pfleger und sin vogt."

II. Der König war oberster Heerführer.

1. Er konnte den Heerbann aufbieten; noch unter Heinrich IV. sind Bauernheere zu Fuß belegt, später wird der allgemeine Heerbann nur

noch zur Landfolge gegen Friedensbrecher und ihre Burgen aufgeboten, während das Heer ein vasallitisches Reiterheer geworden war.

Schrifttum: L. Auer, Der Kriegsdienst des Klerus unter den sächsischen Kaisern, MJÖG 79 (1971) 316ff.; F. Beyerle, Zur Wehrverfassung des Hochmittelalters, Festschr. E. Meyer, (1932) 31ff.

In der Schlacht lag die Befehlsgewalt bei dem Vorstreiter und Reichsbannerträger (primicerius et signifer regni). Im 13. Jhdt. ging das Banneramt als Reichssturmfahnlehen auf die Grafen von Württemberg über, die es schon 1227 besitzen und bis zum Ende des Reiches behalten. Im 14. Jhdt. wurde es mehr und mehr zu einem repräsentativen Ehrenamt. Das Vorstreitrecht der Schwaben in der Feldschlacht läßt sich bis zur Schlacht von Homburg a. d. Unstrut (1075) zurückverfolgen (K. H. May, Reichsbanneramt und Vorstreitrecht in hessischer Sicht, Festschrift E. E. Stengel, 1952, S. 301ff.).

2. **Der Heerbann** umfaßt auch die der inneren Friedenssicherung und dem Grenzschutz (Burgwardeien Ottos I.) dienende Befestigung. Die Normannen- und Ungarneinfälle gaben dem Burgenbau einen starken Antrieb. Von den Königen wurde das Befestigungsrecht als Regal beansprucht und im 10. Jahrhundert auch an Reichsabteien verliehen. Im Zuge der Landfriedensbewegung ist der Burgenbau unter Barbarossa von der Erlaubnis des Grafen (später des Landrichters) abhängig. Die Fürstengesetze Friedrichs II. schützen die Reichskirche ausnahmslos d.h. auch gegenüber Vogt und König vor eigenmächtigem Burgenbau auf ihrem Grunde. In der zweiten Hälfte des 13. Jhdt. wurde die Auffassung herrschend, daß Burgenbau ganz allgemein der Zustimmung des Grundeigentümers bedarf. Zahlreiche Privilegien schufen außerdem Sperrzonen, auch wurde der Burgenbesitz von einem Mindesteinkommen abhängig gemacht (so baier. Landfrieden des 13. Jhdt.). Nicht als Befestigung galten flache Gräben und niedere Mauern. Der Burgenbau ist Untertanenlast (Burgbann, Burgwerk), die beim öffentlichen Burgenbau alle Landleute trifft. Der Finanzierung des im 12. Jhdt. allgemein werdenden städtischen Mauerbaues diente eine eigene Verkehrs- bzw. Verbrauchssteuer, das sog. Ungeld.

Schrifttum: E. Schrader, Das Befestigungsrecht in Deutschland von den Anfängen bis zum Beginn des 14. Jahrh., 1909; M. Mitterauer, Herrenburg und Burgstadt, ZBLG 36 (1973) 470ff.; Sammelband (VF 19): Die rechts- und verfassungsgeschichtliche Bedeutung der Burgen im deutschen Sprachraum, 1976; F. Merzbacher, Festungsbau strafrechtlich, HRG I 1116f.

III. **Der König übte den Friedensbann.**

1. Er sicherte den Frieden durch Gottes- und Landfrieden seit Heinrich IV. (Kap. 31 II). Aber diese Reichslandfrieden waren nur Rahmengesetze; die Ausführung mußte den Fürsten überlassen bleiben, die auch ihrerseits Landfrieden erlassen konnten. Dem Reich fehlte die eigene Vollzugsgewalt.

2. Zum Frieden gehört auch der Sonderschutz für einzelne Personen: Witwen und Waisen, Geistliche, Kaufleute (s. Kap. 36 I 2b), Juden. Sie standen unter Königsmunt.

Der König als höchster Schirmer ist erst allmählich zum Garanten einer allgemeinen Friedensordnung aufgestiegen. Vorbedingung dafür war, daß die Friedenssicherung zum „Staatszweck" (K. Bosl) wird; erstmals greifbar ist dies im Mainzer Reichslandfrieden Heinrich IV. von 1103. Über die Ritualisierung der Fehde hinaus wird nun ein echter fehdefreier Raum geschaffen indem, wie schon in karolingischer Zeit versucht wurde, ganze Personenkreise dauernd befriedet und bestimmte Handlungen schlechthin peinlicher Strafe unterworfen werden. Der Fortschritt vom kontrahierten Handfrieden zum auferlegten Landfrieden verstaatlicht den Frieden, eine Entwicklung, die freilich nicht allein dem Königtum, sondern auch den Landesfürsten zugute kam.

Schrifttum: H. Krause, Königtum und Rechtsordnung in der Zeit der sächsischen und salischen Herrscher, ZRG 82 (1956) 1ff.; J. Gernhuber, Die Landfriedensbewegung in Deutschland bis zum Mainzer Reichslandfrieden von 1235, 1952; ders., Staat und Landfrieden von 1235, 1952; ders., Staat und Landfrieden im deutschen Reich, in La Paix, Rec. de la Soc. J. Bodin XV 2 (Brüssel 1961) 27ff.; E. Wadle, Heinrich IV. und die deutsche Friedensbewegung, VF 17 (1973) 141ff.; H. Hattenhauer, Die Bedeutung der Gottes- und Landfrieden für die Gesetzgebung in Deutschland, Diss. Marburg 1958/60; G. Landwehr, Königtum und Landfrieden, Gedanken zum Problem der Rechtsbildung im Mittelalter 7 (1968) 84ff.; P. Fried, Zur staatsbildenden Funktion der Landfrieden im frühen bayerschen Territorialstaat, Festschr. M. Spindler z. 75. (1969) 283ff.

IV. Der König übt die Hoheit über die Reichskirche.

1. Diese war im ottonischen System (s. Kap. 21 II) fest begründet und umfaßte die reichsunmittelbaren Erzbistümer, Bistümer und Abteien. Der König verfügte frei über sie durch Leihe der Domkirche und der vollen geistlichen und weltlichen Gewalt, die er durch Investitur mit Ring und Stab übertrug. Die ottonische Politik hatte versucht, die adlige Kirchherrschaft in den Staat einzubeziehen. Im Investiturstreit gewann diese neue Kraft; bald begann die sakrale Weihe des Königtums zu verblassen, dieses wurde säkularisiert. Es kam nicht wie in Frankreich zu einem Bund zwischen Königtum und Kirche, vielmehr blieb diese dem Adelsrecht verhaftet.

2. Seit dem Wormser Konkordat erfolgte die Investitur mit dem Szepter und wurde in eine Belehnung mit den Regalien (weltlichen Hoheitsrechten) umgedeutet. Die Lehen der geistlichen Fürsten waren Szepterlehen (s. Kap. 21 II 3 d). Der Gedanke einer Schirmvogtei über die Reichskirche blieb erhalten; man verwendet dafür gleichfalls den Ausdruck Königsmunt; jedoch ist dabei nicht an Privatherrschaft, sondern an ein öffentliches Hoheitsrecht zu denken.

3. Aus der Hoheit des Königs über die Reichskirche ergab sich das Regalienrecht, die Zwischennutzung des Bistums bei Sedisvakanz; die spätere Beschränkung auf Jahr und Tag entspricht dem Leihezwang bei Fahnlehen. Hingegen ruht das Spolienrecht, das Recht, den oft sehr wertvollen Nachlaß eines Prälaten einzuziehen, auf der Munt über den einzelnen Kleriker; auf dieses verzichtete Otto IV.

Schrifttum: A. Pöschl, Die Regalien der mittelalterlichen Kirchen, Graz 1928.

4. Neben den Reichsklöstern *(abbatiae liberae)* gab es königliche Eigenklöster unter einem königlichen Vogt. Sich von der Königsvogtei zu befreien war das Bestreben der Reformklöster (Kampfklöster) des Investiturstreits, die von der Kurie (bes. Papst Leo IX., der ein deutscher Dynast war) begünstigt wurden. *Abbatiae liberae* in diesem neuen Sinne waren päpstliche Eigenklöster (Hirsau), aber auch die von Edelfreien gegründeten Klöster, die unter der „Stiftervogtei" standen. Diesen gegenüber suchte Heinrich V. die Reichshoheit wenigstens dadurch zu wahren, daß er den nicht vom König eingesetzten Vögten den Bann lieh (s. Kap. 28 II 2 c); auch verlieh der König den Klöstern durch Privilege Schutz vor Übergriffen der adligen Vögte und Untervögte auf das Kirchengut (sog. „jüngere Immunität", viele Fälschungen!). Ganz „entvogtet" und dadurch reichsunmittelbar waren die Klöster der Zisterzienser.

Eine Liste der päpstl. Eigenklöster des. 12. Jahrh. siehe VSWG 44 (1957) 220 ff.

Schrifttum: G. Schreiber, Kurie und Kloster im 12. Jahrh., 2 Bde, 1910, Neudr. 1965; ders.Studien zur Exemtionsgeschichte der Zisterzienser, ZRG Kan. 35 (1914) 74 ff.; H. Zeiss, Zur Frage der kaiserlichen Zisterzienservogtei, Hist. Jb. 46 (1926) 594 ff.; H. Pflüger, Die Zisterzienser und die Vogteifrage, Zs. f. Württ. LG 17 (1958) 273 ff.; H. Hirsch, Die Klosterimmunität und der Investiturstreit, 1913; ders., Die hohe Gerichtsbarkeit, 3. Aufl. mit Nachw. Th. Mayer, 1958; ders., Untersuchungen zur Geschichte des päpstlichen Schutzes, MIÖG 54 (1942) 363 ff.; H. Feierabend, Die politische Stellung der deutschen Reichsabteien während des Investiturstreites, 1913, Neudr. 1972.

V. Dem Hausrecht (der Munt) des Königs untersteht das Königshaus selbst. Darauf beruhen z. B. die Urteile gegen unbotmäßige Königssöhne (Ottos I. gegen Liudolf, Konrads II. gegen Ernst von Schwaben, Friedrichs II. gegen Heinrich [VII.]). Diese Verfahren kamen nicht vor das Hofgericht, sie waren Rechtsverfahren nach Hausrecht. Dieses galt auch für das freie königliche Gesinde. Auf Hausrecht beruht auch die Vormundschaft der Königin-Witwe über den unmündigen König; doch mischten sich in solchen Zeiten meist geistliche und weltliche Magnaten in die Vormundschaftsregierung ein, so besonders bei Heinrich IV̄

VI. Der König hat die treuhänderische Gewere am Reichsgut.

Schrifttum: C. Brühl, Fodrum, Gistum, Servitium regis. Studien zu den wirtschaftlichen Grundlagen des Königtums im Frankenreich und in den fränkischen Nachfolgestaaten Deutschland, Frankreich und Italien vom 6. bis zur Mitte des 14. Jahrh., 2 Bde, 1968; ders., Fodrum, (regale), HRG I 1146 ff.; H. Wieruszowski, Reichsgut und Reichsrechte im Rheinland (500–1300), Bonner Jb. 76 (1926); E. Wadle, Reichsgut und Königsherrschaft unter Lothar III. (1125–1137). Ein Beitrag zur Verfassungsgeschichte des 12. Jahrh., 1969; C. Frey, Die Schicksale des königlichen Gutes in Deutschland unter den letzten Staufern seit König Philipp, 1881, Neudr. 1966.

1. Das Reichsgut ist aus dem Hausgut der regierenden Dynastie herausgewachsen. Lange Zeit war die Scheidung zwischen Hausgut und Reichsgut schwierig, besonders beim Wechsel der Dynastien; die abtretende Dynastie trachtete, möglichst viel als Privatgut für sich zu be-

halten, u. a. auch das Reichsarchiv, so daß eine geregelte Aktenführung im Mittelalter nicht durchdrang. Auch fehlte es an einem Urbar des Reichsguts, so daß dessen Umfang unsicher war. Das Reichsgut lag weit verstreut, wo gerade ein Königshaus Besitz erworben hatte, wie z. B. die Salier in Lothringen, Franken und Sachsen, die Staufer in Schwaben und im Elsaß. Ganz besonders wertvoll war die Forsthoheit, da mit ihr das Recht der Rodung gegeben war. Doch sind gerade die Forstrechte auf die Fürsten übergegangen, die dann im Rodungsgebiet ihre Flächenstaaten ausbauten.

a) Ein Zustimmungsrecht der Fürsten bei Verfügungen über Reichsgut wurde 1139 festgelegt. Ein Reichsweistum von 1281 verlangt den Konsens der Kurfürsten. Nicht als zustimmungpflichtige Veräußerungen wurden in der Regel Verpfändungen angesehen. Sie trafen vor allem die Reichsstädte (erstmals Duisburg 1204).

b) Die Struktur des Reichsgutes und damit zusammenhängend seine Verfügbarkeit für den König war sehr unterschiedlich. Sieht man von den Reichspfandschaften und dem nur indirekt nutzbar zu machenden, an die Reichskirche zu Eigen (proprietas) gegebenen Reichsgut ab, so bestand es einerseits aus vom Reich unmittelbar verwaltetem Grundbesitz (Reichsgut im engeren Sinne), nutzbaren Hoheitsrechten (Regalien) und Reichslehen, die mit dem Erblichwerden der Lehen entwertet werden. In den Herzogtümern Baiern und Schwaben war solche Erblichkeit schon der Preis für ihre Eingliederung in das deutsche Reich. Darüber hinaus mußte die Nutzung des in Baiern und Österreich gelegenen Reichsgutes 1156 Heinrich dem Löwen und Heinrich Jasomirgott überlassen werden.

Schrifttum: H. C. Faussner, Die Verfügungsgewalt des deutschen Königs über weltliches Reichsgut im Hochmittelalter, DA 29 (1973) 345 ff.; ders., Herzog und Reichsgut im bairisch-österreichischen Rechtsgebiet im 12. Jahrhundert, ZRG 85 (1968) 1 ff.

2. Der Verwaltung des Reichsguts galt die stete Sorge der Könige; insbesondere versuchten die Staufer es abzurunden und zu einem Staat auszubauen; der Kampf um die Reichsverfassung ist zum Teil ein Kampf um das Reichsgut gewesen. Unter den späteren Staufern schmolz es durch Schenkungen und Verpfändungen zusammen. Auch daß die Fürsten in der Stauferzeit ein Konsensrecht zu Veräußerungen beanspruchten, konnte daran nichts ändern.

3. Die Verwaltung des Reichsguts wurde in der Mittelinstanz von Prokuratoren oder Reichsvögten, meist Dienstmannen, geführt. Die Reichsvogtei begründete oft eine große Machtstellung, z. B. in der Schweiz. Das Reichsgut schuldete ebenso wie das Reichskirchengut das *servitium regis*; Naturalleistungen brachten die königlichen Tafelgüter, Zinsen das zu Pacht ausgegebene Land. Die servitia regis der Kirchen verringerten sich nach dem Wormser Konkordat; Versuche der Könige, den Ausfall durch Reichssteuern zu decken, haben niemals zu einem praktischen Erfolge geführt.

Die Prokuratoren gehören im wesentlichen der Regierungszeit Friedrichs II. an; das Nürnberger Reichsgut verwaltete damals ein Butigler (buticularius). Das Interregnum führte zu schweren Einbußen an Reichsgut. Seiner Wiederherstellung dienten die von König Rudolf zu Beginn seiner Regierung in Schwaben und im Elsaß eingerichteten Landvogteien. Wesentlich auch der Sicherung des Reichsgutes dienen die zahlreichen Reichsburgen, in deren Schatten nicht selten Reichsstädte erwuchsen (z. B. Nürnberg, Wetzlar, Friedberg i. Hessen, Oppenheim, Kaiserslautern, Annweiler,

Hagenau). Ihre Besatzung stellen die Reichsdienstmannen unter der Führung von Hauptleuten (Burggrafen).

Schrifttum: F. Schwind, Die Landvogtei in der Wetterau. Studien zur Herrschaft und Politik der staufischen und spätmittelalterlichen Könige, 1972; J. Becker, Geschichte der Landvogtei im Elsaß, 1905; Th. Schön, Die Landvögte des Reiches in Ober- und Niederschwaben, MIÖG Erg.Bd. 6 (1901).

4. Einkünfte bezog der König auch aus den **Regalien.** Im weitesten Sinne sind dies alle nutzbaren Hoheitsrechte, die dem König z. T. aus der fränkischen Zeit überkommen waren, wie Münze, Zölle, Geleits-, Jagd-, Berg-, Salz-, Markt-, Judenregal; ferner rechnet hierher das Recht auf erblose Nachlässe.

a) Das Wort Regalien ist also dreideutig: Im weitesten Sinne bezeichnete es die eben erwähnten nutzbaren Hoheitsrechte (so in der Const. de regalibus 1158), in einem engeren die weltlichen Rechte der Bistümer (so im Wormser Konkordat), im engsten die Zwischennutzung des Königs bei Sedisvakanz eines Bistums (s. o. IV 3).

Die Regalien im weitesten Sinne sind oft durch Verleihung in die Hand geistlicher und weltlicher Magnaten gelangt; im Laufe des 13. Jhdt. sind sie mehr und mehr in die Hände der Fürsten übergegangen (s. Kap. 22 III 6).

b) Das Alter der einzelnen Regalien ist sehr unterschiedlich; während das Judenregal (Kap. 30 III) erst dem 13. Jahrhundert zugehört, wurde ein königliches Marktregal im ostfränkischen Reich bereits um die Mitte des 9. Jahrhunderts durchgesetzt. Im Gegensatz dazu kam es im Westfrankenreich mit seinen zahlreichen alten Märkten überhaupt nicht zur Ausbildung eines Marktregals.

Schrifttum: H. Thieme, Die Funktion der Regalien im Ma., ZRG 62 (1942) 57 ff; J. Ott, Der Regalienbegriff im 12. Jahrhundert, ZRG Kan. 66 (1948), 234 ff.; J. Fried, Der Regalienbegriff im 11. und 12. Jahrhundert, DA 29 (1973) 450 ff.; E. Schrader, Bemerkungen zum Spolien- und Regalienrecht des deutschen Königs im Mittelalter, ZRG 82 (1967) 128 ff.; O. Stolz, Der Regalienbegriff etc. VSWG 39 (1952) 152 ff. ders., Zur Entwicklungsgeschichte des Zollwesens innerhalb des alten deutschen Reiches, VSWG 41 (1954) 1 ff. (mit reichen Schrifttumsangaben); E. Wetzel, Das Zollrecht des deutschen Königs von den ältesten Zeiten bis zur Goldenen Bulle, 1893; E. Wadle, Mittelalterliches Zoll- und Münzrecht im Spiegel der confoerdera tio, Jb.f.Numis.u.Geldgesch.21 (1971) 187ff.; N. Kamp, Moneta regis. Beiträge zur Geschichte der königlichen Münzstätten und der Münzpolitik in der Stauferzeit, 1957; H. Hoffmann, Die Unveräußerlichkeiten der Kronrechte im Mittelalter, DA 20 (1964) 384 ff.; Zycha, Das Recht des ältesten deutschen Bergbaus bis zum 13. Jahrhundert, 1899; A. Arndt, Zur Geschichte und Theorie des Bergregals und der Bergbaufreiheit, 2. Aufl., 1916; HRG Artikel: Befestigungsrecht (K. H. Allmendinger) I 548f., Bergregal (W. Wegener) I 387 ff., Geleit (B. Koehler) I 1481f.

5. Im 13. Jahrh. ruht das wirtschaftliche Schwergewicht Europas noch weitgehend auf Italien mit seiner bereits hochentwickelten Geldwirtschaft. **Reichsitalien** kommt daher für die finanzielle Leistungsfähigkeit der deutschen Kaiser bis zum Ausgang der Staufer zentrale Bedeutung zu. Die deutsche Italienpolitik (vgl. Kap. 21 II 2) war zwangsläufig auf eine Fernhaltung anderer Großmächte (Frankreich, Spanien, Ostrom) gerichtet.

Schrifttum: F. Schneider, Die Reichsverwaltung der Toscana (568–1268), Rom 1914, Neudr. 1966; ders., Toscanische Studien, Urkunden zur Rechtsgeschichte von 1000 bis 1268 (1910–1931), Neudr. 1974; D. v. d. Nahmer, Die Reichsverwaltung in Toscana unter Friedrich I. und Heinrich VI., 1965; Hm. Schwarzmeier, Lucca und das Reich bis zum Ende des 11. Jahrhunderts, 1972; W. Kölmel, Die kaiserliche Herrschaft im Gebiet von Ravenna (Exarchat und Pentapolis) vor dem Investiturstreit, Hist. Jb. 88 (1968) 257ff.; A. Solmi, L'amministrazione del regno Italico nel'alto medio evo, 1932; G. Deibel, Die ital. Einkünfte Kaiser Friedrichs I. (Heidelberger Jb NF 1932, S. 211ff.; dies., Die finanzielle Bedeutung Reichsitaliens für die staufischen Herrscher des 12. Jahrh., ZRG 54 (1934ff.; C. R. Brühl, Die Finanzpolitik Friedrich Barbarossas in Italien, HZ 211 (1971) 12ff.; A. Haverkamp, Die Regalienschutz- u. Steuerpolitik in Italien unter Friedrich Barbarossa bis zum Entstehen des lombardischen Bundes, ZBLG 29 (1966) 3ff.; ders., Herrschaftsformen der Frühstaufer in Reichsitalien, 1970; P. Darmstädter, Das Reichsgut in der Lombardei u. Piemont (568–1250), 1896, Neudr. 1965; H. Baur, Das Reichsgut in Venetien, 1922.

6. Eine feste Residenz hatte der deutsche König nicht; Versuche, eine solche zu schaffen, etwa in der Rhein-Main-Gegend, scheiterten. Der königliche Hof zog von Pfalz zu Pfalz, oder er nahm die Gastung einer Bischofs- oder Reichsstadt in Anspruch (vgl. Kap. 28 III). Die Itinerare der Könige sind erschütternd; sie zeigen eine dauernde Überbeanspruchung, die es nicht als Zufall erscheinen läßt, daß die meisten Herrscher kein hohes Alter erreichten.

Schrifttum: H. C. Peyer, Das Reisekönigtum des Ma., VSWG 51 (1964) 1 ff.; E. Ewig, Résidence et capitale pendant le haut Moyen Age, Rev. hist. 230 (1963) 57ff.; H. Koller, Die Residenz im Mittelalter, Jb. f. Gesch. d. oberdt. Reichsstädte 12/13 (1966/67) 23ff.; A. M. Drabek, Reisen und Reisezeremoniell des römisch-deutschen Herrschers im Spätmittelalter, Wien 1964; Sammelband: Das Hauptstadtproblem in der Geschichte, Festschr. F. Meinecke z. 90. (1952), Jb. f. d. Gesch. d. dt. Ostens 1; A. Gauert, Königspfalz, HRG II 1044ff.

VII. Der König war endlich Dienstherr der Reichsdienstmannen, der Ministerialen, über deren Standesqualität erst später (Kap. 30 I 1b) zu sprechen sein wird. Sie waren kraft ihrer unfreien Herkunft zu Diensten aller Art verwendbar, und manche Herrscher, wie Heinrich IV., Barbarossa und Heinrich (VII.) suchten aus ihren Kreisen ein Reichsbeamtentum zu gewinnen; manche, wie Markward v. Annweiler um 1200, haben höchste Stellen, geradezu Ministerposten, bekleidet. Aber nachdem sie lehnsfähig geworden waren, traten sie oft in Bindungen zu anderen Herren, auch zu ausländischen Fürsten, und in den Wirren des 13. Jhdt. ging die Reichsdienstmannschaft dem Reiche fast ganz verloren.

Schrifttum: Karl Bosl, Die Reichsministerialität der Salier und Staufer, 2 Bde, 1950/51; Neudr. ders.,Die Reichsministerialität als Element der mittelalterlichen deutschen Staatsverfassung im Zeitalter der Salier und Staufer, in: Frühformen d. Gesellschaft (1964) 326ff., 1968/69.

VIII. Über die Stellung des Königs zur Justiz wird in Kap. 28, über seine Stellung im Lehnrecht im nächsten Kapitel gehandelt werden.

IX. Die allgemeine Stellung des Königs im Reich darf nicht an modernen Staatsvorstellungen gemessen werden. Sie beruht mehr auf Auctoritas als auf Potestas. Eine festgefügte hierarchische Ordnung mit durchgehender Befehlsgewalt hat als erste nicht das Königtum, sondern die Kirche geschaffen. Daß diese Ordnung in der Epoche der Ketzerbewegungen (Katharer, Albigenser, Waldenser) wieder fraglich wurde, hat die Zeitgenossen aufgewühlt.

Im Gegensatz zur relativen Einheit der Kirche, befand sich das Königtum in stetem Widerstreit mit den Stämmen, deren Stammesrecht kein ausgebildetes Reichsrecht entgegenzustellen war. Schon die mangelhafte Rechtseinheit bedeutet Schwäche des Königtums, dessen verstreute Einzelrechte nur wenig Ansatzpunkte für den Aufbau eines wirksamen Behördenwesens boten. Aber auch die finanzielle Schwäche des Reichs, dem eine allgemeine Steuerhoheit fehlte, verbot den Aufbau einer echten staatlichen Zwangsgewalt durch den König. Einem modernen staatlichen Zwangsmonopol stand zudem ein noch lange wirksames breites Recht auf Selbsthilfe (Fehde, Privatpfändung) im Wege. Selbst die Polizei war nicht Sache der Zentralgewalt, sondern einer Vielzahl von Herrschaftsträgern, die über ihre Vogtuntertanen und ihre meist leibeigenen Grundholden Zwing und Bann übten. Herrschaft dieser Art gebührte dem König nur auf seinem Hausgut und auf Fiskalland. Hier liegt zum guten Teil die politische Bedeutung des Reichsgutes. Die staatliche Wirklichkeit des Hochmittelalters entspricht nicht dem großbürgerlichen Wunschbild des 19. Jahrh., das in der Reichskrone eine überragende zentrale Staatsmacht sah, die in der Folge ausgehöhlt und das Opfer partikulärer Kräfte wurde. Die von unten kommenden staatsbildenden Kräfte (vgl. Kap. 35) erwiesen sich im Gegensatz zu den westeuropäischen Staaten, die sich auf ein gesichertes Erbrecht der Dynastien zu stützen vermochten, in Deutschland als stärker denn das durch den Romgedanken überforderte Königtum. Selbst in dem zu einer straffen Pyramide tendierenden Lehnswesen ist in Deutschland nur die Regalienbelehnung grundsätzlich reichsbezogen. Originäre Staatlichkeit, ausgedrückt im Anspruch auf Gottesgnadentum, behaupteten in Deutschland alle Magnaten (potentes, meliores, principes). Erst König und Adel zusammen verkörpern den Staat.

Schrifttum: O. Bögl, Die Auffassung vom Königtum und Staat im Zeitalter der sächsischen Könige und Kaiser, 1932; O. Stolz, Das Wesen des Staates im deutschen Mittelalter, ZRG 61 (1941) 234ff.; E. Rosenstock-Huessy, Königtum und Stämme in Deutschland zwischen 911 und 1250 (1914), Neudr. 1965.

Kap. 25. Das Heilige Römische Reich

Schrifttum: B. Niehues, Geschichte des Verhältnisses zwischen Kaisertum und Papsttum im Mittelalter, 2 Bde, 1877 –87, Neudr. 1965; F. Kempf, Papsttum und Kaisertum bei Innozenz III.; Die geistigen und rechtlichen Grundlagen seiner Thronstreitpolitik, in Miscell. Hist. Pontif. 19 (1954); ders. zusammenfassend, Das ma. Kaisertum, im Sammelband: Das Königtum, VF 3 (1956) 225ff.; Th. Mayer, Papsttum und Kaisertum im hohen Mittelalter, HZ 187 (1959) 1ff.; E. E. Stengel, Den Kaiser macht das Heer (Hist. Aufs., Festgabe K. Zeumer (1910) 247ff.); ders., Regnum und Imperium, 1930; ders., Abhandlungen und Untersuchungen zur Geschichte des Kaisergedankens im Mittelalter, 1965; A. Dempf, Sacrum imperium, Gesch. d. Staatsphilosophie des Ma. u. der polit. Renaissance, 1929; E. Eichmann, Die Kaiserkrönung im Abendland I–II, 1942; B. Schmeidler, Das Königtum und Kaisertum der Luxemburger, Zeitschr. f. dt. Geisteswiss. 2 (1939); L. Buisson, Potestas und Caritas, die Päpstliche Gewalt im Spätmittelalter, 1958; F. J. Schmale, Papsttum und Kurie zwischen Gregor VII. und Innocenz II., HZ 193 (1961) 265ff.; P. Classen, Corona imperii. Die Krone als Inbegriff des römisch-deutschen Reiches im 12. Jahrhundert, Festschr. P. E. Schramm Bd. 1 (1964) 90ff.; H. Appelt, Die Kaiseridee Friedrich Barbarossas, SB Wien 252 Abh. 4 (1967) 3ff., Neudr. (mit Nachtrag) in: G. Wolf (Hg.), Friedrich Barbarossa (1975) 208ff.; W. Heinemeyer, Beneficium – non feudum sed bonum factum; der Streit auf dem Reichstag zu Besançon 1157, Arch. f. Dipl. 15 (1969) 155 ff.; R. M. Herkenrath, Regnum und Imperium, das „Reich" in der frühstaufischen Kanzlei (1138–1155), SB Wien 264 (1969); A. Brackmann, Die Wandlungen der Staatsanschauungen im Zeitalter Kaiser Friedrich I., HZ 145 (1932) 1 ff.; H. Löwe, Kaisertum und Abendland in ottonischer und frühsalischer Zeit, HZ 196 (1963) 529 ff.; R. Buchner, Der Titel rex Romanorum in den deutschen Königsurkunden des 11. Jahrhunderts, DA 19 (1963) 327 ff.; A. M. Drabek, Die Verträge der fränkischen und deutschen Herrscher mit dem Papsttum, 1976; Vgl. auch HRG Artikel (A. Erler): Hl. röm. Reich II 45 ff., Kaiser, Kaisertum II 518 ff., Kaiser und Reich II 546 ff., Kaiserkrönung (H. J. Becker) II 555 ff.

I. 1. Mit der Kaiserkrönung Ottos I. (geplant schon 951, verwirklicht am 2. Febr. 962) beginnt eine neue Epoche der deutschen Geschichte. Schon vor ihm hatten Nichtkarolinger die Kaiserkrone erlangt, so Wido von Spoleto 891, sein Sohn Lambert 892, Ludwig der Blinde von der Provence 901, Berengar von Friaul 915. Sie alle waren nach Abkunft Franken und dachten an die renovatio regni Francorum (so die Devise Widos von 891). Das Reich Ottos I., das sich in hohem Maße auf den sächsischen Stamm stützt, ist kein fränkisches mehr. Die Beherrschung des italienischen Königreiches und die Einbeziehung der Kurie in die Reichskirche kann von den Sachsenkaisern nicht mehr auf die karolingische Frankenherrschaft gegründet werden. Das deutsche Kaisertum bedurfte zu seiner Legitimation außer der Anerkennung durch Ostrom (972) einer renovatio Romani imperii, ein Gedanke, den Karl der Große nur sehr vorübergehend in den ersten Jahren seines Kaisertums aufgegriffen hat (vgl. Kap. 20 I 2 u. Kap. 21 II 2).

Schrifttum: H. Aubin, Otto der Große und die Erneuerung des abendländischen Kaisertums im Jahre 962, Hist. Pol. Hefte d. Ranke Ges. 9, 1962; H. Beumann, Die sakrale Legitimierung des Herrschers im Denken der ottonischen Zeit, ZRG 66 (1948) 16 ff.; ders., Das Kaisertum Ottos d. Großen, HZ 195 (1962) 529 ff.; H. Büttner, Der Weg Ottos d. Großen zum Kaisertum, Arch. f. mittelrhein. Kirchengesch. 14 (1962) 44 ff.; C. Erdmann, Das ottonische Reich als Imperium Romanum, DA 6 (1943) 412 ff.; ders., Die nichtrömische Kaiseridee, 1951; H. Grundmann, Betrachtungen zur Kaiserkrönung Ottos I., Münch. Sitz.-Ber., Phil. hist. Kl. 1962 Heft 2; H. Keller, Das Kaisertum Ottos d. Gr. im Verständnis seiner Zeit, DA 20 (1964) 325 ff.; W. Ohnsorge, Die Anerkennung des Kaisertums Ottos I. durch Byzanz, Byz. Zeitschr. 54 (1961) 28 ff.; ders., Konstantinopel im politischen Denken der Ottonen, Polychronion, Festschr. F. Dölger (1966) 388 ff.; F. Rörig, Kaiserpolitik Ottos des Großen, Festschr. E. E. Stengel (1952) 203 ff.; M. Lintzel, Die Kaiserpolitik Otto des Großen, 1943; L. Santifaller, Otto I. Das Imperium und Europa, MIÖG Ergbd. 20 (1962) 19 ff.; L. Hauptmann, Universalismus und Nationalismus im Kaisertum der Ottonen, Festschr. K. G. Hugelmann Bd. 1 (1959); H. Keller, Das Kaisertum Otto des Großen im Verständnis seiner Zeit, DA 20 (1964) 325 ff.

Der Wettstreit mit Ostrom mußte die Übernahme byzantinischer Herrschaftsformen nahelegen. So haben die staufischen Kaiser von dort den Privilegiencharakter ihrer Staatsverträge, ausgedrückt durch die Einfügung der Formel salvo iure imperiali, übernommen. Vorangegangen war darin die Kurie; sie hat die Privilegientheorie bereits auf das Wormser Konkordat anzuwenden versucht (s. Kap. 21 II 3 e) und sie in die Kanonistik des 12. Jahrhunderts eingebaut.

Schrifttum: H. Appelt, Der Vorbehalt kaiserlicher Rechte in den Diplomen Friedrich Barbarossas, MIÖG 68 (1960) 81 ff., Neudr. (mit Nachtrag) in: G. Wolf

(Hg.), Friedrich Barbarossa (1975) 33 ff.; F. Thaner, Über Entstehung und Bedeutung der Formel salva sedis apostolicae auctoritate in den päpstlichen Privilegien, SB Wien 71 (1872) 807 ff.; J. B. Sägmüller, Die Entstehung und Bedeutung der Formel salva sedis apostolicae auctoritate in den päpstlichen Privilegien um die Mitte des 12. Jahrhunderts, in: Acta Congressus iuristici internat.
VII Bd. III (1936) 163 ff.

2. Die Anknüpfung an das Kaisertum Karls des Großen geht erst
eigentlich von Otto III. aus. Seitdem steht das deutsche Reich im Bannkreis der Karlslegende. Sprechende Zeugnisse dafür sind neben dem
Karlskult Ottos III. und Karls IV. die Heiligsprechung Karls auf Betreiben Barbarossas 1164 und die Berufung der Westfälischen Feme
auf Kaiser Karl.

Schrifttum: R. Folz, Le souvenir et la légende de Charlemagne dans l'empire
germanique médiéval (Paris 1950); A. Erler, Karlskult, HRG II 654 ff.; vgl. a.
W. Braunfels (Hg.), Karl der Große IV (1967) mit Aufsätzen von K. Hauck,
Die Ottonen und Aachen 876 bis 936 (S. 39 ff.), M. Zender, Die Verehrung des
hl. Karl im Gebiet des mittelalterlichen Reiches (S. 100 ff.), G. Lohse, Das Nach-
leben Karls des Großen in der deutschen Literatur des Mittelalters (S. 337 ff.),
F. Graf v. Pfeil, Karl der Große in der deutschen Sage (S. 326 ff.), H. Beumann,
Grab und Thron Karl des Großen zu Aachen (S. 9 ff.).

3. Durch die Kaiserkrönung trat das deutsche Königtum in den
Bannkreis einer universalen, transzendenten Idee. Wenn auch das Bewußtsein der Verschiedenartigkeit des tatsächlichen Reiches *(imperium
merum)* von der Idee des Weltkaisertums *(imperium mundi)* bereits in
staufischer Zeit recht lebendig ist, so konnte es doch nicht ausbleiben,
daß die deutsche Kaiserherrschaft Förderung wie auch Behinderung
durch den universalen Anspruch der Kaiseridee erfuhr.

Die plena iurisdictio bedient sich seit dem 12. Jahrhundert mit Vorliebe der römischen Formel imperium merum et mixtum (Dig. 2, 1, 3), wobei imperium die oberste
Befehlsgewalt bezogen auf die Blutgerichtsbarkeit (merum) und die Zivilgerichtsbarkeit (mixtum) meint.

Schrifttum: H. Mitteis, Die deutsche Königswahl, 2. Aufl. 1944 S. 104 ff. und
119 ff.; R. Folz, L'idée de l'empire en occident du Ve au XIVe siècle (Paris
1953); R. Holtzmann, Dominium mundi und Imperium merum, Zeitschr. f.
Kirch. Gesch. 61 (1942) 9 ff.; M. Maccarone, Papato e Impero dalla elezione di
Federico I alla morte di Adriano IV (Lateranum N. S. 25) Rom 1959; F. Baethgen,
Zur Gesch. d. Weltherrschaftsidee im späteren Ma., Festschr. P. E. Schramm (1964)
189 ff.; E. E. Stengel, Abhdlgn u. Untersuchgn z. Gesch. d. Kaisergedankens
im Ma., 1965; A. Dieckmann, Weltkaisertum und „Districtus imperii" bei Kaiser
Heinrich VII. Untersuchungen über die Reichsherrschaft und Reichspolitik im
Zeitalter Heinrich VII., 1956; M. Bloch, L'empire et l'idée d'empire sous les
Hohenstaufen, Mélanges historiques I (1963) 531 ff.; H. Holzhauer, Imperium
HRG II 330; R. Hoke, Imperium merum et mixtum, HRG II 123 f.; E. Eich-
mann, Die Kaiserkrönung im Mittelalter, 2 Bde, 1942; H. W. Klewitz, Papst
und Kaiserkrönung, DA 4 (1941) 412 ff.; A. Schulte, Die Kaiserkrönungen zu
Aachen 813–1531, Rhein. Neuj. Bl. 3 (1924); J. Haller, Die Formen der deutsch-
römischen Kaiserkrönung, Quell. u. Forsch. a. ital. Arch. 30 (1944) 49 ff.; H.
Günter, Die Krönungseide der deutschen Kaiser im Mittelalter, Festschr. D.
Schäfer (1915) 6 ff.; K. G. Hugelmann, Die Wirkungen der Kaiserweihe nach
dem Sachsenspiegel, ZRG Kan. 9 (1919) 1 ff.

II. Das deutsche Kaisertum war, wie schon das karolingische, damit belastet, daß seine ideologischen Grundlagen nicht geklärt waren. An Versuchen, den Ursprung des Imperiums und den Sinngehalt der Kaiserweihe und Kaiserkrönung zu klären, hat es nicht gefehlt. Sie waren von vornherein wenig aussichtsreich angesichts des transzendenten Charakters des Reiches, der einer begrifflichen Festlegung widerstrebte. Dazu kam der Widerstreit der Interessen, der das Entstehen einer anerkannten Lehre behinderte.

1. Allgemein wurde angenommen, daß das deutsche Kaisertum eine Fortführung und Erneuerung *(renovatio)* des römischen Imperiums sei. Die Deutschen erscheinen als Erben des Reiches. Damit war jedoch nichts gesagt über die Rechtsgrundlagen des mittelalterlichen Kaisertums. Die Berufung Barbarossas auf das Recht der Eroberung (1155 gegenüber den Gesandten der Stadt Rom) war ein geschichtliches, aber kein rechtliches Argument. Rechtstitel konnten nur auf das römische Recht oder die Bibel als Lex dei gegründet werden. Anklänge an das erstere zeigt das „Heerkaisertum" Ottos I. (vgl. Kap. 21 II 2). Im Rahmen des römischen Rechtes (D 1, 4, 1 pr.; Inst. I, 2, I § 6) bewegte sich auch die These der Stadtrömer, daß der Kaiser der auf dem Kapitol zu vollziehenden Akklamation des römischen Volkes bedürfe. Die Römer konnten sich damit nicht durchsetzen. Ihre Auffassung widersprach nicht nur den Machtverhältnissen, sondern auch dem Gang der Geschichte.

Seit seiner Aufnahme in das Decretum Gratians (c 24 D 93) wird das Hieronymuszitat exercitus facit imperatorem kaiserlicherseits gerne zur Abwehr der päpstlichen Translations- und Approbationslehre benützt (so Ludwig der Bayer im Fidem catholicam 1338).

Schrifttum: K. Jordan, Der Kaisergedanke in Ravenna zur Zeit Heinrich IV., DA 2 (1938) 111ff.; P. E. Schramm, Kaiser, Rom und Renovatio, 2. Aufl., 1957; W. Goez, Translatio imperii, 1958; P. A. van der Baar, Die kirchliche Lehre von der Translatio imperii Romani bis zur Mitte des 13. Jahrhunderts (Anal. Gregor. 78), Rom 1956; H. Grundmann, Sacerdotiom-regnum-studium, Arch. f. Kult. Gesch. 34 (1952) 5ff.; M. Seidlmayer, Rom und Romgedanke im Mittelalter, Saeculum 7 (1965) 395ff.; F. Schneider, Rom und Romgedanke im Mittelalter. Die geistlichen Grundlagen der Renaissance, 1926; H. Beumann, Romkaiser und fränkisches Reichsvolk, Festschr. E. E. Stengel (1952) 157ff.; B. Opfermann, Die liturgischen Herrschaftsakklamationen im Sacrum Imperium des Mittelalters, Weimar 1953.

2. Geistlicher und weltlicher Universalismus waren im mittelalterlichen Kaisertum auf das engste miteinander verknüpft. Der Kaiser war je nach Auslegung Patron oder Vogt der Kirche. Ihr Schutz *(defensio)* war seine vornehmste Aufgabe. Seine Gewalt gründete damit letztlich im Transzendenten. Das Reich besaß eine religiöse Weihe, es war ein sacrum imperium (1161), das einer Rechtfertigung aus dem Glauben bedurfte. Diesem Anliegen diente die Translationslehre (Translatio imperii a Grecis in Germanos), die im 11. Jhdt. aus der Theologie der vier Weltreiche (fußend auf Daniel 2 und 7) entwickelt wurde.

Schrifttum: A. M. Stickler, Imperator vicarius papae. Die Lehre der französisch-deutschen Dekretistenschule des 12. und beginnenden 13. Jahrhunderts über die Beziehungen zwischen Papst und Kaiser, MIÖG 62 (1954) 165ff.; ders., Sacer-

dotium e regnum nei decretisti e primi decretalisti, Salesianum 15 (1953) 575 ff.;
P. E. Schramm, Sacerdotium und regnum im Austausch ihrer Vorrechte, Studi
Gregor. 2 (1974) 403 ff., neu abgedr. in drs., Aufsätze IV 57 ff.; G. Koch, Sacrum
Imperium, Bemerkungen zur Herausbildung der staufischen Herrschaftsideologie,
Zeitschr. f. Gesch. Wiss. 16 (1968) 596 ff.; ders., Auf dem Wege zum Sacrum
Imperium, Studien zur ideologischen Herrschaftsbegründung der deutschen
Zentralgewalt im 11. und 12. Jahrhundert, 1972; H. Tillmann, Zur Frage des
Verhältnisses von Kirche und Staat in Lehre und Praxis Innocenz III., DA 9 (1952)
136 ff.; W. Kölmel, Regimen Christianum. Weg und Ergebnisse des Gewalten-
verhältnisses und des Gewaltenverständnisses (8. bis 14. Jahrhundert), 1970.

3. Je entschiedener die Idee des Imperiums dabei spiritualisiert wurde,
desto enger wurde im Grundsätzlichen die Verbindung von geistlicher
und weltlicher Macht. Das Gleichgewichtsverhältnis zwischen beiden
Gewalten, ausgedrückt darin, daß der Kaiser spiritualiter unter, tem-
poraliter aber über dem Papst stand, wurde durch das Auseinanderbrechen von sacerdotium und imperium im Investiturstreit auf das
Empfindlichste gestört. Die Zweischwerterlehre des Gelasius entartet nunmehr zum Rangstreit zwischen geistlicher und weltlicher Gewalt (vgl. Kap. 21 II 3 b). Die Frage nach dem Zuordnungsverhältnis
beider Gewalten zueinander und dem unmittelbaren Bezug des Imperiums zu Gott, wurde zur bewegendsten staatsrechtlichen Frage des
Hochmittelalters.

Trotz des welterschütternden Machtkampfes der beiden höchsten Gewalten ist die
augustinische Staatsvorstellung von der civitas dei bis zur Reformation nicht ernstlich
erschüttert worden. Solchem Denken entspricht es, daß Ketzer der Reichsacht verfallen (Barbarossas Edikt von Verona 1184) und dem Kirchenbann die Reichsacht
folgen soll (confoederatio von 1220). Die Kurie ihrerseits beanspruchte die Reichsregierung vacante imperio (päpstliches Reichsvikariat: Extravag. Joann. XXII t V).

Schrifttum: E. Eichmann, Acht u. Bann im Reichsrecht des Ma., 1909; F.
Baethgen, Der Anspruch des Papsttums auf das Reichsvikariat, ZRG Kan. 10
(1920) 168 ff.; John A. Watt, The theory of papal monarchy in the thirteenth
century; the contribution of the canonists (New York 1965); V. Domeier, Die
Päpste als Richter über die deutschen Könige von der Mitte des 11. bis zum Ausgang des 13. Jahrhunderts. Ein Beitrag zur Geschichte des päpstlichen Einflußes in
Deutschland, 1897.

Die kirchliche Reformbewegung des ausgehenden 11. Jahrh. vertiefte den Graben
zwischen Klerus und Laienwelt, förderte aber auch die Institutionalisierung der Kirche,
indem nun schärfer zwischen der Person des geistlichen Würdenträgers und der über-
persönlichen kirchlichen Einrichtung (Stift), verkörpert durch den Kirchenheiligen,
unterschieden wurde. Das neue Selbstverständnis der Kirche blieb nicht ohne Rück-
wirkung auf die Vorstellungen vom Wesen der weltlichen Gewalt und förderte die
Institutionalisierung auch des Staates. Die Kirche ihrerseits geriet als Rechtskirche in
Wettstreit mit dem Staat. Die Abgrenzung zwischen kirchlicher und weltlicher Gerichtsbarkeit wurde zum Problem (vgl. Kap. 34 V).

III. War der deutsche Kaiser Nachfolger des römischen Caesaren,
dann war römisches Recht Kaiserrecht. Das römische Recht ging von
der Vorstellung einer einheitlichen Staatsgewalt aus. Der Kaiser war
Herr *(rector)*, nicht nur Vogt *(defensor)* der Kirche. Dies mußte zu einer
Ablehnung des römischen Rechtes durch die Kurie führen; andererseits
ergab sich für den Kaiser die Verlockung, römisches Recht im Kampf
gegen die Autonomiebestrebungen der italienischen Städte und den
päpstlichen Universalismus zu verwenden (vgl. Kap. 40 I 3 a).

1. Die Ablehnung der Kaiservorstellung des römischen Rechtes seitens der Kirche hat sich im Westen früh angebahnt. Schon im 4. Jhdt. lehrte Ambrosius von Mailand: imperator enim intra ecclesiam, non supra ecclesiam est. Damit wird bereits die Laisierung des Kaisers durch die kirchliche Reformbewegung des späteren 11. Jhdt. vorbereitet. Als Laien konnte dem Kaiser die Stellung eines vicarius dei nicht mehr zugebilligt werden, er gilt nur mehr als Diener der Kirche *(minister ecclesiae)*. Untragbar erscheint nun auch das Designationsrecht des Kaisers bei der Papstwahl (s. Kap. 21 II 3 a).

2. Ursprünglich ist die Kirche wichtigster Träger des römischen Rechtes (ecclesia vivit lege Romana sagt die Lex Ribuaria 633/34). Im Zeichen der antikaiserlichen Frontstellung wurde dagegen dem Seelsorgeklerus das Studium des römischen Rechtes verboten (1219), ein Verbot, das erst ein Jahrhundert später (1310 bzw. 1317) gelockert wurde.

a) Die Constitutio super speculam (1219) dehnte ältere, allein die Ordensgeistlichkeit treffende konziliare Verbote des Studiums des römischen Rechtes auf den Seelsorgeklerus aus. Weiter noch ging die Bulle Parens scientiarum Gregors IX. von 1231, die für Paris und Umgebung auch die Lehre des römischen Rechtes verbot. Nach E. Genzmer (Kleriker als Berufsjuristen im späteren Ma., Festschr. Le Bras (Paris 1965) II 1220 ff.) richtete sich diese Maßnahme allerdings nicht so sehr gegen das ius civile an sich, sondern war von der Sorge um Gewinnung zureichenden theologischen Nachwuchses für die Ketzerbekämpfung veranlaßt. Kanoniker, die eigentlichen Träger der kirchlichen Verwaltung u. Rechtsprechung, waren im allgemeinen nicht betroffen. Sie waren die Träger der engen Verbindung von Kanonistik u. Legistik (ius utrumque).

b) Daß der Widerstand der Kirche gegen das römische Recht nicht grundsätzlicher Art war, sondern vorab die daraus abgeleitete Rechtsstellung des Kaisers betraf, zeigt der Umstand, daß die geistlichen Gerichte des Spätmittelalters nicht selten Normen des römischen Rechtes als Naturrecht behandeln und das römische Recht in Anschluß an Cicero (De legibus II 5, 10, 16) als naturalis ratio werten. Die kirchliche Naturrechtslehre wurde damit zur kanonistischen Brücke für die Rezeption des römischen Rechtes (vgl. Kap. 40 I 2).

Schrifttum: P. Vinogradoff, Roman law in mediaeval Europe, 3. Aufl., 1929, Neudr. 1961; H. E. Feine, Vom Fortleben des römischen Rechts in der Kirche, ZRG Kan. 73 (1956) 1ff.; H. Koeppler, Frederic Barbarossa and the school of Bologna, Engl.Hist. Rev. 54 (1939) 577 ff.; F. Ercole, Impero e papato nella tradizione giuridica Bolognese e nel diritto pubblico Italiano del rinascimento (sec. XIV–XV), in: Atti e memorie della deputazione di storia patria per le provincie di Romagna, ser. 4 vol. 1 (Bologna 1911); H. Fuhrmann, Das Reformpapsttum und die Rechtswissenschaft, VF 17 (1973) 175 ff.; S. Kuttner, Papst Honorius und das Studium des Zivilrechts, Festschr. M. Wolff (1952) 79 ff.; C. G. Fürst, Ecclesia vivit lege Romana?, ZRG 92 (1975) 17 ff.; A. Erler, Ecclesia vivit lege romana, HRG I 798 ff.

c) Eine eigenartige Verquickung ergab sich im Prozeß Karls von Anjou gegen den letzten Staufer Konradin. Dieser Prozeß fußte auf römischem Recht. Papst Clemens IV. hat ihn ermöglicht, indem er sich in letzter Stunde entschloß, das Reichsvicariat über Toscana vacante imperio auf Karl von Anjou zu übertragen. Dies stellte zugleich den ersten unmittelbaren Eingriff der Kurie in die Verwaltung des Reiches dar.

Schrifttum: A. Nitschke, Der Prozeß gegen Konradin, ZRG Kan 73 (1956) 25 ff.

IV. Das deutsche Kaisertum mußte zwangsläufig zum Zusammenstoß mit dem Universalismus Ostroms führen (Kosmokrator = Weltherrscher, ist einer der Titel des byzantinischen Kaisers). Der imperiale

9*

Gedanke war, wenn man ihn ernst nahm, aber auch unvereinbar mit der Souveränität der übrigen europäischen Staaten, denen der Kaiser der Wirklichkeit nach nur sein besonderes Schutzverhältnis gegenüber der römischen Kirche und das Recht auf Königserhebung (betätigt gegenüber Böhmen ad personam 1086, erblich 1198 bzw. 1203, erwogen gegenüber Österreich durch Friedrich II., Vienne 1335, Burgund 1470) voraus hatte. Die Verquickung Deutschlands mit dem Imperium hat ihm vor allem die Feindschaft Frankreichs und dessen antikaiserliches Bündnis mit der Kurie eingetragen. Anfang des 13. Jahrhunderts wird im Kampf gegen das Reich der Satz von dem rex, qui superiorem non recognoscit, und dem rex, imperator in regno suo geprägt. Er ermöglichte es, kaiserliche Ansprüche abzuweisen und zugleich das römische Recht für den Ausbau des Fürstenstaates nutzbar zu machen.

Schrifttum: J. Deér, Byzanz und das abendländische Herrschertum, Ausgewählte Aufsätze (VF 21),1975; H.Löwe, Kaisertum und Abendland in ottonischer und frühsalischer Zeit,HZ 190 (1964) 529ff.; E.E.Stengel, Kaisertitel und Souveränitätsidee, DA 3 (1939); R. Schlierer, Weltherrschaftsgedanke und altdeutsches Kaisertum, 1934, Neudr. 1968; R.Holtzmann, Der Weltherrschaftsgedanke des ma.Kaisertums und die Souveränität der europäischen Staaten, HZ 159 (1939) 251ff., 2. Aufl. 1964; J. Kirfel, Weltherrschaftsidee und Bündnispolitik. Untersuchungen zur auswärtigen Politik der Staufer, Bonn. hist. Forsch. 12 (1959); H. Beumann, Das Imperium und die Regna bei Wipo, Festschr. F. Steinbach (1960) 11ff.; H. Hirsch, Das Recht auf die Königserhebung durch Papst und Kaiser im hohen Ma., Festschrift E. Heymann (1940) 209ff.; M. Flossmann, Regnum Austriae, ZRG 89 (1972), 78ff.; H. Koller, Das Königreich Österreich, Graz 1972; P. E. Schramm, Böhmen und das Regnum, Festschrift G. Tellenbach (1968) 346ff.; E. u. O. Schönbauer, Die Imperiumspolitik Kaiser Friedrichs II. in rechtsgeschichtlicher Beleuchtung, Festschr. K. G. Hugelmann II (1959) 523ff.; F. Schneider, Rom und Romgedanke im Ma., 2. Aufl., 1959; K. F. Werner, Das hochmittelalterliche Imperium im polit. Bewußtsein Frankreichs (10.–12. Jahrh.), HZ 200 (1965) 1ff.; W. Holtzmann, Das mittelalterliche Imperium und die werdenden Nationen, Abh. d. Arb. Gem. f. Forsch. d. Landes Nordrhein-Westf. 7 (1953); H. Wieruszowski, Vom Imperium zum nationalen Königtum, HZ Beiheft 30 (1933); F. Böhm, Das Bild Barbarossas und seines Kaisertums in den ausländischen Quellen seiner Zeit, 1936; W. Kienast, Deutschland und Frankreich in der Kaiserzeit (900–1270), Weltkaiser und Einzelkönige, 2. neubearb. Aufl. (3 Teile), 1974; H. Heimpel, Frankreich und das Reich, HZ 161 (1940) 229ff.; W. L. Leonhard, Das fränkisch-deutsche Kaisertum des Mittelalters in der Auffassung der englischen Geschichtsschreiber (800–1273), Diss. Frankfurt 1961; W. Senior, England and the mediaeval empire, Law Quaterly Rev. 40 (1924) 483ff.; W. Berges, Kaiserrecht und Kaisertheorie der „Siete partidas", Festschr. P. E. Schramm I (1964) 143ff.

1. Wenn auch das Weltkaisertum *(imperator mundi)* im wesentlichen Idee war und nur gelegentlich im Bereich konkreter politischer Ziele wirksam wird (Otto III., Heinrich VI.), so fühlten sich doch die Könige durch die *auctoritas* des Kaisers (s. Kap. 24 I 4) bedroht. Friedrich II. bemühte sich vergebens um einen Ausgleich, indem er die Gemeinschaft der Christenheit *(christianitas, orbis christianus)* in den Vordergrund rückte und einem corpus saecularium principum gegenüber lediglich eine potestas directiva beanspruchte. Der Zusammenbruch der staufischen Herrschaft über Italien begrub den imperator mundi als politische Realität endgültig. Nur in der Literatur, vor allem bei Dante, wirkte er weiter. Literatur war auch der Versuch eines Ausgleiches durch Zuschreibung des Sacerdotiums an Italien, des Imperiums an Deutschland und des Studiums an Frankreich. Kennzeichnend für die eingetretene Entwicklung ist, daß seit dem 14. Jahrhundert der Kaiser in Frankreich und Spanien in der Messe nicht mehr kommemoriert wird.

2. Noch im 17. Jahrhundert wurde die Zurückdrängung des römischen Rechtes zugunsten einer rationalistischen Naturrechtslehre (Vernunftrecht) durch Hugo Grotius, Samuel v. Pufendorf, David Mevius und andere in Frankreich und Schweden, aber auch von den deutschen Reichsständen als politische Waffe gegen den Kaiser benutzt. Dagegen trat Leibniz zugleich als Vertreter des Reichsgedankens und des römischen Rechtes auf (Corpus iuris reconcinnatum, 1672).

Schrifttum: E. Molitor, Der Versuch einer Neukodifikation des römischen Rechtes durch den Philosophen Leibniz, Studi Koschaker I (1954) 357ff.; F. Sturm, Das römische Recht in der Sicht von G. W. Leibniz, 1968; O. v. Gierke, Johannes Althusius und die Entwicklung der naturrechtlichen Staatstheorien, 4. Aufl., 1929.

V. Bevor Otto I. im August 961 nach Italien aufbrach, ließ er seinen Sohn Otto zum König wählen und krönen. Von Anbeginn an besteht so eine enge **Verbindung zwischen Kaisertum und deutschem Königtum.** In salischer Zeit ist sie bereits so enge, daß der Titel rex Romanorum Verwendung findet (1040). Auch gab es keine zweierlei Kronen (vgl. G. Machetanz, Deutsche Königskrone und römische Kaiserkrone, Diss. Göttingen 1954).

1. Nach kirchlicher Lehre besaß der deutsche König eine **Anwartschaft** auf die Kaiserkrone, er war rex in imperatorem promovendus (Decretale Venerabilem von 1202). Die Kurie hat daraus ein Recht auf Überprüfung der Königswahl und deren Approbation abgeleitet (vgl. Kap. 23 II 1c; Kap. 26 IV).

2. Von der durch die Kaiserkrönung erreichten kaiserlichen Würde unterschieden wurde die **kaiserliche Herrschaft** *(imperatura),* zu der bereits die rechtmäßige Königswahl befugte. Die Kaiser haben daraus das Recht auf die sofortige Führung des kaiserlichen Titels abgeleitet und ihn wiederholt schon vor der Kaiserkrönung angenommen (s. Kap. 22 I 2 und 3; Kap. 24 I 3; Kap. 26 IV).

In der romanischen Welt neigte man allerdings dazu, die Herrschaftsrechte des noch nicht approbierten bzw. zum Kaiser gekrönten deutschen Königs auf das deutsche Reich zu beschränken. Die nachstaufischen Staatstheoretiker haben zu dieser Rechtsfrage Lehren entwickelt, die den lokalen Mächten in Burgund und Reichsitalien Handhaben boten, sich der deutschen Herrschaft zu entziehen.

Schrifttum: F. Kern, Die Reichsgewalt des dt. Königs nach dem Interregnum, HZ 106 (1911) 39ff., 2. erg. Aufl. 1959, Neudr. 1967; A. Erler, Erwählter römischer Kaiser, HRG I 1010ff.

3. Im Kaisertum ist das deutsche Königtum enthalten, es kann aber auch von ihm abgelöst werden, indem der Kaiser seinen Sohn zum **Unterkaiser** für Deutschland und zugleich als seinen Nachfolger designiert und von den deutschen Fürsten wählen läßt.

a) Die Mitregierung des Thronfolgers, die seine Nachfolge sichern sollte, beruht auf byzantinischem Vorbild. Schon die Ottonen haben sie more Grecorum, wie Gerbert (Papst Silvester II.) 984 sagt, angewandt.

Schrifttum: W. Ohnsorge, Das Mitkaisertum in der abendländischen Geschichte des Ma., ZRG 67 (1950) 309ff.; F. Becker, Das Königtum der Thronfolger im deutschen Reich des Mittelalters (Quell. u. Stud. z. Verf. Gesch. i. Ma. V 3) 1913; J. Spörl, Pie rex caesarque future, Festschr. H. Kunisch (1961) 331ff.; G. Scheibelreiter, Der Regierungsantritt des römisch-deutschen Königs (1056 bis 1138), MIÖG 81 (1973), 1ff.; H. Sproemberg, Die Alleinherrschaft im mittelalterlichen Imperium 919–1024, Rec. de la soc. J. Bodin XXII (1969) 201 ff.

b) Das Kaisertum ist nur über das deutsche Königtum erreichbar. So konnte es kommen, daß König Karl von Spanien und König Franz von Frankreich 1519 um die deutsche Königskrone ringen, die ihrerseits keiner Bindung an die deutsche Nationalität unterlag (vgl. Kap. 23 I 3).

Schrifttum: G. Zeller, Les rois de France, candidats à l'Empire, essai sur l'idéologie impériale en France, Rev. hist. 173 (1934) 274 ff.

c) Den ausschließlichen Anspruch des deutschen Königs auf die Kaiserkrone bestätigte ein Fürstenweistum von 1252 (NA 30 [1905] 403 ff.). Die Kirche beharrte demgegenüber erfolglos auf dem im Calixtinum von 1122 eingenommenen Standpunkt von der Trennbarkeit der regna. Die Unversöhnlichkeit der avignonesischen Päpste gegenüber Ludwig dem Bayern gründet nicht zuletzt in dem Wunsch, Kaisertum und deutsches Reich voneinander zu trennen.

VI. 1. **Das deutsche Reich,** hervorgegangen aus dem Zusammenschluß fränkischer, sächsischer, schwäbischer und baierischer Stammesherzogtümer, bildete zu keiner Zeit eine sprachliche oder völkische Einheit. Zu den Welschlothringern im Westen, den Raetoromanen und Karantanen im Süden, kamen durch die Eingliederung Böhmens und Mährens und die Ostkolonisation im Elbe-Odergebiet zahlreiche Westslawen, zum Teil unter einheimischen Herrscherhäusern (Böhmen, Mecklenburg, Pommern).

2. Die Eindeutschung der Ostgebiete vollzog sich nur langsam und hat vielfach erst im 16. Jhdt. die unteren Volksschichten erreicht. Auch abgesehen von dem geschlossenen nationalen Block der Tschechen blieben erhebliche slawische Restbestände (Slowenen, Wenden usw.) dauernd erhalten. Andererseits sind deutschbestimmte Gebiete wie der Deutschordensstaat später nicht mehr Bestandteil des Reiches.

Schrifttum: H. Aubin, Die Ostgrenze des alten deutschen Reiches. Entstehung und staatsrechtlicher Charakter, 1959; H. Jablonowski, Die deutsche Ostgrenze von 1937 in historischer Sicht. Stud. z. Deutschtum im Osten 4 (1967) 1ff.; R. Holtzmann, Kaiserpolitik und deutsche Grenzpolitik im hohen Mittelalter, Zeitschr. f. dt. Geistesgesch. 1 (1958) 97ff., neu abgedr. in Aufsätze z. dt. Gesch. (1962); H. J. Karp, Grenzen in Ostmitteleuropa während des Mittelalters. Ein Beitrag zur Entstehungsgeschichte der Grenzlinien aus dem Grenzsaum, 1973; H. Jäger, Rechtliche Abhängigkeitsverhältnisse der östlichen Staaten vom fränkischdeutschen Reich (Ende des 8. bis Ende des 11. Jahrhunderts), 1959; Sammelband (VF 18), Die Ostsiedlung des Mittelalters als Problem der europäischen Geschichte, 1975.

a) Von besonderer Eigenart war die Stellung Böhmens, das vom „tributären, halbvasallischen Nebenland des regnum über die persönliche Stellung seines Herzogs als eines Lehenmannes des deutschen Königs zum ersten Reichsfürstentum" (W. Wegener) aufstieg. Sein hoher Rang und seine seit Karl IV. traditionelle besondere Nähe zur Kaiserkrone kontrastierten mit der Beschränkung seiner Hoftags- und Heerfolgepflicht und seinem Beiseitestehen im Zeichen nationalistischer und dogmatischer Impulse (vgl. Eikes Stellung zur böhmischen Kur, Hussitensturm).

Schrifttum: W. Wegener, Böhmen, Mähren und das Reich im Hochmittelalter, Untersuchungen zur staatsrechtlichen Stellung Böhmens u. Mährens im deutschen Reich des Ma. 919–1253 (1959); ders., Böhmen, HRG I 469; F. Prinz, Die Stellung Böhmens im ma. dt. Reich, ZBLG 28 (1965) 99ff.; H. Hoffmann, Böhmen und das deutsche Reich im hohen Mittelalter, Jahrb. f. d. Gesch. Mittel- u.

Ostdt. 18 (1969) 1 ff.; A. Köster, Die staatlichen Beziehungen der böhmischen Herzöge und Könige zu den deutschen Kaisern von Otto dem Großen bis Ottokar II., 1912, Neudr. 1971.

b) Schlesien, zunächst teils zu Böhmen, teils zu Polen gehörig, geriet im 11. Jahrhundert zunehmend unter polnische Gewalt, zersplitterte aber unter einem schwachen Seniorat (Testament Herzog Boleslaw III. von Polen 1138) in Teilfürstentümer. Das Ende der Senioratsverfassung (1202) verselbständigte die Teilherzogtümer einzelner Piasten. Daran änderte auch nichts die erneute Annahme des Königtitels durch einen Teilfürsten (1295). 1300 kam dieses neue Königreich Polen (Großpolen) durch Heirat an den böhmischen König, der es vom deutschen König Albrecht I. zu Lehen nahm. Zuvor schon (1280) war das Teilherzogtum Breslau (Mittelschlesien) Reichslehen geworden und als solches 1290 an den böhmischen König gelangt. Das Herzogtum Beuthen wurde 1289 Lehen von der Krone Böhmen. Den böhmischen Königen aus dem Hause Luxemburg gelang es nacheinander alle schlesischen Herzogtümer lehenrechtlich an Böhmen zu binden (1327–1348) mit Ausnahme des Fürstentums Schweidnitz-Jauer, das erst 1369 im Erbgang zuerworben wurde. 1339 wurden die böhmischen Besitzungen in Schlesien Reichslehen, aber 1348 durch Karl IV. der Krone Böhmen inkorporiert. Damit wurden die schlesischen Fürstentümer Anhängsel Böhmens und verloren die Eigenschaft von Reichsständen.

Schrifttum: G. v. Grawert-May, Das staatsrechtliche Verhältnis Schlesiens zu Polen, Böhmen und dem Reich während des Mittelalters, 1971; O. Pustejovsky, Schlesiens Übergang an die böhmische Krone, 1975.

3. Der überwiegend deutsche Charakter des regnum Teutonicorum darf nicht darüber hinwegtäuschen, daß das deutsche Reich nicht nur der Sache, sondern auch der Zielsetzung nach kein Nationalstaat im Sinne völkischer Einheit war (vgl. Kap. 41 V 1 a). Seine relative nationale Indifferenz, begünstigt durch die Stellung der lateinischen Sprache als Kirchen- und Bildungssprache, hat den Zusammenschluß des deutschen Reiches mit den Königreichen Italien und Burgund unter einem übergreifenden Kaisertum erleichtert. Kennzeichnend für die Denkweise der Führungsschicht ist, daß die Goldene Bulle (Art. 31) den Söhnen der Kurfürsten die Erlernung der italienischen und slawischen Sprache zur Pflicht macht.

Schrifttum: K. G. Hugelmann, Stämme, Nation und Nationalstaat im Deutschen Ma., 1955; H. Opel, Die Rechtsstellung der mit dem Anschluß Lothringens (925) zum deutschen Reich gekommenen Franzosen während des Ma., Diss. Göttingen 1954; H. Sproemberg, La naissance d'un état allemand au moyen âge (Moyen Age [1958] 213 ff.); E. Müller-Mertens, Regnum Teutonicum. Aufkommen und Vorbereitung der deutschen Reichs- und Königsauffassung im frühen Ma., 1970; H. Beumann, Regnum Teutonicum und rex Teutonicus in ottonischer und salischer Zeit, Arch. f. Kult. Gesch. 55 (1973) 215 ff.; F. Vigoner, Bezeichnungen für Volk und Land der Deutschen vom 10. bis 13. Jahrhundert, 1901.

VII. Stets in einem Sonderverhältnis zum Reich stand der Deutschorden. Das Ravennater Privileg Friedrichs II. von 1226 hatte, ohne eine kirchenrechtlich nicht angängige Regalienbelehnung des Hochmeisters zu versuchen, das Kulmer Land und die preußischen Eroberungen des Ordens als Bestandteil des Reiches behandelt. Diese Bindung blieb jedoch lose und ging bei der Säkularisierung Preußens 1525 endgültig verloren. Die Regalienbelehnung des Deutschmeisters, dem vom Kaiser 1530 die Hochmeisterwürde und der Fürstenhut zuerkannt wurden, hat Preußen dem Reich nicht zu erhalten vermocht.

Schrifttum: E. E. Stengel, Hochmeister u. Reich, die Grundlagen der staatsrechtlichen Stellung des Hochmeisters, Abh. u. Untersuch. z. Gesch. d. Kaisergedankens (1965) 207ff.; E. Weise, Interpretation der Goldenen Bulle von Rimini (März 1226) nach dem kanonischen Recht, Festschr. M. Tumler (1967) 15ff.; B. Koehler, Goldbulle von Rimini, HRG I 1737ff.; ders., Kulmer Handfeste, HRG II 1244ff.; G. Kisch (Hg), Quellen und Forschungen zur Rechts- und Sozialge schichte des Deutschordenslandes, bisher 3 Bde, 1973–76; H. H. Hofmann, Deutscher Orden. HRG I 698ff.

Livland (heute Lettland und Estland) war keine Staatsgründung des Deutschen Ordens, sondern des Bischofs von Riga, der es Anfang des 13. Jahrhunderts lehenrechtlich dem Reich unterstellte. Während Zweidrittel des Landes beim Erzbischof von Riga und seinen Suffraganen verblieben, gelangte ein Drittel als bischöfliches Lehen (bis 1359) an den Schwertorden (seit 1237 livländischer Zweig des Deutschordens).

Schrifttum: O. Schmidt, Rechtsgeschichte Liv-, Est- und Curlands, aus d. Nachl. hg. von E. v. Nottbeck, Dorpater jur. Stud. (Dorpat 1894), Neudr. 1968; F. G. v. Bunge, Einleitung in die Liv-, Esth- und Curländische Rechtsgeschichte und Geschichte der Rechtsquellen, Reval 19849, Neudr. 1971.

Kap. 26. Die Nebenländer des Reiches

I. Das Königreich Italien

Schrifttum: Ernst Mayer, Ital. Verfassungsgeschichte von der Gotenzeit bis zur Zunftherrschaft, 2 Bde, 1909, Neudr. 1968; J. v. Ficker, Forschungen zur Reichs- und Rechtsgeschichte Italiens, 4 Bde, 1868–1874, Neudr. 1961; P. S. Leicht, Storia del diritto pubblico Italiano, 4. Aufl., Mailand 1956; G. de Vergottini, Il diritto pubblico Italiano nei secoli XII–XV, 2 Bde, 3. Aufl., Mailand 1959 und 1960; E. Besta, Storia del diritto Italiano, diritto pubblico, 2 Bde, 1949–1950; S. Pivano, I ducati del regno Italico nell' eta Carolingia, i. Sammelband Scritti minori di storia del diritto (Turin 1965) S. 589ff. (Nachdr. aus Festschr. E. Besta Bd. 4, 1937/39); P. S. Leicht, Dal „regnum Langobardorum" al „regnum Italiae", in Riv. di st. del dir. ital. III; A. Wolf, Die Gesetzgebung der entstehenden Territorialstaaten: Reichsitalien, in: H. Coing, Handb. d. Quell. u. Lit. d. neuer. europ. Privatrechtsgesch. I Ma. (1973)566ff.; H. Mitteis, Der Staat des hohen Ma., 9. Aufl. 1974 (dort weiteres Schrifttum), vgl. a. Kap. 24 VI 5.

Quellen: L. A. Muratori, Annali d'Italia dal principio dell'era volgare fino al'anno 1750, 13 Bde, 1761–72, Neudr. 1971.

1. Die Eingliederung Italiens in das Reich ist das Werk der Ottonen. Die Anfügung des alten langobardischen Königreiches mit der Hauptstadt Pavia an das deutsche Reich vollzog Otto I. 952. Als rex Francorum et Italicorum verband er beide Reiche zunächst nur in Personalunion miteinander. Die Grundlage für einen dauerhaften Zusammenschluß des regnum Italiae mit dem deutschen Reich schuf erst die Kaiserkrönung Ottos (962). Unter den Saliern wird mit der Annahme des Titels rex Romanorum (1040) der Anspruch auf die Herrschaft über Italien an das deutsche Königtum geknüpft und damit von der Kaiserkrönung getrennt.

a) Der Herrschaftsanspruch des ottonischen Kaisertums über ganz Italien fügte zum ideologischen Konflikt mit Ostrom den territorialen, da Byzanz damals noch in Süditalien Herrschaftsrechte besaß. Das Papsttum andererseits wurde durch die Anfechtung der konstantinischen Schenkung des Patrimoniums Petri (1001), die Otto I. noch anerkannt hatte, herausgefordert. Für Italien war eine renovatio imperii Romanorum nicht nur ein ideologisches, sondern stets zugleich auch ein territorialstaatliches Problem.

Das Ausgreifen der deutschen Kaiser nach dem italienischen Süden war ohne Dauererfolg. Reichsitalien bleibt auf das langobardische Königreich und die Schirmvogtei *(tuitio)* über den Kirchenstaat *(patrimonium Petri)* beschränkt. Auch den Staufern ist es nicht gelungen, eine dauerhafte Verbindung des normannischen Königreiches in Süditalien und Sizilien mit dem Kaisertum herzustellen. Für die Mitte Italiens war entscheidend, daß der Kaiser im Investiturstreit seinen Einfluß auf die Papstwahl und seine Herrschaft über Rom verlor und sich dem Anspruch der röm. Kirche auf Souveränität im Kirchenstaat gegenübergestellt sah. Auch die Eingliederung des nach Byzanz orientierten venetianischen Inselstaates mit dem Patriarchat Grado ist nicht geglückt.

b) Die Einigung ganz Italiens im Zeichen der Kaiserkrone ist vor allem am Widerstand der Kurie gescheitert. Um nicht Reichsbischof zu werden, tat der Papst alles, die Randlage des Kirchenstaates zu erhalten und ein Übergreifen des Reiches auf Süditalien zu verhindern.

2. Die Eroberung des langobardischen Königreiches durch Karl den Großen (774) brachte eine überwiegend fränkisch-alamannische Führungsschicht nach Oberitalien. Zudem waren Franken- und Langobardenreich in ihrem inneren Aufbau einander verwandt. Die langobardischen Herzogtümer bestehen nach der Eroberung als fränkische Grafschaften und Markgrafschaften weiter. Im Gegensatz zu Deutschland verfügte Reichsitalien über ein geschlossenes Netz solcher Grafschaften, die sich an die alten Römerstädte und ihre civitates anschlossen.

Gleiches dürfte auch für die Bistümer gelten. Sie sind Stadtbistümer im antiken Sinne. Anders als in Deutschland lehnen sich in Italien also Grafschaft wie Diözese an die römische civitas an. Untergegangen ist dagegen auch in Italien die antike Stadtverfassung.

Schrifttum: J. Fischer, Königtum, Adel und Kirche im Königreich Italien (774 bis 875), 1965; G. Fasoli, Il re d'Italia 888–962 (1949); M. Uhlirz, Die italienische Kirchenpolitik der Ottonen, MIÖG 48 (1934) 201ff.; dies., Die Restitution des Exarchates Ravenna durch die Ottonen, MIÖG 50 (1936) 1ff.; A. Hofmeister, Markgrafen und Markgrafschaften im Italischen Königreich in der Zeit von Karl d. Gr. bis auf Otto d. Gr. (774–962), MIÖG Erg.Bd. 7 (1907); W. Goetz, Die Entstehung der ital. Stadtkommunen im Ma., in Forschungen und Fortschritte 1942 und Münch. SB 1944; ders., Römer und Italiener, Festgabe Kronprinz Rupprecht 1953 S. 127ff.; H. F. Schmid, Das Weiterleben und die Wiederbelebung antiker Institutionen im ma. Städtewesen (Annali di storia del diritto I 85ff.) Mailand 1957; G. Dilcher, Die Entstehung der lombardischen Stadtkommune, 1967; ders., Bischof und Stadtverfassung in Oberitalien, ZRG 81 (1964) 225ff.; H. Keller, Die soziale und politische Verfassung Mailands in den Anfängen des kommunalen Lebens, HZ 211 (1970), 34ff.; H. Appelt, Friedrich Barbarossa und die italienischen Kommunen, MIÖG 72 (1964) 311ff.; W. Wohlfahrt, Kaiser Heinrich VI. und die oberitalienischen Städte, 1939.

3. Das Versagen der Grafen bei den Ungarneinfällen (899–954) verstärkte den Anteil der Ortsbischöfe am politischen Leben. Das Ergebnis ist die Übertragung von Grafschaftsrechten und Regalien an die Ortsbischöfe. Es entsteht die bischöfliche Stadtherrschaft.

Dies geschah nicht auf einmal und gleichmäßig. Während sie in Bergamo und Cremona auf Privilegien von 904 und 916 zurückgeht, ist die bischöfl. Stadtherrschaft in Mailand erst 1045 erweislich.

4. Der Investiturstreit erschütterte die bischöfliche Stadtherrschaft und gab den sich seit dem 10. Jhdt. entwickelnden S t a d t g e m e i n d e n Auftrieb. Kommunen bildeten sich nicht nur in den alten Römerstädten, sondern auch in den römischen Kastellorten, die nun zu Städten minderen Rechtes werden. Die meisten Städte brechen die Gewalt der bischöflichen Stadtherren, erwerben deren Gerichtsrechte und Regalien und setzen so ihre eigenen Organe an die Stelle der bischöflichen.

So kam es in Reichsitalien mit Ausnahme des Kirchenstaates und des Patriarchats Aquileja zu keiner geistlichen Landeshoheit. Im weiteren Verlauf richten sich die städtischen Autonomiebestrebungen sogar gegen die Krone. Nach schweren Kämpfen brachte der Konstanzer Friede von 1183 einen Ausgleich, der die kaiserliche Oberhoheit nominell wahrte und die Städte als republikanische Gemeinwesen in föderativer Form in die Reichsverfassung eingliederte.

5. Dank der räumlichen Einheit von antiker Civitas, Bistum und Grafschaft wurden die Städte als Erben der bischöflichen Stadtherrschaft im 13. Jahrh. auch zur Vormacht auf dem Lande. Der niedere Landadel fühlte sich um so weniger im Gegensatz zur Stadt, als innerhalb der Bürgerschaft der grundbesitzende Lehnsadel auf lange hinaus die kommunalen Kollegien beherrscht. Es gelang den Städten weitgehend, ihre kommunalen Comitate durch Unterwerfungsverträge mit dem Landadel und den Landgemeinden zum Territorialstaat zu verdichten. Grundlegend wichtig ist, daß die angegliederten comitatini in der Regel vom Bürgerrecht ausgeschlossen bleiben, zu dem entstehenden S t a d t s t a a t also in ein Verhältnis der Untertänigkeit geraten, eine Entwicklung wie sie bei den schweizer Stadtrepubliken wiederkehrt (Ausdruck der beibehaltenen Absonderung ist die Bezeichnung contadino = Landmann, Bauer, abgeleitet von contado = comitatus). Der Versuch der größeren Städte kleinere Nachbarstädte sich zu unterwerfen und sie samt ihrem Comitat in ein Untertanenverhältnis (comitinantia) zu zwingen, hatte zumeist Erfolg.

Schrifttum: D. W a l e y , Die italienischen Stadtstaaten, 1969; G. de V e r g o t t i n i , Origini e sviluppo storico della comitatinanza, in Studi Senesi 44 (1929), S. 341ff., und zusammenfassend in Rivista stor. Ital. 1942 S. 22 ff.; E. S e s t a n , La città comunale italiana dei secoli XI–XIII (Rapports III S. 75 ff. des 11. Internat. Historikerkongresses, 1960); N. A r b i n g e r , Komitat, Adel und städtische Kommunen in der Lombardei I während des 12. Jahrh., Wien 1967; G. F a s o l i , Dalla Civitas al Commune nel'Italia settentrionale, Bologna 1969; dies., Che cosa sappiamo delle città italiane nel'alto medio evo?, VSWG 47 (1960) 289ff.; dies., Riarche sui borghi franchi del'alta Italia, Riv. di storia del dir. ital. XV 1942).

Für die Entwicklung der italienischen Stadtstaaten war es bedeutungsvoll, daß es den Städten gelang, sich unmittelbar in das Lehnswesen einzuschalten. Sie werden selbst zu Großvasallen und machen sich ihrerseits die Masse des Kleinadels als Untervasallen dienstbar. Den deutschen Städten, die in ihrer Entwicklung gegenüber den italienischen zurückgeblieben waren, gelang es dagegen nicht mehr, in die inzwischen abgeschlossene Heerschildordnung einzudringen. Adel und Städte bleiben in Deutschland Gegensätze, während in Italien eine Verstädterung des Adels eintritt.

In Italien fehlt wie in Frankreich die für Deutschland so wichtig gewordene unfreie Dienstmannschaft (Ministerialität). Der Lehnsadel gliedert sich in wenige Großvasallen (capitani) und zahlreiche Aftervasallen (valvassores, secundi milites). Während nun die Grafen und Markgrafen sich seit dem 10. Jahrhundert fast ganz aus den Städten zurückziehen, verstärkt sich durch Belehnungen der Stadtgemeinden seitens ihrer Ortsbischöfe die Bindung der Valvassores an die Stadt; sie werden zu echten Stadtbewohnern (Cittadini).

6. Die Auflösung Reichsitaliens in Stadtstaaten ist jedoch keine vollständige. Im Süden des Patrimoniums Petri (Campagna, Marittima) war die Macht der Feudalherren (der Colonna, Gaetani, Orsini usw.) so groß, daß selbst die Stadt Rom kein nennenswertes Territorium entwickeln konnte. Eigene Wege ging auch der Nordosten. Die 952 Baiern zugeschlagenen, bei der Errichtung des Herzogtums Kärnten (976) an dieses gelangten Herzogtümer und Marken (Trient, Verona, Aquileja-Friaul, Istrien) verblieben nominell bei Italien; sie verselbständigten sich im 11. Jhdt. in der Hand meist deutscher Fürsten. Im Spätmittelalter fallen sie dem Übergreifen Venedigs auf das Festland zum Opfer.

Die Zurechnung der nordöstlichen Marken zum deutschen Reich (seit 952) war sehr vorübergehend. Dagegen sind Trient und Chiavenna dauernd zu Deutschland gekommen. Für Krain war der Patriarch von Aquileja zugleich deutscher Reichsfürst. Ihm verlieh Heinrich IV. 1077 die herzogliche Stellung in den Marken Friaul, Istrien und Krain. Deutsche Fürstenhäuser erlangen Herzogs- und Markgrafentitel in Verona (Zähringer), Meranien (Wittelsbach, Andechs) u. Istrien (Spanheim, Andechs).

Schrifttum: H. Schmidinger, Patriarch und Landesherr, die weltliche Herrschaft der Patriarchen von Aquileja bis zum Ende der Staufer, 1954; G. de Vergottini, Il papato e la comitatinanza nello stato della chiesa, Bologna 1953.

7. Friedrich II. gelang es nach seinem Sieg bei Cortenuova (1237) noch einmal eine straffe Reichsverwaltung (vgl. Kap. 24 VI 5) aufzubauen. Ganz Italien einschließlich des Kirchenstaates wurde Generalvikaren und Generalkapitänen unterstellt. Auch die Unterbeamten (Vikare und städtische Podestà) werden vom Kaiser eingesetzt. Dieses System überlebte die staufische Herrschaft. Indem sich in den italienischen Stadtstaaten der Podestà neben den kommunalen Organen als selbständiger Hoheitsträger behauptet, hat er die monarchische Lenkung dieser Gemeinwesen vorbereitet.

a) Aus den Amtsbezirken der Fridericianischen Organisation entwickelte sich in der Frührenaissance die Signorie, die zum Teil die Herrschaft einheimischer Geschlechter, wie der Visconti in Mailand, der Scaliger in Verona, der Medici in Florenz, der Este in Ferrara, in anderen Fällen aber Fremdherrschaft bedeutete.

b) Die neuen Stadtherren werden vom Reiche belehnt und in ihren wichtigsten Vertretern in den Rang von Reichsfürsten erhoben. An die Stelle der antik verbrämten Stadtrepublik tritt so die Erbmonarchie; sie bildet die Vorstufe für die Beherrschung Reichsitaliens durch die Großmächte (Habsburg, Spanien, Venedig, Sardinien) in der Neuzeit.

α) Nur das 1528 aus dem Reich ausscheidende Genua, Lucca, San Marino und das stets reichsfremde Venedig bleiben Republiken. Die Reichsfürsten Italiens gehören nicht zum deutschen Reich, mit dem sie nur über das Imperium verbunden sind. Sie bleiben daher auch ohne Beziehung zum deutschen Reichstag. Dem Sturz der Staufer folgt die Wiederherstellung des Kirchenstaates und seine Ausdehnung nach Norden (Abtretung der Romagna 1278). Im 15. Jhdt. greift Venedig auf das Festland über (Padua-Verona 1405/06) und reißt schließlich ganz Venetien an sich. Die letzten Reste der alten Reichsherrlichkeit (Toscana, Mailand, Mantua, Modena) beseitigte der Frieden von Lunéville (1801).

β) Als Nachklang des Ringens zwischen Papst und Kaiser um Reichsitalien gingen die italienischen Fürstentümer teils vom Kaiser (Pisa, Siena, Urbino, Modena, Mantua, Mailand), teils vom Papst (Florenz, Ferrara, Parma, Piacenza) zu Lehen. Über eine große Zahl kleiner und kleinster Reichslehen, die über Reichsitalien und den Kirchenstaat verstreut waren, besaß man in Wien schon im 17. Jahrhundert kaum noch Kenntnis. Wie wir heute wissen, waren gut zwei Drittel der 296 im Kirchenstaat gelegenen päpstlichen Lehen ursprünglich Reichslehen.

Schrifttum: G. Pirchan, Italien und Kaiser Karl IV. in der Zeit seiner zweiten Romfahrt, Prag 1930; G. Rill, Reichsvikar und Kommissar. Zur Geschichte der Verwaltung Reichsitaliens im Spätmittelalter und in der frühen Neuzeit. Annali della Fondazione Italiana per la storia amministrativa 2 (1965) 177ff.; K. O. Frh. v. Aretin, Der Heimfall des Herzogtums Mailand an das Reich im Jahre 1700, Ged. schr. M. Göhring (1968) 84ff.; A. Wandruszka, Österreich und Italien im 18. Jahrhundert, 1963; K. Benedikt, Kaiseradler über dem Appenin. Die Österreicher in Italien 1700–1866 (Wien 1964); H. J. Becker, Kirchenstaat, HRG II 824ff.

II. Das Königreich Burgund.

Schrifttum: A. Hofmeister, Deutschland und Burgund im frühen Ma., 1914 (Neudr. 1970); L. Jacob, Le royaume de Bourgogne, 1906; R. Poupardin, Le royaume de Bourgogne, 1907; P. Fournier, Le royaume d'Arles et de Vienne (1138–1378),1891; D.Winckelmann, Die Beziehungen Kaiser Karls IV. zum Königreich Arelat, 1882; J. Richard, Les ducs de Bourgogne et la formation du duché du XIe au XIVe siècle (Dijon 1958); R. Hoke, Die Freigrafschaft Burgund, Savoyen und die Reichsstadt Besançon im Verband des mittelalterlichen deutschen Reiches, ZRG 79 (1962) 106ff.; ders., Franche Comté (Freigrafschaft, Pfalzgrafschaft, Grafschaft) Burgund HRG I 1183; F. Baethgen, Das Königreich Burgund in der dt. Kaiserzeit des Ma., in: ders., Mediaevalia 1 (Schriften der Mon. Germ. Hist. 17) 1960 S. 25–50; J. Y. Mariotte, Le royaume de Bourgogne et les souverains allemands du haut moyen âge (Dijon 1962); L. Boehm, Rechtsformen u. Rechtstitel der burgundischen Königserhebungen im 9. Jhdt., Hist. Jb. 80 (1961) 1–57;G.deManteyer,LaProvence du Ier au XIIe siècle (Paris 1908);M.Chaume, Les origines du duché de Bourgogne, 1–2 (in 4 Bden), Dijon 1925–1937; H. D. Kahl, Die Angliederung Burgunds an das Imperium, Schweiz. Num. Rundsch. 48 (1969) 13ff.; G. Hüffer, Das Verhältnis des Königreichs Burgund zu Kaiser und Reich, insbesondere unter Friedrich I., 1874; F. Kiener, Verfassungsgeschichte d. Provence, 1900; R. Buchner, Die Provence in merowingischer Zeit, 1933; P. A. Février, Le développement urbain en Provence de l'époque romaine à la fin du XIVe siècle, Paris 1964; S. Hellmann, Die Grafen von Savoyen und das Reich bis zum Ende der staufischen Periode, Innsbruck 1900; A. Wolf, Die Gesetzgebung der entstehenden Territorialstaaten: Burgund, in: H. Coing, Handb. d. Quell. u. Lit. d. neuer. europ. Privatrechtsgesch. I Ma (1973) 577ff.; HRG Burgund (K. H. Allmendinger) I 569ff.

Quellen: L. Groß-R. v. Lacroix, Urk. u. Aktenstücke des Staatsarchivs Wien zur reichsrechtl. Stellung des Burgundischen Kreises, Bd. 1–2 (1454–1700), 1950.

1. Durch die Thronerhebung des Grafen Boso von Vienne, eines Schwiegersohnes Kaiser Ludwigs II., entstand 879 ein cisjuranisches Königreich Burgund, nach der Hauptstadt Arles auch als Arelat (regnum *Arelatense*) bezeichnet. 930 wurde es mit dem von dem Welfen Rudolf I. 888 begründeten Transjuranischen Königreich Burgund (Hochburgund, umfassend die Westschweiz und die Freigrafschaft) vereinigt. Durch den Zerfall des Frankenreiches wird Burgund unabhängig. Sein letzter König Rudolf III. (gest. 1032) bereitete durch Erbvertrag (1006 bzw. 1027) und Lehenauftragung (1016) die Eingliederung Burgunds in das Reich selbst vor. Auf dieser Grundlage, ergänzt durch die Wahl, konnte Kaiser Konrad II. 1033 die Nachfolge antreten.

Da Burgund die wichtigsten Westalpenpässe beherrschte, diente sein Gewinn vor allem der Italienpolitik. Zudem sicherte es die Westgrenze gegen Frankreich. Andererseits stellte es den deutschen König vor neue schwere Aufgaben. Burgund war durch und durch feudalisiert und in der Hand eines schwer lenkbaren geistlichen und weltlichen Adels, dessen Unbotmäßigkeit schon den burgundischen Königen einen planmäßigen Staatsausbau unmöglich gemacht hatte. Der Übergang an das Reich war mit die Frucht dieses Scheiterns.

2. Die tatsächliche Herrschaft des Reiches blieb auf Innerburgund (Hochburgund) beschränkt, während die Grafschaften Burgund, Dauphiné, Savoyen, Vienne, Lyonnais und Provence fast unabhängig waren und sich im 13. Jhdt. zunehmend dem französischen Einfluß öffneten.

Schon unter Friedrich II. rückt der französische Einfluß im Arelat an die Stelle des deutschen. 1245 kommt die Provence an Karl von Anjou, 1295 die Pfalzgrafschaft (= Freigrafschaft) an das französische Königshaus, 1349 die Dauphiné an den französischen Thronfolger (daher die Bezeichnung Dauphin für den französischen Thronerben). Karl IV. klärte die höchst verworrenen staatsrechtlichen Verhältnisse Burgunds. 1356 setzte er die Lehenhuldigung für die Freigrafschaft und die Dauphiné durch, 1365 ließ er sich als einziger deutscher Kaiser seit Barbarossa in Arles zum König von Burgund krönen. Da er sich aber dazu verstand, den Dauphin zum Reichsvikar für das Arelat zu machen (1378), bereitete er schließlich selbst den Verlust des Königreiches vor. Vienne wurde 1448, die Provence 1487 Frankreich angegliedert.

Schrifttum: Sternfeld, Das Verhältnis des Arelats zu Kaiser und Reich, 1886.

3. Vom Königreich Burgund wohl zu unterscheiden ist das unter französischer Oberhoheit stehende Herzogtum Burgund. Nach 1183 ist der Herzog von Burgund zugleich französischer Vasall und Reichsfürst (Unterwerfung gegenüber Barbarossa im Frieden von Orvieto 1186). In der Folge weitete sich seine Herrschaft auf burgundischem Reichsboden immer mehr aus (Erwerb von Mâcon, Lyon, Salins, der Freigrafschaft). Diese deutsch-französische Doppelstellung war nur eine Personalunion. Sie endete 1493.

4. Der Restbestand des Königreiches Burgund (Hochburgund) wurde nach einem längeren Schwebezustand im Laufe des 14. Jahrhunderts (Savoyen förmlich 1361) dem deutschen Reiche eingegliedert. Seine Fürsten (Burgund, Chalon, Savoyen, die Hochstifte Besançon, Genf, Lausanne) erlangten damit Reichsstandschaft und Zugang zum deutschen Reichstag.

Von diesen Fürsten hielten sich nur der Erzbischof von Besançon (nicht aber die schon 1679 verlorene Reichsstadt) und der Herzog von Savoyen bis zuletzt beim Reich. Innerburgund ging an die Schweizer Eidgenossenschaft, das transjuranische Burgund stückweise an Frankreich (zuletzt die Freigrafschaft 1679) verloren. Das burgundische Erzkanzleramt war schon zu Beginn des 14. Jahrh. vom Erzbischof von Vienne an Kurtrier übergegangen, das es mit seinem eigenen im linksrheinischen Deutschland zu einem solchen „per Galliam" verschmolz.

5. Bei der Bildung des burgundischen Reichskreises (1512) wurden zu diesem auch die 17 niederländischen Provinzen geschlagen, die aus dem Erbe Karls des Kühnen († 1477) an Habsburg gekommen waren. Die Bindung des burgundischen Kreises an das Reich wurde 1548 zu einem Schutzverhältnis abgeschwächt und durch die Zuteilung der Niederlande und der Freigrafschaft an Philipp II. von Spanien

(1556) weiter gelockert. Gleichwohl verblieben die habsburgischen Niederlande dauernd im Reichslehenverband. Anläßlich des bayerisch-belgischen Tauschprojekts wurde der Schatten des Königreiches Burgund im 18. Jhdt. noch einmal flüchtig beschworen.

Der förmliche Verlust der Niederlande im Frieden von Lunéville (1801) hatte ein Vorspiel. 1787 lösten die Reformen Josefs II. eine Erhebung aus, die den Kaiser zur Aufhebung der Verfassung von Brabant (der Joyeuse Entrée) veranlaßte (18. Juni 1789); darin war ein Widerstandsrecht der Stände förmlich verbrieft. Die Aufständischen antworteten mit einer Bundesakte der vereinigten belgischen Staaten (10. Jan. 1790) und erklärten den Austritt aus dem Reich. Sie fanden Unterstützung bei Holland und England, aber auch bei Preußen. Die militärische Niederwerfung endete mit der Restitution der alten Verfassung. Kaiser Leopold II. leistete am 31. Juli 1792 als letzter Herzog von Brabant den Verfassungseid, den erstmals König Wenzel geschworen hatte (1356).

III. Andere Reiche

Im Zeichen des Weltkaisertums hat es nicht an Versuchen gefehlt, über Italien und Burgund hinaus weitere Königreiche dem Imperium einzugliedern.

1. Der Versuch Heinrichs VI., mit lehenrechtlichen Mitteln das Reich zu erweitern (England, Armenien, Cypern), blieb Episode. Gleiches gilt für die personelle Bindung mittelmeerischer Kronen (Sizilien, Jerusalem) an das Reich unter Friedrich II. In Personalunion mit dem Träger der Kaiserkrone stand späterhin Ungarn (1410–1439 und seit 1556) sowie Spanien unter Karl V. Daß Reichsfürsten seit dem Spätmittelalter wiederholt auf fremde Throne gelangten (Ungarn, Dänemark, Schweden, Polen, Sardinien, England), hat das Reich nicht gestärkt, sondern geschwächt.

Schrifttum: J. Scheiding-Wulkopf, Lehensherrliche Beziehungen der fränkisch-deutschen Könige zu anderen Staaten vom 9. bis zum Ende des 12. Jahrhunderts, 1948; W. Hubatsch, Der deutsche Orden und die Reichslehenschaft über Cypern, Nachr. d. Ak. d. Wiss. Göttingen I, Phil.-hist. Kl. 1955 Nr. 8 S. 245 ff.

2. Von besonderer Art war das Verhältnis Polens zum Reich, das darüber noch 1419 die Lehnshoheit beanspruchte. Polen, zu dem damals auch Mittel- und Niederschlesien gehörten, trat 963 in ein Tributärverhältnis zum Reich, sein Herzog wurde 973 Vasall Otto I. Im Jahre 1000 wurde Polen unter Aufhebung der Bindungen an das deutsche Reich dem Imperium unmittelbar unterstellt. Die rasch folgende Verselbständigung (Annahme des Königtitels 1024) war nicht von Dauer; 1033 mußte sich Polen Kaiser Heinrich III. unterwerfen und stand in der Folge unter deutscher Lehnshoheit. Dem machte Boleslaw II. 1076 durch eine erneute Königskrönung ein Ende. Erst 1146 gelang die Wiederherstellung der lehnrechtlichen Bindung Polens an das Reich, die jedoch den Tod Kasimir II. (1194) nicht überlebte. Eine Ausnahme bilden allein die schlesischen Fürstentümer, die im 14. Jahrhundert endgültig an Böhmen und damit an das Reich gebunden werden (vgl. Kap. 25 VI).

Schrifttum: C. Wersche, Das staatsrechtliche Verhältnis Polens zum deutschen Reich, Zeitschr. d. hist. Ges. f. d. Prov. Posen III (1888).

Zweischneidig war die Bestellung fremder Souveräne zu Reichsvikaren (z.B. König Eduard III. von England 1338), oder deren Belehnung mit Reichsgut (so Richard Löwenherz von England mit Südburgund, Dänemark mit Dithmarschen 1460 und Holstein 1474). **Schrifttum:** L. Hüttebräuker, Die Vikare Karl IV. in Deutschland, Festschr. A. Brackmann (1931) 546 ff.

IV. Imperium und Regna

Die Bezeichnung der Königreiche Italien und Burgund als Nebenländer des Reiches macht bereits deutlich, daß die durch die Kaiserkrönung Karls des Großen und Ottos des Großen gestellte Frage nach der Integration des Imperiums und der Regna keine grundsätzliche Lösung fand. Eine Verschmelzung konnte erfolgen im Wege einer gleichrangigen Unterordnung der Regna unter das Imperium, wie sie Otto III. vorschwebte. Das deutsche Reich hätte dafür die Form einer reinen Erbmonarchie annehmen müssen, da eine Beteiligung der anderen Regna an der deutschen Königswahl dem gentilizischen Denken der Zeit widersprach, für das ein Reich ohne Reichsvolk unvorstellbar war. Der Gedanke, die Römer zum tragenden Reichsvolk zu machen, der in der Bezeichnung Rex Romanorum für den deutschen König anklingt, besaß angesichts der geschichtlichen Wirklichkeit keine Aussicht auf Verwirklichung. In Nachfolge der Franken blieben die Deutschen das Reichsvolk des Imperiums. Die ausschließlich durch sie vorgenommene deutsche Königswahl präjudizierte den Erwerb der Kaiserkrone, wie auch der Kronen von Burgund und Italien. Folgerichtig erscheint den Zeitgenossen das Kurkolleg als Nachfolger des römischen Senats.

Die ungelöste Verfassungsfrage wurde zum Verhängnis in dem Augenblick, da die höchste geistliche und weltliche Gewalt in Gegensatz zueinander gerieten. Die Kaiserkrönung band die Kurie an das deutsche Reich. Die Person des deutschen Königs durfte dem Papst nicht gleichgültig sein, die Kaiserkrönung nicht zum leeren Formalakt werden (vgl. Kap. 25 V 1–2). So war es unausweichlich, daß der Papst einen Approbationsanspruch hinsichtlich der deutschen Königswahl erhob (Innocenz III.) oder die Koppelung der deutschen mit der Kaiserkrone zu sprengen suchte (Johannes XXII.). Die Kurie wurde in diesem Kampf ungewollt zugleich Sachwalter der übrigen Regna.

Schrifttum: E. Müller-Mertens, Regnum Teutonicum. Aufkommen und Verbreitung der deutschen Reichs- und Königsauffassung im früheren Mittelalter, 1970; E. E. Stengel, Regnum und Imperium, Engeres und weiteres Staatsgebiet im alten Reich, 1930.

Kap. 27. Die Lehnsverfassung

Schrifttum: H. Mitteis, Lehnrecht und Staatsgewalt, 1933, Neudruck 1957 u. 1972; s. auch Kap. 16; J. Ficker, Vom Heerschilde, 1862, Neudr. 1964; H. Krawinkel, Feudum, Jugend eines Worts, 1938; K. F. Krieger. Die königliche Lehngerichtsbarkeit im Zeitalter der Staufer, DA 26 (1970) 400 ff.; Y. Horigome, Die Bedeutung des Investiturstreites für die Entwicklung des deutschen Feudalismus, ZBLG 31 (1968) 699 ff.; Sammelband (VF 5): Studien zum mittelalterlichen Lehnswesen, 1957; K. Bosl, Das ius ministerialium. Dienstrecht und Lehenrecht im deutschen Mittelalter, VF 5 (1960) u. in: Frühformen d. Gesellschaft (1964) 277 ff.; B. Diestelkamp, Das Lehnrecht der Grafschaft Katzenelnbogen (13.

Jahrh. bis 1479), 1969; ders., Lehnrecht und spätmittelalterliche Territorien, VF 13 (1970) 61ff.; ders., HRG Artikel Hoffarth (II 203), Homagium (II 225), Homo ligius (II 234), Hulde (II 256), Huldverlust (II 259ff.).; F. Merzbacher, Kirchenrecht und Lehnrecht, Österr. Arch. f. Kirchenrecht 12 (1961) 113ff.; H. Lieberich, Zur Feudalisierung der Gerichtsbarkeit in Baiern, ZRG 71 (1954) 242ff.; C. Pöhlmann, Das ligische Lehnsverhältnis, 1931. V. Henn, Das ligische Lehnswesen im Westen und Nordwesten des mittelalterlichen deutschen Reiches, Diss. Bonn, 1970; S. a. HRG Artikel: Allod (W. Goez) I 120f., Felonie (G. Theuerkauf) I 1098f., Feudum extra curtem (W. Goez) I 117f.

I. Aus der Bedeutung, die das Lehnswesen im Karolingerreich gewonnen hatte, ergibt es sich von selbst, daß auch dem Deutschen Reiche des Mittelalters das Problem der Auseinandersetzung mit ihm gestellt war.

1. Schon Heinrich I. hatte seine Herrschaft auf ein Lehnsverhältnis zu den Herzögen gründen müssen (s. Kap. 21 I 2). Dann aber hatten die sächsischen Herrscher die oberlehnsherrliche Stellung des Königs nicht weiter ausgebaut; die ottonische Verfassung war den Weg über die staatliche Kirchenhoheit gegangen. Die Kehrseite war, daß der Weltadel sich von den Reichsgeschäften zurückzog und sich dem Ausbau seiner Eigensphäre zuwandte, daher auch seine Stellung im Lehnrecht zu verstärken trachtete.

2. Frankreich war im 10. und 11. Jhdt. voll durchfeudalisiert; aber gerade diese starke Ausbildung des Lehnrechts gestattete es später den Königen, ihre Stellung an der Spitze der Lehnspyramide so auszubauen, daß sich alle Macht am Pole des Herrenrechtes sammelte und schließlich das Lehnrecht mit seinen eigenen Mitteln überwunden wurde. In Deutschland hingegen entwickelte es sich nach der Seite des Vasallenrechtes hin, es wurde verdinglicht.

Sicher läßt sich dieser Unterschied nicht nur aus inneren Entwicklungen im Lehnrecht selbst voll begreifen; äußere Gegebenheiten kamen dazu, so die in Frankreich fehlende Verankerung des Adels in den Stämmen, auch die Natur der Länder selbst. Frankreich war eine alte Kulturlandschaft ("offene Parklandschaft") – Deutschland weithin ein unwegsames Waldgebiet. Hier mußte der Adel auf eigene Faust roden, und das "Ausbauland" betrachtete er als sein Eigengebiet, als Allod, das nicht im Lehnsnexus stand und den König als Oberlehnsherrn nichts anging. Etwas überspitzt, aber bildhaft hat man dem französischen "Feudalismus" einen deutschen "Allodialismus" entgegenstellen wollen (A. Helbok, Grundlagen der Volksgeschichte Deutschlands und Frankreichs, 1936). In Frankreich konnte der König verliehene Regalien mit den Banden des Lehnrechts wieder an sich ziehen, in Deutschland "versanken sie in die Tiefe der Wälder" (Helbok).

3. Die juristische Spiegelung dieses Unterschieds liegt darin, daß in Deutschland niemals, wie in Frankreich und England, das Lehnrecht zum allbeherrschenden Rechtssystem, zum "gemeinen Recht" schlechthin geworden, sondern stets ein "Rechtskreis" neben dem allgemeinen Landrecht geblieben ist (s. Kap. 31 I 3b). In Frankreich und England galt der Satz „nulle terre sans seigneur" – d. h. es sprach die Vermutung dafür, daß alles Land lehnrührig sei, in letzter Instanz vom König. In Deutschland sprach umgekehrt die Vermutung für freies Eigen (Allod). Da das Reich kein geordnetes Lehnsregister führte, sind schon auf diese Weise manche alte Reichslehen durch „Verschweigung" zu Allod geworden.

a) Die Beweispflicht der Leheneigenschaft hat im 14. Jahrhundert der maßgebliche Glossator Baldus de Ubaldis (gest. 1400) sanktioniert (In usus feud. comm., Rubr. Si de feudo, Inter filiam n. 2). Das mußte besonders der Allodifizierung von Reichslehen Vorschub leisten, die durch den Dynastiewechsel im Zuge des Wahlkönigtums ohnedies gefährdet waren.

b) Um einer Verschweigung von Lehen vorzubeugen, wird es nach 1300 üblich, Belehnungen zu beurkunden (Lehenbriefe und -reverse) u. Lehnsregister (Herrn- und Mannfall) zu führen. Konstitutive Bedeutung hat solche Schriftlichkeit auch späterhin nicht erlangt. Im 13. Jahrhundert betreffen Lehnsurkunden durchwegs noch Sonderfälle.

Schrifttum: W. Lippert, Die deutschen Lehnbücher. Beitrag zum Lehnswesen und Lehnrecht des Mittelalters, 1903, Neudr. 1970.

4. Schon Konrad II. (1037) und Lothar III. (1136) mußten vasallenfreundliche **Lehnsgesetze** erlassen, die den Vasallen Vererblichkeit und Unentziehbarkeit ihrer Lehen gewährleisteten. Eine Art Kommentar dazu sind die seit dem Ende des 11. Jhdt. entstehenden lombardischen Lehnrechtsbücher, die „**Libri Feudorum**". Sie galten lange als die klassische Formung des mittelalterlichen Lehnrechts; aber staatspolitisch waren sie höchst bedenklich, weil sie fast nur noch von den Rechten der Vasallen am Lehen, viel weniger von seinen Pflichten dem Herrn gegenüber handeln. Wenn sie auch in Italien geschrieben waren und erst viel später offiziell in Deutschland rezipiert wurden, so mögen sie doch die zentrifugale Tendenz des deutschen Lehnrechts schon im Mittelalter verstärkt haben.

Die Libri feudorum wurden von dem Glossator Hugolinus (gest. 1220) den Novellen des Corpus juris angefügt und mit diesem später in Deutschland rezipiert.
Schrifttum: Karl Lehmann, Das langobard. Lehnrecht, 1892 u. 1896 (Text der LF), Neudr. (K.A.Eckhardt) 1971; E.Besta, Storia del diritto ital. I (1924), 439f.; E. M. Meijers, Les glossateurs et le droit féodal, Tijdschr. v. Rechtsgesch. 13 (1934) 129ff., neu abgedr. ders., Études III 1 S. 261ff.

5. Die im 10. u. 11. Jahrh. vom König zahlreich an Bistümer gegebenen Grafschaften erhielten diese als Eigen und nicht nach Lehnsrecht. Dagegen ist die dem König im **Wormser Konkordat** (1122) zugestandene Temporalieninvestitur schon bald als Regalienbelehnung verstanden und den geistlichen Fürsten ein Heerschild zuerkannt worden. Die Reichskirche begann ihrerseits schon im 11. Jahrh. die Vogtei als Lehen auszugeben. Selbst die Kurie bediente sich des Lehnswesens (s. unter Nr. 7).

6. Um die Wende des 11. Jahrh. sind die Fahnlehen der weltlichen Fürsten und ihrer Untervasallen unstrittig erblich; zunächst mußte der König sie tauglichen Söhnen überlassen, später auch Töchtern und Seitenverwandten. Den Höhepunkt der zentrifugalen Entwicklung bildete die Ausdehnung dieses zunächst erbrechtlichen „**Leihezwangs**" auf den Fall der Felonie, wie wir sie zuerst beim Sturz Heinrichs des Löwen beobachtet haben. In der Folgezeit ist das Reich noch oft durch den Leihezwang daran gehindert worden, heimgefallene Lehen für sich einzubehalten, die Krondomäne zu erweitern und die fürstliche Übermacht zu brechen, wie es in Frankreich geschah.

7. Große Bedeutung gewinnt das Lehnsrecht auch im **zwischenstaatlichen Bereich**. Es wird zur Rechtsform politischer Abhängigkeiten

(vgl. Kap. 25 VI u. 26 III). Selbst die Kurie nützte das Lehnsrecht zur Legalisierung der von ihr beanspruchten Unterordnung weltlicher Reiche. Eingeleitet durch die päpstliche Belehnung der Normannen mit dem byzantinischen Süditalien (1059) entstand eine ganze Reihe päpstlicher Vasallenstaaten (Aragon, Portugal, England), ein Vorgang der im deutschen Reich der Feudalisierung der Reichskirche Vorschub leistete.

Schrifttum: K. Jordan, Das Eindringen des Lehnswesens in das Rechtsleben der römischen Kurie, AUF 12 (1932) 13ff., Neudr. 1971; P. Kehr, Die Belehnungen der süditalienischen Normannenfürsten durch die Päpste (1059–1192), Abh. d. Preuß. Ak. d. Wiss. Phil.-hist. Kl. Jg. 1934; J. Deér, Papsttum und Normannen. Untersuchungen zu ihren lehnsrechtlichen und kirchenpolitischen Beziehungen, 1972.

8. Zu beachten ist, daß nicht jedes Leihegut (beneficium) Lehen im lehenrechtlichen Sinne (feudum) ist. Für letzteres ist wesentlich, daß es auf Herren- und Mannfall vergeben und mit Mannschaft (homagium) verbunden ist. Auch nach dem Erblichwerden der Lehen bleibt der Erbgang an eine Neuverleihung auf Grund förmlichen Ansuchens (Mutung) gebunden.

a) Anders bei der Leihe nicht nach Lehen-, sondern nach Landrecht. Bei ihr spaltet die Leihe das Grundeigentum (proprietas) auf. Unter Erhaltung des Obereigentums (freies Eigen, Allod) gewinnt der Beliehene ein abgeleitetes Eigentum, das je nach Abrede vererblich (hereditas), oder auf Zeit (ad dies vitae, Temporalbestand) vergeben ist. Es kann vertragsgemäß leistungsfrei (z. B. Wittum) oder gegen Abgaben (Grundleihe) übertragen werden.

b) Bei Eigen wie bei Lehen unterschied man zwischen einer freien Leihe nach Land- bzw. Lehenrecht und einer unfreien nach Hofrecht (vgl. Deutsch. Privatrecht Kap. 32 I). Zur letzteren zählt das Dienstlehen der Dienstmannen, das iure ministerialium besessen wird. Ihm entspricht im bäuerlichen Bereich die hofrechtliche Leihe zu Freistift (ius colonum). Mit dem Verblassen der Hofrechtsordnung im Spätmittelalter fusionieren Dienstlehen und echtes Lehen und wird unfreie bäuerliche Leihe durch Geweregewinn zur sogenannten veranleiteten Freistift, die in der Praxis der freien Grundleihe (Erbrecht, Leibrecht) nahezu gleichkommt (vgl. Kap. 28 II 4).

c) Während die Vergabungen von Reichsgut an den Adel durchwegs im Zeichen des Lehenrechts stehen, haben Reichskirche und Klöster Reichsgut zu Eigen (proprietas) erhalten. Der verhängnisvollen Wirkung des Erblichwerdens der Reichslehen und des königlichen Leihezwanges im Verhältnis von Krone und Adel entsprechen hinsichtlich der Vergabungen an die Kirche die Auswirkungen des Investiturstreites.

II. Von den einzelnen Regeln des Lehnrechts sind nur einige verfassungsrechtlich besonders wichtig zu besprechen.

1. Eine Ordnung der Lehnsfähigkeit war die von den Rechtsbüchern des 13. Jhdt. formulierte, im Kerne aber ältere **Heerschildordnung**. Sie gibt an, wessen Vasall man werden darf, ohne seinen „Schild", d. h. seinen Rang in der Lehnshierarchie, zu niedern.

a) Den ersten Heerschild hat der König; er ist niemandes Vasall, also nur aktiv lehnsfähig.

b) Unter dem König stehen die Reichsfürsten. Sie dürfen keines anderen Laien Vasallen sein, ohne ihren Schild zu niedern.

Mit einem Ausdruck des westeuropäischen Lehnrechts könnte man sie „homines ligii", Ledigmannen des Königs nennen. – Der politische Sinn dieser Regel lag darin, daß den Reichsfürsten Bündnisse untereinander in Lehnsform verwehrt waren (vgl. noch im Westfälischen Frieden das Verbot der Bündnisse gegen Kaiser und Reich). Da die Heerschildordnung nur in Deutschland galt, konnte sie Bündnisse mit ausländischen Fürsten nicht verhindern. Darüber unter 2 c.

c) Indessen war der Fürstenschild gespalten: Im zweiten standen die geistlichen, im dritten die weltlichen Fürsten. Der Grund lag darin, daß es den letzteren nicht verwehrt werden konnte, von den Geistlichen die hohe Vogtei zu Lehen zu nehmen; darauf beruhte ein großer Teil ihrer Machtstellung. Im Verhältnis zum König machte dies keinen Unterschied, da ja auch die Laienfürsten direkt von ihm zu belehnen waren.

d) Unter den Fürsten stehen die Grafen und freien Herren im vierten Schild. Sie sind also als Vasallen der Fürsten gedacht. An diesen Platz sind sie absolut gebunden; sie steigen auch nicht höher in der Lehnsstaffel, wenn zwischen ihnen und dem König kein Fürst steht, sie also unmittelbare Reichsvasallen sind. Reichsunmittelbarkeit schafft nicht Fürstenrang. Dazu bedarf es einer Erhebung in den Reichsfürstenstand, die in jüngerer Zeit der Zustimmung aller übrigen Reichsfürsten bedurfte. Ein Reichslehnmonopol konnten die Reichsfürsten nicht einmal hinsichtlich der Fahnlehn durchsetzen.

Einseitige kgl. Standeserhebungen machten nur zum Titularfürsten, der in der vom Reichstag repräsentierten Reichshierarchie seine Gruppenzugehörigkeit nicht änderte.

e) Der Sachsenspiegel kennt noch eine fünfte und sechste, der Schwabenspiegel sogar eine siebente Heerschildstufe (s. Kap. 30 II 1 b). Wichtig ist, daß in beiden Rechtsbüchern die Ministerialen in der Heerschildordnung stehen. Sie sind also lehnsfähig geworden und lösen sich immer mehr aus der strengen Bindung an ihren Dienstherrn.

Der später zum Turnieradel zählende höhere ministerialische Adel ist noch aktiv lehnfähig und bildet eigene Lehnhöfe. Auf der untersten Stufe der Lehnpyramide stehen die Einschildritter (milites), die nur noch passiv lehnfähig sind. Höherer und niederer Ministerialadel verschmelzen zu Ende des Mittelalters.

2. Das Lehnsverhältnis wird begründet auf der persönlichen Seite durch Mannschaft (*homagium*, Handgang) und Hulde (Treueid, *fidelitas*), auf der dinglichen durch Investitur mit dem Lehen, wobei verschiedene Symbole Anwendung fanden: Das Szepter bei Geistlichen, die Fahnenlanze oder mehrere Fahnen bei weltlichen Fürsten.

Während die Mannschaftleistung bestimmte Pflichten verkörpert, hat sich der Treueid erst allmählich unter kirchlichem Einfluß (Fulbert von Chartres, Decretum Gratiani C 22 qu. 5 c 18) aus einer Unterlassungspflicht zum weittragenden positiven Rechtsgehalt gesteigert. Der homo ligius des französischen Lehnrechtes basiert auf solcher Verdichtung des Treuebegriffes (s. Kap. 30 I lb), während in Deutschland der Sachbezug homagium-beneficium herrschend blieb. Eine stärkere persönliche Bindung brachte hier die Ausstattung unfreier Dienstmannen (Ministerialen) mit hofrechtlich gebundenen Dienstlehen. Aber schon im 13. Jahrhundert verblaßt die Unterscheidung von echtem und hofrechtlichen Lehen, Adel und Dienstmannen bilden gemeinsam den Lehenhof und das Lehengericht.

a) Die Investitur gibt dem Vasallen die Lehnsgewere, zugleich ein dingliches Recht an fremder Sache; später schrieb man ihm das Unter-, dem Herrn das Obereigentum zu. Lehngut konnte alles sein, woran eine Gewere möglich war, also auch Rechte (z.B. ein Zoll), Ämter, Forderungen (Renten).

Frauen und Unmündige waren anfangs lehnsunfähig, später konnten sie sich durch einen Lehnsträger vertreten lassen. Der Ausdruck Lehnsträger ist technisch und darf nicht auf den Vasallen (Lehnsinhaber) schlechthin angewandt werden. Im Gegensatz zu Frankreich und Italien, wo sie aktive und passive Lehnfähigkeit erlangen, sind in Deutschland auch die Städte dauernd ohne Heerschild geblieben und mußten sich daher in Belehnungsfällen eines Lehnsträgers bedienen. Da sie keine Stellung in der Lehnhierarchie (Heerschild) einnahmen, konnten sie auch keinen fürstlichen Rang gewinnen. Ausnahmen bilden einige Schweizer Städte (Bern, Luzern, Zürich), denen König Wenzel bzw. Siegmund die aktive Lehnsfähigkeit verlieh.

b) Der Vasall darf über das Lehngut nicht ohne Herrenkonsens verfügen, wohl aber es weiterleihen. Der Untervasall wird dann nur sein, nicht auch des Oberherrn Vasall. Vergebens suchten die deutschen Könige für sich einen allgemeinen Treuvorbehalt durchzusetzen, wie er in England bestand; dort fiel der Lehnseid geradezu mit dem Untertaneneid zusammen (vgl. W. Kienast, Untertaneneid und Treuvorbehalt in Frankreich und Deutschland, 1952).

Auch Allodialherren konnten Vasallen haben, die dann nicht im Reichslehnsverband standen. Dieses „Lehen vom Eigen" ist typisch deutsch; so entstanden partikulare Lehnsketten ohne Beziehung zum Reich. – Die Zahl der gestatteten Unterleihen war regional verschieden.

c) Überhaupt geriet der alte strenge Treubegriff ins Wanken. Der Vasall konnte jetzt mehrere Lehnsherren haben, denen er nur ein bestimmtes Quantum an Dienst und Treue schuldete; es gab Doppel- und Pluralvasallität, es sind Fälle belegt, wo ein Vasall bis zu 100 Herren hatte. Die in Frankreich und England eingetretene Steigerung der Lehnstreue zur „ligischen" Treue blieb in Deutschland aus. Besonders gefährlich für das Reich waren die Rentenlehen westlicher Mächte an deutsche Magnaten an der Westgrenze; solche zu geben gestattete ihnen ihre bessere Finanzverwaltung. Die raffinierte Technik dieser Verträge ermöglichte es den Grenzfürsten, im Kriegsfalle zumindest neutral zu bleiben.

d) So kam es in Deutschland überhaupt dazu, daß die Pflichten des Vasallen auf das Lehen radiziert wurden; er dient nicht mehr „um" das Lehen mit Einsatz seiner ganzen Person, sondern nur noch „vom" Lehen, soweit dessen Erträge reichen; durch Verzicht auf das Lehen kann er auch die vasallitischen Pflichten abstreifen; begeht er Felonie, so kann er höchstens das Lehen verwirken, ohne persönliche Nachteile zu erleiden, während in England und Frankreich ungetreue Vasallen (*homines ligii*, s. o. 1 b) noch schwer bestraft werden konnten, z.B. mit Kerkerhaft. Im Reiche mißlang sogar u. U. die Einziehung eines verwirkten Lehens. Der ungetreue Vasall erklärte es einfach zu Allod. Schlechter stand er bei den im Westen viel häufigeren Geld-(Kammer-, Renten-)Lehen, da ihm die Rente gesperrt werden konnte.

Der westeuropäische Begriff der „ligischen" Treue klingt noch nach in der „*allegiance to the Constitution*", die beim Erwerb des Bürgerrechts in den U.S.A. beschworen werden muß (Eidesformel vom 23. 9. 1950). Der Bewerber muß jede *allegiance* zu fremden Mächten abschwören und riskiert bei Treubruch Verlust der „*national protection*". Vgl. M. Ferid, Staatsangehörigkeitsrecht der U.S.A., 1951.

e) Die Radizierung der Lehnspflichten auf das Lehen bedrohte auch das Verhältnis der Reichsfürsten zum König mit Privatisierung. Kaiser Ludwig der Bayer unternahm es, ohne an den lehenrechtlichen Aufbau des Reiches zu rühren, die Staatlichkeit der Funktionen der Reichsstände wiederherzustellen, indem er durch Reichsgesetz (Koblenz 1338), Kriegsdienstverweigerung der Reichsvasallen zum Kapitalverbrechen erklären ließ (vgl. H. Lieberich, ZRG 76 [1959] S. 197 f.). Nachhaltige Wirkung hatte dieser Versuch nicht.

III. Die wichtigsten Lehnsdienste sind Heerfahrt und Hoffahrt.

1. Auf der Heerfahrtpflicht der Vasallen beruht das Aufgebot des Reichsheeres, nachdem der allgemeine Heerbann für Fernkriege wertlos geworden war.

a) Eine allgemeine Verpflichtung der Vasallen bestand aber nur zum Krönungszug nach Rom (Romfahrt). Hierbei wurde auf den Ronkalischen Feldern Appell gehalten; wer sich nicht meldete, verlor sein Lehen.

b) Im übrigen bestand die Heerfahrtpflicht für deutsche Vasallen nur innerhalb Deutschlands. Für Italienzüge bedurfte es besonderer Vereinbarungen. Selbst innerhalb Deutschlands gab es Beschränkungen. Östlich der Saale Belehnte dienten nur an der Ostgrenze; Österreich, Böhmen u. a. hatten Sonderprivilege.

c) Noch bedenklicher war, daß selbst bei der Romfahrt der Vasall das Recht hatte, sich mit Geld zu lösen, und zwar mit einer sehr geringen Summe, nach den Rechtsbüchern mit 10% eines Jahresertrags des Lehens. Es war also in das Belieben des Vasallen gestellt, ob er dienen oder zahlen wollte, während z. B. in England der König zu entscheiden hatte, ob er statt des Dienstes ein Schildgeld (scutagium) annehmen wollte.

d) Jeder Kronvasall hatte grundsätzlich alle seine Untervasallen zu gestellen und zu befehligen; das Heer zerfiel in Lehnskontingente. Bei Untreue eines Großvasallen fiel dessen ganzes Kontingent aus. Nicht durchgeführt war das System der festen Kontingentsziffern wie z. B. in England; dort mußte der Kronvasall eine bestimmte Anzahl von Vasallen gestellen; hatte er nicht genug Vasallen, so mußte er auf eigene Kosten Soldritter werben. In Deutschland trug die Krone den Ausfall; schon Barbarossa mußte gegen die lombardischen Städte Soldritter einsetzen; die Mittel dazu gaben ihm die Lösungssummen der Vasallen und der „Grafenschatz" der dienstbefreiten bäuerlichen Freien. Aber diese fremden Söldner („Brabanzonen") waren eine Landplage; nach ihrer Entlassung bildeten sie oft bewaffnete Banden („gartende Knechte").

Schrifttum: H. Fehr, Vom Lehnsherr zum Söldnerheer, ZRG 36 (1915) 455 ff.; P. Schmitthenner, Lehnskriegswesen und Söldnertum im abendländischen Imperium des Ma., HZ 150 (1934) 229 ff.; ders. Das freie Söldnertum im abendländischen Imperium des Ma., 1934; H. Grundmann, Rotten und Brabanzonen, Söldnerheere im 12. Jahrhundert, DA 5 (1942) 419 ff.

2. Die Hoffahrt bedeutete die Pflicht des Vasallen, auf den Ruf des Herrn bei Hofe zu erscheinen und jenem mit Rat und Tat *(consilio et auxilio)* beizustehen. So verwandelte sich der Reichstag immer mehr in eine fürstliche Lehnskurie. Zugleich bildeten die Vasallen das Lehngericht des Herrn, vor dem er selbst Recht zu nehmen hatte, das auch gegen ihn entscheiden konnte. Auf diese Weise bildete sich eine Interessengemeinschaft unter den Vasallen. Auch die Landesfürsten hielten solche Lehnstage ab, aus denen später Landtage wurden. Weniger stark feudalisiert als der Reichstag waren die Hoftage (Landtage) der weltlichen Fürstentümer, bei denen die an den Landesherrn lehnrechtlich nicht gebundenen landsässigen Prälaten und Städte wesentlichen Anteil hatten.

IV. Das Hochmittelalter gilt als Blütezeit des Lehnswesens. Das ist insoferne richtig, als die rechtlichen Beziehungen der Mitglieder der „guten Gesellschaft" untereinander in dieser Zeit vom Lehnsrecht bestimmt werden. Unabhängig davon ist jedoch die Frage, welchen Wert die lehnsrechtliche Bindung für den Zusammenhalt des Staates besaß und ob die Leistungen der Vasallen dem Wert des Lehens entsprachen. Die lehensrechtliche Bindung auch der großen Kronvasallen an das Reich hat sich bis zu dessen Ende als starke Kraft des Zusammenhaltes erwiesen (vgl. Kap. 35 I 2 u. 41 I 2 a). Dagegen ist der praktische Nutzen der Verlehnung für den Lehnsherrn rasch dahingeschwunden. Dafür ist weniger die schon früh einsetzende Erblichkeit der Lehen verantwortlich zu machen, als die Radizierung und daraus folgende Einschränkung der Lehnspflichten. Der Versuch diese Fessel durch Heranbildung einer hofrechtlich gebundenen Dienstmannschaft zu sprengen, scheiterte daran, daß die Ministerialen rasch zu echten Vasallen werden. So blieb schließlich als Ausweg nur der reine Dienstvertrag (Beamte, Söldner). Er drängte zur Geldwirtschaft.

Kap. 28. Verwaltung und Justiz

I. Das Haupt der Verwaltung war, wie in fränkischer Zeit, der König.

1. Mittelpunkt der Verwaltung war der königliche Hof; daß dieser sich dauernd unterwegs befand, mochte ein gewaltiges Hemmnis sein.

a) Die Hofämter des Marschalls, Kämmerers, Truchsessen und Schenken wurden als Ehrenämter, später Erzämter genannt, bei feierlichen Gelegenheiten, so beim Krönungsmahl, von Reichsfürsten ausgeübt; über ihre Rolle bei der Königswahl s. Kap. 23 II 2 e. Die täglichen Dienste wurden von Ministerialen verichtet, die aber auch in Reichsgeschäften verwendet werden konnten (der Seneschall Markward v. Annweiler, der Marschall Heinrich v. Kalden usw.). Im 13. Jhdt. wurden ihre Ämter zu erblichen Reichslehen.

Schrifttum: P. Schubert, Die Reichshofämter und ihre Inhaber bis zur Wende des 12. Jahrhunderts, MJÖG 34 (1913) 427ff.; W. Kraft, Das Reichsmarschallamt in seiner geschichtlichen Entwicklung, Jb. d. hist. Ver. f. MFr. 78 (1959) 1ff.;

HRG Artikel: Erzämter (A. Laufs) I 1011ff., Hofämter (A. Laufs) II 197ff., Kämmerer (F. Stix) II 574ff.

b) Keine Hofbeamten mehr sind die **Pfalzgrafen.** Otto der Große hatte Stammespfalzgrafen in die Residenzen der Stammesherzöge entsandt, um eine Kontrolle auszuüben. Von ihnen hat sich über das 13. Jhdt. hinaus nur der lothringische erhalten, der vor den rheinischen Erzbischöfen immer weiter nach Süden zurückwich und schließlich in Heidelberg seßhaft wurde; seine Stellung bei der Königswahl wurde schon erwähnt; später war er Träger des Reichsvikariats. Seit der Zeit Barbarossas war die Pfalz ein Herzogtum ohne Titel.

Schrifttum: M. Lintzel, Der Ursprung der Pfalzgrafschaften, ZRG 49 (1929); R. Gerstner, Die Geschichte der lothringischen und rheinischen Pfalzgrafschaft bis zur Ausbildung des Kurterritoriums Pfalz, Rhein. Arch. 40 (1941).

c) Die wichtigste Hofbehörde war die königliche Kanzlei (**Reichskanzlei).** Sie unterstand dem Erzbischof von Mainz als Reichserzkanzler; später führte der Erzbischof von Köln das Erzkanzleramt für Italien, der von Trier das für Burgund. Die Erzkanzler waren oft die Leiter der Reichspolitik. Die Urkunden fertigten sie nur in besonderen Fällen aus (z. B. beim Wormser Konkordat), sonst rekognoszierte der Kanzler an ihrer Stelle.

Schrifttum: J. Bärmann, Zur Entstehung des Mainzer Erzkanzleramtes, ZRG 75 (1958) 1ff.; G. Seeliger, Erzkanzler und Reichskanzleien, Innsbruck, 1889; P. Acht, Kanzlei, Kanzler, Vicekanzler, HRG II 609ff.

2. Der wichtigste Reichsverwaltungsbezirk war die **Grafschaft.**

a) Auch hier muß die Vorstellung aufgegeben werden, das Reich sei mit einem Netz von Grafschaften überzogen, in Grafschaften eingeteilt gewesen. Die Grenzen der alten Gaue hatten sich vielfach verwischt; die Grafschaft war nicht ein Kraftfeld mit gleichmäßiger Spannung, vielmehr war die Macht des Grafen im Mittelpunkt, in der gräflichen Burg, konzentriert, nach den Grenzen zu nahm sie ab. Der Graf war mehr Graf im Gau als Graf des Gaues. Feste Gaugrenzen fanden sich am ehesten noch in Gebirgsgegenden; vgl. O. Stolz, Das Wesen der Grafschaft im Raum Oberbayern-Tirol-Salzburg, ZBLG 15 (1949) 68ff.

b) Die Grafen fühlten sich nicht durchweg mehr als königliche Beamte. Vielfach besaßen sie Eigengut, aus dem sie ihr Amt bestritten, und kamen so dazu, dieses selbst als Familiengut zu behandeln.

c) Zwischen den Grafschaftsgrenzen und innerhalb der Grafschaften selbst lagen Freigebiete kirchlicher und weltlicher Magnaten, **Adelsbannbezirke.** Deren Rechtstitel waren oft unsicher; nur die Kirchen konnten (oft verunechtete) Freibriefe vorweisen; der Weltadel behauptete aber gleichfalls sein uraltes Recht zu eigenständiger Herrschaft. Oft führten die Bannherren selbst den Grafentitel; sie hatten Grafenrang ohne Grafenamt („allodiale" Grafschaften). Nur in sehr beschränktem Umfange hat eine sog. „Gauauflösung" stattgefunden, die meisten Gaue waren vielmehr von Anfang an lose Gebilde.

Im 12. Jahrhundert begegnen zunehmend Grafen, die keiner bekannten Grafschaft zuzurechnen sind. Es handelt sich um eine Art von Titulargrafen, ähnlich dem gleichzeitigen Titelherzogtum (s. Kap. 22 I 5), deren rechtliche Bedeutung nur darin bestanden haben kann, daß sie für ihre Person und ihren Besitz von der zuständigen Grafschaft eximiert und unmittelbar dem Herzog unterstellt waren, also grafschaftsartige Herrschaften zu bilden vermochten.

d) Die Mehrzahl der Grafschaften war nach Lehnrecht vergabt; aber nicht alle Grafen waren unmittelbar vom König belehnt. In vielen Fällen war zwischen sie und das Königreich als Zwischenglied ein Reichsfürst getreten.

e) Gerichtsbezirk unterhalb der Grafschaft war in Ostfranken die Zent, in Sachsen der Go unter einem Zent- bzw. Gografen. Eigenständig und erst allmählich aus der hofrechtlichen Sphäre in das Landrecht hineingewachsen ist die Gerichtsbarkeit der Grundherren über ihre Holden, wie sie vor allem in den mit Tür und Tor beschlossenen Gutsbezirken (Hofmarken) unter der Bezeichnung „Zwing und Bann" ausgeübt wurde.

Die hochmittelalterliche Zent in Lothringen, Hessen und Ostfranken war mit Zentschöffen besetzt und tagte unter dem Vorsitz eines Zentgrafen *(centgravius, centurio)*, der nicht vom Grafen, sondern vom Landesherrn eingesetzt wurde. Die Zent war ausschließlich Kriminalgericht, nur gelegentlich erweitert sich ihre Zuständigkeit. Nicht unterstand ihr der Adel (die *synodales*). Daß die Zent, wie die ältere Lehrmeinung annahm, eine Untergliederung der Grafschaft darstellt, ist ebensowenig erwiesen, wie ihr Zusammenhang mit der karolingischen Centene (s. Kap. 14 II 3).

Schrifttum: K. Kroeschell, Die Zentgerichte in Hessen und die fränkische Centene, ZRG 73 (1956) 300ff.; G. Gudian, Centena, HRG I 603ff.

Der Stellung der Zent im Bereich des fränkischen Rechtes ähnelt das sächsische Gogericht, an dessen Spitze der *gogrêve* steht; er ist bis in das 13. Jhdt. hinein nicht ernannt, sondern von der Dinggemeinde gewählt. Im Gegensatz zum fränkischen Zentgericht ist das sächsische Gogericht auch für den Adel zuständig.

Schrifttum: K. Kroeschell, Zur Entstehung der sächsischen Gogerichte, Festschrift K. G. Hugelmann (1959) 295 ff.; G. Landwehr, Gogericht u. Rügegericht, ZRG 83 (1966) 127ff. S. a. HRG Artikel: Freigrafschaft (D. Willoweit) I 1225ff., Go (G. Landwehr) I 1722ff.

3. Noch weniger Reichsbeamte waren die Herzöge. Sie waren zunächst Stammesführer, hielten Landtage ab, waren die Spitze der Gerichtsbarkeit (Evokationsrecht) und befehligten den allgemeinen Heerbann. Eine ganz besondere Aufgabe der Herzöge war der Landfriedensschutz, den ihnen das Reich in immer steigendem Maße überließ. Gleichwohl konnten die Herzogtümer nur dort zu machtvollen Territorialstaaten werden, wo das Herzoghaus eine ansehnliche Hausmacht besaß und Grafschaften und Hochvogteien in stattlicher Zahl in seiner Hand vereinigen konnte, wie dies in Baiern den Wittelsbachern gelang (s. Kap. 22 I 5).

Schrifttum: E. Rosenstock-Huessy, Herzogsgewalt und Friedensschutz. Deutsche Provinzialversammlungen des 9. bis 12. Jahrhunderts, 1910, Neudr. 1969; ders., Königshaus und Stämme in Deutschland zwischen 911 und 1250 (1914), Neudr. 1965; Th. Mayer-K. Heilig-C. Erdmann, Kaisertum und Herzogsgewalt im Zeitalter Friedrich I., 1944, Neudr. 1952.

4. Die Markgrafen waren aus militärischen Befehlshabern gleichfalls zu Landesherren ihrer politisch ganz besonders fest geschlossenen Marken geworden, in denen sie kraft eigenen Rechtes den Bann übten

und eine sehr selbständige Stellung einnahmen. Daß die Marken zu Zellen der Staatsbildung in neuerer Zeit wurden, ist schon früher (Kap. 20 II 1 b) erwähnt worden.

5. Die Landgrafschaft hängt gleichfalls mit dem Friedensschutz zusammen. Die bedeutendste war die seit 1129 bezeugte Landgrafschaft Thüringen, die gleichsam einen Ersatz für das fehlende Stammesherzogtum abgab, sich aber bald zum Territorialstaat umbildete. Auch die Landgrafen übten eine zentrale Gerichtsbarkeit, der die Grafengerichte unterstanden. Im deutschen Südwesten blieb die Stellung der Landgrafen verhältnismäßig bescheiden. Die Habsburger haben die an sie gelangten Landgrafschaften in Angleichung an den Sprachgebrauch der Reichsgutverwaltung in Landvogteien umbenannt.

Die Entstehung der Landgrafschaft ist ungeklärt. Vor dem 12. Jhdt. nicht nachweisbar, ist sie wohl eine Neuschöpfung des Königs, dem sie unmittelbar unterstellt blieb. Vgl. H. E. Feine, Die kaiserl. Landgerichte in Schwaben im Spätmittelalter, ZRG 66 (1948) 147ff. u. Th. Mayer, Über die Entstehung und Bedeutung der Landgrafschaften, ZRG 58 (1938) 138ff.; E. Orth, Landgraf, HRG II 1501ff.

II. Auch die Justiz gipfelt im König. Die Rechtsbücher betrachten ihn noch als obersten Richter im Reiche; doch entsprach das nicht mehr der Wirklichkeit.

1. Das Königsgericht ist allerdings noch oberstes Gericht im Reiche, **Reichshofgericht.** (Vgl. a. Kap. 34 I 1).

a) Seine Zuständigkeit entsprach noch etwa der des fränkischen Königsgerichts. Der König konnte jede Sache an sich ziehen (Evokationsrecht). Da an die Stelle der alten Urteilsschelte mehr und mehr ein Rechtszug tritt, fungierte das Hofgericht trotz der grundsätzlichen Einstufigkeit der Justiz zwar nicht formell, aber doch der Sache nach, schon als eine Art Berufungsgericht. Es verhängte die Reichsacht und richtete über Reichsgut sowie in Fällen der Rechtsverweigerung.

Verunklarend wirkt der Sprachgebrauch; mit dem Wort Appellation bezeichnet das Spätmittelalter nicht nur die eigentliche Berufung, sondern auch Urteilsschelte, Schub und Geding.

b) Als oberster Richter konnte der König überall richten; doch erregte es Unwillen, als Friedrich II. deutsche Fürsten zum Hofgericht nach Italien entbot (1226). Wo der König hinkam, wurden ihm die Gerichte ledig, was ihm vor allem die Gerichtsgefälle sicherte; doch galt dies mit zunehmender Ausbildung der Landeshoheit nur noch auf Reichsgut und in Reichsstädten.

c) Die Organisation des königlichen Hofgerichts war mangelhaft, die Besetzung wechselte ständig. Nur insofern galten feste Regeln, als in Prozessen nach Landrecht Stammesgenossen, im Lehnsverfahren Standesgenossen (pares) des Beklagten zu urteilen hatten; das beste Beispiel bietet der Prozeß Heinrichs des Löwen.

Während im landrechtlichen Prozeß das Urteil von Ebenbürtigen gesprochen werden muß, spielen im Lehngericht mit Ausnahme der Fürstenlehn Ebenbürtigkeitsfragen (gleicher Heerschild) keine Rolle.

d) Ganz besonders bedauerlich war es, daß das Königsgericht kein eigenes, den Erfordernissen der Zeit angepaßtes Verfahren entwickelt hat. Der reformierte Prozeß des fränkischen Königsgerichts (s. Kap. 20 II 2 b) war in Vergessenheit geraten. So versäumte es das Königsgericht, durch eine überlegene Rechtsprechung zum Vorbild für die Untergerichte zu werden, wie es in Frankreich und England geschah.

2. Im Lande bildeten die Hauptinstanz die Grafengerichte.

a) Sie teilten das Schicksal der Grafschaften, die in der Regel zu vererblichen Lehen geworden waren. Auch die zahlreichen im Rahmen des ottonischen Reichskirchensystems an die Reichskirche verschenkten Grafschaften unterliegen dem Lehenrecht seitdem Mitte des 12. Jahrh. die kgl. Investitur der geistlichen Fürsten als Belehnungsakt verstanden wird. Als der Investiturstreit den König zwang sich stärker auf die weltlichen Fürsten zu stützen, gelangen auch diese zu gehäuftem Grafschaftsbesitz. Da die Reichsfürsten nicht in der Lage sind diese Grafschaften selbst zu besorgen und sie daher weiter verleihen, wird die Gerichtsleihe zunehmend dreistufig. Die süddeutschen Rechtsspiegel des 13. Jahrh. tragen dem Rechnung indem sie eine lehensrechtliche Vergabung hoher Gerichtsbarkeit bis in die dritte Hand – vom König her gesehen – zulassen.

b) Im 13. Jahrhundert wird die Vorstellung, daß alle hohe Gerichtsbarkeit sich von König herleite, zum verbindlichen Reichsrecht (Reichsweistum von 1274). Alle nicht auf dem Reichslehenverband basierende hohe Gerichtsbarkeit bedarf der Legitimation durch den König. Ausdruck dessen ist die kgl. Bannleihe an den Hochrichter. Sie erfaßt nicht nur alle lehenrechtlich nicht gebundene hohe Gerichtsbarkeit, sondern auch alle Fälle in denen verlehnte Gerichtsbarkeit über die dritte Hand hinaus geübt werden soll. Das war der Fall bei Grafschaften, die weltliche Fürsten als Kirchenlehen besaßen, ohne sie persönlich versehen zu können. Hier wäre das kgl. Bannleiherecht wirksam geworden, hätten nicht die Reichsfürsten generell und weitere Reichsstände individuell vom König das Recht auf selbständige Weitergabe des Bannes erlangt. An die Stelle der kgl. Bannleihe tritt damit eine gerichts- bzw. landesherrliche.

c) Eine gegenüber den süddeutschen Spiegeln ältere Stufe verkörpert der Sachsenspiegel. Er ist bemüht, die unmittelbare Beziehung des Grafengerichts zum König aufrechtzuerhalten. In diesem Sinne wird der Amtscharakter des Grafen betont und ihm der Empfang des Bannes direkt vom König vorgeschrieben.

Nach dem Sachsenspiegel durfte der Graf das echte Ding nur halten, wenn er den Königsbann empfangen hatte. Er leistete dabei einen Amtseid, der streng von dem seinen Lehnsherrn zu leistenden Lehnseid zu unterscheiden ist. Der übliche Ausdruck „Bannleihe" ist irreführend, da es sich nicht um einen lehnrechtlichen, sondern um einen staatsrechtlichen Akt handelt. Der Königsbann war besonders wichtig für die Friedewirkung bei der gerichtlichen Auflassung von Grundstücken.

Es ist heute anerkannt, daß die Grundsätze des Sachsenspiegels nicht allgemein galten, nicht einmal in Sachsen, geschweige in Süddeutschland. Der Sachsenspiegel selbst nimmt die Marken aus: Der Markgraf „*dingt bi sines selves hulden*" und die Grafen richten in seinem Namen. Der Versuch, die Grafengerichte durch die Bannleihe reichsunmittelbar zu halten, ist nicht gelungen.

d) Ein grundlegender Wandel in der Gerichtsverfassung vollzieht sich um die Wende des 12. Jahrhunderts durch allmählichen Wegfall der Pflicht des Grafen zur persönlichen Wahrnehmung der Gerichtsbarkeit. Der Graf ist jetzt in erster Linie Gerichtsherr und nur mehr gelegentlich selbst Richter. Das Recht zur Bestellung eines Vertreters im Gericht (Substitutionsrecht), zunächst den Fürsten vorbehalten, fördert die Anhäufung von Grafschaften in einer Hand, und damit das Entstehen von Großstaaten, andererseits aber auch die Verselbständigung der einzelnen Dingbezirke. Es hat keine Verkleinerung, wie meist gelehrt wird, sondern eine Verselbständigung der Gerichtsbezirke stattgefunden.

Hand in Hand mit diesem „Zerfall" der Grafschaft geht ihre Territorialisierung. Sie wird ausgelöst dadurch, daß der Gerichtsherr vom König das Recht auf selbständige Weitergabe des Bannes (Delegationsrecht) erlangt. Im 13. Jahrhundert noch Fürstenvorrecht, entwickelt sich daraus eine landesherrliche Bannleihe. Der König verliert damit jeden Einfluß auf die Auswahl der Grafschaftsrichter, der Graf ist endgültig durch den Landrichter ersetzt.

Schrifttum: H. Lieberich, Zur Feudalisierung der Gerichtsbarkeit in Baiern ZRG 71 (1954) S. 243 ff.; R. Scheyhing, Eide, Amtsgewalt und Bannleihe, 1960

e) Ein Sonderfall der Königsbannleihe ist die Blutbannleihe an die Vögte der Kirchen und Klöster. Sie kam auf, als die Vögte die Blutgerichtsbarkeit erworben hatten (s. unten), und sollte die im Investiturstreit verlorengegangene Königsherrschaft über die Klöster ersetzen (s. Kap. 24 IV 4). Sie gründete sich darauf, daß der geistliche Lehnsherr weder die Blutgerichtsbarkeit selbst ausüben noch dem Vogt den Blutbann leihen durfte (*ecclesia non sitit sanguinem*). Nach dem Vorgang von Würzburg und Köln im 12. Jhdt., gewährten im 13. Jhdt. zahlreiche kgl. Privilegien einzelnen geistlichen Fürsten den unmittelbaren Besitz des Blutbannes und dessen Delegation. Kirchenrechtlich hob Papst Bonifaz VIII. 1298 das Verbot der Blutbannübung durch Geistliche auf.

Schrifttum: E. Hoyer, Gratian und der Blutbann der geistlichen Fürsten des ma. dt. Reiches (Studia Gratiana) Bologna 1957/58, S. 131 ff. Vgl. a. HRG Artikel: Bannleihe (E. Kaufmann) I 314 f., Delegation (G. Buchda) I 674 ff., Ecclesia non sitit sanguinem (A. Erler) I 795 ff.

3. Die Grafen übten im echten Ding die „hohe Gerichtsbarkeit" *(causae maiores)*. Sie richteten an den verschiedenen Dingstätten ihrer Grafschaft, die, wenn sie unter gräflichem Vorsitz standen, zusammen das Grafending bildeten. Im Verhältnis zum Wachstum der Bevölkerung wurde das Grafending jedoch zu selten gehalten, um eine wirksame Justiz zu gewährleisten. Die Zwangmittel des ordentlichen Hochgerichts, Acht und Anleit, werden zudem angesichts einer allgemeinen Verwilderung des Fehdewesens stumpf. So kam es, daß im Zuge der Landfriedensbewegung die Blutgerichtsbarkeit in den Vordergrund rückt. Sie wird jetzt hervorstechendes Merkmal der Hochgerichtsbarkeit.

Träger dieser Blutgerichtsbarkeit sind vor allem die territorialen Gerichte (Land-, Go-, Zentgerichte). Die überterritoriale Grafschaft tritt damit in der laufenden Gerichtsbarkeit mehr und mehr zurück; sie verblaßt zum ideellen Überbau oder wird Standesgericht für den Adel. Die ständische Justiz des späteren Mittelalters bahnt sich an.

Schrifttum: Hans Hirsch, Die hohe Gerichtsbarkeit im Mittelalter, 1922. Neudr. (mit Nachwort Th. Mayer) 1959; F. Merzbacher, Hochgerichtsbarkeit, HRG II 172 ff.

a) In der spät- und nachkarolingischen Zeit war die hohe Gerichtsbarkeit fiskalisiert (s. Kap. 19 I 4). Sie umfaßte diejenigen Fälle, in denen hohe Bußen oder Lösegelder für Leibesstrafen zu erwarten waren; sie war „profitable" Gerichtsbarkeit geworden. Die wirkliche Verbrechensverfolgung, besonders auf handhafter Tat, blieb Nieder- oder Notgerichten überlassen. Um die hohe Gerichtsbarkeit alten Stils ging ein ständiger Kampf zwischen Grafen und Vögten; in vielen Immunitäten erwarben diese schließlich auch die Hochbußen, sie richteten, wie es formelhaft heißt, über „dieb und frevel".

b) Dies änderte sich im Mittelalter im Zusammenhang mit den Landfrieden, denen es jetzt wieder auf wirksame Bestrafung von Verbrechern ankam, zumal sich der neue Typ des Gewohnheitsverbrechers (Entwurzelte, sozial Deklassierte, „gartende Knechte", Raubritter usw.) jetzt erst herausbildete. Die Landfrieden erweitern den Begriff der handhaften Tat und lassen oft das Merkmal der Handhaft ganz fallen, um zu unablösbarer Leibesstrafe zu kommen. Es brechen gleichsam altgermanische Vorstellungen wieder durch, das Strafrecht besinnt sich auf seinen eigentlichen Zweck, es wird „rekriminalisiert", die alte Volksjustiz lebt wieder auf.

c) Je mehr der Friedensgedanke durchdrang, um so mehr mußten die Gerichtsherrn danach trachten, sich auch diese neue Hochgerichtsbarkeit zu sichern, das Recht „zu Rad und Galgen", das jetzt als Ausdruck der höchsten Gerichtsbarkeit und der Gewere daran galt. Sie verlangten daher von den Niederrichtern die Auslieferung von Schwerverbrechern zum Zwecke der Hinrichtung. In der Vollstreckung, nicht im Urteil, lag der Schwerpunkt des Blutgerichts.

Die Zuständigkeit des Hochrichters ist nun nicht mehr abhängig von der Höhe der angedrohten Buße und der Übernächtigkeit der Tat. In allen Blutfällen obliegt ihm zum mindesten die Vollstreckung, wodurch die Zuständigkeit des Niederrichters als Notrichter stark eingeschränkt wird. Auch erweitert sich der Anwendungsbereich der Blutstrafe. Bisher nur bei bestimmten Tatumständen (handhafte Tat) unabdingbar, trifft die Unablösbarkeit der blutigen Strafe nunmehr alle als Gewohnheitsverbrecher behandelten asozialen Elemente („landschädliche Leute"), die jetzt eine eigene, früher unbekannte Bevölkerungsschicht von „Enterbten" bilden. Die tatsächliche Zuständigkeitsabgrenzung zwischen Hoch- und Niedergericht weist im übrigen so starke Schwankungen auf, daß vor allem im Hinblick auf die Vogteigerichte von einer zwischenstehenden „mittleren" Gerichtsbarkeit gesprochen worden ist, ein Begriff, der den Quellen fremd ist. Der Niederrichter kann auf die 60 Pfg. Buße beschränkt bleiben, aber auch bis zum Kriminalurteil mit Ausnahme der Vollstreckung zuständig sein. Regel ist, daß er im Kriminalprozeß nur die Voruntersuchung führt und den Verbrecher „cingulotenus", wie ihn der Gürtel umfängt, dem Blutrichter ausliefert. Der Niederrichter behält Fahrnis und Oberkleid des Delinquenten, und zwar nicht so sehr wegen des meist fragwürdigen materiellen Nutzens, sondern als sichtbares Zeichen seiner Gewere an der Gerichtsbarkeit. Auch die Gerichtsbarkeit über „Erb und Eigen" (Allod) hat das Hochgericht nicht überall festzuhalten vermocht.

4. Die Seltenheit der Grafendinge förderte nicht nur die Erlangung der Blutgerichtsbarkeit durch die Edelvögte der Hochstifte und Klöster, sondern sicherte auch den Fortbestand der altgermanischen Adelsjustiz. Sie wird nun allerorts als Niedergerichtsbarkeit in die öffentliche Justiz eingebaut. Zum Teil ist sie räumlich geschlossen (Ettergerichtsbarkeit), teils aber an die Person des Hintersassen geknüpfte Streugerichtsbarkeit.

Nachdem die königliche Blutbannleihe (s. o. unter 2e) die Hochvögte zu Wahrern des Reichsinteresses erhoben hatte, wurde es für die Reichskirche, soweit sie romorientiert war, zum Lebensinteresse, die Vögte auf die Wahrnehmung der Blutgerichtsbarkeit zu beschränken, sie also von allen Sühnefällen und der unblutigen Niedergerichtsbarkeit abzudrängen. Man war bemüht, diese beamteten Richtern vorzubehalten. Ausgehend von der dem Vogt von vornherein verschlossenen engeren Immunität (Mundat) ist dies zumeist, wenn auch in unterschiedlichem Umfang, gelungen; damit ergab sich zugleich eine Angleichung der Niedergerichtsbarkeit zwischen geistlicher und weltlicher Grundherrschaft.

Wie die Blutstrafe (Strafe an Hals und Hand) das Hochgericht, so kennzeichnet die Züchtigungsstrafe (Strafe an Haut und Haar) nun das Niedergericht. Ausgeübt wird es durch zahllose herrschaftliche oder genossenschaftliche Kleingerichte (Schultheißen-, Dorf-, Hofmarks-, niedere Vogteigerichte), aber auch vom landesherrlichen Hochgericht (Landgericht) selbst, wodurch die Trennungslinie von Hoch- und Niedergericht wieder verwischt wird.

Die Blutgerichtsbarkeit wird zum Vorrecht bestimmter Gerichte (Land-, Go-, Zentgerichte) und damit institutionell. Träger dieser Kriminaljustiz ist ein neuer Typus von Hochgericht, das als niederes Landgericht bezeichnete territoriale Landgericht *(judicium provinciale)*, welches Merkmale der gräflichen Gerichtsbarkeit *(cometia)* mit Aufgaben der Landfriedens- und Notgerichte verbindet. Sein Gerichtssprengel *(districtus)* ist verhältnismäßig klein und weist oft nur eine einzige Dingstätte auf. Es fehlt ihm die Zuständigkeit für die ritterliche Bevölkerung, dafür zieht es aber die unfreien Schichten stärker an die öffentliche Gerichtsbarkeit heran. Dem Zug zum territorialen Landgericht suchte das Reich zu begegnen, indem es auf der Grundlage von Grafschaften und Reichsvogteien überterritoriale kaiserliche Landgerichte schuf (s. Kap. 34 II).

Die nach unten hin erweiterte Zuständigkeit der öffentlichen Gerichte findet ihren Ausdruck in der Gleichbehandlung von Freien und Unfreien im Rahmen der Landfriedensgerichtsbarkeit, in der Zulassung der Unfreien zum Zeugnis und der allgemeinen Zubilligung landrechtlicher Gewere am Leihegut (sog. veranleitete Freistift).

5. Die Formstrenge des deutschen Prozesses förderte die Entstehung vereinfachter Sonderformen. Auf Grund gütlicher Übereinkunft konnte das formstrenge ordentliche Verfahren („nach recht", lat. secundum iudicium) durch eine formfreie Rechtsfindung („nach minne", lat. secundum consilium) ersetzt werden. Noch weiter geht das unter kirchenrechtlichem Einfluß entwickelte Schiedsverfahren. Dabei wird

der Verzicht auf den Rechtsformalismus zugunsten einer Billigkeitsjustiz (secundum aequitatem) auch auf das materielle Recht ausgedehnt. Die Schiedsgerichtsbarkeit griff in den Wirren der nachstaufischen Zeit rasch um sich und stellte im Spätmittelalter oft den letzten Rettungsanker angesichts einer völlig chaotisierten Gerichtsverfassung dar.

Da für eine rechtmäßige („rechte") Fehde das Anerbieten richterlicher Beilegung („Rechtsgebot") Vorbedingung ist, bildet das Schiedsgericht zugleich die unterste Grenze öffentlicher Justiz.

Schrifttum: H. Hattenhauer, Minne und Recht, ZRG 80 (1963) 325 ff.; K. S. Bader, Das Schiedsverfahren in Schwaben vom 12.–16. Jahrh., 1929; H. Krause, Die geschichtliche Entwicklung des Schiedsgerichtswesens in Deutschland, 1930; M. Kobler, Das Schiedsgerichtsverfahren nach bayerischen Rechtsquellen des Mittelalters, 1967.

6. Die wachsende Bedeutung der Treupflicht im Hochmittelalter (s. Kap. 27 II 2) band zahlreiche Rechtstitel an die Herrengnade. Treubruch bewirkt Huldverlust, dessen Begleiterscheinung der Verlust von Amt, Lehen und Leihegut (Grundholde) ist; dem Ritter wird der Hof, dem Bürger die Stadt verboten (Stadtverweis). Da es sich um ein Innenverhältnis handelt, war die Beilegung eine Ermessens- und Verwaltungsfrage. Doch wächst der Treubruch im Hochmittelalter über die Delikte Meineid und Majestätsbeleidigung in das Kriminalrecht hinüber (s. Kap. 38 I 3).

Schrifttum: R. Köstler, Huldentzug als 'Strafe; eine kirchenrechtliche Untersuchung mit Berücksichtigung des römischen und deutschen Rechtes. Kirchenrechtl. Abh. 62 (1910), Neudr. 1965; B. Diestelkamp, Huldverlust, HRG II 259 ff.

7. Die Normen des Verfahrens vor Gericht verändern sich gegenüber der fränkischen Zeit (s. Kap. 19 II) zunächst kaum. Erst im Laufe des 13. Jahrhunderts erfährt der versteinerte Prozeßstil unter dem Einfluß des kanonischen Prozesses eine Aufweichung. Das größte Gewicht kommt dabei dem allmählichen Übergang vom formalen Beklagtenbeweis mittels Eides zum Sachbeweis zu, der den Übergang der Beweislast auf den Kläger auslöst. Noch kommt es zu keinem Schuldstrafrecht, aber die Schuldfrage wirkt bereits modifizierend, das Offizialverfahren und der Inquisitionsprozeß finden im Strafverfahren Eingang (s. Kap. 38).

Schrifttum: O. v. Gierke, Schuld und Haftung im älteren deutschen Recht, insbesondere die Form des Schuldhaftungsgeschäftes, 1910, Neudr. 1969.

III. Die **Finanzverwaltung** des Reiches litt unter dem Fehlen eines festen Verwaltungsmittelpunktes. Zudem war der Hof ständig auf Reisen (vgl. Kap. 24 VI 6). Dieses Wanderleben war notwendig, da in einer vorbürokratischen Welt Herrschaft persönliche Anwesenheit verlangte. Die Unstetigkeit ist aber auch eine Folge von Versorgungsschwierigkeiten.

1. Das Itinerar der Karolinger und der deutschen Kaiser bis Otto III. folgt einer Kette von Königshöfen, die dem Hof Unterkunft und für beschränkte Zeit Verpflegung bieten. Sie sind verbunden mit einer fiska-

lischen Grundherrschaft, die sie befähigt als königliches „Tafelgut" zu dienen. Die hervorragendsten unter ihnen, häufiger besucht und für längere Aufenthalte geeignet, wie Aachen, Nijmwegen, Niederingelheim, Tribur, Kaiserslautern, Hagenau, Nürnberg, Goslar usw. wurden mit Pfalzen (palatia) versehen. Zu ihnen gehören große Forste, die der Jagd, dem Hauptvergnügen der Zeit, dienen.

a) Im Gegensatz zu Frankreich, wo das karolingisch-kapetingische Königsgut in späterer Zeit keine Mehrung mehr erfuhr, wurde in Deutschland das Königsgut in der Folge durch das Hausgut der Ottonen, Salier und Staufer angereichert. Andererseits ist hier im Zuge des ottonisch-salischen Kirchensystems viel Königsgut der Reichskirche übergeben worden, das dann im Zeitalter des Investiturstreites an Verfügbarkeit für das Reich verliert.

Eine begriffliche Scheidung zwischen Reichsgut und königlichem Hausgut bestand zunächst nicht. Sie bahnt sich im 11. Jhdt. im Zuge der allmählichen Institutionalisierung des Reiches (vgl. Kap. 24 I 1) an. Die schon unter Heinrich II. vorkommende Unterscheidung zwischen Reichsgut und königlichem Hausgut (DH II 433) wurde zum Problem beim Auseinandertreten von Thron und Erbfolge 1125.

Die Erhaltung des Reichsgutes wird im 12. Jhdt. Fürstensache (Würzburger Fürstentag 1121). Es kam zu einem förmlichen Konsensrecht der Fürsten zur Veräußerung von Reichsgut (vgl. Kap. 24 VI 1). Das schuf auch bei der Dynastie ein Interesse daran, Reichs- und Hausgut getrennt zu halten. Mit dem Erlöschen der Staufer ergab sich erneut die Frage, was aus dem Hausgut der Dynastie werden sollte. Die zu Landesherrn gewordenen geistlichen Fürsten, nicht beteiligt an der Erbfolge, waren naturgemäß daran interessiert, es dem Reich zuzuführen. So wurden Erbansprüche gegenüber dem Hausgut des erloschenen Königshauses (z. B. der Wittelsbacher als Erben der Staufer) zum Hemmnis auf dem Weg zum Throne. Die Erfassung des staufischen Nachlasses als Reichsgut bildet den wichtigsten Teil der Revindikationen Rudolfs von Habsburg. Von hier datiert auch die Reichsunmittelbarkeit der staufischen Städte und der Übergang zur reinen Wahlmonarchie, die es ermöglichte, einer den Fürsten machtpolitisch unerwünschten Verschmelzung von Reichs- und Hausgut vorzubeugen.

Schrifttum: E. Wadle, Reichsgut und Königsherrschaft unter Lothar III. (1125 bis 1137), Schrift. z. Verf. Gesch. 12 (1969); C. Frey, Die Schicksale des königlichen Gutes in Deutschland unter den letzten Staufern seit König Philipp, 1881, Neudr. 1966; H. Niese, Die Verwaltung des Reichsgutes im 13. Jahrhundert, 1905, Neudr. 1969; W. Kuster, Das Reichsgut in den Jahren 1273–1313 (1883); A. Kerrl, Das Reichsgut und Hausgut der deutschen Könige im frühen Mittelalter, 1911; H. Werle, Staufische Hausmachtpolitik am Rhein im 12. Jahrhundert, ZGO 110 (1962) 248ff.; H. Hoffmann, Die Unveräußerlichkeit der Kronrechte im Ma., DA 20 (1964) 389ff.; J. Fischer, Fürstliche Willebriefe u. Mitbesiegelungen, MIÖG 3 (1882) 1ff.; K. Lamprecht, Die Entstehung der Willebriefe und die Revindication des Reichsgutes unter Rudolf von Habsburg, Forschgn z. dt. Gesch. 21 (1881) 3ff.; ders., Zur Vorgeschichte des Konsensrechtes der Kurfürsten, ebda 23 (1883) 63ff.; H. C. Faussner, Die Verfügungsgewalt des deutschen Königs über weltliches Reichsgut im Hochmittelalter, DA 29 (1973) 345ff. S. a. HRG Artikel: Königspfalz (A. Gauert) II 1044ff., Krongut (M. Herberger) II 1217ff.

b) Der königliche Grundbesitz gliedert sich in Lehen, Grundleihegüter und Regiegüter. Zu letzteren gehören die königlichen Tafelgüter. Zu Beginn des 11. Jahrhunderts scheinen die Naturalleistungen der Reichsgüter durchwegs fixiert worden zu sein. Hundert Jahre später vollzieht sich der Übergang zur reinen Geldleistung. Die königliche Grundherrschaft ist damit reine Rentenwirtschaft geworden.

c) Seit Heinrich IV. spielt der Landesausbau als Mittel der Ausweitung der Grundherrschaft eine bedeutende Rolle auch in der Reichsgutpolitik des Königs. Dabei wurden Burgen als Verwaltungspunkte neu errichtet und für die Reichsgutverwaltung Dienstmannen eingesetzt (s. Kap. 24 VII). Dagegen erhob sich erbitterter Widerstand seitens des sächsischen Adels, der gegen die Zwingburgen, aber auch gegen die Heranziehung stammbaumloser Eigenleute (nullis maioribus orti vilissimi homines) und die Bauernheere des Königs (gregarius miles) wetterte. Die Königslandpolitik Heinrich IV. scheiterte in Sachsen; in Franken und Schwaben wurde sie dagegen von den Staufern erfolgreich fortgesetzt (s. Kap. 24 VI 2–3). Der Schwerpunkt des Reiches verlagerte sich wieder nach dem Südwesten, dem späteren Hauptgebiet ausgedehnter Reichsvogteien.

2. Seit Heinrich II. zeigt das ottonisch-salische Reichskirchensystem, das der Kirche viel Reichsgut zugebracht hat, seine Kehrseite, indem nun der König den Unterhalt des Hofes mehr und mehr auf die Reichsprälaten abwälzt. Das Itinerar des Königs verlagert sich von den Königshöfen auf die Kathedralsitze der Bischöfe, die den König und sein Gefolge für die Dauer ihres Aufenthaltes auf Kosten der Kirche zu verpflegen und ihnen, sofern am Ort keine königliche Pfalz vorhanden ist, auch Unterkunft zu bieten haben.

Daneben werden in der Form des in Naturalien und Geld zu leistenden *servitium regis* auch die Reichsabteien mehr denn zuvor zum Unterhalt des Hofes herangezogen. Mit dem Anwachsen der Geldwirtschaft verwandelt es sich im 12. Jahrhundert zunehmend in eine Geldabgabe (Königssteuer). Das klösterliche servitium regis wurde vielfach im Privilegienwege beseitigt. Auch die bischöfliche Gastungspflicht ist im 13. Jahrhundert in rascher Abnahme begriffen und läuft mit diesem Jahrhundert aus.

Schrifttum: B. Heusinger, Servitium regis in der deutschen Kaiserzeit, 900 bis 1250, AUF 8 (1923) 26ff.; C. R. Brühl, Fodrum, Gistum, Servitium regis (Kölner Hist. Abh. 14), 1967; ders., Königsgastung, HRG II 1032ff.

Neben den Sachleistungen für das Reich wurde die Reichskirche in nicht unerheblichem Maße für die Kanzlei und Diplomatie des Königs herangezogen, wofür es keine geregelte Vergütung gab.

Schrifttum: J. Fleckenstein, Die Hofkapelle der deutschen Könige, 2 Bde, 1959/66; ders., Hofkapelle und Reichsepiskopat unter Heinrich IV., VF 17 (1973) 117ff.; ders., Capella regia, HRG I 582ff.; H. W. Klewitz, Königtum, Hofkapelle und Domkapitel im 10. und 11. Jahrh., AUF 16 (1939) 102ff.; ders., Cancellaria. Ein Beitrag zur Geschichte des geistlichen Hofdienstes, DA 1 (1937) 44ff.; ders., Kanzleischule und Hofkaplle, DA 4 (1941) 224ff.; H. Hirsch, Reichskanzlei und Reichspolitik im Zeitalter der salischen Kaiser, MIÖG 42 (1928) 1ff.; F. Hausmann, Reichskanzlei und Hofkapelle unter Heinrich V und Konrad III., 1956; H. L. Mikoletzky, Kaiser Heinrich II. und die Kirche, 1946; J. Riedmann, Studien über die Reichskanzlei unter Friedrich Barbarossa in den Jahren 1156–1166, MIÖG 75–76 (1967/68) 32ff. u. 23ff.; H. Bansa, Studien zur Kanzlei Kaiser Ludwigs des Bayern, Münch. hist. Stud. Abt. Gesch. Hilfswiss. 5 (1966); H. M. Schaller, Die Kanzlei Kaiser Friedrich II. Ihr Personal und ihr Sprachstil, Arch. f. Dipl. 3 (1957) 207ff.

Keine Schmälerung der Leistungen an das Reich bedeutete die vor allem im 12. Jhdt. häufige Mediatisierung von Reichsabteien, da sie regelmäßig zugunsten von Bischöfen erfolgte, womit die Leistungen der Reichskirche im ganzen nicht verändert wurden. Ein Verbot der Veräußerung von Abteien mit freier Abtwahl, schon von Otto I. 951 erlassen (MGCC I Nr. 8 c 2) blieb ohne nachhaltige Wirkung. Anfang des 13. Jahrh. setzte sich der Grundsatz durch, daß solche Veräußerung der Zustimmung des betroffenen geistlichen Fürsten und seiner Dienstmannschaft bedarf.

3. Der Schwund der kirchlichen Leistungen für das Reich fand einen Ausgleich in der Stadtsteuer. Bei den Bischofsstädten knüpft die erstmals 1084 als allgemeine Erscheinung nachzuweisende Stadtsteuer an die Umlagen an, die der Erfüllung der bischöflichen Gastungspflicht gegenüber dem König dienen. Bei den staufischen Städtegründungen liefert die königliche Stadtherrschaft den Ansatzpunkt. Im 13. Jahrhundert werden die Stadtsteuern zur bedeutendsten Geldeinnahme des Königs.

Zu der matrikularmäßig veranlagten regelmäßigen Stadtsteuer kamen noch Sondersteuern (Beden) für die Anwerbung von Söldnern (Heersteuer), die Abhaltung von Reichstagen usw. Noch unter Ludwig dem Bayern bilden die Stadtsteuern den finanziellen Rückhalt des Reiches.

Schrifttum: K. Zeumer, Die deutschen Städtesteuern, insbesondere die städtischen Reichssteuern im 12. und 13. Jahrhundert, 1878; W. Sehring, Die finanziellen Leistungen der Reichsstädte unter Ruprecht v. d. Pfalz, 1916; J. Knöpfler, Die Reichsstadtsteuern in Schwaben, Elsaß und am Oberrhein, Württ. Vj.hefte NF 11 (1902).

4. Die Veräußerung von Reichsgut, letzter Ausweg der Könige in finanzieller Not, wurde durch ihre Bindung an die Zustimmung der Fürsten (s. Kap. 24 VII, 28 III 1a, 33 II 2) im 12. Jahrhundert immer untunlicher. Möglich blieben Verpfändungen, die im 13. Jahrhundert zahlreich sind und im 14. einen absoluten Höhepunkt erreichten. Vor allem die Reichsstädte hatten darunter zu leiden. Nicht wenige wurden durch Verpfändung dem Reich dauernd entfremdet (s. Kap. 36 III 1).

Schrifttum: G. Landwehr, Die rechtshistorische Einordnung der Reichspfandschaften, VF 13 (1970) 97ff.

5. Der Sieg des Fürstenstaates unter Karl IV. besiegelt den finanziellen Ruin des Reiches. Fortan ist es Kostgänger der Reichsstände, deren kümmerliche Matrikularbeiträge es gerade noch am Leben erhalten. Da auch die Einkünfte aus den Regalien in ihrem wichtigsten Teile in die Hände der Fürsten gelangt sind, bedarf der Glanz der Krone fortan des Unterbaues einer bedeutenden Hausmacht.

Schrifttum: K. Zeumer, Zur Geschichte der Reichssteuern im frühen Mittelalter, Neudr. 1961.

IV. Das Reichsheer wird im Zuge des Ausbaues des Reiches zum Lehnstaat im 12. Jahrhundert zu einer Anhäufung von Lehenkontingenten, welche die Reichsvasallen in feststehendem Umfang und auf festgelegte Zeitdauer zu stellen haben. Zusätzliche Beschränkungen räumlicher und sachlicher Art (z. B. Romzug) grenzen diesen Lehenkriegsdienst ein. Dazu kommen zahlreiche Befreiungsprivilegien für die Reichsabteien.

1. Um ihren militärischen Verpflichtungen gegenüber dem Reich genügen zu können, sehen sich die Reichsvasallen veranlaßt, die in den Bür-
gerkriegszeiten des Investiturstreites verstärkte Bewaffnung breiterer
Unterschichten in eine ständige bewaffnete Dienstmannschaft (Ministerialen) überzuleiten. Der Ausfall der Reichskirche für die Verwaltung
des Reiches und wachsender militärischer Bedarf zwingen aber auch den
König zum Aufbau einer Reichsdienstmannschaft, die die Reichsverwaltung zu tragen und die königliche Kerntruppe zu stellen hat. Dies
war nur durch Verlehnung des restlichen Reichsgutes möglich. Das
Endergebnis war jedoch keine Stärkung der Reichsmacht, da die Reichsministerialität sich nach dem Erlöschen des staufischen Hauses verselbständigte (vgl. Kap. 24 VII und 30 I 1 b).

Nicht auf Lehnrecht, sondern der königlichen Stadtherrschaft beruht das seit
spätstaufischer Zeit belegte Aufgebot der Reichsstädte zum Reichskriegsdienst. Diese
Aufgebote hatten vor allem Bedeutung im regionalen Bereich im Vollzug der Landfriedenswahrung; beim Brechen von Raubnestern waren die Reichsstädte besonders
erfolgreich.

Schrifttum: G. Gattermann, Die deutschen Fürsten auf der Reichsheerfahrt,
Studien zur Reichskriegsverfassung der Stauferzeit, 1956; L. Auer, Der Kriegs-
dienst des Klerus unter den sächsischen Kaisern, 2 Teile, MIÖG 79 (1971), 316ff.
u. 80 (1972) 48ff.; H. P. A. Fischer, Die Teilnahme der Reichsstädte an der
Reichsheerfahrt vom Interregnum bis zum Ausgang Kaiser Karl IV., 1883. S. a.
HRG Artikel: Heer (H. Meier-Welcker) II 6ff., Heerbann (H. Meier-Welcker)
II 22 f., Heerfahrt (L. Auer) II 27 f.

2. Die Feudalisierung der Dienstmannschaft hat ihren Ausbau zum
stehenden Heer verhindert. Ein solches stellen erstmals die im Zuge der
Kreuzzugsbewegung entstandenen Ritterorden dar. Trotz starker
nationaler Akzente („Deutsch"orden, Templerorden vorwiegend fran-
zösisch-englisch bestimmt) behaupten sie sich als autonome, in den
werdenden Nationalstaat nicht einschmelzbare Gebilde. König Philipp
dem Schönen von Frankreich gelingt die Aufhebung des Templerordens
(Papst Clemens V. 1312), während der Deutschorden jenseits der Reichsgrenzen im Osten einen eigenen Staat aufbaut.

Kap. 29. Die Wirtschaft

Schrifttum: A. Dopsch, Herrschaft und Bauer in der dtsch. Kaiserzeit, 1939,
Neudr. 1974; A. Waas, Vogtei und Bede in der deutschen Kaiserzeit, 2 Bde,
1919–23; Th. Mayer, Adel und Bauern (s. Kap. 30); K. S. Bader, Studien
zur Rechtsgeschichte des mittelalterlichen Dorfes, Bd. I 1957, Bd. II 1962, Bd. III
1973; Sammelband (VF 7 u. 8): Die Anfänge der Landgemeinde und ihr Wesen,
2 Teile, 1964; HRG Artikel: Agrarverfassung (F. Lütge) I 63ff., Allmende (E.
Sachers) I 108f.; Etter (H. Lieberich) I 1025ff., Freibauern, Freidörfer (H. H.
Hofmann) I 1216ff., Frondienst (G. Theuerkauf) I 1306ff., Fronhof (G.
Theuerkauf) I 1309ff., Grangie (F. Merzbacher) I 1796f., Grundherrschaft
(H. K. Schulze) I 1824ff., Hintersasse (E. Kaufmann) II 162ff., Hörige (E.
Kaufmann) II 241, Hufe (A. Buschmann) II 248ff., Inwärtseigen (Ch. Hafke)
II 412f.; B. Kuske, Das mittelalterliche deutsche Reich in seinen wirtschaftlichen
und sozialen Auswirkungen, VSWG 35 (1942) 265ff.; U. Dirlemeier, Mittel-
alterliche Hoheitsträger im wirtschaftlichen Wettbewerb, VSWG Beiheft 51 (1961);
R. Sprandel, Das mittelalterliche Zahlungssystem nach hansisch-nordischen
Quellen des 13.–15. Jahrhunderts, 1975.

Die Wirtschaft des Mittelalters wurde zunächst in den traditionellen Formen fortbetrieben, die die fränkische Zeit herausgebildet hatte (Kap. 12). Aber bald setzten Veränderungen ein, die sich auf drei Hauptgründe zurückführen lassen. Einmal erzeugte das Aufblühen der Städte neue Wirtschaftsformen, die auch auf das flache Land zurückwirkten; zwischen Stadt und Land ergaben sich fruchtbare Wechselbeziehungen. Damit in Zusammenhang stand das Vordringen der Geldwirtschaft, das eine neue Wirtschaftsgesinnung erzeugte; das rechenhafte (rationale) Denken verdrängte die alten Traditionen. Endlich erschloß sich das deutsche Volk neue Siedlungsräume, und es begann eine große Bevölkerungsbewegung, diesmal in west-östlicher Richtung.

Stadtbürgertum und Beamtenstaat sind eng verquickt mit einem Wandel der Wirtschaftsgesinnung. Das neue rationale Wirtschaftsdenken rechnet mit einem ausgewogenen Wechselbezug von Arbeitsleistung und Lohn. Das setzt in Geld ausdrückbare, fest umrissene Dienstleistungen voraus. Sie widersprechen dem traditionellen Lebensstil und finden sich zuerst im Handwerk (Lohn- und Preiswerk) sowie im Heerwesen (Soldritter; s. Kap. 28 IV). Dem „Abgelten" von Leistungen stand vordem schon der allgemeine Bargeldmangel im Wege, vor allem aber machte die allesbeherrschende Treue die meisten Leistungen ihrem Wesen nach zu ungemessenen. Der Bedarf bestimmte den Dienst, er war weder begrenzt noch stetig. Geboten wurden dafür Unterhalt und gelegentliche Geschenke. Ritterliche Dienste lohnte man mit Lehen, kirchliche (s. Kap. 28 III 2) mit Pfründen, für besondere Aufwendungen im Reichsdienst gab es darüber hinaus Privilegien.

I. Die Landwirtschaft ist zunächst noch beherrscht vom Bild der Fronhofsverfassung (s. Kap. 12 I).

1. Die meisten Bauerngüter gehören einem grundherrschaftlichen Wirtschaftsverbande an. Daraus folgt im einzelnen:

a) Von den bäuerlichen Wirtschaften werden wie bisher Naturalabgaben und Arbeitsfronden geleistet. Die Leistungen sind in verschiedenem Umfange auf die Güter radiziert; es gibt (je nach der dinglichen Leistungspflicht) *mansi ingenuiles, litiles, serviles.* Daneben läuft aber die Eigenwirtschaft des Bauern; gelegentlich hat auch der Bauer neben seinem Leihe- noch freies Eigengut.

b) Als Zwischenstellen liegen zwischen den einzelnen Hufen (*mansi*) und den Fronhöfen die Meiergüter (*curiae villicales*), größere Betriebe unter Meiern (*villici*); dort werden die Leistungen der Bauern entgegengenommen und in transportfähige Dauerware umgesetzt.

c) Die Grundherrschaft ist eine wirtschaftliche Verwaltungseinheit. Der Grundherr übt durch seine Meier und Vögte Zwing und Bann, er hält Bannbetriebe (Tafernen, Badstuben, Mühlen, Backöfen, Schmieden usw.), deren sich die Hintersassen bedienen müssen. Die freie Veräußerung ihrer Hufen war ihnen verwehrt, alle Rechtsgeschäfte gingen durch die Hand des Grundherrn und waren gebührenpflichtig, wodurch eine im ganzen segensreiche Kontrolle des Grundstücksverkehrs bewirkt wurde; auch wirkte die Grundherrschaft als Kreditsperre gegen Verschuldung.

d) Das alles schloß nicht aus, daß die Bauern sich in Nachbarschaften (Burschaften) genossenschaftlich organisierten. Sie waren die „Familia"

11*

des Grundherrn und wirkten in seinem Hofgericht (Hub-, Urbar-, Meiergericht, Baumannsding) und bei der Festsetzung ihrer Rechte und Pflichten in Weistümern mit. Sie bildeten eine Rechtsgemeinschaft nach Hofrecht; der Bauer stand nicht unter der öffentlichen, sondern unter der Vogteiverfassung. Dabei hat ein sozialer Ausgleich nach unten stattgefunden. Meist standen die Hintersassen unter Hörigenrecht, außer wenn sie ihre Freiheit beweisen konnten; auf dem Lande gilt meist der Satz: Luft macht unfrei. Vielfach mag den Bauern am Beweise ihrer Freiheit nicht einmal viel gelegen haben, da ihnen diese weder wirtschaftlich noch politisch nennenswerte Vorteile bot.

e) Daß es noch freie Bauern gab, die nicht in eine Grundherrschaft, sondern in freie Marken gehörten, kann als sicher gelten. Aber viele Marken waren grundherrliche, die meisten wohl gemischte, in denen aber auch die Grundherren Obermärker waren. Relativ am besten standen diejenigen Dörfer, in denen mehrere Grundherren Besitz hatten. Sie konnten eine gewisse Selbstverwaltung erwerben, Zwing und Bann wurde hier zum Ausdruck einer autonomen Dorfgerichtsbarkeit.

2. Die Fronhofsverfassung darf man sich nicht als starres System vorstellen; sie wies viele Spielarten auf. Die Mannigfaltigkeit nahm im Mittelalter noch zu, ohne daß es zu einer planmäßigen Zerschlagung der Fronhofswirtschaft gekommen wäre. Wohl aber hörte diese zeitweise und in manchen Gegenden auf, die beherrschende Wirtschaftsform zu sein. Dafür gab es mehrere Gründe.

a) Vor allem begann die ländliche Bevölkerung massenhaft in die Städte und nach dem Osten abzuwandern. Der Bevölkerungsüberschuß Westdeutschlands wurde aufgesogen.

b) Das Entstehen zahlreicher städtischer Märkte machte den Bauern zum Marktproduzenten. Er kann jetzt seine Erzeugnisse gegen Geld und städtische Produkte tauschen und wird so vom Grundherrn unabhängiger. Er kann seinen Betrieb verbessern und Geldzinse bezahlen.

c) Aber auch den Grundherren war an der Umsetzung von Natural- in Geldrenten gelegen. Sie lebten jetzt vielfach in Städten oder an fürstlichen Höfen, beteiligten sich am Handel und an kostspieligen Turnieren. So gingen sie dazu über, zunächst die Meierhöfe und gelegentlich auch die Fronhöfe selbst zu verpachten, und mit der Zeit wurden diese Pachten sogar erblich. Die Meier wurden zu teilweise ritterlich lebenden Unternehmern. Aber das „Meierrecht" wurde weiter auch vorbildlich für die Verpachtung anderer Höfe; manchmal wurden, um die Ertragsfähigkeit zu steigern, mehrere Kleinbauernstellen zu einem Meierhof zusammengelegt; auch Formen der Teilpacht kamen vor, die ein gesellschaftsähnliches Verhältnis begründeten und die Verteilung der Grundrente nach Art eines Unternehmergewinnes ermöglichten. Andererseits trug der Bauer ein erhöhtes Risiko, da er bei Mißwirtschaft und Zinssäumnis „abgemeiert" werden konnte. Trotzdem war seine ganze Lage wesentlich verbessert und eine Art Bauernbefreiung eingetreten; auch die Freilassungen nahmen zu, der Bauer erkaufte sich die Freiheit oder wurde durch Aufhören der Fronden von selbst frei. Dies alles spielte sich vorwiegend in Nordwestdeutschland ab.

d) Aber die ganze Bewegung war verfrüht und wurde vom 13. Jhdt. ab rückläufig. Die chronische Geldentwertung und die Wirtschaftskrisen veranlaßten die Grundherren zur Rückkehr von der Renten- zur Eigenwirtschaft, zumal der Adel seine beherrschende Stellung in den Städten verlor und vor den Zünften zurückweichen mußte (s. Kap. 36 II 3). Das Vorbild bot die nie unterbrochene Eigenwirtschaft der Klöster, vor allem der Zisterzienser. So kam der Bauer vielfach unter noch schärferen Druck als früher.

3. Ein freies Bauerntum entstand auch im Osten. Dorthin strömten seit dem 11. Jhdt. überschüssige Arbeitskräfte aus Westdeutschland und den Niederlanden – eine Rückstauung der Völkerwanderung. Sie wurden von Unternehmern *(locatores)* auf Reihenhufen (Königshufen) in Straßendörfern ohne Gemenglage angesiedelt, und zwar zu freier Erbleihe; die Merkmale persönlicher Unfreiheit wurden abgestreift. Die Locatores wurden meist Erbschulzen in den Dörfern. Doch ist gerade hier ein besonders scharfer Rückschlag eingetreten und ist die typisch östliche Gutsherrschaft mit strenger Erbuntertänigkeit aufgekommen (s. Kap. 39 II 2).

Schrifttum: R. Koetzschke u. W. Ebert, Geschichte der ostdeutschen Kolonisation 1927, 2. Aufl. 1944; Kh. Blaschke, Grundzüge und Probleme einer sächsischen Agrarverfassungsgeschichte, ZRG 82 (1965) 223ff.; H. Conrad, Die mittelalterliche Besiedlung des deutschen Ostens und das deutsche Recht, 1955; G. Kleinheyer-B. Stasiewski (Hg.), Rechts- und Sozialstrukturen im europäischen Osten, 1975; W. Schlesinger, Bäuerliche Gemeindebildung in den mittelelbischen Landen im Zeitalter der mittelalterlichen deutschen Ostbewegung, VF 8 (1964) 25ff.; W. Kuhn, Vergleichende Untersuchungen zur mittelalterlichen Ostsiedlung, 1973; ders., Beiträge zur schlesischen Siedlungsgeschichte, 1971; H. Helbig, Die Anfänge der Landgemeinde in Schlesien, VF 8 (1964) 89ff.; H. v. Loesch, Die schlesische Weichbildverfassung der Kolonisationszeit, ZRG 58 (1938) 311ff.; Sammelband (VF 18): Die deutsche Ostsiedlung des Mittelalters als Problem der europäischen Geschichte, 1975; M. Herberger, Kolonisation, HRG II 954ff.

4. Neben der Ostkolonisation ging der innere **Landesausbau** weiter. Er hat noch in der ersten Hälfte des 14. Jhdt. dank einer günstigen Klimaphase durch Rodung von Waldgebieten (Schwarzwald, Odenwald, Bayer. Wald, Alpentäler) den Siedlungsraum beträchtlich erweitert und dadurch manchem Herrschaftsbereich erst Gewicht verliehen (z. B. Fürstpropstei Berchtesgaden). Die als Einödhöfe oder ähnlich der Ostkolonisation mittels geschlossener Dorfsiedlung (Waldhufendörfer, Angerdörfer) neu geschaffenen Bauernstellen wurden zu Schrittmachern besserer Leiherechte (freie Erbleihe) und persönlicher Freiheit („Waldluft macht frei"). Rückwirkend hob sich auch die rechtliche Lage der Bauern im Altsiedelland.

Der Landesausbau hatte wenig Einfluß auf die Wirtschaftsstruktur und die beherrschende Stellung der Grundherrschaft. Auch der Neusiedler blieb Hintersasse, da er nur im Verband das eingefangene Ödland (eremus) zu behaupten und über die mit der Neuansiedlung verbundene Durststrecke hinwegzukommen vermochte. Hauptnutznießer des Landesausbaues wurden so die Herren, die über viele unfreie Hände verfügten.

Schrifttum: Kl. Fehn, Siedlungsgeschichtliche Grundlagen der Herrschafts- und Gesellschaftsentwicklung in Mittelschwaben (1966) mit weiterem Schrifttum; F. Eigler, Die Entwicklung der Plansiedlungen auf der südlichen Frankenalb, Stud. z. Bayer. Verf. u. Soz.Gesch. VI, 1975.

II. Eine vollkommen neue Lage schuf das Aufblühen der mittelalterlichen Stadtwirtschaft.

Hier ist nur von der wirtschaftlichen Seite des Städtewesens zu handeln; über die verfassungsrechtliche s. Kap. 36 und das dort angeführte Schrifttum, besonders Hans Planitz, Frühgeschichte der deutschen Stadt.

1. Die deutsche Stadt ist älter, als man früher annahm. Schon die Völkerwanderungs- und Wikingerzeit kannte städtische Siedlungen. Auch die Römerstädte sind germanisch besiedelt und als Wirtschaftszentren erneuert worden. Als die Sarazenen den fränkischen Handel im Mittelmeergebiet lahmlegten, suchte dieser sich neue Wege nach Norden und Osten, und es wurden befestigte Umschlags- und Zollplätze angelegt, mit denen sich oft eine primitive Kaufmannssiedlung verband (*vicus*, Wik, vgl. Bardowieck, Brunswig). Der Handel war aber noch nicht typisch Markthandel mit Bedarfsartikeln, sondern Fernhandel mit Luxusgütern für Adelshöfe und Kirchen.

Schrifttum: W. Schlesinger, Burg u. Stadt; ders., Städtische Frühformen zwischen Rhein u. Elbe, beides Neudr. s. Beitr. z. dt. Verf. Gesch. d. Ma. (1963) II 92 ff.; H. v. Petrikovits, Das Fortleben römischer Städte an Rhein und Donau, VF 4 (1958) 63 ff.; H. Vetters, Die Kontinuität von Antike und Ma. im Ostalpenraum, VF 10 (1965) 29 ff.; F. Vercauteren, Die spätantike Civitas im frühen Mittelalter, BlDLG 98 (1962) 12 ff.; R. Laufner (Hg.), Die Frage der Kontinuität in den Städten an Mosel und Rhein im Frühmittelalter, Westfäl. Forsch. 16 (1963); W. Schleiermacher, Die spätesten Spuren der antiken Besiedlung im Raum von Speyer, Worms, Mainz, Frankfurt und Ladenburg, Bonner Jb. 162 (1962) 165 ff.; F. Steinbach, Rheinische Anfänge des deutschen Städtewesens, Jb. d. Köln. Gesch. Ver. 25 (1950) u. Collect. F. Steinbach (1967); Sammelband (VF 4): Studien zu den Anfängen des europäischen Städtewesens, 1956.

2. Die Blüte des Städtewesens, die im 11. und 12. Jhdt. einsetzte, war also schon eine zweite Phase.

a) Jetzt kommt es zur Massengründung von Binnenstädten, Tauschmärkten für ländliche und städtische Produkte. Die Stadt bildet einen Tauschkreis. Der Großhandel (Fernhandel) blieb daneben bestehen. Aber im eigentlichen Sinne rechtsbildend wurde der lokale Markthandel. Der Markt ist ein in sich geschlossener Organismus, der obrigkeitlicher Regelung bedarf. Daher werden Aufkauf und „Fürkauf" vor den Toren verboten, Preise, Maße und Gewichte kontrolliert, städtische Makler vermitteln und sichern die Erfüllung, Rücktritts- und Deckungsrechte garantieren die glatte Abwicklung der Marktgeschäfte; hier liegen die Ansätze vieler Regeln unseres Handelsrechtes.

b) Weitere Mittel städtischer Handelspolitik waren das Stapelrecht, wonach durchziehende Kaufleute ihre Waren feilhalten mußten; ferner der Straßenzwang, wodurch Umgehung der Städte verhindert werden sollte; die Bannmeile, innerhalb derer dem städtischen Handwerk keine Konkurrenz gemacht werden durfte; das Einstandsrecht, wenn ein Gewerbetreibender Rohstoffe über seinen Bedarf hinaus gekauft hatte.

Schrifttum: O. Goennenwein, Das Stapel- und Niederlagsrecht, 1939; W. Metz, Marktrechtsfamilie und Kaufmannsfriede in ottonisch-salischer Zeit, BlDLG 108 (1972) 28ff.; J. Wiehmeyer, Markt und Immunität vom 9. bis 11. Jahrhundert, 1968.

c) Zur Stadtwirtschaft gehören ferner neue Formen der Bodennutzung (freie Erbleihe, Leihe „zu Burgrecht", Miete); neue Formen des ehelichen Güterrechts (Gütergemeinschaft), des Unternehmensrechts (Handelsgesellschaften), des Bodenkredits (Hypothek), des Kapital verkehrs (Rentenkauf, städtische Anleihen, Wechsel). Näheres im Kap. 37 I und im Privatrecht.

d) Große Vermögen wurden auch fernerhin fast ausschließlich im Fernhandel vorzüglich mit Luxusgütern und im Wechselgeschäft erworben. Das dafür erforderliche beträchtliche flüssige Kapital wurde meist im Wege von Familiengesellschaften beschafft. Die großen Firmen besaßen ein Netz von Faktoreien, die zugleich Handelsstützpunkte und Nachrichtenquelle waren. Die Vielfalt der Münzprägungen und Zolltarife machten den Fernhandel zur Geheimwissenschaft, die Unsicherheit der durch das Geleitswesen mangelhaft gesicherten Fernstraßen gestaltete ihn risikoreich, bewirkte andererseits aber auch hohe Gewinnchancen. Wagemut und Weltkenntnis waren wesentliche Eigenschaften dieser Führungsschicht, die über die Zunftrevolten des 14. Jhdt. (s. Kap. 36 II 3 c) hinaus die Städtepolitik bestimmte.

Schrifttum: W. Frhr. v. Stromer, Oberdeutsche Hochfinanz 1350–1450, VSWG Beihefte 55–57 (1970–72); P. Moraw, Deutsches Königtum und bürgerliche Geldwirtschaft, VSWG 55 (1968) 298 ff.

3. Die Bevölkerung der Stadt setzte sich aus verschiedenen Elementen zusammen; die ritterliche Burgbesatzung, das Personal eines oder mehrerer Fronhöfe – denn oft wurde in den Städten noch Landwirtschaft getrieben –, Klosterleute, Kaufleute, Juden, die durch königliches Privileg das Zuzugsrecht bekamen, usw.

Die Hauptmasse bildete die in die Städte abwandernde Landbevölkerung, aus der sich die Handwerker rekrutierten; oft waren es einstige Fronhofshandwerker. Durch Ansiedlung in der Stadt streiften sie die Hörigkeit oder die Unfreiheit ab: „Stadtluft macht frei." Dieser Satz war für die Städte sehr wichtig, da sie erst durch ihn zu freien Rechtsgenossenschaften wurden. Vielfach wurde er ihnen durch Privileg verbrieft (so den Städten Heinrichs des Löwen, z. B. Braunschweig 1160).

Schrifttum: H. Mitteis, Über den Rechtsgrund des Satzes Stadtluft macht frei, Festschr. E. E. Stengel (1952) 342ff. und in: Die Rechtsidee (1957) 708ff.; H. Strahm, Stadtluft macht frei, VF 2 (1955) 103ff.

Die bürgerliche Freiheit darf in ihren Anfängen nicht als Vollfreiheit verstanden werden, die ja auch die zu Stadtbürgern gewordenen Ministerialen nicht besaßen. Sie bedeutete aber freie Verfügung über die eigene Arbeitskraft, d. h. Wegfall der Schollenbindung und unbeschränkter Dienstleistungen.

Die Freiung trat selten sofort ein, meist erst nach Jahr und Tag, wenn der Grundherr sich mit seinem Verfolgungsrecht „verschwiegen" hatte. Die Begründung des Satzes wird in verschiedenen Tatbeständen gesucht: in der rechten Gewere (Brunner), im Asylrecht, in der Schutzwirkung der städtischen Eidgenossenschaft (Planitz). S. noch Kap. 30 I 2a, 36 I 6c.

4. Vielfach suchten die Städte ihren Machtkreis auf das flache Land zu erweitern, indem sie Landbewohner als Ausbürger in das Bürgerrecht aufnahmen. Die Aufnahme bäuerlicher Hintersassen als „Pfahlbürger" stärkte nicht nur die Wehrkraft der Städte, sondern drohte darüber hinaus auch die Herrschaftsrechte von Adel und Kirche auszuhöhlen; sie wurde durch das Fürstengesetz von 1231/32 verboten. Überhaupt war die Gesetzgebung, besonders die Friedrichs II., unter dem Druck des Adels städtefeindlich geworden (s. Kap. 22 III 5). Das Reich hat es nicht vermocht, ein Reichsbürgerrecht zu schaffen und das aufstrebende Bürgertum an sich zu fesseln.

Schrifttum: E. Schrader, Ursprünge und Wirkungen der Reichsgesetze Friedrichs II., ZRG 68 (1951) 375 und E. Klingelhöfer, Reichsgesetze (1955) 192ff.; H. Stoob, Formen und Wandel staufischen Verhaltens zum Städtewesen, Festschr. H. Aubin z. 80. (1965) II 423 ff, u. in Forsch. z. Städtewesen in Europa 1 (1970) 51ff.;

5. Handel und gewerbliche Produktion der größeren Städte rechnen bereits mit fernen Rohstoffquellen und Absatzmärkten. Das macht die Stadtwirtschaft in hohem Maße von der politischen Großwetterlage abhängig und dementsprechend krisenanfällig. Schutz gegen Versorgungs- und Absatzschwierigkeiten bietet vor allem der Umstand, daß die mittelalterliche Stadt nach modernen Begriffen bevölkerungsarm ist, 10000 Einwohner stempeln bereits zur Großstadt. Durch das ganze Mittelalter bleibt Köln mit fast 40000 Einwohnern (14. Jahrhundert) die volkreichste Stadt Deutschlands. Aber auch im übrigen Europa gibt es Städte dieser Größenordnung mehr als vereinzelt nur in den südlichen Niederlanden und in Oberitalien. Obwohl im 15. Jahrhundert bereits ein gutes Fünftel des deutschen Volkes in Städten lebt, verfügen höchstens 10% der mittelalterlichen Städte über mehr als 2000 Einwohner.

Schrifttum: H. Bechtel, Wirtschaftsstil des Spätmittelalters. Der Ausdruck der Lebensform in Wirtschaft, Gesellschaftsaufbau und Kunst von 1350 bis um 1500 (1930); F. Lütge (Hg.), Wirtschaftliche und soziale Probleme der gewerblichen Entwicklung im 15./16. Jahrhundert (Forsch. z. Soz. u. Wirtschaftsgesch. 19), 1968; W. Andreas, Deutschland vor der Reformation, 6. Aufl., 1959; Sammelband (VF 11): Untersuchungen zur gesellschaftlichen Struktur der mittelalterlichen Städte in Europa, 1964; H. Kellenbenz, Fernhandel, HRG I 1103ff.

Kap. 30. Die Stände

Schrifttum: A. Waas, Der Mensch im deutschen Ma., 2. Aufl., 1966; W. Schwer, Stand und Ständeordnung im Weltbild des Ma., 2. Aufl., 1952; K.Bosl, Die Grundlagen der modernen Gesellschaft im Mittelalter. Eine deutsche Gesellschaftsgeschichte des Mittelalters, 1972; R. Sprandel, Verfassung und Gesellschaft im Mittelalter (=UTB 461), 1975; A. Schulte, Der Adel und die deutsche Kirche im Ma., 1922, Neudr. 1966; O. v. Dungern, Adelsherrschaft im Ma., 1927, Neudr. 1967; Ph. Heck, Blut und Stand im altsächsischen Recht und im Sachsenspiegel, 1935; ders., Beiträge zur Geschichte der Stände im Mittelalter, 2 Bde, 1900–1905, Neudr. 1964; H. Rössler (Hg.), Deutscher Adel 1430–1555 (1963); Adel und Bauern im deutschen Mittelalter, Sammelwerk, hersg. von Th. Mayer,

1943; darin besonders die Arbeiten von K. Bosl über die Ministerialen und von K. S. Bader über die Bauern; H. Kallfelz, Das Standesethos des Adels im 10. und 11. Jahrh., 1960; A. Borst, Das Rittertum im Hochma.: Idee und Wirklichkeit, Saeculum 10 (1959) 213 ff.; H. Kuhn, Rittertum und Mystik, Münch. Univ.Reden NF 33 (1962); E. Otto, Von der Abschließung des Ritterstandes, HZ 162 (1940) 19 ff.; H. G. Reuter, Die Lehre vom Ritterstand. Zum Ritterbegriff in Historiographie und Dichtung vom 11. bis zum 13. Jahrhundert (Neue Wirtschaftsgeschichte Bd. 4), 2., überarb. Aufl., 1974; K. H. Frhr. Roth v. Schreckenstein, Die Ritterwürde und der Ritterstand. Historisch-politische Studien über deutsch-mittelalterliche Standesverhältnisse auf dem Lande und in der Stadt, 1886, Neudr. i. Vorb.; H. Koller, Die Bedeutung des Titels „princeps" in der Reichskanzlei unter Saliern den und Staufern, MIÖG 68 (1960) 75 ff.; O. v. Zallinger, Ministeriales und Milites, 1878 (Neudr. i. Vorb.); H. Lieberich, Landherren und Landleute. Zur politischen Führungsschicht Bayerns im Spätma., Schriftenr. z. BLG 63 (1964); E. Molitor, Die Pflegschaften des Ssp. und das Siedlungsrecht im sächs. Stammesgebiet, 1941; ders., Der Stand der Ministerialen vornehmlich auf Grund sächsischer, thüringischer und niederrheinischer Quellen, 1912, Neudr. 1970; G. Winter, Die Ministerialität in Brandenburg, 1922; P. Kluckhohn, Die Ministerialität in Südostdeutschland vom 10. bis zum 13. Jahrhundert, 1910, Neudr. 1970; K. Bosl, Reichsministerialen (vgl. oben Kap. 24 a. E.); K. S. Bader, Bauernrecht und Bauernfreiheit im späteren Mittelalter, Hist. Jb. 61 (1941) 66 ff.; Ph. Dollinger, L'évolution des classes rurales en Bavière, 1949; dazu aber Klebel, ZBLG 16 (1951/52) 367 f.; G. Kirchner, Landflucht u. bäuerliches Erbrecht, ZBLG 19 (1956) 1 ff.

Die soziale Ordnung des Mittelalters läßt sich noch weniger in ein festes Schema pressen als die der fränkischen Zeit. Die Grenzen zwischen den einzelnen Ständen werden immer fließender, es bilden sich Übergänge, vor allem aber durchkreuzen sich geburts- und berufsständische Bildungen in mannigfachster Weise.

I. Die Geburtsstände sind noch die gleichen wie im vorigen Zeitraum, haben aber verschiedene Wandlungen durchgemacht.

Schrifttum: F. Merzbacher, Die Bedeutung von Freiheit und Unfreiheit im weltlichen und kirchlichen Recht des deutschen Mittelalters, Hist. Jb. 90 (1970) 257 ff.; H. Fehr, Zur Lehre vom mittelalterlichen Freiheitsbegriff, MIÖG 47 (1933) 290 ff., dazu K. S. Bader, ZRG 80 (1963) XXXV; K. Bosl, Die alte deutsche Freiheit, in: Frühformen d. Ges. (1964) 216 ff.; H. K. Schulze, Rodungsfreiheit und Königsfreiheit. Zur Genesis und Kritik neuerer verfassungsgeschichtlicher Theorien, HZ 219 (1974) 529 ff.; G. K. Schmelzeisen, frei wovon? – frei wozu?, Zs. f. Agrargesch. u. Agrarsoziologie 23 (1975) 145 ff.; Sammelband: Das Problem der Freiheit (VF 2), 1955 (Neudr. 1963), dazu P. Liver, ZRG 76 (1959) 369 ff.; Th. Mayer (Hg.), Adel und Bauer im deutschen Staat des Mittelalters, 1943; G. Dilcher, Freiheit, HRG I 1229 ff.; K. Kroeschell, Eigenleute, HRG I 88 ff.

1. Aus dem Stande der Unfreien sind einzelne Gruppen emporgestiegen.

a) Am niedrigsten steht immer noch das unfreie Gesinde in Stadt und Land, die Eigenleute, *dageschalke, dagewerchten,* die ungemessene Dienste schulden, meist noch eigentums- und eheunfähig, aber schon strafrechtlich geschützt und damit als Person anerkannt sind. Manche haben sich als *servi casati* oder Handwerker zu Hörigen hinaufgedient.

b) Schon in fränkischer Zeit gab es Unfreie in gehobener Stellung, **Ministerialen,** meist bewaffnete und berittene Reisige. Diese unfreien Ritter bilden im Mittelalter die Grundlage eines neuen Standes, der Dienstmannen. Sie werden wie früher zu gehobenen Diensten verwendet, typisch zur Burghut, zur Vogtei oder in Hofämtern. Seit dem 11. Jhdt. werden sie von der übrigen Familie des Grundherrn gesondert und ihre Rechte und Pflichten in Dienstrechten aufgezeichnet, besonders in geistlichen Herrschaften, so das Bamberger, Kölner Dienstrecht usw. So beginnt der Makel der unfreien Geburt sich abzuschwächen. Besonders bevorzugt waren die Reichsdienstmannen, die unter Heinrich IV., Barbarossa und seinen Nachfolgern zu den höchsten Staatsämtern berufen wurden. Aus ihnen sollte ein Reichsbeamtentum hervorgehen, mit ihrer Hilfe eine Reichsverwaltung aufgebaut werden, von der aus die Herrschaft des hohen Adels vielleicht hätte gebrochen werden können.

α) Die Ministerialität ist eine typisch deutsche Erscheinung. Sie läßt sich nur so erklären, daß die deutschen Vasallen infolge der steten Steigerung ihrer Rechte zu vielen Diensten nicht mehr herangezogen werden konnten. In Frankreich hat die „condition servile" der Vasallen die Ministerialität überflüssig gemacht. Der westeuropäische Ledigmann *(homo ligius)*, der dem Herrn bedingungslos verpflichtet war (vgl. Kap. 27 II 2), stand der Funktion nach dem Ministerialen gleich, war aber nicht unfreier Herkunft.

β) Die Betrauung einzelner Dienstmannen mit Kommandoaufgaben führte zur Aufspaltung ihres Heerschildes in einen vorletzten, mit aktiver Lehnsfähigkeit begabten, der später als Dienstherren angesprochenen Dienstmannen im engeren Sinne und einen letzten, der nur mit passiver Lehnsfähigkeit versehenen sogenannten Einschildritter (milites). Nur die ersteren galten dem Mittelalter als Adel. Mit dem Verblassen der Heerschildordnung im 15. Jahrhundert verlor solche Unterscheidung wieder an Bedeutung; dem 16. Jahrhundert sind Adel und Ritterbürtigkeit gleichbedeutend.

Daß die Dienstmannen schließlich doch die auf sie gesetzten Erwartungen enttäuschten, ist eine Folge ihrer allmählichen Angleichung an den freien Adel. Aus den Dienstmannen werden im späteren 13. Jahrhundert Dienstherren, die mit den freien Herren schließlich zum Herrenstand bzw. zur Ritterschaft verschmelzen. Unter den Staufern gelangten Ministerialen des Reiches und der Reichskirche oft zu bedeutender Machtstellung. Sie sprengen die Fesseln der Hausgenossenschaft, ihre Dienstlehen werden zu echten Lehen, ihr Inwärtseigen zu freiem Eigen, ihr connubium außerhalb der familia unbeschränkt. Andererseits minderte der freie Adel nicht selten seinen Heerschild durch Lehennahme von Standesgenossen oder sank durch Mischehen, bei der sich der Stand der Nachkommen nach der ärgeren Hand bestimmte, in Unfreiheit herab. Für die Einfügung der Dienstmannschaft in den Adel war letztlich entscheidend, daß die Ministerialen in die Heerschildordnung aufgenommen wurden. Im Sachsenspiegel erscheinen sie im fünften Schild mit den Schöffenbarfreien zusammen, im Schwabenspiegel im sechsten hinter den Semper- und Mittelfreien. Auch dies trug dazu bei, die unfreie Herkunft der Dienstmannen vergessen zu machen. Sie nahmen jetzt Lehen von anderen als ihrem Dienstherrn an, auch Geld- und Rentenlehen von Ausländern; der berühmte Reichsministeriale Werner v. Bolanden hatte 43 Lehnsherren. In den Wirren der ausgehenden Stauferzeit wurden die Reichsdienstmannen zwischen den Parteien hin- und hergerissen, im Interregnum verliefen sie sich vollends zu den Landesherren.

Die geistlichen Fürsten und seit dem 13. Jahrh. auch die Könige gelangen durch Wahl auf den Thron, die nicht selten zwiespältig ausfiel. Das mußte dazu führen, daß der Ministerialendienst mehr dem Fürstenamt als der Person galt; aus ministeriales regis werden so ministeriales regni, denen bald auch ministeriales terrae (Österreich) folgten. Der geschlossene Übergang der Reichsdienstmannen zu dem Welfen Otto IV. nach der Ermordnung Philipps von Schwaben 1208 war aus solcher Sicht keineswegs Verrat.

2. Auch die Lage der Minderfreien (Hörigen, Liten) verbesserte sich.

a) Sie standen im Kreise der familia des Grundherrn und erlangten zum Teil eine Festlegung ihrer Rechte und Pflichten, z. b. in der *Lex familiae Wormatiensis ecclesiae* des Bischofs Burchard (1023–1025). Ihre Güter wurden vielfach erblich, die persönlichen Pflichten verwandelten sich in Grundlasten. Die Arbeitskraft der Hörigen wurde den Grundherren immer wertvoller, ihr Verdienst steigerte sich, sie konnten sich die Freiheit erkaufen; auch stiegen sie oft ohne formelle Freilassung von selbst zur Freiheit auf.

Das gleiche galt für Unfreie, die etwa in die Städte oder nach dem Osten abwanderten. Diese Selbstbefreiung erklärt sich aus dem Wesen der mittelalterlichen Unfreiheit. Diese war kein Status, oder genauer keine Statuslosigkeit wie in Rom; der römische Sklave war generell rechtsunfähig, er hatte kein „caput". Entkam er seinem Herrn, so war er eben ein herrenloser Sklave. Diese Vorstellung war dem Mittelalter fremd. Auch der Unfreie war potentiell rechtsfähig und nur so lange der Herrengewalt unterworfen, als diese wirklich ausgeübt wurde. Verschwieg der Herr mit seinen Ansprüchen, so fiel die Unfreiheit ganz von selbst weg. Hierin liegt die Begründung für den Satz „Stadtluft macht frei"; einen besonderen Befreiungsgrund braucht man nicht zu suchen (s. Kap. 6 II 1 b, Kap. 29 II 3 a, u. Kap. 36 I 6 c; Karl Hans Ganahl, Studien zur Verfassungsgeschichte der Klosterherrschaft St. Gallen, 1931; H. Mitteis, Festschrift E. E. Stengel 1952).

b) Aber nicht bloß in den Städten und im Osten, sondern auch im Altsiedelland wurden Minderfreie oft dadurch freier, daß sie am Rodungs- und Siedlungswerk teilnahmen. Die Landesherren förderten diese bäuerliche „Neufreiheit", auf die man erst in jüngster Zeit aufmerksam geworden ist; mit der altgermanischen Freiheit steht sie nicht in Zusammenhang, „Freiheit" ist im Mittelalter ein relativer Begriff und kann bedeuten, daß der Bauer nur noch dem Landesherrn, keinem Grundherrn mehr untersteht; die Leistungen an jenen wurden immer mehr in öffentliche Abgaben umgedeutet. So gewann der neue Staat der Landesfürsten die Bauern als Untertanen zurück, die dem Reich fast verlorengegangen waren. Der Bauer begann wieder ein politischer Faktor zu werden, freilich in verschiedenem Maße, am stärksten im Alpenland, zumal in der Schweiz.

Es fällt keineswegs die Unfreiheit an sich (vgl. Kap. 13 I 1 b), was sich wandelt ist ihr Inhalt. An der Unfreiheit als Status hat das ganze Mittelalter und auch noch das Reformationszeitalter (s. Kap. 40 II 6) keinen Anstoß genommen. Die grundsätzliche Ablehnung der Leibeigenschaft durch Eike von Repgow (s. Sp. III 42) blieb seine ganz persönliche Meinung.

3. Unter den Freien hat sich gleichfalls eine Differenzierung durchgesetzt, wenigstens in einzelnen Teilen Deutschlands.

a) Der Sachsenspiegel unterscheidet drei Klassen von Freien:

α) die Schöffenbarfreien *(scepenbare lude)* als die höchste; sie müssen ein Stammgut *(hantgemal)* von mindestens 3 Hufen (etwa 100 ha) haben, an dem das Schöffenamt hängt, weswegen es nach Anerbenrecht vererbt wird. Dazu gehören auch solche Freie oder Edle, die unter Vorbehalt ihres Schöffenamts in eine Dienstmannschaft eingetreten sind (vielleicht Eike v. Repgow selbst, s. Kap. 37 I 1), sowie freigelassene Reichsdienstmannen (Sachsenspiegel Ldr. II 81; s. Kap. 20 II 1a);

Nach A. Hagemann (Die Stände der Sachsen, ZRG 76 (1959) 111ff.) gehen die Schöffenbarfreien auf schon vor der karolingischen Unterwerfung eingestreute freie Altsiedler fränkischen Stammes zurück, die im Wehrgeld den sächsischen Edelfreien gleichgestellt sind (Sachsenspiegel LR III 45 § 1).

β) die Pfleghaften oder Biergelden *(bargildi,* d. h. Zahler), Freibauern, die den „Grafenschatz" zahlten, der Heer- oder Dingsteuer oder auch Rodezins sein konnte. Hierher gehören wohl auch die obenerwähnten Rodungsfreien. Sie besaßen Eigengüter im Mindestmaße einer halben Hufe;

γ) Landsassen (Landsiedel), ohne eigenen Besitz, also Pächter oder Zinsbauern.

b) In Süddeutschland findet sich dazu keine Entsprechung; hier mögen die Freien durchschnittlich den Pfleghaften des Sachsenspiegels entsprochen haben. Hier einzureihen sind wohl auch die Inhaber der Beutellehn, deren Besitzrecht in jüngerer Zeit vielfach in Grundleihe zu Erbrecht umgewandelt wurde (vgl. E. Klebel, Freies Eigen und Beutellehen, ZBLG 11 [1938] 45 ff.).

4. Der Adel ist auch im Mittelalter Träger aller politischen Entscheidungen geblieben. Er hat alle hohen Reichs- und Kirchenämter, die hohen Vogteien und Grundherrschaften inne. Das Reich war also ein Staat unter Adelsherrschaft, eine Aristokratie. Niemals ist es den deutschen Königen gelungen, dem Adel die Ämter zu entwinden. Nach dem Prinzip der Ebenbürt heirateten Adlige stets untereinander; der ganze deutsche Hochadel bildete eine große Familiengemeinschaft.

a) Seit dem 12. Jhdt. wächst aus dem Adel der **Reichsfürstenstand** heraus. Mit dem Sturz Heinrichs des Löwen ist er abgeschlossen; die Grafen sind seiner nicht teilhaftig geworden, sie fallen zwar nicht der Mediatisierung anheim, besitzen aber auf den Reichstagen, wo sie später eine eigene Bank bilden (Grafenbank), keine Stimme von Gewicht. Ihr wichtigster Vorzug ist, daß sie mit den Reichsfürsten im connubium bleiben. Inwieweit die Reichsfürsten ihren Abschluß selbst herbeiführten, inwieweit und aus welchen Gründen das Königtum ihn begünstigte, ist noch eine offene Frage. Die Fürstengesetze von 1220 und 1231/32 sind Ausdruck und Frucht des neuen fürstlichen Solidaritätsgefühls.

Dieser Reichsfürstenstand darf nicht mehr mit Julius Ficker (Vom Reichsfürstenstande I, 1861) der „jüngere" genannt werden; es hat nie einen „älteren" gegeben. Vorher war die Bezeichnung als princeps untechnisch für allerlei Amtsträger verwendet worden. Aber auch der

Ausdruck „Amtsfürsten" leitet irre, da das Amt als solches keinen höheren sozialen Rang verlieh. Nicht „Amtssitz adelte" (so noch v. Below), sondern der Adel besaß die Ämter.

Über die lehnrechtlichen Erfordernisse des Reichsfürstenstandes ist schon früher (Kap. 27 II 1) gehandelt worden. Da aber längst nicht alle, bei denen sie vorlagen, Reichsfürsten geworden sind, müssen auch noch landrechtliche Grundlagen angenommen werden. Gegebene Reichsfürsten waren die Herzöge und Herzoggleichen. Anfangs verhielten sich die geistlichen zu den weltlichen Reichsfürsten wie 90 : 16. Später sind mit Zustimmung aller Reichsfürsten noch weitere Hochfreie in den Reichsfürstenstand aufgenommen worden; um 1300 zählte man etwa 40 weltliche Reichsfürsten. Die Aufnahme stützte sich auf Lehen und Allodialbesitz. (Schrifttum s. Kap. 22 II 4.)

b) Unterhalb der Reichsfürsten standen die Grafen und Freiherren *(liberi barones)*. Sie waren Grundherren, Besitzer eines Stammgutes. Um das Absinken jüngerer Söhne zu verhindern, zog man der Erstgeburtsfolge bei Eigengütern die Ganerbschaft, bei Lehen die Gesamtbelehnung vor. Einfache Edle *(nobiles)* heißen im Schwabenspiegel Mittelfreie und haben den sechsten Heerschild zum Unterschied von den im fünften Heerschild stehenden Semperfreien (von sendbar, *synodalis)*. Alle diese sind mit der Bildung der Territorialstaaten teils landsässig, teils reichsunmittelbar geworden.

II. Dieser Scheidung nach Geburtsständen tritt im Mittelalter eine berufsständische Gliederung zur Seite.

1. Ein Berufsstand war der Ritterstand.

a) Er umfaßte alle, die ritterlich lebten, die besonderen Standespflichten des Ritters erfüllten und die Ritterehre genossen. Nur der Ritter hat volles Waffenrecht und bewährt es im Zweikampf und Turnier.

b) Zum Ritterstand gehörten edelfreie Ritter und Dienstmannen (ministeriales). Das gemeinsame Berufsethos überbrückte die Kluft zwischen freier und unfreier Herkunft. Unter den Ministerialen im engeren Sinne, die im ausgehenden 13. Jahrhundert auch als Dienstherren bezeichnet werden, standen noch die „einschildigen" Ritter *(milites)*, die nur noch passiv lehensfähig waren (siebente Heerschildstufe des Schwabenspiegels).

c) Der berufsständische Charakter des Rittertums wurde besonders betont durch die förmliche Aufnahme (Schwertleite, Ritterschlag). Bald wurde diese aber von einer Ahnenprobe abhängig gemacht, 8 oder 16 ritterliche Ahnen mußten nachgewiesen werden. So nimmt das Rittertum ein geburtsständisches Element auf. Nicht erst der Ritterschlag, sondern schon die Ritterbürtigkeit bestimmt die Standeszugehörigkeit. Da wegen der hohen Kosten der Ritterwürde diese immer seltener erworben wurde, herrscht die Schicht der Wappengeborenen (Wappener, Edelknecht, lat. armiger) vor. Schon 1186 verbot Barbarossa Bauernsöhnen, das *cingulum militare* zu tragen.

Die Heerschildordnung ist zunächst nach unten hin offen. Erst um 1300 schloß sie sich durch Ausdehnung des Erfordernisses der Ritterbürtigkeit auf die Einschildritter. Damit wurde aus einem Berufsstand endgültig ein Geburtsstand, zu dem nur noch königliche Privilegien Zugang verschaffen.

d) Die Ritter bilden den Grundstock des landständischen Adels in den Fürstenstaaten. Auch im Reich gab es Reichsritter, die aber der Reichsstandschaft entbehrten. Diese noch als höherer Adel bezeichnete Schicht basiert auf der Ministerialität des Königs und der Reichskirche. Zum hohen Adel gehörten nur die reichsständischen, autonomen, korporativ verfaßten Häuser.

In Schwaben, Franken und am Rhein gelang es der Dienstmannschaft der Reichskirche sich der Reichsritterschaft anzuschließen und sich so der Landsässigkeit gegenüber ihrem Dienstherren zu entziehen. Anders in Bayern, Österreich, Sachsen usw. Dort gibt es keine immediate Ritterschaft.

e) Dem Ritterstand stehen zunächst gesellschaftlich und rechtlich gleich die vornehmen Geschlechter in den Städten, die nur im Fern- und Großhandel tätig sind (die nicht mit der Elle und Waage handeln), im übrigen aber den Lebensstil und die Ideale des Landadels teilen. Die inneren Verfassungskämpfe der Städte, die im 14. Jhdt. zu einer oft mehr äußerlichen Demokratisierung des Stadtregimentes (Aufnahme von Handwerkern in den Rat, Zunftverfassung) führen, haben in der Folge die gesellschaftliche Stellung der städtischen Oberschicht erschüttert. Die fortgeschrittene Geldwirtschaft des Spätmittelalters läßt mit der zunehmenden Unterschiedlichkeit der beiderseitigen Lebensbedingungen die Entfremdung zwischen dem vielfach verarmten Landadel und den von ihm als „Pfeffersäcke" verschrienen Stadtgeschlechtern wachsen. Gegen die mit einer Bestreitung der Ebenbürtigkeit verbundene soziale Abwertung suchen sich die letzteren durch den Erwerb von Adels- und Wappenbriefen zu schützen.

Die kgl. Verleihungen dieser Art eröffnete Kaiser Ludwig. 1340 verlieh er den Goslarer Bürgern den Heerschild. Die Bezeichnung Patriziat für die städtische Aristokratie ist neuzeitlich. Das Mittelalter spricht nur von Geschlechtern oder Erbbürgern.

Die Zusicherung der Lehnsfähigkeit an die Bürger der Mark Meißen durch Ludwig IV. (1329) und die Bürger Thüringens durch Karl IV. (1350) bewirkte, daß in den thüringisch-meißnischen Erblanden die Bürgern auch in der Neuzeit der Erwerb von Rittergütern offenstand. Das war auch in Mecklenburg der Fall.

Schrifttum: F. Frensdorff, Die Lehensfähigkeit der Bürger, Nachr. d. Ges. f. Wiss. Göttingen, 1894; H. Lieberich, Rittermäßigkeit und bürgerliche Gleichheit, Anmerkungen zur gesellschaftlichen Stellung des Bürgers im Mittelalter, Festschr. H. Krause (1975) 66ff.

2. In seinen unteren Schichten vom Ritterstand geschieden ist der Bürgerstand. Gemeint ist hier der in Zünften berufsständisch organisierte, in Gewerbe, Klein- und Nahhandel tätige Bürger, der in den kleinen Landstädten und in den Marktgemeinden in der Regel die Gesamtheit der Bürgerschaft ausmacht. Sein Kennzeichen ist seit dem Aufblühen der Städte die persönliche Freiheit („Stadtluft macht frei"), Anteil am Stadtregimente und Wehrfähigkeit, die beim zünftigen Bürger allerdings nur Fußdienst ist (Spießbürger) und zur wichtigsten Aufgabe die Mauerwacht hat. Er steht, wie auch die Stadt als solche, außerhalb der Heerschildordnung. Kennzeichnend für die Einstellung der Städte zum Waffendienst ist, daß in vielen Städten schon früh der gerichtliche Zweikampf abgeschafft wurde.

Erst sehr allmählich hat nach Wegfall der hofrechtlichen Bindungen das **Handwerk** in den Städten seine politische Form gefunden. Den Anfang machen Bruderschaften mit religiös-sozialer Zielsetzung. Das Zunftwesen des 14. Jahrh. ist teils genossenschaftlich (Innung = Einung), teils obrigkeitlich (Betreuung durch Ämter, z. B. Nürnberg) bestimmt. Aus der Sicht der Obrigkeit besitzt vorab die Warenkontrolle (Beschau) Gewicht, auf Seiten der Handwerker die Erhaltung der „bürgerlichen Nahrung". Die Werkstatt wurde zum städtischen Gegenstück des geschlossenen Bauernhofes.

Schrifttum: H. Lentze, Der Kaiser und die Zunftverfassung in den Reichsstädten bis zum Tode Karls IV, 1933, Neudr. 1964; ders., Nürnbergs Gewerbeverfassung des Spätmittelalters im Rahmen der dt. Entwicklung, Beitr. z. Wirtschaftsgesch. Nürnbergs II (1967) 593 ff.; F. Keutgen, Ämter und Zünfte, Zur Entstehung des Zunftwesens, 1903, Neudr. 1965; W. Küchler, Das Bannmeilenrecht, ein Beitrag der mittelalterl. Ostsiedlung zur wirtschaftlichen und rechtlichen Verschränkung von Stadt u. Land, Marb. Ostforschgn 24 (1964). Vgl. a. Kap. 36 II 4 u. HRG Artikel: Handwerk (H. Lentze) I 1976ff., Innung (R. Luther) II 368ff.

3. Scharf geschieden vom Stadt- und Marktbürger ist der **Bauer**. Er ist mit Ausnahme der Alpenländer kein Stand im Rechtssinne. Als „armer Mann" ist er zumeist reiner Untertan und im Sinne eines sozialen Ausgleichs nach unten weitgehend auch unfreier Hintersasse („Hofluft macht unfrei"). Der Bauer besitzt selten freies Eigen (Allod) oder ein Gut zu Lehnrecht (Beutellehn); die Regel ist die Grundleihe, wobei die Verteilung auf freie Leihen (Erbrecht, Leibrecht) und unfreie Leihe (Freistift) großen örtlichen Schwankungen unterliegt. Im dörflichen Bereich besitzt er beschränkte Selbstverwaltung und wirkt in der niederen Gerichtsbarkeit mit. Unter Barbarossa dachte man an eine dauernde Befriedung der Bauern, die jedoch ihr Waffenrecht gefährdet hätte. Im übrigen weist die Rechtsstellung des Bauern größte Verschiedenheit auf.

Über das Waffenrecht der Bauern im Mittelalter vgl. H. Fehr, ZRG 35 (1914) 111 ff. und 38 (1918) 1 ff.

4. Jeder dieser Berufsstände entwickelte rechtliche Sondernormen; so war z. B. die Morgengabe der Frau im Ritter- und im Handwerkerstande verschieden, der Bürger erbte anders als der Bauer usw. Auch in der Kultur bestanden Unterschiede: jeder dieser Stände bildete einen besonderen Kulturkreis mit eigenem Baustil, Schrift- und Brauchtum. So konnte es kommen, daß auch die nationalen Grenzen diese Gemeinschaft nicht unterbrachen und der ritterliche Adel oder die Kaufmannschaft der verschiedenen Länder untereinander engere Beziehungen unterhielt als mit den anderen Ständen des gleichen Volkes.

5. Andererseits gab es grundlegende strukturelle Gemeinsamkeiten Alle wirtschaftliche Tätigkeit bewegt sich im Rahmen der **Hausgemeinschaft**, in der Handwerksmeister und Gesellen, Bauer und Gesinde, Handelsherr und Handlungsdiener ein Ganzes bilden. Diese Lebensgemeinschaften sind hierarchisch aufgebaut und durch die Antithese Herr und Knecht bestimmt. Auch die Frau ist entweder Herrin oder Magd. Ehe- und Hausstand fallen zusammen. Vom Herrn wird die Ehe, vom Unselbständigen der ledige Stand erwartet. Die durchwegs gegebene innere Bindung an den Herrn bzw. Meister ließ einen Klassen-

gegensatz noch nicht aufkommen. Erst zu Ausgang des Mittelalters wird der Aufruhr der Unterschichten im Schoße der Weber und Bergknappen geboren, Berufe, die solcher Bindung früh entwuchsen. Nicht hierher zu rechnen sind die Zunftrevolten des 14. Jahrh., in denen eine sozial aufsteigende Schicht Anteil am Stadtregiment forderte.

Schrifttum: K. Weinhold, Die deutschen Frauen in dem Mittelalter, 2 Bde, 3. Aufl., Wien 1897.

III. Durch den Glauben von der übrigen Bevölkerung geschieden waren die Juden. Deutschland besaß vor allem in den Römerstädten sehr alte Judengemeinden von teils beträchtlichem Wohlstand. Nur im kirchlichen Bereich waren sie von der übrigen Bevölkerung geschieden. Statt den Kirchenbehörden und dem kanonischen Recht unterstanden sie dem Judenrecht (Thora), das durch Selbstverwaltungsorgane (Judenschule, Judenmeister) wahrgenommen wurde. Erst die Verfolgungen im Zuge des ersten Kreuzzuges von 1096 haben die Absonderung der Juden auch im weltlichen Recht eingeleitet. Kaiser Friedrich II. erklärte sie zu königlichen Kammerknechten (1236) und unterwarf sie einem Judenregal, das durch Verleihung weitgehend an die Landesfürsten überging. Seit dem 13. Jahrh. gelten die Juden als Landfremde. Wiederholte Vertreibungen endeten vielfach mit dauernder Ausweisung (Baiern 1551, Pfalz 1555, Brandenburg 1573, österr. Erblande 1670). Aufnahme und Schutz wurde ihnen vor allem in den reichsritterschaftlichen Gebieten zuteil. Die ständige Verschlechterung ihrer Rechtsstellung im Spätmittelalter fand im Rezeptionszeitalter ihre Bestätigung in der Übernahme der judenfeindlichen Bestimmungen des justinianischen Rechtes.

Ausgeschlossen vom Ämter- und Grunderwerb, vom Bürgerrecht und den Zünften sahen sich die Juden seit dem 13. Jahrh. zunehmend auf die durch die kirchliche Wuchergesetzgebung verbotene Zinsleihe verwiesen. Die daraus resultierende „Zinsknechtschaft" weiter Kreise hat wesentlich zu den immer wieder aufflammenden Judenverfolgungen beigetragen.

Die Judenverfolgungen anläßlich des ersten Kreuzzuges (1096) führten 1103 zur Ausdehnung des für Frauen, Kleriker usw. geltenden besonderen Friedens auf sie. Der Königsfriede brachte den Juden jedoch den Verlust des Waffenrechtes (Sachsenspiegel LR III 2) und den Zwang zu besonderer Kleidung ein. Die kirchliche Überzeugung, daß nulla salus extra ecclesiam möglich sei, bereitete den Boden für den Glauben an eine gottgewollte servitus Judaeorum, aus der im 13. Jhrh. die königliche Kammerknechtschaft *(servi camerae imperialis)* hervorging. Im Gegensatz zu den westeuropäischen Reichen (England 1290, Frankreich 1394, Spanien 1492, Portugal 1495) kam es im Reiche niemals zu einer allgemeinen Austreibung der Juden.

Schrifttum: G. Kisch, Forschungen zur Rechts- und Sozialgeschichte der Juden in Deutschland während des Ma., Zürich 1955; H. Fischer, Die verfassungsrechtliche Stellung der Juden in den deutschen Ländern während des 13. Jahrh., 1931, Neudr. 1969; L. Dasberg, Untersuchungen über die Entwertung des Judenstatus im 11. Jahrh., Paris 1965; B. Koehler-H. Lentze, Juden, HRG II 454 ff.

IV. Das allgemeine Ständebild des Mittelalters ist statisch und wenig anpassungsfähig gegenüber einer bereits sehr mannigfaltigen Wirklichkeit. Es hat eine doppelte weltliche und kirchliche Wurzel. Die agrarische Gesellschaftsordnung kennt nur Herren und Knechte. Die Kirche ihrerseits denkt in Hierarchien und Ordnungen. Ihr vielstufiger Kosmos reicht von den Engelschören über die Menschenwelt bis in dieAbgründe der Hölle, eine Sicht, deren eindrucksvollste Darstellung wir Dante verdanken. Beide Vorstellungsweisen bejahen die bestehende Ordnung. Sie erscheint als gottgewollt (Paulus, Röm. 13, 1 ff.), wie auch die Knechtschaft unter Hinweis auf den Sündenfall von der Theologie bejaht wird (Augustin, Gottesstaat 19, Kap. 15). Das Städtewesen mit seinen weittragenden wirtschaftlichen Umwälzungen hat dieses Ordnungsbild langsam unterspült. Neben den alten Werten Treue und Dienst gewinnt nun die Arbeit ethische Bedeutsamkeit und sozialen Eigenwert. Zeichen für das neue Leistungsdenken sind die Fürstenspiegel und Standespredigten (sermones ad status) des 13. Jhdt. Freilich war es von hier ein weiter Weg bis zur allgemeinen Verurteilung des Müßigganges im Zeichen der französischen Revolution. Arbeit hat erst sehr spät geadelt.

Zwar hat die kanonistische Lehre gestützt auf Gen. 3, 19 die Arbeit zur allgemeinen Menschenpflicht erklärt, aber die Kirche selbst lebte in ihren repräsentativen Vertretern in Reichtum und übte Macht.

Die Wesensverschiedenheit von herrschender und dienender Schicht findet ihren Ausdruck in der Formel **Arm und Reich** (pauper et potens), die nicht auf das Vermögen zielt. Arm ist, wer seinen Unterhalt aus körperlicher Arbeit bestreitet und damit in seiner Lebensgestaltung unfrei ist. Ihm fehlt darum auch die volle Wehrhaftigkeit, er bedarf in einer dem Faustrecht offenen Zeit des Schirmes. Die Reichen dagegen sind die Mächtigen, weil sie nicht von Arbeit, sondern vom Besitz leben, sie genießen volles Waffenrecht. Das kommt noch im Kampflied des Bauernkrieges zum Ausdruck: Als Adam grub und Eva spann, wo war denn da der Edelmann.

Schrifttum: K. Bosl, Potens und Pauper, Festschr. O. Brunner (1963) 60 ff. u. Frühformen d. Gesellschaft (1964) 106ff.; L. Manz, Der Ordogedanke. Ein Beitrag zur Frage des mittelalterlichen Ständegedankens, VSWG Beiheft 33 (1937); W. Schwer, Stand und Ständeordnung im Weltbild des Mittelalters. Die geistigen und gesellschaftsgeschichtlichen Grundlagen der berufsständischen Idee, 2. Aufl., 1952; G. Tellenbach, Irdischer Stand und Heilserwartung im Denken des Mittelalters, Festschr. H. Heimpel z. 70. (1972) 1ff.; Y. M. Congar, Les laics et l'ecclesiologie des „ordines", in Laici nella società christiana dei secoli XI e XII (Mailand 1968) 83ff.

V. Die Ständebildung des Mittelalters, die sich bis in die Kleidung hinein auswirkt, darf nicht als Kastenwesen im hinduistischen Sinne verstanden werden. Es gab stets Aufstiegsmöglichkeiten, nicht nur in der Kirche, sondern auch im Herrendienst und durch händlerisch erworbenen Reichtum. Dem entsprechen soziale Übergangszonen. Hugo von Trimberg kennt um 1300 Leute, die „weder gebure noch ritter sint" (Renner V 1066) und spottet:

> „Swie doch ir adel
> mer gesippe ist dem stadel,
> denne es dem rittersatel si.
> Si sint niht eigen und niht fri
> und wonent den edlen luiten mite
> und habent doch gar unedel site. (V 1469)

In den Städten stehen Goldschmiede und Kürschner auf der Grenze zwischen Handwerk und Geschlechtern. Neben der Zweiteilung in

„arm und reich" wurden die Laien auch aufgegliedert in drei Gruppen:
Landleute (Berthold von Regensburg nennt sie povelvolk), bestehend
aus der Unterschicht, worunter nicht nur Bauern und Handwerker,
sondern auch noch die Einschildritter verstanden werden, sodann der
Adel der Landherren, bestehend aus Dienstherren, freien Herren und
Grafen und darüber die Fürsten (Berth.v. Reg., Predigten II 212).

Im Nordosten des Reiches nahmen eine ausgesprochene Zwischenstellung die im
Zuge der Ostkolonisation eingesetzten Dorfschulzen ein. Ihr abgabenfreies Frei-
oder Lehnsschulzengut hat in der Regel die Größe von 4 Hufen, entspricht also der
Mindestgröße des ritterlichen Lehens und ist mit der Gestellung eines Lehnspferdes
belastet. Ähnliches gilt für die daneben noch vorkommenden „Lehnmänner", denen
als Absteiger aus dem Ritterstand sogenannte „Ehrbarmänner" gegenüberstehen. Zu
nennen wären hier auch die Edlinger in Kärnten und Krain.

Kap. 31. Die Rechtsquellen

Schrifttum: F. Kern, Recht und Verfassung im Ma., HZ 120 (1919) 1 ff., Neudr.
1965; W. Ebel, Geschichte der Gesetzgebung in Deutschland, 2. Aufl., 1958;
ders., Die Willkür. Eine Studie zu den Rechtsformen des älteren deutschen Rechts,
1953; K. Kroeschell, Recht und Rechtsbegriff im 12. Jahrh., VF 12 (1968) 309ff.;
G. K. Schmelzeisen, Objektives und subjektives Recht. Zu ihrem Verhältnis
im Mittelalter, ZRG 90 (1973) 101ff.; H. Krause, Dauer und Vergänglichkeit im
ma. Recht, ZRG 75 (1958) 206ff.; ders., Königtum und Rechtsordnung, ZRG 82
(1965) 1ff.; G. Broggini, Dauer und Wandel im Recht, Zeitschr. f. schweizer.
Recht 84 (1965) 1ff.; Th. Vienken, Die Geltungsdauer rechtlicher Dokumente
im früh- und hochmittelalterlichen Reich, 1942; W. Trusen, Gutes altes Recht
und consuetudo. Aus den Anfängen der Rechtsquellenlehre im Mittelalter, Festschr. G. Küchenhoff 1 (1972) 189ff.; S. Brie, Die Lehre vom Gewohnheitsrecht.
Eine historisch dogmatische Untersuchung, Teil I: Geschichtliche Grundlegung
(bis zum Ausgang des Mittelalters), 1899, Neudr. 1968; E. Mayer-Homberg, Die
fränkischen Volksrechte im Mittelalter, Bd. 1: Die fränkischen Volksrechte und das
Reichsrecht, 1912; H. Rennefahrt, Nachwirkungen des Rechts der Karolingerzeit namentlich in den Gebieten der heutigen Schweiz, Festschr. Th. Mayer 1 (1955)
80ff.; G. Droege, Landrecht und Lehnrecht im hohen Mittelalter, 1969; dazu:
G. Köbler, ZRG 87 (1970) 408ff. S. a. HRG Artikel: Aufzeichnung der Rechte
(H. Krause) I 256ff., Konsens (E. Kaufmann) II 1090ff.

I. Wollte man das Recht als eine bloße Technik auffassen oder im
Gesetz aufgehen lassen, so müßte man das Mittelalter in der Tat eine
Zeit des Rückschritts und Verfalls nennen. Denn das gesetzte Recht
verschwindet fast ganz, das Gewohnheitsrecht regiert wieder wie im
germanischen Altertum. In Wirklichkeit sind die Kräfte des Volkstums
unaufhörlich tätig gewesen, um das alte Recht zu bewahren und zeit-
gemäß umzuformen. Wie hätten sonst vom 13. Jhdt. an plötzlich ganze
neue Quellengruppen wie die Rechtsbücher, Stadtrechte, Weistümer
hervorbrechen können? Vielfach ist im Mittelalter altes Volksrecht wieder zu erhöhter Geltung gelangt, z. B. das Verfahren auf handhafter Tat
(s. Kap. 9 II 1, Kap. 28 II 3). Für die Wissenschaft ist das Mittelalter
freilich eine spröde Zeit; man begreift, warum sie lange die fränkische
Epoche bevorzugt hat. Wir müssen unsere Kenntnisse mühsam aus oft
fälschungsverdächtigen Urkunden, aus oft tendenziösen Chroniken
usw. zusammensuchen.

1. Die reichhaltigen Quellen der fränkischen Zeit sind in Vergessenheit geraten. Nur bis ins 11. Jhdt. lassen sich noch schwache Spuren von ihnen verfolgen.

a) Dies lag weniger am Verlust der Handschriften als daran, daß die Volksrechte und Kapitularien nicht mehr in die Zeit paßten; ihre politischen und sozialen Voraussetzungen waren weggefallen. Dazu kam ein bedauerlicher, in Deutschland besonders fühlbarer Bildungsverfall im Weltadel.

b) Ferner hatte sich das Personal- in das Territorialprinzip verwandelt. Das Recht fragte nicht mehr nach der Abstammung, sondern nach der Zugehörigkeit zu einem Lande; und auf die im Lande vorfallenden Tatbestände wurde jetzt nur noch das Landrecht angewandt *(quod est in territorio, etiam est de territorio)*. Das war eine notwendige Entwicklung, da in den Marken und im Osten Angehörige verschiedener Stämme zusammenlebten und die geistlichen, bald auch viele weltliche Fürstentümer mit den alten Stämmen nichts mehr zu tun hatten. Trotzdem ist die Erinnerung an die Stammesrechte nicht ganz verblaßt. Noch die Goldene Bulle (1356) unterscheidet *terra juris Franconici* und *Saxonici*. Das fränkische Recht war durch Siedler und Kaufleute weit verbreitet worden und fand nur an dem durch den Sachsenspiegel bestimmten Gebiete des „gemeinen Sachsenrechts" seine Grenze.

2. Nun entstand eine unübersehbare Fülle von Landes- und Ortsrechten; die Rechtszersplitterung wurde zum Zeichen der Zeit. Die Rechtsbildung zog sich in kleinste lokale Kreise zurück („Winkelrecht").

Dabei geht nach dem Prinzip der autonomen Rechtsschöpfung die engere Rechtsquelle der weiteren vor: Willkür bricht Stadtrecht, Stadtrecht Landrecht, Landrecht Reichsrecht. Mit der Anerkennung der „Willkür" als Rechtsquelle war zugleich zugestanden, daß auch die Privatautonomie (z. B. der Vertrag) objektives Recht zu schaffen vermag – eine Erkenntnis, die die Rechtstheorie erst in jüngster Zeit wiedergewonnen hat.

3. Die Mannigfaltigkeit der Rechte wird noch dadurch gesteigert, daß die Lokalrechte durchkreuzt werden durch Standesrechte und Rechtskreise. Zwischen ihnen ist zu unterscheiden.

a) Standesrechte erfassen den ganzen Menschen als Angehörigen einer sozialen Gruppe. So das Ritterrecht, das Stadtbürgerrecht usw. Das Stadtrecht ist also das Standesrecht der städtischen Bürger; der Bürger hat vor dem Stadtgericht seinen allgemeinen Gerichtsstand.

b) Rechtskreise sind Sonderrechte für bestimmte Rechtsverhältnisse. So das Hofrecht für das gutsherrlich-bäuerliche Verhältnis, das Lehnrecht für die Beziehungen zwischen Senior und Vasallen, das Dienstrecht für die Rechte und Pflichten des Dienstmannes. Diese Rechtskreise erfassen den Menschen nur, soweit er eben in diesem Rechtsverhältnis steht, aber ohne Rücksicht auf seinen Stand; und sie begründen einen besonderen Gerichtsstand nur hierfür. Der Vasall untersteht nur als solcher dem Lehnrecht, er kann nebenher ein Allod, der Dienstmann ein Lehngut, der hörige Bauer freies Gut haben; der Vorbehaltsministerial kann daher auch Schöffe im Landgericht bleiben. Man kann theoretisch sämtlichen Rechtskreisen zugleich angehören und doch muß auf einzelne Rechtsfragen, z. B. die Handlungsfähigkeit, noch das allgemeine Landrecht Anwendung finden.

Die Unterscheidung ist noch heute wichtig. So ist z. B. das Handelsrecht kein Standesrecht der Kaufleute mehr wie früher, sondern eben ein Rechtskreis der kaufmännischen Berufsgeschäfte; ähnlich das Arbeitsrecht.

In anderen Ländern findet sich keine Entsprechung zu den deutschen Rechtskreisen, in denen sich ein starkes Streben nach Abschließung bekundet. In Frankreich und England ist das Lehnrecht zum allgemeinen Recht geworden, in Deutschland ist es Rechtskreis geblieben. Trotzdem zeigt es stark internationale Züge.

II. Von einzelnen Rechtsquellen sollen hier nur besprochen werden die Landfrieden und die sonstigen Reichsgesetze. Die Rechtsbücher und Stadtrechte setzen zwar auch schon vor 1250 ein, ihre Behandlung soll aber auf Kap. 37 verschoben werden.

1. Die **Landfrieden** sind die für das hohe Mittelalter kennzeichnendste Quellengruppe in ganz Europa.

a) Friedensbestimmungen enthielten schon die karolingischen Kapitularien; doch gehen die mittelalterlichen Landfrieden wohl kaum direkt auf sie zurück, sondern auf ein Zwischenglied, die Gottesfrieden. Das sind von der Kirche veranlaßte beschworene Einungen zwecks Eindämmung der Fehde; sie gehören zum Programm der von Cluny ausgehenden Reform und finden sich Ende des 10. Jhdts. zuerst in Aquitanien und Burgund, wo das Fehlen jeder Staatsautorität wilden Adelsfehden Raum gab. Von dort aus drangen sie über Frankreich ins Reichsgebiet ein; 1082 wurde der erste Gottesfriede zu Lüttich für die Kölner Kirchenprovinz, 1085 zu Mainz für das ganze Reich beschworen; dabei finden sich neben geistlichen Sanktionen auch schon weltliche, für Unfreie auch peinliche Strafen. – Die Gottesfrieden zerfielen in pax (Sonderfriede für Personen und Orte) und treuga (Fehdeverbot für hohe Feste, Sonntage und die drei letzten Wochentage).

Schrifttum: A. Kluckhohn, Geschichte der Gottesfrieden, 1857, Neudr. 1966; H. Hoffmann, Gottesfriede und Treuga Dei (Schrift. d. Mo. Germ. 20), 1964; V. Achter, Gottesfrieden, HRG I 1762ff.

b) Aber die Gottesfrieden waren nicht die einzige Wurzel der Landfrieden. Friedensbestrebungen machten sich im Reiche schon unter Konrad II. und Heinrich III. geltend; doch kam es zunächst nur zu einseitig erlassenen Amnestien. Der Investiturstreit brachte verschiedene lokal begrenzte Friedenseinungen, so in Thüringen, Schwaben, Baiern (1094) usw.

c) Den ersten Reichslandfrieden verkündete Heinrich IV. 1103 zu Mainz auf vier Jahre. Friedensordnungen seiner Nachfolger sind unsicher überliefert. Hingegen besitzen wir den großen Landfrieden Barbarossas von 1152, mit dem er sein Regiment begann; er steht an der Spitze einer langen Reihe von Reichslandfrieden (1158 Roncaglia, 1179 Rheinfränkischer Friede, 1186 Constitutio contra incendiarios usw.).

d) Alle diese Frieden galten auf Zeit und wurden beschworen. Aber der Eid begründete nicht erst die Pflicht, sich dem Landfrieden zu unterwerfen, er sollte sie nur bestärken. Zumindest seit 1152 sind die Landfrieden echte Gesetze; der Kaiser selbst beschwor sie nicht, und vor allem: wer den Eid verweigerte, machte sich schon des Landfriedensbruchs schuldig; der Landfriede setzte sich „automatisch" durch. Vgl. den Tarifvertrag des modernen Arbeitsrechts, der gleichfalls objektives Recht setzt und eine „Friedenspflicht" begründet.

J. Gernhuber (Die Landfriedensbewegung in Deutschland bis zum Mainzer Reichslandfrieden von 1235, Bonner rechtswiss. Abh. 44, 1952) nimmt schon für die Provinziallandfrieden der Frühzeit an, daß sie Gesetze waren, mit der Folge, daß der Landfriedenseid nur deklaratorische Bedeutung hatte. So wichtig die begriffliche Scheidung zwischen Landfriedenseinung und Landfriedensgesetz ist, darf sie doch im Hinblick auf die geschichtliche Wirklichkeit nicht überspitzt werden.

e) Nur ganz selten wagte man die Fehde ganz zu verbieten (1158 für Italien), meist wird sie nur beschränkt (Verbot der Fehdetötung, Gebot vorheriger Ansage *(diffidatio)* oder gerichtlichen Sühneversuchs). Der Hauptwert der Landfrieden liegt auf strafrechtlichem Gebiet; sie sind die ersten, freilich noch unvollständigen Strafgesetze des Mittelalters. Näheres s. Kap. 38 I.

f) Einen gewissen Abschluß erreichte die Landfriedensarbeit im großen Mainzer Reichslandfrieden Friedrichs II. von 1235. In ihm tritt das Strafrecht zurück, da es in den älteren Landfrieden schon geregelt war. Er ist wesentlich ein Grundgesetz für die gesamte Reichsverfassung, in dem die 1220/32 den Fürsten zur Ausübung überlassenen Regalien wieder der Substanz nach für das Reich beansprucht werden (s. Kap. 22 III 6).

Der Friede wurde, wie sein Vorgänger, in einem amtlichen lateinischen Text verkündet. Der deutsche Text war zunächst nur ein Entwurf, der den Reichstagsteilnehmern zur Kenntnis gebracht wurde. Später wurde die deutsche Fassung in den Ländern gewohnheitsrechtlich rezipiert und 1281 von Rudolf I. zum Reichsgesetz erhoben. Vgl. H. Mitteis, ZRG 62 (1942), 13 ff.

g) Im ganzen darf die praktische Wirkung der Reichslandfrieden nicht überschätzt werden. Das Reich hatte nicht die nötige Vollzugsgewalt, um ihnen allenthalben Geltung zu verschaffen. Schon zum ersten Mainzer Reichslandfrieden von 1103 ist ein Ausführungsgesetz für Schwaben erhalten. Das Reich mußte sich damit begnügen, Rahmengesetze und Richtlinien aufzustellen. Auch die zur Wahrung des Landfriedens gebildeten Landfriedensgerichte waren nicht Einrichtungen des Reichs, sondern der Herzöge und Landgrafen (z. B. in Thüringen).

2. Sonstige Reichsgesetze wurden schon wiederholt erwähnt. Zu erinnern ist nur an das Wormser Konkordat von 1122, das Vertrag mit der Kirche und zugleich Reichsgesetz war; ferner an die ronkalische Gesetzgebung Barbarossas 1158, die Lehnsgesetze Konrads II. (1037) und Lothars III. (1136), die Fürstengesetze Friedrichs II. und Heinrichs (VII.) 1220 und 1231/32. Objektives Recht setzten ferner die königlichen Privilegien, zumal die ottonischen Freiheitsbriefe für die Kirchen, und die Urteile des Reichshofgerichts, so die berühmte Gelnhäuser Urkunde über die Verteilung der Lehen Heinrichs des Löwen. Vom 13. Jhdt. an

finden sich auch von den Reichstagen in Urteilsform verkündete Reichsweistümer über einzelne Rechtsfragen.

Kap. 32. Die Bildung der Nationalstaaten

Schrifttum: F. A. v. d. Heydte, Die Geburtsstunde des souveränen Staates, 1952; dazu kritisch H. Heimpel, GGA 208 (1954); W. Holtzmann, Das mittelalterliche Imperium und die werdenden Nationen, 1953; F. Bock, Reichsidee und Nationalstaaten, 1943; A. Brackmann, Der mittelalterliche Ursprung der Nationalstaaten, 1936; Berges, Die Fürstenspiegel des hohen Mittelalters, 1938; H. Wieruszowski, Vom Imperium zum nationalen Königtum, 1933, Neudr. 1965; E. Hassinger, Das Werden des neuzeitlichen Europa 1200–1600, 2. Aufl., 1966; K. Bierbach, Kurie und nationale Staaten im früheren Mittelalter (bis 1245), 1939; W. Kienast, Deutschland und Frankreich in der Kaiserzeit, 1942; R. Runciman, Geschichte der Kreuzzüge, 3 Bde, 1957–60; ders., Die Sizilianische Vesper, 1959; W. Ullmann, Der Souveränitätsgedanke in den Krönungsordines, Festschr. P. E. Schramm (1964).

Im folgenden soll ein kurzer Überblick über die Staatsbildung außerhalb des Deutschen Reiches gegeben werden unter besonderer Rücksicht auf die Unterschiede zur deutschen Entwicklung. Zur selben Zeit, da die Reichsgewalt im Interregnum ihren Tiefstand erreicht, vollenden sich an den Grenzen des Reiches nationalstaatliche Organismen; diese Staatwerdung setzt sich dann innerhalb des Reiches in verkleinertem Maßstabe fort und führt zum deutschen Fürstenstaat des Spätmittelalters.

Im einzelnen vgl. H. Mitteis, Der Staat des hohen Mittelalters, 9. Aufl. 1974.

I. Frankreich

1. In der spätkarolingischen Zeit waren fast alle staatlichen Grundlagen zerbrochen. Frankreich zerfiel nicht in große Stammesgebiete, wohl aber in über 30 landschaftlich gegliederte Territorien, Lehnsfürstentümer, die mit dem Königtum nur durch feudale Bande verknüpft waren. Einige von ihnen, vor allem die Normandie und Anjou, formten sich schon im 11. Jhdt. staatlich aus; die hier geleistete Konzentration kam später dem Königtum zugute („Konzentrische Konzentration").

2. Das Königtum begann unter den 987 zur Regierung gelangten Kapetingern (den Nachkommen Hugo Capets, früher Robertiner, wahrscheinlich von Karl d. Gr. deportierte Niedersachsen) seinen steilen Anstieg. Eine rücksichtslose Heiratspolitik führte zu regelmäßiger Sohnesfolge, eine konsequente Lehnspolitik zum Wiedererwerb der niemals de jure aufgegebenen Regalien. Der Investiturstreit hemmte den Aufstieg des Königtums kaum; es bildete sich keine adlige Kirchenherrschaft, keine geistliche Landeshoheit aus. Der Königsmythos wird gesteigert und ins Volk getragen

3. Der erste Höhepunkt wurde unter Philipp II. August (1180–1223) erreicht. Das unmittelbare Einflußgebiet der Krone wuchs ständig. Das Hofgericht verurteilte den „Übervasallen" Johann ohne Land, der zugleich König von England war, und der französische König zog seine Großlehen, insbesondere die Normandie und Bretagne, für die Krone ein. In der Schlacht bei Bouvines (1214) erschien der König bereits als Repräsentant der französischen Nation; in seinem Heere kämpften auch Kontingente der kgl. Städte. Zugleich setzte eine zielbewußte Finanzpolitik auf Grund eines Staatshaushaltsplanes (Budget) ein. Vom Kaiser fühlte sich der französische König völlig unabhängig, und Papst Innozenz III. erklärte ihn schon für souverän *(nullum superiorem recognoscens)*. Daher auch der Titel Augustus bei Philipp II. (s. auch Kap. 25 IV).

4. Die Justiz wurde zentralisiert im Parlament von Paris, das schon im 13. Jhdt. eine glänzend organisierte Behörde war und auch über Klerus und Adel die Gerichtsbarkeit übte. Dadurch wurde auch das nationalfranzösische Recht mächtig gefördert; es ruhte auf den Grundlagen des fränkisch-germanischen Gewohnheitsrechts *(droit coutumier)*, nur in Südfrankreich erhielt sich umgeformtes römisches Recht *(pays du droit écrit)*. Gleichzeitig stärkte die französische, meist von bürgerlichen „Legisten" getragene Jurisprudenz die Stellung des Königs als Oberlehnsherr *(seigneur suzerain)* noch weiter auf zwei Wegen:

a) Es entstand die Präsumption *„Nulle terre sans seigneur"*, d.h. alles Land wurde bis zum Beweise des Gegenteils als Lehnsland (in letzter Instanz der Krone) vermutet.

b) Die (in Deutschland seltene) ligische Treue *(ligesse, ligéance,* s. Kap. 27 II 2c) wurde herrschend. Die Vasallen wurden *homines ligii* ihrer Herren, d.h. ihnen wieder zu unbedingter („lediger") Treue verpflichtet; der König aber wurde *dominus ligius ante omnes,* jede Treuberedung galt nur vorbehaltlich der ihm geschuldeten Treue, er hatte gleichsam auf jedem Lehnsvertrag eine erste Hypothek. So kam Ordnung in das Chaos der feudalen Bindungen, es entstand wieder eine feudale Hierarchie mit der Spitze im König. Die geregelte Finanzverwaltung gestattete ihm, auch deutsche Fürsten an der Westgrenze des Reiches durch Rentenlehen einzugliedern (s.o. Kap. 27 II 2c).

5. Gleichzeitig bildete das Königtum aus seinen Vasallen einen neuen Beamtenstab *(ballivi, praepositi* usw.), der auch in den Adelsbanngebieten die Macht an sich zog. Ludwig der Heilige (1226–1270) wirkte als Schiedsrichter in internationalen Streitigkeiten und nahm so den Platz ein, der eigentlich dem Kaiser gebührt hätte. Philipp IV. (1285–1314) zwang die Päpste, ihre Residenz nach Avignon zu verlegen und zu Exponenten der französischen Politik zu werden; so besiegte schließlich der Nationalismus den päpstlichen Universalismus. Der Weg Frankreichs zum Einheitsstaat war vorgezeichnet und wurde trotz des mehr als 100jährigen Krieges mit England verfolgt; Ludwig XI. (1461–1483) entrechtete die Kronvasallen vollends und legte den Grund zur absoluten Monarchie.

Schrifttum: P. E. Schramm, Der König von Frankreich, Das Wesen der Monarchie vom 9. zum 16. Jahrh., 2 Bde, 2. Aufl., 1960; F. Lot-R. Fawtier, Histoire des institutions françaises au moyen âge, 2. Aufl., 1958; E. Mayer, Deutsche und französische Verfassungsgeschichte vom 9. bis zum 14. Jahrhundert, 2 Bde, 1899, Neudr. 1968; P. Viollett, Histoire des institutions politiques et administratives de la France, 4 Bde, 1890–1912, Neudr. 1966; L. A. Warnkönig-L. v. Stein, Französische Staats- und Rechtsgeschichte, 3 Bde, 1875, Neudr. 1968; G. J. Philipps, Das Regalienrecht in Frankreich. Ein Beitrag zur Geschichte des Verhältnisses zwischen Staat und Kirche, 1873, Neudr. 1967.

II. England

1. Das englische Verfassungsleben geht auf zwei Wurzeln zurück:

a) auf den angelsächsischen Staatenbund („Heptarchie"), in dem schließlich Wessex unter Alfred d. Gr. (871–900) die Hegemonie erlangte. Indessen darf aus der Verwendung des Titels *imperator* in (z.T. gefälschten) Urkunden schwerlich auf ein ags. Kaisertum geschlossen werden, vgl. R. Drögereit in ZRG 69, 1952. In den ständigen Kämpfen gegen die Dänen wurde das Volk national geeint; die Aufbringung des ‚Danegelds" führte zu den Anfängen einer geregelten Verwaltung;

b) auf die Eroberung durch die Normannen 1066; Wilhelm der Eroberer brachte fränkisch-feudale Rechtsbegriffe mit auf die Insel und baute das bei den Angelsachsen unentwickelt gebliebene Lehnssystem aus. Ein großer Grundkataster, das Domesday book (domesday = Gerichtstag, Jüngstes Gericht) sicherte die Erfassung allen Landes; fortan galt auch in England praktisch der Satz *„Nulle terre sans seigneur"*. Im Eid von Salisbury ließ sich 1086 Wilhelm der Eroberer die ligische Treue aller Vasallen, auch der Untervasallen, versprechen; dadurch wurden Aufstände der Feudalaristokratie zumindest sehr erschwert, der Adel wurde an den Staat heran gebracht, Heinrich II. begründete das Haus Anjou-Plantagenet und die Kontinentalherrschaft Englands bis zu den Pyrenäen.

2. In der Folgezeit traten besonders hervor:

a) die Finanzverwaltung (*scaccarium*, von dem schachbrettartigen Rechentisch später *Exechequer* = Schatzamt, daher noch heute Scheck);

b) die Justiz; für sie war die Zeit Heinrichs II. (1154–1189) entscheidend, der das Königsgericht *(king's bench)* ausbaute und die Assisen (Schwurgerichte) schuf; durch Teilnahme des Volkes an der Selbstverwaltung in den Grafschaften und Hundertschaften wurde dieses politisch erzogen;

c) das Beamtentum; den englischen Königen gelang es, Amtsverwaltung und Adelsbesitz zu trennen und mit Hilfe der *sheriffs* auch die Immunitäten zu kontrollieren. Das dem Karolingischen (s. Kap. 20 II 2b ß) nachgebildete Rügeverfahren (indictment) machte vor den Freigebieten nicht Halt und zwang den Vogt zur Auslieferung Verdächtiger. England wurde immer mehr zum einheitlichen Rechtsgebiet.

3. Richard I. (1189–1199) und Johann (ohne Land, 1199–1216) überspannten das Monarchenrecht. Als Johann sein Reich von Papst Innozenz III. zu Lehen nahm (vgl. Canossa!) und bei Bouvines Englands Hoffnung auf Wiedergewinn der Normandie zerstört wurde, rangen die Barone dem König die Magna Charta ab (1215); dieses berühmte Gesetz, das seine große Bedeutung als Staatsgrundgesetz erst später erlangt hat, sollte das Königtum nicht entmachten, aber auf den Weg des Rechtes zurückführen; es sichert die Rechte der Vasallen und gibt Regeln für die Ausübung des feudalen Widerstandsrechts auf Grund der Verfassung; es begünstigt aber auch die Bürger und ebnet den Weg zum Parlamentarismus.

4. Heinrich III. (1216–1272) stärkte die Macht der aus der kgl. Hausverwaltung hervorgegangenen Zentralbehörden, aber er reizte die Barone dadurch, daß er Günstlinge aus Südfrankreich in die höchsten Staatsämter berief. Es kam zu einer Revolution, deren Leiter Simon von Montfort erstmals auch Bürgerliche (commoners) ins Parlament berief, zunächst nur in beratender Funktion. Mit Edward I. (1272–1307) beginnt eine neue Epoche der englischen Rechtsgeschichte, deren Signatur der Kampf um den Ausgleich zwischen der Prärogative der Krone und den Rechten des Parlaments bildet („balance of powers").

Schrifttum: K. Schnith, Staatsordnung und Politik in England zu Anfang des 14. Jahrh., Hist. Jb. 88 (1968) 36ff.; F. Trautz, Die Könige von England und das Reich 1272–1377 (1961); P. L. Schramm, Geschichte des englischen Königtums im Lichte der Krönung, 1937, Neudr. 1970.

III. Eine andere Gründung der Normannen ist das **Königreich Sizilien**, das auch Unteritalien umfaßt. Aus kleinen Fürstenstaaten entstand dort unter Roger II. (1130–1154) ein Staatswesen von einzigartiger Geschlossenheit. Die dort geschaffenen Einrichtungen wurden vielfach vorbildlich für England, später auch für Frankreich, so z.B. die Dogana (Schatzamt, vgl. franz. *douane* = Zoll). Die Justiz war unter einem Hofrichter *(justitiarius curiae)* zentralisiert. An diese durchaus modern anmutende Staatspraxis knüpften die Hohenstaufen an; auch das Lehnrecht wurde durchaus zentripetal ausgerichtet und diente nur der Befestigung der Krongewalt. Die feudale Autonomie wurde ebenso gebrochen wie die städtische. Nach dem Sturz der Hohenstaufen kam das Reich in die Hand der Franzosen (Karl von Anjou), dann Aragons (1282).

IV. In **Spanien** entstehen Staaten im Laufe des Kampfes gegen die Araber, der Reconquista. Zunächst trat Kastilien hervor, später Aragon und das seit etwa 1130 selbständige Portugal. Überall war die Stellung der Könige als Führer im Maurenkreuzzug stark; das von Frankreich her eindringende Lehnrecht betonte die Treupflicht des Vasallen, aber auch die Gegentreue des Königs; in Aragon wurde das Prinzip der ständischen Vertretung und der konstitutionellen Monarchie scharf durchgebildet; in Kastilien bedeutete die Regierung Alfons des Weisen (1252–1282) einen Höhepunkt; sein Gesetzbuch „*Siete Partidas*" gehört zu den Höchstleistungen des ma. Geistes; im Zuge seiner Italienpolitik trat er als Bewerber um die Krone des Reiches auf (s. Kap. 23 II 3b). Doch bedurfte es noch harter Kämpfe, bis Kastilien zur Vormacht auf der iberischen Halbinsel wurde. – Durch die arabischen Gelehrtenschulen in Spanien ist antikes Geistesgut, so auch die Staats- und Rechtslehre des Aristoteles, dem Abendland neu vermittelt worden.

Schrifttum: Studien über das span. Königtum von P. E. Schramm in der Festschrift G. Ritter (1950), in der Festschrift E. E. Stengel (1952) und in ZRG 68
(1951); E. Mayer, Historia de las instituciones sociales y politicas de Espana y
Portugal durante los siglos 5 a 14, 2 Bde, 1925–28, Neudr. in Vorb.

V. In Skandinavien ging die Staatsbildung langsam voran; die Wikingerzeit
(9. Jhdt.) brachte die drei aus ursprünglich selbständigen Ländern zusammen-
gewachsenen Reiche Dänemark, Schweden und Norwegen hervor. In Norwegen
führte die schroffe Steuerpolitik Harald Schönhaars zu verstärkter Auswanderung,
u.a. nach Island, wo ein kolonialer Freistaat höchst eigenartiger Prägung entstand.
In Norwegen wurde später das Königtum erblich und wahrte seine Rechte auch
gegenüber der Kirche; eine straffe Ämterverfassung verwandelte allmählich den
alten Geburts- in einen königlichen Dienstadel. In Dänemark und Schweden blieb
es beim Wahlkönigtum und bei einer stärkeren Adelsherrschaft; in Schweden gewann die Hanse Einfluß auf die Königswahl. Das Lehnswesen war in allen drei
Reichen nur schwach entwickelt und wies vielfach eigenartige Formen auf.

VI. Die Staaten des Ostens

1. **Böhmen** ist zur Zeit der Staufer ein Fürstentum des Deutschen Reiches gewesen; der Herzog bekleidete seit 1114 das Amt des Erzschenken, seit Ende des
12. Jhdts. führte er den 1212 offiziell anerkannten Königstitel. Über seine Rolle bei
der Königswahl vgl. Kap. 23 II und Kap. 33 IV 2a. Die Lehnsbeziehungen zum
Reich beschränkten sich schließlich auf ein Mindestmaß; Ottokar II. (1253–1278) begründete einen Staat, dessen Einfluß von der Ostsee bis zur Adria reichte; in der
inneren Verwaltung folgte er sizilischem Vorbild. Er unterlag gegen Rudolf v. Habsburg (s. Kap. 33 I 2), aber der böhm. Staat blieb stark und wurde bald darauf zur
Hausmacht der Luxemburger (Kap. 33 I 5).

Schrifttum: O. Peterka, Rechtsgeschichte der böhmischen Länder, Teil 1
(2. Aufl. 1933), Teil 2 (1928); F. Seibt, Zur Entwicklung der böhmischen Staatlichkeit 1212–1471, VF 14 (1971), 463 ff.

2. **Polen** verdankt normannischem Einfluß seine erste Formung. Im 11. und
12. Jhdt. war es unter den Piastenherzögen Lehnsland des Deutschen Reiches.
Boleslaw III. (gest. 1138) wollte den Staat auf eine Landesordnung nach Muster der
Ordinatio imperii Ludwigs d. Fr. gründen, konnte aber seinen Zerfall in selbständige
Fürstentümer nicht verhindern. Die fest organisierten Adelssippen gewannen die Oberhand, die Reichsteile wurden zu Teilreichen, eine Parallele zur Merowingerzeit. Erst im
14. Jhdt. machte Kasimir d. Gr. Polen wieder zum Faktor der europäischen Politik.

Schrifttum: P. Roth, Die Entstehung des polnischen Staates, 1926; E. Meyer,
Grundzüge der Geschichte Polens, 1967; G. Rhode, Geschichte Polens, ein
Überblick, 2. Aufl., 1966.

3. Der Staat **Ungarn** entstand aus der Vereinigung der magyarischen Stämme,
deren Seßhaftwerdung im 10. Jhdt. die Slaven in Nord- und Südslaven spaltete.
Herzog Geisa (972–997) nahm das römische Christentum an und bediente sich
kirchlicher Hilfe beim Aufbau des Staates. An die Merowingerzeit erinnern die
Landschenkungen an den Adel und die Grafschaftsverfassung. Auch Ungarn war
zeitweise deutsches Reichslehen, aber auch päpstlicher Vasallenstaat. In der Verfassung finden sich Anklänge an englische Vorbilder, so ein Verzeichnis der königlichen Einkünfte nach Muster der Exchequer Rolls. Ganz auffallend ist die Parallele
der Magna Charta mit der Goldenen Bulle des Königs Andreas 1222, so der Schutz
vor willkürlicher Verhaftung, das adlige Widerstandsrecht. Doch wurde Ungarn im
13. Jhdt. immer mehr Feudalstaat und blieb Wahlkönigtum bis 1687.

Schrifttum: A. v. Timon, Ungarische Verfassungs- und Rechtsgeschichte, 1909.

4. In **Rußland** entstand der Staat der Waräger zunächst in Nowgorod (Holm-
gard), später in Kiew; Großfürst Wladimir nahm 988 das byzantinische Christentum
an. Es bestanden zahlreiche Teilfürstentümer und zwischen ihnen die Immunitäten
der Bojaren („weiße" Erde im Gegensatz zur freien „schwarzen"). Es gab eine Art
Vasallität und auch eine Landverteilung, aber keine Verbindung zwischen beiden

wie im Westen. Im 13. Jhdt. eroberten die Tataren den Großteil des Reiches, nur im Norden hielt sich die hansische Kaufmannsrepublik Nowgorod (Naugard am Ilmensee). Die Tataren hinderten die großrussische Reichsbildung nicht, die schließlich im Moskauer Zarentum gipfelte. – Das älteste russische Rechtsdenkmal, die Prawda Russkaja, entstand schon im 11. Jhdt.; es zeigt altslavisches Gewohnheitsrecht, aber auch schon byzantinische Einflüsse.

VII. Wenn hier von Nationalstaaten die Rede ist, so darf darunter nicht der Nationalstaat des 19. Jahrh. verstanden werden, der eine ideologische Einheit von Staat und Volkstum anstrebt. Dem Nationalstaat in diesem Sinne geht voran die Ausbildung des souveränen Staates, der sich vom feudalen Staat durch das Streben nach geschlossener Flächenhaftigkeit und den Anspruch unterscheidet, in dem von ihm beherrschten Raum ausschließlicher Machtträger zu sein. Diesem einheitlichen Herrschaftswillen entspricht die Ausbildung eines Staatsvolkes, das in nachmittelalterlicher Zeit mit dem Begriff der Nation bedacht wird. Das deutsche Reich hat an dieser Entwicklung vollen Anteil, freilich mit der Maßgabe, daß hier Träger der souveränen Staatsidee mehr die größeren Reichsstände und weniger das Reich in seiner Gesamtheit ist.

1. Entscheidende Impulse für diese Entwicklung gehen vom Verhältnis zwischen Kaiser und Papst aus. Das Nebeneinander beider im westlichen Imperium verlangte nach einem harmonischen Zusammenwirken. Dieser Einklang zerfiel endgültig im Zeichen des Investiturstreites. Der erbitterte Machtkampf zwischen Papst und Kaiser förderte den Souveränitätsanspruch der übrigen westlichen Staaten (vgl. Kap. 25 IV) und ließ das Reich langsam zum Staat unter Staaten absinken.

2. Das Auseinanderfallen der westlichen Welt fällt zeitlich zusammen mit der Kreuzzugsbewegung, die zunächst zu einer wieder lebhafteren politischen Berührung mit Ostrom führte. Das Ergebnis war jedoch keine Annäherung, sondern eine dauernde Entfremdung zwischen Ost und West, wobei dem Nebeneinander zweier Kaiserreiche nun auch zwei getrennte Kirchen entsprachen. Der Versuch, die kirchliche Einheit mit Gewalt herbeizuführen (Lateinisches Kaiserreich 1204–1261) scheiterte. Der endgültige Verlust des Heiligen Landes ließ im Westen und vorzüglich in Frankreich, das die Hauptlast der Kreuzzüge getragen hatte, das Interesse an weitgespannten Unternehmungen erlahmen. Als Folge dieser Selbstbescheidung rücken die nationalen Belange in den Vordergrund. Selbst die Kirche wird ihnen dienstbar gemacht (Babylonische Gefangenschaft des Papstes in Avignon 1309–1376).

3. Das europäische Staatengefüge des Spätmittelalters gleicht einem Trümmerfeld. Es fehlt ihm ein ordnender politischer Gedanke. Erst Ende des 15. Jahrhunderts wird ein solcher wieder sichtbar. Es ist dies die in der Kleinstaatenwelt Italiens entwickelte Vorstellung von der Bilancia, dem Gleichgewicht der Mächte (Balance of Power). Als politischer Grundsatz wird sie in der 1495 von Kaiser Maximilian I. und Venedig gegen Frankreich geschlossenen Heiligen Liga erstmals auf den westeuropäisch-atlantischen Raum übertragen und damit zu gesamteuropäischer Wirkung gebracht.

Vierter Teil

Das späte Mittelalter

Schrifttum: Fr. Baethgen, Europa im Spätmittelalter, Grundzüge seiner politischen Entwicklung, 1951, mit Literaturübersicht; H. Heimpel, Deutschland im späteren Ma. (in Handbuch d. dt. Gesch., hrsg. von Brandt-Meyer-Just), 1953.

Kap. 33. Die Reichsverfassung

Schrifttum: O. Redlich, Rudolf von Habsburg. Das deutsche Reich nach dem Untergang des alten Kaisertums, 1903, Neudr. 1965; E. Bock, Reichsidee und Nationalstaat; vom Untergang des alten Reiches bis zur Kündigung des deutschenglischen Bündnisses 1341 (1943); E. Werunsky, Geschichte Kaiser Karl IV. und seiner Zeit (bis 1367), 3 Bde, 1880–1892; H. Wiesflecker, Kaiser Maximilian I., Bd. 1 (1971), Bd. 2 (1975).

I. Das Interregnum wurde beendet durch die Wahl Rudolfs von Habsburg (1273).

1. Die Wahl erfolgte nach dem Tode des Schattenkönigs Richard v. Cornwall auf Betreiben Papst Gregors X., der einen Kreuzzug plante und mit der Ausübung seines Devolutionsrechtes drohte. Sie ging durch *electio per unum* vor sich; d. h. die Kurfürsten wählten, aber nur einer von ihnen, der Pfalzgraf bei Rhein, sprach die Kur als Treuhänder aller; die Wahlerklärung war im Wortsinne eine „einstimmige". An der Wahl beteiligten sich sechs Kurfürsten – König Ottokar II. von Böhmen, der selbst kandidierte, schloß sich aus –, an seiner Stelle wurde Herzog Heinrich XIII. von Bayern zugezogen, aber nur zur Ausübung des Kurrechts; dieses selbst wurde 1290 Böhmen endgültig zuerkannt. Die vorübergehende Ausübung einer Kurstimme durch Bayern war rechtlich bedeutungslos, da ja bereits vier Kurstimmen zur Wahl genügten (s. Kap. 23 II).

2. Rudolf von Habsburg war kein „armer Graf", sondern ein im Elsaß und in der Schweiz reich begüterter Territorialherr, der sein Verwaltungstalent in seinem Erblande bereits bewährt hatte. Er versuchte aus seinen Ministerialen einen neuen Beamtenstab zu schaffen und die im Interregnum verlorenen Reichsrechte wiederzugewinnen. Insbesondere baute er sein Eigengut (seine „Hausmacht") kräftig aus; sie sollte die Stütze des wankenden Reichsgebäudes werden. Da er das Ottokar von Böhmen 1278 abgewonnene Österreich nach dem Grundsatze des Leihezwangs (s. Kap. 27 I 5) nicht ans Reich ziehen konnte, verlieh er es seinen Söhnen zur gesamten Hand und begründete so die alle Fürstenstaaten überragende habsburgische Erbmacht in Österreich, Steiermark, Kärnten und Krain (1282). Die Kaiserkrönung in Rom erlangte er nicht, führte aber eine echt kaiserliche Waltung. Die Sicherung der Nachfolge gelang ihm nicht; es beginnt die Zeit der „springenden Wahlen" (fünfmaliger Dynastiewechsel in 50 Jahren!). Unmittelbar nach seinem Tode wurde der „Ewige Bund" der drei Schweizer Urkantone (Uri, Schwyz und Unterwalden) geschlossen, die Keimzelle der Eidgenossenschaft.

3. Nach seinem Tode wählten die Kurfürsten als Gegenschlag gegen das habsburgische Machtstreben nun wirklich einen kleinen Grafen, Adolf von Nassau (1291–1298). Er schädigte das Ansehen des Reiches durch schlechte Finanzwirtschaft und hilflose Schaukelpolitik zwischen Frankreich und England. Er war der erste deutsche König, der formell abgesetzt wurde, aber nicht durch den Papst, sondern durch Urteil der Kurfürsten.

4. Nunmehr griffen die Kurfürsten auf Rudolfs Sohn Albrecht I. (1298–1308) zurück, der den Spuren seines Vaters folgte und der bald entstehenden Opposition der Kurfürsten Herr wurde; er hätte das Deutsche Reich auf den Weg zum säkularisierten Nationalstaat bringen können, wäre er nicht vorzeitig ermordet worden, was eine ähnliche Katastrophe wie der Tod Heinrichs VI. bedeutete.

5. Die nächste Wahl fiel auf den Kandidaten Erzbischof Baldewins von Trier, seinen Bruder Heinrich VII. (1308–1313), den Grafen von Luxemburg und Vasallen König Philipps von Frankreich. Seine Wahl verhinderte immerhin die Kandidatur von dessen Bruder Karl v. Valois. Er begründete die luxemburgische Hausmacht in Böhmen und unternahm, von Dante als Wahrer des Weltfriedens und zugleich als Retter der italienischen Nation lebhaft begrüßt, eine verfrühte Romfahrt. Sein Versuch, die Reichsrechte in Oberitalien wiederherzustellen, scheiterte an seinem frühen Tode.

II. Seit dem Interregnum war die Lage des Reiches wesentlich verändert.

1. Der christlich-europäische Universalismus war zerbrochen. Weder das Kaisertum noch das in die avignonische Gefangenschaft geratene Papsttum konnten ihn mehr verwirklichen. Das Reich war umgeben von Nationalstaaten, die es an innerer Geschlossenheit weit überragten, und in seinem Innern setzte sich der Auflösungsprozeß fort.

Der Labilität der machtpolitischen Verhältnisse – ihr sinnfälligster Ausdruck ist der Übergang zur reinen Wahlmonarchie – entsprach die Unklarheit über das ideologische Fundament des Reiches. Angesichts der kurialen und nationalstaatlichen Theorien, die die Kaisermacht einzuschränken suchten, mußte das deutsche Königtum gedankliche Eigenständigkeit erringen, wollte es nicht die Kaiserkrone verlieren oder mit dieser stürzen. Das Ringen um das begriffliche Selbstverständnis des Reiches ist einer der heroischen Aspekte der Regierung Ludwigs des Bayern (vgl. Kap. 25 II).

Schrifttum: F. Kern, Die Reichsgewalt des deutschen Königs nach dem Interregnum, HZ 106 (1910), 2. Aufl. 1959. Neudr. 1967; F. Heer, Zur Kontinuität des Reichsgedankens im Spätmittelalter, MIÖG 58 (1950) 336ff.; H. O. Schwöbel, Der diplomatische Kampf zwischen Ludwig dem Bayern und der römischen Kurie im Rahmen des kanonischen Absolutionsprozesses 1330–1346, Quell. u. Stud. z. Verf. Gesch. d. dt. Reiches in Ma. u. Neuzeit IX (1967); A. Schütz, Die Appellationen Ludwig des Bayern aus den Jahren 1323/24, MIÖG 80 (1972), 71ff.; H. Thomas, Der Lohengrin, eine politische Dichtung der Zeit Ludwigs des Bayern, Rh. Vjbl. 37 (1973), 152ff.; R. Schneider, Karl IV. Auffassung vom Herrscheramt, HZ Beih. 2 (1973) 122ff.

2. Das Verhältnis von Krone und Adel hatte sich weiter zu dessen Gunsten verschoben. An seiner Spitze stehen jetzt die Kurfürsten, die

nicht nur die Alleinwahl üben, sonden auch im Laufe der Regierung ihren Einfluß geltend machen. Das Reich ist jetzt eine Oligarchie. Ein Nürnberger Reichsweistum von 1281 stellte fest, daß allen Verfügungen des Königs über Reichsgut mindestens vier Kurfürsten zustimmen müßten. Sie gaben ihre Erklärungen einzeln in „Willebriefen"; ein korporativ organisiertes „Kurkolleg" existierte damals noch nicht.

3. Die Versuche, eine Reichsverwaltung und ein Reichsbeamtentum zu schaffen, waren endgültig gescheitert. Einen Ersatz konnten nur die Verwaltung der „Hausmacht" und das erbländische Beamtentum bieten. Die Hausmachtpolitk der Kaiser war keine Pflichtvergessenheit gegen das Reich, sondern der einzig noch mögliche „Verstaatungsversuch auf Umwegen".

4. Dem König fortlaufend abgenötigte Verlehnungen, Verpfändungen und Privilegierungen brachten die Erträge aus Reichsgut und Regalien zum Erliegen. Mit Ausnahme der Stadtsteuer (vgl. Kap. 28 III 3) vermochte die Krone keine neuen Geldquellen zu erschließen. Die in Notzeiten (Hussiten- und Türkengefahr) vom Reichstag bewilligten allgemeinen Reichskriegssteuern reichten nicht aus, das Reich aus seiner lehenrechtlichen Verknöcherung zu lösen. Die Reichsstände, ihrerseits darauf bedacht, den Lehensstaat mittels eines Beamtentums und regelmäßig fließender Steuerquellen zu überwinden, versagten dem Reich jede Weiterbildung auf gleichen Wegen.

a) Ältere königliche Versuche, allgemeine Reichssteuern zu schaffen, verliefen ergebnislos. Erst angesichts des Hussitensturmes beschloß der Frankfurter Reichstag von 1427 den sog. gemeinen Pfennig als eine außerordentliche, allgemeine und unmittelbare Reichssteuer. Seit 1471 werden angesichts der Türkengefahr immer wieder Reichskriegssteuern bewilligt. Das Fehlen einer Reichssteuerverwaltung benahm jedoch diesen Versuchen einer direkten Besteuerung jede verfassungsrechtliche Wirkung.

b) Die Leistungen der Reichsglieder für das Reich wurden im 15. Jahrh. fixiert. Sie basieren fortan auf einer Reichsmatrikel (erstmals 1422), welche die Stände und Städte des Reiches mit feststehenden Heereskontingenten belegte. Ihre Ablösung wandelt das Reichsheer in eine Ständesteuer.

c) Die Verpfändungen des Reiches beginnen unter Barbarossa und erreichen ihren Höhepunkt im 14. Jahrh. Außer den Reichsstädten, die sich großenteils durch Privilegien abzusichern vermochten (vgl. Kap. 36 III 1), war schließlich alles weggegeben. Zu guter Letzt wurde auch noch die Einlösung unmöglich gemacht (vgl. Kap. 42 I).

Schrifttum: J. Sieber, Zur Geschichte des Reichsmatrikelwesens im ausgehenden Mittelalter (1422–1521), 1910, Neudr. i. Vorber.; E. Gothein, Der gemeine Pfenning auf dem Reichstag zu Worms (1877); H. Müller, Reichssteuern und Reichsreformbestrebungen im 15. u. 16. Jahrh. (1880); O. Schmidt, Die Reichseinnahmen König Ruprechts von der Pfalz, Leipz. hist. Abh. (1912) 87ff.; H. Troe, Münze, Zoll und Markt und ihre finanzielle Bedeutung für das Reich vom Ausgang der Staufer bis zum Regierungsantritt Karls IV. (Beiheft z. VSWG 32) 1937; A. Nuglich, Das Finanzwesen des Reiches unter Kaiser Karl IV., Straßburg 1899; J. Rösel, Die Reichssteuern der deutschen Judengemeinden von ihren Anfängen bis zur Mitte des 14. Jahrhunderts, Monatsschr. f. Gesch. u. Wiss. d. Judentums 53–54 (1909–10).

5. Da die Königswähler kein neues Königshaus wünschten, kam es zu springenden Wahlen, als deren Ergebnis drei potentielle Königshäuser

(Habsburg, Luxemburg, Wittelsbach) miteinander rivalisieren. Da für den König das Reichsgut keine ausreichende Machtbasis mehr zu liefern vermag, sieht er sich auf den Ausbau einer die übrigen Reichsfürsten überragenden Hausmacht verwiesen; sie erst ermöglicht echtes Königtum. Reichs- und Hausmachtpolitik bilden für den jeweiligen Herrscher, der bemüht bleibt, sein Haus zum Königshaus zu erhöhen, eine untrennbare Einheit. Im Gegensatz zu Adolf von Nassau vermochte der jeweils erste gekrönte Habsburger, Luxemburger und Wittelsbacher eine erfolgreiche Erwerbspolitik zu betreiben (Österreich, Böhmen-Mähren, Brandenburg-Holland). Doch blieb das Hausgut auf mehrere Familienmitglieder aufgesplittert, eine Gesamtstaatsbildung ist nirgends geglückt. Dem stand die räumliche Streuung der Länder, mehr noch der Erbanspruch aller Söhne im Wege. Das Aussterben der Luxemburger (1437) beendete das Dreiecksverhältnis zugunsten einer die zweite Hälfte des 15. Jahrhunderts überschattenden Rivalität Habsburg-Wittelsbachischer Koalitionen. Erst unter Maximilian I. wird Österreich zur deutschen Vormacht.

Alle drei Dynastien besaßen Hausinteressen in weit voneinander abliegenden Reichsteilen, vor allem auch an den Reichsgrenzen. Das mußte über die Sonderinteressen der einzelnen Linien hinaus die jeweilige Reichs- und Außenpolitik der Könige komplex gestalten.

Schrifttum: P. Moraw, König, Reich und Territorium im späten Mittelalter, 1971; A. Gerlich, Habsburg-Luxemburg-Wittelsbach im Kampf um die deutsche Königskrone,1960; ders., König Johann von Böhmen, Aspekte luxemburgischer Reichspolitik von 1310–1346, Gesch. Lkde 9 (1973)131ff.; E.C.Hellbling,Die habsburgischen Hausnormen des Mittelalters in rechtlicher Sicht, Festschr.. H. Lentze (1969) 295ff.; H. Sanmann-v. Bülow, Die Inkorporationen Karl IV. Ein Beitrag zur Geschichte des Staatseinheitsgedankens im späteren Mittelalter (Marb. Stud. z. ält. dt. Gesch., II. Reihe, 8. Stück), 1942.

III. Nach Heinrichs VII. Tode wählten die maßgebenden Kurfürsten weder einen Habsburger noch einen Luxemburger, sondern Ludwig von Bayern (1314–1347). Da aber Friedrich der Schöne von Österreich nicht verzichtete, kam es zu einer scheinbaren Doppelwahl, die nur dadurch möglich wurde, daß zwei Kuren, die böhmische und die sächsische, doppelt ausgeübt wurden. Gültig war nur Ludwigs Wahl, und dieses juristische Ergebnis wurde durch die Schlacht bei Mühldorf (1322) bestätigt. Kurz vorher hatte die Schlacht bei Morgarten (1315) den Bestand der Schweizer Eidgenossenschaft gesichert; bald traten ihr führende Städte bei, wodurch sie ihren typisch bäuerlich-bürgerlichen Charakter erhielt.

Schrifttum: K. Mommsen, Eidgenossen, Kaiser und Reich, Studien zur Stellung der Eidgenossenschaft innerhalb des heiligen römischen Reiches (Basel1958); H. Steinacker, Die Habsburger und der Ursprung der Eidgenossenschaft, MIÖG 61 (1953) 1ff.; P. Laroche, Das Interregnum und die Entstehung der Schweizerischen Eidgenossenschaft, 1971.

1. Unter Ludwig dem Bayern entzündete sich noch einmal der Reichsgedanke an dem Widerstand gegen den von Frankreich unterstützten Papst, Johann XXII. (aus Cahors), der die Bestätigung (Approbation) der Kaiserwahl beanspruchte und dem Kaiser den Prozeß machte, worauf dessen „Sachsenhäuser Appellation" antwortete (1324). Die rö-

mische Krönung erlangte Ludwig 1328 aus den Händen des durch 4 Syndici repräsentierten römischen Volkes.

2. Im weiteren Verlaufe des Streites kam es zum **Kurverein von Rhens 1338**, in dem die Kurfürsten in einem Weistum festlegten, daß der von ihnen mit Stimmenmehrheit Gewählte keiner päpstlichen Approbation mehr bedürfe. Darauf fußte Ludwigs **Reichsgesetz „Licet iuris"** von 1338, wonach schon die Wahl der Kurfürsten den Gewählten zum *verus et legitimus imperator* machen und die römische Krönung, dem jetzt auch in der Philosophie durchgedrungenen nominalistischen Denken entsprechend, zur Verleihung eines bloßen Titels herabsinken sollte. Zugleich ist jetzt das Kurkolleg als organisierte Körperschaft anerkannt; das schon vom Schwabenspiegel (1275) für die internen Beratungen angenommene Mehrheitsprinzip tritt jetzt offen zutage.

In Rhens sind die Kurfürsten als Repräsentanten des Reiches aufgetreten; mehr von ihnen als vom Kaiser ging die nationale Bewegung aus. Doch blieb das Episode; die später noch gelegentlich abgehaltenen Kurfürstentage haben keine Bedeutung erlangt.

IV. Mit dem Luxemburger **Karl IV.** kam ein neuer Typus des Herrschers auf den Thron.

1. Nachfahr von Karolingern, Staufern und Habsburgern, stand er in Fühlung mit den Anfängern der Renaissance (Cola di Rienzo, Petrarca) und war zugleich der erste „königliche Kaufmann", der besonders als Landesherr von Böhmen bewußt Wirtschaftspolitik betrieb, vor allem Bergbau; er wandte sich von Italien ab und dem Nordosten zu, förderte die Hanse und gründete die erste deutsche Universität Prag 1348.

2. Im Reiche suchte Karl IV. als Realpolitiker zu einem Ausgleich mit den Kurfürsten zu kommen. Diesem Zwecke diente die **Goldene Bulle** von 1356 (z.T. am 10. Januar in Nürnberg, z.T. am 25. Dezember mit deutlicher Spitze gegen Frankreich in Metz erlassen), eigentlich ein Bündel einzelner Gesetze, die auf Reichstagen beraten wurden; aber der Kaiser tritt unbedingt als Gesetzgeber auf und behält sich das Recht authentischer Interpretation vor (Ausgabe mit Erläuterungen von K. Zeumer 1908; Neudruck von A. Erler, Mainz 1949 und W. D. Fritz 1972 in Quell. z. Geistesgesch. d. Ma. XI, ferner K. Müller, 3. Aufl. 1970).

Schrifttum: K. Zeumer, Die Goldene Bulle Kaiser Karl IV., Entstehung und Bedeutung, 1908, Neudr. 1972; U. Stutz, Die Abstimmungsordnung der Goldenen Bulle, 1922; E. L. Petersen, Studien zur Goldenen Bulle von 1356, DA 22 (1966) 227 ff.; A. Laufs, Goldene Bulle, HRG I 1739.

a) Der Hauptinhalt dieses Reichsgrundgesetzes ist die Regelung der Königswahl nach folgenden Grundsätzen:

α) Die Wahl erfolgt durch die sieben Kurfürsten, die jetzt das „Kurkolleg" bilden, in offener Abstimmung; der Unterschied von Wahl und Kur ist gefallen. Die Wahl muß in einem einheitlichen Akte erfolgen; ein späterer Anschluß zählt nicht, Ausgebliebene haben ihr Stimmrecht verwirkt. Eine Übertragung des Kurrechts ist ausgeschlossen.

β) Die Wahl erfolgt (wie schon 1338 festgesetzt) in offener Abstimmung nach dem **Mehrheitsgrundsatz**. Erforderlich ist die Mehrheit des ganzen Kurkollegs, also bilden 4 Stimmen, entsprechend der historischen Entwicklung, zugleich die Mindestziffer für die Beschlußfähigkeit (das „Quorum"). Das Wahlrecht ist endgültig auf einen kleinen Fürstenklüngel beschränkt und entbehrt jeder Volkstümlichkeit. Wer sich vier Kurstimmen kauft, ist König. Allerdings ist jetzt auch die Zeit der springenden Wahlen vorbei. Bis 1437 blieb das Königtum mit kurzer Unterbrechung bei den Luxemburgern, von da an fast ununterbrochen bei den Habsburgern, die allein imstande waren, Reichspolitik aus ihrer Hausmacht zu finanzieren.

Das einfache Mehrheitsprinzip des römischen Rechtes verdrängte im Laufe des 13. Jhdt. die germanische Folgepflicht. Für die Königswahl vertreten erst der Kurverein von Rhens (1338) und die Goldene Bulle (1356) entschieden den Mehrheitsgrundsatz.

Schrifttum: F. Elsener, Zur Geschichte des Majoritätsprinzipes, ZRG Kan. 73 (1956) 73 ff.

γ) Der Erzbischof von Mainz fragt die Stimmen ab und stimmt als letzter, nicht wie bisher als erster; beim Mehrheitsbeschluß gibt die letzte Stimme den Stichentscheid. Die beiden anderen Erzbischöfe stimmen vor den Weltlichen, unter diesen zuerst der König von Böhmen. Da dieser der geistlichen Stimmen sicher sein konnte, war seine Stimme faktisch entscheidend. Die Goldene Bulle verfolgt also deutlich den Nebenzweck, die luxemburgische Dynastie zu sichern.

δ) Ein Kurfürst, der die gültige Wahl nicht anerkennt, verliert die Kurwürde; es besteht also Folgepflicht gegenüber dem Mehrheitsbeschluß.

b) Die päpstliche Approbation (s. Kap. 23 II 1c und Kap. 25 V 1) wird zur leeren Form. Der Gewählte ist zugleich *in imperatorem promovendus*, also *imperator electus*; seit Maximilian I. lautet sein Titel „erwählter römischer Kaiser"; auf eine Krönung in Rom konnte in Zukunft verzichtet werden (letzte die Friedrichs III. 1452; Karl V. ist 1530 in Bologna vom Papst gekrönt worden, alle übrigen Kaiser blieben *imperatores electi*).

c) Auch der Anspruch des Papstes auf das Reichsvikariat bei Thronerledigung wurde abgelehnt, indem der Pfalzgraf bei Rhein zum Reichsvikar für das Rheingebiet, Schwaben und die terrae juris Franconici, der Herzog von Sachsen für die terrae juris Saxonici bestellt wurde. Offen blieb die Frage für die außerdeutschen Reichsteile (Italien, Burgund).

Das sächsische Reichsvikariat, vermutlich eine Neuerung der Goldenen Bulle, wurde erstmals 1519 ausgeübt. Die Übertragung der pfälzischen Kur auf Bayern (endgültig im Westfälischen Frieden) löste langwierige Streitigkeiten zwischen den beiden wittelsbachischen Kurlinien hinsichtlich des Wahrnehmung des Reichsvikariates aus.

Schrifttum: A. Wendehorst, Das Reichsvikariat nach der Goldenen Bulle, 1951; W. Hermkes, Das Reichsvikariat in Deutschland; Reichsvikare nach dem Tode des Kaisers von der Goldenen Bulle bis zum Ende des Reiches, Stud. u. Quell. z. Gesch. d. dt. Verf.Rechtes, Reihe A Stud. Bd. 2, 1968; G. Kupke, Das Reichsvikariat und die Stellung des Pfalzgrafen bei Rhein bis zu Siegmunds Zeit, 1891.

d) Wenn eine Doppelwahl in Zukunft unmöglich sein sollte, durfte jede Kurstimme nur einmal vertreten sein. Daher bestimmte die Goldene Bulle, daß die Kurlande unteilbar sein und nach dem Rechte der Erstgeburt vererbt werden sollten. Damit war eine öffentlich-rechtliche Thronfolgeordnung geschaffen (die aber nicht immer eingehalten wurde). Ferner werden den Kurfürsten die volle Landeshoheit zuerkannt sowie die wichtigsten Regalrechte und die autonome Gerichtsbarkeit, endlich das Majestätsrecht; die Kurfürsten sind gleichsam Bestandteile des Reiches, ein Angriff auf sie ist ein *crimen laesae maiestatis*. Sehr feindselig tritt die Goldene Bulle in Verfolg der 1220 eingeschlagenen Linie den Städten gegenüber auf; Einungen, Sädtebünde und Pfahlbürger werden neuerlich verboten.

e) Im ganzen gesehen hat die Goldene Bulle nur eine Entwicklung von Jahrhunderten abgeschlossen. Sie hat den Gegensatz von Kaiser und Reich, der an Stelle der alten Einheit getreten war, verewigt; die Kurfürsten als Pioniere der Landeshoheit und Hauptträger der Adelsherrschaft repräsentieren das Reich gegenüber dem immer mehr als Exponent einer dynastischen Hausmachtpolitik auftretenden Kaiser. Den Kurfürstentümern suchten sich bald andere Länder gleichzustellen, so Österreich durch das gefälschte Privilegium maius Rudolfs IV. (1356 bis 1361, s. Kap. 22 I 4).

f) Endlich hat die Goldene Bulle auch das Reichstagsrecht kodifiziert und damit die Reichsstandschaft anerkannt. Die Reichsfürsten, aber auch die reichsunmittelbaren Grafen und freien Herren ohne feste Abgrenzung gewannen jetzt das Recht, über Reichsangelegenheiten nach Stimmenmehrheit bindend zu entscheiden; doch war der Kreis der vor den Reichstag gehörenden Staatsakte noch nicht fest umgrenzt, und noch Maximilian I. wollte auch förmliche Reichstagsbeschlüsse nur als für ihn unverbindlichen „Ratschlag" gelten lassen. In einzelnen Fragen (Landfrieden, Steuern) übten auch die Reichsstädte ein Stimmrecht.

Schrifttum: H. Ehrenberg, Der dt. Reichstag in d. Jahren 1273–1378 (1883) R. R. Bemmann, Zur Gesch. d. dt. Reichstages im 15. Jahrh. (1907); A. Vahlen, Der dt. Reichstag unter König Wenzel (1892); E. Zickel, Der dt. Reichstag unter König Ruprecht v. d. Pfalz, 1908; H. Wendt, Der dt. Reichstag unter König Sigmund bis z. Ende der Reichskriege gegen die Hussiten 1410–1431 (1889); P. Brückle, Die Entwicklung der Reichsstandschaft der Städte. Ein Beitrag zur Geschichte der Reichstage von der Mitte des 13. Jahrhunderts bis zum Ende des 14. Jahrhunderts, 1881.

g) Die Kurfürsten sollten sich außerdem alljährlich ohne Einberufung zu Kurfürstentagen versammeln können; doch ist diese Einrichtung nicht praktisch geworden; statt eines Septetts spielten die Kurfürsten die erste Geige im Reichstag.

Dank seiner inneren Gespaltenheit trat das Kurkolleg nie recht zu einem Machtkampf mit dem Königtum an. Er wäre für das letztere wohl verhängnisvoll geworden. Das politische Gewicht des Kurkollegs kam so weniger der Institution als seinen einzelnen Gliedern zugute. Aus ihrer Stellung als Königswähler leiteten die Kurfürsten einen Anspruch auf alleinige Kontrolle des Königtums ab. Nur ihr Widerstand gegen die Krone war legitim, sie selbst am Königtum durch Zuerkennung der Majestätsrechte beteiligt; zudem war ihre territoriale Basis abgesichert durch jurisdiktionelle Autonomie und die Unteilbarkeit der Kurlande.

V. Die Goldene Bulle sieht im Reich bereits ein Bündel von Landesherren. Sie allein sind als Reichsstände an der Regierung des Reiches beteiligt. Das war zunächst noch eine Vorwegnahme, aber bereits Ende des 14. Jahrhunderts entspricht dieses Bild zusehends der Machtlage im Reich.

1. Das Reich wurde zum Ständestaat. Aber die Reichsstände hatten die Eigenheit, zugleich selbständige Staaten mit eigenen politischen Interessen zu sein; so mußte in Zukunft oft genug Staatsraison gegen Reichsgesinnung stehen und sich ein „Parallelogramm der Kräfte" (O. Brunner) entwickeln, wobei keine Kraft die andere zu überwältigen vermochte. Vorerst war kein Fürstenstaat stark genug die Vorherrschaft zu ergreifen.

2. Machtpolitisch ist um die Mitte des 14. Jahrh. der Interessengegensatz zwischen Fürsten, Städten und Ritterschaft noch nicht ausgekämpft. Bis zum zweiten großen Städtekrieg (1449/50) blieben die Städtebünde (s. Kap. 36 IV) ein beachtlicher Faktor der Reichspolitik. Mit dem späteren 14. Jahrh. beginnt sogar erst die große Zeit der ritterschaftlichen Einungen. 1382 unterlagen die Ritterbünde den Städten, diese ihrerseits 1388 (Schlachten von Döffingen und Worms) den Fürsten. Kaiser Sigismund suchte das städtische Bündniswesen zu beleben (1415) und verlieh der Reichsritterschaft 1422 das große Einungsprivileg, auf Grund dessen sie sich später institutionalisierte (s. Kap. 41 II 2). Es gelang dem Kaiser jedoch nicht Städte und Ritterschaft zusammenzuschließen und damit neben den Kurfürsten und Fürsten eine dritte Kraft im Reiche aufzubauen. Die Ritterschaft schloß sich den Fürsten an, auf deren Seite sie auch im zweiten großen Städtekrieg kämpfte. Die erneute schwere Niederlage der Städte kappte endgültig ihren politischen Ehrgeiz. Sie verlegten sich nun ganz auf den Ausbau ihrer Wirtschaftsmacht.

Schrifttum: H. Angermeier, Städtebünde und Landfrieden im 14. Jahrh., Hist. Jb. 76 (1957) 34ff.; ders., Die Funktion der Einung im 14. Jahrh., ZBLG 20 (1957) 475ff.; ders., Königtum und Landfriede im Spätmittelalter, 1966; G. Tumblüt, Schwäbische Einigungsbestrebungen unter Kaiser Sigismund, MJÖG 10 (1889) 98ff.; E. Bock, Der schwäbische Bund und seine Verfassungen 1488–1534, Unters. z. Staats- u. Rechtsgesch. 137 (1927), Neudr. 1968; ders., Landfriedenseinungen und Städtebünde am Oberrhein bis zur Gründung des rheinischen Städtebundes von 1381, ZGO 85 (1933) 321ff.; H. Hesslinger, Die Anfänge des schwäbischen Bundes. Ein Beitrag zur Geschichte des Einungswesens und der Reichsreform unter Kaiser Friedrich III., Forsch. z. Gesch. d. Stadt Ulm 9 (1970); H. Blezinger, Der schwäbische Städtebund in den Jahren 1438–1445. Mit einem Überblick über die Entwicklung seit 1389 (1954); L. Quidde, Der schwäbisch-rheinische Städtebund im Jahre 1384 bis zum Abschluß der Heidelberger Stallung, 1884; W. Messerschmidt, Der rheinische Städtebund von 1381–1389 (1906); L. Bielfeldt, Der Rheinische Bund von 1254. Ein erster Versuch der Reichsreform, 1937; U. Kleist, Die sächsischen Städtebünde zwischen Weser und Elbe im 13. und 14. Jahrhundert, 1892; W. Mägdefrau, Der Thüringer Städtebund im Mittelalter, Weimar 1976. O. Eberbach, Die deutsche Reichsritterschaft in ihrer staatsrechtlich-politischen Entwicklung von den Anfängen bis 1493 (1912); G. Pfeiffer, Studien zur Geschichte der fränkischen Reichsritterschaft, Jb. f. fränk. Ldsforsch. 22 (1962) 173ff.; H. Obenaus, Recht und Verfassung der Gesellschaft mit St. Jörgenschild in Schwaben, 1961; H. Mau, Die Ritter-

schaften mit St. Jörgenschild in Schwaben. Ein Beitrag zur Gesch. d. dt. Einungs-
bewegung im 15. Jahrh., 1: Politische Geschichte 1406–37 (1941).

VI. Vergebens hatte Kaiser Siegmund Städte und Ritterschaft in das
Spiel zu bringen gesucht. Die Reichsreform des 15. Jahrhs. wurde
zwischen dem König und den Fürsten ausgetragen.

Rechtlich stand der Einschaltung der Städte und der Ritterschaft bereits das Verbot
der Städte- und Ritterbünde durch die Goldene Bulle (C. XV) entgegen; sie ließ nur
Landfriedenseinungen zu. Dies hatte zur Folge, daß die Reichsritterschaft keine und
die Reichsstädte erst spät Reichsstandschaft erlangten.

1. Die Projekte der Reichsreform setzen mit dem Beginn des 15. Jahrhs.
ein. Auch die Konzile von Konstanz (1415–1418) und Basel (1431–1448)
haben sich mit Reichsplänen befaßt. Die wichtigste Reformschrift ist die
Concordantia catholica des Kardinals Nikolaus v. Cues (1433), die eine
Art bundesstaatlicher Verfassung vorsah. Die Kaiser Sigismund (1410–
1437) und Friedrich III. (1440–1493) mußten sich im wesentlichen auf
Versuche der Friedenswahrung beschränken; letzterer lenkte, von Ungarn, Böhmen und einer wittelsbachischen Koalition bedrängt, sein Interesse ganz besonders auf die habsburgischen Erblande und bereitete mit
zäher Geduld durch Ehe- und Erbverträge den Erwerb Burgunds, Böhmens und Ungarns vor, der sich in seinen Nachkommen vollzog. Das
Reich selbst wurde immer mehr zur Idee, ja im Sinne des Nominalismus
zu einem bloßen Namen für einen losen Verein selbständiger Staaten.
Die Mitte Europas wurde politisches Niemandsland und später Schlachtfeld fremder Nationen; am Ende steht die Politik des „europäischen
Gleichgewichts" (vgl. Kap. 32 VII 3), die vor allem Englands Leitmotiv
werden sollte. Es erfüllte sich das prophetische Wort des Nikolaus von
Cues: „Man wird das Reich suchen in Deutschland und man wird es
nicht mehr finden."

2. Über die Ergebnisse der Reichsreform s. Kap. 41 I. Anfänglich vom
Kaiser gefördert wurde die Reformbewegung im letzten Viertel des 15.
Jhdt. unter der Führung des Kurerzkanzlers Berthold v. Henneberg
(1484–1504) ausgesprochen antikaiserlich. Im Wege genossenschaftlicher
Zusammenschlüsse („Einungen") suchten die Stände die verzögerte
Reichsreform regional zu ersetzen. Der wichtigste Bund dieser Art war
der Schwäbische (1488–1534).

Schrifttum: H. Angermeier, Begriff und Inhalt der Reichsreform, ZRG 75 (1958)
181 ff.; ders., Das Reich und der Konziliarismus, HZ 192 (1961) 529 ff.; ders., Die
Vorstellungen des gemeinen Mannes von Staat und Reich, VSWG 53 (1966)
329 ff.; M. Cremer, Staatstheoretische Grundlagen der Verfassungsreformen im
14. und 15. Jahrh., 1939; E. Molitor, Die Reichsreformbestrebungen des 15. Jahrhs.
bis zum Tode Friedrichs III., Neudr. 1969; J. Bärmann, Cusanus und die Reichsreform, Mitt. u. Forsch. Beitr. d. Cusanus-Ges. 4 (1964) 74 ff.; K. S. Bader, Kaiserliche und ständische Reformgedanken in der Reichsreform des endenden 15.
Jahrhs., Hist. Jb. 73 (1953) 74 ff.; H. Koller, Kaiserliche Politik und die Reform-
pläne des 15. Jahrhunderts, Festschr. H. Heimpel II (1972) 61 ff.; F. Hartung, Die
Reichsreform von 1485–1495, ihr Verlauf und ihr Wesen, HV 16 (1913); H. Wiesflecker, Maximilian I. und die Reichsreform von 1495, Zschr. d. hist. Ver. d.
Steierm. 49 (1958); E. Ziehen, Mittelrhein und Reich im Zeitalter der Reichs-
reform 1356–1504, 2 Bde (1934–37); A. Laufs, Reichsstädte und Reichsreform,
ZRG 84 (1967) 172 ff.; S. a. HRG Artikel: Einung (K. Kroeschell) I 910 ff.,
Ewiger Landfriede (H. Angermeier) I 1030 ff.

Kap. 34. Die Gerichtsbarkeit

In diesem Kapitel sollen nur diejenigen Formen der Justiz besprochen werden, die mit Reich oder Kirche in Verbindung stehen. Über die landesherrliche Justiz vgl. das nächste Kapitel.

Schrifttum: J. A. Tomaschek, Die höchste Gerichtsbarkeit des deutschen Königs im Reich im 15. Jahrhundert, Wien. SB. 49 (1865) 521ff.; J. Lechner, Reichshofgericht und kgl. Kammergericht im 15. Jahrh., MJÖG Erg.-Bd. 7 (1904); I. Most, Schiedsgericht, Rechtlicheres Rechtsgebot, Ordentliches Gericht, Kammergericht, Schriftenreihe d. Hist. Komm. 5, 1958; U. Eisenhardt, Die Rechtswirkung der in der Goldenen Bulle genannten privilegia de non evocando et apellando, ZRG 86 (1969) 97ff.; J. Weitzel, Der Kampf um die Appellation ans Reichskammergericht. Zur politischen Geschichte der Rechtsmittel in Deutschland (Quell. u. Forsch. z. höchst. Gerichtsbarkeit i. alt. Reich 4), 1976.

I. Das **Reichshofgericht** erhielt im Mainzer Reichslandfrieden von 1235 zum ersten Male eine Art von Organisation.

1. Es wurden ein Reichshofrichter *(justiciarius curiae)* und ein *notarius curiae* eingesetzt. Nach allgemeiner Ansicht soll Friedrich II. damit sizilischem Vorbild gefolgt sein. Aber wie kümmerlich war diese Nachahmung! Das sizilische Großhofgericht war eine selbständige Behörde mit festem Sitz und einem Stab gelehrter Richter; es übte eine delegierte Justiz, von ihm ging der Rechtszug an den König. Der deutsche Reichshofrichter war dessen bloßer Mandatar, und folgte ihm mit seiner kläglichen Aktei überallhin nach. Als Erfordernis galt nur, daß er ein Laie und ein freier Mann sei, genau wie es der Sachsenspiegel für den König gefordert hatte. In Wirklichkeit mußte der Reichshofrichter schon wegen der Ebenburt ein Hochfreier sein, von dem ein scharfes Vorgehen gegen seine Standesgenossen nicht zu erwarten war. Juristische Bildung wurde von ihm ebensowenig verlangt wie von den von Fall zu Fall bestimmten Beisitzern. Das Verfahren war das alte volksgerichtliche, ohne Anpassung an die Zeiterfordernisse, ohne Rückgriff auf das reformierte karolingische Prozeßrecht. Sehr spät (nachweisbar seit 1421) wurde ein Reichsfiskal (procurator fiscalis) als eigenes Anklageorgan zur gerichtlichen Wahrnehmung der königlichen Gerechtsame geschaffen. Für die Vollstreckung war man auf den guten Willen der Landesherren angewiesen. Einen Vergleich mit den Zentralgerichten Englands oder Frankreichs konnte diese Schattenpflanze nicht aushalten.

Schrifttum: O. Franklin, Das Reichshofgericht im Mittelalter, 2 Bde, 1867–69, Neudr. 1967; ders., Sententiae curiae regiae, 1870; U. Knolle, Studien zum Ursprung und zur Gesch. d. Reichsfiskalates im 15. Jahrh., Diss. Freiburg 1964; H. Wohlgemuth, Das Urkundenwesen der deutschen Reichshofgerichte 1273 bis 1378 (1973); Vogel, Beiträge zur Geschichte der deutschen Reichshofgerichte, ZRG 2 (1881) 151ff.; C. Blell, Hofgericht, HRG II 206ff.

2. Besonderen Abbruch taten der Reichsjustiz

a) die *privilegia de non evocando et non appellando*, die sich die Fürsten und Städte seit Rudolf von Habsburg verschafften. Die Goldene Bulle gewährte sie allgemein den Kurfürsten (außer für den Fall der Rechtsverweigerung). In der Folgezeit vollzog sich unaufhaltsam die Abschließung der landesherrlichen Justiz gegen das Reich.

Dank der bis zum Ende des Mittelalters gewahrten grundsätzlichen Einstufigkeit der Justiz, die bewirkte, daß Rechtsweisungen der Oberhöfe nur durch das Ausgangsgericht Rechtskraft erlangen konnten, sind die spätmittelalterlichen Befreiungsprivilegien vorab als Verzicht auf eine unmittelbare königliche Rechtsprechung (Kap. 28 II 1) zu verstehen. Zu Appellationsprivilegien im strengen Sinne werden sie erst durch die Übernahme des Instanzendenkens aus dem kanonischen Prozeß. Die Kurfürsten sicherten sich dagegen schon durch die Goldene Bulle von 1356 ab. Von einer ernsthaften Berufungspraxis vor der Mitte des 15. Jahrhunderts wird man kaum sprechen können. Der Einbau der Appellation in die Reichskammergerichtsordnung von 1495 wurde weithin als Neuerung empfunden. Dank der Uminterpretation älterer Privilegien seitens der Landesherren und einer rasch wachsenden Zahl neuer Appellationsprivilegien hat auch das Reichskammergericht es nicht vermocht über das Berufungswesen eine allgemeine, überwölbende Gerichtsbarkeit zu erlangen.

Die Aushöhlung des Reichshofgerichts beförderten die Könige seit Kaiser Ludwig ferner durch Privilegien, die einzelne Hochfreie und Städte, ja auch Klöster in wachsender Zahl von der Gerichtsbarkeit des Hofgerichtes befreiten und dem persönlichen Urteilsspruch des Königs oder seines Hofmeisters unterstellten (vgl. H. Spangenberg, Die Entstehung des RKG, ZRG 46 [1926] 231 ff.).

b) Die **Austräge**, Schiedsgerichtsvereinbarungen der Fürsten und Reichsstädte (der Kurfürsten untereinander seit 1338 für alle Zukunft); sie wurden im Zuge des im 14. Jhdt. überhandnehmenden städtischen und ritterschaftlichen Einigungswesens immer zahlreicher, und königliche Privilege konnten sogar Dritte verpflichten, zunächst einen solchen Schied zu beantragen (vgl. die entsprechende Entwicklung bei den fränkischen Immunitäten, s. Kap. 17 II 1 c).

3. Das so ziemlich kaltgestellte Reichshofgericht ist um die Mitte des 15. Jhdts. eingeschlafen. An seine Stelle trat seit 1415 das **königliche Kammergericht**, vor allem für Sachen des königlichen Fiskus *(camera)*. Hier übte der König eine persönliche Rechtsprechung, indem er (nach italienischem Muster) selbst das Urteil fällte und nur zur Beratung Räte und gelehrte Juristen zuzog. Eine Kammergerichtsordnung von 1471 schuf eine feste Organisation mit einem Kammerrichter, der zugleich die Einkünfte pachtete. Im Zuge der Reichsreform entstand daraus das Reichskammergericht, s. Kap. 41 und W. D. Räbigen, Kammergericht, königliches, HRG II 576 ff.

II. Einzelnen **kaiserlichen Landgerichten** in Süddeutschland gelang es, sich von der Landeshoheit freizuhalten und den Zusammenhang mit dem Reich zu wahren. So blieben Reichsgerichte und zugleich Zuggerichte in ihren Sprengeln, so das Landgericht Würzburg, das des Burggrafen zu Nürnberg, ferner das Landgericht Rottweil (s. Kap. 41 III 1), das im Thurgau und Breisgau usw. (vgl. H. E. Feine, ZRG 66 [1948] 148 ff.).

Die „kaiserlichen" Landgerichte, ihrem Ursprung nach vielfach Fiskalgerichte für Reichsgutkomplexe, bilden Ansatzpunkte für die freilich nur bruchstückhaft geglückte Wiederherstellung einer überterritorialen, weiträumigen Gerichtsbarkeit. Im Süden haben sich in diesem Sinne die Landgerichte Rottweil und Nürnberg, im ganzen Reich vorübergehend die westfälischen Freigerichte (Femgerichte) durchgesetzt. Karl IV. verlieh letzteren 1371 die Landfriedensgerichtsbarkeit.

Ähnliche Funktionen übten mancherorts die zur Durchführung der Friedensgesetze errichteten **Landfriedensgerichte**, so in Sachsen,

Franken, Thüringen, im Elsaß. Sie standen unter einem Landvogt oder Landfriedenshauptmann *(advocatus provincialis)* und bedienten sich einer berittenen Polizeitruppe als Exekutive; sie waren Vorläufer der späteren Reichskreise (s. Kap. 41 I 1 c).

Die Landfriedensgerichtsbarkeit, die der Reichslandfriede von 1323 den Landesherren schlechthin überlassen wollte, ist in weiten Teilen des Reiches territorialisiert worden. Auch wo dies nicht geschah, wurde die königliche Landfriedenshoheit von den regionalen Landfriedenseinungen überspielt.

Schrifttum: H. Angermeier, Königtum und Landfrieden, 1966; G. Pfeiffer, Die politischen Voraussetzungen der fränkischen Landfriedenseinungen im Zeitalter der Luxemburger, Jb. f. fränk. L. Forsch. 33 (1973) 119 ff.; ders., Quellen zur Geschichte der fränkisch-bayerischen Landfriedensorganisation im Spätmittelalter (Schrift. z. bayer. LG 69), 1975; s. a. HRG Artikel: Landfriedensgesetzgebung (E. Kaufmann) II 1451 ff., Landfriedenshauptmann (E. Orth) II 1465 ff.

III. Eine Erscheinung von besonderer Eigenart sind die westfälischen **Femgerichte.**

1. Von dem mystischen Schauer, mit dem sie später auch in der Dichtung (Goethe, Kleist) umgeben wurden, ist anfangs nichts zu spüren. Den Ausgangspunkt der Feme bilden die ordentlichen Grafengerichte in Westfalen. Sie nannten sich Freigerichte, Freistühle, ihre Inhaber Freigrafen, ihre Beisitzer Freischöffen,

a) weil sich in Westfalen nach dem Sturz Heinrichs des Löwen die Landeshoheit des Erzbischofs von Köln nicht durchsetzen konnte, dort also der Zusammenhang mit dem Reich und die königliche Bannleihe erhalten blieb;

b) weil sich dort ein starkes freies Bauerntum erhalten hatte und die Grafengerichte nicht wie anderwärts zu Adelsgerichten wurden.

2. Im 13. Jhdt. wurden die westfälischen Gerichte von dem allgemeinen Wandel der Gerichtsverfassung (s. Kap. 28 II 3) ergriffen. Daraus folgte,

a) daß die Freigrafschaft nicht mehr die ideelle Zusammenfassung mehrerer alter Godinge war, die der Graf bereiste, sondern selbständige Freistühle mit nur einer Dingstatt entstanden. Sie waren in der Hand von „Stuhlherren", die Adlige oder Ministerialen sein konnten;

b) daß die Straf-(Blut-)gerichtsbarkeit in den Vordergrund trat. Sie wurde geübt auf den gebotenen Dingen, zu denen nur 7 Freischöffen zu erscheinen hatten; sie hießen „stille" oder „heimliche" Gerichte, obwohl sich auch ihr Verfahren zunächst in voller Öffentlichkeit abspielte. Auch die Bezeichnung als Femgerichte *(veme* = Strafe) hängt mit dieser Umwandlung in Strafgerichte zusammen. Der Ausdruck *vemenoten* deutet auf einen genossenschaftlichen Zusammenschluß der Freischöffen, einen später immer mächtiger werdenden Freischöffenbund, hin. Dieser Freischöffenbund verbreitete sich über ganz Deutschland; die Aufnahme erfolgte durch einen Eid, der zur Geheimhaltung verpflichtete („Wissende"). Es war die „Organisation der anständigen Gesellschaft gegen das Verbrechertum" (Eb. Schmidt).

3. In diesen Femgerichten entwickelte sich ein eigentümliches Verfahren.

a) Es lebt das alte karolingische R ü g e p r i n z i p wieder auf, vermittelt wohl durch die Sendrüge der geistlichen Gerichte. Alle Femegenossen waren zugleich Rügegeschworene, sie hatten die Pflicht, die Femrüge *(vemewroge)* bei ungesühnter Tat zu erheben. Der Gerügte wurde vor die Feme geladen und mußte sich selbsiebent reinigen; blieb er aus, so wurde er auf den Siebenereid des Klägers hin geächtet (verfemt) und verfiel dem Tode durch den Strang. Mit diesem Rügeverfahren war die Feme zeitweise das fortschrittlichste weltliche Gericht Deutschlands.

b) Aus altem Recht stammt das auch in den Landfrieden wieder so oft angewandte (s. Kap. 28 II 3 b) Verfahren auf handhafter Tat. Drei Freischöffen konnten jederzeit ein Notgericht bilden und den handhaften Täter durch den Strang richten, mußten aber die Tat verklaren. Diese Schnelljustiz war in ganz Deutschland möglich, während die Rüge wenigstens anfangs an die rote Erde Westfalens gebunden war.

4. Als dem König unmittelbar unterstehende Gerichte nahmen die Femgerichte die K o m p e t e n z f ü r d a s g a n z e R e i c h s g e b i e t in Anspruch. Ihre Ladungen gingen nach der Schweiz, nach Böhmen, Österreich, dem preußischen Ordensland. In Fällen der Rechtsweigerung griff die Feme ohne Rücksicht auf *privilegia de non appellando* durch und lud auch die säumigen städtischen oder landesherrlichen Richter vor, selbst Landesherren. Daher suchten in der Blütezeit der Feme (im 14. und zu Anfang des 15. Jhdts.) die höchsten Persönlichkeiten Aufnahme in den Freischöffenbund; sogar Kaiser Sigismund ließ sich „wissend"machen, auch die Städte delegierten Ratsmitglieder in den Freischöffenbund.

5. Allmählich stellten sich Mißbräuche ein. Da die Freischöffen das Vorrecht hatten, sich selbst mit dem Eineid zu reinigen, drängte sich lichtscheues Gesindel in den Femebund ein, der zeitweise 100000 „Wissende" gezählt haben soll; die Rechte der Angeklagten wurden nicht mehr gewahrt, die Urteile widersprachen einander oder wurden käuflich, Übergriffe gegen Geistliche kamen vor. Die Feme, deren großes Verdienst darin lag, die Kluft zwischen der versagenden Reichsjustiz und der noch unfertigen Landesjustiz geschlossen zu haben, verlor ihre Existenzberechtigung, als letztere genügend erstarkt war. Seit der Mitte des 15. Jhdts. zogen die Städte ihre Leute aus der Feme zurück und verboten ihr, Justiz zu üben, ebenso etwas später die Landesherren. Nun erst wurde die Feme „illegal" und flüchtete in die Heimlichkeit; ohne je aufgehoben worden zu sein, hat sie, zum Schluß beschränkt auf Polizeijustiz in Feld- und Forstrügesachen, bis ins 19. Jhdt. fortvegetiert.

Schrifttum: Th. L i n d n e r, Die Veme, 1888 u. 1896; P. W i g a n d, Das Femgericht Westfalens, 2. Aufl. 1893, Neudr. 1968; C. W. S c h e r e r, Die westfäl. Femgerichte und die Eidgenossenschaft, 1941; L. V e i t, Nürnberg und die Feme, 1955; R. G i m b e l, Femgerichte, HRG I 1100ff.

IV. Die g e i s t l i c h e n G e r i c h t e spielten eine große Rolle.

1. Nach Kirchenrecht (pseudoisidorische Dekretalen!) übten sie die ausschließliche Gerichtsbarkeit über Geistliche, die das *privilegium fori* besaßen. Die Bischöfe hatten zu diesem Zwecke Offiziale, wie noch heute.

2. Auch über Laien übten in deutschrechtlichem Verfahren Strafjustiz die Sendgerichte *(synodus)* in allen Sachen, die zugleich Sünde waren, wie vor allem Ketzerei, Meineid, Wucher. Sie verfuhren nach dem Rügeprinzip; die testes synodales waren Rügegeschworene. Im 13. Jhdt. finden wir auch hier eine ständische Scheidung: Personen von Rittersart *(synodales)* kamen vor den Bischof, die oberen Klassen der nichtritterlichen Bevölkerung vor den Send des Archidiakons, die niederen vor den Erzpriester (Landdechanten).

3. Die nach kanonischem Prozeßrecht verfahrenden, in Deutschland erstmals 1221 in Mainz und Trier nachweisbaren bischöflichen Offizialatgerichte urteilten auch über Laien in Zivilsachen, so etwa über eidlich bestärkte oder wucherverdächtige Verträge, ferner in Ehe-, Vormundschafts-, Testamentssachen. Wegen der fortschrittlicheren Prozeßpraxis (kein Zweikampf, Prozeßkostenerstattung usw.) vereinbarten vielfach die Parteien den Austrag ihrer Sachen vor einem geistlichen Gericht. Die weltlichen hatten ihnen nach der Zweischwerterlehre Rechtshilfe zu leisten.

V. Weltliche und kirchliche Gerichtsbarkeit stellten in sich abgeschlossene Bereiche dar. Sie wurden im Hochmittelalter aufeinander abgestimmt. Dem kirchlichen Bann folgt die weltliche Acht (Confoederatio von 1220 §§ 6, 7). Die kirchliche Sentenz ist zwar für das weltliche Gericht nicht verbindliches Urteil, aber beweiskräftig. Die Grenzen zwischen der beiderseitigen Zuständigkeit waren in ständiger Bewegung. Dies gilt sowohl für das privilegium fori des Klerus als auch hinsichtlich der Kompetenz ratione causarum. Vorübergehend haben um 1300 die bischöflichen Offizialatsgerichte in Deutschland als Beurkundungsstellen breitere Bedeutung erlangt.

Zum Höhepunkt ihrer Zuständigkeit erhoben sich die geistlichen Gerichte unter Kaiser Friedrich II. Der Mainzer Reichslandfriede von 1235 (Art. 2) bekannte sich vorbehaltlos zur kirchlichen Gerichtsbarkeit und billigte dem Klerus ein uneingeschränktes privilegium fori zu. Schon das ausgehende 13. Jahrh. zeigt jedoch eine rückläufige Entwicklung. Besitzprozesse des Klerus werden wieder von den weltlichen Gerichten beansprucht. Im 15. Jahrh. bemächtigte sich die weltliche Strafjustiz in breiter Front sogar bislang rein kirchlicher Delikte (Meineid, Gotteslästerung, Selbstmord, Wucher usw.). Eigenartig war der Gang der Ketzerprozesse. Sie waren kirchliche Verfahren, die mit einem Schuldspruch ohne Straffestsetzung endeten; doch wurde von den weltlichen Gerichten unter Androhung des Exkommunikation die Anwendung der poena debita, d. h. des Feuertodes gefordert. Kaisergesetze Friedrich I. (1184) und Friedrich II. (1220) verpflichteten die weltlichen Gerichte zur Mitwirkung.

Schrifttum: P. Kirn, Der mittelalterl. Staat und das geistliche Gericht, ZRG Kan. 60 (1940) 162ff.; L. Buisson, Die Entstehung des Kirchenrechts, ZRG Kan. 83 (1966) 1ff.; F. Maasen, Geschichte der Quellen und der Literatur des canonischen Rechts im Abendlande, Graz 1870, Neudr. 1956; J. Hashagen, Zur Charakteristik der geistlichen Gerichtsbarkeit vornehmlich im späteren Mittelalter, ZRG Kan. 37 (1916) 205ff.; A. M. Koeniger, Die Sendgerichte in Deutschland, 1907, Neudr. i. Vorb.; ders., Quellen zur Geschichte der Sendgerichte in Deutschland, 1910, Neudr. i. Vorb.; J. Müller-Volbehr, Die geistlichen Gerichte in den Braunschweig-Wolfenbüttelschen Landen, Gött.-Stud. z. Rechtsgesch. 3 (1972); O. Hageneder, Die geistliche Gerichtsbarkeit in Ober-und Niederösterreich von den Anfängen bis zum Beginn des 15. Jahrh., Forsch. z. Gesch. Ob.Österreichs 10

(1967); P. Flade, Das Inquisitionsverfahren in Deutschland bis zu den Hexenprozessen, 1903; J. Guiraud, Histoire de l'inquisition au moyen âge, 2 Bde, Paris 1935/38.

VI. Auf dem Gebiet der freiwilligen Gerichtsbarkeit erlangte mit dem Siegeszug des Schriftbeweises im 13. Jahrhundert das Urkundenwesen (s. Kap. 18 IV) erneut Bedeutung.

1. Das profane Schriftwesen der Karolingerzeit war in den Sturmzeiten der Normannen- und Ungarneinfälle in Deutschland erloschen. Es folgte eine fast schriftlose Zeit. Diese Leere füllt im 13. Jahrhundert rasch anschwellend, die der Königsurkunde nachgebildete Siegelurkunde. Sie besaß öffentlichen Glauben (documentum publicum), ihr Beglaubigungsmittel ist das von einer siegelmäßigen Person kompetenzgerecht angelegte Siegel (sigillum authenticum). Die Siegelmäßigkeit war ständisch abgestuft (Eigen- und Fremdbesiegelung) und unter den Laien dem Ritterbürtigen vorbehalten. Der Nichtsiegelmäßige mußte zur Urkundenausstellung ein Siegel leihen, wobei er in der Wahl des Sieglers zumeist nicht frei war. Es entstand ein herrschaftliches Besiegelungsrecht des Gerichts-, Lehen- und Grundherrn. Mit der ständigen Ausweitung der obligatorischen Beurkundungsfälle wurde dieses Recht immer ertragreicher (Siegelgelder).

Die Bedeutung, welche der Urkundenbeweis im späteren 13. Jahrhundert vor Gericht erlangt, führte zum Übergang von der lateinischen zur deutschen Urkundensprache (Volkssprache). Dank der grundsätzlichen Mündlichkeit des Verfahrens mußten Urkunden vor Gericht verlesen werden, sollten sie prozeßwirksam sein. Die Gerichtssprache war aber ausschließlich deutsch. Nur kirchliche Gerichte bedienten sich der lateinischen Sprache (Kirchensprache).

Schrifttum: H. G. Kirchhoff, Zur deutschsprachigen Urkunde des 13. Jahrhunderts, Arch. f. Dipl. 3 (1957) 295 ff.; M. Vancsa, Das erste Auftreten der deutschen Sprache in den Urkunden, 1895, Neudr. 1963.

2. Das in den ehemals byzantinischen Teilen Italiens nie ganz erloschene öffentliche Notariat erfaßte Deutschland zu spät um dort die Siegelurkunde noch verdrängen zu können. Es blieb hier eine Randerscheinung trotz kaiserlicher und päpstlicher Ernennung der Notare. Gesetzliche Grundlage bildete später die Reichsnotariatsordnung von 1512. Die Ernennung der Notare, namens des Kaisers auch von den Hofpfalzgrafen ausgeübt (s. Kap. 41 III 4), blieb zwar kaiserliches Reservatrecht, wurde aber im 18. Jahrhundert seitens der großen Reichsstände argwöhnischer Kontrolle mittels territorialer Approbation und Immatrikulation unterworfen.

Schrifttum: H. Bresslau, Handbuch der Urkundenlehre, für Deutschland und Italien, 2 Bde, teils 2., teils 3. Aufl., 1958–60; F. Röhrig, Mittelalter und Schriftlichkeit, in: Welt d. Gesch. 13 (1953) 29 ff.; H. Patze, Neue Typen des Geschäftsschriftgutes im 14. Jahrh., VF 13 (1970) 9 ff.; F. Zimmermann, Der archivische Niederschlag des amtlichen Beurkundungswesens einschließlich des Notariats in Deutschland, Archivum 12 (Paris 1962) 55 ff.; L. Koechling, Untersuchungen über die Anfänge des öffentlichen Notariats in Deutschland, 1925; H. Conrad, Die geschichtlichen Grundlagen des Notariats in Deutschland, Dt. Not. Zg. Jg. 1960 S. 3 ff.; K. S. Bader, Klerikernotare des Spätmittelalters in Gebieten nördlich der Alpen, Festschr. W. Plöchl (1967) 1 ff.

Kap. 35. Landesherrschaft und Landeshoheit

Schrifttum: Allgemein: Eine Gesamtdarstellung fehlt noch. E. Spangenberg, Vom Lehnsstaat zum Ständestaat, 1912, Neudr. 1964; ders., Landesherrliche Verwaltung, Feudalismus und Ständetum in den deutschen Territorien des 13. bis 15. Jahrhunderts, HZ 103 (1909) 473 ff.; B. Diestelkamp, Lehnrecht und spätmittelalterliche Territorien, VF 13 (1970) 61 ff.; G. Theuerkauf, Land und Lehnswesen vom 14. bis zum 16. Jahrhundert, 1961; W. Schlesinger, Die Entstehung der Landesherrschaft, 1941, Neudr. 1964; K. S. Bader, Territorienbildung und Landeshoheit, BlDLG 90 (1953) 109 ff.; ders., Volk, Stamm und Territorium, HZ 176 (1953) 449 ff.; E. Bock, Monarchie, Einung und Territorienbildung im späteren Mittelalter, Hist. Vjschr. 24 (1929) 557 ff.; Th. Knapp, Zur Geschichte der Landeshoheit, Württ. Vjh. f. LG 18 (1932) 9 ff.; G. Droege, Die Ausbildung der mittelalterlichen territorialen Finanzverwaltung, VF 13 (1970) 325 ff.; G. Landwehr, Mobilisierung und Konsolidierung der Herrschaftsordnung im 14. Jahrhundert, VF 14 (1971) 484 ff.; G. v. Below, Die städtische Verwaltung des Mittelalters als Vorbild der späteren Territorialverwaltung, HZ 75 (1895) 396 ff.; H. Aubin, Zur Entwicklung der freien Landgemeinden im Mittelalter, Fehde, Landfrieden, Schiedsgericht, Festschr. F. Hartung (1958) 69 ff.; Sammelband (VF 3 u. 14): Der deutsche Territorialstaat im 14. Jahrhundert, 2 Teile, 1970–71; H. E. Feine, Territorium und Gericht, Studien (= ges. Aufsätze) zur süddeutschen Rechtsgeschichte, eingel. von F. Merzbacher, 1976, S. a. HRG Artikel: Heimfallrecht (W. Ogris), Landesherr, Landesherrschaft (F. Merzbacher) II 1383 ff., Landhofmeister (W. Leiser) II 1506 ff., Landgericht (F. Merzbacher) II 1495 ff., Land und Leute (R. Schmidt-Wiegand) II 1361 ff.

Einzelne Gebiete:
Nordwesten: F. Petri, Territorienbildung und Territorialstaat des 14. Jahrhs. im Nordwestraum, VF 13 (1970) 383 ff.; H. Aubin, Die Entstehung der Landeshoheit nach niederrheinischen Quellen, 1920, Neudr. 1961; ders., Die Verwaltungsorganisation des Fürstbistums Paderborn im Mittelalter, 1911; H. Patze, Die welfischen Territorien im 14. Jahrhundert, VF 14 (1971) 7 ff.; Ph. Heck, Die westfriesische Gerichtsverfassung, 1894; W. Janssen, Landesherrliche Verwaltung und landständische Vertretung in den niederrheinischen Territorien 1250–1350 (1971); A. Uyttebrouck, Le gouvernement du duché de Brabant au bas moyenâge (1355–1430), 2 Bde, Brüssel 1975; G. Landwehr, Die althannoverschen Landgerichte, 1964.
Mittelrhein-Main: A. Gerlich, Rheinische Kurfürsten im Gefüge der Reichspolitik des 14. Jahrhunderts, VF 14 (1971), 149 ff.; ders., Königtum, rheinische Kurfürsten und Grafen in der Zeit Albrecht I. von Habsburg, Gesch. Lkde V 2 (1969) 25 ff.; ders., Internationale Systembildungen zwischen Mittelrhein und Saar in der zweiten Hälfte des 14. Jahrhunderts, BlDLG 111 (1975) 103 ff.; H. Falk, Mainzer Behördenorganisationen in Hessen und auf dem Eichsfeld bis Ende des 14. Jahrhunderts, 1930; R. Laufner, Die Ausbildung des Territorialstaates der Kurfürsten von Trier, VF 14 (1971) 127 ff.; F. Schwind, Zur staatlichen Ordnung der Wetterau von Rudolf von Habsburg bis Karl IV., VF 14 (1971) 199 ff.; M. Schaab, Die Festigung der pfälzischen Territorialmacht im 14. Jahrhundert, VF 14 (1971) 171 ff.; F. Zimmermann, Die Weistümer und der Ausbau der Landeshoheit in der Kurpfalz, 1937; H. J. Cohn, The Government of the Rhine Palatinate in the Fifteenth Century (Oxford 1965); G. Landwehr, Die Bedeutung der Reichs- und Territorialpfandschaften für den Aufbau des kurpfälzischen Territoriums, Mitt. d. hist. Ver. d. Pf. 66 (1968) 155 ff.; E. Frhr. v. Guttenberg, Die Territorialausbildung am Obermain, 1927, Neudr. 1966; H. H. Hoffmann, Territorienbildung in Franken im 14. Jahrhundert, VF 14 (1971) 255 ff.
Südwesten: K. S. Bader, Der deutsche Südwesten in seiner territorialstaatlichen Entwicklung, 1950; H. E. Feine, Die Territorienbildung der Habsburger im deutschen Südwesten, vornehmlich im späteren Mittelalter, ZRG 67 (1950) 176 ff.; H. Fehr, Die Entstehung der Landeshoheit im Breisgau, 1904; E. Mack, Die Entstehung der Landeshoheit der Grafen von Wirtemberg, 1926; G. Leiber, Das Landgericht der Baar, Verfassung und Verfahren zwischen Reichs- und Landesrecht 1283–1632 (1964); J. Kothe, Der fürstliche Rat in Württemberg

im 15. und 16. Jahrhundert, 1938; Th. Mayer, Analekten zum Problem der Entstehung der Landeshoheit, vornehmlich in Süddeutschland, BlDLG 89 (1952) 87ff.; ders., Der Staat der Herzöge von Zähringen, 1935; A. Gasser, Entstehung und Ausbildung der Landeshoheit im Gebiet der schweizerischen Eidgenossenschaft, 1930; dazu U. Stutz, ZRG 51 (1931) 743ff.; L. Cavelti, Entwicklung der Landeshoheit der Abtei St. Gallen in der alten Landschaft, Bern 1914.
Baiern: M. Spindler, Die Anfänge des bayerischen Landesfürstentums, 1937, Neudr. 1973; ders., Grundlegung und Aufbau (des bayerischen Territorialstaates) 1180–1314, in: Handbuch d. bayer. Gesch. Bd. II (1966) 11ff.; E. Gehr, Die Fürstenlehren des Johannes von Indersdorf für Herzog Albrecht III. von Bayern, München, 1926; E. Rosenthal, Geschichte des Gerichtswesens und der Verwaltungsorganisation Baierns Bd I (1180–1598), 1889, Neudr. 1868; H. Lieberich, Zur Feudalisierung der Gerichtsbarkeit in Baiern, ZRG 71 (1954) 242ff.; ders., Die Anfänge der Polizeigesetzgebung des Herzogtums Baiern, Festschr. M. Spindler z. 75. (1969) 307ff.; ders., Baierische Hofgerichtsprotokolle des 15. Jahrhunderts, Jb. f. fränk. Land.Forsch. 36 (1976) 7ff.; H. Schlosser, Spätmittelalterlicher Zivilprozeß nach bayerischen Quellen, 1971; P. Fried, Grafschaft, Vogtei und Grundherrschaft als Grundlage der wittelsbachischen Landesherrschaft, ZBLG 26 (1963) 103ff.; ders., Zur Geschichte der Steuer in Bayern, ZBLG 27 (1964) 570ff.; O. Stolz, Land und Landesfürst in Bayern und Tirol, ZBLG 13 (1941/42) 161ff.; H. Rankl, Staatshaushalt, Stände und „Gemeiner Nutzen" in Bayern 1500–1516 (Stud. z. bayer. Verf. u. Soz. Gesch. 7), 1976; P. Klein, Historische Entwicklung der Beamtenbesoldung in Altbayern 1180–1850, Innsbruck 1966.
Österreich: M. Mitterauer, Formen adeliger Herrschaftsbildung im hochmittelalterlichen Österreich, MIÖG 80 (1972), 265ff.; H. Hassinger, Die Bedeutung des Zollregals für die Ausbildung der Landeshoheit im Südosten des Reiches, Festschr. H. Aubin z. 80. (1965) 151ff.; H. Wiesflecker, Meinhard der Zweite, Tirol, Kärnten und ihre Nachbarländer am Ende des 13. Jahrhs., Innsbruck 1955; F. Huter, Tirol im 14. Jahrhundert, VF 14 (1971) 369ff.; K. Lechner, Die Bildung des Territoriums und die Durchsetzung der Territorialhoheit im Raum des östlichen Österreich, VF 14 (1971) 389ff.; F. Posch, Die Entstehung des steirischen Landesfürstentums, MIÖG 59 (1951) 109ff.; A. v. Wretschko, Skizzen zur bambergischen Zentralverwaltung für Kärnten im Mittelalter, Festschr. K.Zeumer (1910) 209ff.; O. Brunner, Land und Herrschaft (Südostdeutschland), 5. Aufl. 1965.
Osten: H. K. Schulze, Adelsherrschaft und Landesherrschaft. Studien zur Verfassungs- und Besitzgeschichte der Altmark, des ostsächsischen Raumes und des hannoverschen Wendlandes im hohen Mittelalter, 1963; W. Schlesinger, Zur Geschichte der Landesherrschaft in den Marken Brandenburg und Meißen während des 14. Jahrhunderts, VF 14 (1971) 101ff.; H. Spangenberg, Hof- und Zentralverwaltung der Mark Brandenburg im Mittelalter, 1908; J. Schultze, Die Mark Brandenburg, 5 Bde, 1961–69; ders., Lehnrecht und Erbrecht in der brandenburgischen Territorialpolitik, Festschr. F. Hartung (1958) 53ff.; Eb. Schmidt, Die Mark Brandenburg unter den Askaniern (1134–1320), Mitteil. dt. Forsch. 71 (1973); E. Wyluda, Lehnrecht und Beamtentum. Studien zur Entstehung des preußischen Beamtentums, 1969; J. Kühns, Geschichte der Gerichtsverfassung und des Prozesses in der Mark Brandenburg vom X. bis zum Ablauf des XV. Jahrhunderts, 2 Bde, 1865, 1867; H. Patze, Die Entstehung der Landesherrschaft in Thüringen, 1962; ders., Geschichte Thüringens Bd. II 1: Politische und Verfassungsgeschichte des hohen und späten Mittelalters, 1974; H. Eberhard, Die Gerichtsorganisation der Landgrafschaft Thüringen im Mittelalter, ZRG 75 (1958) 108ff.; E. Meister, Ostfälische Gerichtsverfassung im Mittelalter, 1912; F. Seibt, Zur Entwicklung der böhmischen Staatlichkeit, 1212–1471, VF 14 (1971) 463ff.; H. v. Loesch, Verfassungsgeschichte Schlesiens im Ma. (= Gesch. Schlesiens Bd. I), 3. Aufl., 1961; ders., Beiträge zur schlesischen Rechts- und Verwaltungsgeschichte, 1964; P. G. Thielen, Die Verwaltung des Ordensstaates Preußen vornehmlich im 15. Jahrh., 1965; R. Wenskus, Das Ordensland Preußen als Territorialstaat des 14. Jahrh., VF 13 (1970) 347ff.
Wichtig sind die vielfach durch die Herausgabe historischer Atlanten ausgelösten regionalen Untersuchungen, so von Richter-Mell (Salzburg), Strnadt (Oberöster-

reich), Stolz (Nordtirol), Voltelini (Südtirol), Baltl (Steiermark), Dannenbauer (Nürnberg), Fabricius (Mittelrhein) u. a.

I. Die Bildung fürstlicher Landesherrschaften im Mittelalter ist das bedeutsamste Ereignis der gesamten deutschen Verfassungsgeschichte. Nunmehr entstanden innerhalb des Reiches ähnliche selbständige Staatsgebilde wie jenseits seiner Grenzen; damit war entschieden, daß der föderalistische Aufbau Deutschlands, der schon den Beginn seiner Geschichte kennzeichnet (s. Kap. 21 I 2), bis zur neuesten Zeit ohne Umschlag in einen unitarischen erhalten bleiben sollte, wenn auch Form und Grad des Zusammenhalts gewechselt haben.

Die hier zu schildernden Vorgänge sind verwickelt und von Fall zu Fall verschieden; es kann nur ein Durchschnittsbild gezeichnet werden, und zwar zunächst vom Blickpunkt des Reiches, dann vom Blickpunkt der Einzelstaaten (unten II) aus.

1. Der zeitliche Rahmen kann dabei gar nicht weit genug gespannt werden. Ansätze zur Bildung von „Staaten im Staate" liegen schon in den fränkischen Immunitäten (s. Kap. 17). Auch der karolingische Zentralismus hat das Sonderstreben der Teilgewalten nicht ersticken können, im 9. Jhdt. bricht es mächtiger denn je hervor. Wie schon einmal bemerkt (s. Kap. 20 I 3 e), darf man nicht im ganzen hohen Mittelalter einen „Zerfall" der karolingischen Einheit erblicken. Immer hat es neben der königlichen Gewalt eine Adelsherrschaft gegeben, die sich nicht von ihr ableitete und zum Teil älter war als sie. In der Landesherrlichkeit erfährt diese Adelsherrschaft ihre endgültige rechtliche Formung. Sie überholt das Königtum auf dem Wege zur Staatlichkeit; das Reich hat den Wettlauf um den Staat verloren. Damit ist zugleich gesagt, daß der zwischen „Reich" und „Staat" oft konstruierte Gegensatz nicht bestand; auch das Reich wollte Staat werden, hat aber dieses Ziel nur höchst unvollkommen erreicht, am ehesten noch im Reichsgut, das zusammen mit dem Hausgut der regierenden Dynastie eine Art „Reichsherzogtum" darstellte.

Als Grund für dieses Zurückbleiben des Reiches wird meist die Kaiser- und Italienpolitik angeführt. Zweifellos hat diese schwere Opfer gekostet; aber andererseits waren in Italien die Bedingungen für einen Staatsausbau weitaus am günstigsten und bestand noch unter Friedrich II. die Aussicht, von dort aus das ganze Reich reorganisieren zu können. Auch die lange Abwesenheit der Könige von Deutschland trägt nicht die Schuld, weilten doch die englischen Könige des 12. Jhdts. mindestens ebensolange auf dem Kontinent und haben trotzdem eine Verwaltung aufgebaut. Entscheidend war die Unmöglichkeit, ein Reichsbeamtentum heranzubilden, also der Zusammenbruch der ottonischen Kirchenpolitik, die Reichsverdrossenheit der weltlichen Vasallen, das Versagen der Ministerialen und die Trennung des Königs vom städtischen Bürgertum durch eine „feudale Isolierschicht".

2. Grundlegend war auch die Gestaltung des Reichslehnrechts, das im Leihezwang den Kronvasallen den Bestand an Fahnlehen sicherte und auch den übrigen Vasallen starke Rechtsgarantien gab, so die volle Erblichkeit auch der Amtslehen. Seit dem Wormser Konkordat standen auch die geistlichen Fürsten im Lehnsverband und konnten ungestört ihre Landesherrschaft ausbauen; diese sprengte als erste das Stammgefüge des deutschen Volkes und leitete zur Gebietsherrschaft über, die Barbarossa dann verallgemeinerte (s. Kap. 22 I 4). Aber was anfangs als Dezentralisation gedacht war, führte bald zur Dekomposition.

Während das Lehnrecht an Gehalt zunehmend einbüßt, wird es andererseits im Spätmittelalter zur fast alleinigen Rechtsform der Bindung der Reichsstände an den König. Im 15. Jahrh. ist Reichsunmittelbarkeit ohne Lehnsband zum König kaum noch zu behaupten. Das führt zur Lehnsauftragung zahlreicher kleinerer Herrschaften an den König.

3. Sogar die Landfriedenswahrung war dem Reiche nur mittelbar durch die Fürsten möglich, (s. Kap. 34 II) und die Gerichtsbarkeit konnte es nicht mehr finanzieren, seit sie sich zur kostspieligen Blutgerichtsbarkeit gewandelt hatte. Auf diesen Gebieten mußte die Eigentätigkeit der Fürsten und Herren einsetzen, womit doch nur wieder die alte Adelsjustiz auflebte. Eine noch stärkere Aktivität entfaltete der Adel auf dem Gebiete des Landesausbaues, der Rodung und Siedlung, Städtegründung und Kirchenvogtei. In den neufreien Bauern (s. Kap. 29 I 2b) entstand der Grundstock eines neuen Staatsvolkes. In den Landesherrschaften kamen erst die Kräfte des deutschen Volkstums zur Entfaltung, die das Reich hatte brach liegen lassen müssen. Der Reichtum der deutschen Kultur liegt in der Entstehung zahlreicher Kulturzentren, während in Frankreich Paris alles geistige Leben an sich zog. Das ist die oft übersehene Aktivbilanz der deutschen föderalistischen Staatsentwicklung.

4. Hieraus ergibt sich eine von der landläufigen abweichende Gesamtwertung. Die Landesherrschaft ist nicht oder wenigstens nicht überwiegend auf Kosten des Reiches entstanden, sie ist keine Usurpation, kein Raub am Reich, keine rechtlose Bereicherung.

a) Allerdings sind auch die vornehmsten Träger der Reichsgewalt, die Herzogtümer, Markgrafschaften, ja auch manche Grafschaften zur Grundlage der Landesherrlichkeit geworden; die erstgenannten waren direkt dazu vorbestimmt. Viele betrachten die Grafschaft schlechthin als Keimzelle der Landeshoheit. Aber man muß bedenken, daß diese Reichsämter keine Beamtungen im heutigen Sinne waren. Der König vertraute sie den großen Herren adligen Gebüts an, die nicht erst dadurch ihren sozialen Rang erhielten. Sie mußten oft genug die Kräfte ihres Eigengutes einsetzen, um ihr Amt führen zu können, und haben es jahrhundertelang getan, solange eben der Glanz des Reiches auf sie fiel. Aber in den Krisenzeiten des 13. Jhdts. begannen sie das Reichsamt nur noch als Zutat zu ihrer Eigenkraft anzusehen. Diese aber hatte großenteils im reichsfreien Raum gewirkt; die Fürsten hatten Aufgaben in Angriff genommen, die das Reich gar nicht hätte lösen können. Auch wo sie vom Reiche stammende Regalien, wie Gerichtsbarkeit, Zoll, Münze, Geleit, schließlich zu eigenem Recht übten, taten sie es aus wirtschaftlicher Notwendigkeit heraus, ja vielfach um einem wirklichen Notstand abzuhelfen. Entsprechendes galt vielfach von Inhabern der bloßen Niedergerichtsbarkeit; auch manche Vögte und Dienstmannen sind Landesherren geworden.

b) Vielfach stiegen aber auch alte Immunitäten zu Landesherrschaften auf, und hier liegt der Kernpunkt. Schon seit je hatten die Adelsbannbezirke sich in das niemals ganz geschlossene Grafschaftsgefüge eingeschoben und sich durch Einzug von Gebieten schwächerer Nachbarn abgerundet. Auch in ihnen kam das angestammte Adelsrecht zur Geltung; der Funktion nach unterschieden sie sich kaum von Reichsgrafschaften, und ihre Träger nahmen vielfach Grafentitel und Grafenrang ohne Grafenamt an. Sie standen oft nicht im Lehnsverband und rodeten auf eigene Faust, ohne daß das Reich auf sie Einfluß gewann, zumal im Osten. So kann man sagen: Die Landesherrschaft ist viel weniger entartete Grafschaft als gesteigerte Immunität.

c) In alledem liegt keine „Privatisierung" von Hoheitsrechten; denn auch der Adel wahrte das Gemeininteresse und übte somit funktionell öffentliches Recht.

5. Welch große Rolle die Fürstengesetze Friedrichs II. von 1220 und 1231/3 in diesem Prozesse spielten, wurde schon gezeigt (s. Kap. 22 III 5). In ihnen tritt zum ersten Male die Bezeichnung *domini terrae* auf. Im Grunde erkannten sie nur einen schon längst bestehenden Zustand an, sie enthalten mehr Besitzbestätigungen als neue Verfügungen, begründen aber doch von Reichs wegen neue Besitztitel. Ähnlich den älteren Immunitätsprivilegien regeln sie zunächst nur die negative Seite – den Rückzug des Reichs aus den neuen „Ländern" –, geben aber dadurch positivem Neubau Raum. Der Bremsversuch im Mainzer Landfrieden (1235) scheiterte. Fortan konnten die Könige den Fürsten um so weniger energisch entgegentreten, als sie ja selbst darauf angewiesen waren, Landesherren zu werden. Die Goldene Bulle gab dann den Kurfürsten neue Rechtstitel in die Hand, die bald auch anderen Fürsten zugute kommen sollten. So bereitete sich die schließlich nicht ohne Hilfe des römischen Rechts gelungene Verschmelzung aller einzeln erworbenen Herrschaftsrechte zu einem einheitlichen Staatshoheitsrecht *(ius eminens)* vor, und damit wird die Landesherrschaft zur Landeshoheit (unten II 4).

II. Von den Territorien her gesehen bildet sich die Landesherrschaft aus sehr verschiedenen Quellen, und gleiche Ursachen haben je nach den Verhältnissen verschiedene Wirkungen gezeigt, bei großen Gebieten andere als bei kleinräumigen („rechtshistorische Quantentheorie"). Nur die großen Gebiete haben eine wirkliche Staatsgewalt geschaffen. Daneben gab es aber noch zahlreiche kleine Herrschaften von Grafen und freien Herren, die der Mediatisierung entgangen waren oder sich ihr wieder entzogen. Schließlich zählte man im Reich etwa 300 Länder – die genaue Zahl steht nicht einmal fest. Die kleinen waren wirklich oft nur Staatskarikaturen, in denen privatrechtliches Denken herrschte und der Fürst patrimonial, als Grundherr, als Eigentümer über „Land und Leute" regierte. Während in den Großräumen der Personenverbandsstaat in den organisierten Anstaltsstaat überging, also eine Versachlichung eintrat, kam es in den Zwergstaaten zu einer Versächlichung oder Verdinglichung der öffentlichen Gewalt. Aber dieser „Patrimonialstaat" ist eine späte Entartungserscheinung, die früher zu Unrecht verallgemeinert wurde.

1. Früher betrachtete man auch den fürstlichen Grundbesitz als Substanz der Landeshoheit, zu Unrecht, da aus ihm keine öffentliche Gewalt entstehen konnte. Aber als Substrat bleibt er bedeutsam; ein großes Eigengut gab dem Landesherrn starken Rückhalt. Daher das

stete Streben nach einer Abrundung des Gebiets durch Käufe, Pfand-
schaften, Ehe- und Erbverträge, ja auch durch Fehde und Raub; geistliche Stifter wurden oft von ihren weltlichen Vögten vergewaltigt. Indessen gaben auch diese oft in privatrechtlichen Formen geschlossenen
Verträge die Grundlage für echte Staatshoheit, wie noch in neuester
Zeit (Kauf Alaskas durch die USA 1867, Pachtung Kiautschous durch
das Deutsche Reich 1898). Staatsbildend werden aber Erwerbungen erst,
wenn sich daran Herrschaftsrechte knüpfen. Breitenwirkung kam dabei
der Schirmfunktion *(tuitio, defensio)* der Vogtei zu, doch führt sie erst
in Verbindung mit Hochgerichtsbarkeit zu voller Landeshoheit. Die
Territorien erlangten vom Reich das Recht auf Delegation des Bannes.
An Stelle der kgl. Bannleihe trat damit die landesherrliche Bannleihe,
Graf und Vogt werden ersetzt durch den Landrichter, die Teilbezirke
(Schergenamt, *districtus*) der Grafschaft durch Bestellung gesonderter
Landrichter verselbständigt und damit die Gerichtsbarkeit mehr und
mehr Bestandteil der Landesverwaltung (s. Kap. 28 II 2). Materiell be-
deutsam war ferner der neue Begriff der Hoch- als Blutgerichtsbarkeit
(s. Kap. 28 II 3).

a) Diese Blutjustiz wird eines der wichtigsten Elemente der landesherrlichen Gerichtsbarkeit. Sie stützt sich auf die Übertragung der
Landfriedensgerichtsbarkeit auf die Landesherren; ausgeübt wird sie in
den territorialen Land-, Zent- und Gogerichten. An deren Spitze stehen
Richter, die Amt und Blutbann vom Landesherrn empfangen. Keine oder
doch nur eingeschränkte Zuständigkeit haben diese Hochgerichte neuen
Stiles (niedere Landgerichte; s. Kap. 28 II 4) über den Ritterstand. Er
untersteht dem fürstlichen Hofgericht oder wird reichsunmittelbar.

b) Die Aufsaugung von Grafschaften ist den Territorialstaaten nicht
überall gelungen. Insbesondere im deutschen Südwesten, wo nach dem
Wegfall des schwäbischen und fränkischen Herzogtums eine überragende
Fürstenmacht fehlte, blieben Grafschaften und Landvogteien in erheb-
lichem Ausmaße außerhalb des neuen Fürstenstaates. Ihre Landgerichte
wahrten die unmittelbare Verbindung mit dem Reich und werden deshalb als kaiserliche bezeichnet. Sie werden praktisch zu Standesgerichten
für Ritterschaft, Geistlichkeit und Städte und können in diesem Sinne
als „obere Landgerichte" bezeichnet werden. Doch haben sie mit
kgl. Bewilligung mehrfach die für ein solches Standesgericht erforderliche ebenbürtige Besetzung aufgegeben. In Angleichung an die Herzogs-
gerichte entwickelten die Reichsfürsten ihre Hofgerichte (Lehn- und
Hausgericht) zum territorialen Obergericht für ihr Fürstentum, das
durch Evokations- und Appellationsprivilege bald zur obersten Instanz
wurde. In ihm fungierten ständige Hofrichter. Oft entstand, wie im
Reiche, neben ihnen ein Kammergericht mit gelehrten Räten.

Die sachliche Zuständigkeitsgrenze zwischen Landgericht und Niedergericht bleibt
in manchen Gegenden in einem für die Rechtssicherheit bedrohlichen Ausmaße strittig
(s. Kap. 28 II 3 c). Nicht selten wird das Hochgericht auf eine Art Vorbehaltsgerichts-
barkeit zurückgedrängt. Der Ausbau der Dorf- und Hofmarksgerichte einerseits, das
Zurücktreten des ritterlichen Elementes im Landgericht andererseits, erhöht die Teilhabe der unteren Volksschichten an der Gerichtsbarkeit, das Bauerntum wird fühlbar
an den Staat herangebracht. Insbesondere in den Gebieten starker Rodung und Neu-

siedlung mit ihrer bäuerlichen Neufreiheit gewinnt der Staat eine zur Verantwortung bereite Untertanenschicht (s. Kap. 30 I 2).

2. Aber „*jurisdictio*" bedeutet im Mittelalter nicht nur Justiz, sondern auch die Verwaltung; daher mußte diese mit jener im Aufbau Schritt halten.

a) Voraussetzung dazu war, daß das Lehnrecht den Zwecken der Landesherren angepaßt und seiner zentrifugalen Tendenzen entkleidet wurde. Daher erkannten jene den Leihezwang, den sie selbst dem König abgenötigt hatten, von vornherein nicht an; sie brachten zunächst möglichst viele Hochfreie in Lehnsabhängigkeit, behielten dann heimgefallene Lehen ein, gaben sie an Ministeriale oder verwandelten sie gar in bloße Amtsstellen. So wurde der Lehnsstaat in einen Beamtenstaat zurückverwandelt. In dieser Schaffung eines Beamtentums liegt die größte Leistung der Landesherren.

b) Mittelpunkt der Verwaltung wurde der fürstliche Hof mit seinen typischen Hofämtern, die z.T. zu Landesämtern wurden; an ihre Spitze trat der Hofmeister als Generalvertreter des Fürsten, eine dem merowingischen Majordom entsprechende Figur. Zu seiner Beratung berief der Fürst den Hofrat oder Geheimen Rat, dem teils fest am Hofe ansässige (wesentliche) Räte, teils auswärtige (Räte von Haus aus) angehörten. Zum Hofstaat gehörte auch der Hofkanzler oder Protonotar als oberster Urkundsbeamter, oft noch ein Geistlicher (*clericus* = engl. *clerc*).

Hof- und Staatsverwaltung sind noch wenig getrennt. Um die erste Stelle im Staat ringen mit dem Hofmeister als engerem Hofbeamten der Marschall als Spitze des Lehnhofes und der Vitztum (vicedominus) als Stellvertreter des Fürsten in dessen landrechtlichem Wirkungskreis. Die Ergebnisse dieses Machtkampfes sind sehr verschieden.

Schrifttum: G. Seeliger, Das deutsche Hofmeisteramt im Spätmittelalter, 1885.

c) Die Landesverwaltung wurde von Burgen oder befestigten Plätzen (Märkten) aus geführt. Auf ihnen saßen fürstliche Burgvögte *(castellani)*, die in der Regel zugleich auch als Amtleute (Pfleger) die Herrschaft, deren Mittelpunkt die Burg bildete („das feste Haus und was dazu gehört") zu verwalten hatten. Wo die Fürstenprivilegien Kaiser Friedrichs II. zur Verhinderung fremden Burgenbaues nicht zureichten, suchte man sich durch Pfanderwerb oder das Öffnungsrecht zu sichern.

Schrifttum: H. Ebner, Die Burgenpolitik und ihre Bedeutung für die Geschichte des Mittelalters, Carinthia I 164 (1974) 33 ff.; F. Uhlhorn, Die territorialgeschichtliche Funktion der Burg, BlDLG 103 (1967) 9 ff.; E. Ennen, Burg, Stadt und Territorialstaat in ihren wechselseitigen Beziehungen, Rh. Vjbl. 12 (1942) 48 ff.; Sammelband (VF 19): Die rechts- und verfassungsgeschichtliche Bedeutung der Burgen im deutschen Sprachraum, 1976.

d) Zwischen Lokal- und Zentralinstanzen bildeten sich gelegentlich Mittelbehörden (Oberämter), so die Vitztumsämter in Baiern, die Landvogteien in Brandenburg. Oft versahen auch die Landrichter zugleich Verwaltungsaufgaben.

e) Wesentlich zur Verdichtung der Landesherrschaft trugen die Städtegründungen (s. Kap. 36 I) bei. Manche Landesherren (Zähringer, Heinrich der Löwe) sind vor allem als Städtegründer in die Geschichte eingegangen. Es kam mancherorts zu einem Übermaß an Stadtgründungen mit zahlreichen Kümmerstädten. Als Herrschaftsschwerpunkte oder zum Zwecke der Grenzsicherung errichtet, waren die Städte ebenso militärisch wie wirtschaftlich wichtig. Sie hielten die wachsende Bevölkerung im Lande und machten sie für den Landesherrn nutzbar.

Die Übertragung von Mauerbau und Mauerwacht an die Bürgerschaft erleichterte und verbilligte im Vergleich zur Burg die militärische Sicherung; dazu waren die Städte wertvolles Steuer- und Verpfändungsobjekt.

Schrifttum: M. Mitterauer, Das Problem der zentralen Orte als sozial- und wirtschaftshistorische Forschungsaufgabe, VSWG 58 (1971); W. Rausch (Hg.), Stadt und Stadtherr im 14. Jahrhundert, Linz 1972; H. Stoob, Die Städtebildung im Lande Hohenlohe, ZBLG 36 (1953) 522ff.; ders., Westfälische Beiträge zum Verhältnis von Landesherrschaft und Städtewesen, Westf. Forsch. 21 (1968); ders., Minderstädte, Formen der Stadtentstehung im Spätmittelalter, VSWG 46 (1959) 1ff.; W. Störmer, Die Gründung von Kleinstädten als Mittel herrschaftlichen Territorienaufbaus, gezeigt an fränkischen Beispielen, ZBLG 36 (1973) 563ff.; C. Haase, Die Stadt als Festung, in: ders., (Hg.), Die Stadt des Ma. I (1969) 377ff.; H. Bollnow, Studien zur Geschichte der pommerschen Burgen und Städte im 12. und 13. Jahrhundert, 1964; H. Büttner, Zum Städtewesen der Zähringer und Staufer am Oberrhein während des 12. Jahrhunderts, ZGO 66 (1957) 63ff.; K. Jordan, Die Städtepolitik Heinrich des Löwen. Eine Forschungsbilanz, Hans. Gesch. Bl. 78 (1960) 1ff. s. a. Kap. 36.

3. Die neuen Staaten suchten Anschluß an die Geldwirtschaft. Sie nahmen sich die städtische und kirchliche Finanzpolitik zu Vorbildern.

a) Die Erträge der fürstlichen Domänen und die Abgaben der Eigenleute wurden noch lange in natura erhoben. Mehr Geldertrag brachten die z.T. vom Reich erworbenen Regalien, wie Zoll, Münze, Geleit, Bergbau, Judenschutz. Sie begannen in den Händen der Landesherren erst wirklich ergiebig zu werden. Das wichtige Münzregal war meist an private Unternehmer (Münzmeister, Münzerhausgenossenschaften) verpachtet; dabei ergaben sich manche Mißstände (Münzverschlechterung, Münzverruf usw.). Die Münzpolitik war oft einträglich, wenn auch bedenklich, da schon damals schlechtes Geld das gute verdrängte (Greshamsches Gesetz). Für manche Fürstentümer wurde das Bergregal (Silber, Kupfer, Salz) von entscheidender wirtschaftlicher Bedeutung.

b) Da dies alles noch nicht genügte, schritt man zur Erhebung von Steuern (stiura = Hilfe), anfangs unter dem verschämten Namen der Bede (Bitte, petitio), bald aber als Forderung (exactio, Zwangsal). Die Steuern waren teils ordentliche und regelmäßige, die praktisch außer den Bürgern nur das Bauernvolk trafen, da sie durchwegs Grund- oder Viehsteuern waren, die von Ritterschaft und Prälaten auf ihre Grundholden abgewälzt wurden. Angeknüpft wurden sie an ältere öffentliche Abgaben wie Grafenschatz, Königszins (Ablöse für Gastung) usw. Daneben gab es außerordentliche Steuern (Notbeden) für gewisse Fälle wie Aussteuer einer Tochter (Fräuleinsteuer), Lösegeld bei Gefangenschaft des Landesherrn usw. Endlich kamen auch schon indirekte

Steuern (Ungeld) vor. Steuereinnehmer war der Rentmeister, der bald noch weitere Befugnisse erhielt. Die landesherrlichen Finanzbeamten (Keller, Kastner, Rentmeister) hatten jedoch nur beschränkten Anteil an der Steuerverwaltung, da das Recht der Steuereinhebung *(jus sub-collectandi)* und Steuerverwaltung vielfach in der Hand der Landstände lag.

c) Weiterer noch ungedeckter Finanzbedarf führte zur Kreditauf-nahme; die Fürsten begannen nach Muster der Städte Anleihen aufzu-nehmen, mußten dafür aber vielfach Burgen oder Hoheitsrechte ver-pfänden.

d) Durch diese Finanzpolitik wurden erhöhte staatliche Leistungen möglich, so eine bessere Justiz, ein Söldnerheer an Stelle der versagen-den Lehnsritter, aber auch Landeskultur. Durch die gemeinsamen Lei-stungen wurde die Bevölkerung zusammengefaßt und zum Staatsvolk integriert; oft entwickelte sich überraschend schnell eine neue Staats-gesinnung, wenn sie auch meist Haßliebe war.

4. Dies alles führte zumindest bei den größeren Territorien im 14. Jhdt. zum Aufstieg von der Landesherrlichkeit zur **Landeshoheit**. Zunächst war dies freilich nur ein Gradunterschied. Die Landeshoheit stand nicht mit einem Schlage fertig da; im kleineren Maßstabe mußten die Landesherren genau den gleichen Kampf gegen Sondergewalten durchkämpfen wie die Könige im Reich, nur taten sie es meist mit bes-serem Erfolge. Sie hatten es mit einem widerspenstigen landsässigen Adel, meist einstigen Ministerialen, manchmal aber auch Hochfreien, zu tun, die nicht gesonnen waren, ihre Rechte den Landesherren zu opfern. So finden sich auch in Landeshoheitsgebieten noch bis in die Neuzeit hinein kleinere Landesherrschaften, die auch öffentliche Gewalt üben, und oft am Reich Rückhalt suchen und finden. Auch die Kurfürsten hat die Zuerkennung der Majestätsrechte in der Goldenen Bulle zwar dem Reiche gegenüber relativ selbständig gemacht, ihnen aber nicht die Voll-gewalt im Innern ihrer Länder verschafft; diese mußten sie sich erkämp-fen, und oft war es lange fraglich, ob weitere Zersplitterung vermieden werden konnte; noch lange tobten bittere Fehden innerhalb der Länder. Und auch in den Gebieten der Landeshoheit war der Staatsgedanke an-fangs noch schwach und durch Einbrüche privatrechtlichen Denkens ge-fährdet. Daher die vielen Landesteilungen in dynastischem Interesse, bei denen der alte Gedanke der Samtherrschaft, der immerhin ein staats-rechtlicher gewesen war, immer mehr verblaßte; daher die Erbverträge, die dann zu den für die neuere Zeit typischen Erbfolgekriegen führten; daher auch die Verpfändung oder Verpachtung öffentlicher Ämter, die auf Kosten des Landvolkes ging, das nun erst recht unter eine rücksichts-lose und eigensüchtige patrimoniale Gewalt geriet.

5. Der Aufstieg zur Landeshoheit führte zwangsläufig zu Ausein-andersetzungen auch mit der **Kirche**. die dank eines bereits ausgereiften, einheitlichen Kirchenrechtes im Ausbau ihrer Jurisdiktion einen be-trächtlichen Vorsprung besaß. In Deutschland spielte dabei nicht allein

die von der Politik her zu setzende Grenze zwischen kirchlicher und weltlicher Rechtsordnung (s. u. Kap. 37 I 1) eine Rolle. Hier war die Kirche nicht nur geistliche, sondern zugleich auch weltliche Macht. Das lud zum Mißbrauch geistlicher Mittel für profane Zwecke ein. Andererseits verstanden es die weltlichen Herren die Kirchenvogtei als Waffe zu nutzen. Die Ambivalenz der Reichskirche bedeutete sowohl Stärke wie Schwäche, letzteres vor allem, wenn es die Landesherren verstanden, den kurialen Zentralismus gegen die heimischen kirchlichen Instanzen auszuspielen. Im Dreieck Kurie–Reichskirche–weltliche Fürsten vermochten letztere zumeist die kirchlichen Rechtstitel zurückzudrängen und im Osten des Reiches sogar die Bischöfe weitgehend zu mediatisieren. Zusätzliche Möglichkeiten eröffnete im 15. Jahrhundert die von den Ordinarien meist lässig verfolgte Kirchenreform. Unter der Flagge sittlicher Hebung des Klerus und der Förderung der Volksbildung betrieben die weltlichen Fürsten Staatskirchenpolitik. In der Neuzeit wurden die Reformation und die Aufklärung dem gleichen Ziele dienstbar.

Schrifttum: K. Voigt, Das Problem Staat und Kirche im Hoch- und Spätmittelalter, in Welt der Gesch. V (1939) 59ff.; B. Guillemain, La cour pontificale d'Avignon, 1962; J. Naendrup-Reimann, Territorium und Kirche im 14. Jahrh., VF 13 (1970) 117ff.; H. Werner, Landesherrliche Kirchenpolitik bis zur Reformation, Dt. Gesch. Bl. 9 (1908) 143ff.; J. Hashagen, Staat und Kirche vor der Reformation, 1931; H. Hofmeister, Landeshoheit und kirchliche Reform, Österr. Arch. f. Kirch.recht 23 (1972), 245ff.; H. v. Srbik, Die Beziehungen von Staat und Kirche in Österreich während des Mittelalters, Forsch. z. inn. Gesch. Österr. 1 (1904) 75ff.; G. Koller, Princeps in ecclesia, Untersuchungen zur Kirchenpolitik Herzog Albrecht V. von Österreich, Arch. f. österr. Gesch. 124 (1964); H. Rankl, Das vorreformatorische, landesherrliche Kirchenrecht in Bayern (1378–1526), Misc. Mon. 34 (1971).

6. Noch wird überwiegend vom Sattel und nicht von der Schreibstube aus regiert. Die Kanzlei- und Rechenbeamten sind den ritterlichen Räten und Amtleuten im Rang nachgeordnet, die Schriftlichkeit der Verwaltung bleibt bis an die Schwelle des 16. Jahrhunderts bescheiden. Insbesondere bei den weltlichen Herrschaften, die weiterhin im Umritt regiert werden und bis in das 16. Jahrhundert hinein weder feste Residenzen noch ortsgebundene Zentralbehörden kennen, scheute man ein Anwachsen von Registratur und Archiv. Sie werden erst im 16. Jahrhundert Verwaltungsgrundlage. Selbst bei Privilegien überließ man den Nachweis dem Empfänger und machte bei der Urkundenausstellung ohne Scheu von Empfängerausfertigungen Gebrauch.

Schrifttum: G. Theuerkauf, Zur Typologie spätmittelalterlicher Territorialverwaltung in Deutschland, Annali della Fon. ital. per la storia ammin. 2 (1965) 37ff.; H. Koller, Registerführung und Kanzleireform im 15. Jahrhundert, Acta Univ. Car., Phil. et Hist. 3–4 (1971) 161ff.; F. Röhrig, Mittelalter und Schriftlichkeit (Die Welt als Geschichte 13), 1953; H. Patze, Die Bildung der landesherrlichen Residenzen im Reich während des 14. Jahrhunderts, in: W. Rausch (Hg.), Stadt und Stadtherr im 14. Jahrhundert (Linz 1972) 1ff.

III. Ein Gegengewicht gegen das Machtstreben der Landesherren bilden in den neuen Staaten die Korporationen der **Stände**. Die neuen Fürstenstaaten sind zum guten Teil mit einer ständischen Verfassung ins Leben getreten.

1. Stände sind „Privilegskorporationen", Organe zur Wahrung der Interessen privilegierter Klassen. Sie sind also keine Volksvertretungen; die Belange der unteren Volksschichten werden höchstens indirekt gewahrt, soweit sie sich mit den Interessen der oberen decken. Der „Ständestaat", die typische Staatsform des Spätmittelalters und der beginnenden Neuzeit, ist ein Privilegienstaat und ruht auf der Rechtsungleichheit.

2. Vorläufer der Stände waren die Hoftage der Fürsten und die Lehnskurien der Vasallen. Diese waren schon immer zur Hoffahrt, zur Beratung des Herrn verpflichtet gewesen; jetzt wandelt sich diese Pflicht in das Recht auf Landstandschaft. Dieses haben nur die schon seit je an den Beratungen Beteiligten erlangt: die Herren, die jetzt zum Landesadel zählten, die Ritter, der Klerus; dazu treten die Städte und in einigen wenigen Fällen auch Vertreter der Bauern (Schweiz, Tirol, Friesland).

Die Dienstmannschaft, zugleich Rückgrat des landesherrlichen Lehenhofes, wurde vorab zur treibenden Kraft beim Ausbau des Ständewesens (s. Kap. 30 II 1), soweit sie sich nicht, wie in den rheinischen und fränkischen geistlichen Staaten gänzlich absetzte und Anschluß an die Reichsritterschaft fand.

3. An der Entstehung des Ständewesens war das Reich nicht unbeteiligt. Genau zur gleichen Zeit mit dem Gesetz vom 1. Mai 1231, in dem erstmals die *domini terrae* genannt werden, erging ein Reichsspruch, in dem diesen untersagt wird *constitutiones vel nova iura* ohne Zustimmung der *meliores et maiores terrae* zu machen. Es wird den Landesherren also von vornherein die Hypothek der ständischen Kontrolle auferlegt. Damit war allerdings der Ständestaat noch nicht geschaffen, aber die Richtung auf ihn bezeichnet. Dieses „Junctim" zweier Gesetze verfolgte den Zweck der Schwächung und Bindung der landesherrlichen Gewalt, ähnlich wie das Pariser Edikt von 614 die Grafengewalt durch Anerkennung der Immunitäten geschwächt hatte (s. Kap. 17 I 5).

Die Institutionalisierung der Stände in Kurien geschah vielfach unter Förderung durch den Landesherrn, der eines Gesprächspartners für seine Steuerwünsche bedurfte. Darum verwundert es nicht, daß das Ständewesen sich vorab in den agrarisch bestimmten Ländern entwickelte, in denen die Steuereinnahmen vorzüglich aus der Landwirtschaft kamen. In den rheinischen Kurstaaten, die vorab von den Rheinzöllen lebten, fehlt ein durchgebildetes Ständewesen.

Schrifttum: T. Sommerlad, Die Rheinzölle im Mittelalter, 1894, Neudr. i. Vorb.

4. Auch das Ständewesen hat eine innere Entwicklung durchgemacht. Anfangs stand die Zusammenarbeit mit den Landesherren im Vordergrunde, die Stände erfüllten ihre Pflicht, diesen mit Rat und Tat zur Seite zu stehen. Aber mit der Zeit entstand ein Gegensatz, der zu dem typischen „Dualismus" des Ständestaates etwa im 15. Jhdt. führte. Jetzt repräsentierten die Stände dem Fürsten gegenüber das „Land"; dieser wiederum suchte ihnen mit Hilfe seines „heimlichen Rates" das Wasser abzugraben. Sie machten jetzt ernstlich ihr Zustimmungsrecht geltend, vor allem bei Steuerbewilligung, Anleihen und Besetzung der Amtsposten, die möglichst an Landeskinder vergeben werden sollten, während die Fürsten keine Bedenken trugen entsprechend vorgebildete Ausländer

in Dienst zu nehmen. Schließlich übten die Stände ein Widerstands-recht und drohten etwa die Erbhuldigung zu verweigern, wenn ihnen nicht bestimmte Zusagen gemacht würden. Dabei stand nicht immer das Recht auf seiten des Landesherrn. Oft haben die Städte das Interesse des Landes gegen eine rein dynastische Politik vertreten, Erbteilungen ver-hindert, die selbst in Kurfürstentümern trotz des Verbots der Goldenen Bulle angestrebt wurden, oder Vormundschaftsregierungen eingesetzt. Besonders gestärkt wurde ihre Stellung durch das Einungswesen (Ritter- und Städtebünde).

5. Den Höhepunkt erreichte die landständische Verfassung am Aus-gang des Mittelalters. Jetzt stehen sich vielfach geradezu zwei Staaten im Staate gegenüber, ein fürstlicher und ein ständischer Apparat; Fürst und Stände haben gesonderte Truppen, Behörden, Kassen, diplomatische Vertretungen. Regieren ist jetzt ein ständiges Verhandeln von Kom-promiß zu Kompromiß. Der letzte Grund dieser Vorgänge liegt in einem geistigen Wandel. An Stelle der Teilhabe an einer einheitlich ge-dachten Staatsgewalt, wie sie dem Adel in früheren Zeiten zugestanden hatte, ist jetzt die Teilung der Staatsgewalt selbst getreten. Es ist begreif-lich, daß die mächtigeren Landesfürsten die Stände immer mehr als Hemmschuh einer zielbewußten Politik zu empfinden begannen und sie abzustreifen versuchten. Wo dies gelang, wie vor allem in Brandenburg-Preußen und Österreich, wurde der Weg frei zur absoluten Monarchie.

In den Herzogtümern bilden die spätmittelalterlichen Landstände eine Fortsetzung der alten herzoglichen Landtage. Sie unterscheiden sich von diesen jedoch schon durch den Wegfall der eigene Territorialstaaten bildenden geistlichen Fürsten (Bistümer, Klöster) und das Hinzukommen der Städte. Wie die Fürstenprivilegien Friedrichs II. und die Goldene Bulle im Reiche die Kurienbildung gefördert haben, so führen die seit dem 14. Jhdt. seitens der Landesherren einzelnen Gruppen (Ritterschaft, Präla-ten, Städte) gewährten Privilegien zur korporativen Abschließung. Der Kampf um ihre Privilegien wird in ihrer Verfallszeit zum Hauptanliegen der Landstände.

In den geistlichen Fürstentümern waren die Stiftskapitel die geborenen Wort-führer landständischer Interessen; sie suchten den Landesherrn durch Wahlkapitu-lationen (erstmals Trient 1205 und Verdun 1209) zu binden; 1695 verbot diese Papst Innozenz XII. (sog. „Innocentia") und 1698 Kaiser Leopold I. Aber nicht überall wurde dieses Verbot beachtet.

Schrifttum: K. Wolzendorff, Staatsrecht und Naturrecht in der Lehre vom Widerstandsrecht des Volkes gegen rechtswidrige Ausübung der Staatsgewalt. Zugleich ein Beitrag zur Entwicklungsgeschichte des modernen Staatsgedankens, 1916; C. Heyland, Das Widerstandsrecht des Volkes, 1950; F. L. Carstens, Princes and Parliaments in Germany from the Fifteenth to the Eighteenth Century (Oxford 1959); L. Rockinger, Einleitung zu G. v. Lerchenfeld, Die altbaieri-schen landständischen Freibriefe mit den Landesfreiheitserklärungen, 1853; K. Bosl, Stände und Territorialstaat in Bayern, VF 14 (1971) 343ff.; ders., Die Ge-schichte der Repräsentation in Bayern, Landständische Bewegung, landständische Verfassung, Landesausschuß, altständische Gesellschaft, 1974; K. Köhle, Landesherr und Landstände in der Oberpfalz von 1400–1583, Misc. Bav. Mon. 15 (1969); W. Grube, Der Stuttgarter Landtag 1457–1957 (1957); H. Wiesflecker, Die Entwicklung der landständischen Verfassung in den österreichischen Landen von den Anfängen bis auf Maximilian I., in: Die Entw. d. Verf. Österr., 1963; P. Feldbauer, Der Herrenstand in Oberösterreich, Ursprung, Anfänge, Früh-formen, Soz. u. wirtschaftsgesch. Stud. 1 (Wien 1972); H. Schwarzweber, Die Landstände Vorderösterreichs im 15. Jahrhundert, Forsch. u. Mitt. z. Gesch. Tirols u. Vorarlb. 5 (1908) 145ff., 203ff.; G. Turba, Der Ritterstand in Österreich um die Mitte des 15. Jahrhunderts, 1970; H. Pirchegger, Landesfürst und Adel in Steiermark während des Mittelalters, Forsch. Verf. Verw. Gesch. Steierm. 16, Graz 1958; L. Zimmermann, Zur Entstehungsgeschichte der hessischen Landstände, Zschr. d. Ver. f. Hess. Gesch. 63 (1952); G. v. Below, Die landständische Verfassung in Jülich und Berg bis 1511 (3 Teile, 1885–91), Neudr 1965; R. Schulze, Die Landstände der Grafschaft Mark bis zum Jahre 1510 (1907); E. Ennen, Bemerkungen zur ständestaatlichen Entwicklung im Westen des alten deutschen Reiches, vornehmlich in Brabant und Köln, Annal. d. hist. Ver. f. d. Ndrrh. 177 (1975) 318ff.; J. Dhont, Les assemblees d'etats en Belgique avant 1975, Anciens pays et assemblees d'états 33 (1965) 197ff., 35 (1966) 325ff.; L. Schmitz-Kallenberg, Die Landstände des Fürstbistums Münster bis zum 16. Jahrhundert, Westf. Zs. 92 (1936) 1ff.; O. Merker, Die Ritterschaft des Erzstifts Bremen im Spätmittelalter als Landstand 1300–1560 (1962); Ch. v. Arnswaldt, Die Lüneburger Ritterschaft als Landstand im Spätmittelalter. Untersuchungen zur Verfassungsstruktur des Herzogtums Lüneburg zwischen 1300 und 1500, Gött. Stud. z. Rechtsgesch. 2 (1969); J. Schultze, Landstandschaft und Vasallität in der Mark Brandenburg, BlDLG 106 (1970) 68ff.; H. Helbig, Der wettinische Ständestaat, Untersuchungen zur Geschichte des Ständewesens und der landständischen Verfassung in Mitteldeutschland bis 1485, Mitteldt. Forschg. 4 (1955); ders., Fürsten und Landstände im Westen des Reiches im Übergang vom Mittelalter zur Neuzeit, Rh. Vj. Bl. 29 (1964) 32ff.; K. v. Hegel, Geschichte der mecklenburgischen Landstände bis zum Jahre 1555 (1856, Neudr. 1968).

Kap. 36. Die Stadtverfassung

Schrifttum: Allgemein: H. Planitz, Die deutsche Stadt im Mittelalter von der Römerzeit bis zu den Zunftkämpfen, 4. Aufl., 1976; E. Ennen, Die europäische Stadt des Mittelalters, 2. Aufl., 1975; dies., Neues Schrifttum zur Stadtgeschichte des Mittelalters, Rh. Vjbl. 17 (1952) 233ff.; A. Haverkamp, Die „frühbürgerliche" Stadt im späteren Mittelalter (= Übersicht über die derzeitige Problemlage), HZ 221 (1975) 571ff.; C. Haase (Hg.), Die Stadt des Mittelalters, bisher 3 Bde, 1969–1973; W. Rausch (Hg.), Beiträge zur Geschichte der Städte Mitteleuropas, bisher 3 Bde, 1963, 1972, 1974; H. Pirenne, Les villes et les institutions urbaines, 1939; F. L. Ganshof, Etudes sur le développement des villes entre Loire et Rhin au moyen âge, Paris 1943; L. Maschke, Deutsche Städte am Ausgang des Mittelalters, in: W. Rausch, Beiträge 3 (1974) 1ff.; R. Eitel, Die oberschwäbischen Reichsstädte im Zeitalter der Zunftherrschaft, 1970. Entstehung, Gründung, Frühgeschichte: E. Ennen, Frühgeschichte der europäischen Stadt, 1953; H. Planitz, Frühgeschichte der deutschen Stadt (IX. bis XI. Jahrhundert), ZRG 63 (1943) 1ff.; E. Keyser, Städtegründungen und Städtebau in Nordwestdeutschland, 2 Bde, 1958; Kh. Blaschke, Studien zur Frühgeschichte des Städtewesens in Sachsen, Festschr. W. Schlesinger I (1973) 333ff.; K. Bosl, Frühgeschichte und Typus der Reichsstadt in Franken und Oberschwaben mit besonderer Berücksichtigung Rothenburgs o. T., Nördlingens und Dinkelsbühls, in: Eßlinger Studien 14 (1968) 9ff.; K. Kroeschell, Weichbild, Untersuchungen zur Struktur und Entstehung der mittelalterlichen Stadtgemeinde in Westfalen, 1960; C. Haase, Die Entstehung der westfälischen Städte, 1960; B. Diestelkamp, Welfische Stadtgründungen und Stadtrechte des 12. Jahrhunderts, ZRG 81 (1964) 164ff.; J. Bärmann, Die Stadtgründungen Heinrichs des Löwen und die Stadtverfassung des 12. Jahrhunderts (Forsch. z. dt. Rechtsgesch. 1). 1961; R. Kötzschke, Markgraf Dietrich von Meißen als Förderer des Städtebaues, Neues Arch. f. Sächs. Gesch. 45 (1924) 7ff.; E. Hamm, Die Städtegründungen der Herzöge von Zähringen in Südwestdeutschland, 1932; W. Hess, Hessische Stadtegründungen des Landgrafen von Thüringen, 1966; E. E. Stengel, Die fränkische Wurzel der mittelalterlichen Stadt in hessischer Sicht, Gedächtnisschr. F. Rörig (1953) 37ff. Topographie, Burg, Markt: H. Fischer, Burgbezirk und Stadtgebiet im deutschen Süden, Wien 1956; ders., Die Siedlungsverlegung im Zeitalter der Stadtbildung, Wien 1952; E. Kittel, Stadtburgen und Burgstädte, in: Westfalen 51 (1973) 74ff.; Kh. Blaschke, Altstadt–Neustadt–Vorstadt. Zur Typologie genetischer und topographischer Stadtgeschichtsforschung, VSWG 57 (1970)

30ff.; J. Schultze, Die Stadtviertel. Ein städtegeschichtliches Problem, BlDLG 92 (1956) 18ff.; S. Rietschel, Markt und Stadt in ihrem rechtlichen Verhältnis, 1897, Neudr. 1965; E. Klebel, Städte und Märkte des bayerischen Stammesgebietes, ZBLG 12 (1939/40) 37ff.; O. Goennewein, Marktrecht und Städtewesen im alemannischen Gebiet, ZGO 98 (1950) 345ff.; Sammelband, Das Hauptstadtproblem in der Geschichte, Festg. F. Meinecke (Jb. d. dt. Ostens I), 1952. Stadtherrschaft, Selbstverwaltung: C. R. Brühl, Königspfalz und Bischofsstadt in fränkischer Zeit, Rh. Vjbl. 23 (1958) 161ff.; G. Pfeiffer, Stadtherr und Gemeinde in den spätmittelalterlichen Reichsstädten, in: W. Rausch (Hg.), Beiträge 3 (1974) 201ff.; H. Helbig, Die brandenburgischen Städte des 15. Jahrhunderts zwischen Landesherrschaft und adeligen Ständen, in: W. Rausch (Hg.), Beiträge 3 (1974) 227ff.; M. Weider, Das Recht der deutschen Kaufmannsgilden, 1931, Neudr. i. Vorb.; H. Planitz, Kaufmannsgilde und städtische Eidgenossenschaft, ZRG 60 (1940), 1ff.; K. Schulz, Die Ministerialität als Problem der Stadtgeschichte, Rh. Vjbl. 32 (1968) 184ff.; H. Strahm, Mittelalterliche Stadtfreiheit, Schweiz. Beitr. z. allg. Gesch., 1848; W. Ebel, Der Bürgereid, 1958; A. Erler, Bürgerrecht und Steuerpflicht im mittelalterlichen Städtewesen mit besonderer Untersuchung des Steuereides, 2. Aufl., 1963.
Recht, Verfassung: G. Köbler, Die Entwicklung des mittelalterlichen Stadtrechts, ZRG 86 (1969) 1ff.; H. Nabholz, Die Anfänge der hochmittelalterlichen Stadt und ihrer Verfassung als Frage der Forschungsmethode betrachtet (Ber. ü. d. konst. Versammlung d. Verb. österr. Gesch.Vereine, 1949), 1950; H. Patze, Recht und Verfassung Thüringischer Städte, Weimar 1955; G. Schubart-Fikentscher, Die Verbreitung der deutschen Stadtrechte in Osteuropa, 1942; H. Planitz, Kaufmannsgilde und städtische Eidgenossenschaft, ZRG 60 (1940) 1ff.; ders., Zur Geschichte des städtischen Meliorats, ZRG 67 (1950) 141ff.; ders., Zur Rechtsgeschichte des städtischen Patriziats, MIÖG 58 (1950) 317ff.; vgl. auch den Sammelband (VF 11): Untersuchungen zur gesellschaftlichen Strutur der mittelalterlichen Städte in Europa, 2. Aufl., 1974. S. a. HRG Artikel: Bürger (K. Kroeschell) I 543ff., Coniuratio (G. Dilcher) I 631ff., Faktorei (H. Kellenbenz) I 1053ff., Gilde (H. Stradal) I 1687ff., Gründerleihe (B. Diestelkamp) I 1821ff., Handelsgesellschaft (H. Kellenbenz) I 1936ff., Hanse (R. Schmidt-Wiegand, H. Kellenbenz) I 1990ff., Kaufmannsgilde (R. Spieß) II 687ff.

Einen guten Überblick über die einzelnen Stadtentwicklungen bietet das Deutsche Städtebuch von E. Keyser-H. Stoob (Hg.) [mit folgenden Teilen: 1 Norddeutschland (1939), 2 Mitteldeutschland (1941), 3,1 Niedersachsen (1952), 3,2 Westfalen (1954), 3,3 Rheinland (1956), 4,1 Hessen (1957), 4,2a Baden (1959), 4,2b Württemberg (1962), 4,3 Rheinland-Pfalz-Saarland (1964), 5,1 Bayer. Franken (1973), 5,2 Altbayern-Schwaben (1974). Vom österreichischen Städtebuch liegt Band 3 (Vorarlberg) vor.

I. Die Stadt als Trägerin neuer Wirtschaftsformen und sozialer Bildungen wurde schon früher (Kap. 29 II) besprochen. Hier handelt es sich um ihre verfassungsrechtliche Sonderstellung, ihre Heraushebung aus dem Landrecht, die in Deutschland stärker hervortritt als anderwärts; noch in der Gegenwart ist das ausgeprägte Kommunalrecht eine deutsche Eigentümlichkeit, und keine andere Sprache kennt einen so prägnanten Ausdruck wie das deutsche Wort „Stadt".

1. Die Stadtverfassung ist eine Errungenschaft des hohen und späteren Mittelalters. In der fränkischen Zeit findet sich noch keine Spur davon. Die Germanen waren städtefeindlich. Wenn ein Teil der Römerstädte die Völkerwanderung überdauerte, so ist dies vor allem der Kirche zu danken, die an die alten Bischofssitze anknüpfte. Eine fortdauernde Besiedlung ist freilich kaum irgendwo nachweisbar, noch weniger gab es Rechtskonstanz; die römische Munizipalverfassung ist untergegangen.

Der Langobardenkönig Rothari „*urbes vicos nominare iussit*"; allenthalben wurden die Städte den Grafen des flachen Landes unterstellt.

2. In der Entwicklung der Stadtverfassungen sind zwei große Zeiträume zu unterscheiden: Die stadtherrliche Stadt wird von der selbstherrlichen, autonomen Stadt, der Stadtgemeinde, abgelöst. Erst in ihr vollendet sich seit dem 13. Jhdt. die Stadt im Rechtssinne. Davon wird unter II zu handeln sein.

a) Stadtherrliche Städte entstanden schon in der Karolingerzeit als Stützpunkte für die Fernfahrten der Kaufleute, die sie in Genossenschaften (Hansen) unternahmen; zugleich oft als Zollstätten an den Grenzen des Reiches. Einige von ihnen sind erst neuerdings ausgegraben worden: so Dorstat (heute Wijk bij Duurstede südl. Utrecht) oder die Wikingerstadt Haithabu (Hedeby, Schleswig). Nach den Sachsenkriegen entstanden weitere befestigte Plätze, so Magdeburg, Halle, Erfurt usw. Auch die alten Römer- und Bischofsstädte dienten ähnlichen Zwecken, so auch am Rhein und in Süddeutschland, wo die Silbe „Burg" auf das Alter der Stadt schließen läßt (so Straß-, Augs-, Regens-, Salzburg usw.). An eine Königspfalz oder bischöfliche Domburg lehnten sich Kaufmannssiedlungen an (Wik von *vicus*, vgl. Schleswig, Bardowiek, Braunschweig = Brunsvic). Die Kaufleute, die Fernhandel mit Luxuswaren trieben, schlossen sich auch daheim zu Gilden zusammen. Die Gilde stellte auch die politischen Organe des Wik, so wird dieser zur Kaufmannsgemeinde, einer Gemeinde freier Leute, deutlich unterschieden von den Hörigen des Stadtherrn. Der Zweck der Gilde war primär kein rein wirtschaftlicher, sondern ein religiöser (Toten- und Rachekult, Unterstützung, also Sippenersatz).

b) Die Kaufleute standen persönlich in Schutz, Munt und Frieden des Königs, wofür sie eine Abgabe zahlten; sie sind *mercatores regis* und treten auch im Auslande als *homines regis, imperatoris* auf. Sie standen unter einem königlichen Wik- oder Hansgrafen, *praepositus (prévôt des marchands)*. Dieser sprach Recht ohne Rücksicht auf Stammesunterschiede nach Billigkeit; so entsteht das erste Handelsrecht als Sonderrecht der Kaufleute und wird zur Wurzel des späteren Stadtrechts.

3. Seit dem 11. Jhdt. bildete sich der Markt der täglichen Bedarfsartikel, auf dem ländliche Erzeugnisse gegen städtische Gewerbeprodukte umgesetzt wurden. Die Voraussetzung dazu war die in Kap. 29 I 2 geschilderte Freierstellung der Bauern gegenüber der Grundherrschaft, die sie zu Marktproduzenten machte. Diese älteren Märkte lehnen sich oft an eine Grundherrschaft an; sie haben noch agrarischen Charakter und besitzen eine Allmende. Seit dem 12. Jhdt. wurden aber auch freie Märkte und Städte „aus wilder Wurzel" an verkehrstechnisch günstigen Plätzen gegründet, zumal im östlichen Neusiedelland; sie zeichnen sich vor den Altstädten durch planmäßige, meist schachbrettartige Anlage aus; oft entsteht eine Neustadt neben einer Altstadt (Doppelsiedlung). Aber nicht bloß wirtschafts-, auch wehrpolitische Gründe führen zur Anlage und Befestigung von Burgstädten an den Grenzen der sich

bildenden Territorien oder an strategisch wichtigen Punkten. Das
12. Jhdt. ist das Zeitalter stürmischen Aufschwungs der Städte.

4. Stadtherr war zunächst überall der König als Träger des Marktregals und der Befestigungshoheit. Aber beides konnte er übertragen,
zunächst an geistliche, später auch an weltliche Fürsten; seit Friedrich II.
ist das Recht der Städtegründung allgemein ein landesherrliches geworden (s. Kap. 35 II 2e). Daher unterscheidet man jetzt

a) Königliche, später Reichsstädte, wie Frankfurt, Nürnberg,
Aachen, Goslar, Dortmund, Mühlhausen, Zürich, seit dem Sturz Heinrichs d. Löwen auch Lübeck,

b) Bischofsstädte, die bei der engen Verbindung von Kirche und
Staat den Reichsstädten nahestanden, so Köln, Mainz, Trier, Hamburg,
Bremen, Salzburg, Passau, Basel, Lausanne, Genf usw.,

c) Landesherrliche Städte wie Freiburg, München, Prag, Wien,
Braunschweig, Leipzig, Bern usw.

5. In den Städten wirkten stadtherrliche Beamte, so vor allem der
Burggraf, der in erster Linie Stadtkommandant war; kennzeichnend ist
sein Räumungs- oder Stangenrecht, kraft dessen er störende Vor-
bauten beseitigen lassen konnte; mancherorts (Köln, Nürnberg) war er
zugleich Stadtgraf und Richter.

Schrifttum: S. Rietschel, Das Burggrafenamt und die hohe Gerichtsbarkeit in
den deutschen Bischofstädten während des früheren Mittelalters, 1905, Neudr. 1965.

6. Königsstädte und Bischofsstädte bilden eigene Gerichtsbezirke,
soferne die ihre Rechtsstellung bestimmende fiskalische oder kirchliche
Immunität mit der städtischen Bannmeile zusammenfällt. Andere
Städte erreichen durch Erwerb der Niedergerichtsbarkeit und mitunter
auch der Hochgerichtsbarkeit die teilweise bzw. volle Exemtion gegenüber dem Landgericht. Kleine Marktgemeinden haben es mitunter nicht
einmal zu einer Bannmeile (Bannmärkte) gebracht, ihre Jurisdiktion
blieb personal, d. h. auf den Kreis der Bürger beschränkt.

a) Die Stadt ist auch Friedensbezirk; in ihr herrscht nicht nur
der zeitlich beschränkte Landfriede, sondern ein dauernder Markt-
und Burgfrieden, der freilich oft genug durch Geschlechterfehden gebrochen wurde.

Der städtische Burgfriede ist im Gegensatz zum zeitlich beschränkten Land- und
Marktfrieden ein Dauerfriede. Andererseits ist er kein allgemeiner, pflichtgemäßer
Friede, sondern ein auf den Kreis der Bürger beschränkter gewillkürter Friede (Hand-
friede), seine Rechtsform ist der Bürgereid, der ursprünglich dem Stadtrichter
namens des Stadtherrn, in jüngerer Zeit dem Rat geschworen wird. Fehde gegen den
Mitbürger oder die Stadt verlangt daher vorheriges Aufsagen des Bürgerrechts.

b) Über die den beschworenen Stadtfrieden (Burgfrieden) sichernde
freiwillige Sühnegerichtsbarkeit hinaus überkamen die Städte seit dem
13. Jhdt. vom Stadtherrn die Niedergerichtsbarkeit. Die großen Städte
vermochten überdies nicht selten auch die Hochgerichtsbarkeit (Blutbann) zu erwerben. Sie wurden dadurch uneingeschränkter Gerichtsherr und der Stadtschultheiß (Stadtamtmann, Stadtoberrichter) magi-
stratischer Beamter.

Die Stadtherrschaft ist wie die Landeshoheit vorwiegend durch die hohe Gerichtsbarkeit getragen worden. Ihr Symbol ist der „Roland", an dem nicht die Figur, sondern das blanke Richtschwert die Hauptsache ist.

Schrifttum: A. D. Gathen, Die Rolande als Rechtssymbole, der archäologische Bestand und seine rechtshistorische Deutung, 1960.

c) Die Stadtherren suchten die Gerichtsbarkeit möglichst auf die ganze Einwohnerschaft der Stadt auszudehnen, auch auf unfreie Zuzügler, deren Herren sich mit ihrem Rechte verschwiegen. Insoweit die Stadtherren darauf verzichteten, diese einer neuen Hörigkeit zu unterwerfen, machte Stadtluft frei (s. Kap. 30 I 2a).

Auch hierin liegt eine Entsprechung zur Landesherrschaft: Wie dort die bäuerliche Neufreiheit, so sollte hier die bürgerliche Freiheit integrierend wirken. Auch sollte der Stadtadel gehindert werden, seine Macht durch unfreie Einwanderer zu stärken. Der Mainzer Reichslandfriede von 1235 verbot allgemein das Halten von „Muntmannen". Die Stadtherren warben mit allen Mitteln für den Zuzug in ihre Städte; ihre Gründungsprivilegien sicherten den ersten Bürgern allerhand Vorrechte zu, so freies Erbrecht, günstige „Gründerleihe", d.h. freie Erbleihe gegen eine öffentlich-rechtliche Anerkennungsgebühr, Erleichterungen im Prozeß, vor allem Befreiung vom Zweikampf. Als „Gastgerichte" lösten sich die Stadtgerichte von Formalismus und Prozeßgefahr.

Schrifttum: A. Schultze, Über Gästerecht und Gastgerichte in den deutschen Städten des Mittelalters, HZ 101 (1908) 473 ff.

7. Die stadtherrlichen Gründungshandfesten bilden zugleich die Grundlage des Stadtrechts (Weichbild, vic-belde), das später autonom fortgebildet wurde. Aber nicht jede Stadt erhielt ihr eigenes Stadtrecht, sie konnte auch mit dem Recht einer älteren Stadt bewidmet werden; so entstehen ganze Stadtrechtsfamilien. Die „Mutterstadt" blieb dann Oberhof für die „Tochterstädte", die sie um Rechtsbelehrung durch Schöffensprüche angehen konnten (nicht immer ein eigentlicher Instanzenzug!). Dadurch wurde oft die Berufung an ein fürstliches Hofgericht vermieden.

Wichtigste Mutterstädte waren Magdeburg für Mittel- und Ostdeutschland, für das Ostseegebiet Lübeck (das selbst wieder über Soest das Kölner Recht übernommen hatte), Dortmund für Westfalen, Aachen für das Rheinland, Freiburg (das auch Kölner Recht hatte) für Südwestdeutschland und die Schweiz, ferner München und Wien. Trotzdem entstand auch auf dem Gebiete des bürgerlichen Rechtes noch durchaus keine Rechtseinheit. Mit der Ostkolonisation drangen die deutschen Stadtrechte weit in den slavischen Raum vor (vgl. Schubart-Fikentscher, Die Verbreitung der deutschen Stadtrechte in Osteuropa, 1942; E. Meynen, Sudetendeutscher Atlas, 1953, S. 25–26 [W. Weizsäcker]; H. Helbig, Das Vorortproblem in der Frühzeit des Städtewesens im Gebiet der deutschen Ostkolonisation, Festschr. F. Meinecke [1952] 31 ff.).

II. Seit dem 13. Jhdt. tritt neben die herrschaftlich geleitete die autonome, genossenschaftlich oder körperschaftlich verfaßte Stadt.

1. Ansätze zu einer Autonomie weist schon die Zeit der Stadtherrschaft auf. So überließen vielfach die Stadtherren einem Ausschuß der Bürgergemeinde, den Marktgeschworenen *(jurati, boni homines)*, die Marktkontrolle und Gewerbepolizei. Manche Städte sind über diese Zugeständnisse nie hinausgekommen.

2. Viel weiter führte die Bewegung, die in der Zeit des Investiturstreits die westdeutschen Städte, vor allem die rheinischen Bischofsstädte, ergriff. Dort führte der Gegensatz zwischen den kaisertreuen Bürgern und ihren geistlichen Stadtherren zur Revolution und schließlich zur Brechung der Stadtherrschaft. Unter Führung der Kaufmannsgilde schloß sich die Bürgerschaft zu einem Schwurverband zusammen; sie beschwor den Gottesfrieden gegen die Gewaltakte der Bischöfe, die in ihren Augen oft Simonisten waren. Den Höhepunkt brachte die Kölner *coniuratio pro libertate* von 1112. So ertrotzten sich diese Städte die Selbstverwaltung; zugleich aber gab die Kaufmannsgilde ihre Führerstellung an die gewählten Organe der Gesamtbürgerschaft *(communitas)* ab. Hiermit war der Stadtfreiheit eine Gasse gebrochen. Fortan gaben einsichtige Stadtherrn, wie Heinrich der Löwe, ihren Gründungen eigene Organe als Patengeschenk. Bei Neugründungen wurde oft der vom Stadtherrn beigezogene Unternehmerverband zum ersten Stadtrat. Vergebens suchten die Fürsten sogar das Reich gegen die Stadträte mobil zu machen; Friedrich II. verbot 1232 einige von ihnen, aber ohne Erfolg.

Die Anfänge der bürgerlichen Selbstverwaltung standen im Zeichen wohlwollender Förderung durch den Stadtherrn, doch trat das Gegenteil ein sobald das Autonomiestreben die Stadtherrschaft zu gefährden begann. Unter Friedrich II. zwangen die fürstlichen Stadtherrn den König zu einer städtefeindlichen Politik (Verbot interner Einigungen und von Städtebünden durch einen Wormser Fürstenspruch von 1231, bestätigt durch die Ravennater Bulle Friedrich II., fortlaufende Pfahlbürgerverbote und das Bündnisverbot der Goldenen Bulle). Die Feindseligkeit steigerte sich gelegentlich bis zur Entfestigung durch den Stadtherrn. Gleichwohl wurden die meisten Bischofsstädte zu Reichsstädten. Auch die Städtebünde ließen sich nicht unterdrücken, doch blieb die volle Reichsstandschaft den Reichsstädten lange verwehrt (s. Kap. 33 VI), obgleich sie seit Rudolf von Habsburg regelmäßig zu den Reichstagen geladen werden (s. Kap. 41 II 2c). Friedrich III. unterließ dies.

Für die Brechung der Stadtherrschaft hatte bei den Bischofsstädten die strategische Situation ausschlaggebende Bedeutung. War die Stadt überragt von einer bischöflichen Höhenburg, so hat sie kaum je die Reichsunmittelbarkeit erlangt; Salzburg, Passau, Würzburg blieben Landstädte. Anders verlief die Entwicklung bei königlichen Städten in ähnlicher Lage (Nürnberg, Oppenheim, Wetzlar, Zürich).

3. Im 13. Jhdt. findet sich allenthalben der Stadtrat *(consilium, consules)* mit den Bürgermeistern *(magistri civium)* an der Spitze. In der Folgezeit entspann sich um den Stadtrat ein heftiger Streit.

a) Die älteren Räte waren patrizisch; auch in der Stadt suchte die Adelsherrschaft Fuß zu fassen. Schon vom 11. Jhdt. ab erscheinen die *meliores* als Vorläufer der Patrizier; das waren im Dienste des Stadtherrn befindliche, oder zugezogene Dienstmannen, die ihre Verwaltungserfahrungen der Stadt zur Verfügung stellten (Verwaltungspatriziat), vorwiegend aber reiche, ritterlich lebende Fernkaufleute (Handelspatriziat, so in Köln die „Richerzeche"). Sie bildeten die „ratsfähigen Geschlechter".

b) Im 14. Jhdt. stieg das Handwerk zu immer größerem Ansehen auf; es bildete Kapital, trug die Hauptlasten der Stadtverwaltung und Stadtverteidigung und mußte den Ausschluß aus dem Rat als unerträglich empfinden. Zugleich sank das Patriziat infolge der Geldentwertung ab (s. Kap. 29 I 2d).

Die Handwerker wurden meist von den Erbbürgern gegen einen privatrechtlichen Grundzins angesiedelt (Leihe „zu Burgrecht"), waren in Zünften zusammengeschlossen, die ursprünglich auch religiöse Bruderschaften waren. Sie standen unter Kontrolle des Stadtherrn oder Rates, der den Zunftzwang durchführte und Bönhasen (= butenhansen) bekämpfte. Das lebenswichtige Handwerk oder Gewerbe war ein Amt (officium). Später gelangten auch die Zünfte zur Selbstverwaltung (Morgensprache) und eigener Gerichtsbarkeit.

c) **Im 14. Jhdt.** tobten fast in allen Städten Zunftkämpfe; sie führten zu einer „Demokratisierung" der Stadtverfassung, am vollständigsten da, wo der ganze Rat zünftisch wurde und nur noch der Eintritt in eine Zunft den Weg in die Politik eröffnete, was in Deutschland die Ausnahme, in Italien die Regel bildete, so vor allem in Florenz seit 1292; weniger da, wo die Zünfte nur eine Anzahl von Ratsstellen besetzten oder (so meistens) ein weiterer neben einem engeren Rat entstand (Zweikammersystem) und daneben noch Ausschüsse mit vollziehender Gewalt gebildet wurden. In zwei der größten Städte, Köln und Wien, hat dieser Umschwung im gleichen Jahre 1396 stattgefunden. Am besten hielt sich das Patriziat in Nürnberg, in Frankfurt und Ulm. In Italien führte ein scharfer Rückschlag von der Popolarenherrschaft zur Diktatur (Signoria).

Für die **Ratsfähigkeit** gab es ursprünglich kaum feste Normen. In älterer Zeit pflegte sich der Rat selbst zu ergänzen und war folglich in der Hand einer kleinen Zahl von „Geschlechtern", die Handwerker nicht zuließen. Mit dem Ausbau der städtischen Selbstverwaltung und dem Entstehen eines vom Rat ausgeübten Satzungsrechtes (Ratssatzungen anstelle von Bürgereinungen) wuchs die Machtfülle des Rates, der nun zunehmend als Obrigkeit auftritt. Umsomehr drängten die Handwerker, die in den Zünften politische Gestalt gewonnen hatten, nach Mitbeteiligung am Ratsregiment. Allenthalben kommt es dabei zu einer Aufspaltung des Rates in einen großen oder äußeren und einen kleinen inneren Rat. Letzterem obliegen die eigentlichen Amtsgeschäfte. In ihm behauptet sich zumeist die Geschlechterherrschaft. Mit zunehmender Abkapselung der ratsfähigen Geschlechter formieren sich die ihnen gesellschaftlich gleich geordneten, aber nicht regimentsfähigen Familien im 15. Jahrhundert zu einer eigenen „Ehrbarkeit", womit die Bürgerschaft dreischichtig wird.

Schrifttum: H. Rabe, Der Rat der niederschwäb. Reichsstädte, Forsch. z. dt. Rechtsgesch. 4 (1966); H. Rössler (Hg.), Deutsches Patriziat 1433–1740 (1968); E. Pitz, Die Entstehung der Ratsherrschaft in Nürnberg im 13. und 14. Jahrhundert, 1956; K. H. Fihu. Roth v. Schreckenstein, Das Patriziat in den deutschen Städten, besonders Reichsstädten als Beitrag zur Geschichte der deutschen Städte und des deutschen Adels, 1856, Neudr. 1970.

d) Seit etwa dem 13. Jhdt. vollzieht sich in den Städten der bedeutungsvolle Wandel von der Genossenschaft zur Körperschaft. Neben die *universitas civium* und über sie tritt jetzt die *civitas*, die Stadt als selbständig handelndes Wesen; die Städte waren die ersten „juristischen Personen" mit eigenen Organen. Das kommt etwa in der Ablösung von Bürgereinungen durch Ratssatzungen zum Ausdruck (vgl. Kap. 37 I 7). Zugleich wird das Einstimmigkeits- durch das Mehrheitsprinzip abgelöst; in der Stadt bilden sich jetzt Parteien und Fraktionen. Endlich wird die politische von der privaten Sphäre geschieden; zuerst in den Städten entwickeln sich zum Schutze der letzteren „Freiheitsrechte", die z. T. in den Grundrechten moderner demokratischer Verfassungen fortleben.

4. Der Geschäftsbereich der Stadträte wuchs immer mehr und übertraf schließlich die stadtherrliche Fürsorge. Fast alles, was wir heute Verwaltung und Verwaltungsrecht nennen, stammt aus der autonomen Stadtgemeinde.

Hauptzweige der Verwaltung waren:

a) Die Polizei, die von der Marktpolizei aus immer mehr Lebensgebiete ergriff, so die Bau-, Feuer-, Sanitätspolizei; dazu kamen die Armenpflege, das Schul-, Vormundschafts- und Spitalwesen, auch kirchliche Angelegenheiten (Pfarrwahl, Patronat, Stiftungen);

Schrifttum: S. Reicke, Das deutsche Spital und sein Recht im Ma., 1932, Neudr. 1961; A. Schultze, Stadtgemeinden und Kirche im Ma. Festschr. R. Sohm (1914) 103 ff.; J. Sydow, Spital und Stadt in Kanonistik und Verfassungsgeschichte VF 13 (1970) 175 ff.; K. Frölich, Kirche und städtisches Verfassungsleben im Mittelalter, ZRG Kan. 22 (1933) 188 ff.; R. Siegel, Spital und Stadt in Altwürttemberg, 1966; L. C. Eisenbart, Kleiderordnungen der deutschen Städte zwischen 1350 und 1700 (1962).

Eine besondere Rolle spielte in den Städten von je die **Gewerbepolizei**. Sie wurde teils mehr obrigkeitlich durch stadtherrliche oder städtische Ämter ausgeübt (so vor allem im deutschen Südwesten), teils war sie Gegenstand weitgehender Selbstverwaltung der einzelnen Handwerkszweige, die sich rasch spezialisierten und voneinander abgrenzten. Hauptgegenstand der Gewerbepolizei war die Preis- u. Warenkontrolle (Beschau). Die sich allenthalben bildenden Zünfte (Zechen, Gilden, Gaffeln) umfassen oft mehrere Handwerke. Es kam sehr bald schon zum Zunftzwang, einem numerus clausus für Meister, Gesellen und Lehrjungen und zur Vererbung der Betriebe. (Vgl. a. Kap. 30 II 2.)

Schrifttum: F. Keutgen, Ämter und Zünfte, zur Entstehung des Zunftwesens, 1903, Neudr. 1965.

b) das Wehrwesen; in den Städten lebte die allgemeine Wehrpflicht wieder auf, die Patrizier dienten zu Pferd, die Zünfte zu Fuß, sie übernahmen den Schutz der Mauern und Tore; auch die Klöster stellten ihre Mannschaften; oft versuchte man Auswärtige (Aus- und Pfahlbürger) heranzuziehen (s. Kap. 29 II 3).

Schrifttum: E. Sander, Die Wehrhoheit in den deutschen Städten, Archiv für Kulturgeschichte 36 (1954) 332 ff.; H. P. A. Fischer, Die Teilnahme der Reichsstädte an der Reichsheerfahrt vom Interregnum bis zum Ausgang Kaiser Karl IV., 1883.

c) die Finanzen; direkte Steuern (Schatzung) standen neben indirekten (Ungeld, später Akzise), dazu kam die Verwaltung des städtischen Grundbesitzes, erworbener Regale (Zoll, Münze), stadteigener Betriebe und die Anleihen; städtische Rentenbriefe waren eine beliebte Kapitalanlage.

Schrifttum: B. Kirchgässner, Währungspolitik, Stadthaushalt und soziale Fragen südwestdeutscher Reichsstädte, in: Spätma. Menschen u. Kräfte zwischen 1360 u. 1460 (Jb. f. Gesch. d. Oberdt. Reichsstädte 11), 1965 S. 90ff.; E. Nau, Stadt und Münze im frühen und hohen Mittelalter (Essl. Stud. 10), 1964 S. 13ff.; dies., Stadt und Münze im späten Ma. und beginnender Neuzeit, BlDLG 100 (1964) 145 ff.; E. Pitz, Schrift- und Aktenwesen der städtischen Verwaltung im Spätmittelalter. Köln-Nürnberg-Lübeck. Beitrag zur vergleichenden Städteforschung und zur spätmittelalterlichen Aktenkunde, 1959.

III. Die politische Stellung der Städte war verschieden.

1. Viele von ihnen waren von vornherein landesherrliche oder kamen als Reichspfandschaften in die Hand von Landesherren. Dann erwarben sie die Landstandschaft und erlebten oft eine größere Wirtschaftsblüte als die Reichsstädte.

Der Begriff der Reichsstadt erhält erst unter Friedrich II. schärfere Umrisse im Zuge der rechtlichen Scheidung von Reichs- und königl. Hausgut (s. Kap. 24 VI 1). Die königliche Macht reichte nicht aus, selbst große Reichsstädte vor der Mediatisierung zu bewahren. Mainz verlor seine Stellung als Reichsstadt 1462, Konstanz 1549, Köln wurde erst 1492, Bremen 1640 und Hamburg gar erst 1770 als freie Reichsstadt anerkannt; Worms (1397) und Regensburg (1486) wurden beinahe mediatisiert. Durch die nicht seltenen Verpfändungen von Reichsstädten förderten die Könige selbst deren Entfremdung vom Reich (z. B. Kaiserslautern). Die Reichsstädte suchten sich dagegen durch Selbstauslösung (z. B. Rothenburg o./T. 1335, Landau i. d. Pfalz 1511) und durch den Erwerb von Privilegien, die ihre Verpfändung ausschlossen, zu schützen. Seit 1519 waren solche Einlösungen reichsrechtlich unmöglich (vgl. Kap. 42 I). Die verpfändeten Reichsstädte wurden damit endgültig zu Landstädten. Ihre Zugehörigkeit zum Reich blieb jedoch nominell aufrecht erhalten (z. B. Reichskammergerichtsurteile für Gelnhausen von 1734 und 1769), wenngleich sie von Reichs- und Kreistagen ausgeschlossen waren. Im Zuge der Neugliederung des Reichsgutes in Landvogteien durch König Rudolf (s. Kap. 24 VI 3) wurden die Reichsstädte Landvögten unterstellt. Daß dieses Amt mehr und mehr in die Hand der führenden Reichsstände gelangte, hat die Bindung der Reichsstädte an den König gleichfalls gelockert.

Schrifttum: W. Zorn, Die politische und soziale Bedeutung des Reichsstadtbürgertums im Spätmittelalter, ZBLG 24 (1961) 460ff.; W. Maier, Stadt- und Reichsfreiheit. Entstehung und Aufstieg der elsässischen Hohenstaufenstädte, Zürich 1972; G. Landwehr, Die Verpfändung der dt. Reichsstädte im Ma., Forsch. z. dt. Rechtsgesch. V, 1967.

2. **Die Reichsstädte** waren wieder

a) entweder ehemals **königliche**, über die der König jetzt nur noch mit Zustimmung des Reichstags verfügen konnte; ihre Pflichten dem Reich gegenüber wurden genau festgelegt. Die Reichsstandschaft erwarben sie erst im 14. Jhdt. und zunächst nur beschränkt (Reichssteuern, Landfrieden) und bis 1648 nur mit beratender Stimme. Oft hatten sie ein eigenes Territorium, also selbst Landeshoheit, und standen durch Lehnsträger mittelbar im Reichslehnsverband; sie waren bündnisfähig;

b) ehemalige **Bischofsstädte**, in denen der Bischof nicht die Stadtherrschaft behalten hatte; sie hießen freie Städte, weil sie von Huldigung, Vogtei und Jahressteuer frei waren; ihre Rechtslage war also besser als die der Reichsstädte, doch erfolgte eine Angleichung im Zuge der Umwandlung des stadtherrlichen Bezuges der Reichsstädte in einen reichsständischen zu Ausgang des Mittelalters. Beide Gruppen werden in der Reichsmatrikel als „**freie Reichsstädte**" zusammengefaßt Oft blieben die Reichsstädte, da die Reichsgewalt sie nicht zu fördern vermochte, recht unbedeutend (z. B. Bopfingen, Pfullingen, Pfeddersheim).

Schrifttum: G. Möncke, Zur Problematik des Terminus „Freie Stadt" im 14. und 15. Jahrhundert, in: F. Petri (Hg), Bischofs- und Kathedralstädte d. Mittelalters u. d. frühen Neuzeit (1976) 84ff.; G. Landwehr, Freie Stadt, HRG I 1221.

3. Im Gegensatz zu Italien hat, abgesehen von Bern und Zürich, für die die Nähe Italiens bedeutsam ist, keine deutsche Reichsstadt einen Territorialstaat von einiger Bedeutung ausgebildet. Nur vereinzelt wurde ein nennenswertes Landgebiet erworben (Metz, Nürnberg, Straßburg, Ulm). Selbst Städte vom Range Kölns, Frankfurts und Augsburgs begnügten sich mit der städtischen Bannmeile. Für solche Bescheidung ist

nicht so sehr die Nachbarschaft starker Fürstenstaaten als das überwiegend wirtschaftliche Denken der Städte verantwortlich zu machen.

Wie bei den italienischen Stadtstaaten (s. Kap. 26 I 5) brachte die reichsstädtische Landeshoheit dem Umland keine Teilhabe an den bürgerlichen Rechten. Die Stadt war für das Landgebiet Obrigkeit und überdies Hemmschuh seiner gewerblichen Entwicklung.

Schrifttum: E. Raiser, Städtische Territorialpolitik im Mittelalter, 1969; K. Reimann, Untersuchungen über die Territorialbildung deutscher Reichs- und Freistädte, Diss. Breslau 1925; W. Leiser, Territorien süddeutscher Reichsstädte, ein Strukturvergleich, ZBLG 38 (1975) 967ff.; G. Wunder, Das Straßburger Gebiet, 1965; P. Liver, Rechtsgeschichtliche Betrachtungen zum Berner Twingherrenstreit 1469–1517, Festg. H. von Greyerz (1967) 235ff.; O. Hohenstatt, Die Entwicklung des Territoriums der Reichsstadt Ulm im 13. und 14. Jahrhundert, Diss. Tübingen 1911; G. Neusser, Das Territorium der Reichsstadt Ulm im 18. Jahrhundert, 1964; J. A. Merkle, Die Entwicklung des Territoriums der Stadt Rottweil bis 1600, Diss. Tübingen 1913; H. Dannenbauer, Die Entstehung des Territoriums der Reichsstadt Nürnberg, 1928; H. Woltering, Die Reichsstadt Rothenburg o. T. und ihre Herrschaft über die Landwehr, 2 Bde (Jb. d. Ver. Alt-Rothenburg 1965/66, 1971/72); M. Wilmans, Die Landgebietspolitik der Stadt Bremen um 1400 (1973).

IV. Die **Städtebünde** brachten die Städte mit der großen Politik in Berührung. Sie bedeuten den Höhepunkt bürgerlicher Aktivität im Mittelalter.

1. Der **rheinische Städtebund** entstand 1254, um angesichts des Versagens der Reichsgewalt den Mainzer Landfrieden durchzuführen; er war der erste Versuch einer Reichsreform. Er unterstützte den zum König gewählten Grafen Wilhelm von Holland, dessen Tod (1256) sein Schicksal besiegelte.

2. Nicht besser erging es dem **rheinisch-schwäbischen** Städtebund (1376 bis 1388), der als Protest gegen das Verbot der Goldenen Bulle zustande kam, von König Wenzel zeitweise gestützt, dann fallen gelassen und von den Fürsten zerschlagen wurde, während gleichzeitig die Schweizer bei Sempach (1386) siegten. Auch im 15. Jahrhundert hatten die Städtebünde (trotzdem Kaiser Sigismund sie zeitweise unterstützte) keinen besseren Erfolg. Das bürgerlich-republikanische Element konnte sich im Reiche nicht durchsetzen (s. Kap. 33 V).

Schrifttum: H. Angermeier, Städtebünde und Landfrieden im 14. Jhdt., Hist. Jb. 76 (1957) 34ff. S. a. Kap. 33 V.

3. Von Dauer war der 1354 mit kaiserlicher Zustimmung errichtete elsässische Zehnstädtebund. Er umfaßte die der Landvogtei im Elsaß unterstellten zehn kleineren Reichsstädte und schützte sie vor Verpfändung. Straßburg blieb stets abseits. 1521 trat an die Stelle des zur Schweizer Eidgenossenschaft übergegangenen Mühlhausen i. E., Landau i. d. Pfalz, das nach 187jähriger Pfandschaft 1511 durch Selbstauslösung zum Reich zurückgekehrt war. Mit der Reichslandvogtei im Elsaß ging 1648 der Schutz über diese Dekapolis an Frankreich über, das dem Bund und der reichsstädtischen Stellung seiner Glieder ein Ende bereitete.

Schrifttum: H. Feine, Die staufischen Stadtgründungen im Elsaß (1939); J. Bekker, Geschichte der Reichslandvogtei im Elsaß (1905); L. Sittler, Le Decapole alsacienne des origines à fin du Moyen-Age (Straßburg 1955).

V. Die Jahrhunderte überdauert hat die **Hanse.**

Schrifttum: F. Rörig, Vom Werden und Wesen der Hanse, 3. Aufl. 1943, dort auch die älteren Schriften Rörigs; Ph. Dollinger, Die Hanse (Kröner Taschenausgabe Nr. 371) 1966; F. Frensdorff, Das Reich und die Hansestädte, ZRG 20 (1899) 115ff.; K. Spading, Holland und die Hanse im 15. Jahrhundert, 1973; F. Schulz, Die Hanse in England von Eduards III. bis auf Heinrich VIII. Zeit, 1911; H. Sauer, Die wendischen Hansestädte in der Auseinandersetzung mit den

Fürstenhäusern Oldenburg und Mecklenburg während der zweiten Hälfte des 15. Jahrhunderts, Quell. u. Darst. z. Hans. Gesch. NF 16 (1974); G. Fink, Die rechtliche Stellung der Hanse in der Zeit ihres Niederganges, Hans. Gesch. Bl. 61 (1936) 122ff.; A. v. Brandt, Das Ende der hanseatischen Gemeinschaft. Ein Beitrag zur neuesten Geschichte der drei Hansestädte, Hans. Gesch. Bl. 74 (1956) 65ff.; W. Ebel, Die Hanse in der deutschen Staatsrechtsliteratur des 17. und 18. Jahrhunderts, Hans. Gesch. Bl. 65–66 (1940–41) 145ff.

1. Ihr Ursprung liegt in den Schwurbrüderschaften deutscher Kaufleute zur Auslandsfahrt. Diese ging nach England (Stalhof in London), Flandern (deutsches Kontor in Brügge), Italien (fondaco dei Tedeschi in Venedig), Gotland, Norwegen, Schweden, Rußland (Kaufmannsrepublik Nowgorod). Überall traten die Hansen als Vertreter des Reiches auf, genossen Privilegien und Autonomie (Aldermänner, die ersten Berufskonsuln). Durch sie wurden die Reichtümer fremder Länder erschlossen und die Produktion organisiert (Fischfang, Holzgewinnung, Bergbau). Auch wurden schon im 13. Jhdt. Städte neu gegründet; nur durch die Schaffung städtischer Märkte ist die bäuerliche Siedlung im Osten möglich geworden. Nicht Städte haben die Hanse, sondern die Hanse hat Städte gegründet.

Überragende Bedeutung gewann die im Kern auf eine Genossenschaft deutscher Gotlandfahrer zurückgehende „Dudesche Hanse", die sich im 14. Jahrhundert aus einer Kaufmannshanse zu einer Städtehanse umbildete. Wesensverschieden von den vorzüglich norddeutschen Hansen sind die oberdeutschen, sich an mittelmeerische Vorbilder anschließenden Handelsgesellschaften (s. Kap. 29 II 2a und 39 III). Während die Hansen im Ursprung geographisch ausgerichtete Fahrgenossenschaften sind und auf die Sicherung des Fernhandels gegenüber fremder Staatlichkeit abzielen, dienen die oft kurzlebigen oberdeutschen Handelsgesellschaften vorab der Beschaffung von Unternehmerkapital. Ihr Ausgangspunkt sind Familienunternehmen; in ihrer Blüte verfügen sie nicht selten über eine große Zahl stiller Teilhaber mit oft nur bescheidenen Einlagen. Solche Handelsgesellschaften ersetzten im Handel und Bankwesen die moderne Aktiengesellschaft. Sie sind private Unternehmungen geblieben.

2. Ein Städtebund ist die Hanse erst seit etwa 1350. Die Städte übernahmen jetzt die Aufgaben der Kaufgilde. Doch blieb die Organisation, um nicht unter das Verbot der Goldnen Bulle zu fallen, eine lose Interessengemeinschaft, an der jede Stadt um ihrer selbst willen festhielt; der Hansebann bedeutete den wirtschaftlichen Ruin. Auf Hansetagen wurden Beschlüsse gefaßt und in Hanserezessen verkündet. Lübeck war Vorort der gesamten Hanse und zugleich des wendischen Viertels, Danzig des preußischen, Braunschweig des sächsischen, Köln des rheinischen. Lübecks Stellung wurde besonders gefestigt durch das Aufkommen der kaufmännischen Buchführung, die die Zurücknahme der Außenkontore (Wisby auf Gotland) gestattete. Die Gesamtzahl der Hansestädte betrug etwa 90.

3. Die Hanse war fast ein souveräner Staat mit Kriegs- und Bündnisrecht, Ostseeflotte, Bundesfestungen und Bundessteuern. Indessen begann nach 1400 der Rückschlag; der erstarkende Nationalstaat in England, Skandinavien, Polen, Rußland, auch der Territorialstaat z.B. in Mecklenburg untergrub die Selbständigkeit der Hansestädte und bemächtigte sich der Märkte. Die mit dem von der Hanse ausgeführten Holz gebauten Flotten Hollands, Englands und Portugals drangen in die

Ostsee ein und beschränkten die Hanse auf Zubringerfunktion und Küstenschiffahrt. Schon vor der Entdeckung Amerikas war die Rolle der Hanse ausgespielt; schließlich beschränkte sie sich auf Hamburg, Lübeck und Bremen. Der Niedergang der Hanse setzt schon im 15. Jahrh. ein. In Brandenburg erzwang der Landesherr bereits im frühen 16. Jahrh. den Austritt seiner Städte (Berlin, Stendal, Frankfurt a. O. u. a.) aus der Hanse. 1604 zählte sie nur noch 14 kontribuierende Städte. Die Reichsverfassung hat von ihr niemals Notiz genommen, obgleich die Hansestädte im Westfälischen Frieden (JPO Art. XVII § 10) erwähnt werden. Von einer allgemeinen Reichsunmittelbarkeit aller Hansestädte war nie die Rede.

Kap. 37. Die Rechtsquellen

Schrifttum: W. Ebel, Geschichte der Gesetzgebung in Deutschland, 2. Aufl., 1958; H. Coing (Hg.), Handbuch der Quellen und Literatur der neueren europäischen Privatrechtsgeschichte I Ma. (1973), darin: A. Wolf, Die Gesetzgebung der entstehenden Territorialstaaten (Deutschland S. 517ff.), ders., Das öffentliche Notariat, 505ff., D. Hewig, Kaiserliche Bestätigungen von Stadt- und Landrechten, 1969, W. Trusen, Die gelehrte Gerichtsbarkeit der Kirche, 467ff., P. Weimar, Die legistische Literatur der Glossatorenzeit, 129ff., H. Coing, Die juristische Fakultät und ihr Lehrprogramm, 39ff. Vgl. a. Kap. 31. HRG Artikel: Gesetzgebung (H. Krause) I 1675ff., Gewohnheitsrecht (H. Krause) I 1606ff., Hofrecht (D. Werkmüller) II 213ff., Kaiserrecht (D. Munzel) II 563ff., Kirchenrecht (C. Link) II 783ff., Kodifikation (P. Caroni) II 907ff., Königsrecht (E. Kaufmann) II 1055ff., Ländliche Rechtsquellen (D. Werkmüller) II 1515ff., Landrecht (A. Laufs-K. P. Schroeder) II 1527ff.

I. Das deutsche Recht des späteren Mittelalters erscheint uns z e r - s p l i t t e r t und unübersichtlich. Dies hat seinen Grund nicht allein in einer nur bruchstückhaften Kodifikation und dem Fehlen einer schulmäßigen Rechtswissenschaft. Schwerer wiegt die ihm als vorwiegend ungeschriebenem Recht trotz seiner konservativen Grundhaltung eigene fließende Anpassung an den Strukturwandel der Sozialordnung. (Vgl. Kap. 31 I). Sodann befand sich das fortwirkende germanische Rechtsdenken in einer lange währenden Auseinandersetzung mit den andersartigen Vorstellungen und Forderungen der Theologie. Beides miteinander in Einklang zu bringen war um so schwieriger, als auch das Lehrgebäude der Kirche erst in der Scholastik des 13. Jahrhunderts zu einer festumrissenen Begriffswelt ausreift.

1. Die Spannung zwischen Diesseits und Jenseits, welche den mittelalterlichen Menschen beherrscht, spiegelt sich in dem Nebeneinander von k i r c h l i c h e m und w e l t l i c h e m R e c h t, kirchlicher und weltlicher Gerichtsbarkeit. Grundsätzlich untersteht für seine Person der Laie dem weltlichen, der Kleriker dem geistlichen Recht. Es ergaben sich aber mannigfache Überschneidungen, da die Laien in Sachen des Glaubens und der Sittenordnung (Ketzerei, Wucher, Ehe) der kirchlichen Gerichtsbarkeit unterstehen, umgekehrt aber auch die Kleriker teilweise, vor allem im Besitzrecht (Grunderwerb, Erbrecht) der weltlichen Rechtsordnung unterworfen bleiben (vgl. Kap. 35 II 5). Wieweit der Kleriker der weltlichen Gerichtsbarkeit untersteht, blieb strittig. Den höchsten Grad jurisdiktioneller Autonomie erreichte der Klerus im 13. Jahrhundert.

Nach mittelalterlicher Auffassung ergänzen sich kirchliches und weltliches Recht. Im Konfliktsfalle kommt ersterem allerdings unter dem Gesichtspunkt der Sünde (ratione peccati) eine beschränkte Vorzugsstellung zu (Decretale Innocenz III.: Novit X 2. 1. 13). Von hier aus ergab sich ein breit gefächerter Vorzugsanspruch des kanonischen Rechtes (s. Privatrecht Kap. 2 III 3). Die nachmittelalterliche Lehre gründet die Geltung des kanonischen Rechtes im laikalen Bereich auf die Anerkennung seitens der weltlichen Macht.

2. Nebeneinander stehen auch Kirchenrecht und Kaiserrecht. Beiden gemeinsam ist der universale Anspruch. Während das kanonische Recht seit dem Decretum Gratiani (1140) eine ständige Verfeinerung und einen systematischen Ausbau erfuhr, blieb das Kaiserrecht rudimentär. Es stützte sich auf das justinianische Recht und die darin verankerte autoritäre Kaisergesetzgebung. Eine kaiserliche Gesetzgebung konnte sich im Hochmittelalter angesichts des Widerstandes der Kirche gegen das römische Recht (vgl. Kap. 25 III) und der Auflehnung der westeuropäischen Königreiche gegen eine Suprematie des Kaisers nur im Rahmen der Aufgabe des Kaisers, Schützer der Kirche zu sein, durchsetzen. Bei Karl dem Großen finden sich nur Ansätze einer Kaisergesetzgebung (vgl. Kap. 18 I 3). Die förmliche, thematisch engbegrenzte Kaisergesetzgebung beschränkt sich auf die Periode von Barbarossa bis Ludwig den Bayern. Ein erheblicher Teil dieser Kaisergesetze fand immerhin Aufnahme in das Corpus juris.

Schrifttum: G. de Vergottini, Studi sulla legislazione imperiale di Federico I in Italia, le leggi del 1220 (Mailand 1952); H. Lieberich, Kaiser Ludwig der Baier als Gesetzgeber, ZRG 76 (1959) 173 ff.

3. Von Bedeutung war auch das Neben- und Gegeneinander von Reichsrecht und Stammesrecht. Das Deutsche Reich besaß von Haus aus kein gemeinsames weltliches Recht. Als solches kamen nur fortgeltende karolingische Kapitularien in Betracht. Der König unterstand für seine Person dem fränkischen Recht. Ein gemeinsames Recht des Reiches hat sich in der Folge nur zögernd und bruchstückhaft herangebildet. Nicht zufällig ist dieses gemeinsame Recht vor allem Fürstenrecht. Hauptquelle des gemeinen deutschen Rechtes vor der Rezeption sind die Reichslandfrieden, die Fürstenprivilegien Friedrich II. von 1220 und 1231 und die von den Fürsten in Einzelfragen gefällten Reichsweistümer. Zu förmlichen Reichsgesetzen –, auch sie mit weistumartiger Grundlage – kam es nur vereinzelt.

4. Die Aufsplitterung der Stammesgebiete in Territorialstaaten schuf neue Grenzen auch für die Rechtsgeltung. An die Stelle des Stammesrechtes tritt, dieses fortbildend aber auch aufsplitternd, eine Mehrheit von Landrechten. Doch haben nur die größeren Länder klar umrissene eigene Landrechte entwickelt. Im übrigen Reich ist die territoriale Aufsplitterung von einem ständig wachsenden Rechtschaos begleitet. Das Fehlen eines differenzierten Reichsrechtes machte sich hier besonders verhängnisvoll geltend. Erst zu Ausgang des Mittelalters begann das römische Recht als gemeines Recht diese Lücke auszufüllen.

5. Neben dem Landrecht stehen als eigene Rechtskreise das Hofrecht und das Lehenrecht. In Wirklichkeit handelt es sich dabei um eine bunte Vielzahl von Hofrechten und Lehenrechten, da jede Hausgenossenschaft (familia) ihr eigenes Hofrecht (ius colonum, ius

ministerialium), jeder Lehenhof sein eigenes Lehenrecht besitzt. Eine gewisse Allgemeingültigkeit besaßen nur das Reichslehenrecht und das Recht der Reichsdienstmannen. Im 13. Jahrhundert werden die Grenzen zwischen den verschiedenen Rechtskreisen im Zuge des sozialen Aufstieges der unfreien Schichten immer fließender, hofrechtliches Eigen (Inwärtseigen) wird zu landrechtlichem (rechtes Eigen), hofrechtliches Lehen zu echtem Lehen und die hofrechtliche Grundleihe der bäuerlichen Hintersassen mit landrechtlicher Gewere ausgestattet (sog. veranleitete Freistift).

6. Das frühere Mittelalter unterschied zwischen Freien und Unfreien. Im Hochmittelalter bilden sich darüber hinaus neue **Standesrechte** einzelner Bevölkerungsgruppen (Kleriker, Juden, Fürsten). Kein Gruppenrecht stellen von Haus aus die Stadtrechte dar, wenngleich gewisse Rechtsnormen (z. B. der Rechtssatz „Stadtluft macht frei" oder das Pfahlbürgerverbot) reichseinheitliche Geltung erlangten.

7. Mit dem Aufleben des Städtewesens geht Hand in Hand die Ausbildung von **Stadtrechten**. Diese bringen neue Rechtsformen im Bereich der Verfassungs- wie auch des materiellen und prozessualen Rechtes. Am Anfang stehen kgl. u. stadtherrliche Privilegien, die vor allem das Markt-, Zoll- und Verkehrsrecht betreffen. Mit der Ausbildung der Gemeindeverfassung entsteht ein Einungsrecht. Es führt zu Rechtssätzen, die von der Bürgerschaft vereinbart, zunächst nur auf Zeit und im Kreise der Bürger gelten. Ihrer Dauergeltung dient die jährliche Erneuerung im Burgding. Um 1300 erlangen die größeren Städte ein förmliches Satzungsrecht, d. h. die Befugnis durch ihre Organe allgemein verbindliches Recht polizeilicher Art zu setzen. Die Stadt- und Marktrechte sind zunächst nichts anderes als eine Summe von Sondernormen, die das Landrecht örtlich ergänzen oder abändern. Es gibt nur das Stadtrecht einer bestimmten Stadt, kein Stadtrecht schlechthin. Es entstehen jedoch durch Weiterverleihung (Bewidmung) Stadtrechtsfamilien, wobei die Ausgangsstadt die Stellung eines Oberhofes gewinnt. Das führt zu Stadtrechten von weitgestreuter Geltung (vgl. Kap. 36 I 7).

Die **rechtsschöpferische Leistung** der Städte beschränkt sich nicht auf den Polizeibereich. (Vgl. Kap. 36 II 4 a.) Das in ihnen sich entwickelnde auf Umsatz bedachte rechnerische Denken führte zu einer Weiterbildung des Prozeß- u. Zivilrechts. Das findet seinen Niederschlag etwa im Wandel der Vergeltung zum Schadensersatz, in der Abkehr von der formalen Rechtswahrheit (Eidhelfer, Eidschelte, Zweikampf) zugunsten des Sachbeweises (Zulässigkeit des Gegenbeweises), der Ausdehnung des Vertragsrechtes („Willkür") und der Kürzung der Gewährschaftsfristen. Das Grundeigentum wird individualisiert (Beseitigung des Erbenlaubes) und verdinglicht (Rentenkauf). Es wird zur Ware, bleibt aber durch die Einführung des Grundbuches vom Mobiliareigentum streng geschieden. Am sinnfälligsten tritt die rechtsschöpferische Kraft des mittelalterlichen Großbürgertums im Handelsrecht (Gesellschafts-, Wechsel-, Fracht- und Konkursrecht) in Erscheinung. Die Stadt wird so zum Bannerträger eines neuen Rechtes schon lange bevor das römische Recht Eingang fand.

Schrifttum: Allgemein: M. J. Odenheimer, Der christlich-kirchliche Anteil an der Verdrängung der mittelalterlichen Rechtsstruktur und an der Vorherrschaft des staatlich gesetzten Rechtes im deutschen und französischen Rechtsgebiet (Basler Studien zur Rechtswissenschaft 46) 1957; F. Kern, Recht und Verfassung im Ma., HZ 120 (1919) 1ff., Neudr. 1965; G. Kisch, Sachsenspiegel and Bible. Researches in the source history of the Sachsenspiegel and the influence of the Bible on mediaeval German law, 1941. Kaiserrecht: G. de Vergottini, Studi sulla legislazione imperiale di Federico II in Italia (Mailand 1952); H. Lieberich, Kaiser Ludwig der Baier als Gesetzgeber, ZRG 76 (1959) S. 173ff.; H. Krause, Kaiserrecht und Rezeption, 1952. Deutsches Reich: W. Ebel, Geschichte der Gesetzgebung in Deutschland, 2. erw. Aufl. 1958; C. Wacker, Der Reichstag unter den Hohenstaufen (Hist. Studien 6) 1882, S. 1ff.; J. Gernhuber Die Landfriedensbewegung in Deutschland bis zum Mainzer Reichslandfrieden von 1235 (1952); G. Gudian, Gemeindeutsches Recht im Mittelalter? JC 2 (1969) 33ff., dagegen: H. Thieme, ZRG 90 (1973). Reich–Stamm–Land: E. Rosenstock, Königshaus und Stämme in Deutschland zwischen 911 und 1250 (1914); K. G. Hugelmann, Stämme, Nation u. Nationalstaat im Deutschen Ma., 1955; O. Brunner, Land und Herrschaft, 5. Aufl., 1965; G. Droege, Landrecht und Lehnrecht im hohen Mittelalter, 1969. Stadtrecht: W. Ebel, Über die rechtsschöpferische Leistung des mittelalterlichen dt. Bürgertums, VF 11 (1965) 241ff.; G. Köbler, Das mittelalterliche Stadtrecht, ZRG 86 (1969) 177ff.; G. Schubart-Fikentscher, Die Verbreitung der dt. Stadtrechte in Osteuropa, 1942; H. Eichler, Stadtrechtliches Privatrecht, Festschr. E. C. Hellbling (1971) 127ff.

II. Die große Kodifikationswelle des Hochmittelalters nimmt ihren Ausgang von einer grundlegenden Änderung im allgemeinen Rechtsdenken.

1. Seit dem 12. Jahrhundert vollzieht sich ein langsamer aber unaufhaltsamer Wandel in der Vorstellung von den Quellen des Rechtes. Er ist ausgelöst durch die schulmäßige Beschäftigung mit dem römischen Recht, mehr noch durch die Rechtstheorien der im Zuge der Kodifikation des kanonischen Rechtes (Decretum Gratiani 1140) aufblühenden Kanonistik. Diese unterscheidet im Anschluß an den Timaios des Platon im Bereich des menschlichen Rechtes zwischen einem unveränderlichen Naturrecht (ius naturale) und einem veränderlichen gesetzten Recht (ius positivum). Der Scholastik des 13. Jahrhunderts wächst aus dieser Unterscheidung, die auf Grund der um 1260 wiederentdeckten Politica des Aristoteles weiter ausgebaut wird, die Frage nach der subjektiven Legitimation zur Gesetzgebung zu. Die beiden denkbaren Pole: Herrscher (Gottesgnadentum) oder Volk (Volkssouveränität) verkörpern Papst Bonifaz VIII. (Promulgationsbulle Sacrosanctae zum Liber Extra von 1298) und Marsilius von Padua (Defensor pacis, vollendet 1324).

Will man verstehen warum sich das geschriebene Recht nur mühsam durchgesetzt hat, so muß man im Auge behalten, daß weder Gratian noch die deutsche Rechtstradition eine Rangfolge zwischen geschriebenem und Gewohnheitsrecht (consuetudo) kennen. Beide Rechtsformen vermögen die urteilsmäßige Rechtsfindung bei Gericht schon deshalb nicht zu entthronen, weil sie nach deutschrechtlicher wie kirchlicher Auffassung nur Hinweise auf das Recht liefern, ohne es unmittelbar zu verkörpern (vgl. Kap. 3 II 2). Erst der wachsende Umfang des Gesetzesrechtes verschaffte der Rechtsschriftlichkeit Vorrang..

Schrifttum: H. Krause, Dauer und Vergänglichkeit im mittelalterlichen Recht, ZRG 75 (1958) 206ff.; K. Kroeschell, Recht und Rechtsbegriff im 12. Jahrh., VF 12 (1968) 309ff.; K. G. Schmelzeisen, Rechtsfindung im Mittelalter?, ZRG 91 (1974) 73ff.; W. Trusen, Gutes altes Recht und consuetudo. Aus den Anfängen der Rechtsquellenlehre im Mittelalter, Festschr. Küchenhoff (1972) 189ff.;

G. Ambrosetti, Diritto naturale cristiano, 1970; Th. Vienken, Die Geltungs-dauer rechtlicher Dokumente im früh- und hochmittelalterlichen Reich (Marb. Stud. z. ält. dt. Gesch. II 6), 1941.

2. Während die west- und südeuropäischen Königreiche, gefördert durch die „Fürstenspiegel" des 13. Jahrh., frühe Ansätze eines autonomen kgl. Gesetzgebungsrechtes aufweisen (ältestes Beispiel der sizilische Liber Augustalis Friedrichs II. von 1231), beharrte Deutschland bei den herkömmlichen Formen der Rechtsbildung im Wege gerichtlicher Rechtsweisung, wobei die „Rechtsbesserung" als Wiederherstellung des alten, im Laufe der Zeit verderbten Rechtes angesehen wird.

3. Sichtbarster Ausdruck der durch Legisten und Kanonisten herbeigeführten neuen Lage ist die von Gratian eingeleitete Kodifikations-welle, welche um 1220 in ganz Europa einsetzt. Sie nahm nach seinem Vorbild ihren Ausgang von der systematischen Sammlung älterer Rechtsentscheidungen. In Deutschland kam es zu einer solchen jedoch erst spät und vereinzelt (Oberbaierisches Landrecht von etwa 1335 bzw. 1346). Angesichts einer durchwegs traditionalistischen Haltung fehlt es hier im 13. Jahrh. noch an umfassenden amtlichen Rechtskodifikationen. Die Stelle solcher consuetudines in scriptis redactae nehmen private „Rechtsspiegel" ein.

Schrifttum: Sten Gagnér, Studien zur Ideengeschichte der Gesetzgebung (Uppsala 1960).

Die heute vorliegenden Entscheidungssammlungen sind moderne, aus Gerichtsbriefen, Protokollen usw. zusammengefügte Sammlungen, z. B. W. Ebel, Lübecker Ratsurteile, 4 Bde (1421–1550), 1955–1958; A. Erler, Die älteren Urteile des Ingelheimer Oberhofes, 4 Bde (1398–1430), 1952–1963; C. Manaresi, I placiti del „Regnum Italiae", 3 Bde (776–1100), Rom 1955–60.

III. Drei Hauptgruppen von Rechtsquellen kennzeichnen das spätere Mittelalter: Die Rechtsbücher, die Stadtrechte und die ländlichen Weistümer.

1. **Rechtsbücher** sind Arbeiten einzelner Verfasser ohne amtlichen Auftrag, in denen das Gewohnheitsrecht eines bestimmten Gebietes aufgezeichnet wird. Sie bedienen sich meist der Volkssprache, da sie sich an breitere Kreise wenden.

Solche entstehen nicht nur in Deutschland, auch in Frankreich (Summa de legibus Normanniae, Beaumanoir), in England (die Traktate von Glanvilla, Bracton usw.), Spanien (Fueros); zur gleichen Zeit bilden sich in Italien die städtischen Statuten, in Skandinavien zahlreiche Landes- und Landschaftsrechte, in Island die große Sammlung der „Graugans". Das spätere Mittelalter ist also wieder eine quellenreiche Zeit, aber es kennt weniger Gesetzesquellen als Aufzeichnungen des Gewohnheitsrechtes.

Schrifttum: C. Homeyer, Die deutschen Rechtsbücher des Ma., 1856, Neubearb. von Borchling, Eckhardt und J. v. Gierke 1931/34.

a) Das wichtigste deutsche Rechtsbuch ist der Sachsenspiegel Eikes von Repgow (Reppichau im Anhaltischen).

α) Dieser lebte von etwa 1180 bis nach 1233, stammte aus edelfreiem Geschlecht, wurde aber Lehnsmann des Stiftsvogts von Quedlinburg, des Grafen Hoyer v. Falkenstein. Auf dessen Bitten verfaßte er auf Grund eines (verlorenen) lateinischen Entwurfs ein Rechtsbuch in deutscher Sprache, das das sächsische Stammesrecht „spiegeln" wollte, in Wirklichkeit aber ostfälisches (ostsächsisches) Landschaftsrecht bietet. Damit schuf er nicht bloß das erste deutsche Rechtsbuch, sondern nach dem Mühlhäuser Reichsrechtsbuch das erste deutsche Prosawerk überhaupt. (Vgl. H. Schlosser, Eike von Repgow, HRG I 896 ff.)

Die Entstehungszeit des deutschen Textes ist begrenzt durch die Jahre 1215 (4. Laterankonzil berücksichtigt) und 1235 (Mainzer Landfrieden nicht berücksichtigt). Umstrittene Versuche, eine engere Gabel zu bilden, etwa 1221–1224, sind fragwürdig, wenn man mit E. Molitor (Der Gedankengang des Sachsenspiegels, ZRG 65, 1947) annimmt, daß das Werk schichtenweise entstanden ist, also ein sehr knapper Urtext von Eike selbst durch Einschübe vermehrt wurde, die schwer von den Zusätzen späterer Hände zu scheiden sind. – Als bloße „Bescheidenheitsformel" will den Dank Eikes an Hoyer v. Falkenstein aufgefaßt wissen, C. Erdmann, Der Entschluß zur dtsch. Abfassung des Ssp., DA 9 (1952) 189.

Der Sachsenspiegel enthält, abgesehen von einer Reim- und drei Prosavorreden, ein Land- und ein Lehnrecht. Ersteres wurde später in drei Bücher eingeteilt (Zitierweise: SLdr. III 57 § 2, SLR 71 § 2). Ferner entstanden Bilderhandschriften (die Dresdner veröffentlicht von K. v. Amira, 1902, Kommentar 1926; Bilder aus der Heidelberger bei Frhr. v. Künßberg, Sachsenspiegel, Insel-Verlag). Ausgaben ohne Bilder: Homeyer (3 Bde), Weiske, K. A. Eckhardt in Mon. Germ. u. Germanenrechte (1955 u. 56), v. Schwerin-Thieme bei Reclam, 1962; s.a.G.Kisch, Sachsenspiegel-Bibliographie, ZRG 90 (1973) 73 ff.

β) Eike war nicht gelehrt, aber gebildet; literarische Quellen hat er nur wenige benutzt; er schöpfte unmittelbar aus dem Rechtsleben, das er aus seiner Tätigkeit zwar nicht als Schöffe, wie meist gelehrt wird, wohl aber als Rechtsgutachter (Rechtsweiser, vgl. Kap. 3 II 3) in verschiedenen Gerichten genau kannte. Aber er behandelte auch die Grundfragen des Soziallebens und der Verfassung, wobei er oft eigene Ansichten entwickelte (z.B. über die Königswahl, s. Kap. 23 II 2). Aber gerade diese „Konstruktionen" zeigen seine Größe als Rechtsdenker, der, wie Platon, die Wirklichkeit an der Idee, das Sein am Sollen maß und das Recht nicht positivistisch darstellte, sondern normativ formte mit dem Willen, auf die Praxis Einfluß zu üben; insofern ist sein Werk keine reine „Privatarbeit", kein bloßes Lehrbuch. Das Recht ist ihm eine große, auf Gott bezogene Ordnung; in seiner Reichsgesinnung ist er ein Geistesverwandter Walthers v. d. Vogelweide; in der Ablehnung aller Unfreiheit (III 42) klingen naturrechtliche Töne an.

Tief religiös, bemüht er sich doch um Abgrenzung der geistlichen von der weltlichen Sphäre; die Rezeption des kanonischen Rechts lehnte er ab. Das führte noch 1374 auf einen Angriff des Augustinermönchs Johannes Klenkok hin zu einer Verwerfung von 14 Artikeln durch die Bulle „Salvator generis humani" Gregors XI.; diese articuli reprobati fehlen in späteren Handschriften. Trotzdem eroberte sich der Sachsenspiegel im 14. Jhdt. die Geltung eines Gesetzbuchs, das man auf Karl d. Gr. zurückführte; er behielt sie z.B. in Thüringen bis 1900. Noch 1933 zitierte ihn das Reichsgericht (Entsch. in Zivils. 137, 343).

γ) Der Sachsenspiegel fand große Verbreitung in Ost- und Norddeutschland; das auf ihm fußende „Gemeine Sachsenrecht" hat dem römischen lange Widerstand geleistet. Er wurde im 14. Jhdt. glossiert vom märkischen Hofrichter Johann v. Buch, der in Bologna studiert hatte und die Gegensätze des sächsischen und römischen Rechtes auszugleichen versuchte; dieser schrieb auch einen „Richtsteig Landrechts", dem später ein „Richtsteig Lehnrechts" folgte. Eine ganze Reihe abgeleiteter Rechtsquellen des 14. Jhdt. beruhte auf dem Sachsenspiegel (Görlitzer Rechtsbuch, Breslauer Landrecht, Berliner Stadtbuch usw.).

b) Die **süddeutschen Spiegel** sind gleichfalls Ableitungen aus dem Sachsenspiegel.

Um 1265 entstand eine oberdeutsche Übersetzung des Sachsenspiegels und aus ihr der Deutschenspiegel, der den Sachsenspiegel auf süddeutsche Verhältnisse umarbeitete, wobei das Augsburger Stadtrecht, die Lex Alamannorum, kanonisches und römisches Recht herangezogen wurden; die Arbeit brach aber bei II 12 § 13 ab und wurde fortgesetzt im sog. **Schwabenspiegel**, richtiger dem „Kaiserlichen Land- und Lehnrechtsbuch", um 1275 von einem Augsburger Minoriten verfaßt, wobei der Stoff vermehrt und noch weitere Quellen herangezogen wurden. Sein Anspruch, Reichsrecht zu bieten, kommt u. a. in der Berücksichtigung karolingischer Kapitularien zum Ausdruck (vgl. H. Rennefahrt, Nachwirkung des Rechtes der Karolingerzeit, Festschrift Th. Mayer I (1954), 81 ff.).

Der Schwabenspiegel fand eine fast noch weitere Verbreitung (über 250 voneinander sehr abweichende Handschriften), vielleicht weil er breiter und flacher war als Eikes geniales Werk. Er berücksichtigte nicht nur süddeutsches (schwäbisches, gelegentlich auch bairisches Recht), sondern auch die neue Rechtsbildung seit dem Sachsenspiegel (Landeshoheit, Blutgerichtsbarkeit, städtische Verhältnisse usw.). Er wurde ins Tschechische und Französische (*miroir de Souabe*, in der Westschweiz in Gebrauch) übersetzt und diente als Vorbild für das Rechtsbuch Ruprechts v. Freising (1328) und das Münchner Stadtrecht (1340) sowie für den in Hessen entstandenen Frankenspiegel („das kleine Kaiserrecht"), das vom Aufflackern des Kaisergedankens in der Zeit Ludwigs des Bayern getragen ist. Ausgaben des Schw. sp. von Laßberg (mit Lehnrecht, Neudr. 1961 u. erweitert [K. A. Eckhardt] 1972), Wackernagel (Neudr. mit Lehnrecht [Ausgabe Senckenberg] erweitert [K. A. Eckhardt] 1972), Gengler. Der Ausgabe des Schwabenspiegels (Kurzform) von K. A. Eckhardt in der Reihe Germanenrechte, Land- und Lehnrechtsbücher Bd. 4, hat der Verfasser weitere Handschrifteneditionen folgen lassen (Studia iuris suevici, bisher 4 Bde, 1971–72); von ihm auch die letzte Ausgabe des Deutschenspiegels (1971); ferner R. Große, Schwabenspiegel Kurzform, Mitteldeutsche, niederdeutsche Handschriften, MG, Fontes iuris Germaniae Nova series 5 (1964); Textausgaben des Frankenspiegels von 1846 (H. E. Endemann) und 1974 (D. Munzel). Zu den Quellen des Schwabenspiegels vgl. E. Klebel, Zu den Quellen des Schwabenspiegels, Festschr. K. G. Hugelmann I (1959) 273 ff. Vgl. a. HRG, Artikel: Deutschenspiegel (A. H. Benna) I 685 f., Frankenspiegel (G. Dolezalek) I 1202 f.

2. Bei den **Stadtrechtsquellen** sind zu unterscheiden

a) Satzungen („Stadtrechte" i. e. S.), zunächst Privilegi, Freiheitsbriefe des Stadtherrn („Handfesten"), so für Freiburg i. Br. 1120, später autonom erlassen (Willküren, Schraen), so die Soester Schrae, die Dortmunder Statuten usw.; vielfach wurde dieses Stadtrecht an andere Städte mitgeteilt oder diese damit bewidmet (s. Kap. 36 I 7). Sammlung: E. Th. Gaupp, Deutsche Stadtrechte d. Mittelalters, 1851; H. G. Gengler, Codex iuris municipalis Germaniae medii aevi, 1863; Keutgen, Urkunden zur städt. VerfGesch., 1901.

b) Stadtrechtsbücher, den Spiegeln entsprechende Darstellungen; so das sehr altertümliche Mühlhauser Reichsrechtsbuch, die Rechtsbücher Magdeburger Rechts (Meißner, Eisenacher Rechtsbuch, Sächs. Weichbild, Breslauer systemat. Schöffenrecht; das Münchner, Wiener Stadtrechtbuch, das Brünner Schöffenbuch des Johann v. Gelnhausen, der Züricher Richtebrief usw.).

c) Stadtbücher, die keine Darstellungen des Stadtrechts enthalten, sondern amtliche Urkundensammlungen (Schöffen-, Schuld-, Pfand-, Steuerbücher, Ratslisten usw.). Die ältesten und bedeutendsten sind die Kölner Schreinskarten (seit 1135) und Schreinsbücher, die Vorläufer unseres Grundbuchs (Ausg. Planitz, 1937).

d) Urteilssammlungen und Gerichtsprotokolle (Magdeburger, Leipziger, Lübecker Schöffensprüche usw.). Ausgaben von W. Ebel (Lübeck), R. Grosch-G. Buchda (Pössneck), A. Erler (Oberingelheim).

3. Neben den Stadtrechten stehen Landrechte, so das von Kaiser Ludwig 1346 erlassene oberbaierische, dem eine verlorene 10 Jahre ältere Fassung voranging, das Österreichische Landrecht (Kurzfassung wohl 1237, längere um 1300), das steiermärkische aus dem späteren 14. Jahrh. (beide vermutlich nur Entwürfe bzw. Privatarbeiten), Friesische „Küren", Schweizer Landbücher usw.

4. Ländliche Rechtsquellen sind die Weistümer, die vom 13. Jhdt. ab aufgezeichnet werden (größte Sammlung von Jak. Grimm in 7 Bden). Sie entstehen aus Rechtsweisungen der Hofgenossen auf Befragen der Vögte (inquisitio). Daher heißen sie auch Öffnungen (Schweiz), Banntaidinge (Österreich) oder Ehehaftrechte (Baiern).

Sie betreffen vor allem das gutsherrlich-bäuerliche Verhältnis. Neuere Forschungen (Erna Patzelt, Wiessner u.a.) haben sie des romantischen Schimmers entkleidet; sie sind uns nicht mehr nur eine Fundgrube für Rechtsaltertümer, sondern eine Spiegelung der Kämpfe zwischen Grundherren und Bauern, weit seltener Zeugnisse bäuerlicher Autonomie als grundherrliche Diktate nach einem bestimmten Schema, daher die Weistümerfamilien; bei Beachtung der Zeitunterschiede sind sie unschätzbare Quellen der Wirtschafts-, Sozial- und Kulturgeschichte.

Schrifttum: D. Werkmüller, Über Aufkommen und Verbreitung der Weistümer nach der Sammlung von Jacob Grimm, 1973; H. Stahleder, Weistümer und verwandte Quellen in Franken, Bayern und Österreich. Ein Beitrag zu ihrer Abgrenzung, ZBLG 32 (1969) 525 ff., 850 ff.; H. Feigl, Rechtsentwicklung und Gerichtswesen in Oberösterreich im Spiegel der Weistümer, Arch. f. österr. Gesch. 130 (1970).

Kap. 38. Strafrecht und Rechtsgang

Im folgenden kommt es nur auf die neuen Gestaltungen des Mittelalters an. Wegen der z. T. noch fortlebenden älteren Formen wird auf Kap. 9 und 19 verwiesen, wegen aller Einzelheiten auf Eberhard Schmidt, Einführung in die Geschichte der deutschen Strafrechtspflege, 3. Aufl. 1965, und R. His, Das deutsche Strafrecht des Mittelalters, 2 Bde, 1920, 1935, Neudr. 1964; ders., Deutsches Strafrecht bis zur Carolina, 1928. Lange galt das Mittelalter als eine Zeit des Stillstandes, ja Rückschrittes; erst die Rezeption des italienischen Strafrechts und Prozesses seit etwa 1500 sollte Fortschritte gebracht haben. Das Bild hat sich geändert seit den Arbeiten von Hans Hirsch (Die hohe Gerichtsbarkeit, 1922, 2. Aufl. 1958) und Eb. Schmidt (Inquisitionsprozeß und Rezeption, 1940). Vgl. noch Yvonne Bongert, Recherches sur les cours laiques au Xe au XIIIe siècle, Paris 1949.

Weiteres Schrifttum: V. Friese, Das Strafrecht des Sachsenspiegels, 1898, Neudr. 1970; G. Radbruch, Elegantiae iuris criminalis (Vierzehn Studien zur Geschichte des Strafrechts), 2. Aufl., Basel 1950; Eb. Schmidt, Die Maximilianischen Halsgerichtsordnungen für Tirol (1499) und Radolfszell (1506) als Zeugnisse mittelalterlicher Rechtspflege, 1949; W. Leiser, Strafgerichtsbarkeit in Süddeutschland, Formen und Entwicklungen, Forsch. z. dt. Rechtsgesch. 9 (1971); W. Scheel, Johann von Schwarzenberg (mit Darstellung des Strafrechts um 1500), 1905; M. Th. Wüstendörfer, Das baierische Strafrecht des 13. und 14. Jahrhunderts 1942; E. Osenbrüggen, Das alamannische Strafrecht im deutschen Mittelalter, 1860, Neudr. 1968; H. Lange, Schadensersatz und Privatstrafe in der mittelalterlichen Rechtstheorie (Forsch. z. neuer. Privatrechtsgesch. 2), 1955; s. a. HRG Artikel: Ehrenstrafen (W. Brückner) I 851ff., Geldstrafe (H. Holzhauer) I 1466ff., Gnade (H. Krause) I 1714ff., Halsgerichtsordnungen (R. Lieberwerth) I 1914f., Henker (H. Schuhmann) II 73ff., Laienrichter (W. Sellert) II 1356ff., Landesverweisungs-Verbannung (H. Holzhauer) II 1436ff., Landesverrat (H. Holzhauer) II 1419f., Landfriedensbruch (H. Holzhauer) II 1465ff.

I. Schon wiederholt war von den revolutionären Neuerungen der Gottes- und Landfrieden die Rede (s. Kap. 28 II 3b). Zusammenfassend ist festzustellen:

1. Die **Fehde** gilt dem Volksrecht noch als legal, als Recht des Verletzten und seiner Sippe; aber Staat und Kirche bekämpfen sie entschiedener denn je zuvor. Allerdings hat nur Barbarossa sie im Landfrieden von 1152 ganz zu verbieten gewagt, ohne damit Erfolg zu haben; in der *Constitutio contra incendiarios* 1186 schrieb er nur noch vorherige Ansage *(diffidatio)* vor, der Mainzer Landfrieden von 1235 verlangte gerichtlichen Sühneversuch. Schon die Gottesfrieden beschränkten die Fehde (*pax* für besonders befriedete Orte und Personen, *treuga* von Donnerstag bis Sonntag).

Das galt für die ritterliche Fehde. Den Bürgern wurde die Fehde oft ganz untersagt, die Bauern verloren mit dem Waffen- auch das Fehderecht. Trotzdem sind auf dem Lande noch blutige Totschlagsfehden ausgekämpft worden. Die Fehdesühne wird oft in Gestalt einer Wallfahrt oder der Mannschaftsleistung erbracht; die öffentliche Gewalt wirkte auf Urfehdeverträge hin und stellt die verbotene Fehde unter Strafe. Einen bedeutsamen Versuch auf dem Wege zur Überwindung der Fehde stellen die Koblenzer Gesetze Kaiser Ludwigs von 1338 dar. Sie befriedeten alle Boten im Reichsdienst und verboten Fehdehandlungen gegen das Reich während einer Reichsheerfahrt und auf öffentlicher Straße. Gleichwohl blieb eine rechtmäßige Fehde selbst gegen den König bis zum Ende des Mittelalters möglich.

Schrifttum: K. G. Cram, Judicium belli. Zum Rechtscharakter des Krieges im deutschen Ma. 1955; E. Orth, Die Fehden der Reichsstadt Frankfurt a. M. im Spätmittelalter. Fehderecht und Fehdepraxis im 14. und 15. Jahrhundert (Frankf. Hist. Abh. 6), 1973; E. Kaufmann, Fehde, HRG I 1083ff.

2. An Stelle der Bußen und Wergelder sind **peinliche Strafen** („zu Hals und Hand") getreten, deren noch im Sachsenspiegel anerkannte Ablösbarkeit später wegfiel. Dieser Umschwung erklärt sich daraus, daß die Landfrieden das Unfreienstrafrecht (s. Kap. 9 III 7) auch auf Freie ausgedehnt und den Fall der handhaften Tat verallgemeinert haben. Die Zahl der mit Leibes- und Lebensstrafen bedrohten Verbrechen („Ungerichte") nimmt ständig zu; nur noch in leichteren Fällen genügt eine Buße, die jetzt zur Geldstrafe geworden ist.

Der Vollzug der Todesstrafe und der verstümmelnden Strafen („zu Hals und Hand") erfolgte in mannigfachster Weise und oft in sehr roher Form, wobei schwer zu entscheiden ist, ob noch alte magische Vorstellungen nachwirkten (so bei den Tierstrafen) oder schon der rationale Gedanke der Abschreckung eingriff. Zu den Leibesstrafen zählte auch das Gefängnis, das in einigen Städten verhängt wurde. Daneben gab es noch für leichtere Vergehen Strafen zu „Haut und Haar", besonders für Frauen und Jugendliche (Auspeitschen, Scheren, Brandmarken) und Ehrenstrafen (Schandkleid, Pranger, Eselreiten, Steintragen usw.). Die Verschärfung des Strafrechts ist ein Symptom politischer Schwäche, aber auch sozialer Zersetzung. Erst das Mittelalter kennt Gewohnheits- und Berufsverbrecher (Raubritter, entlassene Söldner und sonstige entwurzelte Existenzen). Kennzeichnend für das spätmittelalterliche Strafrecht ist sein zweckhaftes Denken. Der Strafrechtspflege mangelte die Besinnung auf das Grundsätzliche. Das Fehlen einer Strafrechtswissenschaft, die klärend auf Gesetzgebung und Gerichtspraxis hätte einwirken können, stellt einen empfindlichen Mangel dar. Erst das Rezeptionszeitalter gelangt in mühsamem gedanklichen Ringen zu Maßstäben und rückte die Idee der Gerechtigkeit wieder in den Vordergrund.

3. Die alte Friedlosigkeit lebte fort als Acht im Ungehorsamsverfahren, Verfestung, Reichsacht, die sich nach Jahr und Tag zur Oberacht steigerte, aber sühnbar wurde. Vielfach kam es auch zu Stadt- oder Landesverweisung, zu Wüstung oder Fronung. Bei der breiten Streuung der Treuebindungen gewinnt der Huldverlust erhebliche Bedeutung. Geschieht der Treubruch gegenüber einem Herrn in starker hoheitsrechtlicher Stellung, so gewinnt die Verbannung Strafcharakter. Gleiches gilt für die mit Stadtverweis geahndete Verletzung des Stadtfriedens (s. Kap. 28 II 6).

Schrifttum: E. Fischer, Die Hauszerstörung als strafrechtl. Maßnahme im dt. Ma. 1957. Über die Fronung nach sächsischem Recht vgl. H. Planitz, Die Fronung (ZRG 78 [1961] 39ff.); K. v. Amira, Thierstrafen und Thierprozesse, MJÖG 12 (1891); 545ff.; H. A. Berkenhoff, Tierstrafe, Tierbannung und rechtsrituelle Tiertötung im Ma. (1937); L. Th. Maes, Mittelalterliche Strafwallfahrten nach Santiago de Compostela und ULFrau von Finisterra, Festschr. G. Kisch (1955) 99 ff.

4. Mildernd wirkte die weite Ausdehnung der Asyle (Kirchen, Klöster, Mühlen, Fähren), die dem Täter die Anknüpfung von Sühneverhandlungen ermöglichten, ferner das Gnadenrecht des Königs, der Fürsten, oft auch des Richters, ja des Henkers, und das Recht der Losbitte, vgl. Ortwin Hennsler, Formen des Asylrechtes und ihre Verbreitung bei den Germanen, 1954. – Als Begnadigung erscheint im Spätma. die Galeerenstrafe. Die Sträflinge wurden in München gesammelt und an die italienischen Seestädte verschickt. Vgl. Harke, Strafrecht des Münchner Blutbannbuchs, Münchner Diss., 1949.

5. Aus dem erweiterten Handhaftverfahren entwickelten sich ferner neue Formen der Verbrechensverfolgung. So

a) das Übersiebnungsverfahren, entstanden aus der Eidhilfe der Schreimannen, nunmehr auch gegenüber dem flüchtigen Täter zulässig;

b) das Verfahren gegen landschädliche Leute *(homines nocivi)*, vor allem Landfriedensbrecher, Täter „unehrlicher" Taten (Diebe, Mörder, Brandstifter), übel Beleumundete; es begann mit Rüge, die den Weg zur Reinigung verlegte, und führte vielfach auch zur Übersiebnung. Die Rüge war charakteristisch für die Feme (s. Kap. 34 III), kam aber auch sonst vor (in Süddeutschland stille Frage, Geräun); Das Verfahren gegen landschädliche Leute traf vor allem Fremde, denen gegenüber man wenig Umstände machte. Dabei wird das Übersiebnen zum Verfahren auf Leumund, d. h. der vom Kläger selbsiebt geschworene Eid muß nicht auf Wahrnehmung fußen, es genügt eine Beeidung des schlechten Leumundes des Inhaftierten. Der Strafprozeß mündet damit in eine summarische Verbrecherbekämpfung ein.

c) die Städte richteten öffentliche Anklagebehörden ein (Stadtkläger), ließen bei genügendem Verdacht den Täter verhaften (oft nur bei Nichtbürgern zulässig) und ermittelten den Tatbestand von Amts wegen, sogar schon mit Hilfe der Folter, die bereits im 13. Jhdt. bezeugt ist. So bildet sich schon lange vor der Rezeption der alte Anklageprozeß mit seinen formalen Beweismitteln zu einem auf echte Sachverhaltsfeststellung gerichteten Verfahren um, an den der Inquisitionsprozeß anknüpfen konnte, den die Kirche schon im Mittelalter im großen Stile gegen Ketzerei und Zauberei angewandt hat.

6. Bereits das Spätmittelalter vollzieht den Übergang vom Anklageverfahren zum Inquisitionsprozeß. Er stellt eine eigenständige Weiterbildung des deutschen Rechtes dar und ist keineswegs erst eine Frucht

der Rezeption. Er verlagert den Schwerpunkt des Strafprozesses auf das behördliche Vorverfahren und entwertet so den endlichen Rechtstag. Der neue Stil des Strafverfahrens wurde nicht plötzlich gefunden. Er ist das Ergebnis vielfältiger Einzelveränderungen.

a) Im 14. Jahrhundert wurde das Rügeverfahren, das als Störung des nachbarlichen Friedens besondern unbeliebt war, zurückgedrängt und schließlich ganz beseitigt.

b) Im 15. Jahrhundert geriet das Inzichtverfahren in Verfall, nicht zuletzt durch eine immer weitergehende Einschränkung des Gerichtsgeleites.

c) Die nunmehr dem Gericht überbürdete Wahrheitserforschung zielte darauf, die Tat offenkundig zu machen und damit dem Angeklagten den Reinigungseid zu verlegen. Die amtliche Erforschung der Tat ersetzt schließlich auch den Formalbeweis der Klagseite (Übersiebnen). Da das Geständnis den höchsten Grad der Offenkundigkeit verkörpert (confessio est regina probationum), gewinnt die Tortur als Mittel zu seiner Herbeiführung immer mehr an Boden.

Schrifttum: Eb. Schmidt, Der Inquisitionsprozeß in ober- und niederbayerischen Rechtsquellen des 15. und 16. Jahrh., Festschr. H. v. Weber (1964) 33 ff. ders., Inquisitionsprozeß und Rezeption, Studien zur Geschichte des Strafverfahrens in Deutschland vom 13. bis 16. Jahrhundert, Festschr. H. Siber 1 (1941) 97 ff.; R. Schmidt, Königsrecht, Kirchenrecht und Stadtrecht beim Aufbau der Inquisitionsprozesse, Festg. R. Sohm (1915) 1 ff.; K. A. Hall, Die Lehre vom Corpus delicti, eine dogmatische Quellenexegese zur Theorie des gemeinen deutschen Inquisitionsprozesses, 1933; R. Müller, Studien zum Inzichtverfahren nach bayerischen Quellen, 1939, Neudr. 1970. HRG Artikel: Folter (R. Lieberwerth) I 1149 ff., Geständnis (H. Holzhauer) I 1629 ff., Handhafte Tat (D. Werkmüller) I 1965 ff., Inquisition (A. Erler) II 370 ff., Inquisitionsbeweis (E. Kaufmann) II 375 ff., Inquisitionsprozeß (H. Schlosser) II 378 ff., Inzichtverfahren (H. Schlosser) II 413 ff.

II.

Je mehr der Strafprozeß dem Zwecke der Sachaufklärung dienstbar gemacht wurde, um so deutlicher mußte sich der Zivilprozeß von ihm scheiden. Dieser ist eine Neuerung des Mittelalters.

1. Allerdings vollzieht sich seine Geburt nur langsam. Die Quellen unterscheiden noch peinliche, bürgerliche und gemischte Klagen, stellen also alle Fälle, wo sich noch der Akkusationsprozeß gehalten hat, unter die gleichen Regeln. Eine gemischte Klage war z. B. die Anefangsklage um gestohlene Fahrnis, die bürgerlich begann – mit dem einfachen Verlangen nach Herausgabe – und peinlich enden konnte, wenn sich der Beklagte oder einer der von ihm gestellten Gewähren als Dieb oder Hehler entpuppte. Doch gab es auch die schlichte (rein bürgerliche) Klage um Gut ohne Anefang (= Anfassen der Sache). Daneben standen Klagen um Schuld sowie um Eigen und Erbe; die Klagen wurden also nicht nach dem Grunde eingeteilt wie im römischen Aktionensystem, sondern nach dem Gegenstand.

2. Der Prozeß liegt noch in den Banden des Formalismus, der, nachdem sein kultischer Ursprung in Vergessenheit geraten war, oft in sinnlose Schikane ausartete. Zur Verminderung der Prozeßgefahr bedienten sich die Parteien eines Vorsprechers, von dessen fehlerhafter Erklärung sie sich „erholen" konnten, der also kein Prozeßvertreter oder Anwalt war; prozessuale Stellvertretung blieb nach wie vor grundsätzlich ausgeschlossen, soweit sie nicht durch die Bevogtung von Frauen, Klerikern und Minderjährigen notwendig war (Einrichtung der sog. Anweiser), auch wurde sie in einzelnen Stadtrechten anerkannt. Die Prozeßführung war sehr schleppend; da der Richter immer noch keine Entscheidungsgewalt hatte, bewegte sie sich mühsam von Zwischenurteil zu Zwischenurteil.

3. Das Erfordernis des Eides läßt die Einseitigkeit der Beweisführung fortbestehen. Da es keinen Gegenbeweis gibt, bleibt die prozeßentscheidende Rolle des Rechtes auf Beweisführung erhalten. Aber die Beweislast – d. h. das Beweisrecht – ver-

schiebt sich immer mehr auf den Kläger, der dem Beklagten durch Beweisangebot für konkrete Tatsachen den Reinigungseid verlegen kann. Zunehmend wird nun von den Eidhelfern eigene Wahrnehmung gefordert, so wandeln sie sich allmählich zu Zeugen. Nachdem das vierte Laterankonzil (1215) gegen Zweikämpfe und Gottesurteile Stellung genommen hatte, fallen die einseitigen Gottesurteile fort, ebenso der Zweikampf für Bürger und Kaufleute; dafür erweitert sich der Urkundenbeweis; Gerichtsbücher, aber auch Urbare und Handelsbücher erlangen Beweiskraft; doch ist die Würdigung der Beweise oft noch stark formal und an strenge Regeln gebunden. So verlangt der Grundsatz der Mündlichkeit des Verfahrens die Verlesung der vorgelegten Urkunden und der zur Anwendung kommenden Gesetzestexte. Da die Gerichtssprache im weltlichen Gericht deutsch ist, verdrängt die Volkssprache mit der erweiterten prozessualen Verwendung der Urkunde seit dem ausgehenden 13. Jhdt. mehr und mehr das Latein als Urkundensprache. Die Verhandlungsschrift wird meist noch durch Gerichtszeugnis ersetzt. Dieses war unanfechtbar, ebenso wie die Urkunde über einen vor Gericht vorgenommenen Akt der freiwilligen Gerichtsbarkeit, etwa eine Auflassung; auch hier liegt eine Wurzel unseres Grundbuchrechtes.

Schrifttum: A. v. Kries, Der Beweis im Strafprozeß des Mittelalters, 1878, Neudr. i. Vorb.; H. Knapp, Der Beweis im Strafverfahren des Schwabenspiegels und des Augsburger Stadtrechts, Festg. J. Kohler (1919) 25 ff.; E. Holdefleiß, Der Augenscheinsbeweis im mittelalterlichen deutschen Strafverfahren, 1933; A. Erler, Der Beweis im fränkischen Recht des Spätmittelalters, Recueils de la soc. J. Bodin 17 (1965) 507 ff.; H. Fehr, Gottesurteil und Folter, Festg. R. Stammler (1926). Vgl. a. HRG Artikel: Beweis (U. Kornblum) I 401 ff., Freiwillige Gerichtsbarkeit (E. Döhring) I 1252 ff., Grundbuch (H. Nehlsen) I 1817 ff.

4. Das Versäumnisurteil wird vielfach zum Urteil in der Sache selbst, indem entweder der säumige Beklagte als geständig behandelt wird (Kontumazialurteil) oder als bestreitend, so daß der Kläger den Beweis erbringen muß (Eremodizialurteil).

5. An das Urteil schließt sich jetzt die obrigkeitliche Pfändung, die aber die Gläubigerpfändung mit richterlicher Erlaubnis nie ganz verdrängt hat. Die Pfändung kann auch Liegenschaften ergreifen. Das genommene Pfand wird amtlich verkauft und der Gläubiger aus dem Erlös befriedigt. Subsidiär haftete die Person des Schuldners (Schuldhaft, Schulddienstbarkeit mit Abarbeitung der Schuld).

6. Als neue Verfahren entwickeln sich:

a) der **Arrest** als Personal- oder Sacharrest gegen Fremde oder flüchtige Schuldner. „Fluchtsalgeschäfte" konnten von den Gläubigern angefochten werden;

b) der **Konkurs** als ein auf anteilige Gläubigerbefriedigung gerichtetes Verfahren.

Im ganzen gesehen ist es dem Mittelalter nicht gelungen, ein den gewandelten Zeitverhältnissen und der zunehmenden Geldwirtschaft entsprechendes Gerichtsverfahren zu entwickeln. So ergab sich in der Zeit des Frühkapitalismus ein besonderes Bedürfnis nach Rezeption des italienisch-kanonischen Prozesses, die wieder die Rezeption des materiellen Rechtes nach sich zog (s. Kap. 40).

Schrifttum: J. W. Planck, Deutsche Gerichtsverfahren im Mittelalter nach dem Sachsenspiegel und den verwandten Rechtsquellen, 2 Bde, 1879; W. Zeiser, Der gemeine Zivilprozeß in den badischen Markgrafschaften, 1961; H. Schlosser, Spätmittelalterlicher Zivilprozeß nach bayerischen Quellen, Gerichtsverfassung und Rechtsgang, 1971; J. Most, Schiedsgericht, rechtlicheres Gebot, ordentliches Gericht, Kammergericht; zur Technik fürstlicher Politik im 15. Jahrhundert, in: Aus Reichstagen des 15. u. 16. Jahrh., Schrift. Reihe d. Hist. Komm. 5 (1958) 116 ff.; A. Stölzel, Geding, Appellation, Hof, Hofgericht und Räte, Abschied und Urteil, 1912; W. Seelmann, Der Rechtszug im älteren deutschen Recht, Unters. z. dt. Staats- u. Rechtsgesch. 104 (1910); G. Gudian, Ingelheimer Recht im 15. Jahrhundert, 1968; ders., Die Begründung in Schöffensprüchen des 14. und 15. Jahrhunderts, 1960; F. J. Kühns, Geschichte der Gerichtsverfassung und des Prozesses in der Mark Brandenburg vom 10. bis zum 15. Jahrhundert, 2 Bde, 1865–1867, Neudr. 1969;

Fünfter Teil

Die frühe Neuzeit

Schrifttum: F. Hartung, Deutsche Verfassungsgeschichte vom 15. Jahrh. bis zur Gegenwart, 8. Aufl. 1964; ders., Staatsbildende Kräfte der Neuzeit. Gesammelte Aufsätze, 1961; G. Oestreich, Verfassungsgeschichte vom Ende des Mittelalters bis zum Ende des alten Reiches, in: Gebhard, Handbuch d. dt. Gesch. Bd. 2 (9. Aufl., 1970) 360ff.; Ch. F. Menger, Deutsche Verfassungsgeschichte der Neuzeit, 1975 (vorwiegend ideengeschichtlich); O. Hintze, Staat und Verfassung – Gesammelte Abhandlungen zur allgemeinen Verfassungsgeschichte, hg. von G. Oestreich, 2. Aufl. 1962; A. Zycha, Deutsche Rechtsgeschichte der Neuzeit, 2.-Auflage, 1949; E. Molitor, Grundzüge der neueren Verfassungsgeschichte, 1948, 2., neu bearb. u. erw. Aufl. von H. Schlosser, 1975; H. E. Feine, Deutsche Verfassungsgeschichte der Neuzeit, 3. Auflage 1943; E. Forsthoff, Deutsche Verfassungsgeschichte der Neuzeit, 4. Aufl., 1973; C. Bornhak, Deutsche Verfassungsgeschichte vom Westfälischen Frieden an, 1934, Neudr. 1968; R. Scheyhing, Deutsche Verfassungsgeschichte der Neuzeit, 1968; A. Gasser, Geschichte der Volksfreiheit und der Demokratie, 1949; C. Friedrich, Verfassungsstaat der Neuzeit, 1953; H. v. Srbik, Geist u. Geschichte vom deutschen Humanismus bis zur Gegenwart, 2 Bde., 1950/51; F. Wieacker, Privatrechtsgeschichte der Neuzeit, 2. erw. Aufl. 1967; G. Stadtmüller, Geschichte des Völkerrechts, 1951; H. Thieme, Das Naturrecht und die europäische Privatrechtsgeschichte, 1947, 2. Aufl. 1954; G. Barraclough, Die mittelalterlichen Grundlagen des modernen Deutschland, 2. dt. Ausg. 1955.

Kap. 39. Gesellschaft und Wirtschaft

Schrifttum: H. Aubin-W. Zorn, Handbuch der deutschen Wirtschafts- und Sozialgeschichte, Bd. 1 (bis um 1800) 1971; E. Weis, Gesellschaftsstrukturen und Gesellschaftsentwicklung in der frühen Neuzeit (mit neuestem Schrifttum) in: K. Bosl-E. Weis, Die Gesellschaft in Deutschland von der fränkischen Zeit bis 1848 (1976) 131ff.

I. Der „Herbst des Mittelalters" (Huizinga) war eine Zeit schwerer geistiger, sozialer und ökonomischer Krisen. Die großen Entdeckungen verlagerten die Handelswege, neuer Reichtum bildet sich im Frühkapitalismus, die Feuerwaffen beenden die Zeit des Rittertums, neue Erfindungen brechen alte Traditionen, der Buchdruck öffnet dem Geist neue Wege, das kirchliche Dogma ist fragwürdig geworden, an Stelle der spekulativen Scholastik tritt der Empirismus der Naturwissenschaft mit seinen Experimenten; die Kunst wird verweltlicht, realistisch, auf fürstliche und bürgerliche Mäzene angewiesen. Viele alte soziale Bindungen zerfallen, der Ordogedanke des Stufenkosmos, der jedem seinen festen Platz angewiesen hatte, bricht ebenso zusammen wie das gesamte Weltbild des Mittelalters. Das Überhandnehmen gewillkürter Einungen kann nicht darüber hinwegtäuschen, daß die Einheit des Lebensgefühls geschwunden ist; das Rechtsbewußtsein wird unsicher, Intoleranz und Fanatismus sollen seine innere Schwäche verdecken – ein grauenvolles Symptom dafür die Massenpsychose der Hexenprozesse (s. Kap. 43 II). Das Landvolk verharrt in dumpfer Abhängigkeit gegenüber Grundherren und einem autoritären Polizeistaat. In der immer weniger kirchlich und zunehmend höfisch bestimmten Besitz- und Bildungsschicht fördern die Ideen der Renaissance ein hemmungsloses Geltungsstreben.

II. Die große geistige Gärung beschränkte sich nicht auf Adel und Städte; sie erfaßt in breiter Front auch die bäuerliche Bevölkerung.

1. Der Widerstand der Herrschaftsträger gegen die einem neuen Selbstverständnis entspringenden Forderungen der Bauern führt zu Aufständen und der explosiven Entladung im Bauernkrieg von 1525, in dem religiöse, wirtschaftliche und soziale Motive ineinanderfließen. Er darf nicht als proletarische Bewegung mißverstanden werden. Getragen ist er von der bäuerlichen Oberschicht, die selbstbewußter geworden, sich eine ihrer wirtschaftlichen Bedeutung entsprechende soziale Stellung erkämpfen will. Die Bauern sahen sich von den Reformatoren im Stich gelassen (s. Kap. 40 II 6).

Schrifttum: R. M. Radbruch, Der deutsche Bauernstand zwischen Mittelalter und Neuzeit, 2. Aufl., bearb. von G. Radbruch, 1961; F. Engels, Der deutsche Bauernkrieg, 10. Aufl., 1972; G. Franz, Der deutsche Bauernkrieg, 10. Aufl., 1975; H. U. Wehler (Hg.), Der deutsche Bauernkrieg, 1975; W. Andreas, Der Bundschuh. Die Bauernverschwörungen am Oberrhein, 1953; H. Angermeier, Die Vorstellung des gemeinen Mannes von Staat und Reich im deutschen Bauernkrieg, VSWG 53 (1966) 329ff.; H. Buszello, Der deutsche Bauernkrieg von 1525 als politische Bewegung, 1969; A. Rosenkranz, Der Bundschuh, die Erhebungen des südwestdeutschen Bauernstandes in den Jahren 1493–1517, 2 Bde, 1927; E. Gothein, Politische und religiöse Volksbewegungen vor der Reformation, 1878; A. Waas, Die Bauern im Kampf um die Gerechtigkeit 1300–1525, 1964; J. Schmidt, Das göttliche Recht und seine Bedeutung im deutschen Bauernkrieg, Diss. Jena 1939; C. Hinrichs, Luther und Müntzer. Ihre Auseinandersetzung über Obrigkeit und Widerstandsrecht, 1952; E. Bloch, Thomas Münzer als Theologe der Revolution, 3. Aufl., 1969; Cl. Bauer, Melanchthons Wirtschaftsethik, Arch. f. Reformationsgesch. 49 (1958).

2. Im Nordosten Deutschlands hat die breite Wiederaufnahme des Eigenbetriebs (s. Kap. 29 I 2 d) die Grundherrschaft verstärkt und die Leibeigenschaft gefördert; dort entwickelt sich eine **Gutsherrschaft** mit strenger Erbuntertänigkeit. Nach dem Zusammenbruch der Hanse übernehmen die Rittergüter selbst den Getreideexport und verdrängen die Bauern vom Markt. In ganz Deutschland wird der Bauer vielfach aus der Allmende, oft auch von Haus und Hof vertrieben und im Nordosten zum frei veräußerlichen Gutstagelöhner herabgedrückt (Bauernlegen). Der freie Bauer wird in diesen Gegenden immer seltener. Dagegen hält er sich in Westfalen; in den Alpenländern, Baiern und Österreich tritt die Leibeigenschaft sogar mehr und mehr zurück. Wo sie fortbesteht nimmt die Schollenbindung und der Gesindezwangsdienst den Bauernkindern die Aufstiegsmöglichkeit, ist aber andererseits ein wirksames Mittel gegen die Landflucht. Ungemessene Guts- und Jagdfronden, Gerichtsabgaben und Kirchenzehnten lasten auf der bäuerlichen Wirtschaft. Der negative Ausgang des Bauernkrieges verfestigte die alte Ordnung, der Dreißigjährige Krieg spielte den Gutsherren viel verödetes Bauernland in die Hände. Andererseits verstärkte er den ständigen Mangel an bäuerlichen Arbeitskräften; wo die Rentenwirtschaft fortbestand, war er dazu angetan, wenn auch nicht die rechtliche, so doch die tatsächliche Lage der Bauern zu bessern.

Schrifttum: G. Franz, Der dreißigjährige Krieg und das deutsche Volk. Untersuchungen zur Bevölkerungs- und Agrargeschichte, 3. Aufl. 1961; H. Kellen-

benz, Die Betätigung der Großgrundbesitzer im Bereich der deutschen Nord-
und Ostseeküste in Handel, Gewerbe und Finanz (16.–18. Jahrh.), in: Première
conférence internationale d'histoire économique (Paris 1960) 495 ff.; F. W. Henning, Herrschaft und Bauernuntertänigkeit. Beiträge zur Geschichte der Herr-
schaftsverhältnisse in den ländlichen Bereichen Ostpreußens und des Fürstentums
Paderborn vor 1800 (1964); Th. Ludwig, Der badische Bauer im 18. Jahrhundert,
1896; K. Spies, Gutsherr und Untertan in der Mittelmark Brandenburg zu Beginn
der Bauernbefreiung, 1972; W. Meyer, Gemeinde, Erbherrschaft und Staat im
Rechtsleben des schlesischen Dorfes vom 16. bis 19. Jahrhundert (Quell. u. Darst.
z. schles. Gesch. 12), 1967; H. Winterberg, Bauernbefreiung, HRG I 325 ff.

3. Erst im 18. Jahrhundert begannen zunächst einzelne Landesherren
auf ihren Domänen Reformen durchzuführen; sie versuchten, oft
vergeblich, das Bauernlegen abzustellen und den Bauernschutz zu verstärken (Robotpatente, Steuerhöchstsätze, Leihezwang für heimgefallene
Bauerngüter usw.). Die Wende vom 18. zum 19. Jhdt. bringt dann
überall, in Österreich schon unter Josef II., die **Bauernbefreiung** (in Kurbaiern beginnend 1779, in Preußen Martiniedikt des Freih. v. Stein 1807,
Regulierungsedikt Hardenbergs 1811, aber 1816 sehr eingeschränkt) –
aber ohne daß den Bauern die Mittel zu eigener Wirtschaft und zur Ablösung der bestehen gebliebenen dinglichen Lasten gegeben worden
wären, was erst nach 1848 geschah (Landrentenbanken, ländliche Genossenschaften usw.). Vielfach wurden Bauern zur Landabtretung gezwungen; im ganzen gesehen wirkte die Bauernbefreiung mehr als Bauern-
vertreibung und Beitrag zur Mehrung des Stadtproletariats; die zunehmende Volkszahl wirft in ganz Europa neue soziale Probleme auf.

III. In den **Städten** wird das Bürgertum zum Stand; es bleibt aber
gespalten durch schwere wirtschaftliche und soziale Gegensätze (s. Kap.
42 VII 3). In Süddeutschland gewinnen große Handelsgesellschaften in der Hand einzelner Familien (Große Ravensburger Gesellschaft,
Fugger und Welser in Augsburg, Tucher in Nürnberg usw.) eine fast
monopolistische Marktbeherrschung, wogegen die Reichsgesetze vergeblich ankämpfen; sie beteiligen sich auch an der Politik, finanzieren
die Habsburger, den Ablaßhandel, die Peterskirche in Rom, gehen daran
zugrunde. Der Dreißigjährige Krieg hat die Handelsblüte der Städte
(außer Hamburgs und Frankfurts) zerstört, die Führung geht nun auch
im wirtschaftlichen Bereich auf den Territorialstaat über.

Schrifttum: W. Weber,Wirtschaftsethik am Vorabend des Liberalismus. Höhepunkt und Abschluß der scholastischen Wirtschaftsbetrachtung durch Ludwig Molitor, S. J. (1535–1600), Schrift. d. Inst. f. Christl. Soz.Wiss. a. d. Univ. Münster
(1959); F. Blaich, Die Reichsmonopolgesetzgebung im Zeitalter Karl IV., ihre
ordnungspolitische Problematik, Schrift. z. Vergleich v. Wirtschaftsordnungen 8
(1976); C. Bauer, Unternehmung und Unternehmensformen im Spätmittelalter
und in der beginnenden Neuzeit, 1936, Neudr. i. Vorb.; H. Kellenbenz, Die
unternehmerische Betätigung der verschiedenen Stände während des Übergangs
zur Neuzeit, VSWG 44 (1957) 1ff.; ders., Handelsgesellschaft, HRG I 1936ff.;
R. Carande, Carlos V y sus banqueros, 3 Bde, Madrid 1949, 1963.

1. Im Handwerk herrscht anfangs ein stark künstlerischer Zug, dann setzt eine
Verknöcherung der Zünfte ein, ängstlicher Abschluß, wogegen sich Gesellenver-

bände bilden, die das Streikrecht fordern und schon eine Art von Klassenkampf vorwegnehmen; überschüssige Arbeitskräfte müssen auf das flache Land ausweichen (Bönhasen). Die Meister hören oft auf, selbst zu arbeiten und werden „Verleger" für Heimarbeit. Im Bergbau und Transportgewerbe finden sich schon freie Arbeitsverträge, gemeinsame Arbeit (Gewerkschaften), Gedinge – als Vorläufer unserer Tarifverträge, Knappschaftskassen, Ansätze zu Arbeitsrecht und Sozialversicherung.

2. Der mit Härte geübte Zunftzwang läßt freie Gewerbetätigkeit nur als seltene Ausnahme zu. Meist handelt es sich um neu entstandene Spezialberufe, die mit Privileg oder unter Hofschutz ausgeübt werden. Seltene Ausnahme bleibt es, daß ganze Orte vom Zunftzwang ausgenommen werden (so zeitweilig Mannheim). Einen erbitterten Kampf führt das städtische Handwerk gegen die Landhandwerker. Auf der administrativen und sozialen Ebene des Handwerks steht auch der Kleinhandel (Krämerei), während der Großhandel der „Handelsleute", bei dem Warenhandel und Geldgeschäft in der Regel noch ungeschieden sind, wo nicht dem Patriziat, doch der „Ehrbarkeit" zugehört. Weitreichende Geschäftsbeziehungen und Kapitalkraft machte diese Schicht zu den gegebenen Organisatoren des Verlagswesens, das das noch nicht entwickelte Fabrikwesen zu ersetzen hatte.

3. Während das zünftige Handwerk einen engen Markt mit guter Ware zu versehen trachtete, verlangen das stehende Heer und der Kolonialexport im 18. Jahrhundert nach billiger Massenware. Erst gegen Ende des Jahrhunderts kommt es jedoch, ausgehend von England (Dampfmaschine, mechanischer Webstuhl) zu einem echten, auf Maschineneinsatz basierenden Fabrikwesen, Nachfolgerin der Manufakturen des 17. Jahrhunderts, die zwar schon Großbetriebe waren, aber noch vorwiegend handwerklich arbeiteten.

Schrifttum: F. Frensdorff, Das Zunftrecht insbesondere Norddeutschlands und die Handwerksehre, Hans. Gesch. Bl. 13 (1907) 1ff.; R. Wissel-K. Hahm, Des alten Handwerks Recht und Gewohnheit, 3 Bde, 1929; H. Proesler, Das gesamtdeutsche Handwerk im Spiegel der Reichsgesetzgebung von 1530 bis 1806 (1954); R. Ennen, Zünfte und Wettbewerb. Möglichkeiten und Grenzen zünftlerischer Wettbewerbsbeschränkungen im städtischen Handel und Gewerbe des Spätmittelalters, 1971; W. Fischer, Handwerksrecht und Handwerkswirtschaft um 1800. Studien zur Sozial- und Wirtschaftsverfassung vor der industriellen Revolution, 1955.

IV. Der Adel in seiner Gesamtheit bildete einen privilegierten Stand, dessen Vorrechte jedoch örtlich schwankten.

Allgemein vorbehalten waren ihm bestimmte Hofstellungen und Kanonikate, einzelne Ämter (z.B. Ritterbank bei den obersten Kollegialgerichten), in Preußen auch alle Offiziersstellen. Außer einem privilegierten Gerichtsstand und verschiedenen persönlichen Vorrechten im Kriminalprozeß (z. B. Hinrichtung mit dem Schwert) besaß er Privilegien auf dem Gebiete der freiwilligen Gerichtsbarkeit (Siegelmäßigkeit, Nachlaßinventur, Fideikommißrecht), unbeschränkte Lehenfähigkeit, Sonderrechte auf dem Gebiete der Jagd, des Zoll-, Maut- und Steuerwesens, mancherlei Ehrenvorrechte (z.B. Kleidung), in einzelnen Ländern z.B. in Baiern auch die ausschließliche Qualifikation zum Besitz von Landsassengütern. Seit dem 16. Jhdt. wird der Adel mehr und mehr zu einer auf Diplomen (Adelsbriefe, Rangerhöhungen) fußenden Kaste, deren formalistische Abschließung die im 19. Jhdt. (Bayern 1808, Württemberg 1818) eingeführten Adelsmatrikeln besiegeln. Gemildert wurde die Absonderung des Adels dadurch, daß im alten Reiche der Adelserwerb mehr eine Frage der Mittel als des Verdienstes war, wenngleich eine solche Fiktion aufrechterhalten wurde. Da bürgerliche Hantierung (Gewerbe) in Deutschland als standesunwürdig galt, drängte der kinderreiche Adel in den Staatsdienst. Er verlor damit seine Unabhängigkeit gegenüber dem sich bildenden Obrigkeitsstaat; aus einer selbständigen politischen Kraft wurde er zum Fürstendiener. Bis weit in das 18. Jhdt. hinein bleibt der deutsche Adel stadtfremder als der französische und italienische und sein Anteil am städtischen Geistesleben demgemäß gering.

Die heute noch geläufige Einteilung des Adels in Rangklassen war ziemlich bedeutungslos für seine verfassungsrechtliche Stellung im alten Reich. Die Unterscheidung in Geburtsadel (Uradel) und Diplomadel (Briefadel) war nur für die Zulassung zu Orden, Hofämtern und Kanonikaten von Belang. Nach der verfassungsrechtlichen Stellung unterschied man zwischen reichsunmittelbarem und landsässigem Adel.

1. Der **reichsunmittelbare Adel** gliederte sich in reichsständischen und bloß reichsunmittelbaren.

Reichsstandschaft und Reichsunmittelbarkeit sind radiziert, d. h. an den Besitz eines reichsunmittelbaren Gutes bzw. einer reichsständischen, in die Reichsmatrikel aufgenommenen Herrschaft geknüpft.

a) Den **reichsständischen Adel** bilden die im Besitze reichsständischer Herrschaften befindlichen Häuser. Sie wahren die strenge Ebenburt und überleben als Dynastien und Standesherren der 1806 souverän gewordenen Gliedstaaten den Zusammenbruch des Reiches.

b) Die **Reichsritterschaft** umfaßt den übrigen reichsunmittelbaren Adel. Er besitzt keine Vertretung auf dem Reichstag (Reichsstandschaft) und war auch an den Kreistagen nicht beteiligt. Die Reichsritterschaft ist jetzt ganz geburtsständisch und korporativ (Ritterkantone) organisiert.

Die Reichsritterschaft dominiert in vielen Domkapiteln, vor allem den rheinischen und fränkischen, deren Stiftsadel sich im Zuge der Reformation gänzlich der Landsäßigkeit entzieht und der Reichsritterschaft anschließt (letzte Landtagsbeteiligung der Ritterschaft in Bamberg 1560, in Würzburg 1566). Über den geistlichen Stand gelangen so Angehörige der Reichsritterschaft zur Fürsten- und Kurwürde (Schönborn, Metternich u. a.). Die gesellschaftliche und wirtschaftliche Stellung des Standes ist dadurch nicht unwesentlich beeinflußt worden.

2. Auch der **landsässige Adel** gliederte sich in:

a) **landständischen Adel**, je nach der Verfassung des Landes bestehend aus den alten einheimischen Familien oder den jeweiligen Inhabern bestimmter mit Standschaft begabter, meist in einer sog. Landtafel eingetragener Güter (Landsassengüter). In letzterem Falle genießen mitunter die Landsassen aus alten einheimischen Geschlechtern noch Sonderrechte (so in Baiern seit 1557 die sog. Edelmannsfreiheit). Der landständische Adel unterscheidet sich vom übrigen Adel durch Sonderrechte vor allem auf jurisdiktionellem Gebiet (Gutsherrschaft) und repräsentiert ausschließlich den Adel innerhalb der Landschaft.

b) **sonstigen Landadel**: Er ist im Besitz der allgemeinen Standesprivilegien des Adels, wobei im allgemeinen kein Unterschied zwischen Geburtsadel und verliehenem Adel gemacht wird.

Wenig belangreich ist die Unterscheidung von hohem und niederem Adel. Das ausgehende Mittelalter versteht unter höherem Adel den sog. Turnieradel (s. Kap. 27 II 1e), das 19. Jhdt. unter „hohem Adel" die Dynastien und die ihnen ebenbürtigen Standesherren. Rein papieren ist der Begriff Uradel (= unvordenklicher Geburtsadel). In scharfem Gegensatz zu der verhältnismäßig geschlossenen Rechtsstellung des Adels steht seine wirtschaftliche, die alle Stufen von Reichtum und Armut einschließt. Bereits im 15. Jahrhundert tritt die Grundrente für einen Teil des Adels ganz hinter das Einkommen aus Amt und Söldnerdienst zurück. Vor dem gänzlichen Absinken in den Fürstendienst bewahrte den Adel vor allem seine Verbindung mit der Reichskirche.

Schrifttum: H. Rössler (Hg.), Deutscher Adel 1430–1555 (1965); ders., Deutscher Adel 1555–1740 (1965); R. Vierhaus (Hg.), Der Adel vor der Revolution, 1971; J. St. Pütter, Über den Unterschied der Stände des hohen und niederen Adels in Teutschland, 1795; K. S. Bader, Reichsadel und Reichsstädte in Schwaben am Ende des alten Reiches, Festschr. Th. Mayer I (1954) 247ff.; H. H. Hofmann, Adelige Herrschaft und souveräner Staat. Studien über Staat und Gesellschaft in Franken und Bayern im 18. und 19. Jahrhundert, 1962; F. Redlich, The German military enterpriser and his work force, VSWG Beih. 47 (1964); A. v. Weyhe-Eimke, Die rechtmäßigen Ehen des hohen Adels des heil. röm. Reiches deutscher Nation, Prag 1895.

V. Als eigener Stand sind auch die **Prälaten** zu betrachten. Gemeint sind hier nicht Prälaten im kirchenrechtlichen Sinne, sondern der sich im außerkirchlichen Bereich durch den Adelsrechten ähnliche weltliche Privilegien von der niederen Geistlichkeit verfassungsrechtlich unterscheidende höhere Klerus. Seine Sonderstellung ist an das Amt gebunden und nur dort geburtsständisch bedingt, wo die Kapitelfähigkeit an einen bestimmten Ahnennachweis geknüpft war. Da die Mehrzahl der Domkapitel dem Ritterstand, einzelne sogar dem Herrenstand, vorbehalten waren, wird der höhere Säkularklerus vom Adel gestellt, der ihm seine Lebensgewohnheiten vermittelt. Die Mönchsprälaten sind demgegenüber überwiegend bürgerlicher, ja bäuerlicher Herkunft. Der Anteil der Prälaten am kulturellen Leben des Barockzeitalters ist erheblich. Er reicht vom fürstlichen Mäzenatentum bis zu eigener wissenschaftlicher Leistung. Eine politische Rolle haben naturgemäß nur die Fürstbischöfe, vorab die geistlichen Kurfürsten gespielt. Zu unterscheiden sind:

a) Reichsprälaten: Es sind dies die Vorstände der reichsunmittelbaren Stifte. In der Regel sind sie Reichsfürsten mit Viril- oder Kuriatstimme (Titularfürsten). Reichsunmittelbare Stifte ohne Fürstenrang sind seltene Ausnahme (z.B. Ottobeuren, Ebrach). Sie besitzen nicht die Reichs-, wohl aber die Kreisstandschaft. Die Besetzung der reichsfürstlichen Prälaturen erfolgte in diesem Zeitraum in der Regel durch Wahl seitens der Kapitel, seltener durch päpstliche Provision. Die Einflußnahme des Kaisers war nur mehr politischer oder wahltechnischer Art. Ihr diente die Entsendung eines kaiserlichen Wahlkommissars. Der Versuch, ein kaiserliches Exklusive zu schaffen, wodurch unerwünschte Kandidaten hätten ferngehalten werden können, scheiterte. Bistumskumulationen hatte zwar das Tridentiner Konzil 1563 ausdrücklich verboten. Sie wurden gleichwohl in Deutschland aus religionspolitischen Gründen nun häufiger denn je, insbesondere in dem konfessionell gefährdeten Nordwesten des Reiches. Mit der Personalunion mehrerer geistlicher Fürstentümer Hand in Hand geht die Bevorzugung nachgeborener Prinzen aus den führenden katholischen Fürstenhäusern. Es entstanden dabei förmliche Secundogenituren (z. B. Kurbaiern – Kurköln 1583–1761).

Schrifttum: H. E. Feine, Die Besetzung der Reichsbistümer vom Westfälischen Frieden bis zur Säkularisation 1648–1803 (1921), Neudr. 1964; J. v. Sartori, Geistliches und weltliches Staatsrecht der deutschen katholisch geistl. Erz-, Hoch- und Ritterstifte, 4 Bde. (1788/91); W. Held, Reichsprälatisches Staatsrecht, 2 Bde. (1875); L. Hüttl, Geistlicher Fürst und geistliche Fürstentümer im Barock und Rokoko. Ein Beitrag zur Strukturanalyse von Gesellschaft, Herrschaft, Politik und Kultur des alten Reiches, ZBLG 37 (1974) 3 ff.

b) landsässige Prälaten: Hierzu zählen die Vorstände der mediaten Klöster vor allem der Herrenorden (gelegentlich auch der Bettelorden) und der Komtureien der Ritterorden. Sie sind gleich dem Adel im Besitze der Gutsherrschaft und genießen in Ländern mit landständischer Verfassung die Standschaft als rangerste Prälatenkurie.

c) eine Art Stiftsadel stellen die Mitglieder gehobener Herren- und Damenstifte dar, die als Pfründenbesitzer lediglich gewisse, den allgemeinen Adelsvorrechten entsprechende Privilegien genießen. Soweit diese Stellen, wie vielfach die Domherrnpfründen, nicht als Durchgangsstellen gedacht waren, dienten sie vorzüglich der standesgemäßen Versorgung.

VI. Die Ständeordnung des Spätmittelalters hat sich in der Folgezeit nicht grundlegend gewandelt. Sie wurde lediglich bürokratisiert und reglementiert (z. B. Hofrangklassen, Siegelmäßigkeit).

1. Eingegliedert wurden neu hinzugekommene Berufsgruppen (Offiziere, rechtsgelehrte Beamte). Erhalten blieb auch der geburtsständische Charakter der Ständeordnung (Ahnennachweis bei Stiftern und

Orden, Anrüchigkeit als Geburtsmakel bei nichtehrbaren Berufen). Noch das PALR von 1794 hält an einer strengen rechtlichen Sonderung der Stände auch im wirtschaftlichen Bereich fest. Nur geduldet und von ihren Schutzherren abhängig blieben die Juden. Vom Handwerk ausgeschlossen, sahen sie sich auf Handel und Geldgeschäfte verwiesen. Doch vermochten sie durch Privilegienerwerb ihre Rechtsstellung vielfach zu verbessern. Die Sonderstellung einzelner jüdischer Hofbankiers (Hoffaktoren) kann aber nicht darüber hinwegtäuschen, daß die rechtliche Stellung im Ganzen noch im 18. Jahrh. recht ungünstig war.

Während die germanische Ehrlosigkeit (s. Kap. 9 III 1a), wie die Infamie des römischen Rechtes und im Anschluß daran des kanonischen, Handlungsfolge ist, institutionalisierte das nachmittelalterliche Polizeirecht des Reiches die Unehrenhaftigkeit indem es ganze Berufsstände mit infamia improprie talis belegte und zu Parias der Gesellschaft stempelte (RPO 1577 Tit. 38 § 1: Zöllner, Müller, Bader, Pfeifer, Leinenweber).

Schrifttum: W. Danckert, Unehrliche Leute. Die verfemten Berufe, Bern 1963; G. Schubart-Fikentscher, Die Unehrlichenfrage in der Frühzeit der Aufklärung, Berlin-Ost 1967; dies., Die Stellung der Kommödianten im 17. und 18. Jahrhundert, SB d. Ak. Leipzig, Berlin-Ost 1963; H. Schnee, Die Hoffinanz und der moderne Staat, 5 Bde, 1953–1965; M. Richarz, Der Eintritt der Juden in die akademischen Berufe. Jüdische Studenten und Akademiker in Deutschland 1678 bis 1848 (Schriftenreihe wiss. Abh. Leo Baeck-Inst. 28), 1974; HRG Artikel: Ehrliche – unehrliche Gewerbe (K. S. Kramer) I 835 ff., Hoffaktor (H. Lentze) II 205 f., Infamie, II 358 ff. (F. Merzbacher).

2. Trotz der Bürokratisierung der Ständeordnung wird sie im Ganzen durchlässiger. Der soziale Aufstieg zeitigt seine besten Erfolge am Fürstenhof, während im provinziellen Abseits jeder in seinen Schranken verbleibt. Hier scheitert manch diplomierter Mammon am eisernen Herkommen und erweisen sich minutiös ausgebaute Ahnennachweise als wirksamer Pfründenschutz. Doch verhalf die Kleinräumigkeit der Verhältnisse manchem mittellosen, begabten Knaben zu einem selbstlosen Gönner. Mehr als soldatisches Verdienst führt Rechtsgelehrtheit nach oben, Kunst und Wissenschaft dagegen verbleiben noch im Vorhof der Gesellschaft.

3. Vom Einzelnen wird eine Lebensführung gemäß seinem Stande erwartet und durch minutiöse Kleidervorschriften gesichert. Doch überrundet der Berufsstand bereits in vieler Hinsicht den angeborenen Stand; dies fördert die Mobilität zwischen den Ständen, zu der ebenfalls beiträgt, daß die drei Stände schon ihrer rechtlichen Grundstruktur nach kein gleichartiges Modell verkörpern. Während der Adel in seiner Gesamtheit grundlegende gemeinsame Privilegien besaß, ist nur der kleinste Teil der Geistlichkeit Mitglied des Prälatenstandes und beim Bürgertum nicht einmal der einzelne Bürger, sondern lediglich die Bürgergemeinde Stand im verfassungsrechtlichen Sinne.

a) Bei der Geistlichkeit wirkt die kirchenrechtliche Aufspaltung in Kleriker und Laien bis in den Kreis der reichsfürstlichen Prälaten hinein, da nicht wenige von ihnen auf den Erwerb der Priesterweihe verzichten mit der Folge, daß sie sich auf das weltliche Regiment beschränken müssen und die geistliche Verwaltung der gegenüber dem fürstlichen Territorium meist ausgedehnteren Diözese Generalvikaren und Weihbischöfen zufällt. Andererseits besaß die Kirche in einer breiten Schicht ärmlicher „Meßpfaffen" ein standeseigenes Proletariat.

b) Der Bürger genießt die Privilegien seiner Stadt, aber kein reichseinheitliches Bürgerrecht als Entsprechung zu den Adelsvorrechten. Die Zugehörigkeit zum Bürgertum schließt breite Möglichkeiten ein; sie reichen vom kümmerlichen Kleinhandwerker bis zum allein regimentsfähigen Patrizier mit Adelsstatus und zum hohen Beamten, ja selbst der Fürstenhut ist nicht ausgeklammert, der bei der Mönchskirche des Barock sich in der Regel in bürgerlicher Hand befindet. Auch die evangelische Landgeistlichkeit ist, im Gegensatz zum meist bäuerlichen katholischen Landklerus, soweit sie sich nicht aus den eigenen Reihen ergänzt, ganz überwiegend bürgerlicher Herkunft.

c) In der sozialen und wirtschaftlichen Stellung der Bauern öffnet der Ausbau der ostelbischen Gutsherrschaft einen tiefen Graben zwischen West- und Ostdeutschland. Während in den ostelbischen Provinzen die Gutsuntertänigkeit mit ihrer örtlichen und beruflichen Bindung die bäuerliche Bevölkerung in engen Schranken hält, wachsen im Westen städtische Strukturelemente in das Land hinaus. Beherbergten die mittelalterlichen Kleinstädte nicht wenige Ackerbürger, so führt nun die wachsende Landbevölkerung zu einer Zunahme der bäuerlichen Kleinwirtschaften und Zuerwerbsbetriebe, die das Landhandwerk bis in das letzte Dorf vordringen lassen. Die dörfliche Gemeinde ist demgemäß immer weniger „Nachbarschaft", sie wird zur schichtenbestimmten Großgemeinde mit unterschiedlicher Allmendnutzung.

VII. Die menschlichen Umweltbedingungen erfahren bis tief in das 18. Jahrhundert hinein nur geringen Wandel. Es fehlt der Antrieb einer wachsenden Bevölkerung. Hygiene und ärztliche Kunst haben kaum Fortschritte zu verzeichnen; Seuchen und Hungersnöte bleiben ebenso regelmäßige Erscheinungen wie Kriegsverwüstungen und Kontributionen. Sie schaffen zahllose Bettler und Landstreicher, die mangels öffentlicher Sozialfürsorge der kirchlichen und privaten Wohltätigkeit überlassen bleiben. Gesicherten Reichtum verleiht nach wie vor allein die Grundherrschaft. Prestigedenken ist allgemein. Der große Herr baut Schlösser und umgibt sich mit einer zeremoniellen Hofhaltung. Weltlicher und kirchlicher Prunk fördern die Künste und das Luxushandwerk, die Massenproduktion dagegen dient weniger dem Volk als der Ausrüstung der ständig wachsenden Heere. Die Überhöhung der Persönlichkeit führt zu barocken Formen der Ruhmsucht und Heiligenverehrung. Neben der Selbstdarstellung und dem Ringen nach persönlichem Seelenheil tritt erst in der Aufklärung der Mitmensch ins Bewußtsein, den man bis dahin nur im engeren Kreis der Glaubens- und Standesgenossen zu beachten gewohnt war.

Wichtige Veränderungen im sozialen Klima bewirkten:

1. der neuzeitliche Obrigkeitsstaat (s. Kap. 42 IV), in dem sich mehr Sicherheit mit einem Mehr an staatlicher Bevormundung verbindet.

a) Ihren Ausgang nimmt die Befriedung von der Ausschaltung des Fehdewesens. Als Mittel der Pazifizierung dienen eine rigorose Strafjustiz und die Abschiebung asozialer Elemente ins Ausland, vor allem aber das Polizeiwesen mit Vorschriften über die Waffenführung, Wegebenutzung, Beherbergung usw. Ausdruck des neuen Sicherheitsgefühles ist es, daß Adel und Patrizier die unwirtlichen Burgen und die Drangsal der engen und ungesunden Städte verlassen und sich dem Landleben zuwenden.

b) Der absolutistische Staat erwartet von seinen Untertanen außer Gehorsam vorzüglich wirtschaftliche Leistungen. Politik und Verwaltung, vordem allgemeine Anliegen, werden zum Privileg der Regierung. Von der Mitgestaltung des öffentlichen Lebens abgedrängt, gewöhnen sich breite Schichten an ein rein wirtschaftliches Interessendenken. Das hat sich im 19. Jahrhundert dahin ausgewirkt, daß der Aufstieg des Besitzbürgertums zum politischen Faktor von einem negativen Verhältnis zum Staat begleitet ist.

2. **Die Anfänge des technischen Zeitalters.** Das Aufblühen der Naturwissenschaften führt zunächst noch zu keiner lebensverwandelnden Technik. Die vorzugsweise gepflegte Mechanik gefällt sich in Spielereien (Automaten). Immerhin bringen die Fortschritte der Seefahrt und die Gründung von Kolonien Europa in ständige Berührung mit fernen Erdteilen.

Schrifttum: H. Kellenbenz, Technology in the Age of Scientific Revolution 1500–1700, in: C. M. Fontana (Hg.), The Fontana Economic History of Europe II (Glasgow 1974) 177 ff.

3. Vor allem aber hat der **Buchdruck** die Welt verändert. Bücherwissen ist kein klerikales Monopol mehr und dringt bis in die Handwerkerstuben. Ungeachtet der mit seiner Ausbreitung sogleich einsetzenden staatlichen Bücherzensur (RA von 1530) überflutet das Buch alle sozialen Grenzen und erzeugt eine gesellschaftlich bunte Bildungsschicht. Ihr Kind ist der Hauslehrer im Bedientenrang, Vorkämpfer der sozialen Revolution. Dem Buch folgt die Zeitung.

Schrifttum: U. Eisenhardt, Die kaiserliche Aufsicht über den Buchdruck, Buchhandel und Presse im Heil. Röm. Reich deutscher Nation (1496–1806), 1970; F. Kapp-J. Goldfriedrich, Geschichte des deutschen Buchhandels, 4 Bde, 1886–1923, Neudr. 1970; E. Engelsing, Der Bürger als Leser. Lesergeschichte in Deutschland 1500–1800 (1974); ders., Analphabetentum und Lektüre, zur Sozialgeschichte des Lesens in Deutschland zwischen feudaler und industrieller Gesellschaft, 1973; L. Salomon, Geschichte des deutschen Zeitungswesens von den ersten Anfängen bis zur Wiederaufrichtung des deutschen Reiches, 3 Bde, 1900 bis 1906, Neudr. 1973; E. Weller, Die ersten deutschen Zeitungen, hrsg. mit Bibliographie (1505–99) mit Nachträgen, 1872–1892, zweiter Neudr. 1971; H. D. Fischer, Deutsche Zeitungen des 17. bis 20. Jahrhunderts, 1972.

Das Bildungsideal des Humanismus ist noch elitär; es basiert auf dem Latein als Bildungssprache und kennt im Sinne der traditionellen Gesellschaftsordnung nur den noch vorzüglich der Theologie verpflichteten Gelehrten (eruditus) und den Hofmann (cortegiano). Für die Demokratisierung der Bildung wurde Luthers Bibelübersetzung bahnbrechend; ihr folgt die Nationalliteratur.

Schrifttum: J. Voigt, Deutsches Hofleben im Zeitalter der Reformation, 1927; J. Frhr. v. Kruedener, Die Rolle des Hofes im Absolutismus, 1973; N. Elias, Die höfische Gesellschaft. Untersuchungen zur Soziologie des Königtums und der höfischen Aristokratie, 1969; B. Wunder, Die Sozialstruktur der Geheimratskollegien in den protestantischen süddeutschen Fürstentümern 1660–1720, VSWG 58 (1971) 145 ff.; N. v. Pteradovich, Die Führungsschichten in Österreich und Preußen, 1955; O. Brunner, Adeliges Landleben und europäischer Geist, Salzburg 1949; R. Endres, Die wirtschaftlichen Grundlagen des niederen Adels in der frühen Neuzeit, Jb. f. fränk. L.Forsch. 36 (1976) 215 ff.; R. Engelsing, Zur Soziologie der Mittel- und Unterschichten (Aufsätze zum 18. u. 19. Jahrh.), 1973; H. Möller, Die kleinbürgerliche Familie im 18. Jahrhundert. Verhalten und Gruppenkultur, 1969; W. Fischer, Die Bildungswelt des deutschen Handwerks um 1800 (1955); R. Hessen, Geschichte des niederen Volkes in Deutschland, 2 Bde, 1907; W. Abel, Massenarmut und Hungerkrisen im vorindustriellen Deutschland, 1972; R. Endres, Das Armenproblem im Zeitalter des Absolutismus, Jb. f. fränk. Land.forsch. 34/35 (1973) 1003 ff.; L. Koch, Wandlungen der Wohlfahrtspege im Zeitalter der Aufklärung, 1933; G. Ratzinger, Geschichte der kirchlichen Armenpflege, 2. Aufl., 1884, Neudr. i. Vorb.; R. Quanter, Sittlichkeit und Moral im heiligen römischen Reich deutscher Nation. Bilder aus der deutschen Kultur und Rechtsleben, 3. Aufl., 1925, Neudr. 1970.

Kap. 40. Rezeption und Reformation

Schrifttum: Rezeption: H. Coing (Hg.), Handbuch der Quellen und Literatur der neueren europäischen Privatrechtsgeschichte, Bd 1: Mittelalter (1100–1500): Die gelehrten Rechte und die Gesetzgebung, 1973; C. F. v. Savigny, Geschichte des römischen Rechts im Ma., 7 Bde (1815–31), Neudr. 1956; O. Franklin, Beiträge zur Geschichte der Reception des römischen Rechts in Deutschland, 1863, Neudr. 1974; C. A. Schmidt, Die Rezeption des römischen Rechtes in Deutschland, 1868, Neudr. 1969; F. Calasso, Medio evo del diritto 1 (1954); P. Vinogradoff, Roman law in mediaeval Europe, 3. Aufl., 1961; W. Goetz, Das Wiederaufleben des römischen Rechts im 13. Jahrh., in: ders., Italien im Ma. (1942); J. Fried, Die Entstehung des Juristenstandes im 12. Jahrhundert. Zur sozialen Stellung und politischen Bedeutung gelehrter Juristen in Bologna und Modena, 1974; E. Brynteson, Roman Law and Legislation in the middle Ages, Speculum 41 (1966) 420 ff.; F. Merzbacher, Römisches Recht und Romanistik im Ma.; zum gegenwärtigen Stand der Forschung, Hist. Jb. 89 (1969) 1 ff.; G. v. Below, Die Ursachen der Rezeption, des römischen Rechts in Deutschland, 1905, Neudr. 1964; P. Koschaker, Europa und das römische Recht, 4. Aufl., 1966; F. Wieacker, Privatrechtsgeschichte der Neuzeit, 2. erw. Aufl. 1967; ders., Zum heutigen Stand der Rezeptionsforschung, Festschr. Jos. Klein (1966) 181 ff.; H. Krause, Kaiserrecht und Rezeption, Abh. d. Heidelb. Ak. 1952; W. Trusen, Anfänge des gelehrten Rechts in Deutschland, 1962; H. Coing, Römisches Recht in Deutschland, JRMA V 6 (Mailand 1964); C. Bornhak, Römisches Recht und deutsches Recht, HZ 159 (1939) 1 ff.; G. Dahm, Zur Rezeption des römisch-italienischen Rechts, HZ 167 (1943) 229 ff. und wiss. Buchges. 27 (1960); Eb. Schmidt, Inquisitionsprozeß und Rezeption, Studien zur Geschichte des Strafverfahrens in Deutschland vom 13. bis 16. Jahrh., Festschr. H. Siber (1940) 133 ff.; F. Elsener, Die Einflüsse des römisch-kanonischen Rechts in der Schweiz, Hist. JB 76 (1957); G. Kisch, Bartolus und Basel (Basel 1960); ders., Studien zur humanistischen Jurisprudenz, 1972; E. Genzmer, Hugo von Trimberg und die Juristen, in: Studi in memoriam P. Koschaker 1 (1954) 289 ff.; A. Wolff, Gerichtsverfassung und Prozeß im Hochstift Augsburg in der Rezeptionszeit, Arch. f. Gesch. d. Hochst. A. 4 (1913) 129 ff.; J. Bartmann, Das Gerichtsverfahren vor und nach der Münsterischen Landgerichtsordnung von 1571 und die Aufnahme des römischen Rechts im Stift Münster, 1908, Neudr. i. Vorb.; J. Merkel, Der Kampf des Fremdrechtes mit dem einheimischen Rechte in Braunschweig-Lüneburg, Hannover und Leipzig, 1904; O. Karlowa, Über die Reception des römischen Rechtes in Deutschland mit besonderer Berücksichtigung der Churpfalz, 1878. S. a. HRG Artikel: Gelehrte Räte (H. Lieberich) I 1474 ff., Gelehrte Richter (G. Buchda) I 1477 ff., Gemeines Recht (H. Thieme) I 1506 ff., Glossatoren (H. Dilcher) I 1708 ff. Vgl. noch das Kurzlehrbuch ,,Deutsches Privatrecht" Kap. 3.

Reformation: J. Lortz, Die Reformation in Deutschland, 2 Bde, 4. Aufl. 1962–63; P. Joachimsen, Die Reformation als Epoche der deutschen Geschichte, 1951; Neudr. 1970; W. Andreas, Deutschland vor der Reformation. Eine Zeitenwende, 5. Aufl. 1948; G. Ritter, Die Neugestaltung Europas im 16. Jahrh., 1950; ders., Luther, Gestalt und Symbol, 5. Aufl. 1949; ders., Die Weltwirkung der Reformation, 3. Aufl., 1969; K. Brandi, Kaiser Karl V., 2 Bde., 7. Aufl. 1964; E. v. Koerber, Die Staatstheorie d. Erasmus von Rotterdam, Schriften z. Verf.-Gesch. Bd. 4 (1967); G. Kisch, Melanchthons Rechts- und Soziallehre, 1967; ders., Erasmus und die Jurisprudenz seiner Zeit, Studien zum humanistischen Rechtsdenken 1960; J. Heckel, Lex Charitatis, eine juristische Untersuchung über das Recht in der Theologie Martin Luthers, 2. Aufl., 1973; ders., Die evang. Dom- und

Kollegiatstifter Preußens, insbesondere in Brandenburg, Merseburg, Zeitz. Eine rechtsgeschichtliche Untersuchung, 1924, Neudr. 1964; E. W. Zeeden, Grundlagen und Wege der Konfessionsbildung in Deutschland im Zeitalter der Glaubenskämpfe, HZ 185 (1958) 249ff.; S. Skalweit, Reich und Reformation, 1967; W. Köhler, Der deutsche Reichsgedanke bei den Humanisten und Luther, Neue Jbb. f. dt. Wiss. 13 (1937) 101ff.; H. Bröhmer, Die Einwirkung der Reformation auf die Organisation und Besetzung des Reichskammergerichts, 1932; K. Schlaich, Ius reformandi, HRG II 418ff.

I. Die Rezeption des römischen Rechts ist eine Tatsache der europäischen Rechtsgeschichte. In allen Ländern Europas ist es zu einer Berührung mit dem spätantiken Recht gekommen, aber in durchaus verschiedener Weise.

1. In Deutschland basierte die Rezeption des römischen Rechtes auf seiner Stellung als Kaiserrecht, d. h. auf der Idee von der translatio imperii und der lotharischen Legende (vgl. Kap. 25 III 1–2, 25 III). In den nicht zum Reich zählenden romanischen Staaten war die Geltung des römischen Rechtes zwar nie ganz erloschen, jedoch in Hinblick auf den Wunsch nach Unabhängigkeit gegenüber dem deutschen Kaisertum gleich der Kurie nur unter bestimmten Voraussetzungen (vgl. Kap. 25 IV) annehmbar. Machte die These von dem rex est imperator in regno suo das römische Recht den Nationalstaaten unverdächtig, so war der von den Kommentatoren Ende des 13. Jahrh. aufgestellte Satz, daß eine civitas superiorem de facto non recognoscens est sibi princeps eine Anerkennung des Statutarrechtes möglich und damit das römische Recht auch für die italienischen Kommunen annehmbar.

a) In **England** hat schon 1236 das Parlament von Merton erklärt: Nolumus leges Angliae mutare. Damit war die Rezeption als solche abgelehnt; später bildete sich über dem Common law ein Überbau allgemeiner, dem römischen Recht entlehnter Grundsätze („civil law,,).

Schrifttum: H. Peter, Römisches Recht und Englisches Recht, 1969; ders., Englisches Recht, HRG I 922ff.

b) In **Frankreich** schützte die Rechtsprechung des Pariser Parlaments und die Fürsorge des Königtums für die Sammlung und Aufzeichnung der lokalen Gewohnheiten (coutumes) das nationale Recht vor Überfremdung wie eine „prophylaktische Impfung" (Brunner). Das römische Recht blieb auf den Süden (das *pays du droit écrit*) beschränkt, schließlich wurde die auf fränkischem Gewohnheitsrecht beruhende Coutume de Paris herrschend und zum Vorbild des Code Napoléon. Auch hier hat keine eigentliche „Rezeption" stattgefunden, nur die Aufnahme einzelner römischer Sätze.

c) Eine der Folgen der Ausgliederung der **Schweiz** aus dem Reich zu Ausgang des 15. Jahrh. ist es, daß die Rezeption des römischen Rechtes in der alemannischen Schweiz mit Ausnahme Basels weit schwächer ausfiel als im Reich. Wesentlich mitverantwortlich war dafür, daß mit Ausnahme des Bistums Basel die RKGOrdnung von 1495 dort keine Anwendung fand.

2. Der Rezeptionsvorgang ist nicht verstehbar ohne eine Würdigung des Verhältnisses mittelalterlicher Gelehrsamkeit zum Buch. Dem Theologen waren die „heiligen Bücher" nicht nur Quellen und Zeugnisse, sondern unmittelbare, unanfechtbare Wahrheit. Ähnlich ist die Beziehung der Bologneser Juristen zum Corpus juris und der Humanisten zu den antiken Autoren. Solcher Nimbus erhob das römische Recht zur ratio

scripta. Seine praktische Anwendung hatte jedoch eine Harmonisierung mit der Rechtswirklichkeit zur Bedingung. Erst die gewaltige Leistung seiner Anverwandlung ließ es zum ius commune werden.

3. In Deutschland führten verschiedene Umstände zu einer Rezeption „in complexu":

a) Die Reichsideologie erblickte in den römischen Cäsaren die Vorgänger der deutschen Kaiser; Friedrich I. und II. und ebenso Heinrich VII. fügten ihre Gesetze dem Corpus iuris Iustinians hinzu; Barbarossa zog die an den im 11. Jhdt. wiederaufgefundenen Pandekten geschulten Glossatoren von Bologna zur Gesetzgebung zu (s. Kap. 22 II 1). Das war eine „Vorrezeption", die man besser nicht eine „theoretische" nennen sollte. Das römische Recht wurde nicht als „fremdes" empfunden, sondern eben als Kaiserrecht.

Die Ableitung des Geltungsanspruches des römischen Rechtes von der Translatio imperii als theoretische Rezeption zu bezeichnen, ist wenig glücklich. Die politisch motivierte Frührezeption unter Barbarossa führte keineswegs sogleich zu einer breiten Kenntnis des römischen Rechtes, geschweige denn zu seiner Einführung in die Gerichtspraxis. Seine schulmäßige Behandlung blieb bis in das späte 15. Jahrh. fast ganz den mediterranen Universitäten vorbehalten. In die Rechtsprechung dringen die Legisten in Deutschland erst um die Wende des 15. Jahrh. ein.

b) Die Rechtszersplitterung und mangelnde wissenschaftliche Pflege des Rechtes, das von keiner starken Zentralgewalt in Obhut genommen wurde und widerstandsunfähig blieb.

c) Die Rückständigkeit der Gerichtsverfassung und des Prozesses. Aus dem gleichen Grunde war schon vorher das kanonische Recht in Deutschland eingedrungen, das in den geistlichen Gerichten geübt wurde (s. Kap. 34 IV).

Dagegen ist eine ältere Meinung irrig, wonach das deutsche Recht den Verkehrsbedürfnissen des Frühkapitalismus weniger entsprochen habe als das römische. Eher das Gegenteil war der Fall, da das römische Recht zwar technisch entwickelter aber nicht eigentlich wirtschaftsfreundlich war.

4. Die Hauptrezeption (sog. „praktische Rezeption") begann im 14. Jhdt. mit dem Studium deutscher Scholaren an den italienischen Universitäten. Dort lernten sie das römische Recht in der Gestalt kennen, die ihm die Postglossatoren (Bartolus, Baldus u. a.) gegeben hatten, als in einem nach scholastischer Methode entworfenen System, durch das es erst rezeptionsreif wurde. So war eine internationale Wissenschaft entstanden, die allerdings bald in geistferne Buchgelehrsamkeit ausartete.

Den Zugang zum Corpus juris eröffnete den Deutschen vorab die große Glossensammlung des Florentiners Accursius (Francesco Accursio, † 1263), die sogenannte Glossa magna oder ordinaria. Die Rezeption des römischen Rechtes wurde großenteils zu einer solchen des Accursius.

a) Die so gelehrten (oder verbildeten) Juristen fanden Verwendung in den Städten als Syndici, in den Fürstentümern als Räte oder Verwaltungsbeamte, die bald als Schiedsrichter eine „Parajustiz" ausübten, dann auch in die Hofgerichte kamen, wo sie die Laienbeisitzer zurückdrängten. Da sie die im Wege der Berufung dorthin gelangten Schöffenurteile meist verwarfen, kam das Rechtsbewußtsein der Schöf-

fen zum Erliegen; auch streckten diese oft die Waffen vor der Rabu-
listik der vielfach landfremden Advokaten. Der deutsche Rechtsgeist
wurde steril. Den Fürsten wiederum dienten die Juristen durch Ausbau
einer neuen Rechtslehre, die ihre Macht über die Untertanen ebenso
mehrte wie ihre Unabhängigkeit vom Reich. So hat die Rezeption zwar
im Zeichen des Reiches begonnen, im Ergebnis aber gegen dieses gewirkt; auch sie war eine Form der Adelsherrschaft.

Für das hohe Ansehen der Juristen kennzeichnend ist der Spruch: Chi non ha
Azzo († vor 1235, Verfasser der Summa in Codicem), non vada in palazzo.

b) Daran konnte auch das Eindringen des römischen Rechtes in die
Reichsgerichte nichts mehr ändern. Schon im königlichen Kammergericht Friedrichs III. saßen gelehrte Richter, und das 1495 geschaffene
Reichskammergericht (s. Kap. 41 I 1) wurde angewiesen, „nach des
Reichs gemeinen Rechten", also dem römischen und kanonischen, zu
richten. Aber noch findet sich die „salvatorische Klausel", nach der be-
wiesene und vernünftige deutsche Rechtsgewohnheiten und Gebräuche
dem „gemeinen" Rechte vorgehen sollten, dieses galt also zunächst nur
subsidiär. Indessen verkehrte sich diese Regel durch immer schärfere Anforderungen an diesen Beweis in ihr Gegenteil. Es setzte sich der Grundsatz durch: statuta stricte sunt interpretanda, sie sind restriktiv anzuwenden; wer sich dagegen auf römisches Recht berief, hatte „fundatam
intentionem". So wurde auch das heimische Recht immer mehr zurückgedrängt.

Während das römische Recht als ratio scripta galt, war das heimische Recht schon
hinsichtlich seiner Vernünftigkeit beweispflichtig. Dazu kam der Geltungsbeweis,
der besonders erschwert war beim ungeschriebenen Gewohnheitsrecht. Das mußte
die Kodifikation des regionalen einheimischen Rechtes anregen.

Schrifttum: W. Trusen, Römisches und partikuläres Recht in der Rezeptionszeit,
Festschr. H. Lange (1970) 97 ff.; H. Thieme, Ein Basler Fakultätsgutachten für
Breslau, Festschr. G. Kisch (1955); W. Wiegand, Zur Herkunft und Ausbreitung der Formel „Habere fundatam intentionem", Festschr. H. Krause (1975)
126ff.

Wichtig für das Fortleben des heimischen Rechtes wurde es, daß dem römischen
Recht der Begriff des Gewohnheitsrechtes nicht fremd war (Dig. 1, 3, 32 u. 35).

Schrifttum: B. Schmiedel, Consuetudo im klassischen und nachklassischen
römischen Recht, 1966; S. Brie, Die Stellung der deutschen Rechtsgelehrten der
Rezeptionszeit zum Gewohnheitsrecht, Festg. F. Dahm (1905) 131 ff.

c) Die Hauptwirkung der Rezeption liegt indessen nicht in der Überfremdung des Rechtes durch Aufnahme der einzelnen Sätze, vielmehr
im Wandel der gesamten geistigen Grundlagen. Das fremde
Recht brachte eine ganz neue Denkmethode und juristische Logik mit,
die dem Volke unverständlich blieb. So öffnete sich eine tiefe Kluft
zwischen Volk und Recht, Volk und Juristen. Zugleich verschärften
sich die sozialen Gegensätze: Nur reiche Leute konnten sich einen gelehrten Advokaten leisten oder das Gutachten einer Rechtsfakultät einholen. Die Rechtsfakultäten wurden jetzt Oberhöfe, was wieder eine
kostspielige Aktenversendung nach sich zog.

Die im 16. und 17. Jahrhundert allgemein gebräuchliche Aktenversendung an die
Rechtsfakultäten hat der Rechtslehre starken Einfluß auf die Rechtsprechung ver-

schafft. Die Inanspruchnahme ausländischer Universitäten erschien dem sich ab-schließenden Territorialstaat freilich nicht mehr tragbar. So kam es zum Verbot der Aktenversendung (Preußen 1746, Bayern 1753). Das führte dazu, daß die bislang enge Verbindung zwischen Lehre und Rechtspraxis litt und die Rechtswissenschaft im 19. Jahrhundert sich unter dem Einfluß Savignys ganz vom geltenden Recht lösen konnte (Vgl. Privatrecht Kap. 5).

Schrifttum: C. D. Schott, Rat und Spruch der Juristenfakultät Freiburg i. Br., 1965; **A. Schikora**, Spruchpraxis an der juristischen Fakultät zu Helmstedt, 1972; **N. Hasselwander**, Aus der Gutachter- und Urteilstätigkeit an der alten Mainzer Juristenfakultät, 1956; **J. Haalck**, Die Rostocker Juristenfakultät als Spruch-kollegium, in: Wiss. Zeitschr. d. Univ. R. 8 (1958/59) Heft 3; ders., Zur Spruch-praxis der Juristenfakultät Frankfurt (Oder), Festschr. R. Lehmann, Weimar 1958; **W. Merk**, Die Spruchtätigkeit der Marburger Juristenfakultät, in: Fest-zeitg d. Univ. M. 1527–1927 (1927); **H. Gehrke**, Konsilien, Konsiliensamm-lungen, HRG II 1102ff.; **G. Buchda**, Aktenversendung, HRG I 84.

d) Das deutsche Recht zog sich auf Sondergebiete zurück, die dem römischen fremd geblieben waren, wie das Handels-, Schiffahrts-, Berg-, Gewerberecht. Für das Lehnrecht jedoch wurden die lombardischen Libri feudorum (s. Kap. 27 I 4) rezipiert, deren vasallenfreundliche Tendenz nur ungünstig wirken konnte.

Direkte wirtschaftliche und soziale Schäden brachte das römische Recht in nicht allzu großem Umfange mit sich. Immerhin konnte der schroffe Eigentumsbegriff, den man aus ihm herauslas, dazu führen, daß den Bauern ihre Allmendrechte und der Gemeingebrauch an Wald, Wasser und Weide noch mehr beschnitten wurden; in Mecklenburg wandte man sogar das römische Sklavenrecht auf sie an. Auch insofern die Rezeption die Rechte der Gutsherrn stärkte, erscheint sie als Spätform der Adelsherrschaft. – Andererseits untergrub der neue Staatsbegriff die Autonomie der Städte, Gemeinden und Hochschulen, die ihre Selbstverwaltung einbüßten.

e) Das erstrebte Ziel der Rechtseinheit wurde nicht erreicht. Ver-suche Maximilians I., ein Reichsgesetzbuch zu schaffen, scheiterten. Nur in einigen Ländern, wie z. B. Hessen, herrschte das römische Recht un-eingeschränkt. Das Gebiet des „gemeinen Sachsenrechts" (s. Kap. 37 I 1 c) leistete starken Widerstand; Schleswig-Holstein, das an das dä-nische Hofgericht angeschlossen war, und die Schweiz, die das Reichs-kammergericht nicht anerkannte, und 1499 de facto, 1648 de jure aus dem Reichsverbande ausschied, blieben von der Rezeption verschont; in anderen Ländern, wie Bayern, Tirol, Württemberg, entstand ein Ge-misch aus fremdem und heimischem Recht.

Schrifttum: R. v. Sartori-Montecroce, Über die Reception des fremden Rech-tes in Tirol und die Tiroler Landesordnungen, Innsbruck 1895; **H. Günter**, Das bayerische Landrecht von 1616 [und das römische Recht], Schrift. Reihe z. bayer. LG 66 (1969); **H. Coing**, Die Frankfurter Reformation von 1578 und das Gemeine Recht ihrer Zeit, 1935; ders., Die Rezeption des römischen Rechts in Frankfurt a. M., 2. Aufl., 1962; **D. Waldmann**, Die Entstehung der Nürnberger Reforma-tion von 1479 (1484) und die Quellen ihrer prozeßrechtlichen Vorschriften, Mitt. d. Ver. f. Gesch. d. Stadt Nürnberg 18 (1908) 1ff.; **C. Koehne**, Die Wormser Stadt-rechtsreformation von 1499 (1897); **H. Knoche**, Ulrich Zasius und das Frei-burger Stadtrecht von 1520 (1957).

f) Die Rezeption war auch nicht unwiderruflich. Schon im 17. Jhdt. setzte eine Gegenbewegung ein in Gestalt des **Naturrechts**, unter dessen Deckmantel vielfach deutsches Recht wieder auflebte. Schon 1643 mahnte Hermann Conring, *De origine iuris Germanici*, zur Rück-besinnung auf das heimische Recht. Von den am Ende der Naturrechtszeit entstehenden Gesetzbüchern lehnt das Preußische Allgemeine Landrecht (PALR, 1794) das römische Recht vollständig ab, der Code Napoléon (1804) und das Österreichische Allg. Bürgerliche Gesetzbuch (1811) berücksichtigten es nur in gewissen Grenzen. Nach den Freiheitskriegen forderte der Heidelberger Professor Justus Thibaut ein auf Naturrecht gegründetes deutsches Gesetzbuch. Ihm trat Carl Friedrich v. Savigny entgegen („Vom Berufe unserer Zeit für Gesetzgebung und Rechtswissenschaft" 1814). Die von ihm begründete **Historische Rechtsschule** führte zu einer nicht ganz sachgerecht als Nachrezeption bezeichneten Neubelebung des römischen Rechtes, die ihm sogar im Gebiete des PALR praktische Geltung und wissenschaftliche Autorität verschaffte. Damit vertiefte sich die Kluft zwischen Volk und Recht, und auch das BGB von 1900 hat sie nicht geschlossen; sie zu überbrücken ist die vordringlichste Aufgaben der Zukunft.

Schrifttum: H. Wetzel, Die Naturrechtslehre Samuel Pufendorfs. Ein Beitrag zur Ideengeschichte des 17. u. 18. Jahrhunderts, 1958; H. Thieme, Die Zeit des späten Naturrechts. Eine privatrechtsgeschichtliche Studie, ZRG 56 (1936), 202ff. u. 17 (1937) 355ff.; P. Caroni, Savigny und die Kodifikation, Versuch einer Neudeutung des „Berufes", ZRG 86 (1969) 47ff.

5. Die Rezeptionszeit hat eine Reihe neuartiger **Rechtsquellen** hervorgebracht. Typisch sind

a) die reformierten Stadt- und Landrechte, in denen in sehr verschiedener Weise fremdes und heimisches Recht verbunden sind, so z.B. die Nürnberger Reformation von 1479 (noch überwiegend deutschrechtlich), die Wormser 1499 (stärker romanisierend), die Freiburger von 1520, ein Meisterwerk des Ulrich Zasius, der auch dem deutschen Rechte Einfluß gönnte; das bairische Landrecht von 1518 und 1616, Tiroler Landesordnungen, das württembergische Landrecht von 1555 usw.

b) Erzeugnisse einer populären Literatur zur Verbreitung römischer Rechtskenntnisse wie Seb. Brants Klagspiegel, Ulrich Tenglers Laienspiegel, zahlreiche *differentiae iuris* usw.;

Schrifttum: R. v. Stintzing, Geschichte der populären Literatur des römisch-kanonischen Rechts in Deutschland am Ende des 15. und Anfang des 16. Jahrh. (1867), Neudr. 1959; E. Seckel, Zur Geschichte der populären Literatur des römischen und kanonischen Rechtes, 1898, Neudr. 1967; A. Foth, Gelehrtes römisch-kanonisches Recht in deutschen Rechtssprichwörtern, 1971; B. Koehler, Laienspiegel, HRG II 1357ff.

c) die aus der Praxis erwachsene Literatur des „Usus modernus Pandectarum" (Mynsinger, Gail).

d) Die Reichsgesetzgebung war besonders fruchtbar auf strafrechtlichem Gebiete; hier ist auch die Rezeption, anknüpfend an die Entwicklung seit den Landfrieden (s. Kap. 38 I 5c), vernünftig durchgeführt worden; sie hat die in Deutschland schon angebahnte Entwicklung zum Offizialprinzip beschleunigt und der Gerechtigkeit vor allem in der Schuldlehre, aber auch im Strafprozeß und Strafvollzug, Bahn gebrochen. Das Hauptstück ist die **Peinliche Gerichtsordnung** Karls V. von 1532 (Constitutio criminalis Carolina, CCC). Sie hat die Theorie und Praxis des Strafrechts auf Jahrhunderte beherrscht. Ihr Vorbild war die **Bambergische Halsgerichtsordnung** von 1507, in der bereits der geniale Johann von Schwarzenberg die Synthese zwischen römischem und deutschem Recht vollzogen hatte. Ihre Bestimmungen finden sich oft wörtlich in der CCC wieder.

Schrifttum: J. Kohler-W. Scheel, Die Carolina und ihre Vorgängerinnen.
Text, Erläuterung, Geschichte, 4 Bde, 1900–1915; Neudr. 1968; H. v. Weber,
Die peinliche Halsgerichtsordnung Karls V., ZRG 77 (1960) S. 288 ff.; Eb.
Schmidt, Die Carolina, ZRG 53 (1933) 1 ff.; Gerh. Schmidt, Sinn und
Bedeutung der CCC als Ordnung des materiellen u. prozessualen Rechts, ZRG
89 (1966) 239 ff.; A. Schoetensack, Der Strafprozeß der Carolina (Diss.
Heidelberg 1904); K. Saueracker, Wortschatz der Peinlichen Gerichtsordnung
Karls V. (Carolina-Wörterbuch) mit Einl. E. Frhr. v. Künßberg, Heidelb. rechtsw.
Abh. 2 (1929); R. Blankenhorn, Die Gerichtsverfassung der Carolina (Diss.
Tübingen 1939); Albert Meier, Die Geltung der Gerichtsordnung Kaiser Karl V.
im Gebiete der heutigen Schweiz, Bern 1910; R. Lieberwerth, Carolina, HRG
I 592 ff.

6. Breitenwirkung gewann die Rezeption erst als anstelle eines kostspieligen Auslandsstudiums (Italien) die Möglichkeit eines Studiums des
römischen Rechtes im Inland trat. Die deutschen Universitätsneugrün-
dungen der zweiten Hälfte des 15. Jahrhunderts (Freiburg i. Br. 1457,
Basel 1460, Ingolstadt 1472, Tübingen 1477) verfolgen diesen Zweck.
Feste römischrechtliche Lehrstühle gehören freilich erst dem Ende des
Jahrhunderts an. Die Gutachtertätigkeit der Rechtsfakultäten, die im
16. Jahrhundert die Inanspruchnahme der Oberhöfe ersetzt, hat ihnen
unmittelbaren Einfluß auf die Rechtsprechung gewährt.

Schrifttum: A. Stölzel, Entwicklung des gelehrten Richtertums in den deutschen Territorien, 2 Bde, 1872, Neudr. 1964; A. v. Wretschko, Die Verleihung
gelehrter Grade durch den Kaiser seit Karl IV., Festschr. H. Brunner (1910)
689 ff.; Th. Muther, Zur Geschichte der Rechtswissenschaft und der Universitäten in Deutschland, 1876, Neudr. 1961; H. Rössler-G. Franz (Hg.), Universität und Gelehrtenstand (1400–1800), 1970; K. H. Burmeister, Das Studium
der Rechte im Zeitalter des Humanismus im deutschen Rechtsbereich, 1974;
H. Wolff, Geschichte der Ingolstädter Juristenfakultät 1472–1615 (Univ. Ingolst.-
Landsh.-Mchn, Bd. 5) 1973; K. Neumaier, Jus publicum, Studien zur barocken
Rechtsgelehrsamkeit an der Universität Ingolstadt, 1974; K. K. Finke, Die Tü-
binger Juristenfakultät 1477–1534. Rechtslehrer und Rechtsunterricht von der
Gründung der Universität bis zur Einführung der Reformation, 1972; G. Kisch,
Die Anfänge der juristischen Fakultät der Universität Basel 1459–1529 (Basel 1962);
G. Dickel, Die Heidelberger juristische Fakultät, Stufen und Wandlungen ihrer
Entwicklung, 1961; E. Molitor, Die Greifswalder Juristenfakultät, Festschr. z.
500-Jahrfeier d. Univ. Gr. II (Greifswald 1956).

Gleichzeitig hat freilich das Anschwellen des Juristenstandes das hohe gesellschaftliche Ansehen, das der Doctor juris um die Mitte des 15. Jahrhunderts besaß
(Adelsrang), rasch gemindert; um 1600 pflegen neugeadelte beamtete Juristen ihren
akademischen Grad nicht mehr zu führen.

7. Nicht übersehen werden darf, daß römisches Recht auch mittelbar
über das kanonische Recht nach Deutschland einfloß. Die Kirche,
groß geworden unter dem schützenden Dach des römischen Reiches (s.
Kap. 25 III 2), blieb in ihren auch für die Laien wichtigen Satzungen
(Zivil- und Prozeßrecht) dem römischen Recht verhaftet. Die Kodifikation des Kirchenrechtes im 12. und 13. Jahrhundert (s. Privatrecht
Kap. 2 III 3), mündet in eine der Erschließung des römischen Rechts
gleichlaufende wissenschaftliche Bearbeitung. Über die Praxis der geistlichen Gerichte und die nicht seltene personelle Verbindung von
Kanonistik und Legistik (ius utrumque) öffnet sich eine Infiltrations-
möglichkeit, freilich nur beschränkten Umfangs; das kanonische Recht

ist niemals in complexu rezipiert worden, wenngleich es selbst noch in nachreformatorischer Zeit weithin als Teil des Gemeinen Rechtes behandelt wurde (so in der Reichshofratsordnung von 1654 Titl. 7 § 24).

Schrifttum: U. Wolter, Jus canonum in iure civili. Studien zur Rechtsquellenlehre in der neueren Privatrechtsgeschichte (Forsch. z. neuer. Privatrechtsgesch. 23), 1975; F. Merzbacher, Die Parömie „Legista sine canonibus parum valet, canonista sine legibus nihil", Stud. Gratiana 13 (1967) 273 ff.; E. Seckel, Beiträge zur Geschichte beider Rechte im Mittelalter, 1898, Neudr. 1967; G. Dolezalek, Jus utrumque, HRG II 502 ff.

II. Auch die **Reformation** brachte nicht nur eine religiöse, sondern auch eine rechtliche Spaltung Deutschlands. Die neue Lehre konnte weder ganz siegen, wie in England und den nordischen Staaten, noch politisch ganz besiegt werden wie schließlich in Frankreich.

1. Luthers Auftreten fiel in eine Zeit des Wankens der Reichsgewalt, da die unter Maximilian I. begonnene Reichsreform (s. Kap. 41 I) die Geister entzweite. Karl V. konnte auf Grund des c. 22 seiner Wahlkapitulation (1519) nicht von sich aus mit der Reichsacht gegen den gebannten Luther vorgehen; seine einseitig nach Schluß des Wormser Reichstags (1521) gegen ihn erlassene Achtsentenz wurde in den Reichsabschied nicht aufgenommen und blieb unausgeführt. Die Landesfürsten nahmen, da sie schon im 15. Jhdt. in Kirchensachen vom Reich ziemlich unabhängig geworden waren, das ius reformandi für sich in Anspruch. Das 1521 eingesetzte Reichsregiment (s. Kap. 41 I 1 d) verlor die Führung und überließ auf dem 1. Speyerer Reichstag 1526 den Landesherren die Ordnung der kirchlichen Verhältnisse; damit war das Ketzerrecht praktisch außer Kraft gesetzt. Der Versuch des Kaisers auf dem 2. Speyerer Reichstag (1529), diesen Beschluß umzustoßen und das Wormser Edikt zu bestätigen, führte zum Zusammenschluß der „Protestanten" im Schmalkaldischen Bund, der dann Anlehnung an Frankreich suchte.

2. Der Augsburger Religionsfriede von 1555, eine Ausdehnung des Ewigen Landfriedens (1495) auf das Bekenntnis, gab den Ständen auch formell das Recht der Konfessionswahl, zugleich bestätigte er das ius reformandi, den Religionsbann; fortan galt: cuius regio eius religio. Andersgläubige durften weder bestraft noch zum Übertritt, wohl aber zur Auswanderung gezwungen werden; ihnen blieb das „flebile beneficium emigrationis". Das galt zunächst nur für die Lutheraner; die Calvinisten erlangten erst 1648 die gleiche Rechtsstellung.

a) Die noch altgläubigen geistlichen Fürstentümer suchte der Kaiser dem Katholizismus durch Einfügung eines geistlichen Vorbehalts *(reservatum ecclesiaticum)* in den Religionsfrieden zu sichern. Danach verloren geistliche Fürsten beim Übertritt zum Protestantismus ihre Würde. Diese Bestimmung wurde abgeschwächt durch die Declaratio Ferdinandea, die in geistlichen Gebieten der Ritterschaft und den Städten freie Religionsübung gestattete. So konnte es kommen, daß evangelische Domkapitel einen evangelischen Bischof wählten.

b) Die Frage, ob der sog. Städteartikel (§ 27) des Augsburger Religionsfriedens eine Änderung des konfessionellen Besitzstandes verbot, blieb lange unentschieden. Sie kam erst 1593 im Falle Aachens zum Austrag. Nachdem in der Zwischenzeit zahlreiche Reichsstädte das Simultaneum zugunsten der Augsburger Konfession aufgegeben hatten, erzwang nun ein Spruch des Reichshofrates die Wiederherstellung der katholischen Ratsherrschaft in Aachen.

Schrifttum: K. Brandi, Der Augsburger Religionsfrieden vom 25. September 1555, 2. Aufl., 1927; B. v. Bonin, Die praktische Bedeutung des ius reformandi. Eine rechtsgeschichtliche Studie, 1902, Neudr. 1962; U. Scheuner, Die Auswanderungsfreiheit in der Verfassungsgeschichte und im Verfassungsrecht Deutschlands, Festschr. R. Thoma (1950), 199ff.; G. Pfeiffer, Der Augsburger Religionsfrieden und die Reichsstädte, Z. d. hist. Ver. Schwaben 61 (1955) 211ff.; M. Heckel, Cuius regio – eius religio, HRG I 451ff.

3. Das Reich war fortan **paritätisch** bis in die Stellenbesetzung hinein. Die Ständemacht war weiter gefestigt, ja unüberwindlich geworden, der Weg zum Einheitsstaat nun endgültig gesperrt. Das landesherrliche Kirchenregiment, das die Landesfürsten, auch die katholischen, übten, führte zu vertiefter Auffassung von Staat und Fürstenamt. Die Säkularisationen brachten den Staaten neuen Gewinn; in den katholischen wurden sie vielfach durch Besetzung der Bistümer mit Familienmitgliedern ersetzt. Die Barockzeit bringt eine neue Form der Adelsherrschaft über die Kirche.

a) Die Reformation hat die einheitliche mittelalterliche Zwangskirche nicht einfach durch deren zwei ersetzt. Dazu hätte das Reich auch politisch auseinanderbrechen müssen. Der entstehende Zwiespalt wurde durch Ausbildung eines untheologisch-paritätischen Reichskirchenrechtes überbrückt. Aus der Verlegenheit geboren, 1648 endgültig formuliert, entbehrt es zunächst des geschlossenen weltanschaulichen Hintergrundes. Erst die Aufklärung des 18. Jahrhunderts hat ihn geliefert. Widersprüchlich mußte das Verhältnis dieses Reiches zur Kurie bleiben (s. Kap. 41 I 4).

Schrifttum: M. Heckel, Staat und Kirche nach den Lehren der evang. Juristen Deutschlands in der ersten Hälfte des 17. Jhdt., ZRG Kan. 73 (1956) 117ff., 74 (1957) 202ff. und JE 6 (1968); ders., Autonomia und pacis compositio, Der Augsburger Religionsfrieden in der Deutung der Gegenreformation, ZRG Kan. 76 (1959) 141ff.; ders., Parität, ZRG Kan. 80 (1963) 261ff.; J. Heckel, Das Decretum Gratiani und das evangelische Kirchenrecht, in: Studia Gratiana 3 (1955) 483ff.; R. Schäfer, Die Geltung des kanonischen Rechts in der evangelischen Kirche Deutschlands von Luther bis zur Gegenwart, ZRG Kan. 36 (1915) 165ff.; F. Dickmann, Das Problem der Gleichberechtigung der Konfessionen im Reich im 16. u. 17. Jahrhundert, HZ 201 (1965) 265ff., neu abgedr. in ders., Friedensrecht und Friedenssicherung (1971) 7ff.; L. Weber, Die Parität der Konfessionen in der Reichsverfassung von den Anfängen der Reformation bis zum Untergang des alten Reiches im Jahre 1806, Diss. Bonn 1961; Chr. Link, „Jus divinum" im deutschen Staatsdenken der Neuzeit, Festschr. U. Scheuner (1973) 377ff.; H. Chr. Hafke, Zuständigkeit in geistlichen Streitigkeiten und konfessionelle Besetzung der höchsten Reichsgerichte nach dem westfälischen Friedensschluß, 1972.

b) Die rechtlichen Beziehungen zwischen Reich und Kurie verblieben im Zwielicht. Das Reichskonkordat Kaiser Friedrich III. von 1448, nicht ersetzt durch spätere Regelungen, wurde von der Kurie als Privileg behandelt, vom Reich seinerseits war es nicht als Reichsgesetz verabschiedet, in der Praxis jedoch anerkannt (Reichsabschiede 1497 und 1498, Reichshofratsordnung 1654). Die Länder behalfen sich mit regionalen Konkordaten, die von den katholischen Fürsten mit den Diözesanbischöfen vereinbart wurden.

Schrifttum: H. Raab, Die Concordata Nationis Germanicae in der kanonistischen Diskussion des 17. und 18. Jahrhunderts, 1956.

4. Der paritätische Aufbau des Reiches hat nichts zu tun mit religiöser **Toleranz**. Der **Toleranzgedanke** erstarkte erst spät im Zeichen

der Aufklärung. Er fand seine Heimstätte vor allem in den oft konfessionell gemischten Reichsstädten. Der frühe Versuch des Kurfürsten Karl Ludwig von der Pfalz, die Glaubensbekenntnisse gleich zu behandeln (Mannheimer Konkordienkirche 1679), mißlang.

Schrifttum: H. Conrad, Religionsbann, Toleranz und Parität am Ende des alten Reiches, Röm. Quartalschr. 56 (1961) 167ff.; H. Fürstenau, Das Grundrecht der Religionsfreiheit nach seiner geschichtlichen Entwicklung und heutigen Geltung in Deutschland, 1891.

5. In den evangelischen Reichsteilen erfuhr das landesherrliche Kirchenregiment eine die Unabhängigkeit der Kirche vom Staat gefährdende Steigerung durch den Übergang der **Bischofsrechte** auf den Landesherrn. Gleichwohl ist es auch den evangelischen Kirchen gelungen, die landesherrliche cura religionis auf die directio externa der Kirche zu beschränken und Kirchenverfassung und Kirchenrecht vom Zugriff des Monarchen freizuhalten.

Die Ausbildung eines eigenständigen reformatorischen Kirchenrechtes wurde dadurch erleichtert, daß Luther der Bibel die Eigenschaft einer unmittelbaren Rechtsquelle aberkennt (vgl. auch Art. 7 der Augsburger Konfession von 1530).

6. Die Reformation hat in ihren Anfängen auch sozialrevolutionäre Kräfte freigesetzt. Sie fanden blutigen Ausdruck in der Wiedertäuferbewegung (Thomas Münzer) und im Bauernkrieg von 1525. Die Reformatoren traten demgegenüber für die überkommene Sozialordnung (Bejahung der Leibeigenschaft) und den Obrigkeitsstaat bis zur Verneinung des Widerstandsrechtes ein. Sie haben damit in den Ländern den Sieg des monarchischen Prinzips und die Zurückdrängung der Landstände begünstigt. Das mittelalterliche Bündnis zwischen Thron und Altar bestand weiterhin; es sicherte der Kirche den Glaubenszwang, dem Staat gefügige Untertanen.

Melanchthon erklärte es als Frevel, daß die Bauern nicht länger leibeigen sein wollten und Luther verdammte jegliche Auflehnung gegen die Staatsgewalt („nach der schrift will sichs in keinen weg zimen, das sich iemand, wer ein Christ sein will, wider seine oberkeit setze, got gebe sie thue recht oder unrecht, sondern ein Christ sol gewalt und unrecht leiden, sonderlich von seiner oberkeit". Gutachten von 1530 für den Kurfürsten von Sachsen).

Schrifttum: F. Kern, Luther und das Widerstandsrecht, ZRG Kan. 37 (1916) 331ff.; F. Lau, Luthers Lehre von den beiden Reichen, 1953; H. Scheible, Das Widerstandsrecht als Problem der Protestanten 1523–1546 (Texte z. Kirch. u. Theologiegesch. Heft 10) 1969; G. Kisch, Melanchthons Rechts- u. Sozialrecht, 1967; H. Kunst, Martin Luther als politischer Berater seines Landesherrn, Festschr. U. Scheuner (1973) 307ff.

Kap. 41. Die Reichsverfassung

Schrifttum: H. E. Feine, Zur Verfassungsentwicklung des Heil. röm. Reiches, ZRG 52 (1932), 65 ff.; H. v. Srbik, Deutsche Einheit, Bd. I (1935); H. Conrad; Recht u. Verfassung des Reiches in der Zeit Maria Theresias, Hist. Jb. 82 (1962) 163 ff.; ders. unter gleichem Obertitel: Die Vorträge zum Unterricht des Erzherzog Joseph, Wiss. Abh. d. Arbeitsgem. f. Forschg. d. Landes Nordrhein-Westf. 28 (1964); A. Randelzhofer, Völkerrechtliche Aspekte des Heiligen Römischen Reiches nach 1648, Schriften z. Völkerrecht (1967); R. Smend, Zur Geschichte der Formel „Kaiser und Reich", Festschr. K. Zeumer (1910) 247ff. und in: Staatsrechtl. Abh., 2. Aufl., 1968; W. Köhler, Die deutsche Kaiseridee am Anfang des 16. Jahrhunderts, HZ 149 (1934) 35 ff.; ders., Der deutsche Kaisergedanke bei den Humanisten und Luther, Neues Jb. f. dt. Wiss. 13 (1937) 101 ff.; P. Rassow, Die Kaiseridee Karl V., dargestellt an der Politik der Jahre 1528–1540 (1932); F. Merzbacher, Die Einheit des Teutschen Reiches nach dem Westfälischen Frieden, Festschr. K. Bosl (1974) 324 ff.; H. Wenkebach, Bestrebungen zur Erhaltung der Einheit des Hl. Röm. Reiches in den Reichsschlüssen von 1663 bis 1806 (1970); J. F. Noël, Zur Geschichte der Reichsbelehnungen im 18. Jahrh., Mitt. d. Öst. Staatsarch. 21 (1968) 106 ff.; G. Scheel, Die Stellung der Reichsstände zur Römischen Königswahl seit den westfälischen Friedensverhandlungen, Festg. F. Hartung (1958) 113 f.; L. Schmücker, Reichsrechtliche Probleme bei der Kaiserwahl Karl VII. 1740–42 (1954); W. Goldinger, Das Zeremoniell der deutschen Königskrönungen seit dem späten Mittelalter, Mitt. d. oberösterr. L. Arch. 5 (1957) 91 ff.; H. E. Feine, Papst, erste Bitten und Regierungsantritt des Kaisers seit dem Ausgang des Mittelalters, ZRG Kan. 20 (1931) 1 ff.; R. Hoke, Kaiser, Kaisertum, HRG II 530 ff.

Zeitgenössisches Schrifttum: Theodor Reinking, Tractatus de regimine saeculari et ecclesiastico, 1616 (7. Aufl., 1736), Neudr. i. Vorb.; Johannes Limnäus, De iure publico imperii Romano–Germanici, 3 Bde, 1629 (4. Aufl., 1699), Neudr. 1974; Chr. H. Krebs, Teutscher Reichs-Staat, Beschreibung des heil. Röm. Reiches Teutscher Nation, 2 Teile, 1706–07; J. M. v. Günderrode, Abhandlungen des teutschen Staats-Rechts, 1743; Joh. Jacob Moser, Neues teutsches Staatsrecht, 50 Teile und Zusätze, 1738–1754; ders., Erläuterungen des westphälischen Friedens aus reichshofräthlichen Handlungen, 2 Bde, 1775/76; ders., Grundriß der heutigen Staatsverfassung des teutschen Reiches, 7. Aufl. 1754, Neudr. 1974; ders., Abhandlungen aus dem teutschen Kirchenrecht, 1772, Neudr. 1974; ders., Von der Landeshoheit im Geistlichen, 1773, Neudr. 1974; Joh. Stephan Pütter, Historische Entwicklung der heutigen Staatsverfassung des teutschen Reiches, 3 Teile, 1786/87, 3. Aufl. 1798/99; ders., Literatur des teutschen Staatsrechtes, 3 Teile, 1776/82, Neudr. 1965; ders., Institutiones iuris publici Germanici, 6. Aufl., 1802, Neudr. 1974; ders., Geist des westphälischen Friedens, 1795; J. L. Klüber, Neue Literatur des teutschen Staatsrechts, 1791, Neudr. 1965; C. F. Häberlin, Handbuch des Teutschen Staatsrechts, 3 Bde, 1784 (2. verm. Aufl. 1797); N. Th. v. Gönner, Teutsches Staatsrecht, 1804; Joh. Christian Majer, Teutsches weltliches Staatsrecht, 3 Bde, 1775–76; ders., Teutsches geistliches Staatsrecht, abgetheilt in Reichs- und Landrecht, 1773, Neudr. 1974; F. W. v. Ulmenstein, Versuch ... einer ... Einleitung in die Lehre des teutschen Staatsrechtes von Steuern und Abgaben reichsständischer Untertanen und der Steuerrechte der Reichsstände, 1794; J. F. Pfeiffer, Polizeiwissenschaft, 2 Teile, 1779, Neudr. 1970; G. M. Weber, Handbuch des in Deutschland üblichen Lehensrechtes, 4 Bde, 1807–1811, Register 1818, Neudr. i. Vorb.; H. v. Rosenthal, Tractatus et synopsis totius iuris feudalis, 2 Bde, Speyer 1597–1600; J. F. Malblank, Anleitung zur Kenntnis der deutschen Reichs- und Provinzial-Gerichts- und Kanzleiverfassung und Praxis, 4 Teile, 1791–1795. Quellenwerke: M. Goldast v. Haiminsfeld, Collectio constitutionum imperialium, 4 Bde, 1610–1615, letzte Aufl. 1713, Neudr. 1974; J. Chr. Lünig, Teutsches Reichsarchiv, 24 Bde, 1713–1722; ders., Codex Germaniae diplomaticus, 2 Bde, 1732/33; ders., Thesaurus iuris deren Grafen und Herren des Heil. Röm. Reichs, 1725; ders., Corpus iuris feudalis Germanici, 3 Bde, 3. Aufl. 1727; ders., Corpus iuris militaris des heil. römischen Reichs, 1723; J. J. Pachner v. Eggenstorff, Vollständige Sammlung aller Reichsschlüsse der Jahre 1663 bis 1740, 4 Teile, 1740–1777, Neudr. i. Vorb.; Ernst August Koch, Neue und Vollständigere Sammlung der Reichsabschiede, 4 Bde, 1747, Neudr. 1967; H. Chr. Frhr. v. Senckenberg, Corpus iuris feudalis Germanici, 1740, 2. Ausg. (Eisenhart), 1772.

I. Die schon im 15. Jhdt. erwogenen Reichsreformpläne (s. o. Kap. 33 VI 1) verdichteten sich unter Maximilian I. (1493–1519) zu praktischen Versuchen einer Reichsreform. Dieser plante angesichts der drohenden

Türkengefahr eine Erneuerung von Reich und Kirche, ja eine Wiedervereinigung beider; er wollte sich selbst 1511 zum Papst wählen lassen, um Frankreichs Machtplänen zu begegnen, was schon daran scheiterte, daß Jakob Fugger keine finanzielle Unterstützung dazu gewährte.

1. Die Reichsreform konnte nur den Ausgleich zwischen dem Kaisertum und den Reichsständen zum Ziele haben. Diese standen unter Führung des Kurfürsten von Mainz, Berthold v. Henneberg. Die ersten Ergebnisse waren:

a) Die Aufrichtung des Ewigen Landfriedens (1495); das Reich sollte eine Rechtsgemeinschaft werden, jede Eigenmacht, auch der Stände gegeneinander, verboten sein; indessen fehlte es an der Macht, dies durchzusetzen, noch im 16. Jhdt. gehörte die Fehde zum Bilde des politischen Lebens.

Die schon von Barbarossa 1152 versuchte Beseitigung der Fehde gelang erst im Zuge der Reichsreform (1467 auf 5 Jahre, 1486 dauernd verboten). Landfriedensbruch, bisher nur mit Acht belegt, wurde zeitweilig (1467–1471) zum crimen laesae maiestatis gesteigert.

b) zu dessen Durchführung die Umwandlung des Königlichen in ein Reichskammergericht, an dem der Kaiser und die Stände Anteil haben sollten.

Über seine Beziehungen zur Rezeption s. Kap. 40 I 4 b u. Kap. 43 I. Seine Beisitzer sollten zunächst zur Hälfte adlig, zur Hälfte juristisch ausgebildet sein; später glich sich das aus, da auch die Adligen studiert haben mußten, andererseits der Dr. iur. den persönlichen Adel verlieh. Das Gericht krankte nicht nur an mangelnder Finanzierung, sondern auch an der veralteten Trennung von Richter und Urteilern. Trotzdem ist es nicht rein negativ zu bewerten; als Staats- und Verwaltungsgerichtshof, aber auch in der Handhabung der CCC (s. Kap. 40 I 5 d) hat es positive Arbeit geleistet. Gegen seine Urteile konnte Revision an den Reichstag eingelegt werden. Sein Funktionieren hat im 16. Jhdt. das Fehdewesen endgültig absterben lassen. Zu bedauern ist, daß seine Urteile nicht mit Begründungen versehen wurden. So konnten sie nicht zu einer richtunggebenden oberstrichterlichen Rechtsprechung führen.

Schrifttum: H. Spangenberg, Die Entstehung d. RKG, ZRG 46 (1926) 231 ff.; R. Smend, Das RKG, Geschichte und Verfassung, 1911, Neudr. 1965; ders., Brandenburg-Preußen und das RKG, Forschgn. zur brandenburg-preuß. Gesch. Bd. 20 (1907) 161 ff.; H. Bröhmer, Die Einwirkungen der Reformation auf die Organisation und Besetzung des Reichskammergerichts, 1932; F. Hertz, Die Rechtsprechung der höchsten Reichsgerichte im römisch-deutschen Reich und ihre politische Bedeutung, MJÖG 69 (1961) 331 ff.; H. Wiggenhorn, Der Reichskammergerichtsprozeß am Ende des alten Reiches, 1966; B. Heusinger, Vom Reichskammergericht, seinen Nachwirkungen und seinem Verhältnis zu den heutigen Zentralgerichten, 1972; N. Nève, Het Rijkskamergericht en de Nederlanden Assen 1972; S. Broß, Untersuchungen zu den Appellationsbestimmungen der Reichskammergerichtsordnung von 1495, Schrift. z. Prozeßrecht 32 (1973); J. Weitzel, Die Zuständigkeit des RKG als Appellationsgericht, ZRG 90 (1973) 213 ff.; ders., Der Kampf um die Appellation ans Reichskammergericht, Quell. u. Forsch. z. höchst. Gerichtsbarkeit im alt. Reich 4 (1976); W. Sellert, Die Ladung des Beklagten vor das Reichskammergericht, ZRG 84 (1967) 202 ff.; H. Lieberich, Frühe RKG-Prozesse aus dem Baierischen Reichskreis, Festschr. E. C. Hellbling (1971) 419 ff. A. Laufs (Hg), Die Reichskammergerichtsordnung von 1555 (Text mit Einleitung), Quell. u. Forsch. z. höchst. Gerichtsbarkeit i. alt. Reich 3 (1976).
Zeitgenössisches Schrifttum: Joh. Heinrich Harpprecht, Staatsarchiv des Kayserlich u. Reichskammergerichts, 6 Bde, 1757–1768; H. Chr. Frhr. v. Senckenberg, Abhandlung der wichtigen Lehre von der Kayserl. höchsten Gerichtsbarkeit in Deutschland, 1760.

c) die Einteilung des Reiches in 6, später in 10 die historischen Grenzen überschneidende Reichskreise (s. V) zur Handhabung des Landfriedens und für die Reichsexekution; auf ihnen sollte auch das Reichsheer- und Steuerwesen ruhen. Die Kreisverfassung konnte dort keinen festen Boden gewinnen, wo sie mit der Macht der großen Territorien zusammenstieß, wie im Osten; nicht integriert in die Kreiseinteilung wurde Böhmen mit seinen Nebenländern.

d) die Einsetzung eines ständischen Reichsregiments, die fast einer politischen Entmündigung des Kaisers und der Errichtung einer Adelsrepublik gleichkam. Doch bestand das erste Reichsregiment nur von 1500 bis 1502, das zweite von 1521 bis 1530, während der Abwesenheit Karls V.; es konnte sich gegen die Landesfürsten nicht durchsetzen.

Schrifttum: V. v. Kraus, Das Nürnberger Reichsregiment, Gründung und Verfall 1500–1502 (1883, Neudr. 1969); A. Grabner, Zur Geschichte des zweiten Nürnberger Reichsregiments, 1903; R. Wolgarten, Das erste und das zweite Nürnberger Reichsregiment, 1957; H. Angermeier, Die Reichsregimenter und ihre Staatsidee, HZ 211 (1970) 265 ff.

2. Im ganzen war die Reichsreform ein Fehlschlag, sie führte nur dazu, daß Kaiser und Reich sich noch schroffer gegenüberstanden. Zwar war der Kaiser noch Symbol der Reichseinheit, aber seine *plenitudo potestatis* war dahin; an ihre Stelle sind aufzählbare kaiserliche Reservatrechte *(iura caesarea reservata)* getreten, und die seit 1519 ständig auferlegten Wahlkapitulationen bedeuteten eine schwere Fessel. Die Habsburger regierten daher immer mehr von ihren Erblanden aus. Formell blieb das Reich bis 1806 Lehnreich, aber das Lehnsband verlor zusehends seine praktische Wirksamkeit.

a) Der denkwürdige Wormser Reichstag von 1495 hat die Umrisse des nachmittelalterlichen Reiches festgelegt. Das gilt vor allem für den Wechselbezug von Reichsoberhaupt und Reichsständen. Der König behauptete die lehnherrliche, gesetzgebende und regierende Gewalt. Dagegen geht die richterliche und vollstreckende nun ganz an das „Reich" über. Das nachmittelalterliche Reich krankte nicht so sehr an der Schwäche der Königtums als daran, daß die Stände zwar stark genug waren, eine monarchische Führung zu verhindern, aber nicht den Willen besaßen, selbst eine straffe Reichsverwaltung aufzubauen. Das Überwiegen der Sonderinteressen schuf einen negativ bestimmten Reichswillen, der es bei rudimentären Reichsorganen beließ und Zersplitterung, Schwerfälligkeit und Unbeweglichkeit hervorrief.

b) Die im Reichstag zu einem Gesamtbewußtsein gelangten Reichsstände sahen sich der Tatsache gegenüber, daß die Rechte und Pflichten des Kaisers als Folge der personalen Reichsvorstellung des früheren Mittelalters nur in Umrissen festgelegt waren. Diese Lücke zu füllen wurde eine wesentliche Funktion der Wahlkapitulationen.

Als Wahlvoraussetzung lag deren Ausarbeitung in den Händen des Kurkollegs. Angesichts der Bedeutung, die sie für die Reichsverfassung gewannen, drängten aber die Fürsten auf Mitbeteiligung. Der Westfälische Friede (JPO Art. VIII § 3) überwies die Streitfrage dem nächstfolgenden Reichstag. Daß dieser zu keinem Einverständnis gelangte, wurde zum formalen Anstoß des ewigen Reichstages. Verhindert wurde durch diesen Streit auch die reichsgesetzliche Verabschiedung einer ständigen Wahlkapitulation.

Schrifttum: J. Pratje, Die kaiserlichen Reservatrechte-Jura caesarea reservata, 1958; G. Kleinheyer, Die kaiserlichen Wahlkapitulationen, Geschichte, Wesen, Funktion, 1968; E. Pick, Die Bemühungen der Stände um eine ständige Wahlkapitulation und ihr Ergebnis 1711 (1969); A. Siemsen, Kur-Brandenburgs Anteil an den kaiserlichen Wahlkapitulationen von 1689 bis 1742 (Quell. u. Stud. z. Verf.Gesch. d. dt. Reiches in Ma. u. Neuzeit III 3) 1909; G. Scheel, Die Stellung der Reichsstände zur Römischen Königswahl seit den westfälischen Friedensverhandlungen, Festschr. F. Hartung (1958) 113 ff.; R. Hoke, Jura reservata, HRG II 476 ff.; W. Sellert, Conclusum imperii, HRG I 603 f.

c) Es fehlte auch im 16. und 17. Jahrh. nicht an kaiserlichen Versuchen die Lücken der Reichsverfassung zu einem Ausbau im monarchischen Sinne zu nutzen. Karl V. und Ferdinand II. haben militärische Erfolge (Schlachten bei Mühlberg 1547 und Nördlingen 1634) gegen die Reichsstände auszuwerten gesucht. Diese fanden rettenden Rückhalt vor allem an Frankreich.

Es kam wiederholt zu einseitigen kaiserlichen Machtsprüchen, deren Rechtsgrundlage unsicher und deren Durchsetzung eine Machtfrage blieb. Ex plenitudine potestatis wurde das Augsburger Interim von 1548, die Declaratio Ferdinandea von 1555 und das Restitutionsedikt Ferdinand II. von 1629 erlassen. Die Absetzung des nicht in der Reichsacht befindlichen Herzogs von Mecklenburg durch Karl VI. 1727 zeitigte in der Wahlkapitulation Karl VII. von 1742 die Bindung von Absetzungen von Reichsständen an die Zustimmung des Reichstages (Art. I 3). Karl VI. eximierte auch die Reichsritterschaft von jeder landesherrlichen Zivilgerichtsbarkeit, was der Reichshofrat dahin auslegte, daß ein Immediatus semper et ubique est immediatus. Das allgemein bestehende Nebeneinander von Reichsunmittelbarkeit, ja Reichsstandschaft und Landsässigkeit war damit zugunsten einer Emanzipation mediaten Besitzes aufgegeben. Das mußte natürlich auf heftigen Widerstand seitens der Landesherren stoßen. Dauerhafte Veränderungen bewirkte die von Karl V. ab 1548 verfügte antidemokratische Verfassungsreform der oberschwäbischen Reichsstädte und die Umwandlung Böhmens in eine Erbmonarchie (1627).

Schrifttum: F. Hartung, Karl V. und die deutschen Reichsstände von 1546–55, Neudr. mit Vorwort G. Oestreich, 1971; H. Rabe, Reichsbund und Interim. Die Verfassungs- und Religionspolitik Karl V. und der Reichstag von Augsburg 1547/48 (1971); M. Salomies, Die Pläne Kaiser Karl V. für eine Reichsreform, Helsinki 1953; L. Fürstenwerth, Die Verfassungsänderungen in den oberschwäbischen Reichsstädten zur Zeit Karl V., 1893; H. Haan, Kaiser Ferdinand II. und das Problem des Reichsabsolutismus, HZ 207 (1968) 297 ff.; A.Wandruszka, Reichspatriotismus und Reichspolitik zur Zeit des Prager Friedens, 1955; H.Sturmberger, Kaiser Ferdinand II. und das Problem des Absolutismus, 1957; G. Oestreich, Die verfassungspolitische Situation der Monarchie in Deutschland vom 16.–18. Jahrh., Teil I: Das Reich, in: ders., Geist und Gestalt des frühmodernen Staates, 1969; E. Bussi, Zur Geschichte der Machtsprüche, Festschr. E. C. Hellbling (1971) 51 ff.

3. Die Gegensätze brachen auf im Dreißigjährigen Kriege. Der unter der Garantie Frankreichs und Schwedens geschlossene Westfälische Friede (1648) war durch seine Aufnahme in den Jüngsten Reichsabschied 1654 zum letzten Reichsgrundgesetz geworden. Er sicherte den Reichsständen die volle Territorialhoheit (*ius territorii et superioritatis, droit de souveraineté* im franz. Text). Da sich das Reich unter keine der aristotelischen Staatstypen bringen ließ, nannte es Samuel v. Pufendorf „monstro simile". Der Kaiser regierte nicht das deutsche Volk, er versuchte nur die Reichsstände zu regieren. Die „Libertät" der Reichsstände umfaßte auch das Bündnisrecht mit auswärtigen Staaten, doch sollten diese sich nicht gegen Kaiser und Reich richten; wie wenig dies beobachtet wurde, zeigte der 1658 zwischen west- und mitteldeut-

schen Staaten geschlossene, von Frankreich abhängige erste Rheinbund. Die Einzelstaaten wurden immer mehr in die internationale Diplomatie verflochten. – Trotzdem verdient das Reich in seinem Todeskampf alles andere denn billigen Spott. Noch lebte die Reichsidee im Herzen des Volkes wie im Kopfe eines Leibniz, noch war das Reich ein Faktor der europäischen Politik, und im Zweifrontenkrieg gegen Franzosen und Türken hat es sich nicht unrühmlich geschlagen. Trotzdem blieb es „das Reich der ungewordenen Nation" (Herder).

Schrifttum: K. Müller, Instrumenta Pacis Westphalicae, Quell. z. Neuer. Gesch. 12/13 (Bern 1966); Th. Kürschner, Die Landeshoheit der deutschen Länder seit dem Westfälischen Frieden unter dem Gesichtspunkt der Souveränität, 1938; F. Dickmann, Der westfälische Frieden, 2. Aufl. 1964; ders., Der westfälische Frieden und die Reichsverfassung. Forschungen und Studien zur Gesch. d. westfäl. Friedens, 1965; E. W. Böckenförde, Der westfälische Frieden und das Bündnisrecht der Reichsstände, Der Staat 8 (1969); R. Schnur, Der Rheinbund von 1658 in der deutschen Verfassungsgeschichte, 1955.

Die Reichspublizistik (s. u. VI 1a) gliederte die kaiserlichen Rechte je nach dem Ausmaß der Abhängigkeit des Kaisers von der Mitwirkung des Reichstages in iura reservata, reservata limitata und comitialia. Zu den Komitialrechten, aufgezählt im Westfälischen Frieden (JPO Art. VIII § 2), zählte vorab die Gesetzgebung, Bündnisse, Kriegserklärung und Friedensschlüsse, Reichssteuern und die oberste Gerichtsbarkeit. Die iura caesarea reservata limitata verlangten lediglich die Zustimmung der Kurfürsten. Dazu zählten die Einberufung des Reichstages und die Verfügung über finanziell wichtige Regalien.

4. **Ungelöst blieb die religiöse Frage.** Das Reich war weder Konfessionsstaat noch konfessionell indifferent. Der Kaiser blieb im Prinzip oberster Vogt der Kirche. Nach der Kaiserwahl, die nach vielfacher Ansicht auch auf einen Protestanten fallen konnte, suchte eine Obödienzgesandtschaft um die päpstliche Bestätigung nach, die in einer eigenen Konfirmationsbulle erteilt wurde. Diese wurde in jüngerer Zeit jedoch nicht mehr zugestellt, sondern lediglich dem päpstlichen Archiv einverleibt. Gestützt auf die mittelalterliche Lehre von der Translatio imperii vertrat der Papst noch im 18. Jahrh. den Grundsatz der Abhängigkeit der weltlichen Universalgewalt von der geistlichen und protestierte gegen die Gleichbehandlung der Ketzer im Reich und gegen Veränderungen im Kurkolleg als einer päpstlichen Schöpfung.

a) Der westfälische Friede ist wegen der darin enthaltenen konfessionellen Zugeständnisse von der Kurie nie anerkannt worden. Sie protestierte gegen die ohne ihr Wissen erfolgte Abdankung Karls V. ebenso wie gegen die Schaffung der 8. Kur (1648).

Schrifttum: J. Schmid, Die deutsche Kaiser- und Königswahl und die römische Curie in den Jahren 1558–1620, Hist. Jb. 6 (1885) 165ff.; H. E. Feine, Papst, Erste Bitten und Regierungsantritt des Kaisers seit dem Ausgang des Ma., ZRG Kan. 51 (1931) 49ff.; R. Hoke, Die Konfession des Kaisers – Eine Frage zum Staatskirchenrecht des Hl. röm. Reiches dt. Nation, Österr. Arch. f. Gesch. 24 (1973) 281ff.; K. Repgen, Der päpstl. Protest gegen den Westfälischen Frieden, Hist. Jb. 75 (1956) 94ff.; ders., Die römische Kirche und der Westfälische Frieden, Bd. I: Papst, Kaiser und Reich 1521–1644 (1962); ders., Die römische Kurie und der Westfälische Frieden, Idee u. Wirklichkeit des Papsttums im 16. u. 17. Jahrh. Bd. I, 2 Teile, 1962 u. 1965; P. Mikat, Römische Kurie und Westfälischer Frieden, ZRG Kan. 54 (1968) 95ff. und Religionsgesch. Schrift. (1974) 753ff.; D. Albrecht, Der Heilige Stuhl und Die Kurübertragung 1623, Qu. F. Jt. A. 34 (1954) 236ff.; C. v. Noorden, Papsttum und Kaisertum im 18. Jahrhundert, Dt. Rundsch. 6 (1876), 209ff.

b) Der Sanktionierung der Glaubensspaltung durch den Augsburger Religionsfrieden folgte 1648 eine endgültige Verhärtung der konfessionellen Fronten. Die Parteien formierten sich auf dem Reichstag erneut in einem Corpus Catholicorum und einem Corpus Evangelicorum (erneuert 1653). Die Führung des Corpus Evangelicorum besaß Kursachsen und behielt sie auch nach der Konversion des Kurfürsten (1697) unter der Bedingung, daß er die Reichspolitik seinen Räten überließ. Die evangelische Kurpfalz erhielt 1685 ein Fürstenhaus, das zum Corpus Catholicorum gehörte. Größte Bedeutung kam dem Art. V § 52 des Friedens von Osnabrück zu, der in Religionssachen, und soweit die Stände nicht als einheitliches Corpus gelten könnten, Mehrheitsbeschlüsse des Reichstages ausschloß und die Parteien auf eine gütliche Einigung verwies. Die konfessionelle Spaltung übertrug sich auch auf die Reichsbehörden. Zu der Erstarrung des Reiches, welche die Reichsverfassung über den 1648 erreichten Zustand nicht mehr hinauskommen ließ, hat die permanent gewordene konfessionelle Spannung wesentlich beigetragen.

Schrifttum: S. Keller, Die staatsrechtliche Anerkennung der reformierten Kirche auf dem westfälischen Friedenskongreß, Festg. P. Krüger (1911) 473 ff.; F. Wolff, Corpus Evangelicorum und Corpus Catholicorum auf dem Westfälischen Friedenskongreß; die Einführung der konfessionellen Ständeverbindungen in d. Reichsverfassung, Schrift. Reihe d. Vereinigung z. Erforsch. d. neueren Gesch. V Bd. 1 (1966).

c) Die wichtigste religionspolitische Entscheidung des westfälischen Friedens war außer der Einbeziehung der Reformierten in den Religionsfrieden, die Stabilisierung des konfessionellen Besitzstandes auf ein Normaljahr (1. 1. 1624). Eine Ausweisung andersgläubiger Untertanen war fortan nur möglich, wenn ihnen zu diesem Zeitpunkt das Exercitium religionis nicht zugestanden war. Man unterschied ein Exercitium religionis publicum, welches Vorrecht der Religio dominans war, und ein Exercitium religionis privatum (Hausandacht), das in den bislang konfessionell nicht geschlossenen Gebieten jedermann zustand. Das ius reformandi des Landesherrn wurde 1648 stark beschnitten; umstritten war es stets hinsichtlich der Reichsritterschaft, der die größeren Territorien keine Landeshoheit und demzufolge nur ein persönliches Exercitium religionis zuerkennen wollten.

II. Der **Reichstag**: Das Scheitern des von der Goldenen Bulle vorgesehenen Kurvereins und des zu Anfang des 16. Jahrh. geschaffenen kurzlebigen Reichsregimentes stärkte die Stellung des Reichstages. Er war weitaus das wichtigste Organ des Reiches sowohl für die Gesetzgebung als auch für die Politik. Festere Formen gewann er erst Ende des 15. Jahrhunderts.

1. **1582** wurden die Fürstenstimmen radiziert und damit zahlenmäßig festgelegt. Neuernannte Fürsten konnte der Kaiser seit 1641 nur mit Zustimmung des Reichstages dort einführen, 1648 erhielten die Reichsstädte Stimmrecht. Die Form der Beratung wurde 1489 festgelegt.

Kurfürsten, Fürsten und Städte berieten getrennt über die kaiserliche Proposition Unter der Leitung des Kurfürsten von Mainz wurde dann versucht, Übereinstimmung zwischen den 3 Kurien herzustellen. Reichstagsbeschlüsse erhielten durch die Zustimmung des Kaisers Rechtsgültigkeit und wurden seit 1497 am Ende des Reichstages in einem „Reichsabschied" zusammengefaßt.
Die sachliche Zuständigkeit des Reichstages war grundsätzlich unbeschränkt, dagegen war die Verbindlichkeit von Mehrheitsbeschlüssen strittig, desgleichen bis 1498 die Verbindlichkeit der Beschlüsse für Abwesende. 1648 wurden sie in allen Religions- und verwandten Angelegenheiten ausgeschlossen und durch eine amicabilis compositio ersetzt.
Das Auseinandertreten (itio in partes) des Reichstages in ein Corpus Catholicorum und ein Corpus Evangelicorum fand in der Folge großzügigste Anwendung. Nicht einmal für die Steuergesetzgebung wurde 1653/54 das Mehrheitsprinzip mehr anerkannt. Der Reichstag wurde dadurch wiederholt völlig lahmgelegt. Nicht nur die Reform der Reichsfinanzen, auch die Verhängung der Reichsacht gegen Friedrich den Großen

und seine Verbündeten (1757) scheiterte an der itio in partes. Verbindliche Beschlüsse gegen mächtige Reichsstände wurden unerreichbar.

1663 wurde der Reichstag permanent (daher 1654 der auch für die Fortentwicklung des Prozeßrechtes wichtige „jüngste Reichsabschied"). Er war fortan unter Vorsitz eines kaiserlichen Prinzipialkommissärs ein ständiger Gesandtenkongreß in Regensburg. Über die Auflösung des „ewigen Reichstages" wurde wiederholt ergebnislos verhandelt (1668, 1687, 1741). Zwischen den Reichstagen führten Reichsdeputationen die Geschäfte.

Schrifttum: G. Oestreich, Zur praktischen Arbeitsweise des deutschen Reichstags unter Karl V., Mitt. d. österr. Staatsarch. 25 (1972) 217ff.

2. Der Reichstag setzte sich aus 3 Kollegien zusammen:

a) dem **Kurkolleg** mit 7, später 10 Kurstimmen. Die Kurfürsten genossen königliche Ehren. Sie waren seit 1338 in einem wiederholt erneuerten Kurverein zusammengeschlossen. Ihre von der Goldenen Bulle vorgesehenen jährlichen Tagungen wurden nicht verwirklicht, wie es überhaupt nur selten zu einem echten Einverständnis der Kurfürsten kam. Gleichwohl bildeten sie die eigentlich bestimmende Kurie. Das zeigt sich auch darin, daß sie ausschließlich an der Abfassung der seit 1519 üblichen Wahlkapitulationen beteiligt waren. Die 1648 zugesicherte Zuziehung der übrigen Reichsstände ist nur insofern verwirklicht worden, als seit 1711 eine zwischen den Kurfürsten und Fürsten vereinbarte ständige Kapitulation den Wahlverhandlungen zugrunde gelegt wurde.

1648 wurde eine achte Kur (Erzschatzmeister seit 1652) für Kurpfalz neu geschaffen, das seine Kur an Baiern verlor (auf Herzog Maximilian ad personam bereits 1623 übertragen). Diese achte Kur verfiel 1778 anläßlich der Vereinigung von Kurpfalz mit Kurbaiern (Pfalzbaiern) trotz des Protestes Kurfürst Karl Theodors der Einziehung bzw. sie wurde auf Hannover übertragen, das 1692 eine neunte Kur mit dem Erzbanneramt erhalten hatte. Anläßlich des Untergangs der Kurstimmen von Köln, Mainz und Trier 1803 wurden vier kurzlebige neue Kurfürsten (Salzburg, Württemberg, Baden, Hessen-Kassel) hinzugefügt. Dadurch ergab sich erstmals eine protestantische Mehrheit im Kurkolleg.

Trotz der von Kaiser Karl IV. mit besonderem Nachdruck vertretenen Stellung Böhmens im Kurkolleg, hat es sich mit Ausnahme der Königswahl daran später nicht beteiligt, so daß das Kurkolleg, wie schon beim Kurverein von Rhens (1338) in Wirklichkeit aus sechs Mitgliedern bestand. Dem kam entgegen, daß Böhmen seit 1212 nur nach Nürnberg und Bamberg reichstagspflichtig war. Erst nach Errichtung der 8. und 9. Kur fand eine förmliche Readmission Böhmens in den Kurfürstenrat statt (1708).

Schrifttum: F. v. Esebeck, Die Begründung der Hannoverschen Kurwürde, 1935; U. Kühne, Geschichte der böhmischen Kur in den Jahrhunderten nach der Goldenen Bulle, AUF 10 (1928) 1ff; W. Becker, Der Kurfürstenrat. Grundzüge seiner Entwicklung in der Reichsverfassung und seine Stellung auf dem westfälischen Friedenskongreß, 1973.

b) dem **Fürstenkolleg** der geistlichen und weltlichen Fürsten, mit insgesamt 100 Stimmen, davon vier weltlichen und zwei geistlichen Kuriatstimmen, die von vier Grafenbänken (Wetterau, Schwaben, Franken, Westfalen) und zwei Prälatenbänken (Schwaben, Rheinland) gemeinsam ausgeübt werden mußten. Bis 1582 führte jeder regierende Fürst nur eine Stimme (Virilstimme). Seitdem galt Stimmenradizierung, d.h. Länderteilungen brachten keine neuen Stimmen hervor, Ländererwerb führte nicht mehr zum Stimmverlust. 1641 wurde die Ernennung von Reichsfürsten an die Zustimmung des Reichstages und den Erwerb einer Standesherrschaft gebunden.

Im 18. Jahrhundert wurde die Zustimmung des Reichstages auch für die Schaffung neuer reichsständischer Herrschaften verlangt; 1724 annullierte der Reichshofrat die einseitge kaiserliche Erhebung Illertissens zur Standesherrschaft für Graf Rechberg.

Der Aufbau des Reichstages unterscheidet sich von dem der Landtage grundsätzlich dadurch, daß bei ihm Klerus und Laien keine getrennten Kurien bilden. In der Sitzordnung gliederte sich jedoch die Fürstenkurie in eine geistliche und eine weltliche Bank. Weltliche Reichsfürsten mit Virilstimme wurden zwischen 1182 (Mähren) und 1754 (Thurn und Taxis, Schwarzburg) insgesamt 53 neu geschaffen. Solche Erhebungen waren selten bei den geistlichen Fürsten (Ritterorden, Abteien).

Ursprünglich waren die weltlichen Fürsten weitaus in der Minderzahl. Das Verhältnis verschob sich jedoch immer mehr zu ihren Gunsten. 1792 gab es 63 weltliche neben 37 geistlichen Fürstenstimmen. Hinter den 4 weltlichen Kuriatstimmen standen 99 Reichsstände, hinter den 2 geistlichen 41 Prälaten. Die 35 geistlichen Virilstimmen trafen auf die Hochstifte, den Deutsch- und Johanniterorden und 8 Abteien.

Der erste Platz auf der weltlichen Bank gehörte Baiern. Österreich und Burgund, die den Vortritt beanspruchten, traten als Ausweg im 18. Jhdt. an die Spitze der geistlichen Bank.

Der im 17. Jhdt. sich in den österreichischen Erblanden beim habsburgtreuen Adel ansammelnde Reichtum ließ eine nach Herkunft besondere Gruppe von Fürstenhüten entstehen, die teilweise mit Virilstimme ausgestattet waren (Auersperg, Dietrichstein, Liechtenstein, Lobkowitz, Schwarzenberg); ihre Begleiterscheinung ist eine reichsständische Begüterung dieser Geschlechter außerhalb Österreichs.

Eine Neuerung bedeutete es, daß nicht die Herrscher persönlich, sondern die Kronen von Spanien (Burgundischer Kreis, Mailand 1555–1713) und Schweden (Pommern usw. 1648–1718) als deutsche Fürsten Regalienbelehnungen empfingen und damit als Staaten zu Reichsständen wurden. Dagegen konnte Frankreich 1648 für seine elsässischen Erwerbungen, obgleich diese nominell beim Reich verblieben, durch ein Sonderabkommen vom Reichstag ferngehalten werden. Ohne an den Reichs- und Kreistagen teilzunehmen, hielt auch bis zu ihrem Ende (1798) die Fürstabtei St. Gallen, zugewandter Ort der Schweizer Eidgenossenschaft, an der Regalienbelehnung durch den Kaiser fest. Nur politisch aber nicht verfassungsrechtlich bedeutsam waren die reinen Personalunionen, mittels deren zahlreiche Reichsfürsten auf fremde Throne gelangten (Hannover – England, Brandenburg – Preußen, Sachsen – Polen, Savoyen – Sardinien, Holstein – Dänemark).

Schrifttum: W. Domke, Die Virilstimmen im Reichsfürstenrat, Untersuchungen zur deutschen Rechtsgeschichte 11 (1882); H. Rössler, Der dt. Hochadel und der Wiederaufbau nach dem Westfälischen Frieden, BlDLG 101 (1965) 129ff.

c) den **Reichsstädten**, die seit 1648 mitbeschließen durften, aber im ganzen nur zwei Stimmen führten und nur nach dem conclusum duorum der beiden ersten Kurien zum Zuge kamen, so daß ihre Beteiligung fast ganz wegfiel.

Ihre beiden Stimmen fielen auf eine rheinische und eine schwäbische Bank, die 1792 14 bzw. 37 Mitglieder zählten. Das Stimmrecht der Reichsstädte hat eine lange Vorgeschichte. Als ihre Vertretung auf dem Reichstag wurde 1487 ein Reichsstädtekollegium zugelassen. Die führenden Reichsstädte wie Nürnberg, Augsburg, Ulm und Straßburg gewannen die Stellung von Vororten und übten eine Art Schutzmacht über die kleineren Reichsstädte ihres Gebietes.

Nach dem Westfälischen Frieden stand den Reichsstädten, obwohl sie nur über zwei Stimmen verfügten, ein Votum decisivum, d. h. bei Uneinigkeit des Kurfürsten- und Fürstenkollegs ein Stichentscheid zu. Doch ist es nie dazu gekommen, da dieses Recht den Städten von den beiden anderen Kollegien angestritten und durch vorherige Einigung hinfällig gemacht wurde.

Schrifttum: W. Becker, Über die Teilnahme der Städte an den Reichsversammlungen unter Friedrich III., 1891, Neudr. 1965; A. Veit, Über die Entstehung d. Reichsstandschaft der Städte, 1898; R. Beuter, Der Kampf um die Reichsstandschaft der Städte auf d. Augsburger Reichstag 1582, (1919).

d) Obgleich in ihrer Reichsunmittelbarkeit unbestritten, war auf dem Reichstag nicht vertreten die *Reichsritterschaft*.

Von Kaiser Sigismund schon 1422 als verfassungsmäßige Korporation anerkannt (s. Kap. 34 V 2), gewann sie doch erst seit dem 16. Jahrhundert festere Gestalt. Die Reformation brachte ihr die Kirchenhoheit (Augsburger Religionsfriede 1555 und kaiserliche Bestätigung 1559), 1566 sicherte ihr ein kaiserliches Privileg die Steuerhoheit (jus subcollectandi), im 17. Jahrhundert wurde ihr Güterbestand für teritoriumähnlich erklärt (Privilegien von 1609 und 1626).

Die Reichsritterschaft gliederte sich im 16. Jahrhundert ohne Rücksicht auf die Kreiseinteilung von 1512 in 3 Ritterkreise (Schwaben, Franken, Rhein; 1651 trat ein Ritterkreis Unterelsaß hinzu). Ein 1577 errichteter Gesamtbund wurde 1671 reichsrechtlich bestätigt. Das Schwergewicht lag nicht bei den Ritterkreisen, sondern ihren Untergliederungen, den Ritterkantonen.

Schrifttum: J. G. Kerner, Allgemeines positives Staatslandrecht der unmittelbaren freien Reichsritterschaft, 3 Bde, 1786–89; K. H. Roth v. Schreckenstein, Geschichte der ehem. freien Reichsritterschaft in Schwaben, Franken und am Rheinstrome, 2 Bde, 1859/71; E. Riedenauer, Reichsritterschaft und Konfession, Schrift. z. Problematik d. Führ.schichten i. d. Neuzeit 2 (1965) 1 ff.; G. Pfeiffer, Studien zur Geschichte der fränkischen Reichsritterschaft, Jb. f. fränk. Landesforsch. 22 (1962) 173 ff.; V. Press, Die Ritterschaft im Kraichgau zwischen Reich und Territorium 1500–1623, ZGO 122 (1974) 35 ff.; s. a. Kap. 39 IV 1 b.

Quellen: J. Mader, Sammlung reichsgerichtlicher Erkenntnisse in reichsritterschaftlichen Angelegenheiten, 25 Bde, 1776–1790.

3. Zu seiner Entlastung beschloß der Reichstag 1555 eine ständige Deputation, die sich 1564 in zwei Deputationen aufspaltete, eine von den Kurfürsten, die andere von den übrigen Reichsständen gebildet. An der Spitze der **Reichsdeputationen** stand jeweils ein kaiserlicher Kommissar, der das kaiserliche Propositionsrecht ausübte und die Deputationsgutachten zu verbindlichen Beschlüssen erhob (hier nicht Abschiede sondern Conclusa genannt). Neben der ordentlichen Deputation gab es auch außerordentliche, so für die Visitation des Reichskammergerichtes und Friedensverhandlungen. Der ewige Reichstag kennt nur noch außerordentliche Deputationen. Die Säkularisation von 1803 beruht auf einem Reichsdeputationshauptschluß.

4. Die Bindung des Reichstages an den Kaiser blieb stets gewahrt. Er allein berief – seit 1519 allerdings mit Zustimmung der Kurfürsten – den Reichstag ein und bestimmte ausschließlich die Verhandlungsgegenstände, die in Form einer kaiserlichen Proposition vorgelegt wurden. Erst seine Sanktion gab Reichstagsbeschlüssen Rechtskraft. Ausgeschlossen blieb der Kaiser allerdings von den Beratungen, hier hatte er „vor der Tür zu stehen". Der Versuch, den Reichstag durch Nichteinberufung auszuschalten, zeitigte den ewigen Reichstag.

1495 wurde der vergebliche Versuch unternommen, den Reichstag zu einer jährlichen Versammlung von einmonatiger Dauer zu machen. Die Kaiser Ferdinand III. u. Leopold I. versuchten ohne Reichstag auszukommen. Als nach neunjähriger Pause im Zeichen der Türkennot der Reichstag 1663 doch wieder einberufen werden mußte, erklärte er sich für permanent. Der dualistische Charakter des Reiches, ausgedrückt in der Formel „Kaiser und Reich", blieb so erhalten. Es ist weder reine Monarchie noch die von Pufendorf empfohlene Staatenföderation geworden.

III. Nachdem es dem Reichstag gelungen war, dem Kaiser die Hände zu binden, blieb für den Ausbau der Reichsbehörden kein Raum mehr.

In Erkenntnis der Hoffnungslosigkeit der Lage haben die Kaiser vor allem seit Karl VI. selbst das Reich zu gunsten ihrer Hausinteressen zusehends vernachlässigt.

1. Gericht war seit 1527 neben dem Reichskammergericht (s. o. I 1 b) noch der Reichshofrat, den der Kaiser bemüht war, zu einem Ersatz für das ihm 1495 von den Reichsständen entwundene königliche Kammergericht auszubauen. Während beim Reichskammergericht „Kaiser und Reich" Gerichtsherr waren, bildete der Reichshofrat einen letzten Rest des kaiserlichen Imperiums, in dem die Stände nichts zu sagen hatten. Er war bis 1559 zugleich für erbländische Sachen zuständig und arbeitete schneller als das schwerfällige Kammergericht; auch konnte die persönliche Entscheidung des Kaisers angerufen werden *(votum ad imperatorem)*. Die einseitig vom Kaiser erlassene Reichshofratsordnung von 1654 entzog den Reichshofrat völlig dem Zugriff der Reichsstände. Im Gegensatz zum Reichskammergericht war der Reichshofrat auch für Reichsitalien zuständig. Im Unterschied zum Reichskammergericht erlosch er als kaiserliches Gericht beim Tode des Kaisers. Die Zwischenzeit füllten von den Reichsvikaren vacante imperio eingesetzte Reichsvikariatshofgerichte.

a) Mit der Ausgestaltung des Reichshofrates zur reinen Justizstelle 1527 ging die kaiserliche Regierung im engeren Sinne ganz auf den nun straffer organisierten **Geheimen Rat** über. Eine ständige Mehrung der Geheimen Räte führte dazu, daß die wichtigsten politischen Anliegen einer engeren Geheimen Konferenz (1669) und schließlich einer ständigen Geheimen Konferenz (1709) vorbehalten wurden (Konferenzordnung von 1721).

Schrifttum: O. v. Gschließer, Der Reichshofrat, 1942; W. Sellert, Über die Zuständigkeitsabgrenzung zwischen Reichshofrat und Reichskammergericht, Unters. z. dt. Staats- u. Rechtsgesch. NF 4 (1965); ders., Prozeßgrundsätze und Stilus curiae am Reichshofrat im Vergleich mit den gesetzlichen Grundlagen des reichskammergerichtlichen Verfahrens, 1973.

b) Unterhalb des Reichskammergerichtes behauptete sich als überterritoriales Gericht des Reiches das Hofgericht Rottweil (s. Kap. 34 I 3). Höhepunkt seiner Wirksamkeit war die Mitte des 15. Jahrhunderts gewesen, die Zeit in der das alte Reichshofgericht entschlafen und die Reichsreform ins Stocken geraten war. Einem sehr ausgedehnten Gerichtssprengel (rheinabwärts bis Köln, im Osten bis zum Lech) standen hemmend Exemtionsprivilegien aller größeren Reichsstände gegenuber. Seit dem 16. Jahrhundert verfiel es rasch, obgleich ihm gegenüber dem Reichskammergericht eine konkurrierende Gerichtsbarkeit zukam, es zudem billiger und schneller arbeitete und dank der zum Reichskammergericht möglichen Berufung seine Urteile appellabel waren. Schon im 15. Jahrhundert überwog bei ihm die freiwillige Gerichtsbarkeit bei weitem. Die reichsrechtliche Regelung des Notariatswesens (Reichsnotariatsordnung 1512) versetzte seinen notariellen Funktionen einen tödlichen Schlag. Seit der Mitte des 17. Jahrhunderts kaum mehr in Anspruch genommen, und von den Reichsständen angefeindet, vegetierte es nur deshalb weiter, weil sich der Kaiser nicht entschließen konnte dieses Fossil imperialer Kompetenz aufzuheben.

Schrifttum: G. Grube, Die Verfassung des Rottweiler Hofgerichts, 1969; R. Scheyhing, Das kaiserliche Landgericht auf dem Hofe zu Rottweil, ZWLG 20 (1961) 83ff.; J. Kohler, Das Verfahren des Hofgerichts Rottweil, in: Urkundl. Beitr. z. Gesch. d. bürgerl. Rechtsganges, Heft 1 (1904); ders., Acht und Anleit des kgl. Hofgerichts Festg. G. Cohn (Zürich 1915) 1ff.; M. Speidel, Das Hofgericht zu Rottweil, ein Beitrag zu seiner Geschichte unter der alten HGO, 1914; H. Etzold, Das kaiserliche Hofgericht zu Rottweil im 14. u. 15. Jahrh., Diss. Leipzig

(Masch.schr.) 1924/25; A. Laufs, Die Verfassung und Verwaltung der Stadt Rottweil 1650–1806 (1963); H. Glitsch-K. O. Müller, Die alte Ordnung des Hofgerichts zu Rottweil (u. 1435), ZRG 41 (1920) 281ff.

2. **Reichskanzler** war nach wie vor der Kurfürst von Mainz, der tatsächliche Leiter der Kanzlei und einzige Reichsminister, der anfangs vom Kaiser, seit 1660 von Mainz zu ernennende **Reichsvizekanzler**.

Seit 1519 gibt es einen ständigen Reichsvicekanzler, der jedoch erst 1558 in der zur Reichshofkanzlei umgestalteten österreichischen Hofkanzlei eine eigene Behörde erhielt (Reichshofkanzleiordnung 1559). Sie gliederte sich in eine deutsche u. lateinische Expedition mit je einem Reichsreferendar an der Spitze. Zuständig war sie auch für Reichsitalien und Burgund.

Die Erledigung der erbländischen Angelegenheiten verblieb bei der nunmehrigen Reichshofkanzlei, bis 1620 eine eigene österreichische Hofkanzlei errichtet wurde; das minderte natürlich das politische Gewicht der Reichshofkanzlei.

Der rivalisierende Einfluß des Reichsvizekanzlers und des österreichischen Hofkanzlers auf die Reichspolitik waren in ihrem Ausmaß ebensosehr abhängig von dem Gewicht der Persönlichkeit wie von dem schwankenden Vorrang der Reichs- und erbländischen Interessen am Kaiserhof.

Schrifttum: L. Groß, Die Geschichte der deutschen Reichshofkanzlei von 1559 bis 1806 (1933).

3. **Das Reichsheer** bestand aus den Kontingenten der Reichsstände. Es kam zu keiner durchgängigen Heeresorganisation. Zwar übertrug die Reichskriegsordnung von 1681 den Reichskreisen die Aufstellung und den Unterhalt des Reichsheeres, aber die Großstaaten entzogen sich. Die Frankfurter Assoziation von 1697 schuf wenigstens für die vorderen Reichskreise (Kurrhein, Oberrhein, Schwaben, Baiern, Franken, Westfalen) ein gemeinsames stehendes Heer, zerbrach aber im spanischen Erbfolgekriege (1707) an den widerstrebenden Interessen der Reichsstände. Die stehenden Heere (der miles perpetuus) sind in der Folge ausschließlich Länderheere.

Schrifttum: E. v. Frauenholz, Entwicklungsgeschichte d. dt. Heerwesens II (1939), III (1938/39); H. Weigel, Die Kriegsverfassung des deutschen Reiches von der Wormser Matrikel bis zur Auflösung, 1912; H. Angermeier, Die Reichskriegsverfassung in der Politik der Jahre 1679–1681, ZRG 82 (1965), 191ff.; R. Fester, Die armierten Stände und die Reichskriegsverfassung, 1886; H. Scholtis, Die Reichskriegsverfassung des deutschen Reiches, Innsbruck 1964; P. Dirr, Zur Geschichte der Reichskriegsverfassung und der Luxemburger Allianz, 1901; Kl. Müller, Die Reichskriegserklarung im 17. u. 18. Jahrhundert, ZRG 90 (1973) 246ff.; F. Hartung, Staatsverfassung und Heeresverfassung, Ges. Abh. 1 (2. Aufl., 1962); K. Linnebach (Hg.), Deutsche Heeresgeschichte, 1935; H. Meier-Welkker (Hg.), Handbuch der deutschen Militärgeschichte 1648–1939 (1964ff.); B. Sicken, Das Wehrwesen des fränkischen Reichskreises 1681–1714, 2 Bde (Diss. Würzburg), 1967. S. a. HRG Artikel: Festung (C. Haase) I 1114ff., Heer (H. Meier-Welcker) II 6ff., Hofkriegsrat (A. Laufs) II 210ff., Jus armorum (R. Hoke) II 492f., Kriegsartikel (W. Hülle) II 1196ff., Landesverteidigung (W. v. Groote) II 1433ff., Landfolge (H. M. Möller) II 1448ff., Landmiliz (H. Meier-Welcker) II 1517ff.

a) Dem Einfall fremder Heere konnte das Reich nur in offener Feldschlacht begegnen. Die Reichsburgen des hohen Mittelalters waren mit dem Reichsgut in landesherrliche Hand gelangt. Überdies handelte es sich kaum je um Grenzfestungen, sondern um Anlagen, die über das ganze Reich verstreut vorzüglich dem örtlichen Besitzschutz dienten. Oftmals niedergebrannt und neu aufgebaut wurden sie mehr und mehr bedeutungslos angesichts der mit den Feuerwaffen zunehmenden Fortifikationserfordernisse. Ende des 17. Jahrh. gab es zahllose Burgruinen, aber nur wenige modern ausgebaute **Festungen**. Behindert durch die Wahlkapitulationen hat der Kaiser der Befestigung der französischen Ostgrenze durch Vauban nichts Gleichwertiges entgegenzustellen vermocht. Überdies fielen die Rheinfestungen wiederholt und oft für längere Zeit in die Hand der Franzosen, die ihrerseits sogar auf Reichsboden Festungen unterhielten.

b) Der Türkenabwehr im Osten diente die nicht vom Reich, sondern von Österreich ausgebaute und unterhaltene, in ihren Anfängen in das 15. Jahrhundert zurückreichende, 1522 organisierte, erst 1881 aufgehobene „Militärgrenze", ein Grenzstreifen zwischen Ungarn und Österreich, von der Adria bis zu den Karpathen reichend. Sie war mit grundherrschaftlich organisierten Wehrbauern besetzt und stand unter der Leitung der innerösterreichischen Behörden.

Schrifttum: J. Arnstedt, Die k. k. Militärgrenze 1522–1881, 2 Bde, 1969; W. Schulze, Landesdefensive und Staatsbildung. Studien zum Kriegswesen des innerösterreichischen Territorialstaates (1564–1619), 1973.

c) Der 30-jährige Krieg wurde zum Vater der stehenden Heere. Ihre Voraussetzung ist das ius armorum, das den Reichsständen noch der Prager Frieden von 1635 absprach, aber im westfälischen Frieden (JPO Art. 5 § 30) zum Bestandteil der Landeshoheit wurde. Neben den Reichs- und Kreiskontigenten entstanden bei den großen Reichsständen nun stehende Haustruppen, sie wurden zu sogenannten armierten Ständen. Der jüngste Reichsabschied von 1654 (§ 180) verpflichtete die Untertanen zum Unterhalt landesherrlicher Festungen und Garnisonen. Der Absolutismus schließlich zwang sein Land zum Unterhalt eines Heeres von beliebiger Stärke.

Schrifttum: J. J. Moser, Von der Landeshoheit in Militärsachen, 1773; G. Oestreich, Zur Heeresverfassung der deutschen Territorien von 1500–1800, Festg. F. Hartung (1958) 419ff. u. in: Geist u. Gestalt, Ausgew. Aufsätze II (1969).

d) Kriegsdienst gegen Kaiser und Reich wurde 1542, der Eintritt in fremden Kriegsdienst durch Mandat vom 31. Jan. 1548 allgemein verboten und durch die Hinrichtung des in französischen Diensten betroffenen Feldhauptmanns Sebastian Vogelsberger unterstrichen.

Schrifttum: Fr. Solleder, Reichsverbote fremder Kriegsdienste, fremder Werbung und Rüstung unter Maximilian I., ZBLG 18 (1955) 315ff.; H. Renner, Sebastian Vogelsberger (1505–1548), Biographie in: Pfälz. Lebensbilder, Bd. 2 (1970).

4. Schlimm war es um die Reichsfinanzen bestellt. Das Reichsgut und die Regalien waren weggegeben, die Erträge aus den verbliebenen kaiserlichen Reservatrechten (Taxen) unerheblich.

a) So war das Reich gänzlich auf die Reichssteuern angewiesen. Als ordentliche Reichssteuer gab es nur Kammerzieler zur Erhaltung des Reichskammergerichtes, als außerordentliche den gemeinen Pfennig für militärische Zwecke. Da die Stände auf dem Grundsatz beharrten, daß Steuern nur von denen zu zahlen seien, die sie bewilligten und Mehrheitsbeschlüsse in Steuersachen 1654 auch formell ablehnten, war eine Steuerreform unmöglich.

Die Erhebung der Steuern lag seit 1471 bei den Ständen, die sie an das Reich abzuführen hatten. Im 15. Jahrh. bürgerte sich das noch im Bismarckreich herrschende System der Matrikularbeiträge ein. Als dauernde Grundlage diente die niemals revidierte sehr zufällige Reichsmatrikel von 1521. Die in der Reichsmatrikel nicht vertretene Reichsritterschaft war keineswegs gegenüber dem Reich steuerfrei; sie leistete an den Kaiser ein sogenanntes Subsidium charitativum, das gegenüber den verknöcherten Matrikularbeiträgen der Reichsstände eine echte, dem jeweiligen Vermögensstand angepaßte Steuer war.

Schrifttum: J. Sieber, Zur Geschichte des Reichsmatrikelwesens 1422–1521 (1911); Joh. Müller, Das Steuer- und Finanzwesen des Hl. Röm. Reiches im 16. Jahrhundert, Neue Jb. f. d. klass. Altertum, Gesch. u. dt. Lit. 5 (1902) 652ff.; ders., Veränderungen im Reichsmatrikelwesen um die Mitte des 16. Jahrhunderts, Z. d. hist. Ver. Schwab. 23 (1896) 115ff.; F. W. Henning, Kammerzieler, HRG II 590ff.

b) Aus der Wahrnehmung der kaiserlichen Reservatrechte hervorgegangen ist das Amt des **Hofpfalzgrafen** (comes palatinus), das Karl IV. 1355 aus Italien übernahm. Den Hofpfalzgrafen oblag die Ausübung der kaiserlichen Rechte (comitiva) vorzüglich im Bereich der freiwilligen Gerichtsbarkeit (Ernennung von Notaren, Legitimation per rescriptum principis, Bestätigung der Adoption, Erteilung von Adels- und Wappenbriefen, Krönung zum poeta laureatus). Von Anbeginn an nach Kompetenzen aufgespalten unterschied man in der Neuzeit ein großes und kleines bzw. ein persönliches und ein institutionelles Palatinat. Das in der Regel vererbliche große Palatinat schloß die Adelsverleihung und die Bestellung von Unterpfalzgrafen (kleines Palatinat) ein. Institutionell war das geistlichen und gelehrten Institutionen (Universitäten, Akademien) verliehene Palatinat. Späte kaiserliche Versuche, das Nobilitierungsrecht der Reichshofkanzlei vorzubehalten, scheiterten an Karl VII. und dem wittelsbachischen Reichsvicariat. Die allzu großzügige Handhabung des großen Palatinats durch einzelne Inhaber zeitigte eine Gegenwehr der Landesherren (landesherrliche Approbation und Immatrikulation). Das kleine Palatinat war an keine ständischen Voraussetzungen geknüpft. Es wurde auch an verdiente Künstler (Tizian, Arcimboldo) verliehen.

Schrifttum: J. Arndt, Zur Entwicklung d. kaiserl. Hofpfalzgrafenamtes von 1355–1806 (in Hofpfalzgrafenregister), 1964ff.; G. Dolezalek, Hofpfalzgraf, HRG II 212ff.

c) Zu den den Reichsständen in der Wahlkapitulation Karls V. von 1519 (§ 4) bestätigten herkömmlichen Regalien wurden von ihnen eigenständige neue regalia minora usurpiert, die nicht mehr delegierte Reichsrechte waren und als Ausfluß der Landeshoheit den kaiserlichen Reservatrechten entgegentraten. Der Kaiser seinerseits erhob die unter Maximilian I. geschaffene kaiserliche Post 1615 zum Regal und verlieh der **Reichspost** 1744 die Qualität eines Fürstenlehens des Hauses Thurn u. Taxis. Doch erreichte die Taxispost kein Monopol und vermochte es nicht, die daneben aufblühenden landesherrlichen Nebenposten (sog. „Metzgerposten") auszuschalten. Aber auch der Kaiser selbst behielt sich seine Hofpost und das Postrecht in den Erblanden vor. Ebenso bediente sich das Reichskammergericht unter Ausschluß der Taxispost für seine Zustellungen eigener Kammerboten.

Schrifttum: H. W. Waitz, Die Entwicklung des Begriffs der Regalien unter besonderer Berücksichtigung des Postregals vom Ende des 16. bis zur ersten Hälfte des 19. Jahrhunderts, 1939; H. Hellmuth, Der Kampf des Kaisers mit den Ständen des deutschen Reiches um das Postregal im 17. und 18. Jahrhundert, Arch. f. Post u. Tel. 54 (1926).

d) Auch im Zeitalter des Merkantilismus (s. Kap. 42 VI), als die Staaten vom traditionellen Fiskalismus zur Nationalökonomie übergehen, vermochte das Reich im Gegensatz zu Frankreich keine wirksame Wirtschaftspolitik zu entfalten, da die Länder alles daran setzten ihrerseits eigenständige Wirtschaftsräume zu werden. Zwar waren sie dabei behindert dadurch, daß die größeren unter ihnen sich aus einer Mehrzahl rechtlich selbständiger reichsständischer Herrschaften zusammensetzten (s. Kap. 42 II 2), dazu die Zollhoheit letztlich dem Reiche zustand und der Landesherr im Steuerbereich von seinen Landständen abhing; immer hin waren sie stark genug das Reich wirtschaftpolitisch lahm zu legen.

Schrifttum: J. Bog, Der Reichsmerkantilismus. Studien zur Wirtschaftspolitik des Hl. Röm. Reiches im 17. und 18. Jahrhundert, Forschg. z. SWG 1 (1959); K. Biedermann, Der Plan einer Deutschen Zolleinheit im 16. Jahrhundert, Vjschr. f. Volkswirtsch. Lehre, Politik u. Kulturgesch. 20 (1883) 4ff.; F. Blaich, Die Reichsmonopolgesetzgebung im Zeitalter Karl V. Ihre ordnungspolitische Problematik. Schrift. z. Vergleich v. Wirtschaftsordngn 8 (1967); ders., Die Wirtschaftspolitik der Reichstage im Hl. Röm. Reich, ebda 16 (1970); H. Hassinger, Die Bedeutung des Zollregals für die Ausbildung der Landeshoheit im Südosten des Reiches, Festschr. H. Aubin I (1965), 151ff.; F. Lütge, Reich und Wirtschaft, zur Reichsgewerbe- und Reichshandelspolitik im 15.–18. Jahrhundert, Vortragsreihe d.Ges. f. westf. Wirtschaftsgesch. 8 (1961).

5. Verhängnisvoll war es, daß es dem Reich zur Durchführung seiner Befehle und oberrichterlichen Urteile nach wie vor an einer wirksamen Exekutive gebrach. Ungehorsam konnte nur mit Acht und Reichsexekution begegnet werden. Die kaiserliche Achtverhängung wurde 1711 zudem an eine Entscheidung des Reichstages gebunden mit der Folge, daß die Achtverhängung über Kurbaiern und Kurköln 1706 die letzte ihrer Art blieb. 1742 ist auch die Suspension von Reichsständen von der Landesregierung unterbunden worden. Die bewaffnete Vollstreckung, geregelt in der Reichsexekutionsordnung von 1555, lag überhaupt nicht beim Kaiser, sondern bei den Reichskreisen.

Schrifttum: J. Poetsch, Die Reichsacht im Mittelalter und besonders in der neueren Zeit, 1911, Neudr. 1971.

IV. Trotz der Schwerfälligkeit des Gesetzgebungsapparates des Reiches hat die Reichsgesetzgebung niemals ganz geruht.

1. Im Verfassungsrecht bilden Marksteine die Jahre: 1495 (Ewiger Landfriede, Reichskammergericht), 1500 (Reichsregiment, Kreiseinteilung), 1555 (Augsburger Religionsfriede), 1648 (Westfälisches Friedensgesetz) und 1803 (Reichsdeputationshauptschluß). Verfassungsrechtlich bedeutsam waren auch die Wahlkapitulationen, welche die Reichsstände dem neu gewählten Kaiser abrangen. Die Notariatsordnung von 1512, die Karolina (Strafrecht und Strafprozeß) von 1532, die Polizeiordnungen von 1530, 1548 und 1577, die Reichskammergerichts- und Reichsexekutionsordnungen von 1555, die Münzordnung von 1559 und die Handwerksordnung von 1731 sind Zeugen dieser fortwirkenden Legislative.

2. Eine Polizeigesetzgebung haben zunächst die Städte hervorgebracht (s. Kap. 36 II 4a). Seit der Mitte des 15. Jahrhs. folgen die Territorien und erst gegen 1500 das Reich. Die Reichspolizeigesetzgebung des 16. Jahrhs. bot großenteils nur Rahmenvorschriften für die Landesgesetzgebung. Sie tritt gegen Ausgang des 16. Jahrhs. ganz zurück zugunsten einer solchen der Reichskreise. Die Loslösung des Polizeiwesens vom Privat- und Strafrecht blieb auf lange hinaus unvollkommen.

Schrifttum: W. Hartz, Die Gesetzgebung des Reiches und der Territorien in der Zeit von 1495 bis 1555 (1931); F. Saarburg, Die Stellung des Kaisers zur Gesetzgebung im neuen und im alten Reich, 1911; Hans Maier, Die ältere deutsche Verwaltungslehre (Polizeiwissenschaft). Ein Beitrag z. Gesch. d. polit. Wissenschaften in Deutschland, Politica 13 (1966); L. Knemeyer, Polizeibegriffe in den Gesetzen des 15. bis 18. Jahrh., kritische Bemerkungen zur Literatur über die Entwicklung des Polizeibegriffes, Arch. f. öffent. Recht 92 (1967) 153ff.; G. K. Schmelzeisen, Polizeiordnungen und Privatrecht, 1955; J. Segall, Geschichte und Strafrecht der Reichspolizeiordnungen von 1530, 1548 und 1577 (1914); F. Blaich, Die Reichsmonopolgesetzgebung im Zeitalter Karl V., 1967; U. Eisenhard, Die kaiserliche Aufsicht über Buchdruck, Buchhandel und Presse im Hl. Röm. Reich deutscher Nation (1496–1806). Ein Beitrag zur Geschichte der Bücher- und Pressezensur, Stud. u. Quell. z. Gesch. d. Verf. Rechtes, Reihe A, Stu. 3 (1970); J. Müller, Die Entstehung der Reichsexekutionsordnung vom Jahre 155, MJÖG 40 (1925) 234ff.; K. Lohmann, Die Reichsgesetzgebung vom Jahre 1654 (1893); A. Laufs, Jüngster Reichsabschied, HRG II 468ff.; H. Prösler, Das gesamtdeutsche Handwerk im Spiegel der Reichsgesetzgebung von 1530 bis 1806 (1954); H. Schmucker, Das Polizeiwesen im Herzogtum Württemberg nach seiner geschichtlichen Entwicklung dargestellt, 1957; H. Lieberich, Die Anfänge der Polizeigesetzgebung des Herzogtums Baiern, Festschr. M. Spindler z. 75. (1969) 307ff.; W. Müller, Landsatzung und Landmandat der Fürstabtei St. Gallen, St. Gallen 1970; A. Staehelin, Sittenzucht und Sittengerichtsbarkeit in Basel, ZRG 85 (1968) 78ff.

V. Die zur Sicherung des ewigen Landfriedens 1500 geschaffenen **Reichskreise** wurden im deutschen Südwesten (Schwaben, Franken, Oberrhein) mit seiner starken territorialen Zersplitterung ein bedeutsames Element der Selbstverwaltung. In ihnen haben die Zwerggebilde des Reiches nochmals einen aktiven Anteil am Verfassungsleben des Gesamtstaates und einen bescheidenen Einfluß auf die Reichspolitik (Frankfurter Assoziation 1697) erlangt.

Die 1500 geschaffenen 6 Kreise (Franken, Baiern, Schwaben, Oberrhein, Westfalen, Niedersachsen) ließen Habsburg und die Kurländer außerhalb. Erst durch deren Anfügung in 4 weiteren Kreisen (Kurrhein, Österreich, Burgund, Obersachsen) 1512 erfaßte die Kreisverfassung das gesamte Reich mit Ausnahme Böhmens. Außerhalb der Kreiseinteilung verblieb die in eigenen Ritterkreisen zusammengeschlossene Reichsritterschaft (s. Kap. 39 IV 1b). Eigentliche Funktionen flossen den Kreisen erstmals 1530 (Türkenhilfe) zu.

Die Reichsexekutionsordnung von 1555 gab ihnen die vollziehende Gewalt in die Hand, die Reichskriegsordnung von 1681 übertrug ihnen Aufstellung und Unterhalt des Reichsheeres. Zur Durchführung ihrer Aufgaben, aber auch zu politischen Zwekken haben sich die Reichskreise seit 1559 wiederholt verbündet (Kreisassoziationen). Hätten die Großstaaten nicht ihre Mitwirkung versagt, so wäre damit die Kreisverfassung in den Mittelpunkt der Reichsverfassung gerückt. Das Reich übertrug ihnen ferner gewisse Verwaltungsaufgaben, so die Aufsicht über Münze und Zoll, die Aufgliederung der Reichssteuern und Truppenkontingente. Die Kreisbehörden regelten ferner von sich aus manch brachliegende Polizeiaufgabe. Gerade in den Reichsteilen mit stärkster staatlicher Desorganisation erwuchs in ihnen ein zukunftsweisendes föderatives Element, das vorerst freilich zu schwach war, um ein Gegengewicht gegen den übermächtigen Fürstenstaat zu bilden.

Der Einfluß des Kaisers auf die Kreistage war geringer als beim Reichstag. Kaiserliche Ausschreibungen von Kreistagen kommen seit 1648 nicht mehr vor. Auch bedurften ihre Beschlüsse keiner kaiserlichen Ratifikation. Doch blieb der Kaiser auf den Kreistagen durch einen Kommissar vertreten und konnte durch ihn auf die Kreisstände einwirken. Die Wahlkapitulation Leopolds I. garantierte 1658 den Kreisen das freie Versammlungsrecht.

Schrifttum: A. A. Brusatti, Die Entstehung der Reichskreise während d. Regierungszeit Maximilians I., (Diss., Wien 1950); H. H. Hofmann, Kreisassoziationen, HRG II 1180ff.; ders., Reichsidee und Staatspolitik. Die vorderen Reichskreise im 18. Jahrhundert, ZBLG 33 (1970) 974ff.; E. Frhr. Langwerth v. Simmern, Die Kreisverfassung Maximilian I. und der schwäbische Reichskreis in ihrer rechtsgeschichtlichen Entwicklung bis zum Jahr 1648 (1896); A. Laufs, Der schwäbische Kreis. Studien über Einungswesen und Reichsverfassung im deutschen Südwesten zu Beginn der Neuzeit, 1972; K. S. Bader, Der schwäbische Kreis in der Verfassung des alten Reiches, Ulm u. Oberschw. 57 (1964); H. Villinger, Die Tätigkeit des schwäbischen Reichskreises auf dem Gebiet des Polizeiwesens, Diss. Heidelberg 1950; P. Chr. Storm, Der schwäbische Kreis als Feldherr. Untersuchungen zur Wehrverfassung des schwäbischen Reichskreises in der Zeit von 1648 bis 1732, Schrift. z. Verf.Gesch. 21 (1974); F. Hartung, Geschichte des fränkischen Kreises von 1521–1559, (1910) Neudr. 1973; B. Sicken, Das Wehrwesen des fränkischen Reichskreises. Aufbau und Struktur 1681–1712, 2 Bde (Fotodruck) 1967; ders., Der fränkische Reichskreis, seine Ämter und Einrichtungen (Fotodr. Würzburg 1970); T. Malzan, Geschichte und Verfassung des oberrhein. Kreises bis zum 30jährigen Kriege (Diss. Mainz 1952); G. A. Süß, Geschichte d. oberrhein. Kreises und der Kreisassoziationen 1976ff., ZGO 103 (1955) 317ff. und 104 (1956) 145ff.; A. K. Mally, Der österr. Kreis in der Exekutionsordnung des römischen Reiches (Wien 1967); A. Neukirch, Der niedersächsische Kreis und die Kreisverfassung von 1542 (1909); W. Schmidt, Geschichte des niedersächsischen Kreises vom Jahre 1673 bis zum Zusammenbruch der Kreisverfassung, Niedersächs. Jb. 7 (1930) 1ff.; K. Arnold, Geschichte des niederrheinisch-westfälischen Kreises in der Zeit des spanischen Erbfolgekrieges, 1937.

Quellen: F. C. Moser, Sammlung der Kreisabschiede aus den Jahren 1542–1599, 3 Bde, (1747–48), Neudr. i. Vorb.; R. v. Lacroix-J. K. Mayr, Urkunden und Aktenstücke des Reichsarchivs Wien zur reichsrechtlichen Stellung des burgundischen Kreises, 3 Bde, Wien 1944.

VI. Die **institutionelle Verfestigung des Reiches** vollzog sich unter Wahrung seiner mittelalterlichen Grundlagen. Auch die Glaubensspaltung hat daran grundsätzlich nichts geändert. Die Staatsrechtslehren des 16. u. 17. Jahrh. nehmen entgegen solcher Traditionsgebundenheit ihren Ausgang von rein theoretischen, an Aristoteles sich anlehnenden Erwägungen. Ihre Vorstellungen standen von Anbeginn an in Zwiespalt mit der Rechtswirklichkeit des Reiches und zwangen die Reichsjuristen zur Stellungnahme.

1. Die **Staatslehren** des Mittelalters stehen im Schatten der Theologie. Demgemäß stand die Frage nach dem Wechselverhältnis zwischen geistlicher und weltlicher Macht, päpstlicher und kaiserlicher Gewalt im Vordergrund der Erörterungen. Noch Peter von Andlau (De imperio Romano 1460, gedruckt 1603) bewegt sich auf dieser Linie. Erst die zunehmend laisierte Rechtswissenschaft des 16. Jahrh. gelangt zu säkularisierteren und zugleich mehr formaljuristischen Staatsvorstellungen. Gleichzeitig gewinnt der gelehrte Jurist Gewicht in der Tagespolitik.

2. Dies gilt jedoch keineswegs auch für die **Rechtsfakultäten** der Universitäten, da noch während des ganzen 16. Jahrh. das Staatsrecht nicht Domäne der Lehre, sondern der Politik ist. Der akademische Lehrbetrieb bleibt dem Corpus juris und damit dem Privatrecht verhaftet. Das hat allerdings zur Folge, daß über den Bildungsgang der Juristen und mittels der Gutachtertätigkeit der Rechtsfakultäten (s. Kap. 40 I 4c) die vorwiegend privatrechtliche Begriffswelt des Corpus juris auch in die Staatsrechtspraxis einfließt. Erst Hermann Conring (De origine juris Germanici 1643) zerstörte die lotharische Legende (vgl. Kap. 22 II 1), und steckte damit den Bereich ab, in dem fortan das Corpus juris als ius commune legitime Geltung bewahrt.

3. Um die Wende des 16. Jahrh. entsteht eine eigenständige **deutsche Staatsrechtswissenschaft**. Sie bewegt sich in zweierlei Richtung. Die eine befaßt sich mit der Grundsatzerörterung über die rechtliche Natur

des Reiches, die andere zielt auf eine Gesamtdarstellung des geltenden Reichsstaatsrechtes. Der Schwerpunkt der staatstheoretischen Auseinandersetzung liegt in den frühen Jahrzehnten des 17. Jahrh., während die systematische Darstellung des geltenden Rechtes erst im 18. Jahrh. zur vollen Höhe aufsteigt.

Eine erste Blüte erreicht die deutsche Staatsrechtslehre mit Johannes Althusius (1557–1638), der in seiner Politica (1603, erweit. 2. Auflage 1610) es unternahm, die empirische Betrachtung der Reichsverfassung mit der Naturrechtslehre zu verbinden. Große Bedeutung für die Entwicklung des deutschen Staatsrechtes kommt sodann der Jenaer Schule des Arumaeus (Dominikus van Arum, 1579–1637) zu.

a) Die europäischen Staatsrechtslehren des 17. u. 18. Jahrh. kreisen um Jean Bodin (1530–1596), der in seinen sechs Büchern vom Staat (franz. 1576, lat. 1586, deutsch 1592) die Lehre von der <u>Unteilbarkeit der höchsten Gewalt</u> (Jus maiestatis, summum imperium, summa potestas, droit de souveraineté) aufgestellt hatte. Angewandt auf das Reich zwang sie dazu, entweder im Kaiser oder in der Fürstenaristokratie der Reichsstände den Träger der höchsten Gewalt zu sehen. In Deutschland wurden Dietrich Reinking (Tractatus de regimine saeculari et ecclesiastico 1619) und Samuel von Pufendorf (De statu imperii Romani 1667) die berühmtesten Verfechter des monarchischen Prinzips, während Johannes Limnaeus (1592–1663) als Erzvater der reichsständischen Reichsvorstellung galt. Erst das 18. Jahrh. hat sich von dem Souveränitätsdenken Bodins gänzlich gelöst und die der deutschen Staatsrechtswirklichkeit gemäßere Vorstellung eines aus vollgültigen Staaten zusammengesetzten Staates (Joh. Stephan Pütter) entwickelt.

Der Alternative Bodins suchte man zunächst durch eine Unterscheidung zwischen personaler und realer Majestät (erstmals Hermann Kirchner 1608, weiterentwickelt durch Limnaeus) zu entgehen, wobei dem Kaiser eine personale von der realen Majestät des Reiches abgeleitete höchste Gewalt zuerkannt wurde. Der Kaiser kam dabei allerdings in Gefahr zum bloßen Staatsorgan abzusinken. Fruchtbarer war die Vorstellung einer Respublica composita (Christof Besold 1618), bei der den Territorien zwar nicht die volle Maiestas, wohl aber die Eigenschaft von rei publicae subalternae zuerkannt wurde.

b) Der geschilderte Schulstreit besaß für seine Zeit höchste politische Aktualität, fiel er doch in die Endphase des Versuches, die Reichsverfassung im monarchischen Sinne umzuformen (vgl. oben II 4).

4. Die Verfassung des Reiches beruhte auf einer Vielfalt von Einzelgesetzen, Reichsabschieden, Wahlkapitulationen usw. Die neue Staatsrechtswissenschaft verlangte als erstes nach **Quelleneditionen**, die den verstreuten Stoff erschlossen und zusammenfaßten. So kam es zu einer Neubelebung der germanistischen Studien des Humanismus und zahlreichen polyhistorischen Sammelwerken über das Reichsstaatsrecht (Melchior Goldast, Joh. Christian Lünig, Ernst August Koch u. a). Zu einer wirklich verarbeitenden, systematischen Darstellung des deutschen Verfassungsrechtes gelangte jedoch erst das 18. Jahrhundert. Größtes Ansehen gewannen Joh. Jacob Moser (1701–1785) und Johann Stephan Pütter (1725–1807) mit Darstellungen von enzyklopädischer Breite.

5. Die **Aufteilung** der **Hoheitsrechte** einerseits auf den Kaiser, anderseits auf die Reichs- und Kreisstände, ja sogar mediate Instanzen, spaltete das öffentliche Recht in ein jus publicum Germanicum generale et speciale, ja specialissimum. Große wie kleine Hoheitsträger bekennen sich im Laufe des 18. Jahrh. zur Volkswohlfahrt als tragendem Staatszweck. Da man zugleich fortfuhr, alle höchste Gewalt auf Gott zurückzuführen (Gottesgnadentum), verblieben allen rationalen Begriffen zum Trotz die Sinngebung des Staates und die Methode des Regierens der Metaphysik verhaftet. Das Monarchenbild des 18. Jahrh. bleibt religiös gefärbt.

Schrifttum: Stintzing-Landsberg, Gesch. d. dt. Rechtswissenschaft Bd. I–II (1880–1884), Neudr. 1957; O. Stobbe, Gesch. d. dt. Rechtsquellen, 2 Bde. 1860–1864, Neudr. 1965; E. Wolf, Idee und Wirklichkeit des Reiches im deutschen Rechtsdenken des 16.–17. Jahrh., 1944; W. Mommsen, Zur Bedeutung des Reichsgedankens, HZ 174 (1952) 385 ff.; G. Lenz (Hg.), Deutsches Staatsdenken im 18. Jahrhundert, 1965; W. Wagner (Hg.), Das Staatsrecht des Hl. Röm. Reiches deutscher Nation. Eine Darstellung der Reichsverfassung gegen Ende des 18. Jahrhunderts nach einer Handschrift der Wiener Nationalbibliothek mit einem Vorwort von H. Conrad, Stud. u. Quell. z. Gesch. d. dt. Verf. Rechtes, Reihe B Quellen 1 (1968); E. R. Huber, Volk u. Staat in der Reichsrechtswissenschaft des 17. u. 18. Jahrh., Zeitschr. f. d. gesamte Staatswissenschaft 102 (1942) 593 ff.; F. Merzbacher, Staat und Jus publicum im dt. Absolutismus, Ged. Schr. H. Peters (1967) 144 ff.; F. A. Schubert, Die dt. Reichstage in der Staatslehre der frühen Neuzeit, 1966; O. Gierke, Johannes Althusius und die Entwicklung der naturrechtlichen Staatstheorien, 6. Aufl. 1968; O. Brunner, Dietrich Reinking. Ein Beitrag zum Reichsgedanken des 17. Jahrhs., Jb. Ak. Mainz (1963); R. Hoke, Die Reichsstaatsrechtslehre des Johannes Limnaeus, 1968; ders., Bodins Einfluß auf die Anfänge der Dogmatik des deutschen Staatsrechts, Münch. Stud. z. Pol. 18 (1973) 315 ff.; U. Schlie, Joh. Stephan Pütters, Reichsbegriff, 1961; E. Schömbs, \|| Das Staatsrecht Johann Jacob Mosers 1701–1785 (1969).

Kap. 42. Die Länder

Schrifttum: Baden: E. Gothein, Die badische Markgrafschaft im 16. Jahrhundert, 1910; E. Strobel, Neuausbau der Verwaltung und Wirtschaft der Markgrafschaft Baden-Durlach nach dem dreißigjährigen Krieg bis zum Regierungsantritt Karl Wilhelms (1648–1709), 1935; W. Windelband, Baden in der Zeit Karl Friedrichs, 1913; B. Beinert, Geheimer Rat und Kabinett in Baden unter Karl Friedrich (1738–1811), 1973.

Bayern: H. Dollinger, Studien zur Finanzreform Maximilians I. von Bayern in den Jahren 1598–1618, Schriftenreihe d. Histor. Komm. 8 (1968); W. Quint, Souveränitätsbegriff und Souveränitätspolitik in Bayern von der Mitte des 17. bis zur ersten Hälfte des 19. Jahrhunderts, 1971; H. Rall, Kurbayern in der letzten Epoche der alten Reichsverfassung 1745–1801, 1952; E. Rosenthal, Geschichte des Gerichtswesens und der Verwaltungsorganisation Baierns, 2 Bde. (bis 1745) 1889, 1906, Neudr. 1968; H. Schmelzle, Der Staatshaushalt des Herzogtums Bayern im 18. Jahrh., 1900; M. Seydel, Bayerisches Staatsrecht Bd. I (1884): Die Staatsrechtl. Verhältnisse Bayerns bis zum Ende des 18. Jahrh.; M. Frhr. v. Freyberg, Pragmatische Geschichte der bayerischen Gesetzgebung und Staatsverwaltung seit den Zeiten Maximilian I., 4 Bde, 1836–1839; K. Staudinger-O. Bezzel, Geschichte des bayerischen Heeres, 6 Bde, 1901–1925; M. Spindler (Hg.), Handbuch der bayerischen Geschichte, Bd. II (1966) u. III (zwei Teile), 1971.

Brandenburg-Preußen: C. Bornhak, Preuß. Staats- und Rechtsgeschichte, 1903; ders., Geschichte des preußischen Verwaltungsrechts, 3 Bde, 1884–86, Neudr. i. Vorb.; Eb. Schmidt, Rechtsentwicklung in Preußen, 2. Aufl. 1929, Neudr. (mit

Nachw.), 1961; E. Loening, Gerichte und Verwaltungsbehörden in Brandenburg-Preußen, 1914; S. Isaacsohn, Geschichte des preuß. Beamtentums vom Anfang des 15. Jahrh. bis auf die Gegenwart, 3 Bde. (bis 18. Jahrh.) 1874/84, Neudr. 1962; G. Schmoller, Preuß. Verfassungs-, Verwaltungs- und Finanzgeschichte, 1640–1888, (1921); H. Stölzel, Brandenburg-Preußens Rechtsverwaltung und Rechtsverfassung, 2 Bde., 1888; E. Wylude, Lehnrecht und Beamtentum. Studien zur Entstehung des preußischen Beamtentums, 1969; O. Büsch, Militärsystem und Sozialleben im alten Preußen 1713–1807 (1902); W. Koch, Hof- und Regierungsverfassung König Friedrichs I. 1697–1710, 1926; F. Giese, Preußische Rechtsgeschichte ,1920; F. Hartung, Studien zur Geschichte der preußischen Verwaltung, Teil 1: Vom 16. Jahrhundert bis zum Zusammenbruch des alten Staates im Jahre 1806 (1942); W. Mertinlit, Die fridericianische Verwaltung in Ostpreußen, 1956; C. Hinrichs, Die preußische Zentralverwaltung in den Anfängen Friedr. Wilhelm I., Festg. F. Hartung (1958) 274ff.; Ch. Brussenius, Die preußische Verwaltung in Süd- und Neuostpreußen 1793–1806 (1960); H. O. Meisner, Die monarchische Regierungsform in Brandenburg-Preußen, Festschr. F. Hartung (1958) 219ff.; R. Arnold, Die Anfänge des preußischen Militärkabinetts, Festschr. K. Zeumer (1910) 169ff.; W. Hubatsch, Friedrich d. Große und die preußische Verwaltung, 1973.

Hannover-Braunschweig: E. v. Meier, Hann. Verfassungs- und Verwaltungsgeschichte 1680 bis 1866, 2 Bde. 1898/99; G. Landwehr, Die althannoverschen Landgerichte (Quellen u. Darst. z. Gesch. Niedersachsens 62) 1964; J. Ohe, Die Zentral- und Hofverwaltung des Fürstentums Lüneburg (Celle) und ihre Beamten 1520–1648 (1955); W. Ohnsorge, Zur Geschichte der Kanzlei und des Hofgerichts in Wolfenbüttel im 16. und 17. Jahrhundert, in: Beitr. z. Gesch. d. Ger.wesens im Lande Braunschw. (1954) 9ff.; B. Krusch, Die Entwicklung der herzoglich Braunschweigischen Centralbehörden, Canzlei, Hofgericht und Consistorium bis zum Jahre 1548, Zs. d. hist. Ver. f. Niedersachen, 1893 S. 201ff.; H. Samse, Die Zentralverwaltung in den südwelfischen Landen vom 15. bis zum 17. Jahrhundert, 1941.

Hessen: K. Dülfer, Fürst und Verwaltung, Grundzüge der hessischen Verwaltungsgeschichte im 16.–19. Jahrhundert, Hess. Jb. f. Landesgesch. 3 (1953); F.Gundlach, Die hessischen Zentralbehörden von 1247–1604 (3 Teile, 1930–32); O. R. Kissel, Neuere Territorial- und Rechtsgeschichte des Landes Hessen, 1961; K. Probst, Die Entwicklung der Gerichtsverfassung und des Zivilprozesses in Kurhessen, 1911.

Mainz: H. Goldschmidt, Zentralbehörden und Beamtentum im Kurfürstentum Mainz vom 16. bis 18. Jahrhundert, 1908; A. Otte, Die Mainzer Hofgerichtsordnung von 1516/1521 und die Gesetzgebung auf dem Gebiete der Zivilgerichtsbarkeit im 16. Jahrhundert, 1964.

Mecklenburg: P. Steinmann, Finanz-, Verwaltungs-, Wirtschafts- und Regierungspolitik der mecklenburgischen Herzöge im Übergang vom Ma. zur Neuzeit, Jb. d. Ver. f. Meck. Gesch. 86 (1922); P. Wick, Versuche zur Errichtung des Absolutismus in Mecklenburg, 1964; H. Hamann, Das staatliche Werden Mecklenburgs, 1962.

Österreich: A. Huber, Österreichische Reichsgeschichte: Geschichte der Staatsbildung und des öffentlichen Rechtes, 2. Aufl. (Hg. A. Dopsch), Wien 1901, Neudr. 1968; ders., Geschichte der österreichischen Verwaltungsorganisation bis zum Ausgang des 18. Jahrhunderts, Innsbruck 1884; F. Walter, Österreichs Verfassungs- und Verwaltungsgeschichte von 1500 bis 1955, aus d. Nachl. hg. von A. Wandruska, 1972; O. Stolz, Grundriß d. österr. Verfassungs- und Verwaltungsgeschichte, 1951; E. C. Hellbling, Die Entwicklung der Verfassung Österreichs vom Ma. bis zur Gegenwart, 1963; ders., Österreich. Verfassungs- u. Verwaltungsgeschichte, 2. Aufl., Wien 1974; H. Sturmberger, Dualistischer Ständestaat und werdender Absolutismus, Die Entwicklung der Verfassung Österreichs vom Ma. bis zur Gegenwart (Graz–Wien 1963); Th. Fellner-H. Kretschmayr-F. Walter, Die österreich. Zentralverwaltung ((Wien 1907–1964) 1. Abt.

(Von Maximilian I. bis 1749) 3 Bde., 1907, 2. Abt. (1740–1848) 5 Bde., 1925–1956; F. Tezner, Landesfürstliche Verwaltungsrechtspflege in Österreich 15.–18. Jahrh. (1897–1902); H. Koller, Zentralismus und Föderalismus in Österreich, in: Föderative Ordnung, Bd. 2 (1970) 99ff.; T. Mayer, Die Verwaltungsorganisationen Maximilians I. Ihr Ursprung und ihre Bedeutung, 1920, Neudr. 1973; O. Regele, Der österreichische Hofkriegsrat 1556–1848, Wien 1949; C. Frhr. v. Hock, Der österreichische Staatsrath (1760–1848), 1879, Neudr. Wien 1972; A. Mell, Grundriß der Verfassungs- und Verwaltungsgeschichte der Steiermark, 1929, Neudr. i. Vorb.; F. Rachfahl, Die Organisationen der Gesamtstaatsverwaltung Schlesiens vor dem 30jährigen Krieg, 1894; Ch. d'Elvert, Die Verfassung und Verwaltung von österreichisch Schlesien in ihrer historischen Ausbildung, Brünn 1854, Neudr. Wien 1970; ders., Zur österreichischen Verwaltungsgeschichte, besonders der böhmischen Länder, Brünn 1880, Neudr. Wien 1971; A. Gindeley, Geschichte der böhmischen Finanzen von 1526 bis 1618 (1868), Neudr. Wien 1971; K. Bosl (Hg.), Handbuch der Geschichte der böhmischen Länder, 5 Bde, 1967 bis 1975.

Pfalz: V. Press, Calvinismus und Territorialstaat. Regierung und Zentralbehörden der Kurpfalz 1559–1619 (1970); P. Spieß, Die Gesetzgebung der Kurpfalz im 18. Jahrhundert, Mitt. d. hist. Ver. d. Pf. 69 (1972) 197ff.; Kl. Bender, Die Hofgerichtsordnung Kurfürst Philipps (1476–1508) für die Pfalzgrafschaft bei Rhein, 1967.

Sachsen: W. Heubel, Die Entwicklung der inneren staatlichen Verwaltung in den sächsischen Erblanden von 929 bis zur Verfassung von 1831 (1927); J. Dürichen, Geheimes Kabinett und Geheimer Rat unter der Regierung Augusts des Starken, Neu. Arch. f. Sächs. Gesch. 51 (1930) 68ff.; W. Hahlweg, Die Grundzüge der Verfassung des sächsischen Kabinetts, 1763–1831, Zg. St. W. 103(1942) 1ff.; H. Schlechte, Die Staatsreform in Kursachen 1762–1763 (1958); H. Kretzschmar, Die Anfänge d. Geheimen Rats in Sachsen, Festschr. R. Kötzschke (1937) 184ff.; G. Schmidt, Die Staatsreform in Sachsen in der ersten Hälfte des 19. Jahrhunderts, 1966; G. Heyl, Die Zentralbehörden in Sachsen-Coburg 1572–1633, Jb. d. Cob. L. Stiftg. 1961 S. 33ff.

Württemberg: K. S. Bader, Der deutsche Südwesten in seiner territorialstaatl. Entwicklung, 1950; W. Grube, Der Stuttgarter Landtag 1457–1957 (1957); A. Dehlinger, Württembergisches Staatswesen in seiner geschichtlichen Entwicklung bis heute, (1951); F. Wintterlin, Geschichte der Behördenorganisation in Württemberg, 2 Bde, 1902–06; W. Bernhardt, Die Zentralbehörden des Herzogtums Württemberg und ihre Beamten 1520–1629, 2 Bde, 1973; F. Graner, Zur Geschichte des Hofgerichts in Tübingen, Württ. Vj.hefte f. LG 32 (1925/26) 36ff.

Nordwestdeutschland: K. Schottmüller, Die Organisation der Centralverwaltung in Kleve-Mark vor der Brandenburgischen Besitzergreifung 1609 (1896); K. Sallmann, Die Organisation der Zentralverwaltung von Jülich-Berg im 16. Jahrhundert, Düsseldorf. Jb. 17 (1902) 35ff.; U. Eisenhardt, Aufgabenbereich und Bedeutung des kurkölnischen Hofrates in den letzten 20 Jahren des 18. Jahrhunderts, 1965; J. Prinz, Das Territorium des Bistums Osnabrück, 1934; H. Hirschfelder, Herrschaftsordnung und Bauerntum im Hochstift Osnabrück im 16. und 17. Jahrhundert, 1971; J. König, Verwaltungsgeschichte Ostfrieslands bis zum Aussterben des Fürstenhauses, 1955; R. Lüdicke, Die landesherrlichen Zentralbehörden im Bistum Münster. Die Entstehung und Entwicklung bis 1650 (1901); A. C. Schwarting, Die Verwaltungsorganisation Nordwestdeutschland während der französischen Besatzungszeit 1811–1813 (1936).

Allgemein: G. W. Sante (Hg.), Geschichte der deutschen Länder (Territorien-Ploetz) Bd. 1: Die Territorien bis zum Ende des alten Reiches, 1964; G. Gudian, Die grundlegenden Institutionen der Länder, in: Handbuch d. neuer. europ. Privatrechtsgesch. I (1973) 401ff.; D. Willoweit, Rechtsgrundlagen der Territorialgewalt. Landesobrigkeit, Herrschaftsrechte und Territorium in der Rechtswissenschaft der Neuzeit, Forsch. z. dt. Rechtsgesch. 11 (1975); G. Hinz, Territorialstaatsbewußtsein und Reichsgedanke beim deutschen Reichsfürstenstand im 17.

Jahrhundert, 1956; G. v. Below, Die Neuorganisation der Verwaltung in den deutschen Territorien des 16. Jahrhunderts, in: Raumers Hist. Tagebuch 6 (1887) 303 ff.; W. Ohnsorge, Fürst und Verwaltung um die Wende des 16. Jahrhunderts, BlDLG 88 (1951) 150 ff. F. Hartung, Der französisch-burgundische Einfluß auf die Entwicklung der deutschen Behördenorganisation, in: Staatsbild. Kräfte d. Neuzeit (1961); A. Lotz, Geschichte des deutschen Beamtentums, 1909; O. Hintze, Der österreich. u. preuß. Beamtenstaat im 17. und 18. Jahrh., HZ 86 (1901) 441 ff.; A. W. Gerloff, Staatspraxis und Staatstheorie des kameralistischen Verwaltungsstaates, 1937; H. R. Feller, Die Bedeutung des Reiches und seiner Verfassung für die mittelbaren Untertanen und die Landstände im Jahrhundert nach dem westfälischen Frieden, 1953; K. Wolzendorff, Der Polizeigedanke des modernen Staates. Ein Versuch zur allgemeinen Verwaltungslehre unter besonderer Berücksichtigung der Entwicklung in Preußen, 1918, Neudr. 1964; H. Meier, Die ältere deutsche Verwaltungslehre (Polizeiwissenschaft). Ein Beitrag zur Geschichte der politischen Wissenschaft in Deutschland (Politica) 13, 1966; H. Hausherr, Verwaltungseinheit und Ressorttrennung vom Ende des 17. bis zum Beginn des 19. Jahrhunderts, 1953; F. Rachfahl, und Behördenorganisation zu Beginn der Neuzeit, Jb. N. St. 121 (1923) 209 ff.; F. Merzbacher, Das Wesen der Steuer und die historischen Ansätze des deutschen Steuerrechts, Festschr. H. Paulick (1973) 255 ff. Vgl. a. HRG Artikel: Geheimer Rat (A. Erler) I 1442 f., Kabinett (A. Erler) II 513 f., Kammer (R. Hoke) II 570 f., Kammer-Fiskus (A. Erler) II 573 f., Kammergut (D. Willoweit) II 548 ff.

Zeitgenössisches Schrifttum: V. L. v. Seckendorff, Teutscher Fürstenstaat, 1655 (ergänzt von A. Simson v. Biechling, 1737), Neudr. 1972; J. J, Moser, Von den Teutschen Reichsständen, 1769; ders., Von der Landeshoheit der teutschen Reichsstände, 1773; ders., Neueste Geschichte der unmittelbaren Reichsritterschaft, 2 Bde, 1775–76; L. Pfeiffer, Ohnparteylicher Versuch eines ausführlichen Staatsrechts der ohnmittelbaren freien Reichsritterschaft, 2 Bde., 1778–80; W. A. X. Frhr. v. Kreittmayr, Grundriß des allgemeinen deutsch- und bayerischen Staatsrechts, 1768; ders., Anmerkungen zum Cod. Civ. Max. Bav., 5 Bde., 1758–1768; C. H. v. Römer, Staatsrecht und Statistik des Churfürstentums Sachsen, 2 Bde., 1787/88; U. F. Kopp, Handbuch zur Kenntnis der Hessen-Casselschen Landesverfassung und Rechte, 1. Teil, 1796; K. F. Hommel, Principis cura leges oder der Fürsten höchste Sorgfalt: Die Gesetze, übersetzt und erläutert von R. Polley, 1795; C. Frise, Jus Domaniale, 1701; J. H. Jung, Lehrbuch der Staats-Polizey-Wissenschaft, 1788, Neudr. 1968.

Quellensammlungen:

Bayern: W. A. X. v. Kreittmayr, Sammlung der churbaier. Generalien und Landesverordnungen, 1771, fortgesetzt von: G. K. Mayr, Sammlung der churpfalz-baier. allgemeinen und besonderen Landesverordnungen, 6 Bde, 1784–1799 und 2 Nachtragsbde 1800, 1802; dazu Generalrepertorium von D. Döllinger, 1834.

Brandenburg-Preußen: W. Altmann, Ausgewählte Urkunden zur brandenburgisch-preußischen Verfassungs- und Verwaltungsgeschichte, 2. Aufl. 1914; C. O. Mylius, Corpus Constitutionum Marchicarum, 6 Bde u. 4 Forts. bis 1750 (1737–1755); Novum Corpus Constitutionum Prussico-Brandenburgensium 1751 bis 1806 (1753–1807).

Hessen: Chr. L. Kleinschmidt, Sammlung Fürstlich Hessischer Landesordnungen und Ausschreiben, 3 Bde, 1767 ff.

Kleve-Mark: J. J. Scotti, Sammlung der Gesetze und Verordnungen, welche in dem Herzogthum Cleve und in der Grafschaft Mark ergangen sind, Teil 1 (1418–1700), 1826.

Österreich: G. Sivestri, Die deutschsprachigen Gesetzblätter Österreichs, Eine Bibliographie, 1967; J. P. v. Ludewig, Erläuterte Germania Princeps, das ist historisch-politisch und rechtliche Anmerkungen über derselben Teutschen Fürstenstaaten, 6 Teile (behandelt lediglich die Kurstaaten und Österreich), 1702; Sammlung aller k. k. Verordnungen und Gesetze vom Jahre 1740–1780, nach dem Stand unter Josef II., 8 Bde (1786/87); Handbuch aller unter der Regierung

Josef II. ergangenen VO und Gesetze, 18 Bde (1785); Vollständige Sammlung aller VO und Gesetze seit d. Regierungsantritt Josef II., 12 Bde (1788/91); Sammlung der Gesetze u. VO unter Leopold II., 3 Bde (1790/91); desgl. 4 Bde (1791/92). **Sachsen**: J. Chr Lünig, Codex Augusteus, oder neu vermehrtes Corpus Juris Saxonici (= Verordnungen 1482–1818), 2 Bde (1724) und 3 Fortsetzungen 1772, 1800, 1824; C. G. Haubold, Handbuch der chursächsischen Gesetze, 8 Bde, 1804ff.

Trier: Sammlung der Gesetze und Verordnungen, die in dem vormaligen Churfürstenthum Trier ergangen sind vom Jahre 1310 bis 1802, 3 Bde, 1832.

Württemberg: A. L. Reyscher, Sammlung der württembergischen Gesetze 19 Bde (bis 1848), 1828–1851.

Die Epoche von der Reformation bis zum Reichsende ist gekennzeichnet durch ein sich stetig verstärkendes Eigenleben der größeren Reichsstände, die sich weitgehend zu souveränen Staaten fortentwickeln.

I. Die Länder und das Reich:

1. Der Schwund, den das deutsche Reichsgebiet in der Neuzeit erfuhr, ist nur voll verstehbar in Hinblick auf den Antagonismus von Reichs- und fürstlichem Staatsinteresse. Eine verhängnisvolle Rolle spielte für die Westgrenze das habsburgische Hausinteresse und seine Verflechtung mit Spanien, im Osten das Haus Hohenzollern.

a) Im Westen hatte Karl V. Flandern und das Artois, alte Bestandteile der burgundischen Niederlande von Frankreich gelöst (Friede von Madrid 1525, Damenfriede 1529), aber andererseits die Bindungen von Lothringen und den Niederlanden an das Reich gemindert (Lothringischer Vertrag 1542, Burgundischer Vertrag 1545) und Metz, Toul und Verdun an Frankreich eingebüßt (1552, endgültig 1648). Die spanische Erbfolge in Burgund zeitigte fortlaufende Verluste an der Westgrenze des Reiches (Artois und Teile des Hennegaus mit Valenciennes 1659, Freigrafschaft Burgund und Cambrai 1678, Ablösung der Generalstaaten 1581, endgültig 1648). Die 1648 unter französische Herrschaft gelangten Teile des Elsaß verblieben nur formell beim Reich, Lothringen fiel 1766 an Frankreich.

Das Abbröckeln der kaiserlichen Herrschaft im Arelat zugunsten Frankreichs (s. Kap. 26 II 2) griff schon im 13. Jahrhundert auch auf Reichsboden über. Lothringen und seine Bistümer stehen bereits im 14. Jahrhundert politisch zwischen dem Reich und Frankreich, von einer Lehenrührigkeit des Herzogtums Lothringen gegenüber dem Reich ist keine Rede mehr. Kaiserliche Abwehrmaßnahmen (Errichtung einer reichslehenbaren Markgrafschaft Pont-à-Mousson für den Grafen von Bar 1354, Annulierung des französischen Schutzes (garde) über die Städte Toul 1310 und Verdun 1356 verpuffen. Als besonders verhängnisvoll für die Westgrenze des Reiches erwies sich die staatsrechtliche Verklammerung des Reiches mit Spanien durch Karl V. Er übertrug 1551 Mailand und das burgundische Erbe nicht nur auf Philipp II. persönlich, sondern auch auf die spanische Krone in der trügerischen Annahme daß dieses besser in der Lage sei, die Westgrenze des Reiches gegen Frankreich zu sichern als das durch die Türken bedrängte Österreich. Die Ausgliederung Spaniens aus dem Reich (1714) hat zwar vorübergehend die Stellung des Reiches in Italien gefestigt, kam aber zu spät um Vorstufe einer Zurückgewinnung der verlorenen Gebiete zu werden. Die Mächtekonstellationen des 18. Jahrhunderts ließ einen kaiserlichen Führungsanspruch nicht mehr zu.

b) Das Deutschordensgebiet (s. Kap. 25 VII) hat das Reich zwar noch während des 16. Jahrhs. immer wieder für sich beansprucht und dies durch Übertragung der Hochmeisterwürde auf den Deutschmeister (1530) unterstrichen. Tatsächlich trennte es sich aber im Zuge der Reformation unter dem Hochmeister Albrecht von Brandenburg als nunmehr weltliches, lehenrechtlich an Polen gebundenes Herzogtum Preußen 1525 vom Reich. Durch Erbgang kam Preußen 1618 an Brandenburg und wurde 1660 souveränes Herzogtum, seit 1701 mit dem Königstitel ausgestattet. Die polnischen Teilungen von 1772, 1793 und 1795 berührten die Reichsgrenzen nicht, dagegen verlor Schlesien, das seit 1348 böhmisches Lehen war, beim Übergang an Preußen (1742) durch Aufhebung dieses Lehenbandes die rechtliche Bindung an das Reich. Umgekehrt wurden durch die pragmatische Sanktion von 1713 (Unteilbarkeit der österreichischen Monarchie) reichsfremde Gebiete mittelbar an das Reich gebunden.

c) Die Schweiz und Holland lösten sich sehr allmählich vom Reich (de jure 1648). Die Schweizer Eidgenossenschaft betrachtete sich noch bis in das 16. Jahrh. hinein als Teil des Reiches, die Fürstabtei St. Gallen empfing bis zu ihrem Ende (1798) die Regalienbelehnung durch den Kaiser; auch die Bischöfe von Basel und Chur blieben dauernd Reichsstand. Das Hinausleben der Generalstaaten aus dem Reich gehört erst dem 17. Jahrh. an.

Schrifttum: P. Kirn, Politische Geschichte der deutschen Grenzen, 4. Aufl., 1958; Fr. Steinbach, Geschichte der deutschen Westgrenze, 1930, Neudr. in: Collectanea Fr. Steinbach (1967) 215 ff.; A. Schulte, Frankreich und das linke Rheinufer, 2. Aufl., 1918; K. Jacob, Die Erwerbung des Elsass durch Frankreich im westfälischen Frieden, Strassburg 1897; K. Mommsen, Eidgenossen, Kaiser und Reich, Studien zur Stellung der Eidgenossenschaft innerhalb des heiligen deutschen Reiches, Basel 1958; W. Näf, Die Eidgenossenschaft und das Reich, 1940; R. Feenstra, A quelle époque les Provinces-Unies sont-elles devenues independantes en droit a l'égard du Saint Empire?, Tijdschrift voor Rechtsgesthiedenis 20 (1952) 30ff., 182ff., 479ff.; G. Turba, Über das rechtliche Verhältnis der Niederlande zum deutschen Reich, 1903; K. O. Frhr. v. Aretin, Kaiser Joseph I. zwischen Kaisertradition und österreichischer Hausmachtpolitk, HZ 215 (1972) 529ff.; H. Lutz, Christianitas afflicta, Europa, das Reich und die päpstliche Politik im Niedergang der Hegemonie Kaiser Karl V. (1552–1556), 1961; H. Thomas, Zwischen Regnum und Imperium. Die Fürstentümer Bar und Lothringen zur Zeit Karl IV, Bonner hist. Forsch. 40 (1973); S. Fitte, Das staatsrechtliche Verhältnis des Herzogtums Lothringen zum deutschen Reich seit dem Jahre 1542, Diss. Straßburg 1892.

2. Die Länder waren bemüht, einen geschlossen Staatsraum auszubilden, wobei das Reich immer mehr auf eine formale lehensherrliche Oberhoheit und normierte, wenig bedeutsame Einzelrechte zurückgedrängt wurde. Seit Karl V. (1519) nötigen die Wahlkapitulationen den König zur Bestätigung der **Reichspfandschaften** der Reichsstände (§ 4). Der Westfälische Friede (JPO V 26 u. 27) machte ihre Lösung überdies von der Zustimmung des Reichstages abhängig und damit endgültig unmöglich. Vor allem hat dieser Friede den Reichsständen die Landeshoheit (Jus territorii et superioritatis, droit de souveraineté) zugesichert. Die Reichsjuristen des 18. Jahrh. (Moser, Pütter) erkennen darüber hinaus der Landesherrschaft eine ursprüngliche Staatsgewalt zu und betrachten das Reich als einen aus Staaten zusammengesetzten Staat. Die Abschließung der größeren Reichsstände ging schließlich so weit, daß

sie für die Ausübung der kaiserlichen Reservatrechte auf ihrem Gebiet ein landesherrliches Placet beanspruchten oder diese – wie Preußen – gänzlich ausschlossen. Sie verweigerten auch die Auflösung ihrer stehenden Heere und die Eingliederung von Truppenteilen in die Kreiskontingente. Preußen und Österreich, aber auch Hannover haben sich im 18. Jahrh. faktisch bereits aus dem Reiche gelöst.

Selbst die reichsständischen Assoziationen (Rheinbund 1658–1668, Frankfurter Assoziation 1697–1707, Fürstenbund 1785–1791), nominell dem Reichsinteresse dienend, wurden von den Großstaaten in erster Linie als Instrument ihrer Territorialpolitik gehandhabt.

3. Garant der politischen Autonomie der „armierten" Reichsstände wird in der zweiten Hälfte des 17. Jahrhunderts ein ständiges, durch das Reichsrecht sanktioniertes autonomes Heer (s. Kap. 41 III 3). Es basiert auf dem aus dem Mittelalter übernommenen, auf Privatvertrag basierenden Söldnerwesen. Werden noch im 30 jährigen Krieg Soldtruppen nur nach Bedarf und mittels Unternehmervertrag in Dienst genommen, so gehen die führenden Reichsstände nunmehr zur Aufstellung ständiger, selbst geworbener Truppeneinheiten über (Brandenburg-Preußen 1655, Bayern 1665, Sachsen und Württemberg 1673). Ergänzt wird dieses Heer durch ein Milizwesen, das die alten Landfahnen fortsetzt, die letztmals um 1600 als Landesdefension („Landrettungswerk") eine beachtliche Rolle spielen. Im 18. Jahrhundert werden sie zu einer Konskriptionsauswahl, bestehend aus ledigen, besser geschulten Ausschüssern, die in Notzeiten gerne in das stehende Heer eingegliedert („untergestoßen") werden. Die übrige Bevölkerung sieht sich – soweit nicht privilegiert – mit militärischen Sachleistungen (Quartierlast, Spanndienste) und Steuern (Fourage-, Kasernenanlage usw.) belastet. Das Nebeneinander von Soldheer und Landmiliz weicht erst im 19. Jahrhundert einem einheitlichen Volksheer. Der mittelalterliche Lehenkriegsdienst verliert schon in der zweiten Hälfte des 16. Jahrhunderts alle Bedeutung und wird zunehmend in eine Geldleistung (Ritterpferdanlage) umgewandelt.

4. Gegenüber den anlehnungsbedürftigen mittleren und kleinen Reichsständen hat sich die kaiserliche Macht auch noch im 18. Jahrh. als Schützer und Ordner bewährt.

Das Reich ist noch im 18. Jahrh. wiederholt allzu absolutistisch gesinnten Landesherren mittels Suspension und Reichsexekution in den Arm gefallen (z.B. Nassau-Siegen 1707, Mecklenburg 1717, Schwarzburg-Rudolstadt 1719), bis die Wahlkapitulation Karls VII. 1742 die Suspension von Reichsständen von der Landesregierung untersagte (Art. I § 4). Häufig bemühten sich kaiserliche Kommissionen um die Ordnung der oft heillos verwirrten Verhältnisse kleinerer Reichsstände (z.B. Rheingrafen, Leiningen-Westerburg), vor allem auch der wirtschaftlich und moralisch mehr und mehr verfallenden Reichsstädte (z.B. wiederholt Frankfurt a. M., Hamburg und Rottweil, Wetzlar 1614 und 1712, Heilbronn 1654, Goslar 1682, Dinkelsbühl 1691, Nürnberg 1797).

II. Die Einheit und Einheitlichkeit wird allerorts Ziel der Länder. Dies bestimmt auch ihr Verhältnis untereinander.

1. Erste Bedingung ist die Überwindung des Teilungsgrundsatzes. Die Unteilbarkeit der Kurländer hatte die Goldene Bulle von 1356 garantiert. In den übrigen weltlichen Fürstentümern mußte sie erst mühsam durchgesetzt werden. In vielen kleineren Territorien blieb die Frage dauernd offen.

Am Anfang der Primogeniturordnung stehen Hausgesetze in Baden (1380), Brandenburg (Dispositio Achillea 1473), Württemberg (1482), Sachsen (Albertinische Linie 1499) und Baiern (Primogeniturordnung 1506). Der Teilungsgedanke war jedoch so stark eingewurzelt, daß dauerhafte Regelungen erst mit dem fortschreitenden 16. Jahrh. erzielt werden konnten (Baiern 1578, Brandenburg 1598, Österreich 1621; Sachsen, Albertinische Linie 1652, Hannover 1680).

Schrifttum: H. Schulze, Die Hausgesetze der regierenden deutschen Fürstenhäuser, 3 Bde., 1862–1883; A. Werminghoff, Der Rechtsgedanke von der Unteilbarkeit des Staates in der deutschen und brandenburg-preußischen Geschichte, 1915. S. a. HRG Artikel: Dispositio Achillea (H. H. Hofmann) I 746f., Hausgesetze – Hausverträge (A. Erler) I 2026ff., Landesteilung (D. Willoweit) II 1415ff.

Zu großer praktischer Bedeutung gelangte wiederholt der Erbverzicht, der heiratenden Prinzessinnen im Interesse der Staatseinheit abverlangt wurde.

2. Schwieriger noch als die Überwindung des Teilungsgrundsatzes war die Verschmelzung bislang selbstständiger reichsständischer Herrschaften zu einem Gesamtstaat, da ihr die Reichsverfassung entgegenstand, die auf der Summe der reichsständischen Territorien aufgebaut war und seit 1582 sogar die volle Wiedervereinigung von Teilfürstentümern unmöglich machte. Die Schaffung einer österreichischen Monarchie durch die sogenannte pragmatische Sanktion erhielt 1732 die Zustimmung des Reichstages. Sie blieb für die habsburgischen Länder bis 1918 in Kraft. Angängig waren ansonst allein Personalunionen.

a) Besonders schwierig gestaltete sich die Herstellung der Staatseinheit dann, wenn der Länderbestand über die Reichsgrenzen hinausgriff. Vor diesem Problem stand im 15. Jahrhundert der luxemburgische Staat Kaiser Siegmunds und Burgunds, in der Neuzeit Österreich und Brandenburg-Preußen. Preußen hat die Einheit nur indirekt über die Armee erreicht. Die Habsburger haben im Begriff des „Hauses Österreich" (Casa d'Austria) an der mittelalterlichen, personalistischen Staatsvorstellung festgehalten. Da keine institutionelle Verbindung Habsburgs mit dem Kaisertum zustandekam, wurden die Königreiche Böhmen und Ungarn nie in vollem Sinne österreichisch. Das waren nur die „Erblande". Herrscherpersönlichkeiten wie Friedrich der Große, oder die glanzvolle Rolle Habsburgs in der Türkenabwehr konnten solche Einheit nur vortäuschen aber nicht ersetzen.

b) Versuche in dieser Richtung stellen die Projekt gebliebenen Erhebungen Österreichs und Burgunds zu Königreichen dar. Die Einheit der österreichischen Erblande wurde durch das Testament Kaiser Ferdinand II. von 1621 gesichert, Böhmen 1627, Ungarn 1687 Erbmonarchie. Die pragmatische Sanktion von 1713 kodifizierte das Erbfolgerecht zugunsten weiblicher Erbfolge und statuierte die Unteilbarkeit und Untrennbarkeit der gesamten „Österreichischen Monarchie", für die 1804 eine eigene Kaiserkrone geschaffen wurde (s. Kap. 44 I 4).

Schrifttum: A. Lhotzky, Was heißt „Haus Österreich"?, Anz. d. Ak. Wien, phil.-hist. Kl. 93 (1956) 155ff.; H. Koller, Zur Bedeutung des Begriffs „Haus Österreich", MJÖG 78 (1970) 338ff.; H. Benedikt, Die Monarchie des Hauses Österreich, Wien 1968; H. J. Bidermann, Geschichte der österreichischen Gesamtstaatsidee 1526–1804, 2 Bde, Innsbruck 1867/1889, Neudr. Wien 1972; G. Turba, Geschichte des Thronfolgerechts in allen habsburgischen Ländern bis zur pragmatischen Sanktion Kaiser Karl VI. (1156–1732), Wien 1903; H. Toman, Das böhmische Staatsrecht und die Entwicklung der österreichischen Reichsidee vom Jahre 1527 bis 1848. Eine rechtsgeschichtliche Studie, 1872, Neudr.

1968; E. C. Hellbling, Erblande, HRG I 966ff.; H. Lentze, Die monarchische Union von Ständestaaten, ein Grundproblem der deutschen Verfassungsgeschichte der Neuzeit (Vortrag 1968); L. Tümpel, Die Entstehung des brandenburg-preußischen Einheitsstaates im Zeitalter des Absolutismus (1609–1806), Unters. z. dt. Staats- u. Rechtsgesch. 124 (1915), Neudr. 1965.

3. Der Herstellung eines geschlossenen Flächenstaates (territorium clausum) dient die Auflösung der nicht seltenen Kondominate (z. B. Kurpfalz-Hochstifte Speyer und Worms 1709), die Beseitigung von Enklaven und die Ausmerzung fremder Hoheitsrechte im Lande (z. B. Territorialisierung der kaiserlichen Landgerichte in Franken und Schwaben) sowie die Zurückdrängung der Wegezölle (Passierzölle) zugunsten des Gebietszolls (Grenzzolls). Dieser Bereinigungsprozeß war beim Ende des Reiches noch in vollem Gange.

4. Die reichsrechtlichen Grundlagen blieben bestimmend auch für das Innengefüge der Länder. Nur in geringem Maße gelang es die mittelalterlichen Strukturelemente, verkörpert vor allem in den Regalien und Gerichtsrechten, der Vogtei und dem Lehenswesen abzubauen. Weder die Reichsgesetzgebung noch eine Fülle von Prozessen vor den höchsten Gerichten vermochten ihre bleichenden Knochen hinwegzuräumen. Ungebrochen bedeutsam belasteten sie nicht allein das Wechselverhältnis von Reich und Ländern, sie bildeten auch im Zusammenleben der Reichsstände und im Verhältnis von Landesherr und Untertan eine Quelle der Rechtsunsicherheit, die zu gewaltsamen Lösungen verlockte. Das mußte umso näher liegen, als die ihrer Substanz nach zunehmend mißverstandenen und mit den Begriffen der neuzeitlichen Rechtslehren nicht mehr angemessen interpretierbaren Gerechtsame auch für das zeitgenössische Staatsrecht nur Verlegenheit brachten. Sinnfällig wird dies in den zahllosen Auseinandersetzungen um die Landeshoheit.

Es ist dem deutschen Verfassungsrecht bis zum Ende des alten Reiches nicht gelungen, eine verbindliche, aus der Tatsächlichkeit des Verfassungszustandes des Reiches abgeleitete Vorstellung vom Wesen der Landeshoheit zu entwickeln. Die Landeshoheit (ius territorii, superioritas) blieb ein Bündel von Gerechtsamen, dessen Unbestimmtheit zu endlosen Prozessen Anlaß gab. Einheitliche, auf eine systematische Lehre gegründete Normen wurden zwar vom Reichskammergericht und den Konsiliatoren der obersten Gerichte angestrebt, doch konnte man sich dabei nur auf von den Glossatoren des 14. Jahrhunderts aus dem römischen Recht entwickelte Begriffe (iurisdictio, Regalien, Untertänigkeit) stützen, die der deutschen Rechtswirklichkeit in keiner Weise entsprachen. Die sich daraus ergebende Konfliktsituation suchte man im 17. Jahrhundert dadurch zu überbrücken, daß man eine ursprüngliche Allodialität aller Territorialität (vgl. Kap. 27 I 3a) unterstellte, aus der eine umfassende Untertänigkeit gegenüber dem Territorialherrn abgeleitet wurde. Der Landesherr besaß demgemäß kraft eigenen Rechts „Obrigkeit" (superioritas, ius territorii), wie sie den Reichsständen durch den Westfälischen Frieden (JPO Art. V § 30, Art. VIII § 1) ausdrücklich zuerkannt wurde. Da sie nicht Reichsstand war, hat die Lehre seitdem der Reichsritterschaft die Landeshoheit mehr und mehr bestritten. Noch weiter geht das 18. Jahrhundert, das dazu neigt, volle Landeshoheit nur den Besitzern aller Regalien, also den Reichsfürsten zuzubilligen (J. J. Moser, Landeshoheit Cap. 3 § 4 S. 433). Nur sie sollten als echte Obrigkeit gelten, der u. a. das Besteuerungsrecht (Nürnberger RA 1543 § 24) zukam.

Schrifttum: D. Willoweit, Rechtsgrundlagen der Territorialgewalt (Forsch. z. dt. Rechtsgesch. 11), 1975; Th. Kürschner, Die Landeshoheit der deutschen Länder seit dem Westfälischen Frieden unter dem Gesichtspunkt der Souveränität, 1938; K. Kormann, Die Landeshoheit in ihrem Verhältnis zur Reichsgewalt im

alten deutschen Reich seit dem Westfälischen Frieden, Zschr. f. Pol. 7 (1914) 139ff.;
F. Calasso, I glossatori e la teoria della sovranita, 3. Aufl., Mailand 1957; Th.
Knapp, Rechtsunsicherheit im alten römischen Reich deutscher Nation, Württ.
Vierteljahrsh. f. LG 40 (1934) 1ff. S. a. HRG Artikel: Landeshoheit (W. Sellert)
II 1388ff., Landesherr (A. Erler) II 1402ff., Landesobrigkeit (D. Willoweit)
II 1405ff.

5. Das Land als Glaubenseinheit war das Ziel des Augsburger
Religionsfriedens von 1555. Der Grundsatz Cuius regio eius religio
sollte dem Fortschreiten der Reformation Einhalt gebieten. Nicht vor-
bedacht war der Einbruch des Calvinismus (Kurpfalz 1560 bzw. 1583,
Kurbrandenburg 1613) und die Rückkehr evangelischer Fürstenhäuser
zum Katholizismus im Zeichen der Gegenreformation. Der Westfälische Frieden legalisierte den Calvinismus und erlöste durch Aushöhlung des landesherrlichen jus reformandi die Untertanen von der Drohung der Zwangsbekehrung. Die konfessionellen Verhältnisse der Länder wurden mit gewissen Ausnahmen (z.B. Oberpfalz) auf der Basis des
1. Jan. 1624 stabilisiert. Spätere Konversionen einzelner Herrscherhäuser
(Kurpfalz 1685, Kursachsen 1697, Zweibrücken 1718, Württemberg
1733) berührten damit nicht mehr das Bekenntnis des Landes, öffneten
aber eine Glaubenskluft zwischen Dynastie und Volk, die dazu beitrug,
das landesherrliche Regiment seiner im 16. Jahrh. gewonnenen religiösen Bezüge wieder zu entkleiden. Die religiöse Geschlossenheit (Konfessionsstaat) wurde nur vereinzelt aufgegeben (Kurpfalz 1705, Preußen
1740, Österreich 1781).

Schrifttum: L. Petry, Der Augsburger Religionsfriede von 1555 und die Lan-
desgeschichte, BlDLG 93 (1957) 150ff.; H. Conrad, Religionsbann, Toleranz und
Parität am Ende des alten Reiches, Römische Quartalschrift 56 (1961) 167ff.;
Ch. Link, „Jus divinum" im deutschen Staatsdenken der Neuzeit, Festschr. U.
Scheuner (1973) 377; U. Stutz, Höchstes Regal, ZRG Kan. 11 (1922) 416ff.;
J. Heckel, Höchstes Regal, ZRG, Kan. 13 (1924) 518ff .u. Ges. Aufsätze S. 393ff.;
M. Heckel, Staat und Kirche in der ersten Hälfte des 17. Jahrhunderts, ZRG
Kan. 73 (1956) 117ff., 74 (1957) 202ff. u. JE 6 (1968); Kl. Schlaich, Kollegial-
theorie, Kirche, Recht und Staat in der Aufklärung, JE 8 (1969); M. Honecker,
Cura religionis Magistratus Christiani, JE 7 (1968); J. J. Moser, Von der
Landeshoheit im Geistlichen, 1773, Neudr. 1976; O. Hintze, Die Epochen des
evangelischen Kirchenregiments in Preußen, HZ 97 (1907) 67ff., auch Ges. Abh. 3
(2. Aufl., 1967); W. Sohm, Territorium und Reformation in der hessischen Geschichte, 2. Aufl., 1957; J. Gampl, Staat und evangelische Kirche in Österreich
von der Reformation bis zur Gegenwart, ZRG Kan. 52 (1966) 299ff.; K. Jaitner,
Die Konfessionspolitik des Pfalzgrafen Philipp Wilhelm von Neuburg in Jülich-
Berg von 1647–1679 (1973); A. Hans, Die kurpfälzische Religionsdeklaration
von 1705. Ihre Entstehung und ihre Bedeutung für das Zusammenleben der drei
im Reich tolerierten Konfessionen, 1973. S. a. W. Goebell, Landeskirche,
-kirchentum, HRG II 1396ff.

III. Landesherr und Landstände: Während im Reiche das Wahl-
kaisertum zu einer Fesselung des Kaisers durch die Reichsstände führte,
gelang es den Landesherrn auf der Grundlage der Erbmonarchie die
Ständemacht zu brechen und an die Stelle des Dualismus von Fürsten- und
Ständemacht (s. Kap. 35 III 5) den fürstlichen Obrigkeitsstaat zu errichten.

1. Die landständische Verfassung hatte gleich der Entwicklung im
Reiche im 15. Jahrh. eine bessere Durchbildung erfahren. Die Landstände waren ähnlich dem Reichstag in Kurien organisiert.

a) Norm bildet das 3-Kuriensystem (Prälaten, Ritterschaft, Städte). Im Zuge der Reformation kam es in einzelnen Ländern durch Wegfall der Prälaten zu einem Zweikuriensystem. Mancherorts übernahm der Landesherr die Funktion der säkularisierten Prälaten (z. B. Pfalz-Neuburg). Anderwärts (z. B. Württemberg, Kurtrier seit 1577 bzw. 1729) fiel durch Anschluß an die Reichsritterschaft auch der Ritterstand ganz aus. In einzelnen Ländern besaßen die Bauern Standschaft (z. B. Ostfriesland, Tirol, Salzburg bis 1543), hier herrschte also ein 4-Kuriensystem. In anderer Zusammensetzung gab es vier „Parteien" auch in Österreich, wo der Adel in zwei Stände (Herrenstand und Ritterschaft) aufgespalten war. In der Fürstabtei Kempten bildete sich eine nur aus Bauern bestehende Landschaft. In den geistlichen Fürstentümern sind die Domkapitel häufig Wortführer der ständischen Interessen.

b) Politisch ohne Stimme, weil nicht in den ständischen Gremien vertreten, ist mit seltenen Ausnahmen der Bauer, ferner die städtische Unterschicht ohne Bürgerrecht, aber auch der niedere Klerus einschließlich der Klosterleute; sie sind nicht im Mitbesitz der öffentlichen Gewalt, verkörpert vorab in der Gerichtsbarkeit, sondern deren Objekt. Einen Ansatz zur Mitsprache bildet jedoch die in manchen Gegenden wohl ausgebildete dörfliche Selbstverwaltung mit örtlicher Niedergerichtsbarkeit (Schultheißengerichte).

Schrifttum:

Allgemein: H. Rausch (Hg.), Volksvertretung, Bd 2: Reichsstände und Landstände, 1975; G. Buchda, Reichsstände und Landstände in Deutschland im 16. und 17. Jahrhundert, Rec. Soc. J. Bodin 25 (1965) 193ff.; L. Carstens, Princes and Parliaments in Germany from the fifteenth to the eighteenth Century, Oxford 1959; dazu P. Herde Hist. Jb. 80 (1960) 286ff.; G. Oestreich, Ständetum und Ständebildung in Deutschland, in: Der Staat, Zeitschr. f. Staatslehre 6 (1967) 61ff.; D. Gerhard, Ständische Vertretungen und Land, Festschr. H. Heimpel I (1971) 447ff.; R. Vierhaus, Ständewesen und Staatsverwaltung in Deutschland im späten 18. Jahrhundert, Festg. K. v. Raumer (1966), 337ff.; P. Blickle, Landschaften im alten Reich. Die staatlichen Funktionen des gemeinen Mannes in Oberdeutschland, 1973. S. a. HRG Artikel: Kurien (W. Sellert) II 1294ff., Landesfreiheit (H. Lieberich) II 1374f., Landeshuldigung (F. Klein-Bruckschwaiger) II 1394f.

Nordwesten: C. Haase, Das ständische Wesen im nordwestlichen Deutschland, 1964; W. M. Berghaus, Die Verfassungsgeschichte der ostfriesischen Landschaft, 1956; H. Kirchhoff. Landrä[?] im Stift Münster. Landständische Mitregierung im 16. Jahrhundert, Westf. Forsch. 18 (1965); R. Regner, Landesherr und Landstände im Hochstift Osnabrück in der Mitte des 18. Jahrhunderts, 1968.

Nordosten: P. v. Hedemann-Heespen, Die landständische Verfassung Schleswig-Holsteins, Festg. B. Haupt (1922); A. v. Reden, Landständische Verfassung und fürstliches Regiment in Sachsen-Lauenburg (1543–1689), Veröff. d. M. Planck-Inst. f. Gesch. 41 (1974); H. Krause, System der landständischen Verfassung Mecklenburgs in der ersten Hälfte des 16. Jahrhunderts, 1927; H. Croon, Die kurmärkischen Landstände 1571–1616 (1938); W. Schotte, Fürstentum und Stände in der Mark Brandenburg unter der Regierung Joachim I., 1911; J. Petersohn, Fürstenmacht und Ständetum in Preußen 1578–1603 (1963); R. Bergmann, Geschichte der ostpreußischen Stände und Steuern 1668–1704 (1901); H. Wischhöfer, Die ostpreußischen Stände im letzten Jahrzehnt vor dem Regierungsantritt des Großen Kurfürsten, 1958.

Mitteldeutschland: R. Laufner, Die Landstände von Kurtrier im 17. und 18. Jahrhundert, Rh. Vjbl. 32 (1968) 290ff.; G. Knetsch, Die landständische Verfassung und reichsritterschaftliche Bewegung im Kurstaat Trier, vornehmlich im 16. Jahrhundert, 1909; K. E. Demandt, Die hessischen Landstände im Zeitalter des Frühabsolutismus, Hess. Jb. d. LG 15 (1965) 38ff.; L. Müller, Die ernestinischen Landtage 1485–1572 unter besonderer Berücksichtigung des Steuerwesens, Festschr. F. Schneider (1958); H. Helbig, Der wettinische Ständestaat, 1955; ders., Fürsten und Landstände im Westen des Reiches im Übergang vom Mittelalter zur Neuzeit, Rh. VJbl. 29 (1964); J. Falke, Die Steuerbewilligung der sächsischen Landstände, Zeitschr. f. d. ges. Staatswiss. 30/31 (1874/75);

K. Berthold (Hg.), Schlesiens Landesvertretung und Landeshaushalt von ihren Anfängen bis zur neuesten Zeit, 3 Bde, 1909. Südwesten: E. Gothein, Die Landstände am Oberrhein, in: 25 Jahre d. bad. hist. Komm. (1909) 29ff.; ders., Die Landstände der Kurpfalz, ZGO NF 3 (1888) 1ff.; J. Gut, Die Landschaft auf den Landtagen der markgräflich badischen Gebiete, 1970; F. W. Müller, Die elsässischen Landstände, Straßburg 1907; W. Grube, Der Stuttgarter Landtag 1457–1957 (1957); A. Gasser, Landständische Verfassungen in der Schweiz, Z. f. Schweiz. Gesch. 17 (1937). Bayern: K. Bosl, Die Geschichte der Repräsentation in Bayern, 1974; K. O. Frhr. v. Aretin, Die bayerische Landschaftverordnung 1714 bis 1777, in: Ständische Vertretungen, Veröff. d. M. Planck-Inst. f. Gesch. 27 (1969) 212ff.; K. Köhle, Landesheer und Landstände in der Oberpfalz, Misc. Mon. 16 (1969); S. Bachmann, Die Landstände des Hochstifts Bamberg, 1962; E. Schubert, Die Landstände des Hochstifts Würzburg, 1967. Österreich: N. Sapper, Die schwäbisch-österreichischen Landstände und Landtage im 16. Jahrhundert, 1965; A. Brunner, Die Vorarlberger Landstände von ihren Anfängen bis zum Beginn des 18. Jahrhunderts, Innsbruck 1929; A. Jäger, Geschichte der landständischen Verfassung Tirols, 2 Bde, 1881–1885, Neudr. 1970; H. Hassinger, Die Landstände der österreichischen Länder im 16. Jahrhundert, Jb. Lkde NÖst. 36 (1964), Bd. 2 S. 989ff.; ders., Ständische Vertretungen in den althabsburgischen Ländern und in Salzburg, in: Ständ. Vertr. in Europa i. 17. u. 18. Jh., Veröff. d. M. Planck-Inst. f. Gesch. 27 (1969) 247ff.

Das Verfahren auf den Landtagen ähnelte dem des Reichstages. Das Selbstversammlungsrecht und die Gültigkeit von Mehrheitsbeschlüssen waren alte Streitpunkte. Die seit Ausgang des 16. Jahrh. immer allgemeinere Ersetzung der Vollandtage durch Ausschüsse, die sich schließlich durch Kooperation ergänzten, förderte die Cliquenbildung und trug wesentlich zur Entmachtung der Stände bei. Ihre Rechtstitel waren in der Regel über oft zahlreiche Einzelprivilegien verstreut, nur ausnahmsweise gab es zusammenfassende Verfassungsurkunden (z. B. in Bayern die Erklärte Landesfreiheit von 1508).

Das neben der Mitwirkung bei der Gesetzgebung wichtigste Recht der Landstände war das Steuerbewilligungsrecht, das vielfach auch das Recht der Steuereinhebung (jus subcollectandi) und der Steuerverwaltung einschloß.

Die Steuerverwaltung gab den Landständen oft große Barmittel an die Hand. Die Landschaftskassen wurden so zu Bankinstituten.

2. Der obsiegende landesherrliche Absolutismus drückte das Steuerbewilligungsrecht der Stände zur leeren Form herab. 1653 wurden ihnen unmittelbare Beziehungen zum Reich untersagt, ihre Steuerpflicht 1654 reichsgesetzlich festgelegt (Vgl. K. Lohmann, Das Reichsgesetz vom Jahre 1654 über die Steuerpflichtigkeit der Landstände, Diss. Bonn 1893). Die Wahlkapitulation Leopolds I. von 1658 sprach ihnen auch das Selbstversammlungsrecht ab. Trotz des Schutzes, den ihnen das Reich über den Reichshofrat angedeihen ließ (z. B. Hessen-Kassel, Sachsen, Mecklenburg, Württemberg), ist die Rolle der Stände mit dem 17. Jahrh. ausgespielt. Eine reale Macht bildeten die Landstände im 18. Jahrh. nur mehr in Württemberg („das gute alte Recht"), Hannover, Mecklenburg und Kursachsen. Immerhin blieb die landständische Verfassung zumeist erhalten und wahrte den Ländern den Charakter von Verfassungsstaaten.

In Böhmen und Mähren wurde der Zusammenbruch der Ständemacht durch die Landesordnungen von 1627 und 1628 endgültig. In der Oberpfalz wurde die landständische Verfassung 1629 aufgehoben. Der letzte Vollandtag fand in Bamberg 1652, in Baiern 1669, in der Mark Brandenburg 1653, in Ansbach 1701, in Ostpreußen Anfang des 18. Jahrh., in Schleswig-Holstein 1712 statt. Andere Länder veranstalteten jedoch auch weiterhin Vollandtage (z. B. Jülich-Berg, Pfalz-Neuburg). Der Ausfall der Vollandtage darf nicht überbewertet werden. Schon früher lag das Schwergewicht bei den Ausschüssen; unangetastet blieben zudem die landschaftliche Verwaltung und die Jurisdiktionsrechte der Stände.

IV. Der innere Landesausbau: Da der Reichstag wenig aktionsfähig war und es nur gelegentlich zu gesetzgeberischen Maßnahmen brachte, wurde die Fortentwicklung des Rechtes weitgehend Aufgabe der Länder, die sich ihrer vor allem im Wege der „Polizei" annahmen.

1. Träger des im 16. Jahrh. entwickelten Obrigkeitsstaates sind in Deutschland die Länder, deren Staatsmaschinerie immer mehr das von ihnen in mittelalterlichen Bindungen festgehaltene Reich überrundet. Das Reformationszeitalter bescherte den Gliedstaaten das landesherrliche Kirchenregiment. Die Gegenreformation schwächte in den altgläubig gebliebenen Ländern die Stellung des meist der neuen Lehre zuneigenden Adels. Die Ausschaltung der legalen Selbsthilfe (Fehde) und des Widerstandsrechtes (Landstände) taten das ihre dazu, den landesherrlichen Absolutismus (Obrigkeitsstaat) zu entwickeln. Seine Machtmittel sind der Behördenapparat (Herrschaft der Kanzleien) und die Soldtruppe, die im 17. Jhdt. zum stehenden Heer wird. Ihrer Finanzierung dient die Verflüssigung der Finanzkraft der Untertanen durch immer autoritärere Handhabung der Besteuerung.

2. Die Territorien bauen seit dem 16. Jhdt. einen in Ober-, Mittel- und Unterbehörden zunehmend durchorganisierten Verwaltungsapparat auf. Auf dem Gebiete der Gerichtsbarkeit führte das nach und nach von den führenden Reichsständen erworbene privilegium de non appellando illimitatum zur Selbstausschaltung des Reiches und zur Ausbildung zentraler oberster Landesgerichte, so in Baiern (Revisorium 1625), Hannover (Oberappellationsgericht Celle 1711), Preußen (Obertribunal 1748 bzw. 1782) und Österreich (Oberste Justizstelle 1749). Da auch der Übergang zum stehenden Heer im späteren 17. Jhdt. sich nicht im Reich, sondern in den Ländern vollzog, wurden die großen Territorien immer mehr zu Staaten im Staate. Die kleineren Reichsstände besaßen dagegen nicht die Voraussetzungen, um die vom Reich versäumten Aufgaben zu übernehmen. Die wachsende Spannung zwischen den fortschreitenden Großstaaten und den in patriarchalischen Zuständen beharrenden Zwerggebilden schuf Verwirrung und Rechtsunsicherheit, der das als subsidiäres Reichsrecht (Gemeines Recht) rezipierte römische Recht nur mangelhaft abzuhelfen vermochte.

3. Im Bereich der Gesetzgebung stellt die Reichspolizeiordnung von 1577 die letzte größere Leistung des Reiches dar (s. Kap. 41 IV). Die Lücke füllt bei den Großstaaten die Landesgesetzgebung, die im 18. Jahrhundert das Bestreben zeigt, nicht nur ergänzendes Regionalrecht zu schaffen, sondern im Wege umfassender Kodifikation alleinige Rechtsquelle zu werden. Das Reichsrecht, einschließlich des Gemeinen Rechts wird dabei absorbiert und der unmittelbaren Anwendung entzogen. In dieser Richtung zielen vor allem die Gesetzbücher Bayerns (Kreittmayr), Österreichs (Maria Theresia, Josef II.) und Preußens (Allgemeines Landrecht).

Schrifttum: F. Wieacker, Privatrechtsgeschichte der Neuzeit, 2. erw. Aufl., 1967; HRG Artikel: Allg. bürgerl. Gesetzgebung – Österreich (F. Klein-Bruckschwaiger) I 93 ff., ALR (H. Thieme) I 99 ff., Deutsches Privatrecht (H. Thieme) I 702 ff., Kursächsische Konstitutionen (G. Buchda) II 1304 ff., Landesfürstliche Gerichte (G. Theuerkauf) II 1375 ff., Landesgerichte, (F. Merzbacher) II 1377 ff., Landeskonstitutionen, brandenburgische (A. Erler) II 1402 ff., Landesordnung (W. Brauneder) II 1405 ff.

V. Die tragende Staatsidee der Länder ist nicht mehr die mittelalterliche Vorstellung, nach der Rechtsschutz und Friedenssicherung die vornehmste Aufgabe des Fürsten sind. Seit dem ausklingenden 15. Jahrh. tritt die Vorstellung von der Wirksamkeit für den „gemeinen Nutzen" in den Vordergrund. Sie muß nicht selten zur Rechtfertigung einer gewaltsamen Zurückdrängung der Stände dienen. Die Übertragung des Religionsbannes auf den Landesherrn im Reformationszeitalter hat sein Amt mit gesteigertem religiösem Pathos erfüllt. Im Zeitalter des Vernunftglaubens entsteht dann eine kühlere Staatsbetrachtung. Als Ideal gilt der more mathematico aufgebaute Staat mit monarchischer Spitze.

1. Zunächst wurde der Fürst absolut, d.h. frei von ständischer Kontrolle; er fühlte sich kraft des landesherrlichen Kirchenregiments als Amtmann Gottes, dem die Herrschaft über den Staat gebührte, aber zugleich die Verantwortung dafür auferlegt war (in dem angeblichen Ausspruch Ludwigs XIV. „l'état c'est moi" liegt auch das zweite Moment). In Brandenburg brach der Große Kurfürst (1640–1688) die Macht der Stände, im Herzogtum Preußen erst Friedrich Wilhelm I. (1713–1740). Aus einem Bündel von in Personalunion verbundenen Erwerbungen wurde Preußen zu einem durch die Armee zusammengeschweißten Einheitsstaat, in dem der autokratische Wille des Fürsten durch ein zu unbedingtem Gehorsam erzogenes Beamtentum bürokratisch durchgeführt wurde (Polizeistaat), wobei man zwar das Wohl des Volkes im Auge hatte (Wohlfahrtsstaat), ohne diesem aber Freiheitsrechte oder Selbstverwaltung zuzugestehen. In Österreich haben Karl VI. (1711–1740), Maria Theresia (1740–1780) und Josef II. (1780–1792) die Ständemacht durch Ausbau einer Zentralverwaltung ausgehöhlt, ähnlich die Wittelsbacher in Bayern.

2. In der Aufklärungszeit fällt die religiöse Motivierung fort und wandelt sich der fürstliche in einen staatlichen Absolutismus, in dem der Fürst selbst als Staatsorgan („erster Diener") erscheint und sich einzelne Staatstätigkeiten, vor allem die Justiz, von ihm lösen (Aufhören der „Machtsprüche", die aber niemals Willkür, vielmehr autoritäre Rechtsdurchsetzung waren). Der immer stärker ausgebaute Verwaltungsapparat brach die Adelsherrschaft im Staate, während die gesellschaftlichen Abstufungen schärfer denn je betont wurden; noch das PALR von 1794 baut sich auf den Unterschied zwischen den Rechten des Adels, der Bauern und der Bürger auf – eine Spätgeburt angesichts des Durchbruchs der französischen Revolution.

Schrifttum: W. Merck, Der Gedanke des gemeinen Besten in der deutschen Staats- und Rechtsentwicklung, Festschr. A. Schultze (1934), Neudr. 1968; H. F. W. Hinrichs, Geschichte der Rechts- und Staatsprinzipien seit der Reformation bis auf die Gegenwart in histor.-philos. Entwicklung, 3 Bde, 1848–1852, Neudr. 1962; G. Oestreich, Das persönliche Regiment der deutschen Fürsten am Beginn der Neuzeit (1935), jetzt in ders., Geist und Gestalt des frühmodernen Staates, 1969; P. Classen, Die Grundlagen des aufgeklärten Absolutismus, 1929; O. Frhr. v. Aretin (Hg.), Der aufgeklärte Absolutismus, 1974; E. Weis, Absolute Monarchie und Reform im Deutschland des späten 18. und frühen 19. Jahrhundert, Festschr. K. Bosl (1974) 436ff.; H. Conrad, Staatsgedanke und Staatspraxis des aufgeklärten Absolutismus (behandelt Österreich und Preußen), Rhein.-westf. Ak. d. Wiss., Vortrage G 173 (1971).

VI. In der Wirtschaftsführung geht der Staat im 17. Jahrh. vom reinen Fiskalismus zur Wirtschaftsplanung über.

1. Dabei wird zunächst weniger an die allgemeine Volkswohlfahrt, als an die Hebung der Steuerkraft gedacht. Sie soll durch den Ausbau des Territoriums zum geschlossenen Wirtschaftsraum und durch Bevölkerungsvermehrung (Populationspolitik) erreicht werden. Ersterem dient eine gezielte Handhabung der Grenzzölle unter Zurückdrängung der Binnenzölle (Mauten), sowie die Beschränkung des Luxusimportes durch Schaffung inländischer Produktionsstellen. Meist vom Landesherrn betrieben, dienen die neuen Manufakturen vorab dem Prunk des Hofes. Sie erweisen sich überwiegend als unrentabel und kurzlebig. Das Scheitern des Merkantilismus hat im 18. Jahrh. eine Rückbesinnung auf die Bedeutung der Landwirtschaft ausgelöst (Physiokraten), die

sich in einem verstärkten Landesausbau (Moorsiedlungen), neuen Kulturen (Kartoffel, Tabak) und einer Verbesserung der Anbaumethoden niederschlägt.

2. Die neue planende Wirtschaftspolitik zwang zu theoretischen Erwägungen (J. J. Becher, Colbert) und strebt nach wissenschaftlichen Grundlagen. Als Kameralwissenschaft erobert die Wirtschaftstheorie die Universitäten und hat in der Kurpfalz ein eigenes Lehrinstitut (Kameralschule Kaiserlautern 1774) gezeitigt.

VII. In der nachreformatorischen, vom Absolutismus geprägten Staatenwelt Deutschlands werden Reichsstädte und Reichsritterschaft vollends zu Fremdkörpern. Das politische Gewicht der Reichsritterschaft beruht nun ganz auf ihrer Verflechtung mit der Reichskirche (s. Kap. 39 IV 1 b). Die Reichsstädte verlieren trotz fortwirkender kultureller Leistungen jede politische Bedeutung. Das 1648 von ihnen gewonnene Stimmrecht auf dem Reichstag (s. Kap. 41 II 2 c) war wenig bedeutsam und entschädigte nicht für den Verfall der Wirtschaftskraft. Auch nahm ihre Zahl weiter ab.

Ursache dieses Schwundes waren Grenzverluste des Reiches (Metz-Toul-Verdun 1552, die elsässische Dekapolis 1648, Besançon 1679, Straßburg 1681), aber auch Mediatisierungen (Konstanz 1548, Donauwörth 1607, Münster 1661, Erfurt 1664, Magdeburg 1666) und Anschluß an die Eidgenossenschaft (Basel und Schaffhausen 1501, Mühlhausen i. E. 1515). Lange ungeklärt war die Reichsunmittelbarkeit bei Hamburg (bis 1618 bzw. 1770) und Bremen (bis 1646).

1. Das Fehlen eines eigenen größeren Staatsraumes lieferte die Reichsstädte der merkantilistischen Schutzzollpolitik ihrer Nachbarn aus. Aufwendige Hofhaltungen förderten die fürstlichen Residenzstädte, und machten sie zu ernsthaften Rivalen. Der schon im 16. Jahrhundert als Folge der Verlagerung der Handelswege eingeleitete Verfall der meisten Reichsstädte mündet nun in wirtschaftliches Siechtum und kaiserliche Debitkommissionen (s. Kap. 42 I).

2. Neben der verzweifelten Finanzlage boten auch innere Verfassungskämpfe Handhaben zum Eingreifen des Reiches (Karl V. seit 1548 gegenüber 25 oberschwäbischen Reichsstädten, Hamburg 1712, Frankfurt a. M. 1732). Noch stärkere Bevormundung erfuhren die mediaten Städte. Ihre Privilegien wurden eingeschränkt, Ämterbesetzung und Finanzverwaltung staatlich kontrolliert, die Ratswahlen überwacht. Die Aushöhlung der städtischen Autonomie war um so leichter durchführbar, als landesherrliche Neugründungen wirtschaftliche Konkurrenz schufen.

Die Neugründungen waren teils Bergbaustädte (im Erzgebirge Annaberg 1497, Marienberg 1521, Joachimsthal 1515), sodann Exulantenansiedlungen (in der Kurpfalz seit 1567 Frankenthal, Otterberg u. a.), Neuhanau 1598, aber auch neu angelegte Residenzen (Rastatt 1705, Ludwigsburg 1708, Karlsruhe 1715).

3. In den Städten nimmt die Ratsherrschaft immer mehr obrigkeitliche Züge an. Nur ein Bruchteil der Einwohner besaß das Bürgerrecht. Trotzdem wurde das Wahlrecht der Bürger zunehmend durch Kooptation

beschränkt. So kam es allerorten zu einem Honoratiorenregiment das eine echte Demokratie ausschloß und das Stadtregiment dem absolutistischen Staat anglich.

1746 stellte ein kaiserliches Reskript an den Rat der Stadt Frankfurt ausdrücklich fest, daß Reichsstandschaft und Landeshoheit bei den Reichsstädten nur der Stadt insgesamt zustehe und wies es als Anmaßung zurück, wenn der Rat die Bürger als Untertanen behandle.

Schrifttum: H. Conrad, Die verfassungsrechtliche Bedeutung der Reichsstädte im Deutschen Reich etwa 1500 bis 1806. Stud. Gen. 16 (1963); O. Brunner, Souveränitätsproblem und Sozialstruktur in den deutschen Reichsstädten der frühen Neuzeit, 2. Aufl. in: Neue Wege d. Verf. u. Soz. Gesch. (1968) 294ff.; O. F. Winter, Die Wiener Reichsbehörden und die fränkischen Reichsstädte, Jb. f. fränk. Land. Forsch. 24 (1964) 455ff.; E. Franz, Nürnberg, Kaiser und Reich, 1930; E. Naujoks, Obrigkeitsgedanke, Zunftverfassung und Reformation, Studien z. Verf. Gesch. von Ulm, Esslingen u. Schwäbisch Gmünd, 1958; H. Stoob, Über frühneuzeitliche Städtetypen, Festschr. K. v. Raumer (1966); K. S. Bader, Reichsadel und Reichsstädte in Schwaben am Ende des alten Reiches, Festschr. Th. Mayer I (1954) 247ff.; ders., Die Reichsstädte des schwäbischen Kreises am Ende des alten Reiches (Ulm u. Oberschwaben 32) 1951; H. Rückleben, Die Niederwerfung der hamburgischen Ratsgewalt. Kirchliche Bewegungen und bürgerliche Unruhen im ausgehenden 17. Jahrhundert, 1970; J. Batori, Die Reichsstadt Augsburg im 18. Jahrhundert, Finanzen und Reformversuche, 1969; E. Maschke- J. Sydow (Hg.) Verwaltung und Gesellschaft in der südwestdeutschen Stadt des 17. und 18. Jahrhunderts, 1969; H. Schmidt, Die politische Vorstellungswelt deutscher Städte im 17. Jahrhundert, Festschr. K. G. Hugelmann II (1959) 501ff.; E. Ennen, Die Organisation der Selbstverwaltung in den Saarstädten vom ausgehenden Mittelalter bis zur französischen Revolution, 1933.

VIII. Zum Wesen des alten Reiches gehört die bunte Mannigfaltigkeit der Länder. Die Skala reicht von der Großmacht über den Mittelstaat bis zu Splittergebilden. Auch die strukturellen Unterschiede sind gewaltig. Die Länder gliedern sich in solche mit und ohne Landstände, in armierte (mit stehendem Heer versehene) und nicht armierte Reichsstände und bloß Reichsunmittelbare (Reichsritterschaft), in Monarchien und Republiken (Reichsstädte), in Erb- und Wahlfürstentümer (geistliche Gebiete).

Während die Großstaaten dazu neigen, Machtpolitik zu treiben, denken die kleineren Reichsstände mehr an die Erhaltung der bestehenden Ordnung. Die Zeitgenossen preisen sie mitunter ob „jener glücklichen Mittelgröße, bei welcher der Unterthan ebenso sehr gewinnt als Ruhe und Freiheit des teutschen Staatensystems aufs neue dadurch gesichert wird" (Spittler 1786). Die Kleinen unter ihnen lebten vom Traditionalismus und hatten den rationalistischen Zeitgeist zu fürchten. In der Enge der Verhältnisse konnte eine Obrigkeit, die es in Anspruch nahm, ihre Untertanen auch gegen ihren Willen zu bekehren (z. B. Badische Hofkammerordnung 1766) leicht zur Tyrannei entarten. Je beschränkter die Verhältnisse waren, desto mehr hing alles von der Person des Serenissimus ab. Die deutsche Kleinstaaterei des 18. Jahrh. hat den ganzen Umkreis der Möglichkeiten durchmessen. Patriarchalische Fürsorge steht hart neben hemmungsloser Genußsucht und Frivolität, der gegenüber es oft nur Flucht über die glücklicherweise meist nahe Landesgrenze gab. Kein Wunder, daß die Ideen der französischen Revolution in solchen Zerrbildern des Polizeistaates fruchtbarsten Boden vorfanden.

Schrifttum: W. Störmer, Territoriale Landesherrschaft und absolutistisches Staatsprogramm. Zur Mikrostruktur des alten Reiches im 18. Jahrhundert, BCDLG 109 (1972) 90ff.; H. Kraemer, Der deutsche Kleinstaat des 17. Jahrhunderts im Spiegel von Seckendorffs Fürstenstaat, 1922/24, Neudr. (Vorwort W. Hubatsch) 1974.

Kap. 43. Zivilprozeß und Strafrecht

I. Der Zivilprozeß

Schrifttum: F. Wieacker, Privatrechtsgeschichte der Neuzeit, 2. erw. Aufl. 1967; E. Kern, Geschichte des Gerichtsverfassungsrechtes, 4. Aufl. 1965; E. Döhring, Geschichte der deutschen Rechtspflege seit 1500, 1955; A. Stölzel, Entwicklung des gelehrten Richtertums in den deutschen Territorien, 2 Bde, 1872, Neudr. 1964; ders., Die Entwicklung der gelehrten Rechtsprechung, 2 Bde, 1901, 1910; ders., Geding und Appellation, Hof, Hofgericht und Räte, Abschied und Urteil, 1911; M. A. v. Bethmann-Hollweg, Der Zivilprozeß des gemeinen Rechtes in geschichtlicher Darstellung, 6 Bde, 1864–74, Neudr. 1959; J. Ch. Schwartz, Vierhundert Jahre deutsche Civilprozeß-Gesetzgebung, 1898; K. Tiegelkamp, Geschichte und Stellung der Verhandlungsmaxime im deutschen Zivilprozeß seit dem jüngsten Reichsabschied, 1940; K. W. Nörr, Die Stellung des Richters im gelehrten Prozeß der Frühzeit, 1967; ders., Naturrecht und Zivilprozeß (Tübing. rechtswiss. Abh. 41), 1976; B. Wulffen, Richterliches Prüfungsrecht im Heil. röm Reich deutscher Nation des 18. Jahrhunderts, 1968; P. Lenel, Die Scheidung von Richter und Urteilern in der deutschen Gerichtsverfassung seit der Rezeption der fremden Rechte, ZRG 34 (1913) 440ff.; G. Buchda, Die Rechtsmittel im sächsischen Prozeß, ZRG 75 (1958) 274ff.; E. Bahm, Der Schöppenstuhl zu Leipzig und der sächsische Inquisitionsprozeß im Barockzeitalter, Zs. Str.W. 59 (1940) 371ff., 60 (1941) 155ff., 61 (1942) 300ff.; W. Leiser, Der gemeine Zivilprozeß in den badischen Markgrafschaften, Veröff. d. Komm. f. gesch. Ldkde i. Baden-Württ. 16 (1961); E. Ott, Beiträge zur Receptionsgeschichte des römischcanonischen Prozesses in den böhmischen Ländern, 1879; W. Endemann, Die Entwicklung des Beweisverfahrens im Deutschen Civilprozeß seit 1495 (1895); K. Perels, Die Justizverweigerung im alten Reich seit 1495, ZRG 25 (1904) 1ff.; s. a. W. Sellert, HRG Artikel: Gail (I 1371ff.), Insinuation (II 385ff.) Judicium parium (II 465ff.), Kalumnieneid (II 566ff.) und HRG Artikel: Artikelprozeß (G. Buchda) I 233f., Instanzenbindung (H. Holzhauer) I 388ff., Kollegialgericht (C. Schott) II 930ff.

1. Die tiefgreifende Umformung, welche das Prozeßrecht um 1500 erfuhr, vollzieht sich von oben nach unten. Die Reichsabschiede banden die Territorien wiederholt an die Prozeßnormen des Reichskammergerichts. Die Gerichtsordnungen der Länder und die Praxis der Hofgerichte geben sie an die Untergerichte weiter. Vereinfachungen, die bei Bagatellprozessen zugelassen waren, haben das deutschrechtliche Verfahren bei den örtlichen Gerichten länger lebendig erhalten als bei den höheren Justizdikasterien. Das Verfahrensrecht des Reichskammergerichtes (Kameralprozeß) ist nicht unmittelbar dem römischen Recht entnommen, es beruht überwiegend auf dem in Italien im 13. Jhdt. ausgebildeten italienisch-kanonischen Prozeßrecht. Dieses beherrschte die geistlichen Gerichte und drang seit 14. Jhdt. vereinzelt auch schon in höhere weltliche Gerichte Deutschlands ein.

2. Im Mittelalter muß das Urteil von Männern gleichen oder höheren Standes gefunden werden. An die Stelle der Ebenbürtigkeit von Gericht und Partei tritt nun die gelehrte Rechtsprechung durch beamtete, am römischen und kanonischen Recht geschulte Richter. Ihre Rechtsprechung stützt sich auf Gesetzesrecht und dessen an der Begriffswelt des römischen Rechtes orientierte Auslegung. Als Gerichtsbeisitzer und Gutachter erlangen Professoren und Juristenfakultäten nachhaltigen Einfluß auf Rechtsprechung und Rechtsentwicklung. Hand in Hand mit der Verwissenschaftlichung der Rechtsprechung und der Bürokratisierung der Gerichte geht die Technisierung des Prozeßablaufes. Sie gab die Parteien in die Hand ihrer Anwälte.

3. Zu einer zusammenfassenden gesetzlichen Regelung des Zivilprozeßrechtes durch das Reich ist es nicht gekommen. Es hat mehr indirekt durch seine Reichskammergerichtsordnungen (1495, 1521, 1548, 1555) eingewirkt. Bahnbrechend für das neue Prozeßrecht wurden die süddeutschen Stadtrechtsreformationen (Nürnberg 1479, Worms 1499, Frankfurt 1509, Freiburg i. Br. 1520) während die territorialen Gerichtsordnungen (Baiern 1520, Solms 1571) erst später nachfolgen.

4. Der ordentliche Kameralprozeß *(processus ordinarius, processus solemnis)* des 16. Jhdt. ist gekennzeichnet durch weitgehende Schriftlichkeit *(Quod non est in actis, non est in mundo)* und die Bindung bestimmter Prozeßvorgänge an festliegende Gerichtstermine. Im ganzen veränderte sich jedoch mehr der äußere Zuschnitt des Prozesses. Erhalten blieb die Führung des Prozesses durch die Parteien, die Öffentlichkeit des Verfahrens und der Ausschluß des Vorsitzenden von der Urteilsfällung.

a) Die Einführung einer römisch-rechtlichen Terminologie ließ die Veränderungen größer erscheinen als sie waren. Der Sache nach neu sind die Litis contestatio (Streitbefestigung), das juramentum calumniae (Gefährdeeid) und die Übernahme der Prokuratoren und Advokaten aus dem kanonischen Prozeß.

b) Der ordentliche Prozeß erforderte 12 Gerichtstermine. Auch der verkürzte Prozeß *(processus summarius, irregularis, tumultuarius)*, auf den sich die Parteien einigen konnten, benötigte trotz Beschränkung auf die Substantialia des Prozesses immer noch eine Mehrzahl von Terminen. Zwecks Prozeßbeschleunigung wurden außer dem summarischen Prozeß weitere Sonderverfahren (Exekutivprozeß, Mandatsprozeß, Arrestprozeß) entwickelt. Charakteristisch für den Kameralprozeß ist die Aufgliederung der Klage in Klagpunkte *(positiones)* und die artikelweise Beweiserhebung *(articuli probationis)*.

5. Der Kameralprozeß hat sich in reiner Form nicht überall durchgesetzt. Neben ihm behauptete sich der sächsische Prozeß. Eine Art Vereinigung beider stellt der auf dem jüngsten Reichsabschied von 1654 beruhende Gemeine Prozeß dar. Eine Sonderform entwickelte auch Preußen.

Die Kraft des Sachsenspiegels bewährte sich in der Beibehaltung des sächsischen Prozesses, den die kursächsischen Konstitutionen von 1572 und die kursächsische Gerichtsordnung von 1622 der Zeitentwicklung anpaßten. Für ihn ist kennzeichnend die Ablehnung des Artikelverfahrens und die Beibehaltung des deutsch-rechtlichen Beweisurteils. Eine Vermischung des Kameralprozesses mit dem sächsischen brachte der jüngste Reichsabschied von 1654. Er vereinfachte das Verfahren, vor allem durch Aufgabe des Artikelverfahrens, belastete den Prozeß jedoch mit der Zwangsjacke der

Eventualmaxime, d. h. alle Klagtatsachen von gleicher prozessualer Art mußten auf einmal vorgebracht werden. Die Anwälte wurden dadurch zu gerissener Spitzfindigkeit angehalten. Preußen suchte dem im 18. Jhdt. durch Ausschaltung der Advokaten und Einführung des Inquisitionsverfahrens in den Zivilprozeß zu steuern.

6. Ein wesentlicher Fortschritt war die Schaffung eines förmlichen zweitinstanziellen Prozesses (Appellation) unter Ausbildung eines klaren Instanzenzuges.

Das Appellationswesen ist schon im Spätmittelalter in das deutsche Gerichtswesen eingedrungen. Nun wurde die Berufung nur mehr stufenweise *(gradatim)* zugelassen, wodurch sich ein strenger Instanzenzug ergab. Ausgeschaltet wurden auch die vielfach landfremden Oberhöfe, indem man die Erholung von Rechtsbelehrungen über die Landesgrenzen hinaus untersagte (Kursachsen schon 1432). An die Stelle der Oberhöfe tritt die Gutachtertätigkeit der Rechtsfakultäten. Der territorialen Abschließung dienten ferner die Appellationsprivilegien (s. Kap. 34 I 2a u. 42 IV).

II. Strafrecht und Strafprozeß

Schrifttum: Eb. Schmidt, Einführung in die Geschichte der deutschen Strafrechtspflege, 3. Aufl. 1965, ders., Inquisitionsprozeß u. Rezeption, Studien zur Geschichte des Strafverfahrens in Deutschland vom 13. bis 16. Jahrh., 1941; ders., Strafrechtspflege u. Rezeption, Z ges. STRW 62 (1944); F. Schaffstein, Die allgemeinen Lehren vom Verbrechen in ihrer Entwicklung durch die Wissenschaft des gemeinen Strafrechts, 1930; G. Radbruch, Elegantiae iuris criminalis, 2. Aufl., Basel 1950; K. A. Hall, Die Lehre vom Corpus delicti, 1933; I. M. Allman, Außerordentliche Strafe und Instanzenbindung im Inquisitionsprozeß (Diss. Göttingen 1903); H. Gwinner, Der Einfluß des Standes im Gemeinen Strafrecht, 1934; G. Kleinheyer, Zur Rechtsgestalt von Akkusationsprozeß und peinlicher Frage im frühen 17. Jahrhundert, 1971; ders., Strafrechtsgeschichte (Sammlung Göschen), 1974; ders., Die Regensburger peinliche Gerichtsordnung, eine reichsstädtische Strafprozeßordnung zwischen Carolina und Bayerischer Malefizordnung, Festschr. H. Krause (1975) 110ff.; Th. Würtenberger, Das System der Rechtsgüterordnung in der deutschen Strafgesetzgebung seit 1532 (1933), Neudr. 1973; H. Mayer, Die Strafrechtstheorie bei Luther und Melanchthon, Festg. J. Binder (1930), 77ff.; H. v. Weber, Calvinismus und Strafrecht, Festschr. Eb. Schmidt (1961) 39ff.; ders., Der Dekalog als Grundlage der Verbrechenssystematik, Festschr. W. Sauer (1949) 44ff.; W. Quanter, Die Sittlichkeitsverbrechen im Laufe der Jahrhunderte und ihre strafrechtliche Beurteilung, 8. Aufl., 1925, Neudr. 1970; W. Leiser, Strafgerichtsbarkeit in Süddeutschland: Formen und Entwicklungen, Forsch. z. dt. Rechtsg. 9 (1971); W. Peitzsch, Kriminalpolitik in Bayern unter der Geltung des Codex Juris Criminalis Bavarici von 1751, Münch. Univ. Schrift. 8 (1968); F. Hartl, Das Wiener Kriminalgericht, Wiener rechtsgesch. Arbeiten X, Wien 1973; H. Nordhoff-Behne, Gerichtsbarkeit u. Strafrechtspflege in der Reichsstadt Schwäbisch-Hall seit dem 15. Jahrhundert, 1971. S. a. HRG Artikel: Fiskalat (U. Knolle) I 1134ff.

Zeitgenössisches Schrifttum:B.Carpzov, Practica nova imperialis Saxonica rerum criminalium, 1635, (zahlreiche Nachdrucke); J. Brunnemann, Tractatus iuridicus de inquisitionis processu, 1647, 6. Aufl. 1684; G. J. F. Meister, Principia iuris criminalis communis, 1789; P. J. A. v. Feuerbach, Lehrbuch des gemeinen, in Deutschland geltenden peinlichen Rechtes, 1801 (14. Aufl., bearbeitet von J. C. Mittermaier, 1847).

1. Zwischen dem Strafrecht des Mittelalters und dem der Neuzeit besteht keine scharfe Trennungslinie. Die Rezeption des römischen Rechtes hat die organische Fortentwicklung des Strafrechtes nicht gestört, eher beschleunigt (s. Kap. 40 I 5 d). Neue Einschläge kommen

19*

vor allem aus der Gerichtspraxis und dem Prozeßrecht der geistlichen Gerichte. Erhalten blieb die Unterscheidung zwischen hoher (blutiger) und niederer (unblutiger) Strafjustiz. Die Justizpraxis stützt sich immer ausschließlicher auf geschriebenes Gesetzesrecht und dessen Auslegung. Rechtslehrer und Rechtsfakultäten gewinnen als Kommentatoren und Gutachter tiefgehenden Einfluß auf die Rechtsprechung. Dabei steht die junge deutsche Strafrechtswissenschaft zunächst im Bann der italienischen Kriminalistik. Erst zu Ende des 18. Jhdt. gewinnt sie volle Eigenständigkeit.

Schrifttum: A. Hegler, Die praktische Tätigkeit der Juristenfakultäten des 17. und 18. Jahrhunderts in ihrem Einfluß auf die Entwicklung des deutschen Strafrechts von Carpzow ab, 1899; H. Seeger, Die strafrechtlichen Consilia Tubingensia von der Gründung der Universität bis zum Jahr 1600 (1877); Th. Würtenberger, Die Strafrechtswissenschaft in der Geschichte der Freiburger Rechts- und staatswiss. Fakultät, in: J. Wolff (Hg.), Aus der Geschichte d. Rechts- und Staatswissenschaften zu Freiburg i. Br., 1957; J. Schrittenloher, Aus der Gutachter- und Urteilstätigkeit der Ingolstädter Juristenfakultät im Zeitalter der Hexenverfolgungen, Jb. f. fränk. Landesforschg 23 (1963).

a) Die nachmittelalterliche deutsche Strafjustiz basiert auf der peinlichen Gerichtsordnung Kaiser Karls V. von 1532 (Constitutio criminalis Carolina = CCC; s. Kap. 40 I 5 d). Diese bedurfte mangels weiterer reichsrechtlicher Regelungen der Ergänzung durch die Landrechte. Genannt seien die baierische Malefizprozeßordnung von 1616, die ostpreußischen Landrechte von 1620, 1685 und 1721, die brandenburgisch-preußische Kriminalordnung von 1717 und die österreichische Halsgerichtsordnung von 1707 für Böhmen, Mähren und Schlesien. Die Landesgesetzgebung des späteren 18. Jhdts. (in Kurbaiern der Codex Bavaricus criminalis von 1751, in Österreich die Constitutio criminalis Theresiana von 1768) erstrebte eine erschöpfende Kodifikation des gesamten Strafrechts unter Einschluß der Carolina, die so praktisch ausgeschaltet wurde.

b) Die Carolina selbst hatte schon eine Weiterbildung des Strafrechtes durch die Wissenschaft vorgesehen. Im Zusammenspiel von Praxis und Lehre entstand so das gemeine deutsche Strafrecht, das vor allem die kursächsischen Juristen Matthias Berlich und Benedikt Carpzov im 17. Jhdt. zur Darstellung brachten.

c) Das Polizeistrafrecht wurde durch Polizeiordnungen des Reiches, der Reichskreise und der Länder zum Teil minutiös ausgebaut. Die Flut der Gebote und Verbote, mit denen der fürsorgliche Obrigkeitsstaat seine Untertanen überschüttete, hat das Gefühl für eigene Verantwortlichkeit verkümmern lassen; sie schuf auch das notorisch schlechte Gewissen der Behörde gegenüber, eine der Ursachen für die neuzeitliche Vertrauenskrise zwischen Staatsführung und Staatsbürger.

Schrifttum: Segall, Geschichte u. Strafrecht der Reichspolizeiordnungen, 1914; H. Schmucker, Das Polizeiwesen im Herzogtum Württemberg, Diss. Tübingen 1957; G. K. Schmelzeisen, Polizeiordnungen u. Privatrecht, Forschungen zur neueren Privatrechtsgeschichte, 1955.

2. Bis in das Hochmittelalter stehen weltliches und geistliches Strafrecht getrennt nebeneinander. Das weltliche Gericht ist sozial bestimmt (Acht), das kirchliche sakral (Bann). In staufischer Zeit werden Acht und Bann gekoppelt. Im Spätmittelalter werden darüber hinaus die Religionsvergehen (Ehebruch, Meineid, Ketzerei, Wucher) in den Wirkungsbereich der säkularen Justiz einbezogen. Der von religiösem Eifer erfüllte Obrigkeitsstaat des Reformationszeitalters empfindet sich als gottgewollte Obrigkeit und minister dei. Er teilt die theologische Lehre vom Zweck der Strafe (Züchtigung – Besserung – Abschreckung).

Im Zeichen des Naturrechtes (Grotius, Pufendorf) tritt im 17. Jhdt. eine Ernüchterung ein. Die Strafrechtsidee wird säkularisiert und rationalisiert. Der metaphysisch gefärbte Strafzweck wird durch die Vorstellung von der Nützlichkeit der Strafe für den Staat verdrängt. Die „gemeine Sicherheit" beherrscht das Strafrechtsdenken des Absolutismus.

3. Die Theologisierung der weltlichen Strafe im Reformationszeitalter führte zur Berücksichtigung des bösen Willens. Auch die soziale Gefährlichkeit der Tat war vom *animus* des Täters nicht zu trennen. Das Verschulden wird damit wichtig für die Bewertung der Tat; Erwägungen sozialer Zweckmäßigkeit begünstigen aber auch die Ausweitung der Strafbarkeit auf nur ähnliche Tatbestände (Analogieverbrechen). Die Beachtung des Täterwillens einerseits, die Bestrafung der ähnlichen Tat andererseits, haben das richterliche Ermessen ermöglicht, es durch Überspannung zugleich aber zu einer die Rechtssicherheit gefährdenden Macht erhoben.

Die CCC von 1532 verläßt die Erfolgshaftung des mittelalterlichen Strafrechtes. Vorsatz *(dolus)* ist grundsätzlich Vorbedingung der Vollstrafe *(poena ordinaria)*. Fahrlässigkeit, Versuch usw. rechtfertigen eine mildere poena extraordinaria. Diese wird als Verdachtsstrafe auch angewandt bei unvollständigem Beweis (Indizienbeweis). Milder als die poena ordinaria ist auch die recht häufige Ermessensstrafe *(poena arbitraria)*, mit der beim Fehlen unmittelbar anwendbarer Strafnormen die Lücken der Strafgesetzgebung ausgefüllt wurden. Aber auch Strafschärfung war zugelassen.

4. Der Einfluß des Landesherrn auf die Gerichtspraxis wuchs in bedrohlicher Weise. Den Anstoß dazu gab einmal die Entwicklung, die das landesherrliche Begnadigungsrecht nahm, zum anderen die Übernahme des Delikts der Majestätsbeleidigung *(crimen laesae majestatis)* aus dem römischen Recht. Erweitert zum Hochverrat *(crimen perduellionis)* bildete es ein wirksames Regierungsinstrument.

a) Den strafrechtlichen Schutz der Majestätsbeleidigung, in der Goldenen Bulle noch den Kurfürsten vorbehalten, beanspruchen nun alle Fürsten. Es entsteht ein Tabu des Landesherrn und seiner Regierung.

b) Die Kriminalisierung des Strafrechts im Zeichen der Landfriedensbewegung hatte das Lösungsrecht des Täters eingeschränkt und schließlich beseitigt. Die Strafmilderung wurde nun ausschließlich Sache des Landesherrn. Dieser behauptet das Recht, ein schwebendes Verfahren an sich zu ziehen (Evokationsrecht). Dem Landesherrn stand damit nicht allein das Recht zu, Urteile zu bestätigen oder im Gnadenwege zu mildern, er konnte auch schon vor der Urteilsfällung die voraussichtliche Strafe mildern, ja ganz aufheben und damit das Verfahren durch einen Verwaltungsakt beenden. Die letzte Entscheidung fiel so oder so im landesherrlichen Kabinett („Kabinettsjustiz"). Das Recht des Landesherrn auf Milderung oder Straferlaß wurde ein wirksamer Hebel für die Modernisierung und Humanisierung des Strafrechtes, konnte aber auch Willkür und soziale Ungleichheit bedeuten.

Schrifttum: Eb. Schmidt, Rechtssprüche und Machtsprüche der preußischen Könige des 18. Jahrhunderts, Ber. d. Sächs. Ak. d. Wiss., Phil-hist. Kl. 95/3 (1943); ders., Kammergericht und Rechtsstaat, 1968; W. Ogris, Maria Theresia Iudex, Österr. Ak. d. Wiss., Anz. d. phil.-hist. Kl. 110 (1973), 232ff.; ders., De sententiis ex plenitudine potestatis. Ein Beitrag zur Geschichte der Kabinettsjustiz vornehmlich im 18. Jahrhundert, Festschr. H. Krause (1975) 171ff.; ders., Kabinettsjustiz, HRG II 515ff.; R. Lieberwerth, Crimen laesae maiestatis, Majestätsverbrechen, HRG I 648ff.

5. Der **Strafvollzug** behauptete durch Beibehaltung der spiegelnden Strafen und unter dem Gesichtspunkt der Abschreckung seine mittelalterliche Härte. Der Abschreckung diente der weiterhin öffentliche und bei Hinrichtungen herkömmlich feierliche Strafvollzug, nach dessen Kitzel die schaulustige Menge verlangte. Vergünstigungen beruhten zumeist auf Standesrücksichten. Im Zuge der Strafmilderung kamen Freiheits- und Arbeitsstrafen (Gefängnis, Arbeitshaus, Galeerenstrafe) auf. Der Landesverweis (Verbannung) wurde jetzt echte Strafe. Die Galeerenstrafe kam jedoch wieder in Abgang, seitdem Venedig 1740 die Übernahme von Galeerensträflingen ablehnte.

Schrifttum: R. v. Hippel, Die Entstehung der modernen Freiheitsstrafe, 1932; **Eb. Schmidt**, Zuchthäuser und Gefängnisse, 1960; R. **Quanter**, Deutsches Zuchthaus- und Gefängniswesen von den ältesten Zeiten bis zur Gegenwart, 1905, Neudr. 1970; ders., Die Schand- und Ehrenstrafen in der deutschen Rechtspflege, 1901, Neudr. 1970; J. **Varga**, Abschaffung der Strafknechtschaft, 2 Teile, 1896–97. Vgl. a. HRG Artikel: Freiheitsstrafe (R. **Lieberwerth**) I 1238ff., Galeerenstrafe (A. **Erler**) I 1373ff., Haftstrafe (R. **Lieberwerth**) I 1899ff.

6. Die **Ermittlung und Verfolgung** der Straftat wird im Zeichen des Obrigkeitsstaates ganz zur Behördensache (**Offizialverfahren**). Manche Länder, aber auch das Reichskammergericht, schufen zu diesem Zweck eine eigene Anklagebehörde (Fiskalat). Die private Klage (Akkusationsprozeß) wurde zwar nicht grundsätzlich beseitigt, war aber dank der Verpflichtung des Klägers auf Entschädigung des Angeklagten bei Freispruch ziemlich gegenstandslos. Die Wahrheitsermittlung ist in jedem Falle Sache des Gerichtes (Inquisitionsprozeß). Dieses bleibt an bestimmte Beweiserfordernisse gebunden. Es gibt keine freie richterliche Beweiswürdigung. Indirekt kommt sie freilich durch die Verdachts- und Ermessensstrafe zum Zug.

a) Der Inquisitonsprozeß („Annehmen des Übeltäters von Amts wegen") gilt als formfreierer processus extraordinarius. Man unterschied zwischen dem Ermittlungsverfahren (Generalinquisition), das dem Nachweis der Missetat bzw. der Auffindung des corpus delicti dient, und der Spezialinquisition, die in der Regel mit der Verhaftung des Verdächtigen beginnt. Im 18. Jahrhundert verschmolzen beide Teile zu einem einheitlichen Verfahren. Das Artikelverfahren fand auch im Strafprozeß Anwendung (Inquisitionsartikel). Das peinliche Urteil bedurfte der Bestätigung des Landesherrn oder der übergeordneten Justizstelle. Dies und die Beanspruchung der Rechtsfakultäten als Gutachter führte zu weiterer Schriftlichkeit und Aktenversendung.

b) Eine Berufung kennt der auf Erzielung des Geständnisses gerichtete Inquisitionsprozeß nicht. Rechtfertigte das Prozeßergebnis weder Freispruch noch eine Verdachtsstrafe, so blieb das Verfahren anhängig und wurde nur zeitweilig eingestellt (Instanzenbindung).

c) Der Angeschuldigte besaß nur geringe Möglichkeiten, in den Prozeßablauf aktiv einzugreifen. War erst einmal ein Verfahren anhängig, so war er Objekt der Justiz. Helfen konnte allein der Landesherr, aber auch dieser nicht im Wege des Rechtes, sondern der Gnade. Die Hoffnung auf das Eingreifen dieser extrajudiziellen Instanz förderte das Supplikenunwesen und schadete dem Ansehen der Justiz.

d) Wenn auch der mittelalterliche Formalbeweis des Reinigungseides wegfällt und die Beweislast auf das Gericht übergeht, so bleibt dieses doch an bestimmte Beweiserfordernisse gebunden. Zur Überführung des Angeklagten bedarf es mindestens zweier vollgültiger Zeugen (daher der Satz: unus testis – nullus testis) oder des Geständnisses. Letzteres gilt als Krone der Beweismittel *(confessio regina probationum)*. Bei seiner prozeßrechtlichen Bedeutung sucht man es im Kriminalprozeß mit allen Mitteln, notfalls durch die Tortur, herbeizuführen. Die prozessuale Wichtigkeit des Geständnisses wurde zum Haupthindernis für die Abschaffung der Tortur.

e) Die peinliche Befragung des Angeklagten zwecks Herbeiführung eines Geständnisses geht in das 13. Jhdt. zurück. Sie fand gleichermaßen im weltlichen wie im kirchlichen Prozeß (Ketzerverfolgung) Eingang. Die Tortur fand bereits im Vorverfahren Anwendung. Entscheidend war, daß mit dem ausgehenden Mittelalter das durch die Folter erpreßte Geständnis in der Hauptverhandlung (der „endliche Rechtstag") nicht mehr widerrufen werden konnte. Die Tatsache, daß die Folter nur bei schwerem Verdacht und mit Zustimmung höherer Stellen angewandt werden durfte, hat ihren Mißbrauch nicht verhindert, zumal die einschränkenden Bestimmungen der CCC von der Landesgesetzgebung oft nicht beachtet wurden. Auch wo sie nicht zur Anwendung kam, wirkte sie als Drohung. Die Abschaffung der Folter (Preußen 1740, Baden 1767, Kursachsen und Mecklenburg 1770, Kurpfalz 1779) gehört zu den bedeutsamen Erfolgen der Aufklärung.

Schrifttum: R. Quanter, Die Folter in der deutschen Rechtspflege einst und jetzt, 1900, Neudr. 1970; P. Fiorelli, La tortura giudiziaria nel diritto comune, 2 Bde., Mailand 1953/54; F. Helbing, Die Tortur. Geschichte der Folter im Kriminalverfahren aller Zeiten und Völker, 1926, Neudr. i. Vorb.; R. Lieberwerth, Folter, HRG I 1149 ff.

7. Zu den dunkelsten Seiten der Strafrechtspflege der Neuzeit gehören die Hexenprozesse. Seit dem 16. Jahrhundert wird schärfer unterschieden zwischen Ketzerei und Hexerei *(crimen magiae)*. Obgleich die Hexenbulle Innozenz' VIII. von 1484 und der Hexenhammer *(Malleus maleficarum)* der Dominikaner Sprenger und Institoris (gedruckt 1487), ein förmliches Lehrbuch des Hexenglaubens und der Hexeninquisition, noch dem 15. Jhdt. angehören, fällt die massenweise Hexenjagd erst in das folgende. Im späteren 16. Jhdt. wird nicht nur die schädliche Magie, sondern jeder Teufelspakt als Abfall von Gott mit dem Feuertod bestraft. Dabei verführte die *enormitas criminis* und der Glaube an die dämonenvertreibende Kraft der Tortur zu hemmungsloser Anwendung der Folter. Es kam zu wahren Orgien der Massenhysterie. Erst die Aufklärung des 18. Jhdt. hat dem Widerspruch der Besonnenen (Spee, Thomasius) Gehör verschafft. Der Glaube an den Wahrheitsgehalt der menschlichen Vernunft verdrängte die Dämonen und stempelte den Hexenglauben zum Wahn (Ostpreuß. Landrecht von 1721).

Schrifttum: J. Hansen, Zauberwahn, Inquisition u. Hexenprozeß im Ma., 1900 (Neudr. 1964); N. Paulus, Hexenwahn und Hexenprozeß im 16. Jhdt., 1910; J. Diefenbach, Der Hexenwahn vor und nach der Glaubensspaltung, 1886; F. Byloff, Das Verbrechen der Zauberei *(crimen magiae)*, 1902; S. Leutenbauer, Hexerei und Zauberdelikt in der Literatur von 1350 bis 1550 mit Hinweisen auf die Praxis im Herzogtum Bayern, 1972; H. Fehr, Gottesurteil u. Folter, in Festgabe R. Stammler, 1926, S. 231 ff.; F. Merzbacher, Hexenprozesse, HRG II 145 ff.

8. Die große Wende im deutschen Strafrecht vollzog die Aufklärung. Sie setzt ein mit der Aufhebung der Tortur (Preußen 1740) und dem Kampf gegen den Hexenwahn (Ostpreuß. Landrecht 1721). Das österreichische Strafgesetz Kaiser Josefs II. von 1787 bekannte sich zum Grundsatz *nulla poena sine lege* und schaltete damit Analogieverbrechen und arbiträre Bestrafung aus. Es verbot auch die Änderung der gesetzlichen Strafe. Dadurch wurde nicht nur das richterliche Ermessen in

gesunde Grenzen zurückgeführt, sondern vor allem der landesherrliche Eingriff in die Justiz auf dem Wege der Evokation und der Strafänderung (Kabinettsjustiz) ausgeschaltet. Das bayerische Kriminalgesetz von 1813 beseitigte darüber hinaus fast alle Leibesstrafen und die Verschärfungen der Todesstrafe. Sein Verfasser Anselm v. Feuerbach rückte die verwischte Trennungslinie zwischen juridischer und ethischer Verantwortlichkeit wieder ins Bewußtsein. Zuvor schon betonte Kant die absolute Natur der Strafe und löste sie damit aus den Banden des Staatsnutzens. Die moderne deutsche Strafrechtswissenschaft hatte begonnen.

III. 1. Die Ungleichheit im Recht, zum Wesen des Ständestaates gehörig, überdauerte das Mittelalter. Das *privilegium fori* bestand weiter. Der Adel hatte seinen Gerichtsstand in der Regel vor dem landesherrlichen Hofgericht, die Reichsunmittelbaren vor dem Reichskammergericht, der Klerus vor den geistlichen Gerichten. Standesprivilegien gab es sowohl in der freiwilligen Gerichtsbarkeit (Siegelmäßigkeit) als auch im Strafvollzug. Auch die Polizeiordnungen kennen Unterschiede ständischer Art. Die Betonung der „Menschenwürde" gehört erst dem 18. Jhdt. an. Die französische Revolution entwickelte daraus die Menschenrechte und fordert die staatsbürgerliche Gleichheit.

2. Das Bußensystem des Mittelalters geht vom sozialen Wert des Verletzten aus. Die gnadenweise Strafmilderung gestattete es, auf die Leistungsfähigkeit des Täters und damit auf die relative Schwere der Strafe Rücksicht zu nehmen. Durch die Beachtung des Verschuldens kommt die Strafe nun auch in Beziehung zu den sittlichen Grundlagen der Tat. Ihre sozialen Voraussetzungen (Milieuverbrechen) spielen für die Beurteilung vorerst jedoch keine Rolle.

IV. Mit der Übertragung richterlicher Funktionen an den Reichshofrat 1527 (s. Kap. 41 III 1) entstand erstmals eine Art Verwaltungsgerichtsbarkeit, da seiner richterlichen Entscheidung auch die kaiserlichen Gnadenakte (Privilegien) unterstellt waren.

Schrifttum: J. Poppitz, Die Anfänge der Verwaltungsgerichtsbarkeit, AÖR 72 (1963) 158ff.; W. Rüfner, Verwaltungsrechtsschutz in Preußen von 1749–1842 (1962); R. v. Gneist, Der Rechtsstaat und die Verwaltungsgerichte in Deutschland, 1879, Neudr. 1968.

Sechster Teil

Das bürgerliche Zeitalter

Schrifttum: E. R. Huber, Deutsche Verfassungsgeschichte seit 1789, 4 Bde.,
Bd. 1–3 zweite Aufl., 1967–1970, Bd. 4 (1969); R. Scheyhing, Deutsche Verfassungsgeschichte der Neuzeit, 1968; E. Böckenförde (Hg.), Moderne deutsche
Verfassungsgeschichte (1815–1918), 1972; F. Schnabel, Deutsche Geschichte im
19. Jahrhundert, 4 Bde, 2., teilw. 3. Aufl., 1947–1954; G. Mann, Deutsche Geschichte des 19. und 20. Jahrhunderts, 1969.

Kap. 44. Das Ende des Reichs und der Deutsche Bund

Schrifttum:

Reichsende: E. R. Huber, Deutsche Verfassungsgeschichte seit 1789, Bd. 1
(1789–1830), 2. Aufl., 1967; E. Schmidt-Aßmann, Der Verfassungsbegriff in
der deutschen Staatslehre der Aufklärung und des Historismus, Schrift. z. öff.
Recht 1 (1967); K. O. Frhr. v. Aretin, Heiliges Römisches Reich 1776–1806,
Reichsverfassung und Staatssouveränität, 2 Bde, 1967; E. Bussi, Il diritto pubblico del sacro Romano impero al fine del XVIII secolo, 2 Bde, Padua/Mailand,
Bd. 1, 2. Aufl., 1970, Bd. 2, 1959; Kl. Epstein, The Genesis of German Con-
servatism (1770–1806), Princeton N.Y., 1966, dt. Ausgabe: Die Ursprünge des
Konservatismus in Deutschland. Der Ausgangspunkt: Die Herausforderung durch
die französische Revolution, 1972; M. Braubach, Von der französischen Revolution bis zum Wiener Kongreß, in: Gebhardt-Grundmann, Handbuch d. dt.
Gesch. Bd. III, 9. Aufl. (1970) 1 ff.; L. Groß, Die Reichspolitik der Habsburger,
N. Jb. f. dt. Wiss. 13 (1937); E. Weis, Montgelas 1759–1799. Zwischen Revolution und Reform, 1971.

Deutscher Bund: E. R. Huber, Deutsche Verfassungsgeschichte seit 1789
4 Bde, Bd. 1 (1789–1830), Bd. 2 (1830–1850), Bd. 3 (1851–1918), 2. Aufl., 1967 bis
1970, Bd. 4 (1969); Th. Schieder, Vom deutschen Bund zum deutschen Reich,
in: Gebhardt-Grundmann, Handbuch d. dt. Gesch. Bd. III 9. Aufl. (1970)
95 ff.; W. Andreas, Das Zeitalter Napoleons und die Erhebung der Völker,
1955; H. E. Feine, Das Werden des deutschen Reiches, 2. Aufl., 1944; H. v.
Srbik, Deutsche Einheit, 4. Bde (bis 1866), 1935–42, Neudr. 1970; H. Kirchner,
Das Ringen um ein Bundesgericht für den Deutschen Bund, Ehrengabe B. Heusinger (1968) 19 ff.; M. Köhler, Die Lehre vom Widerstandsrecht in der deutschen
konstitutionellen Staatsrechtstheorie der ersten Hälfte des 19. Jahrhunderts, 1973;
W. P. Fuchs, Die deutschen Mittelstaaten und die Bundesreform 1853–1860,
(Hist. Stud. 256) 1934; R. Darmstadt, Der deutsche Bund in der zeitgenössischen
Publizistik, 1971; G. Neusser, Deutscher Bund, HRG I 687 ff.

Zeitgenössisches Schrifttum zum Deutschen Bund: G. L. Klüber,
Öffentliches Recht des Teutschen Bundes und der Bundesstaaten, 1818, 4. Aufl.
1840, Neudr. 1968; H. A. Zachariae, Deutsches Staats- und Bundesrecht, 2 Bde,
3. Aufl., 1865/67; C. v. Kaltenborn, Geschichte der deutschen Bundesverhält-
nisse und Einheitsbestrebungen von 1806 bis 1856 unter Berücksichtigung der
Entwicklung der Landesverfassungen, 2 Bde, 1857.

Quellen zum Deutschen Bund: E. R. Huber, Dokumente zur deutschen
Verfassungsgeschichte Bd. 1: Deutsche Verfassungsdokumente 1803–1850 (1961);
ders. und W. Huber, Staat und Kirche im 19. Jahrhundert. Dokumente zur
Geschichte des deutschen Staatskirchenrechtes, Bd I: Staat und Kirche vom Aus-
gang des alten Reiches bis zum Vorabend der bürgerlichen Revolution, 1973;
G. L. Klüber (Hg.), Acten des Wiener Congresses in den Jahren 1814 und 1815,
9 Bde, 1815–1835; G. v. Meyer, Repertorium zu den Verhandlungen der deutschen
Bundesversammlung, Bd. 1 (1816–1819), 1822; ders., Corpus Juris Confoedera-
tionis Germanicae oder Staatsacten für Geschichte und öffentliches Recht d. dt.
Bundes, 3 Bde, 3. Aufl., 1858–1869; Neudr. 1970.

Das Reich erstickte immer mehr an seinen inneren Gegensätzen Schon im 18. Jhdt. begann der Kampf um die Vorherrschaft zwischen Österreich und Preußen. Habsburgs Hausmachtinteressen waren so eng mit dem Reichsgedanken verflochten, daß, wer gegen Österreich losschlug, auch das Reich treffen mußte. Noch heute ist es kaum zu entscheiden, ob Friedrich d. Gr. gegen Habsburg und das Reich oder mit Habsburg um das Reich gekämpft hat.

I. Das Reich, in seinem Lebensrecht nie ernstlich bedroht, verstand sich als Rechtsordnung und nicht als Machtgefüge. Ungeachtet der gewaltigen Größenunterschiede unter den Reichsgliedern konnte jeder Reichsstand auf den Schutz seines Lebensrechtes zählen. Daran änderte nichts, daß die reichsständische Hierarchie schon längst aufgehört hatte Spiegelbild der Machtverhältnisse im Reich zu sein. Während ein Teil der weltlichen Stände ins Große wuchs, fiel die Reichskirche insgesamt zurück.

Gleichwohl waren die inneren Spannungen des Reiches insgesamt kaum größer als im Mittelalter. Was sich dagegen fühlbar gewandelt hatte, war die Umwelt des Reiches. Die Größenordnung der umgebenden Staaten hatte sich zu seinen Ungunsten seit dem Ausgang des Mittelalters wesentlich verändert. War bis dahin das türkische Reich die einzige unstrittige Großmacht im deutschen Umkreis, so wuchsen nun vor allem im Westen durch Staatenvereinigungen und koloniale Expansion in Übersee (Frankreich, Spanien, England) neue echte Großmächte heran. Die Generalstaaten, Schweden, Polen und Venedig, die im 17. Jahrhundert als Mittelmächte Bedeutung haben, fallen im 18. Jahrhundert zurück, ebenso die Türkei und Österreich, das mehr und mehr in einen Wettstreit mit dem aufstrebenden Preußen gerät; im Reiche aneinandergekettet wird für beide die Wahrung ihres Kräftegleichgewichtes im 18. Jahrhundert zur Lebensfrage. Ihr Verhältnis zu Frankreich und England sowie zur neuen Großmacht Rußland wird für beide schicksalbestimmend, das Reich dabei zum Schlachtfeld Europas.

1. Das kurze Zwischenspiel Karl VII., des Kaisers von Preußens Gnaden, zeigte Maria Theresia die Wichtigkeit des Reiches für Österreich. Josef II. (1765–1790), rationaler Kameralist und gleich Friedrich dem Großen Machtpolitiker, besaß kein Organ für den Sinngehalt des Reiches. Damit verkannte er zugleich den Wert der Kaiserkrone für Habsburg. Seine unglückliche Reichspolitik gab Friedrich dem Großen Gelegenheit sich im Fürstenbund von 1785 als Retter des Reiches aufzuspielen. Die Regierung des befähigten Leopold II. (1790–1792) war zu kurz um das Reich mit Österreich zu versöhnen. Entfremdung und Mißtrauen bestimmten die Endphase des Zusammenlebens von Kaiser und Reich, denn auch der junge Kaiser Franz II. (1792–1806), als Herrscher unzulänglich, von Napoleon als „Nichtigkeit in Galauniform" bezeichnet, dachte rein österreichisch. So ließ selbst der Kaiser das Reich im Stich, blind auch für die Möglichkeiten, welche die Kaiserkrone Österreich immer noch bot.

2. Das 18. Jahrhundert ist für Deutschland ein Jahrhundert von Erbfällen, die das traditionelle Kräftegleichgewicht erschütterten und darum von blutigen Auseinandersetzungen begleitet sind. Nachdem die erste Hälfte des Jahrh. im Zeichen des Erlöschens des Hauses Habsburg

(Spanien 1700, Österreich 1740) gestanden hatte, erwartete Europa seit etwa 1770 das Erlöschen von Kurbaiern und Kurpfalz. Preußen eröffneten sich gleichzeitig Erbaussichten in Ansbach-Bayreuth. (verwirklicht 1791). Der Zugriff Josef II. auf den kurbaierischen Nachlaß endete mit dem Frieden von Teschen (1779), in dem Österreich nur das Innviertel verblieb. Sein wiederholter Versuch Kurbaiern gegen Belgien einzutauschen, scheiterte. Beim österreichisch-preußischen Bündnis von 1792 hofften die Verbündeten gleicherweise auf Ländergewinn. Während sich Preußen weiter auszudehnen vermochte, beschleunigten Österreichs hektische Bemühungen seine schweren linksrheinischen Verluste durch Erwerbungen im Reich auszugleichen nur dessen Ende.

3. Als Opfer der allgemeinen Ländergier boten sich im Reich die machtpolitisch bedeutungslos gewordenen geistlichen Fürstentümer an. Seit 1792 war ihre Säkularisation im diplomatischen Gespräch. Die Reichskirche konnte bei der Abneigung Roms gegenüber der deutschen Adelskirche auch nicht auf kuriale Hilfe rechnen. Die drei geistlichen Kurfürsten blieben mit Rücksicht auf ihre Stellung in der Reichsverfassung bei diesem Planspiel zunächst ausgespart. Sie für das Corpus Catholicorum zu erhalten wäre vor allem Sache der beiden großen weltlichen katholischen Reichsstände Österreich und Pfalzbaiern gewesen. Bei beiden überwog jedoch der Wunsch nach Ausbau des in den evangelischen Staaten längst verwirklichten Territorialkirchentums, wesentlicher Bestandteil des allerseits angestrebten geschlossenen Flächenstaates (s. Kap. 42 II 2).

Staats- und Diözesangrenzen sollten sich decken, die kirchliche Jurisdiktion landfremder geistlicher Obrigkeiten beseitigt werden. Da eine Änderung der Diözesangrenzen nicht erreichbar war, dienten als indirekte Mittel die Einsetzung von Bischofsvikaren (Österreichische Diözesanreform Josef II.) und die Errichtung jurisdiktionsbegabter Nuntiaturen (München 1784). Durch einen unzeitgemäßen Episkopalismus (Emser Punktation 1786), der sie in Rom in den Verdacht nationalkirchlicher Bestrebungen brachte, steigerten die Bischöfe noch ihre Schwierigkeiten. In der Stunde der Not sahen sie sich von Kaiser und Papst verlassen.

Schrifttum: K. O. Frh. v. Aretin, Heil. Röm. Reich Bd. 1 Kap. V; ders., Die Konfessionen als politische Kräfte am Ausgang des alten Reiches, Festschr. J. Lortz (1957) Bd. 2; B. Zittel, Die Vertretung des Heiligen Stuhles in München 1785–1934, Der Mönch im Wappen (1960) 419ff.; K. Habenschaden. Die Kirchenpolitik unter Kurfürst Karl Theodor und ihre Verhältnisse zum Emser Kongress, ZRG Kan. 28 (1939) 333ff.; G. J. Jansen, Kurfürst-Erzbischof Max Franz von Köln und die episkopalistischen Bestrebungen seiner Zeit, Nuntiaturstreit und Emser Kongress, Diss. Bonn 1933; F. Vigener, Gallikanismus und episkopalische Strömungen im deutschen Katholizismus zwischen Tridentinum und Vaticanum, HZ 111 (1913) 495ff.

4. Die Kriegserklärung des revolutionären Frankreich an Österreich (1792) hat noch einmal das Nationalgefühl aufflammen lassen und zu einem Bündnis zwischen Österreich und Preußen geführt. Der Separatfrieden Preußens mit Frankreich zu Basel von 1795 war aber, wie man ihn auch beurteilen möge, der Todesstoß für das Reich. Nunmehr überstürzten sich die Ereignisse: 1801 wurde das linke Rheinufer an Frankreich abgetreten und dem Reich die Entschädigung der leidtragenden

Reichsstände zur Pflicht gemacht. Diese erfolgte in Regensburg im Reichsdeputationshauptschluß vom 25. Febr. 1803 nach den Grundsätzen der **Säkularisation** und **Mediatisation**. Alle geistlichen und viele kleinere weltliche Territorien wurden den größeren zugeschlagen. Seither hatten die Protestanten das Übergewicht in Reichstag und Kurkolleg, die kaiserliche Gewalt verlor ihren letzten Rückhalt an den kleineren Reichsständen. 1804 nahm Franz II. den Titel „Kaiser von Österreich" an und sprengte damit den Reichslehnsverband.

a) Das erste Sturmzeichen bildet die Aufhebung der vertraglich gesicherten Privilegien der Städte und Gutsherrschaften im Elsaß durch das revolutionäre Frankreich (1789). Dagegen ist die Erhebung der habsburgischen Niederlande gegen Österreich (1787–1792) altständisch bedingt und gegen die Reformen Josefs II. gerichtet.

b) Der Friede von Lunéville (16. März 1801) amputierte das Reich im Westen und Süden, während die Landgewinne Österreichs und Preußens aus den polnischen Teilungen (1772–1795) ihm nicht zugute kamen. Mit dem linken Rheinufer gingen die letzten Reste Burgunds verloren. Gleiches gilt für Reichsitalien (Toscana, Mantua, Modena, Mailand).

c) Der Reichsdeputationshauptschluß von 1803 traf nur die geistlichen Fürsten und die Reichsstädte. Erhalten blieben der Kurerzkanzler, welcher nach Regensburg transferiert wurde und Aschaffenburg behielt, die beiden Ritterorden und je 3 nord- und süddeutsche Reichsstädte (Hamburg, Bremen, Lübeck, Frankfurt, Nürnberg, Augsburg). Zur Annexion von Reichsständen trat die Ermächtigung zur Konfiskation der landsässigen Klöster (§ 35 RDH), von der allgemein Gebrauch gemacht wurde (zuletzt Preußen 1810). Österreich war darin bereits unter Josef II. vorangegangen (1782).

d) Der Gewaltakt der Säkularisation wäre kaum möglich gewesen ohne Rückendeckung durch die öffentliche Meinung. Den geistigen Boden dafür hat nicht erst die französische Revolution geschaffen, ebensowenig kann der Aufklärung die Alleinschuld zugeschoben werden. Seit der Reformation sahen sich die geistlichen Territorien einem ständigen politischen Druck seitens ihrer weltlichen Nachbarn ausgesetzt, die ihnen nicht zuletzt dank des reformatorischen Staatskirchenrechts und die Überwindung des Teilungsgedankens auch machtpolitisch über den Kopf wuchsen. Auch die staatsrechtliche Lehre des 18. Jahrhunderts hat zur Schwächung der geistlichen Landeshoheit beigetragen indem sie unter Berufung auf die Vogtei dazu neigte, den geistlichen Reichsständen originäre Landeshoheit abzusprechen und ihre Herrschaftsrechte für abgeleitet und damit letztlich für aufhebbar anzusehen. So konnte Kaiser Karl VII. schon 1742 ernsthaft an umfängliche Säkularisationen denken.

Schrifttum: P. Wende, Die geistlichen Staaten und ihre Auflösung im Urteil der zeitgenössischen Publizistik (Hist. Studien, Heft 396) 1966; K. D. Hömig, Der Reichsdeputationshauptschluß vom 25. Februar 1803 und seine Bedeutung für Staat und Kirche, 1969; A. Schneider, Der Gewinn des bayerischen Staates von säkularisierten landständischen Klöstern in Altbayern, Misc. Mon. 23 (1970); M. Erzberger, Die Säkularisation in Württemberg von 1802 bis 1810. Ihr Verlauf und ihre Nachwirkungen, 1902, Neudr. 1974; Th. Volbehr, Der Ursprung der Säkularisationsprojekte in den Jahren 1742 und 1743 (Forsch. z. dt. Gesch. 26), 1886; W. Hofmann, Das Säkularisationsprojekt von 1743. Kaiser Karl VII. und die römische Kurie, Festschr. S. v. Riezler (1912) 213ff.; A. Wolf, Die Aufhebung der Klöster in Innerösterreich 1782–1790 (1871), Neudr. Wien 1971. Vgl. a. Dickmann, Westfäl. Frieden S. 316ff.; K. O. v. Aretin, Hl. röm. Reich S. 372ff.; D. Willoweit, Rechtsgrundlagen S. 223ff.

5. Die Säkularisation schuf die späteren Staatsleistungen an die Kirche. Sie hatte auch tiefgreifende Auswirkungen für die Stellung des Adels. Der Erwerb der Reichsfürstenwürde war ihm fortan verschlossen, ebenso der unmittelbare Zugang zu den leitenden Kirchenämtern. Er verlor an die 720 ihm vorbehaltene Domherrnstellen. Die Entfeudalisierung der

Reichsprälaten leitet die soziale Einebnung des Klerus im 19. Jhdt. ein. Die Klostersäkularisation vernichtete das im 18. Jhdt. neu aufblühende Geistesleben zahlreicher Stifte.

6. Das Verschwinden der geistlichen Fürsten veränderte den Reichstag grundlegend. Die neu hinzugekommenen Kurfürsten (s. Kap. 41 II 2) schufen erstmals ein evangelisches Übergewicht von 6 zu 4 Stimmen im Kurkolleg. Das Fürstenkolleg sank zu einem Anhängsel des Kurkollegs ab, da von seinen 131 Stimmen allein 78 in der Hand der Kurfürsten waren. Die notwendig gewordene neue Kreiseinteilung kam nicht mehr zustande, von den alten Reichskreisen trat nach 1803 nur noch der schwäbische zusammen.

7. Die habsburgische Gesamtmonarchie, deren Unteilbarkeit die Pragmatische Sanktion von 1713 hausrechtlich festgelegt hatte, war nach Reichsrecht nur eine Personalunion zum Teil sogar reichsfremder Staaten (Ungarn, Galizien, Venetien). Indem Kaiser Franz II. sich nicht mit einer Anerkennung Napoleons als Kaiser der Franzosen (proklamiert 18. Mai 1804) begnügte, sondern sich selbst zum Kaiser von Österreich erklärte (10. August 1804), war der Reichskrone der Boden entzogen. Da die neue Krone der Gesamtmonarchie galt und nicht auf die außerhalb des Reiches gelegenen Länder radiziert wurde, lag überdies ein Bruch der Reichsverfassung vor.

Schrifttum: H. Rössler, Napoleons Griff nach der Karlskrone. Das Ende des alten Reiches 1806 (1957); H. Srbik, Die Schicksalsstunde des alten Reiches. Österreichs Weg 1804–1806 (1937).

8. Zur Erschütterung des Reiches durch die sein Gleichgewicht fortlaufend störende Glaubensspaltung und die Machtpolitik der führenden Reichsstände, die öfters zugleich fremde Kronen trugen, gesellte sich in der Endphase ein Wandel in den gängigen Vorstellungen vom Wesen des Fürstenamtes und dem Sinn der Ständeordnung. Der sakrale Charakter des Reiches und das dem Staatsaufbau zu Grunde liegende Ständebild vertrugen sich nicht mit einer auf Übereinkommen (contract social) gegründeten, nach bürgerlicher Gleichheit strebenden Gesellschaftsordnung. Die Einführung des neuen Denkens in das Rechtsleben durch Kaiser Josef II. führte zu überstürzten Reformen, die sich zwar als Wellenbrecher gegenüber der französischen Revolution erwiesen, zunächst aber dank ihres radikalen Rationalismus geeignet waren das Selbstverständnis des Reiches zu verunsichern.

Schrifttum: H. Conrad, Staatsgedanke und Staatspraxis des aufgeklärten Absolutismus (behandelt Österreich und Preußen), in: Rhein.-westf. Ak. d. Wiss., Vorträge G 173 (1971).; ders., Staat und Kirche im aufgeklärten Absolutismus, Der Staat 12 (1973) 45 ff.; E. Winter, Der Josephinismus, Die Geschichte des österreichischen Reformkatholizismus 1740–1848, 2. Aufl., Berlin-Ost 1962; ders., Der Josefinismus, 1962; F. Maass, Der Frühjosephinismus, Quellen zu seiner Geschichte in Österreich, 5 Bde, Wien 1951–1961; E. Bradler-Rottmann, Die Reformen Kaiser Joseph II., 1973; P. Valjavec, Der Josephinismus, 2. Aufl., Wien 1945; E. Seifert, Karl Paul Riegger (1705–1775). Ein Beitrag zur theoretischen Grundlegung des josephinischen Staatskirchenrechtes, 1973; W. Plöchl, Josephinismus, HRG II 429 ff.

II. Am 12. Juli 1806 schlossen 16 deutsche Reichsfürsten den **Rhein-bund** unter Napoleons Protektorat und schieden aus dem Reiche aus, um ihre Souveränität zu retten (Erklärung vor dem Reichstag zu Regensburg am 1. August 1806). Unter dem Drucke eines auf den 10. August befristeten Ultimatums Napoleons legte am 6. August Kaiser Franz die deutsche Reichskrone nieder und erklärte die Reichsverfassung als erloschen, so daß weder Reichsvikariat noch Neuwahl in Frage kamen.

Dieser einseitige Regierungsakt konnte seine Rechtfertigung höchstens in einem Staatsnotstand und der durch die Erklärung vom 1. August herbeigeführten Beschlußunfähigkeit des Reichstags finden; schon damals hielten viele ihn für rechtswidrig, aber nur der König von England als Kurfürst von Hannover legte Protest ein.

1. Indem das Reich im Reichsdeputationshauptschluß von 1803 die Würde des gewachsenen Rechtes seinerseits preisgab, entfesselte es einen allgemeinen Machtkampf und leistete der gewaltsamen Mediatisierung der Standesherren und der Reichsritterschaft durch den Rheinbund 1806 Vorschub. Das Ende des Reiches befreite die überlebenden, nunmehr souveränen Länder von den Fesseln der Reichsverfassung und leitete eine Periode sich überstürzender Reformen ein. In wenigen Jahren bildeten sich die noch halbmittelalterlichen Reichskörper zu modernen, rational organisierten Staaten um.

a) Die von den Monarchen ausgehenden Reformen zielen auf eine gesteigerte Staatssouveränität, nicht aber auf Volkssouveränität im Sinne der französischen Revolution; sie schließen sich so mehr an die josefinischen Reformen an und sind vor allem vom Gedanken der staatsbürgerlichen Gleichheit inspiriert. Der auf Privilegien beruhende Stufenbau der alten Gesellschaft wird durch ein allgemeines, gleichartiges Untertanenverhältnis gegenüber der Krone ersetzt. Diese selbst freilich wird zur Institution und von der Person des Herrschers gelöst.

b) Das alte Reich kannte Gleichheit nur unter Standesgenossen (s. Kap. 43 III 1). Ihre Ausdehnung auf alle „Staatsbürger" brachte den hierarchischen Gesellschaftsaufbau zum Einsturz. Doch hat auf der gesellschaftlichen Ebene die ständisch gebundene Gleichheit als „Korpsgeist" (Offizierskorps, Adel, Akademiker) sogar noch das 19. Jahrhundert überdauert (Zum Abbau der hierarchischen Ordnungen vgl. H. Hattenhauer, Zwischen Hierarchie und Demokratie, 1971).

2. Der Rheinbund war ein völkerrechtlicher Verein souveräner Staaten, und als solcher eine Etappe in der deutschen Verfassungsgeschichte, die Brücke vom alten Reich zum Deutschen Bund, der das organisatorische Grundprinzip der Rheinbundakte übernahm.

Der Rheinbund von 1806 knüpft an ältere Fürstenkonföderationen (Rheinbund 1658) an. Nicht der Bund an sich, erst seine Aufsage gegenüber dem Reich sprengte dieses. An die Stelle des Reichstages setzte der Rheinbund einen Bundestag in Frankfurt unter dem Fürstprimas von Dalberg. Im Rheinbund formiert sich das restliche Reich als dritte Kraft zwischen Österreich und Preußen. Sie lebt als Triasidee weiter im Deutschen Bund von 1815.

Das Protektorat des Kaisers der Franzosen über den Rheinbund machte diesen zum Instrument der Kriegspolitik Napoleons. Im Bündnisfall, der in Wirklichkeit Frankreich allein bestimmte, mußten die Rheinbundstaaten zusammen 118000 Mann stellen, gegenüber 200000 Soldaten Frankreichs. Bis 1813 haben die Rheinbundtruppen im Verband der französischen Armee auf den Schlachtfeldern Europas geblutet, aber auch mitgesiegt.

3. Der Rheinbund war auch für die einzelstaatlichen Verfassungen nicht bedeutungslos. In ihnen verschwanden die Reste des alten Patrimonialismus vor einem scharf zentralistischen Staatsaufbau unter Fachministerien. Die Verfassung des Grafen Montgelas (1808) machte Bayern zum modernen Staat; ähnliches begab sich in Baden unter Brauer, wo sogar der Code civil Napoleons fast unverändert als badisches Landrecht rezipiert wurde. Demgegenüber bedeuten die Reformen Steins und Hardenbergs in dem außerhalb des Rheinbundes stehenden Preußen nur Einzelaktionen; das genügte insofern, als die Staatlichkeit Preußens schon fester begründet war.

Schrifttum: Th. Bitterauf, Geschichte des Rheinbundes, Bd. 1: Gründung des Bundes, Untergang des alten Reiches, 1905; R. Wohlfeil, Untersuchungen zur Geschichte des Rheinbundes 1806–1813, ZGO 108 (1960) 85ff.; E. Fehrenbach, Traditionale Gesellschaft und revolutionäres Recht. Die Einführung des Code Napoléon in den Rheinbundstaaten, 1974; J. L. Klüber, Staatsrecht des Rheinbundes, 1808.

III. Die Neuordnung Gesamtdeutschlands erfolgte auf dem Wiener Kongreß (Deutsche Bundesakte 1815, ergänzt durch die Wiener Schlußakte 1820). Angesichts der Kräfteverteilung zwischen Österreich und Preußen war nur ein völkerrechtliches Verhältnis, ein Staatenbund, nicht die Schaffung eines staatlichen Rechtssubjekts möglich. So entstand der **Deutsche Bund**.

1. Die Welt hatte sich in dem zurückliegenden Jahrzehnt so gründlich verändert, daß eine Restauration des Reiches nicht mehr in Betracht kam. An eine Restitution der geistlichen Fürstentümer und der kleinen reichsunmittelbaren Herrschaften war nicht zu denken, die Wiederherstellung des Kaisertums für das Souveränitätsgefühl der neuen Königreiche untragbar und ein österreichisches Kaisertum Preußen zudem nicht genehm. So mußte die Neuordnung zwangsläufig an die Rheinbundverfassung anknüpfen.

Der Deutsche Bund von 1815 deckt sich räumlich weder mit dem alten deutschen Reich noch mit dem zweiten Kaiserreich von 1871. Von letzterem fehlten Ost- und Westpreußen, Posen, Schleswig, Elsaß-Lothringen; dagegen waren die 1871 ausgeklammerten deutschen Kronlande Österreichs, Luxemburg-Limburg und Liechtenstein beteiligt.

2. Zum Wesen des alten Reiches gehörte die Mischung föderativer und monarchistischer Elemente. Im Rheinbund von 1806 und im Deutschen Bund von 1815 siegte einseitig der Bundesgedanke. Die Gegenkraft des Kaisertums verblaßte zur reinen Idee. Im Gegensatz zum alten Reiche, in dem weltliche Erbfürsten, geistliche Wahlfürsten und Städterepubliken nebeneinanderstanden und in der Reichsritterschaft noch eine Art Reichsvolk hinzukam, ist der Deutsche Bund von 1815 mit Ausnahme der 4 bedeutungslosen Freistädte ein reiner Fürstenbund weltlicher Erbreiche. Dynastisches Denken und fürstlicher Legitimismus bestimmten damit mehr denn je das deutsche Schicksal.

Die Verankerung des monarchischen Prinzips in der Verfassung des Bundes garantierte die Souveränität der Monarchen, billigte andererseits aber auch dem Bunde ein eben diese Souveränität beschränkendes Kontrollrecht zu; wiederholt hat sich der Bund, gestützt auf Art. 57 der Wiener Schlußakte, in die inneren Verhältnisse der Bundesstaaten eingemischt.

Schrifttum: H. O. Meisner, Die Lehre vom monarchischen Prinzip im Zeitalter der Restauration und des Deutschen Bundes, 1913, Neudr. 1969; O. Brunner, Vom Gottesgnadentum zum monarchischen Prinzip, in: ders., Neue Wege, 2. Aufl. (1968) 160ff.; Th. Würtenberger jun., Die Legitimität staatlicher Herrschaft, 1973.

3. Der Bund der „souveränen Fürsten und freien Städte Deutschlands", der durch die Wiener Schlußakte von 1820 für unauflöslich erklärt wurde, war ein Staatenbund. Die „Nation", der Preußen im Aufruf von Kalisch 1813 die „Wiedergeburt eines ehrwürdigen Reiches" versprochen hatte, besaß darin keine Stimme. An die Stelle der Rechtsgarantien der Reichsverfassung trat die vage Verpflichtung der Bundesstaaten, konstitutionelle Verfassungen einzuführen und das Recht des Bundestages, „sich der bedrängten Untertanen anzunehmen". Immerhin blieben die Deutschen über die Ländergrenzen hinweg durch bestimmte, ausdrücklich festgelegte Grundrechte (Gleichberechtigung aller christlichen Konfessionen, Freizügigkeit hinsichtlich Wohnsitz, Grunderwerb, Zivil- und Militärdienst) miteinander verbunden. Die Durchsetzung der staatsbürgerlichen Gleichheit blieb im übrigen aber den Bundesstaaten überlassen.

Eine die Landesgrenzen übergreifende Rechtseinheit gab es nur in den linksrheinischen Gebieten, die durch die Eingliederung in Frankreich (1798) Gebiete franz. Rechtes geworden waren. Sie behaupteten auch nach 1815 dieses Recht (Aufhebung der Adelsvorrechte, Gemeindeverfassung, Gerichtsverfassung mit Schwurgerichten, Zivilehe, Notariat). Der Code Napoléon galt hier bis zum 1. Januar 1900.

IV. Der innere Aufbau des Bundes: Der Aufbau des Bundes war straffer als der des alten Reiches. Er kann diesem gegenüber daher nicht ohne weiteres als Rückschritt betrachtet werden. Die Konzentration auf 39 Mitglieder an Stelle der 294 Reichsstände und zahllosen Reichoun mittelbaren des Reiches von 1792 und eine verbesserte Militärverfassung (Bundesheer, Bundesfestungen) bedeuten Fortschritte, die teilweise freilich durch das Fehlen einer Bundeslegislative und einer Bundesjustiz wieder aufgehoben werden.

1. Bundesorgan war der Bundestag in Frankfurt, ein Gesandtenkongreß unter dem Vorsitz Österreichs. Er konnte zwei Formen annehmen: Wenn er als „Plenum" tagte (bei wichtigen Sachen), hatte jedes Bundesmitglied mindestens eine Stimme, die größeren Staaten hatten ein zwei- bis vierfaches Mehrstimmenrecht. Die Gesamtstimmenzahl betrug 69. Im „Engeren Rat" (für laufendes) hatten nur die 11 größeren eine Vollstimme, die kleineren zusammen nur sechs Kuriatstimmen (Gesamtstimmenzahl 17). Es handelt sich also nicht um zwei verschiedene Versammlungen!

2. Der Bund, der Gewaltanwendung im Verhältnis der Bundesstaaten untereinander ausschloß (Art. 11 BA), gab sich 1817 eine Austrägalordnung. Als Zwangsmittel waren darin Intervention und Exekution vorgesehen (Exekutionsordnung 1820/21), die wiederholt zur Anwendung kamen (Intervention 1850 in Kurhessen und Holstein, Exekution 1829/30 gegenüber Braunschweig, 1834 Frankfurt, 1864 Holstein). Auch das Vorgehen gegen Preußen 1866 war formell eine Bundesexekution.

Schrifttum: W. Real, Der Hannoversche Verfassungskonflikt von 1837 und das deutsche Bundesrecht, Hist. Jb. 83 (1964) 135 ff.

3. Der Deutsche Bund hatte als solcher weder gesetzgebende noch vollziehende noch richterliche Gewalt. Es konnte nur durch Bundesbeschluß ein Gesetz den Einzelstaaten zur Einführung empfohlen werden (so 1861 das Allgemeine deutsche Handelsgesetzbuch). Der Bund konnte als völkerrechtliche Persönlichkeit zwar einen Bundeskrieg erklären, aber das Bundesheer entstand aus den Kontingenten der Einzelstaaten auch bei der Bundesexekution.

Ein Gesetzgebungsrecht des Bundes, das die Bundesakte in beschränktem Umfang vorsah (Art. 10), wurde nach 1848 allgemein verneint und der Bund zur Beschlußfassung in Fragen des Zivilrechtes für unzuständig erklärt. Damit war nur eine materielle, aber keine formelle Rechtseinheit möglich. Sie hätte zudem eines gemeinsamen Obergerichtes bedurft.

Schrifttum: F. Laufke, Der Deutsche Bund und die Zivilgesetzgebung, Festschr. H. Nottarp (1961) 1 ff.; H. Getz, Die deutsche Rechtseinheit im 19. Jahrhundert als rechtspolitisches Problem, 1966; F. Oesterley, Das deutsche Notariat nach den Bestimmungen des gemeinen Rechts und mit besonderer Berücksichtigung der in den deutschen Bundesstaaten geltenden partikularrechtlichen Vorschriften, geschichtlich und dogmatisch dargestellt, 2 Teile, 1842–45, Neudr. 1965.

4. Die Handlungsunfähigkeit des Bundes wird besonders deutlich in seiner Kriegsverfassung (Bundesgesetz vom 9. April 1821). Es gibt zwar ein Bundesheer und Bundesfestungen aber keine einheitliche Militärorganisation. Das Bundesheer, zehn Armeekorps umfassend, war ein reines Kontingentsheer zu dem Österreich, Preußen und Bayern geschlossene Korps stellten, der gemeinsame Oberbefehl im Kriegsfall blieb ungeregelt. Die damit auch für das Bundesheer geltende Militärverfassung der Länder beruhte mit Unterschieden auf dem in Napoleonischer Zeit eingeführten Konskriptionssystem.

V. Deutscher Bund und deutsche Nation: Die Befreiungskriege gegen Napoleon haben nationalstaatliches Denken zum Gemeingut des deutschen Volkes gemacht. Die Bemühungen der Bundesstaaten, dem siegreichen gesamtstaatlichen Nationalbewußtsein das engere Vaterland entgegenzustellen, blieben ohne durchschlagenden Erfolg.

Das politische System der nachnapoleonischen Restauration, verkörpert im österreichischen Staatskanzler Fürst Klemens Lothar von Metternich (1809–1848 Leiter der österreichischen Politik), ist auf Stabilität gerichtet. Es stellte den „demagogischen Umtrieben" des überwiegend nationalstaatlich gesinnten bürgerlichen Liberalismus die Grundsätze der Legitimität und Autorität entgegen. Ein ideologisches Einvernehmen der Großmächte (Heilige Allianz) sollte sie sichern. Dem System Metternich hat Deutschland den Frieden eines halben Jahrhunderts zu danken (die Zeit des Biedermeier). Als „monarchisches Prinzip" wirkte es bis 1918 nach.

1. Die Deckung von Staats- und Sprachraum ist auch späterhin niemals ganz erreicht worden. Der autarke Nationalstaat, 1803 von Ernst Moritz Arndt gefordert, hat aber als bestimmendes Ideal des Jahrhunderts die Staatsgrenzen in einem früher nicht gekannten Ausmaß zu Barrieren werden lassen und die nationalen Affekte auf die Staaten übertragen.

a) Das alte Imperium war keine völkische Einheit. Es umspannte als universaler Rahmen die Königreiche Deutschland, Italien und Burgund (Arelat). Erst im 15. Jhdt. kommt, nicht als Ausdruck deutscher Herrschaft, sondern eher als halbgewolltes Bekenntnis zur Idee des Nationalstaates, die Bezeichnung „Heiliges Römisches Reich Deutscher Nation" auf, die für etwa ein Jahrhundert (erstmals 1486) auch offiziell gebraucht wird. Gemeint war das Imperium, soweit es deutscher Nationalität war. Diese Einschränkung deckt sich gegen Ende des Reiches mehr und mehr mit seinem realen Machtbereich.

Schrifttum: K. G. Hugelmann, Stämme, Nation und Nationalstaat im deutschen Ma., 1955; K. Schottenloher, Die Bezeichnung „Heil. röm. Reich deutscher Nation", Festschr. E. Stollreither (1950); A. Diehl, Heiliges Römisches Reich deutscher Nation, HZ 156 (1937) 457ff.; A. Berney, Reichstradition und Nationalstaatsgedanke (1789–1815), HZ 140 (1929) 57ff.; P. Joachimsen, Vom deutschen Volk zum deutschen Staat, Geschichte des deutschen Nationalbewußtseins, 4. Aufl. (bearb. v. J. Leuschner), 1967; G. Masur, Deutsches Reich und Deutsche Nation im 18. Jahrhundert, Preuß. Jb. 229 (1932) 1ff. sind in: Geschehen u. Gesch. (1971); K. G. Faber, Die Rheinländer und Napoleon, in: Francia I (1972) 374ff.

b) Auch der Deutsche Bund ist nur bedingt Nationalstaat. Die Bundesstaaten Österreich und Preußen verbleiben mit ihren dem alten Reich nicht zugehörigen Ländern außerhalb des Bundes. Andererseits bleiben außerdeutsche Länder in den bundesstaatlichen Aufbau einbezogen: England (Hannover bis 1837), Dänemark (Holstein), Niederlande (Luxemburg und Limburg). Diese aus dem alten Reich überkommenen Verhältnisse machen den Deutschen Bund von Anbeginn an zu einem europäischen Problem.

Schrifttum: G. Ritter, Europa und die deutsche Frage, 1948; R. A. Kann, Das Nationalitätenproblem der Habsburgermonarchie, 2 Bde., 2. Aufl. 1964.

2. Das deutsche Verfassungsleben des 19. Jahrh. ist tragisch überschattet dadurch, daß dem Bundestag als Ländervertretung keine Nationalrepräsentation gegenüberstand, welche die nationale Frage legitim zu vertreten berufen gewesen wäre. So steht die Einigungsbewegung vom Anbeginn an unter der Vormundschaft der Kabinette, von denen nicht zu erwarten war, daß sie den nationalen Zielen die staatlichen Interessen opferten. Dadurch, daß der Bundestag 1831 Petitionen von Untertanen an den Bund in öffentlichen Angelegenheiten für unstatthaft erklärte, drängte er seinerseits die nationale Einigungsbewegung auf den revolutionären Weg. Der Zwiespalt wird 1848 durch die Kaiserfrage zur klaffenden Wunde. Die Alternative einer österreichischen oder preußischen Hegemonie, der die vor allem von Bayern vertretene Triasidee vergeblich auszuweichen bemüht war, ist auf den Schlachtfeldern von 1866 zugunsten Preußens und der kleindeutschen Lösung Bismarcks entschieden worden.

Die Verfahrenheit der Lage spiegelt sich im Schicksal der von Anfang an geplanten Bundesreform. Der Kampf um die Niederlegung der innerdeutschen Grenzen und um die Herstellung der Rechtseinheit zeitigte nur dürftige Früchte. Das wichtigste Ergebnis war der Deutsche Zollverein von 1833, der schon die Elemente der späteren norddeutschen Bundesverfassung enthielt; der größte, hoffnungsvoll begonnene, aber tragisch gescheiterte Versuch dazu ist die Frankfurter Nationalversammlung von 1848, deren „Grundrechte" noch heute richtungweisend sind. Die von ihr als „Reichsgesetz" verkündete Wechselordnung haben die Länder in Kraft gesetzt. Formal ein Ergebnis der Ländergesetzgebung ist auch das inhaltlich gemeinsame deutsche Recht des Allg. Deutschen Handelsgesetzbuches von 1861.

Schrifttum: W. P. Fuchs, Die deutschen Mittelstaaten und die Bundesreform 1853–1860 (1934).

Kap. 45. Die souveränen Bundesstaaten

Schrifttum: G. W. Sante (Hg.), Geschichte der deutschen Länder (Territorien-Ploetz), Bd. 2: Die deutschen Länder vom Wiener Kongreß bis zur Gegenwart, 1971; F. L. Knemeyer, Regierungs- und Verwaltungsreformen in Deutschland zu Beginn des 19. Jahrhunderts, 1970; G. Jellinek, P. Laband, R. Piloty, (Hg), Das öffentliche Recht der Gegenwart (in Monographien), 1907 ff.: A. Rhamm: Braunschweig 1908; W. Walz: Baden 1909; O. Mayer, Sachsen 1909; K. Götz, Württemberg 1908; W. Schücking, Oldenburg 1911; R. Piloty, Bayern 1913; W. van Calker, Hessen 1913; O. Hintze, Die Entstehung der modernen Staatsministerien, HZ 100 (1908) 53 ff.; R. Wohlfeil, Vom stehenden Heer des Absolutismus zur allgemeinen Wehrpflicht (1789–1815), in: Handb. z. dt. Mil.Gesch. 1648–1939 (1964) 1 ff. Vgl. a. HRG Artikel: Gleichheit (A. Erler) I 1702 ff., Kanzler (H. J. Toews) II 613 ff., Karlsbader Beschlüsse (W. Sellert) II 651 ff., Konkordat (seit 1801 A. Hollerbach) II 1070 ff., Konskriptionssystem (F. W. Witte) II 1107 ff., Konstitution (A. Erler) II 1119 ff., Krongut (M. Herberger) II 1217 ff., Kronländer (M. Herberger) II 1231 ff.

Baden: W. Andreas, Geschichte der badischen Verwaltungsorganisation und Verfassung in den Jahren 1802 – 1818, Bd. I: Der Aufbau des Staates im Zusammenhang mit der allgemeinen Politik, 1918; R. Goldschmitt, Geschichte der badischen Verfassungsurkunde, 1918; C. Müller, Badische Landtagsgeschichte 1819–1840, 4 Bde, 1900/1902; J. Federer, Beiträge zur Geschichte des Badischen Landrechts, in: Baden im 19. und 20. Jahrh., Bd. 1 (1948) 81 ff.

Bayern: M. Döberl, Ein Jahrhundert bayerischen Verfassungslebens, 1918; F. Zimmermann, Vorgeschichte und Entstehung der Konstitution von 1808, Schriftenreihe z. Bayer. Landesgeschichte 35 (1940), Neudr. 1973; P. Wegelin, Die Bayerische Konstitution von 1808, Schweiz. Beitr. z. Allg. Gesch. 16 (1958) 142 ff.; R. Kloos, Bayerns Weg zum modernen Staat, Ausstellungskatalog 1968; E. Franz, Bayerische Verfassungskämpfe von der Ständekammer zum Landtag, 1926; G. Pfeiffer, Die Umwandlung Bayerns in einen paritätischen Staat, Ged.-schr. W. Winkler (1961) 35 ff.; G. Henke, Die Anfänge der evangelischen Kirche in Bayern, JE 20 (1974); J. Kummer, Der Einfluß des Parlaments auf das Finanzwesen im konstitutionellen Staat in Bayern 1808–1918 (1964); H. W. Schlaich, Der bayerische Staatsrat. Beiträge zu seiner Entwicklung von 1808/09 bis 1918, ZBLG 28 (1965) 460 ff.; M. Spindler (Hg.), Handbuch der bayerischen Geschichte Bd. IV (2 Teile), 1975.

Hannover: E. v. Meier, Hannoversche Verfassungs- u. Verwaltungsgeschichte 1680–1866, 3 Bde., 1899.

Österreich: F. Walter, Die österreichische Zentralverwaltung, Abt. 2 (5 Bde.) 1740–1848 u. Abt. 3 (2 Bde.) 1848–1867, Wien 1925–1964; R. Wandruszka-P. Urbanitsch (Hg.), Die Habsburger Monarchie 1848–1918, Bd. II: Verwaltung und Rechtswesen, Wien 1975 (darin: W. Ogris, Die Rechtsentwicklung 1848 bis 1918).

Preußen: R. Koselleck, Preußen zwischen Reform und Revolution. Allgemeines Landrecht, Verwaltung und soziale Bewegung von 1791–1848 (1967); W. Frauendienst, Das preußische Staatsministerium in Vorkonstututioneller Zeit, Zg. St. W. 116 (1960) 114 ff.; H. Schneider, Der preußische Staatsrat 1817–1918 (1952); F. Hartung, Verantwortliche Regierung, Kabinette und Nebenregierungen im konstitutionellen Preußen 1848–1918, Forsch. z. brandenburg.-preuß. Gesch. 44 (1932) 1 ff., 302 ff.

Sachsen: G. Schmidt: Die Staatsreform in Sachsen in der ersten Hälfte des 19. Jahrh. (Schriften d. StA Dresden 7) 1966.

Württemberg: A. E. Adam, Ein Jahrhundert württembergischen Verfassungsgeschichte, 1919.

Vgl. a. Kap. 42 u. 44.

Die fortwährende Veränderung der innerdeutschen Grenzen seit 1803 kam auf dem Wiener Kongreß 1815 zum Stillstand. Die überlebenden Staaten besaßen selten organische Grenzen und sahen sich vor die Aufgabe gestellt, eine zusammengewürfelte Ländermasse zum einheitlichen Staate auszubauen. Die innere Konsolidation der deutschen Staaten ist durchwegs gelungen, ein echtes Staatsgefühl wurde entwickelt. Seine Grundlage bildet nicht mehr der ständische Rahmen der Reichsverfassung, sondern ein von Grund aus neu aufgebautes Verhältnis von Landesherr und Land zueinander, bei dem der Landesherr zum Staatsorgan, der Untertan zum Staatsbürger wird („Das Wort Staatsbürger macht leicht den Untertanen vergessen." Signat König Ludwigs I. von Bayern 1838).

I. Für den Ausbau der neuen Staaten wird bestimmend die Verwirklichung der staatsbürgerlichen Gleichheit. Ihre Anfänge reichen vor die französische Revolution zurück (Josefinismus in Österreich). In ihrer etappenweisen Durchsetzung bildet das Revolutionsjahr 1848 einen Markstein. Die letzten Reste der alten Adelsvorrechte hat erst die Revolution von 1918 beseitigt. Der Zug zur bürgerlichen Gleichheit erfaßte gleichermaßen die geistige, politische und wirtschaftliche Seite des Rechtslebens.

1. Der Konfessionsstaat wurde allgemein aufgegeben. Die Bundesakte von 1815 garantierte die Gleichberechtigung aller christlichen Konfessionen (Art. 16 und 18). Schleppend vollzog sich dagegen die 1808 eingeleitete, aber erst 1869 abgeschlossene Emanzipation der Juden. Die volle Freizügigkeit wurde im norddeutschen Bunde 1867 hergestellt, die noch bestehenden polizeilichen Beschränkungen der Eheschließung fielen 1868. Der Anspruch auf freie Meinungsäußerung in Schrift und Bild (Preßfreiheit) und das Versammlungsrecht standen in Konflikt mit dem Sicherheitsbedürfnis der Staaten. Als Grundrechte wurden sie zwar anerkannt, blieben jedoch in der Praxis dauernd Beschränkungen unterworfen.

Art. 18 der Bundesakte stellte die Preßfreiheit in Aussicht. Im Widerspruch dazu führten die Karlsbader Beschlüsse (1819) die Vorzensur ein und verpflichteten die Regierungen zu scharfer Überwachung der Universitäten einschließlich der Lehre. Die in einzelnen Ländern (Bayern 1803, Nassau 1814) bereits eingeführte Pressefreiheit kam wieder in Wegfall (in Bayern jedoch erst 1830), neuerliche Versuche (Baden 1831) wurden unterdrückt. Die Pressezensur blieb Polizeiangelegenheit und wurde unter dem Eindruck der jeweiligen politischen Lage strenger oder milder gehandhabt. 1848 überließ der Bund die Pressegesetzgebung den Bundesstaaten, griff jedoch 1854 erneut ein. 1871 wurde die Pressegesetzgebung Reichsangelegenheit. Zahlreiche polizeiliche Einschränkungen beseitigte das Reichspressegesetz von 1874.

2. Das Verlangen nach staatsbürgerlicher Rechtsgleichheit führte zur endgültigen Ausmerzung der Leibeigenschaft (Österreich 1781/82, Baden 1783, Preußen 1807, Bayern 1808, Mecklenburg 1820, zuletzt in der Oberlausitz 1832) und zur Auflösung der Sonderrechte des Adels im Bereich der streitigen und freiwilligen Gerichtsbarkeit (privilegierter Gerichtsstand, Sonderrechte im Strafprozeß und Konkursverfahren, Nachlaßinventur und Vormundschaft, Siegelmäßigkeit) und bei der Ämterbesetzung (Ritterbänke der Kollegialbehörden, Offiziersstellen).

Die Entwicklung in den einzelnen deutschen Ländern war sehr ungleichmäßig. Die Vorrechte des Adels bei der Ämterbesetzung fielen in Hannover erst 1833, die notariellen Rechte (Siegelmäßigkeit) des Adels in Bayern erst mit dem Notariatsgesetz von 1862. Reste der Sonderstellung des Adels (Hoffähigkeit, Fideikommißrecht, blieben bis 1918 bestehen.

3. Auch die wirtschaftsrechtliche Gleichheit wurde nur schrittweise verwirklicht. Die Aufhebung der Leibeigenschaft beseitigte die Schollenbildung der Hörigen und machte damit die Freizügigkeit und die Freiheit der Berufswahl zum allgemeinen Staatsbürgerrecht. Mit der Beseitigung der Grundherrschaft („Bauernbefreiung") wird die freie Teilbarkeit von Grund und Boden zur Regel. Die negative Folge ist die Zertrümmerung zahlreicher Bauernhöfe. Die Sonderstellung der Rittergüter (Vorkaufsrecht des Adels, Grundsteuerfreiheit) fällt. Die Produktions- und Handelsmonopole der privilegierten Unternehmer werden weitgehend zugunsten einer allgemeinen Gewerbefreiheit abgebaut, die Monopole und Regiebetriebe des Staates, die im Zeitalter des Merkantilismus sich stark vermehrt hatten, zugunsten des freien Wettbewerbes auf Sonderfälle beschränkt (Post, Bergbau, Forstwirtschaft). Mit der Aufhebung der Zunftverfassung (Gewerbeordnung 1869) wird die grundsätzliche Gewerbefreiheit erreicht. Wichtig war auch die Einführung der Steuergleichheit.

Auch hier ist die Entwicklung sehr ungleichmäßig. Preußen beseitigte die Zunftverfassung bereits 1810 und führte im gleichen Jahre die Verbrauchssteuergleichheit ein, hob aber andererseits die Grundsteuerfreiheit der Rittergüter erst 1860 auf, während Bayern die volle Steuergleichheit schon 1807 durchsetzte.

4. Im militärischen Bereich spiegelt sich die neue staatsbürgerliche Gleichheit im Übergang zur allgemeinen Wehrpflicht. Es wurden jedoch nicht alle Wehrpflichtigen sondern nur ein festes Kontingent im Wege der Auslosung eingezogen. Die Gleichheit war durch die Möglichkeit der Stellvertretung nach französischem Muster nur unvollständig verwirklicht.

Die Stellvertretung, erstmals durch das preußische Wehrgesetz von 1814 untersagt, aber durch die Kontingentierung der Rekrutenzahl (Preußen bis 1862 jährlich 40000) nur beschränkt wirksam, verbot die Reichsverfassung von 1871 (Art. 57). Eine verkürzte Dienstzeit (Einjährige) bei höherer Schulbildung bestand bis 1918.

II. Die deutschen Bundesstaaten werden zu Trägern eines neuen Staatsbegriffes. Deutlicher Ausdruck der zunehmenden Säkularisierung der Vorstellung vom Staat ist die Abschwächung des Gottesgnadentums zum monarchischen Prinzip (s. Kap. 44 III 2). Das Ende des Reiches bedeutet zugleich das Ende des patrimonialen Staates. Die sich gleichzeitig vollziehende Trennung von Hof- und Staatsverwaltung, von fürstlichem Privatvermögen und Staatsbesitz und der Verzicht des Landesherrn auf unmittelbare Eingriffe in die Verwaltung, die der ausschließenden Verantwortung der Ressortminister unterstellt wird, welche ihrerseits durch Einführung der ministeriellen Gegenzeichnung fürstlicher Regierungserlasse Selbstverantwortung erlangen, bahnt einen neuen Staatsbegriff an, der letztlich die Krone selbst zum Organ des Staates werden läßt. Der Dualismus Landesherr-Landstände wird abgelöst durch den Gegensatz von Fürst und Volk. Damit verändert sich die Quelle der politischen Macht, die sich nun nicht mehr wie im Ständestaat vom Herkommen (dem guten alten Recht) herleitet, sondern nach rein ideeller Begründung sucht. Der Gegensatz von Gottesgnadentum des Monarchen und Selbstbestimmungsrecht der Völker (Volkssouveränität) kennzeichnet das Schwinden patrimonialen Denkens.

1. Mit dem Untergang des Reiches verloren die Landesverfassungen ihre reichsrechtliche Garantie. Die landständischen Verfassungen waren auf die alten Staatsgrenzen abgestellt. Eine Neuordnung war daher zumeist unvermeidlich.

a) Das Verhalten der deutschen Fürsten gegenüber den überkommenen ständischen Verfassungen war höchst unterschiedlich. Es reicht von der förmlichen Aufhebung (Württemberg 1805, Bayern 1808), der zeitweiligen Unterdrückung (Hannover und Kurhessen, restituiert 1814) über ein stillschweigendes Fortbestehen (Mecklenburg) bis zur förmlichen Bestätigung (Sachsen 1807). Mecklenburg hat die alte landständische Verfassung als einziges Land bis 1918 bewahrt.

b) In den einzelnen Staaten des Bundes sollte nach Art. 13 der Bundesakte eine „landständische Verfassung" stattfinden. Das konnte nicht als Rückkehr zum dualistischen Ständestaat gelten, da der Staatsgedanke sich schon allzu stark befestigte und Montesquieus Lehre von der Gewaltenteilung (Gewaltenkontrolle) die Einheit der Staatsgewalt voraussetzte. Es kam daher überall zur konstitutionell beschränkten Monarchie. Im Sinne des monarchischen Prinzips (formuliert in Art. 57 der Wiener Schlußakte von 1820) stellen die Landstände kein dem Landesherrn gleichgeordnetes, primäres, sondern ein ihm nachgeordnetes, sekundäres Staatsorgan dar. Die Verfassungen waren entweder einseitig erlassene (oktroyierte) oder paktierte. Die Landtage zeigten das Zweikammersystem, wobei die erste Kammer die Domäne des Adels war, die zweite nach einem meist ziemlich undemokratischen System gewählt wurde. Die Bewegung verlief in zwei Wellen: Die süddeutschen Verfassungen folgten der Charte constitutionelle Ludwigs XVIII. von 1814 (Nassau 1814, Sachsen-Weimar 1816, Bayern und Baden 1818, Württemberg 1819, Hessen-Darmstadt 1820). Die norddeutschen nahmen die belgische Verfassung von 1831, zum Vorbild, so Kurhessen und Sachsen 1831, Braunschweig 1832, Hannover 1833 als Nachzügler Preußen 1848 bzw. 1850; Österreich wurde erst 1867 Verfassungsstaat nachdem die oktroierte Märzverfassung vom 4. März 1849 am 31. Dezember 1851 (Silvesterpatent) als unangemessen und nicht ausführbar wieder aufgehoben worden war. In den zweiten Kammern begann vor allem nach 1848 die Bildung politischer Parteien. Preußen verzichtete zunächst auf eine gesamtstaatliche Repräsentation und rief statt dessen in seinen 1815 geschaffenen Provinzen Provinziallandtage nach dem Einkammersystem ins Leben (1823/24).

Quellen: W. Altmann, Ausgewählte Urkunden zur deutschen Verfassungsgeschichte seit 1806, 2 Bde., 1898; C. H. L. Pölitz, Die Verfassungen des deutschen Staatenbundes seit dem Jahre 1789, 3 Bde., 1847; E. R. Huber, Quellen zum Staatsrecht der Neuzeit Bd. 1: Deutsches Verfassungsrecht im Zeitalter des Konstitutionalismus 1806–1918, 1949; ders., Dokumente zur deutschen Verfassungsgeschichte der Neuzeit, 2 Bde. (1803–1918) 1961 u. 1964; K. Ringhofer, Texte zur österreichischen Verfassungsgeschichte von der Pragmatischen Sanktion zur Bundesverfassung (1713–1966), Wien 1970.

c) Zunächst überwog in den Kammern durchwegs der adelige Grundbesitz. Bedeutend war auch der Anteil der Beamtenschaft, da man nach Vorgang der landständischen Verfassungen keine Unvereinbarkeit (Inkompatibilität) von Staatsamt und Kammermitgliedschaft kannte. Die Unabhängigkeit des Parlaments gegenüber der Krone litt dadurch. Ihr Einfluß wurde augenfällig bei Verweigerung des zur Mandatsausübung erforderlichen Urlaubs.

d) Die Wahlperiode betrug 6 (in Baden 8) Jahre. Einberufung und vorzeitige Auflösung lag beim Monarchen. Es gab kein Selbstversammlungsrecht. Die preußischen Provinziallandstände besaßen nur eine beratende Stimme. Die süddeutschen Verfassungen gewährten dagegen von Anfang an ein, wenn auch zunächst sehr eingeschränktes Mitspracherecht bei der Gesetzgebung. Im Zuge der Budgetkontrolle ist es allmählich ausgeweitet worden. Auch das Recht, Gesetze einzubringen (Initiativrecht), fehlte den Kammern zunächst. Grundlegend für die konstitutionelle Monarchie des 19. Jahrhunderts blieb es, daß in allen Bundesstaaten das Votum der Kammern erst durch die Sanktion der Krone Gesetzeskraft erlangte.

2. Die Wiener Schlußakte von 1820 lehnen den Gedanken der V o l k s - s o u v e r ä n i t ä t ab. Die Bestimmung der sonst für die preußische Verfassung von 1848 vorbildlichen belgischen Verfassung von 1831, daß alle Gewalt vom Volke ausgehe, ist in keine deutsche bundesstaatliche Verfassung übergegangen. Die Ablehnung der deutschen Kaiserkrone durch König Friedrich Wilhelm IV. von Preußen 1848 basiert auf der grundsätzlichen Verneinung der Volkssouveränität.

3. Der Ständestaat kennt eine autochthone Teilhabe des Adels an der öffentlichen Gewalt. Die neue Staatsvorstellung anerkennt als „rechte Obrigkeit" nur noch eine in der Krone verkörperte Staatsmacht. Alle nicht darauf rückführbaren Herrschaftsrechte, bislang durch die Reichs- und Landesverfassung garantiert, verfallen dem Abbau. Die Grundrechte von 1848 fordern die Beseitigung der Gutsherrschaft (Patrimonialgerichtsbarkeit). Zum erstenmal in der deutschen Geschichte entsteht ein Gewaltenmonopol des Staates.

Die magistratische Gerichtsbarkeit der Städte wurde in Bayern 1802, in Preußen 1808 aufgehoben. Die Tilgung der gutsherrlichen Polizeirechte (Bayern 1848, Preußen 1849) zog sich teilweise bis über die Reichsgründung hinaus (ostelbisches Preußen 1872, Schönburg in Sachsen erst durch das Gerichtsverfassungsrecht von 1879). Am zähesten hielt sich die Adelsherrschaft in Hannover, Mecklenburg und im ostelbischen Preußen.

4. Mehr am Rande vollzog sich der Untergang des zur leeren Form gewordenen Lehnswesens. Die L e h e n a l l o d i f i k a t i o n schleppte sich über das ganze Jahrhundert hin; die letzten Reste fielen erst 1918 mit der Monarchie.

Der Reichslehenverband wurde 1806 zu landesherrlichen Lehenverbänden reduziert. Die Ablösbarkeit landesherrlicher Aktivlehen hat Preußen bereits 1717 zugestanden. Die Privatlehen wurden in Bayern 1808 beseitigt. Die Grundrechte von 1848 forderten die Auflösung aller Lehenverbände. Die Ablösungsgesetze der einzelnen Bundesstaaten (Bayern 1848, Preußen 1850, Hannover 1851, Baden 1862, Hessen 1869, Sachsen 1872) hatten zur Hauptfrage nur mehr, ob Lehenallodifikation mit oder ohne Entschädigung. Die bayerischen Thronlehen erhielten sich bis 1918 (letzte Verordnung 1928 I).

5. Der Trennung von Staats- und Hausvermögen wird im 18. Jahrhundert durch verstärkte privatwirtschaftliche Tätigkeit des Herrschers vorgearbeitet. So hat Kaiser Franz I. das Habsburg-Lothringische Familienvermögen geschaffen und organisiert (vgl. H. L. Mikoletzky, Kaiser Franz I. Stefan und der Ursprung des habsburgisch-lothringischen Familienvermögens, Wien 1961). Die Verfassungen des 19. Jahrhunderts machen den Herrscher zum Staatsorgan, dessen Unterhalt die dafür eigens geschaffene „Zivilliste" dient. Neben die Staatskassen tritt die fürstliche Kabinettskasse.

III. Das durch Beseitigung des patrimonialen Dualismus entstandene Gewaltenmonopol des Staates mußte bei Mißbrauch zur Willkür (Polizeiregiment) ausarten. Die Verfassungsurkunden der deutschen Bundesstaaten stellen den rechtsstaatlichen Charakter der deutschen Monarchien wieder her. Der staatsfreie Raum, den die konstitutionelle Monarchie des 19. Jahrh. dabei dem Untertan beließ, war sehr unterschiedlich. Das Bedürfnis nach Sicherung und Ausweitung der staatsbürgerlichen Selbstbestimmung (Liberalismus) wurde in einer dreifachen Richtung wirksam.

1. Das Streben nach einer Rechtsgarantie für den einzelnen Staatsbürger findet seinen Niederschlag in den 1815 und 1848 aufgestellten Grundrechten des deutschen Volkes. Sie besaßen mehr programmatische Bedeutung und schufen kein unmittelbar verbindliches Recht. Landesherrliche Eingriffe in die Strafjustiz (Kabinettsjustiz) blieben zwar lange zulässig, wurden aber doch tunlichst vermieden. Gegen Staatswillkür sichern soll auch die Einführung der 1848 nach englischem Vorbild (Jury) allgemein eingerichteten Schwurgerichte, die Schaffung von Staatsgerichtshöfen (Württemberg 1819, Bayern 1850, Baden 1868), die Trennung von Justiz und Verwaltung (meist stufenweise erreicht, in Bayern allgemein 1861) und die Einrichtung einer Verwaltungsgerichtsbarkeit mit einem obersten Verwaltungsgericht an der Spitze (Hessen 1832, Baden 1863, Preußen und Österreich 1875, Württemberg 1876, Bayern 1879).

Die Grundrechte der Bundesakte von 1815 verpflichteten nur die Regierungen, schufen aber kein unmittelbar geltendes Recht. Das Gesetz der Frankfurter Nationalversammlung vom 27. Dezember 1848 über die „Grundrechte des deutschen Volkes" teilte die Unverbindlichkeit der Gesetzgebung der Paulskirche.

Schrifttum: M. Herrmann, Der Schutz der Persönlichkeit in der Rechtslehre des 16. bis 18. Jahrhunderts (Beitr. z. Neuer. Priv.Rechtsgesch. 2), 1968; E. Eckhardt, Die Grundrechte vom Wiener Kongreß bis zur Gegenwart, 1913; F. Neumann, Handbuch der Theorie und Praxis der Grundrechte Bd. 2: Freiheitsrechte in Deutschland, 1957; G. Oestreich, Geschichte der Menschenrechte und Grundfreiheiten im Umriß, 1968; W. v. Rimscha, Die Grundrechte im süddeutschen Konstitutionalismus. Zur Entstehung und Bedeutung der Grundrechtsartikel in den ersten Verfassungsurkunden von Bayern, Baden und Württemberg, 1973; H. Scholler (Hg.), Die Grundrechtsdiskussion in der Paulskirche, 1973; M. Th. Fögen, Der Kampf um Gerichtsöffentlichkeit (Schrift. z. Prozeßrecht 33), 1974; G. Aubin, Die Entwicklung der richterlichen Unabhängigkeit im neuesten deutschen und österreichischen Recht (Freib. Abh. a. d. Geb. d. öff. Rechts 6) 1906; R. Bernhardt, Grundrechte, HRG I 1843 ff.

Quellen: F. Hartung, Die Entwicklung der Menschen- und Bürgerrechte von 1776 bis zur Gegenwart, 3. Aufl., 1964.
2. Der fürstliche Absolutismus des frühen 19. Jahrh. hat im Zuge der Beseitigung der patrimonialen Gewalten auch die Selbstverwaltung weitgehend vernichtet. Die Überspannung der Staatsvormundschaft belebte den Wunsch nach Selbstbestimmung, wobei das englische selfgovernment als Vorbild erschien. Die Rückkehr zur verstärkten Autonomie kam vor allem den Gemeinden zugute.

Am frühesten kommt der neue Geist zum Ausdruck in der preußischen Städteordnung des Frhr. vom Stein (19. Nov. 1808). Die Rheinbundstaaten stehen zunächst unter dem Eindruck des bürokratischen Zentralismus des Napoleonischen Frankreich (bayer. Gemeindeedikt 1808) und orientieren sich erst im Zeitalter des Konstitutionalismus an dem preuß. Vorbild (Gemeindeedikte in Bayern und Württemberg 1818, Hessen-Darmstadt 1821). Besonders fortschrittlich war das badische Gemeindegesetz von 1831. Die mittel- und norddeutschen Bundesstaaten verwirklichten nur sehr zögernd die kommunale Autonomie (Sachsen 1832, Kurhessen und Braunschweig 1834, Hannover 1851), sehr spät kam es nach einem ergebnislosen Anlauf (1849) in Österreich zur allgem. gemeindlichen Selbstverwaltung (1862). Während in Süddeutschland (Bayern 1822, Baden und Hessen-Darmstadt 1848) Land- oder Bezirksräte eine demokratische Autonomie auf der höheren Verwaltungsebene einleiten, hält sich im Norden in den Kreisen und Provinzen die Adelsherrschaft zähe. Preußen schuf 1867 für die 1866 annektierten Länder, 1872 für das ganze Land einheitliche Verhältnisse. Im gewerblichen Bereich eröffnet erst das Auslaufen der Zunftverfassung die Bahn für eine neuzeitliche Selbstverwaltung. Die Bildung von Gewerkschaften nach englischem Vorbild fällt in das Ende der 6oer Jahre.

Schrifttum: H. Heffter, Die deutsche Selbstverwaltung im 19. Jahrh., 1950; H. J. Teuteberg, Geschichte der industriellen Mitbestimmung in Deutschland, 1961; A. Weber, Der Kampf zwischen Kapital und Arbeit: Gewerkschaften und Arbeitgeberverbände in Deutschland, 6. Aufl., 1954; S. A. HRG Artikel: Gewerkschaften (H. G. Jsele) I 1669ff., Landgemeinde (G. Buchda) II 1490ff.Vgl.a. Kap. 46 IV 2.

3. Der ausschließlichen Führung des Staates durch das fürstl. Kabinett suchte man durch Einflußnahme der Volksvertretung auf die Exekutive zu begegnen. Es geschah dies vor allem durch Bindung der Minister an das Vertrauen des Parlaments. Sehr früh wurde die Ministerverantwortlichkeit in Baden (1818), in Bayern 1848 in Preußen 1850 durchgesetzt. Wirksame Mittel der parlamentarischen Kontrolle wurden auch das Anrecht auf Budgetkontrolle und die Mitwirkung der Volksvertretung bei der Aufstellung und Aufgliederung des Staatsetats (Haushaltsgesetz; Preußen 1850).

Schrifttum: R. Rassow, Das Wesen der Ministerverantwortlichkeit im monarchischen Staat. Die Ministerverantwortlichkeit in den deutschen Einzelstaaten, Zs. St.W. 59 (1903) 159ff.; F. Schnabel, Geschichte der Ministerverantwortlichkeit in Baden, 1922; F. Weckerle, Geschichte der Ministerverantwortlichkeit in Bayern bis zum Tode König Maximilians I., 1930; P. Kichler, Entwicklung u. Wandlung des parlamentarischen Budgetbewilligungsrechtes in Deutschland (Diss., Berlin 1956); M. Koehler, Die Lehre vom Widerstandsrecht in der deutschen konstitutionellen Staatstheorie der 1. Hälfte des 19. Jahrhunderts (Schrift. z. Verf.Gesch. 18), 1973.

IV. War auch der alte ständische Dualismus untergegangen, so pflanzt sich die alte Adelsherrschaft, wenn auch abgeschwächt, durch die Zusammensetzung der Volksvertretung auch in der Legislative fort. Das allgemein übliche Zweikammersystem (Ausnahmen: Kurhessen 1831,

Württemberg seit 1848) rechnete mit einer überwiegend geburtsständisch zusammengesetzten ersten Kammer (Bayern: Kammer der Reichsräte 1818, Preußen: Herrenhaus 1853). Aber auch die Abgeordnetenkammer (zweite Kammer) bildete keine gleichmäßige Volksvertretung. Durch das allgemein angewandte, auf die Steuerleistung abgestellte Klassenwahlrecht (Süddeutschland bis 1904/06, Preußen bis 1918) erhielt das Besitzbürgertum ein bestimmendes Übergewicht. Mehr als im norddeutschen Bunde bzw. Reiche, wo man 1867 zum allgemeinen, gleichen Wahlrecht übergegangen war, blieben damit adeliger Konservativismus und bürgerlicher Liberalismus die Gegenkräfte im parlamentarischen Leben der deutschen Bundesstaaten. Vor allem durch die restaurative Haltung Preußens ergab sich dadurch nach Bismarck im zweiten Kaiserreich eine bedenkliche Spannung zwischen Reichs- und Länderpolitik.

Schrifttum: H. Gollwitzer, Die Standesherren, die politische und gesellschaftliche Stellung der Mediatisierten 1815–1918, 2. Aufl. 1964; H. Ostadal, Die Kammer der Reichsräte in Bayern von 1819 bis 1848. Ein Beitrag zur Geschichte des Frühparlamentarismus. Misc. Mon. 12 (1968).

V. Der nach französischem Vorbild vor allem in Süddeutschland eingeführte **bürokratische Zentralismus** bewirkte eine straffe Organisation der Verwaltung. An die Stelle der feudalen Hierarchie tritt nun ganz die bürokratische des Beamtentums. Den zweiten Heerschild nach dem Monarchen nehmen in dieser Ordnung die Ressortminister ein. Das Behördenwesen, im Zuge einer neuen Ministerialverfassung (Bayern 1799, Preußen 1808) streng gegliedert, bedient sich eines fachlich vorgebildeten Berufsbeamtentums, wie es dem aus reichsständischen Traditionen kommenden Freiherrn vom Stein noch unnötig erschien. Das Dienstverhältnis dieses Beamtentums ist grundsätzlich lebenslänglich, seine Altersversorgung gesichert (Pensionsanspruch), seine Rechtsbeziehung zum Staat generell geregelt (Dienstpragmatik).

VI. Die Regelung der Beziehungen zwischen **Kirche und Staat** erfolgte auf Landesebene. Der Übergang zur Gewissensfreiheit (Toleranz) und staatsbürgerlichen Gleichheit der christlichen Glaubensbekenntnisse (Parität) bedeutete noch keine Koordinierung von Staat und Kirche. Die staatliche Kirchenhoheit blieb erhalten und wurde mittels der herkömmlichen Mittel (Placet, recursus ab abusu, Temporaliensperre) weiter geübt; immerhin wurde im Zeichen einer allgemeinen kirchlichen Erneuerung schärfer zwischen den der Staatsaufsicht unterliegenden *iura circa sacra* und dem innerkirchlichen Bereich *(iura in sacra)* unterschieden.

1. Das Staatskirchentum der evangelischen Landeskirchen wurde durch Einführung der Synodalverfassung (Bayern 1818, Baden 1821, Rheinpreußen-Westfalen 1835, Hannover 1864) gemildert, die Rechte der kathol. Kirche durch neue Konkordate (Bayern 1817, Österreich 1855) oder Kirchengesetze (Baden 1860, Württemberg 1862) gesichert.

2. Der Unterhalt der Kirchen beruhte nicht mehr auf Eigenvermögen, sondern auf staatlichen Leistungen. Die Bischöfe sind nicht mehr Landesherren, sondern Landesbischöfe. Die Diözesangrenzen werden den Landesgrenzen angeglichen. Auch nimmt der Staat allenthalben Einfluß auf die Besetzung der Bischofsstühle, sei es durch Listenwahl, Designation oder gar Nomination (wie in Bayern seit 1817 nach dem Vorgang des französischen Konkordats von 1801). Auch Österreich behauptete seine auf das 15. Jahrhundert zurückgehenden Nominationsrechte. Hinzu kam der Verfassungseid der Geistlichkeit und ein persönlicher Treueid der Bischöfe gegenüber dem Monarchen (Bayern). Im ganzen steigerte sich also die Abhängigkeit der Kirche vom Staate. Im Zeichen der innerkirchlichen Erneuerung entstanden daraus starke Spannungen (Kulturkampf in Preußen), sofern es nicht – wie in Bayern – zu einer stärkeren Klerikalisierung des Staates kam.

Schrifttum: Ch. Link, Die Grundlagen der Kirchenverfassung im lutherischen Konfessionalismus des 19. Jahrhunderts, JE 3 (1966) 31ff.; E. V. Benn, Entwicklungsstufen des evangelischen Kirchenrechts im 19. Jahrhundert, Z. ev. KR 15 (1970) 2ff.; U. Scheuner, Staat und Kirche in der neueren deutschen Entwicklung, Z. ev. KR 7 (1959/60) 225ff.; E. Schmidt-Volkmar, Der Kulturkampf in Deutschland 1871–1890 (1962); H. Bornkamm, Die Staatsidee im Kulturkampf, 1950; J. Heckel, Die Beilegung des Kulturkampfes in Preußen, ZRG Kan. 19 (1930) 215ff. u. Ges. Aufsätze S. 454ff.; J. Becker, Liberaler Staat und Kirche in der Ära von Reichsgründung und Kulturkampf (Veröff. d. Komm. f. Zeitgesch. Bd 14), 1975; R. Lill, Kulturkampf, HRG II 1246ff.

VII. Der Polizeistaat strebte nach einer umfassenden Kontrolle aller Lebensbereiche. Eingeleitet durch die Säkularisation, die den Staat zwang, zahlreiche bislang von der Kirche wahrgenommene Fürsorge- und Bildungsaufgaben zu übernehmen, wird der Staat im 19. Jahrh. immer mehr ausschließlicher Träger aller öffentlichen Aufgaben. Es entsteht eine Überforderung des Staates, die sich in der Steigerung der Steuerlast und der Mehrung der staatlichen Bürokratie niederschlägt. Die uferlose Übernahme von kulturellen und sozialen Aufgaben durch den Staat läßt in unserem Jahrhundert eine universale Treuhänderschaft des Staates gegenüber allen öffentlichen Anliegen entstehen. Da nicht mehr, wie im Obrigkeitsstaat des 16. Jahrh., die religiösen, sondern die wirtschaftlichen Antriebe vorherrschen, kommt damit der allgemeine Wohlfahrts- und Fürsorgestaat herauf.

Das Bestreben des liberalen Bürgertums, durch Beschränkung des Staatshaushaltes, vor allem auch des Militäretats, den Staat zu zügeln, hat es an dem Zusammenbruch des Deutschen Bundes 1866 mitschuldig gemacht. Preußen riskierte den Verfassungskonflikt (1862–1866) und gewann.

Kap. 46. Wirtschaft und soziale Entwicklung im 19. Jahrhundert

Schrifttum: W. Treue, Gesellschaft, Wirtschaft und Technik Deutschlands im 19. Jahrh., in: B. Gebhardt, Handbuch d. dt. Gesch., 9. Aufl. (1970) Bd. IV S. 377ff.; A. Sartorius v. Waltershausen, Deutsche Wirtschaftsgeschichte 1815–1914, 2. Aufl. 1925; H. Bechtel, Wirtschaftsgeschichte Deutschlands Bd. 3 (19. und 20. Jahrh.) 1956; K. Helfferich, Deutschlands Volkswohlstand 1888–1913, 7. Aufl., 1917; W. Sombart, Die deutsche Volkswirtschaft im 19. und Anfang des 20. Jahrhs., 8. Aufl., 1954; W. Treue-W. A. Boelcke, Geschichte der Wirtschaftspolitik in Deutschland, 1970; F. Facius, Wirtschaft und Staat. Die Entwicklung der staatlichen Wirtschaftsverwaltung in Deutschland vom 17. Jahrh. bis 1945 (1959); H. Krause, Wirtschaftslenkung und Ermächtigungsstil, Grundsätzliches über Wirtschaftsrecht ab 1848 (Festschrift A. Hueck) 1959 S. 413ff.;

W. Rüegg-O. Neuloh (Hg.), Zur soziologischen Theorie und Analyse des 19. Jahrhunderts, 1971; U. Wehler (Hg.), Moderne deutsche Sozialgeschichte, 3. Aufl., 1970; E. Stamm, Frühbürgeliche Revolution und Recht in Deutschland, Krit. Justiz 6 (1973) 130ff.; K. E. Born, Staats- und Sozialpolitik seit Bismarcks Sturz, ein Beitrag zur innenpolitischen Entwicklung des dt. Reiches 1890–1914 (Historische Forschungen 1) 1957; H. Heidegger, Die deutsche Sozialdemokratie und der nationale Staat 1870–1920 (1956); W. Hofmann, Ideengeschichte der sozialen Bewegung des 19. und 20. Jahrhs., 2. Aufl., 1968; P. Mombert, Soziale und wirtschaftspolitische Anschauungen in Deutschland, 2. Aufl., 1928; W. O. Henderson, The industrial Revolution on the Continent. Germany, France, Russia 1800–1914 (1961); H. J. Henning, Das westdeutsche Bürgertum in der Epoche der Hochindustrialisierung 1860–1914. Soziales Verhalten und soziale Strukturen, Teil I: Das Bildungsbürgertum in den preußischen Westprovinzen, Hist. Forsch. IV, 1972; Kh. Blaschke, Bevölkerungsgeschichte von Sachsen bis zur industriellen Revolution, 1967; R. Groß, Die bürgerliche Agrarreform in Sachsen in der ersten Hälfte des 19. Jahrhunderts, 1968; Th. Frhr. v. d. Goltz, Die ländliche Arbeiterklasse und der preußische Staat, 1893, Neudr. 1968; O. Könnecke, Rechtsgeschichte des Gesindes in West- und Süddeutschland, 1912, Neudr. 1970; H. Matis, Österreichs Wirtschaft 1848–1913. Konjunkturelle Dynamik und gesellschaftlicher Wandel im Zeitalter Franz Joseph I., 1972; L. Brügel, Soziale Gesetzgebung in Österreich von 1848–1918 (1919) G. Bry, Wages in Germany 1871–1945, New York 1960; D. Fricke, Die deutsche Arbeiterbewegung 1864–1890. Ihre Organisation und Tätigkeit, Leipzig 1964; H. Miksch, Die soziale Nützlichkeit und die herrschenden Schichten. Ein Beitrag zur Lehre von den Eliten, Graz 1966; A. Brussati-W. Haas-W. Pollak (Hg.), Geschichte der Sozialpolitik mit Dokumenten, Linz 1962.

Quellen: E. Schraepler (Hg.), Quellen zur Geschichte der sozialen Frage in Deutschland 1800–1956, 3 Bde 1955/56, Bd. 1 (1800–1870), 3. Aufl., 1964, Bd. 2 (1871 bis zur Gegenwart), 2. Aufl., 1964; G. Erdmann, Die Entwicklung der deutschen Sozialgesetzgebung, 2. Aufl. 1957; W. Conze, Quellen zur Geschichte der deutschen Bauernbefreiung, 1957; Lorenz v. Stein, Schriften zum Sozialismus (1848, 1852, 1854), Neudr. mit Vorwort (E. Pankoke), 1974; P. Rassow und K. E. Born, Akten zur staatl. Sozialpolitik in Deutschland 1890–1914 (1959); W. Ebel, Quellen zur Geschichte des deutschen Arbeitsrechtes bis 1894 (1964); W. Treue-K. H. Manegold u. a., Quellen zur Geschichte der industriellen Revolution, 1966; N. Elias, Die höfische Gesellschaft. Untersuchungen zur Soziologie des Königtums und der höfischen Aristokratie, Soziologische Texte 54 (1969).

Das Ideengut der französischen Revolution und seine Auseinandersetzung mit den feudalen Mächten beherrschte den Vordergrund der politischen Bühne des 19. Jahrhunderts. Dahinter bahnte sich ein Strukturwandel der Gesellschaft an, der weit über die Liquidation der tausendjährigen Adelsherrschaft hinausweist. Das 19. Jahrhundert wurde zum Jahrhundert des Bürgertums. Zwar hat es einen Bürgerstand in Deutschland seit Ausbildung des Städtewesens gegeben, aber die Reichsverfassung beharrte bei der ausschließlichen Adelsherrschaft. Im Gegensatz zu Reichsitalien, wo das politische Leben bereits im Hochmittelalter wesentlich durch die italienischen Stadtrepubliken bestimmt wird, kommt in Deutschland dem Bürgertum bis zum Ende des Reiches kein politisches Gewicht zu. Aber auch die Gesellschaft bleibt bis zum Sturm und Drang von den Standesidealen des Adels beherrscht. Im 19. Jahrhundert wird dagegen bürgerliches Denken zum Gemeingut des Volkes, der alte Stadtbürger geht im Staatsbürger auf.

Ein Signal dafür ist, daß die scharfe räumliche Trennung von Stadt und Land verschwindet. Mit der Entfestigung der Städte (um 1800) und dem Übergang zur Gewerbefreiheit (Preußen 1810, allgemein 1869) fällt die Sonderexistenz der Stadt.

I. Die Bildung der neuen bürgerlichen Gesellschaft ist vom Humanismus und deutschen Idealismus her bestimmt, der sich mit einem romantischen Gefühlsaufschwung verbindet. Der Glaube an ein diesseitiges Glück, einen allgemeinen Fortschritt und die Macht des Wissens führt zu einem im besten Sinne missionarischen Bestreben, die dumpfen Massen aus der Nacht der Unwissenheit und des Aberglaubens zu erlösen. Die Bildung will Volksbildung werden. Sie erfährt dadurch eine außerordentliche Ausweitung, aber auch Verflachung.

Die Bildungsgüter werden nunmehr dem Volk gewidmet (allgemeine Zugänglichkeit der Kunstsammlungen, Bibliotheken usw.). Die Schulbildung wird zum Staatsanliegen (Staatsschulen, Schulpflicht). Über die neue „Nationalliteratur" wird das Latein als Sprache der Wissenschaft verdrängt.

II. Die Fortschritte der medizinischen Wissenschaft (Hygiene, Seuchenbekämpfung, Minderung der Kindersterblichkeit) führen zu einer unerhörten Bevölkerungsvermehrung. Es entsteht dadurch das Massenproblem.

1. Die Bevölkerung Europas stieg von 1800 bis 1900 von 185 auf fast 400 Millionen, sie vermehrte sich in Mitteleuropa im Jahresdurchschnitt um 4–5 %. Die Bevölkerung Deutschlands wuchs von 25 Millionen (1800) auf 30 (1850), 40 (1870), 50 (1890) und 60 Millionen (1905).

Schrifttum: E. Keyser, Bevölkerungsgeschichte Deutschlands, 3. Aufl., 1943. Raum u. Bevölkerung in der Weltgeschichte (Bevölkerungs-Plötz) Teil III (W. Köllmann): Bevölkerung und Raum in neuerer und neuester Zeit, 1955.

2. Das Anwachsen der Bevölkerung mehrt das Angebot an Arbeitskräften, ohne daß in einer noch vorwiegend agrarisch bestimmten Welt die Erwerbsmöglichkeiten angemessen zunehmen. Dank des Fehlens sozialer Absicherungen führt dies nicht zu Arbeitslosigkeit, sondern zu einer durch Lohnverfall bewirkten Massenarmut (Pauperismus). Karl Marx erblickt in ihr eine Frucht der Industrialisierung. In Deutschland fällt ihr Höhepunkt jedoch in die noch vorindustrielle Zeit des Vormärz (1830 bis 1850). Sie traf damals neben dem Kleingewerbe vorab die kleinbäuerliche Schicht. Für sie wurden die wiederholten Hungerjahre zur Katastrophe; Auswanderungswellen nach Rußland und USA waren die Folge. Erst in der zweiten Hälfte des Jahrhunderts wird der Pauperismus zu einer mehr städtischen Erscheinung.

Schrifttum: W. Abel, Massenarmut und Hungerkrisen im vorindustriellen Deutschland, 1972; ders., Massenarmut und Hungerkrisen im vorindustriellen Europa, 1974; ders., Der Pauperismus in Deutschland, Festschr. F. Lütge (1966) 284ff.; L. Dilcher, Der deutsche Pauperismus und seine Literatur, 1957.

III. Die Entwicklung der Technik führt zu einer wirtschaftlichen Revolution und zu einer Änderung der Kulturlandschaft. Neue Rohstoffe und Kraftquellen (Kohle, Gummi, Öl, Kraftstrom) verlagern die wirtschaftlichen Schwerpunkte. Die Erleichterung des Personen- und Güterverkehrs (Eisenbahn, Kanalbauten) und der Nachrichtenübermittlung (Morsetelegraph 1836) beschleunigten den Austausch von Wissen und Waren und ermöglichten die Ausweitung der Marktproduktion. Der handwerkliche Kleinbetrieb wird in vielen Zweigen durch die leistungsstarke Fabrik ersetzt („Die moderne Industrie hat die kleine Werkstube des patriarchalischen Meisters in die große Fabrik des industriellen Kapitalisten verwandelt" Komm. Manifest 1848). Die Notwendigkeit, die vermehrte Bevölkerung zu ernähren und mit Gebrauchsgütern zu versehen, bildet einen wirksamen Antrieb für die Intensivierung der Landwirtschaft und die Ausweitung der industriellen Produktion. Durch deren Konzentration an bestimmten Orten entwickelt sich die Industrielandschaft. Mit dem Großbetrieb wird das Familienunternehmen durch die anonymen Kapitalgesellschaften überrundet.

IV. Hand in Hand damit wandelt sich die **soziale Struktur** des ganzen Volkes.

1. An die Stelle der Lebens- und Produktionsgemeinschaft des Hauses (Bauern- und Gutshof, Handwerksbetrieb) tritt die **bürgerliche Familie**, die Gesinde und Gesellen nicht mehr als zugehörig empfindet. Dadurch wurden „alle feudalen, patriarchalischen, idyllischen Verhältnisse zerstört" (Komm. Manifest 1848). Die Wirtschaft stellt sich auf den Interessengegensatz von Unternehmer und Arbeitnehmer (Angestellte, Arbeiter) ein. Die Arbeitskraft wird zur Ware, es entsteht der sog. 4. Stand.

Die Verwendung der Maschine minderte den Bedarf an Arbeitskräften, während das Angebot, dank der Bevölkerungsmehrung, wuchs. Da der Arbeitslohn zur alleinigen Existenzgrundlage der entwurzelten Massen wird, bewirkt der niedere Lohn eine Verelendung („Pauperismus") der untersten Volksschichten. Im Rausche des endlich gewonnen freien Spiels der Kräfte übersah das an Wohlstand zunehmende gewerbliche Bürgertum das wachsende Elend der in Mietskasernen zusammengedrängten Arbeiterschaft. (Die Bourgeoisie „hat an die Stelle der zahllosen verbrieften und wohlerworbenen Freiheiten die eine gewissenlose Handelsfreiheit gesetzt", klagt das Kommunistische Manifest 1848.)

2. Die steigende Ausbeutung der Arbeitskraft (Lohndruck) vollendet die durch die Aufgabe der Hausgemeinschaft eingeleitete Entfremdung der Arbeiter gegenüber den Besitzenden. Die geistige Führung des durch die marxistische Lehre (Kommunistisches Manifest 1848) zum Klassenbewußtsein aufgeforderten vierten Standes entgleitet den traditionellen Institutionen (Thron und Altar). Das unglückliche Sozialistengesetz (1878–1890) trieb den verbitterten Industriearbeiter zu einer grundsätzlichen Opposition gegenüber dem bestehenden Staat („Vaterlandslose Gesellen"). Die in den 80er Jahren eingeleitete **Sozialpolitik** (Lorenz v. Stein hatte sie bereits 1850 in seiner Geschichte der sozialen Bewegung in Frankreich gefordert) kam zu spät. Die sozialdemokratische Partei war zur Macht geworden und dachte nicht an Abdankung.

a) Im Vordergrund der deutschen Rechtswissenschaft des 19. Jahrhs., stand das von der Pandektistik geprägte Privatrecht. Von hier aus gab es keinen Weg zur Lösung der sozialen Fragen, welche einerseits die Mobilisierung von Boden und Arbeitskraft im Zeichen der Bodenreform, andererseits die industrielle Revolution aufwarfen. Nur wenige unter den Juristen (Johann Caspar Bluntschli, Otto v. Gierke) sahen die Notwendigkeit eines Schutzes der Arbeitskraft. Das Genossenschaftsrecht Gierkes (1868) ist mitbestimmt durch die Suche nach einem zeitgerechten Ausgleich im Widerstreit zwischen traditioneller, patriarchalischer Hausbindung und freiem Spiel der Kräfte.

Schrifttum: F. Wieacker, Das Sozialmodell der klassischen Privatrechtsbücher und die Entwicklung der modernen Gesellschaft, 1953; ders., Industriegesellschaft und Privatrechtsordnung, 1974; H. Krause, Der deutsch-rechtliche Anteil an der heutigen Privatrechtsordnung, Jurist. Schulung 10 (1970) 313 ff.

b) Die überlange Beherrschung des Arbeitsrechtes vom Privatvertrag lieferte den wirtschaftlich schwachen Arbeiter dem kapitalkräftigen Unternehmer aus. Bis 1869 blieben lohnkämpferische Vereine strafbar (Preuß. Gewerbeordnung 1845). Erstmals mit der Reichsversicherungsordnung von 1912 entwächst das Arbeitsrecht dem Privatrecht. Eine Tarifvertragsordnung (1918) schuf erst die Weimarer Republik.

Schrifttum: F. van den Ven, Sozialgeschichte der Arbeit, Bd. 3 (19. u. 20. Jahrh.), 1972; F. Syrup, Hundert Jahre staatliche Sozialpolitik 1839–1939, hg. von J. Scheuble, bearb. von O. Neuloh, 1957; M. Erdmann, Die verfassungspolitische Funktion der Wirtschaftsverbände in Deutschland 1815–1871 (1968); A. Kaiser, Zum Verhältnis von Vertragsfreiheit und Gesellschaftsordnung während des 19. Jahrhunderts, insbesondere in den Auseinandersetzungen über den Arbeitsvertrag, 1962; W. Fischer, Handwerksrecht und Handwerkswirtschaft um 1800. Studien zur Sozial- und Wirtschaftsverfassung vor der industriellen Revolution, 1955; ders., Unternehmerschaft, Selbstverwaltung und Staat. Die Handelskammern in der deutschen Wirtschafts- und Staatsverfassung des 19. Jahrhunderts, 1964; E. Schraepler, Handwerkerbünde und Arbeitervereine 1830 bis 1853 (1972); P. Kögler, Arbeiterbewegung und Vereinsrecht. Ein Beitrag zur Entstehungsgeschichte des BGB, 1974; R. Meyer, Der Emanzipationskampf des vierten Standes, 2 Bde, 1875–1882, Neudr. 1966; C. Jantke, Der vierte Stand. Die gestaltenden Kräfte der deutschen Arbeiterbewegung im 19. Jahrhundert, 1955; L. Uhlen, Gruppenbewußtsein und informelle Gruppenbildungen bei deutschen Arbeitern im Jahrhundert der Industrialisierung, 1964; J. Reulecke (Hg.), Arbeiterbewegung an Rhein und Ruhr, Beitrag z. Gesch. d. Arbeiterbewegung in Rheinland-Westfalen, 1974; H. Hautman-R. Kropf, Die österreichische Arbeiterbewegung vom Vormärz bis 1945. Sozialökonomische Ursprünge ihrer Ideologie und Politik, Wien 1974; ; F. Lütke, Die Grundprinzipien der Bismarckschen Sozialpolitik, in: Ges. Abh. (1970) 47 ff. H. U. Wehler, Krisenherde des Kaiserreiches 1871 – 1918. Studien zur deutschen Sozial- und Verfassungsgeschichte, 1970.

3. Die klassenbildende Wirkung der neuen Wehrverfassung wurde mit der Ausschaltung der Stellvertretung im Wehrdienst (s. Kap. 45 I 4) seit 1871 im ganzen Reiche wirksam. Die Offiziersfähigkeit schloß fortan Adel und Großbürgertum unter dem Kennzeichen der Satisfaktionsfähigkeit zusammen. Ebenso hat das System der Einjährig-Freiwilligen zur Ausbildung einer Mittelklasse beigetragen. Die Ausrichtung der Gesellschaft nach den Ehrbegriffen des Offizierskorps – im 1. Weltkrieg als „deutscher Militarismus" angeprangert – verstärkte den sozialen Zündstoff und durchkreuzte die auf Hebung der unteren Schichten gerichteten Bildungsbestrebungen.

Schrifttum: K. Demeter, Das deutsche Offizierskorps in Gesellschaft und Staat 1650–1945, 3. Aufl. 1964; H. Rumschöttel, Das bayerische Offizierskorps 1866–1914 (1973).

V. In der zweiten Hälfte des Jahrhunderts (ab 1848) werden die politischen Parteien zu einem bestimmenden Faktor im öffentlichen Leben Deutschlands. Sie sind stark weltanschaulich bestimmt und neigen daher zur Diffamierung des politischen Gegners. Das allgemeine gleiche Wahlrecht (im Bund bzw. Reich seit 1867) lenkte die politischen Parteien auf die breiten Massen hin und leitete den Verlust der politischen Führung durch das Bürgertum ein. Der Versuch, dem durch eine Ausnahmegesetzgebung (Sozialistengesetz 1878, abgelaufen 1890) zu begegnen, steigerte nur das Klassenbewußtsein der Arbeiterschaft.

Träger der politischen Meinungsbildung wurde im 19. Jahrhudnert der Verein. Er bot allen Volksschichten die Möglichkeit sich zu artikulieren. Seine Ahnen hat das deutsche Vereinswesen nicht so sehr in der Zunft als im religiösen Sektierertum (Rosenkreuzer, Freimaurer, Illuminaten usw.). Kaum Wurzel geschlagen haben in Deutschland der politische Salon Frankreichs und der englische Klub, Sondererscheinungen der Oberschicht, die am ehesten ein deutsches Gegenstück in der mittelalterlichen Trinkstube haben. Der Verein hat sich als „Kinderstube der deutschen Demokratie" (H. Hattenhauer) bewährt und zur politischen Mündigkeit der breiten Schichten wesentlich beigetragen. Freies Vereinsrecht wurde zu einer der wichtigsten liberalen Forderungen.

Schrifttum: L. Bergsträsser, Geschichte der politischen Parteien in Deutschland, neu bearbeitete Aufl. 1960; ders., Entwicklung des Parlamentarismus in Deutschland, 1954; W. Mommsen, Deutsche Parteiprogramme vom Vormärz bis zur Gegenwart, 1952; F. Salomon, Die deutschen Parteiprogramme, 4. Aufl. 1931; Th. Nipperdey, Die Organisation der bürgerlichen Parteien in Deutschland vor 1918, HZ 185 (1958) 550ff.; ders., Der Verein als Sozialstruktur in Deutschland im späten 18. u. frühen 19. Jahrh., Veröff. d. M.-Planck-Inst. f. Gesch. 1 (1972); H. Kramer, Fraktionsverbindungen in den deutschen Volksvertretungen 1819–1849 (1968); A. Wahl, Beiträge zur Parteiengeschichte im 19. Jahrhundert, HZ 104 (1910) 537ff.; F. Müller, Korporation und Assoziation. Eine Problemgeschichte der Vereinigungsfreiheit im deutschen Vormärz, 1965; J. E. Jörg, Geschichte der sozialpolitischen Parteien in Deutschland, 1867; K. Bachem, Vorgeschichte, Geschichte und Politik der deutschen Zentrumspartei; zugleich ein Beitrag zur Geschichte der kathol. Bewegung usw. 1815–1914, 9 Bde, 1927 bis 1932, Neudr. 1968; L. Brügel, Geschichte der österreichischen Sozialdemokratie, 5 Bde u. Anhang, Wien 1922–25.

Quellen: W. Treue, (Hg.), Deutsche Parteiprogramme 1861–1956, 4. Aufl., 1968.

VI. Erst in seiner Spätphase gewinnt Deutschland vorübergehend (1884–1914) Anteil am Kolonialismus. Am Fluch der farbigen Völker, den sich der weiße Mann im Zeichen seiner überlegenen Technik durch Dünkel und Ausbeutung zuzog, hat sich Deutschland als Staat kaum mitschuldig gemacht. Das deutsche Kaiserreich war bemüht, seine afrikanischen Kolonien auch zum Segen der Eingeborenen zu entwickeln.

Die deutschen Kolonien sind überwiegend das Zufallsergebnis privater Initiative und wurden erst nachträglich in die Schutzherrschaft des Reiches übernommen. Außer in Togo kam es in allen afrikanischen Schutzgebieten zu wiederholten, teilweise schweren Aufständen der Eingeborenen. Ihre Rechtsstellung regelte das Schutzgebietsgesetz vom 12. April 1886 (letzte Fassung 10. 9. 1900). Die Eingeborenen waren danach nicht Reichsangehörige, sondern Schutzbefohlene; sie lebten nach ihren jeweiligen Stammesrechten. Die Reichsgesetzgebung fand auf sie nur nach Maßgabe besonderer kaiserlicher Verordnungen Anwendung.

Kap. 47. Reichsgründung und zweites Kaiserreich

Schrifttum: Reichsgründung: Gebhardt-Grundmann, Handbuch d. dt. Gesch., 9. Aufl. (1970), Bd. 3: Th. Schieder, Vom deutschen Bund zum deutschen Reich; E. R. Huber, Deutsche Verfassungsgeschichte seit 1789, Bd. 3 (1851–1918), 2. Aufl., 1970; H. E. Feine, Das Werden des deutschen Reiches, 2. Aufl., 1944; E. Marcks, Der Aufstieg des Reiches, Deutsche Geschichte von 1807–1878, 2 Bde, 1936; Th. Schieder-E. Deuerlein (Hg.), Reichsgründung 1870/71. Tatsachen, Kontroversen, Interpretationen, 1970; W. E. Mosse, The

European Powers and the German Question 1848–1871, Cambridge 1958; Bayern, Preußen und die süddeutschen Staaten 1866–1870, ZBLG 37 (1974) 799ff. Zweites Kaiserreich: L. Bergsträsser, Geschichte der Reichsverfassung, 1914; F. Hartung, Deutsche Geschichte 1871 bis 1919 (1950); A. Wahl, Deutsche Geschichte von der Reichsgründung bis zum Ausbruch des Weltkrieges, 4 Bde, 1926–36; Gebhardt-Grundmann, Handbuch d. dt. Gesch., 9. Aufl. (1970), Bd. 3: K. E. Born, Von der Reichsgründung bis zum ersten Weltkrieg; E. R. Huber, Deutsche Verfassungsgeschichte seit 1789, Bd. 3 (1851–1918), 2. Aufl., 1970, Bd. 4 (1969); ders., Grundrechte im Bismarckschen Reichssystem, Festschr. U. Scheuner (1973) 163ff.; E. Beuerlein, Der Reichstag von 1871 bis 1933 (1962); G. Stoltenberg, Der deutsche Reichstag 1871–1873 (1955); R. August, Bismarcks Stellung zum parlamentarischen Wahlrecht, 1917; M. Stürmer, Regierung und Reichstag im Bismarckstaat 1871–1880 (1975); ders., Das kaiserliche Deutschland. Politik und Gesellschaft 1870–1918 (1970). Vgl. a. HRG, Artikel: Deutsches Reich = Bismarckreich (W. Mallmann) I 712ff., Kolonien (K. H. Ziegler) II 952ff.

Zeitgenössisches Schrifttum: Paul Laband, Das Staatsrecht des deutschen Reiches, 4 Bde, 5. Aufl. 1911–14, Neudr. 1964; ders., Die geschichtliche Entwicklung der Reichsverfassung seit der Reichsgründung, Jb. d. Ö. R. d. Gegenw. 1 (1907) 1ff.; C. Bornhak, Wandlungen der Reichsverfassung, AÖR 26 (1910) 373ff.; F. Naumann, Demokratie und Kaisertum, 1900.

Quellen: F. Stoerck, Handbuch der deutschen Verfassungen: Die Verfassungsgesetze des Deutschen Reiches und seiner Bundesstaaten, 1884; F. Siebert, Von Frankfurt nach Bonn 1849–1949; Hundert Jahre deutsche Verfassungen, Textauswahl mit Kommentar, 1956; E. R. Huber (Hg.), Dokumente zur deutschen Verfassungsgeschichte, Bd. 2: Deutsche Verfassungsdokumente 1851–1918 (1964); K. H. Heinrich (Hg.), Geist und Gesellschaft der Bismarckzeit 1870–1890 (Quellensammlung zur Kulturgesch. 18), 1967.

Der Anfall des linksrheinischen Deutschland an Frankreich (1798) brachte diesem die radikale Beseitigung der bestehenden Rechtsverhältnisse. Es wurde nicht allein politisch, sondern auch in seinem Rechtszustand ein integrierender Bestandteil des neuen französischen Einheitsstaates. Bei seiner Rückgliederung 1814 stieß es auf ein stark verändertes, aber in seinem Gesellschaftsgefüge im wesentlichen erhalten gebliebenes Rest-Deutschland. Die Angliederung der linksrheinischen Gebiete an rechtsrheinische Bundesstaaten (Preußen, Bayern, Hessen, Oldenburg) band den linksrheinischen Liberalismus soweit, daß das monarchisch-konservative Denken in Gesamtdeutschland selbst in den Revolutionsjahren 1830–1848 nicht ernsthaft erschüttert wurde. Wesentlich wirkte dabei mit, daß der romantische Kaisertraum die deutsche Einigungsbewegung an das monarchistische Prinzip und damit letztlich an die bestehenden Dynastien und deren politische Ziele band. Die Verfassungskämpfe der Sturmjahre 1848/49 sind Ausdruck einer schicksalhaften Überschneidung romantisch-konservativer und rational-liberaler Gedankengänge. Die ersteren haben sich am deutschen Mittelalter (Historismus), die letzteren an den englisch-französischen Verfassungszuständen orientiert.

I. Die 1815 versagte Nationalrepräsentation des gesamten deutschen Volkes schien im **Frankfurter Parlament 1848** Wirklichkeit werden zu wollen. Der Einspruch der Bundesstaaten, deren Interessen der Frankfurter Verfassungsentwurf vom Januar 1849 fast vollständig überging, brachte ihn und das Frankfurter Parlament, hinter dem kein reale

Macht stand, zu Fall. Den Schiffbruch der Paulskirche besiegelte die Ablehnung der deutschen Kaiserkrone durch König Friedrich Wilhelm IV. von Preußen, dem eine auf der Grundlage der Volkssouveränität errichtete Krone unannehmbar erschien. Die tragische Ergebnislosigkeit der von vielen Hoffnungen begleiteten Paulskirche, die letztlich an ihrer ideologischen Überspitzung gescheitert ist, beschloß die gewaltsame Auflösung des Stuttgarter Rumpfparlamentes (18. Juni 1849). Gleichwohl hat die Paulskirche impulsierend gewirkt. Programmatische Bedeutung behielten die von ihr am 27. Dezember 1848 als Gesetz verabschiedeten „Grundrechte des deutschen Volkes" (s. Kap. 45 III 1). Die Verteilung der Kompetenzen zwischen Bund und Einzelstaaten, wie sie der Frankfurter Verfassungsentwurf vorsah, wurde vorbildlich für die Regelung im Norddeutschen Bund und im Deutschen Kaiserreich.

Schrifttum: H. v. Srbik, Deutsche Einheit. Idee und Wirklichkeit vom Heiligen Reich bis Königgrätz, 4 Bde, 1935–1942, Neudr. 1970; V. Valentin, Geschichte der deutschen Revolution von 1838/49 (1930/31), Neudr. 1970; R. Stadelmann, Soziale und politische Geschichte der Revolution von 1848 (1948); B. Mann, Das Ende der Nationalversammlung im Jahre 1849, HZ 214 (1972) 265 ff.; H. J. Toews, Kaiser – Kaisertum im 19. Jahrh., HRG II 535.

II. Das Scheitern der Paulskirche legte das Schicksal des deutschen Volkes erneut in die Hände der Fürsten. Der von preußischer Seite unternommene Versuch einer Rettung der Reichsverfassung (Gothaer Plan 1849) ebenso wie die österreichischen Bemühungen um die Reform der Bundesverfassung (Dresdener Konferenzen 1850/51, Frankfurter Fürstentag 1863) scheiterten am preußisch-österreichischen Dualismus. Als dieser sich zum militärischen Konflikt steigerte, brach der Bund auseinander. Die Mobilmachung des Bundesheeres gegen Preußen auf österreichischen Antrag (14. Juni 1866) beantwortete Preußen mit der Erklärung, daß der Bund erloschen sei.

1. Im Frieden von Villafranca (11. Juli 1859) hatte Österreich den Verlust der Lombardei einer Demütigung durch Preußen vorgezogen. Diese Gebietsabtretung war ein schwerer Schlag für das europäische Ordnungsgefüge des Wiener Kongresses. „Die Epoche Metternichs ging nun erst wahrhaft zu Ende" (E. R. Huber). Unter Bismarck setzte Preußen die Politik des Ausspielens fremder Mächte (Italien, Frankreich) gegen Österreich rücksichtslos fort. Der geheime preußisch-italienische Bündnisvertrag vom 8. April 1866 war ein förmlicher Verstoß gegen das Bundesrecht. Der von Preußen am 10. Juni 1866 vorgelegte Bundesreformvorschlag forderte offen einen deutschen Bundesstaat ohne Österreich. Aber auch Österreich verstieß in seinem Geheimabkommen mit Frankreich vom 22. Juni 1866 gegen das Bundesrecht.

2. Der Ausgang des Krieges zwang Österreich und die überlebenden Bundesstaaten zur förmlichen Anerkennung der Bundesauflösung (Prager und Berliner Friedensverträge). Die Großmächte, die 1815 Garanten des Deutschen Bundes geworden waren, schlossen sich dem im Londoner Vertrag vom 11. Mai 1867 an.

III. Vorbereitet durch den preußischen Waffensieg erfolgte nunmehr die Lösung der Einigungsfrage im kleindeutschen Sinne. Preußen füllte das durch den Untergang des Deutschen Bundes entstandene Vakuum zunächst durch den **Norddeutschen Bund**, dessen Verfassung am 1. Juli 1867 in Kraft trat. Diese leitete vom Staatenbund zum Bundesstaat unter der Hegemonie Preußens über. Der norddeutsche Bund war eine

Notlösung, hervorgerufen durch den Einspruch Napoleons III. gegen ein Übergreifen Preußens nach Süddeutschland. Durch Eintritt der süddeutschen Länder (Novemberverträge 1870) erweiterte er sich am 1. Januar 1871 zum **Deutschen Reich.** Die Kaiserproklamation vom 18. Januar 1871 und die Reichsverfassung vom 16. April 1871 gaben dem zweiten Kaiserreich die abschließende Form.

1. Außer Österreich blieben auch Luxemburg, Limburg und Liechtenstein dem neuen Bundesstaat fern. Hannover, Kurhessen, Nassau und Frankfurt waren 1866 als Staaten untergegangen und Preußen einverleibt worden, ebenso wie die im Wiener Frieden vom 30. Okt. 1864 von Dänemark getrennten Elbherzogtümer. Das neue Reich bestand aus 25 Bundesstaaten, darunter drei freie Städte (Bremen, Hamburg, Lübeck). Im Gegensatz zum alten Reiche und zum Deutschen Bunde gab es keine Personalunionen mit außerdeutschen Fürstenkronen mehr. Verhängnisvoll war, daß Elsaß-Lothringen dem Reiche zunächst nur als ,,Reichsland'' angegliedert werden konnte und erst durch die Verfassung von 1911 den Status eines Bundeslandes erhielt.

Schrifttum: G. Hamburger, Die staatsrechtlichen Besonderheiten der Stellung des Reichslandes Elsaß-Lothringen im Deutschen Reich, 1901, Neudr. i. Vorb.; Ch. Hallier, Das Reichsland Elsaß-Lothringen 1871–1918, in: G. W. Sante (Hg.), Gesch. d. dt. Länder (Territorien-Ploetz) Bd. 2 (1971), 641ff.; H. U. Wehler, Elsaß-Lothringen von 1870–1918. Das ,,Reichsland'' als politisch-staatsrechtliches Problem des zweiten deutschen Kaiserreiches, ZGO 109 (1961) 133ff.

2. Bismarcks Lösung wahrte die historischen Rechte der Einzelstaaten und das föderative Prinzip, indem sie die Reichssouveränität aus der zur gesamten Hand ausgeübten Souveränität der Einzelstaaten hervorgehen ließ. Das deutsche Reich aber war keine Monarchie, sondern eine Staatenrepublik. Insofern in den monarchisch regierten Staaten der Fürst als Repräsentant des Staates galt, bedeutete dies zugleich die Fortdauer der Adelsherrschaft bis 1918.

3. Dem Bedauern über das Ausscheiden Österreichs aus dem Bunde als Folge der ,,kleindeutschen Lösung'' Bismarcks kann entgegengehalten werden, daß nun ein selbstgenügsamer deutscher Nationalstaat entstand. Eine ,,großdeutsche Lösung'', die nicht zugleich den Vielvölkerstaat Österreich zerschlug, hätte das Reich zu sichernden Maßnahmen auf dem Balkan und in Italien, also im französisch-russischen Interessenbereich und folglich zu einer expansiven Außenpolitik gezwungen. Zeugnis dafür gibt der Ausbruch des ersten Weltkrieges, den das österreichische Nationalitätenproblem und die ,,Nibelungentreue'' gegenüber dem deutschen Nachbarland auslöste. Es gehört zur Tragik des Bismarckreiches, daß ihm das Schicksal des Deutschen Österreichs nicht gleichgültig sein konnte und seine eigene Entwicklung zum Industriestaat es schließlich doch in die Weltpolitik hineinzwang.

IV. **Die Verfassung des deutschen Reiches von 1871,** welche wiederholt kleinere Änderungen erfuhr, brachte die vorhandenen zentralstaatlichen und partikulären Kräfte, die Fürsten- und Volksinteressen in ein den tatsächlichen Machtverhältnissen Rechnung tragendes System, das sich trotz eines raschen Wandels der sozialen Grundlagen als dauerhaft erweisen sollte. Das Prinzip der **Gewaltenteilung** war in der Kompetenzverteilung zwischen Krone, Bundesrat und Reichstag in virtuoser Weise verwirklicht.

1. ,,Das Präsidium des Bundes steht dem König von Preußen zu, welcher den Namen **Deutscher Kaiser** führt'' (Art. 11 Abs. 1). Der **Kaiser** war Organ des Reiches wie der Bundesrat und der Reichstag. Ihm kam die Regierung des Reiches und der Oberbefehl über Heer und Marine zu. Seine Regierungsakte waren an die Gegenzeichnung des Reichskanzlers gebunden, der seinerseits jedoch vom Vertrauen des Parlaments unabhängig war.

2. Der Bundesrat schloß sich an den Bundestag des Deutschen Bundes von 1815 an. Er war eine Versammlung der Bevollmächtigten der Bundesglieder, die in ihrer Gesamtheit die Reichssouveränität repräsentierten. Für bestimmte Regierungshandlungen (z. B. Abschluß von Staatsverträgen) bedurfte der Kaiser der Zustimmung des Bundesrates.

3. Im Reichstag wurde das Begehren des deutschen Volkes nach einer Nationalrepräsentation endlich verwirklicht. Er war zwar nicht Träger der Souveränität (Volkssouveränität), aber eine echte Volksvertretung, die aus allgemeiner, direkter und geheimer Wahl hervorging (Art. 20 Abs. 1). Der Reichstag besaß ein Recht auf Zustimmung und Information in bestimmten Angelegenheiten.

Der Reichstag gab den im Reich vorhandenen fremden Nationalitäten Gelegenheit sich auf Reichsebene zu artikulieren. Elsaß-Lothringen, seit 1874 im Reichstag vertreten, entsandte zunächst durchwegs frankophile Abgeordnete. In Posen, Westpreußen und Oberschlesien konnte die polnische Minderheit Mandate erringen. Daß sich das neue Reich als Nationalstaat verstand (s. u. IX), drängte diese Minderheiten in die Opposition.

V. **Die Gesetzgebung** war auf ein Zusammenwirken von Kaiser, Bundesrat und Reichstag abgestellt. Der Kaiser war dabei auf die Ausfertigung und Verkündung der Reichsgesetze beschränkt und besaß kein Veto. Das Gesetzgebungsrecht des Reiches war limitiert (Art. 4), umfaßte aber alle entscheidenden Rechtsgebiete (seit 1873 das gesamte bürgerliche Recht), sodaß die Ländergesetzgebung stark zurücktrat. Zentralistischen Tendenzen im Bereich der Reichsgesetzgebung konnten die Bundesstaaten nur über den Bundesrat entgegentreten. Unumstößliche Reservatrechte besaßen einzelne Bundesstaaten (Bayern, Württemberg, Baden, Hansestädte). Sie betrafen jedoch nur untergeordnete Angelegenheiten (Post, Eisenbahn, Notenbank, Biersteuer, Freihäfen). Die Reichsgesetzgebung hat schrittweise für die wichtigsten Rechtsgebiete die Rechtseinheit herbeigeführt. Die bedeutsamsten Marksteine sind das Reichsstrafgesetzbuch (1871), die Straf- und Zivilprozeßordnungen (beide 1877), das Gerichtsverfassungsgesetz (1879) und das Bürgerliche Gesetzbuch (1900).

1. In manchen Landesteilen, wie Hannover, Braunschweig, Oldenburg, galt das Gemeine Recht, zumindest subsidiär, soweit es nicht durch einzelne partikuläre Quellen (Stadt- und Landrechtsreformationen, die aber auch stark romanistisch gefärbt waren) ausgeschlossen war. In anderen galt gemeines Sachsenrecht (s. Kap. 37 I 1 e). In Preußen und seit 1863 in Sachsen galt eine das römische Recht verdrängende Kodifikation. Im Rheinland und modifiziert in Baden galt französisches Recht.

2. Über dieser bunten Fülle wölbte sich wie eine Kuppel die Wissenschaft des römisch-gemeinen Rechts, die seit Savigny auch die Praxis ganz und gar beherrschte und auch ihren Einfluß auf die Auslegung des Bürgerlichen Gesetzbuches (1896, in Kraft seit 1. 1. 1900) wahrte. Dieses schuf eine noch immer durch landesrechtliche Vorbehalte durchbrochene Rechtseinheit auf dem Gebiete des Privatrechts.

3. Schon vorher war diese eingetreten auf dem Gebiete des Zivilprozesses; die auf der hannoverschen von 1850 beruhende Reichszivilprozeßordnung von 1877 kehrte vom gemeinrechtlichen schriftlichen zum deutschrechtlichen mündlichen und öffentlichen Verfahren zurück. Ebenso ließ die Strafprozeßordnung von 1877 das Inquisitionsprinzip zurücktreten. Das Strafrecht wurde im 18. Jhdt. unter italienischem Einfluß (*Beccaria, Dei delitti e delle pene* 1763) humanisiert und seit Anselm Feuerbach (Bayer. Strafgesetzbuch 1813) psychologisch vertieft. Das Reichsstrafgesetzbuch von 1871 gilt trotz zahlreicher Teilreformen im wesentlichen noch heute. Das Gerichtsverfassungsgesetz von 1879 schuf eine einheitliche Gerichtsverfassung und einen durchgehenden Instanzenzug mit dem Reichsgericht in Leipzig als oberster Spitze. Neben der zivilen wurde auch die Militärgerichtsbarkeit vereinheitlicht. Verhältnismäßig die geringsten Fortschritte machte das Arbeits- und Sozialrecht, das noch

keineswegs zum Abschluß gelangt ist. Gesetze über das Urheberrecht ergingen 1901 und 1907. Die Sozialversicherung wurde auf der Grundlage der Einzelgesetze aus der Bismarckzeit seit 1911 reichsrechtlich geregelt.

VI. Die zentrale Reichsverwaltung (Reichsregierung) war ganz auf die Person Bismarcks zugeschnitten. Eine konstitutionelle Ministerverantwortlichkeit gab es bis 1918 weder für den Reichskanzler noch für die ihm als Ressortleiter unterstellten Staatssekretäre (für Äußeres, Inneres, Justiz, Schatzamt, Post). Die Reichsverwaltung war zunächst klein, wuchs jedoch im Zuge der Ausweitung der Reichsgesetzgebung, obgleich die Ausführung der Gesetze in der Regel den Einzelstaaten überlassen blieb. Sonderverwaltungen des Reiches betrafen die Marine, Post, Eisenbahn, das Reichsland Elsaß-Lothringen und seit 1884 die Kolonien. Dazu kamen die zentralen Spitzenbehörden (Reichsgericht, Patentamt, Reichsversicherungsamt, Bundesamt für Heimatwesen).

Der Reichskanzler war der einzige Minister des Reiches, die Staatssekretäre der Reichsämter waren ihm unterstellte Reichsbeamte. Erst durch das Stellvertretungsgesetz vom 17. März 1878 erlangten sie ein beschränktes Gegenzeichnungsrecht und formale Verantwortung. Ein weiterer Schritt in Richtung auf eine Kollegialisierung war die Bestellung eines Vicekanzlers (1878).

Schrifttum: R. Morsey, Die oberste Reichsverwaltung unter Bismarck 1867 bis 1890 (Neue Münstersche Beiträge z. Geschichtsforschung 3) 1957.

Während die Marine Reichsangelegenheit wurde, behielten die Bundesstaaten ihre selbständigen Landheere, die jedoch dem Oberbefehl des Kaisers (im Kriege auch Bayern) unterstellt wurden. Die Verpflichtung zur einheitlichen Organisation der Heere machte über den Kaiser den preußischen Generalstab zum Nervenzentrum der Armee.

VII. Die Reichsfinanzen waren zunächst auf den Ertrag der Regiebetriebe, Zölle, Verbrauchssteuern sowie Beiträge der Bundesstaaten angewiesen (Art. 70). Erst die Reichsfinanzreform von 1909–13 verließ das System der Matrikularbeiträge und führte zu einer unmittelbaren Besteuerung durch das Reich.

Durch die Franckenstein'sche Klausel wurde das Einkommen des Reiches aus Zöllen und der Tabaksteuer 1879 zugunsten der Bundesstaaten auf 130 Millionen Mark begrenzt (vgl. dazu P. Selmer, HRG I S. 138).

Schrifttum: P. Ch. Witt, Die Finanzpolitik des deutschen Reiches von 1903–1913. Eine Studie zur Innenpolitik des Wilhelminischen Deutschland, Hist. Stud. 415 (1970).

VIII. Die Reservatrechte einzelner Länder sind die letzten Ausläufer der fürstlichen Libertäten des alten Reiches. Gegen eine Verletzung der föderativen Grundlage des Reiches schützte der Bundesrat. Nicht auszuschalten war dagegen das einseitige Übergewicht Preußens im Bunde, das einem echten Föderalismus im Wege stand, wenngleich Bismarck bemüht war, dem monarchischen Prinzip auch in den übrigen Bundesstaaten das Ansehen zu wahren. Der Bundesrat litt an dem Übergewicht Preußens (von 58 Stimmen fielen 17 auf Preußen, 6 auf Bayern, je 4 auf Sachsen und Württemberg), dessen beherrschender Einfluß auch dadurch gesichert war, daß der vom Kaiser ernannte Reichskanzler zugleich den Vorsitz im Bundesrat führte (Art. 15 Abs. 1), dieser damit praktisch bei Preußen lag. Der bayer. Vorsitz im auswärtigen Ausschuß des Bundesrates (Art. 9 Abs. 4) fiel demgegenüber kaum ins Gewicht. In gleicher Richtung wirkte, daß der Reichskanzler zwar das Vertrauen des Kaisers, nicht aber dasjenige des Bundesrates benötigte.

Schrifttum: H. Goldschmidt, Das Reich und Preußen im Kampf um die Führung, 1931; M. Rauh, Föderalismus und Parlamentarismus im Wilhelminischen Reich. Der Bundesrat 1890–1909 (1972); H. O. Binder, Reich und Einzelstaaten während der Kanzlerschaft Bismarcks 1871–1890, Tüb. Stud. 29 (1971).

IX. Bis zur Reichsgründung schwanken die deutschen Bundesstaaten in ihrem Selbstverständnis zwischen der rationalen Staatsvorstellung der Aufklärung und der von der Romantik neu belebten Idee vom christlichen Staat, der alten civitas dei Augustins. Der Kulturbegriff des deutschen Idealismus (Hegel, W. v. Humboldt, Lorenz v. Stein, Dilthey) ergreift den Staat erst im Zuge der Einigungsbewegung. Hatten die partikularen Interessen der Bundesstaaten vor der Reichsgründung der Vorstellung von der Kulturpflege als vornehmstem Staatsanliegen nur wenig Raum gewährt, so empfindet sich das Kaiserreich gleichermaßen als National- wie auch Kulturstaat.

Früh verwirklicht ist der Kulturstaatsbegriff des Idealismus in der Reform des preußischen Unterrichtswesens durch W. v. Humboldt (mehrstufige staatliche Bildungspyramide). Die noch ganz persönliche fürstliche Kunstpflege etwa König Ludwig I. von Bayern, weicht nun einer Obsorge für Kunst und Wissenschaft von amtswegen. Als Menschheitsanliegen sprengen diese jedoch zweckhaftes Staatsdenken. Die Forderung nach Freiheit von Lehre und Forschung, Folgerung aus dem modernen Wissenschaftsbegriff, blieb ein heißes Eisen.

Der Gedanke zweckfreier Förderung von Kunst und Wissenschaft verträgt sich nicht mit offen oder unterschwellig weltanschaulich orientierter Machtausübung seitens des Staates. Unverändert aktuell ist die programmatische Feststellung Max Webers von 1909 über die Aufgabe der Universitäten. Danach haben sie weder staatsfreundlich noch staatsfeindlich zu sein. Wissenschaftlichkeit sei unvereinbar mit der Lehre einer Weltanschauung, das einzige ihr erlaubte weltanschauliche Element sei die Pflicht zu intellektueller Rechtschaffenheit und damit zu rücksichtsloser Klarheit auch gegenüber sich selbst.

Schrifttum: Th. Schieder, Das Deutsche Kaiserreich von 1871 als Nationalstaat, 1961; E. R. Huber, Zur Problematik des Kulturstaates, 1958, neu abgedr. 1975 in: Bewahrung und Wandlung S. 295 ff.; ders., Nationalstaat und Verfassungsstaat, 1965; F. Meinecke, Weltbürgertum und Nationalstaat, Studien zur Genesis des deutschen Nationalstaates, 7. Aufl., 1928.

X. Die Reichsgründung bedeutet auch einen wesentlichen Einschnitt im Übergang vom bürgerlichen Verfassungsstaat zum Sozialstaat, in dem neben dem Besitz die Arbeit als gleichwertiger sozialer Faktor steht. Die wesentlichen Elemente der Arbeitsverfassung stellen das Koalitions- und Tarifvertragsrecht mit der Arbeitsverweigerung als Kampfmittel (Streikrecht), die verschiedenen Formen der Sozialversicherung und die Frage der innerbetrieblichen Mitbestimmung dar. Die Koalitionsfreiheit, einschließlich des Streik- und Tarifvertragsrechtes wurde von der Arbeiterschaft, wenn auch zunächst mit Einschränkungen, 1869 erreicht, die Anfänge des Betriebsverfassungsrechtes datieren von 1891 bzw. 1905.

Das Koalitionsverbot der Preuß. Gewerbeordnung von 1845 fiel, nachdem Sachsen (1861) und Baden (1862) vorangegangen waren, mit der Gewerbeordnung des Norddeutschen Bundes vom 21. Juni 1869 (§§ 152–153). Das Sozialistengesetz vom 21. Okt. 1878, als Ausnahmegesetz nur für zweieinhalb Jahre erlassen (viermal verlängert, gefallen 1890), hat zwar das soziale Klima schwer belastet, aber die Entwicklung des Reiches zum Sozialstaat nicht wesentlich gehemmt (s. Kap. 48 I 2).

Schrifttum: H. G. Isele, Koalitionsfreiheit, HRG II 906; J. Deutsch, Geschichte der österreichischen Gewerkschaftsbewegung, 2 Bde, Wien 1908 u. 1932.

XI. Im Bismarckreich war nicht Preußen in Deutschland aufgegangen, sondern Deutschland unter Ausschluß Österreichs Preußen angegliedert worden. Das Reich verstand sich als militärische und wirtschaftliche Macht. Der Kaiser – zugleich König von Preußen – ernannte den ihm allein verpflichteten Reichskanzler – zugleich Ministerpräsident in Preußen – und die Reichsbeamten. Das Leitbild des preußischen Beamten wurde auf das Reich übertragen (Reichsbeamtengesetz von 1873), die preußische Wehrverfassung und Militärstrafgerichtsbarkeit verallgemeinert, der Soldateneid galt nicht der Verfassung, sondern dem Monarchen. Gehorsam war erste Bürgerpflicht, Widerstand gegen die Staatsgewalt wurde schwer geahndet (vgl. die Rechtsprechung des preußischen Obertribunals), die Uniform deckte auch Amtsmißbrauch (Zabernfall 1913).

Kap. 48. Das Ende des Kaiserreiches und die Weimarer Republik

Schrifttum: Nachbismarckzeit: E. R. Huber, Bewahrung und Wandlung. Studien zur deutschen Staatstheorie und Verfassungsgeschichte, 1975; J. W. Schaefer, Kanzlerbild und Kanzlermythos in der Zeit des „Neuen Curses". Das Reichskanzleramt und seine Beurteilung in der zeitgenössischen Presse 1890–1900 (1975); H. O. Meisner, Der Reichskanzler Caprivi, Zs. f. d. ges. Staatswiss. 111 (1955); W. Real, Die Sozialpolitik des neuen Kurses, Festschr. H. Herzfeld (1958); W. Frauendienst, Demokratisierung des deutschen Konstitutionalismus in der Zeit Wilhelm II., Zs. f. d. ges. Staatswiss. 113 (1957) 721ff.

Weltkrieg und Revolution: Gebhardt-Grundmann, Handbuch d. dt. Gesch., 9. Aufl. (1970), Bd. 4; K. D. Erdmann, Die Zeit der Weltkriege; E. Bernstein, Die deutsche Revolution, ihr Ursprung, ihr Verlauf und ihr Werk, Bd. 1: Geschichte der Entstehung und ersten Arbeitsperiode der Republik, 1921; W. Tormin, Zwischen Rätediktatur und sozialer Demokratie. Die Geschichte der Rätebewegung der deutschen Revolution 1918/19 (1951); E. Kittel, Novembersturz 1918, Bemerkungen zu einer vergleichenden Revolutionsgeschichte der deutschen Länder, BlDLG 104 (1968) 42ff.; K. Bosl (Hg.), Bayern im Umbruch. Die Revolution von 1918, ihre Voraussetzungen, ihr Verlauf und ihre Folgen, 1969; N. Albrecht, Landtag und Regierung in Bayern am Vorabend der Revolution von 1918, Stud. z. gesellsch. u. staatl. Entw. Deutschl. von 1912–1918 (1968). Weimarer Republik: W. Ziegler, Die deutsche Nationalversammlung 1919/20 und ihr Verfassungswerk, 1932; W. Apelt, Geschichte der Weimarer Verfassung, 2. Aufl. 1964; A. Rosenberg, Entstehung und Geschichte der Weimarer Republik, 12. Aufl., 1971; F. Friedensburg, Die Weimarer Republik, 1946; E. Eyck, Geschichte der Weimarer Republik, 2 Bde, 1954/56 (I, 2. Aufl. 1957); Th. Schieder (Hg.), Beiträge zur Geschichte der Weimarer Republik, HZ Beih. 1 (1971); F. A. Hermens-Th. Schieder, Staatliche Wirtschaft und Politik in der Weimarer Republik, Festschr. H. Brüning, 1967; R. Schiffers, Elemente direkter Demokratie im Weimarer Regierungssystem, 1971; A. Mohler, Die konservative Revolution in Deutschland 1918–1932, zweite Fassung 1972; F. Mennekes, Die Republik als Herausforderung, Konservatives Denken in Bayern zwischen Weimarer Republik und antidemokratischer Reaktion (1918–1925), 1972; W. Hoegner, Der politische Radikalismus in Deutschland 1919–1933 (1966); W. Conze-H. Raupach (Hg.), Die Staats- und Wirtschaftskrise des deutschen Reiches

1929–33 (1967); K. Revermann, Die stufenweise Durchbrechung des Verfassungssystems der Weimarer Republik in den Jahren 1930 bis 1933. Eine staatsrechtliche und historisch-politische Analyse, 1959; O. Braun, Von Weimar zu Hitler, 3. Aufl. 1949; K. D. Bracher, Die Auflösung der Weimarer Republik. Eine Studie zum Problem des Machtverfalls in der Demokratie, 5. Aufl., 1971; G. Jasper, Von Weimar zu Hitler 1930–1933 (1968).

Zeitgenössisches Schrifttum: G. Anschütz, Die Verfassung des Deutschen Reiches vom 11. August 1919. Ein Kommentar für Wissenschaft und Praxis, vierte Bearbeitung, 14. Aufl., 1933, Neudr. 1968; ders. u. R. Thoma (Hg.), Handbuch des Deutschen Staatsrechts, 2 Bde, 1930–32 (Das öffentl. Recht der Gegenwart Bd. 28, 29); W. Jellinek, Verfassung und Verwaltung des Reiches und der Länder, 3. Aufl., 1927; H. C. Nipperdey (Hg.), Die Grundrechte und Grundpflichten der Reichsverfassung. Kommentar zum 2. Teil der Reichsverfassung, 3 Bde, 1929/39; C. Schmitt, Verfassungslehre, 1928; K. Beyerle, Zehn Jahre Reichsverfassung, 1929; G. Lassar, Reichseigene Verwaltung unter der Weimarer Verfassung, Jb. f. öff. Recht 14 (1926).

Quellen: E. R. Huber, Quellen zum Staatsrecht der Neuzeit, Bd 2: Deutsche Verfassungsdokumente der Gegenwart (1919–1951), 1951, Bd 3: Dokumente der Novemberrevolution und der Weimarer Republik 1918–1933 (1966); H. Triepel (Hg.), Quellensammlung zum deutschen Reichstaatsrecht, 5. Aufl., 1931.

I. Die Reichsverfassung von 1871 gab einem Reichskanzler, der das persönliche Vertrauen des preußischen Königs besaß, fast uneingeschränkte Regierungsgewalt. Der geringe Einfluß des Bundesrates und des Reichstages auf die Reichspolitik stand nicht in Einklang mit der Zeitentwicklung. Der Politik des Reiches war es zudem nicht möglich, sich von der preußischen Innenpolitik zu lösen, die nach dem Abgang Bismarcks verstärkt einem starren Konservativismus verfiel. Die Stunde für die längst fällige Verfassungsreform wurde verpaßt, 1914 sieht sich Deutschland des äußeren und bald auch des inneren Friedens beraubt.

1. Träger der Souveränität des Reiches war in der Theorie die Gesamtheit der Bundesfürsten (Paul Laband), der deutsche Kaiser in ihrem Kreis nur Primus inter pares. Gestützt auf das Übergewicht Preußens und ein beträchtliches persönliches Ansehen gelangte indessen schon Wilhelm I. zu einer echten monarchischen Stellung. Unter Wilhelm II. wurden die Mitfürsten noch mehr in die Rolle von Paladinen gedrängt; schon das Kaiserreich tendierte zum Zentralstaat.

Schrifttum: H. O. Binder, Reich und Einzelstaaten während der Kanzlerschaft Bismarcks 1870–1890 (1971); K. Hesse, Der unitarische Bundesstaat, 1962.

2. Nach Bismarcks Entlassung (1890) ändert das Reich rasch sein Gesicht. Zur Symbolfigur deutscher Weltgeltung wird der junge, redegewandte Kaiser Wilhelm II. (1888–1918), seine Regierungszeit zur Wilhelminischen Epoche. In ihr geben unter einem monarchisch-traditionalistischen Überbau altadeliger Grundbesitz und Industriekapitäne den gesellschaftlichen Ton an; der Reserveoffizier wird zum Attribut des Großbürgertums. Die so in hohem Maß von militärischem Denken geprägte Führungsschicht neigte dazu, in den wachsenden Arbeitermassen vorab Untergebene zu sehen, deren Verlangen nach wirtschaftlicher Sicherung und Anteil an der politischen Macht einen Anstrich von Unbotmäßigkeit besaß. Die ihrerseits im Vor-

hof des Staates gehaltene Arbeiterschaft war naturgemäß kein Nährboden für einen von „Preußens Gloria" zehrenden Thron.

a) Solches Spiel an der Rampe überdeckte, aber neutralisierte auch eine für ihre Zeit fortschrittliche Sozialpolitik (s. Kap. 47 IX), welche die persönliche Förderung durch den jungen Kaiser besaß. Die neue Ära beginnt mit der Nichterneuerung des Sozialistengesetzes (25. Jan. 1890) und erreichte in den Jahren 1910/11 einen Höhepunkt (Stellenvermittlung, Reichsversicherungsordnung, Heimarbeit). Der große Wahlsieg der Sozialdemokraten bei der Reichstagswahl 1912, in der sie mit einem Mandatsanteil von 27,7% und einer Gesamtstimmenzahl von 34,8% zur stärksten Partei wurden, kündigt bereits das Ende des bürgerlichen Konstitutionalismus an (vgl. Kap. 46 IV 2 u. 47 IX).

b) In das für Europa vorab von Preußen her geprägte Bild des Deutschen Reiches fügen sich die süddeutschen Bundesstaaten nur mit Abweichung ein. Dies gilt vor allem für Bayern. Dort war die Oberschicht überwiegend national-liberal gestimmt. Abgesehen von den Industrieschwerpunkten Augsburg und Nürnberg stand ihr eine vorwiegend bäuerlich-konservativ-katholische Unterschicht gegenüber, die sich erst gegen Ende des Jahrhunderts politisch zu artikulieren begann. Seit 1899 bestand im Landtag eine Zentrumsmehrheit, die auf eine parlamentarische Monarchie zusteuerte.

Schrifttum: K. Bosl, Gesellschaft und Politik in Bayern vor dem Ende der Monarchie, ZBLG 28 (1965) 1 ff.; K. Möckel, Die Prinzregentenzeit. Gesellschaft und Politik während der Ära des Prinzregenten Luitpold von Bayern, 1972.

c) In der „Gründerzeit" war die Industrie zu einem der Landwirtschaft gegenüber gleichgewichtigen Faktor aufgestiegen. Die Unvereinbarkeit ihrer Exportbedürfnisse (befriedigt durch die Handelsverträge Caprivis von 1891–1893) mit dem Schutzzollverlangen der Landwirtschaft (Gründung des Bundes der Landwirte 1893) erschwerte das Entstehen einer einheitlichen agrarisch-industriellen Oberschicht. Mehr noch fiel ins Gewicht, daß dieser Interessenkonflikt die Wirtschaftspolitik des Reiches verunsicherte und ein stabiles außenpolitisches Konzept erschwerte.

Schrifttum: R. Ibbeken, Staat und Wirtschaft in der Reichspolitik 1880–1914 (1928); W. Treue, Die deutsche Landwirtschaft zur Zeit Caprivis und ihr Kampf gegen die Handelsverträge, Diss. Berlin 1933; H. Jaeger, Unternehmer in der deutschen Politik 1890–1919, Bonner hist. Forsch. 30 (1967).

3. Der Weltkrieg überfiel das deutsche Verfassungsleben unvorbereitet. Die im Sturm der nationalen Erhebung überbrückten innerpolitischen Spannungen gewannen mit der Länge des Krieges ihre Kraft zurück. Erst in der Stunde der Not und darum wirkungslos opferte Preußen sein Dreiklassenwahlrecht (Oktober 1918). Wirkungslos verpufften die von der Linken nicht als ernstgemeint empfundenen verfassungsändernden Gesetze vom 28. Oktober 1918, die die Regierung des Reiches vom Kaiser auf den Reichstag übertrugen und damit Deutschland aus einer konstitutionellen in eine parlamentarische Monarchie verwandelten.

Dies geschah, indem die politische Führung des Reiches dem Kaiser entzogen und auf eine vom Vertrauen der Parlamentsmehrheit abhängige Reichsregierung übertragen wurde. Das dadurch begründete parlamentarische System konnte sich inmitten des Zusammenbruches nicht mehr einspielen.

Schrifttum: J. Kocka, Klassengesellschaft im Krieg. Deutsche Sozialgeschichte 1914–1918 (1973); O. Graf zu Stolberg-Wenigerode, Die unentschiedene Generation. Deutschlands konservative Führungsschichten am Vorabend des ersten Weltkrieges, 1968.

4. Als verhängnisvoller Mangel der Reichsverfassung erwies sich im Kriege, daß die militärische Führung der politischen nicht untergeordnet war. Kanzler und Oberste Heeresleitung waren voneinander un-

abhängig und besaßen nur in der Person des Kaisers eine gemeinsame Spitze. Im Kriege mußte damit dem Monarchen eine Rolle zufallen, der sich Wilhelm II. bei allem Majestätsbewußtsein nicht gewachsen fühlte. Die politischen Entscheidungen gerieten alsbald in das Schlepptau der militärischen Bedürfnisse, zumal die Oberste Heeresleitung unter dem maßgeblichen Einfluß von Ludendorff keine Bedenken trug die Politik der Strategie unterzuordnen.

Schrifttum: W. Deist (Hg.), Militär und Innenpolitik im Weltkrieg 1914–1918 (1970); G. Ritter, Staatskunst u. Kriegshandwerk. Das Problem des „Militarismus" in Deutschland, Bd. 2: Die Hauptmächte Europas u. das wilhelminische Reich 1890–1914, 2. Aufl., 1965; Bd. 4: Die Herrschaft des deutschen Militarismus und die Katastrophe von 1918 (1968); A. Niemann, Kaiser und Heer. Das Wesen der Kommandogewalt und ihre Ausübung durch Kaiser Wilhelm II., 1923; R. Schmidt-Bückeburg, Das Militärkabinett des preußischen Königs und deutschen Kaisers, 1933.

II. Die Novemberrevolution 1918, Folge des militärischen Zusammenbruches und einer allgemeinen Führungslosigkeit stürzte Deutschland in ein Chaos, das durch die Abdankung der meisten deutschen Fürsten (November 1918) noch gesteigert wurde. In der allgemeinen Verwirrung, die kurzlebige Räteregierungen nach russischem Muster entstehen ließ, wahrte vor allem die staatliche Bürokratie die Fortexistenz des Reiches und der Länder; sie blieben bis auf die nur dynastisch bedingten Zwergstaaten erhalten.

Die thüringischen Kleinstaaten vereinigten sich 1920 zum Lande Thüringen, Coburg schloß sich jedoch an Bayern an. Pyrmont (1922) und Waldeck (1929) gingen später freiwillig in Preußen auf. Die Zahl der Länder sank bis 1933 auf 17. Das Übergewicht Preußens blieb trotz einer Stimmenminderung im Reichsrat erhalten. Eine echte Bereinigung des Ländererbes des Bismarckreiches plante ein 1928 eingesetzter Verfassungsausschuß. Er beschloß 1930 die Beseitigung der kleinen Länder und die Aufteilung Preußens auf mehrere neue Länder. Die Zentralverwaltung Preußens sollte mit der des Reiches zusammengelegt, die Zuständigkeiten von Reich und Ländern neu verteilt werden. Praktische Folgen zeitigte dieser Beschluß zunächst nicht, wurde dann aber 1932 vom Reichskanzler v. Papen dazu benutzt sich eigenmächtig zum Reichskommissar für Preußen zu ernennen.

1. Die angesichts der Einstellung der extremen Linken und der Siegermächte undenkbare Behauptung des hohenzollerischen Kaisertums machte die Beibehaltung der Monarchie auch in den Ländern unmöglich.

2. Die Weichen für die notwendig gewordene Neugestaltung des Reiches wurden gestellt durch das Festhalten der Mehrheitssozialisten an der parlamentarischen Demokratie. Das hat die Weimarer Nationalversammlung und die Republik als Parteienstaat ermöglicht.

Ein Reichskongreß der Arbeiter- und Soldatenräte Deutschlands entschied sich für Wahlen zugunsten einer Nationalversammlung und lehnte am 19. Dezember 1918 das Rätesystem zugunsten der parlamentarischen Demokratie ab. Die zur Durchsetzung dieses Programmes erforderliche militärische Niederschlagung des Linksradikalismus erfolgte auf der Grundlage eines Bündnisses zwischen Sozialdemokratie und Oberster Heeresleitung.

3. Trotz aller zentralstaatlichen Tendenzen bekannte man sich zum Fortbestand der Länder, eine Folge des Bekenntnisses zur Kontinuität des Reiches (Gerhard Anschütz: „Das neue und das alte Reich stehen nicht im Verhältnis der Rechtsnachfolge, sondern der Identität").

Wenngleich die Weimarer Verfassung nicht nur die Rechte der Länder nachhaltig beschnitt, sondern darüber hinaus auch ihre autonome Existenz beseitigte, so bewährten sie sich doch als Traditionsträger ein Gewicht, das die Summe ihrer Einzelrechte übertraf. Als folgenschwer erwies sich, daß die Novemberrevolution die Personalunion zwischen der Reichsleitung und dem preußischen Staatsministerium beseitigte. Damit begann der „Dualismus" zwischen der Reichsregierung und der preußischen Staatsregierung, der Weimar überschattete.

Schrifttum: W. Elben, Das Problem der Kontinuität in der deutschen Revolution. Die Politik der Staatssekretäre und der militärischen Führung vom November 1918 bis Februar 1919 (1965); E. Kolb, Die Arbeiterräte in der deutschen Innenpolitik 1918–1919 (1962); E. Eimers, Das Verhältnis von Preußen und Reich in den ersten Jahren der Weimarer Republik (1918–1923), 1969.

4. Die Männer der ersten Stunde verzichteten auch auf einschneidende Wirtschaftsexperimente (Sozialisierung des Großgrundbesitzes, der Großbanken und der Schwerindustrie) zugunsten greifbarer sozialer Verbesserungen (Achtstundentag, Erwerbslosenunterstützung, Ausbau der Krankenversicherung). Die Gewerkschaften behaupteten sich auf Kosten nur kurzlebiger linksradikaler Arbeiterräte (Anerkennung kollektiver Tarifverträge durch VO vom 23. Dez. 1918, Betriebsrätegesetz vom 18. Jan. 1920). Auch in der Folgezeit bleibt die Sozialpolitik ein Hauptanliegen der Weimarer Republik.

Schrifttum: L. Preller, Sozialpolitik in der Weimarer Republik, 1949; H. Potthoff, Die Einwirkung der Reichsverfassung auf das Arbeitsrecht, 1925; ders., Arbeitsrecht. Das Ringen um werdendes Recht, 1928; Th. Ramm (Hg.), Arbeitsrecht und Politik, Quellentexte 1918–1933 (1966).

5. Der Sturz der Throne, von der obsiegenden Mehrheit nicht als Aufgabe der Grundprinzipien des Staates verstanden, bewirkte mehr Umformung und Weiterbildung als radikalen Neubeginn. Gleichwohl kam es zu einem schleichenden Umbau der Gesellschaft in den zwanziger Jahren. Er war weniger Folge der Revolution als der Wirtschaftskrisen dieses Jahrzehnts. Sie ersetzten gesicherte gesellschaftliche Positionen durch politische Parolen und wahllosen neuen Reichtum.

Deutlicher Ausdruck des sozialen Strukturwandels ist die veränderte Stellung der Beamtenschaft, die schon durch Ausweitung des Beamtenstatus auf personalstarke Wirtschafts- und Sozialbereiche eine Verwässerung erfährt. Im alten Reich verkörperten Fürst und Adel den Staat. In der konstitutionellen Monarchie des 19. Jahrhunderts tritt der Adel an Bedeutung hinter den „Staatsdiener" zurück. Mit dem Wegfall der Kronen verlor der Beamte den personalen Bezug zum Monarchen, der ihn als Spätling des Feudalismus erscheinen ließ. Daß ihm die parlamentarische Republik kein neues Ethos zu geben vermochte, machte sie zum Wegbereiter der Beherrschung des Staates durch das Funktionärswesen. Das dritte Reich stempelte vollends den Beamten zum Prügelknaben der Partei.

Schrifttum: A. Mohler, Die konservative Revolution in Deutschland 1918 bis 1932, 2. erw. Aufl., 1972; H. Mommsen-D. Petzina-B. Weisbrod (Hg.), Industrielles System und politische Entwicklung in der Weimarer Republik, 1975;

H. A. Winkler, Mittelstand, Demokratie und Nationalsozialismus. Die politische Entwicklung von Handwerk und Kleinhandel in der Weimarer Republik, 1972.

III. Der am 6. Februar 1919 in Weimar zusammengetretenen verfassunggebenden Nationalversammlung war die Aufgabe gestellt, Deutschland in der Gestalt einer demokratischen Republik aufzubauen. Die Verfassung des Deutschen Reiches vom 11. August 1919 (Weimarer Verfassung) gründet auf der Volkssouveränität (Art. 1: „Die Staatsgewalt geht vom Volke aus"), anerkannte aber den Fortbestand der nunmehr als Länder bezeichneten deutschen Bundesstaaten. Der von H. Preuß projektierte Einheitsstaat, der unter Auflösung der bisherigen Staatsgrenzen nur eine „autonome Selbstverwaltung" der „Stämme" vorsah, war an der geschichtlichen Realität der bestehenden Staaten gescheitert. In Fortführung der 1871 geschaffenen Verhältnisse blieb auch die Teilung der Gesetzgebung zwischen Reich und Ländern (Art. 6 ff.) erhalten, aber es kam auch jetzt zu keiner klaren begrifflichen Scheidung der Kompetenzen; die Ausführung der Reichsgesetze war nach wie vor in der Regel Ländersache. Trotzdem ist das Verhältnis von Reich und Ländern grundlegend verändert worden. Die Reservatrechte einzelner Länder fielen, der an die Stelle des Bundesrates getretene Reichsrat hatte nur geringen Einfluß auf die Gesetzgebung. Die Reichsverwaltung dehnte sich aus und griff in der Wirtschaftskrise von 1930 sogar auf die Privatwirtschaft über (staatliche Subventionen, Kontrolle der Großbanken). Die Länder wurden zu Kostgängern des Reiches und von der neu aufgebauten Reichsfinanzverwaltung abhängig.

Das Reich, vordem auf die Matrikularbeiträge der Länder angewiesen, eignete sich die direkten Steuern vom Einkommen und Vermögen an und beschränkte die Länder auf Steueranteile. Die restlichen Ländersteuern wurden durch die 1919 errichtete Reichsfinanzverwaltung eingezogen.

IV. Der Aufbau der Weimarer Verfassung krankte daran, daß die Stellung des nach französischem Muster geschaffenen Reichspräsidenten und des den Bundesrat fortführenden Reichsrates dem Reichstag gegenüber zu schwach war. Der Reichspräsident war in der Ausübung aller seiner Befugnisse an die Mitwirkung des Reichskanzlers bzw. der Reichsminister gebunden, die ihrerseits des Vertrauens des Reichstages bedurften.

Der Reichsrat hatte bei der Gesetzgebung keine beschließende, sondern nur eine beratende Aufgabe. Gegen vom Reichstag beschlossene Gesetze besaß er kein Veto, sondern nur ein Einspruchsrecht, über das sich der Reichstag mit Zweidrittelmehrheit hinwegsetzen konnte. Alles kam damit auf die Zusammensetzung des Reichstages an, der wie schon vor 1918 von den durch das Revolutionsgeschehen nur wenig veränderten politischen Parteien beherrscht wurde.

Die Zusammensetzung des Reichstages wurde durch das Wahlgesetz vom 16. Febr. 1919 bestimmt, das das Wahlalter von 25 auf 20 Jahre herabsetzte, das Frauenwahlrecht einführte und bedeutsame Ausschlußgründe (Wehrdienst, Konkurs, Unterstützungsempfang) beseitigte.

Die Volkssouveränität erfuhr ihre Krönung in der Einführung eines Volksentscheides nach Schweizer Muster, der jedoch bei der Größe des Reiches keine maßgebliche Bedeutung erlangen konnte.

V. In der Weimarer Verfassung war alles auf das Volk abgestellt.

1. Staatsbürgerliches Verantwortungsgefühl und Selbstdisziplin des ganzen Volkes wurden damit zur Voraussetzung des Funktionierens der Verfassung gemacht. Um sie zu entwickeln, hätte es der politischen Windstille bedurft. Die Nation war jedoch auf das tiefste aufgewühlt und in ihrem sozialen Gefüge erschüttert.

a) Das Nationalgefühl litt unter dem Verlust der Weltgeltung des Reiches, der Verstümmelung des Reichsgebietes und den brutalen Bestimmungen des Versailler Friedens vom 28. 6. 1919. Deutschösterreich wurde der Anschluß an das Reich (Beschluß der österreichischen Nationalversammlung vom 12. 11. 1918) untersagt. Krieg und Revolution schwelten bis Ende 1923 fort (Kapp-Putsch, Ermordung Erzbergers und Rathenaus, Ruhrkampf, Hitler-Putsch). Weite Teile des Mittelstandes verloren durch den radikalen Währungsverfall (1923) mit dem wirtschaftlichen auch den geistigen Halt. Die im Winter 1923/24 mit ausländischen Krediten erreichte Konsolidierung wurde einige Jahre später durch die Weltwirtschaftskrise (1929), die Deutschland in eine Arbeitslosigkeit unerhörten Ausmaßes stürzte, erneut in Frage gestellt.

b) Das freie Spiel der Kräfte, auf dem das liberale Privatrecht des BGB basierte, wurde immer fragwürdiger. Der Schutz des wirtschaftlich Schwachen drängte zu einer umfassenden Sozialgesetzgebung. Die Fürsorge für Jugend, Arbeitskraft, Wohnung und Volksgesundheit sprengten das Vertragsrecht des BGB und führen zu einer gesonderten Gesetzgebung außerhalb des Privatrechts (Jugendwohlfahrtsgesetz, Arbeitsgerichtsgesetz, Reichsheimstättengesetz, Wohnungszwangsrecht, Arbeitslosenrecht, Enteignungsrecht). Die in die RV von 1919 erstmals förmlich eingegangenen Grundrechte, zunächst entwickelt unter rein freiheitlich-liberalem Gesichtspunkt, erhielten gleichfalls eine Wendung ins Sozialpolitische (z. B. Art. 154 Abs. 2: „Eigentum verpflichtet, sein Gebrauch soll zugleich Dienst sein für das gemeine Beste").

2. Die innere Zerrissenheit des deutschen Volkes spiegelte sich im Parteienbetrieb des Reichstages. Seine Aufspaltung in zahlreiche stark weltanschaulich gebundene und daher innerlich starre Parteien erschwerte die Bildung tragfähiger parlamentarischer Mehrheiten bis zur völligen Lahmlegung der Gesetzgebung.

Koalitionen aus in Grundfragen uneinigen Parteien waren die Regel; wiederholt führten Minderheitsregierungen die Geschäfte nur deshalb, weil ihnen kein förmliches Mißtrauen ausgesprochen wurde. Achtmal wurde der Reichstag vorzeitig aufgelöst, zwanzigmal eine Regierung neu gebildet. Nur neun Kabinette verfügten über eine parlamentarische Mehrheit; bis zu 37 Parteien bewarben sich um Mandate. Die Währungsreform und die Ordnung des Staatshaushaltes im Winter 1923/24 erfolgten auf Grund von Ermächtigungsgesetzen unter freiwilliger Selbstausschaltung des Reichstages.

Schrifttum: R. Smend, Die Verschiebung der konstitutionellen Ordnung durch das Verhältniswahlrecht (1919), in: Staatsrechtl. Abh. u. a. Aufsätze, 2. Aufl., (1968) 6off.; M. Stürmer, Koalition und Opposition in der Weimarer Republik 1924–1928 (1967).

3. Der Versailler Vertrag beschränkte die militärische Ausrüstung Deutschlands auf ein Berufsheer von 100000 Mann, dessen Offizierskorps von den Traditionen des Kaiserreiches bestimmt blieb. Obwohl sich die Reichswehr selbst als unpolitische Macht verstand, konnte es nicht ausbleiben, daß sie in Krisenzeiten (Räteregierung, Hitlerputsch usw.) zur politischen Stellungnahme gezwungen wurde, die der Zusammensetzung des Offizierskorps entsprechend in konservativem Sinne ausfiel.

Die Weimarer Verfassung ging noch vom Gedanken der allgemeinen Wehrpflicht aus. Das vom Versailler Vertrag erzwungene Berufsheer fand erst im Wehrgesetz vom 23. März 1921 gesetzliche Verankerung. Die neue Reichswehr unter dem Chef der Heeresleitung war zentralistisch gedacht, sie blieb der politischen Kontrolle unterworfen dadurch, daß der Reichspräsident, dem in Nachfolge des Monarchen der Oberbefehl zustand, auch im Wehrmachtsbereich für seine Anordnungen der Gegenzeichnung des Kanzlers, bzw. Fachministers bedurfte.

Schrifttum: R. Wohlfeil, Heer und Republik, in: Handbuch der deutschen Militärgeschichte, 1970, Neudr. 1972 (R. Wohlfeil-H. Dollinger, Die deutsche Reichswehr).

VI. Der Schiffbruch des parlamentarischen Systems der Weimarer Verfassung wurde offensichtlich im Übergang zu einem Regieren mittels **Notverordnungen** auf Grund des Art. 48 der Reichsverfassung. Der Reichspräsident erlangte dadurch eine ihm nicht zugedachte Schlüsselstellung (**Präsidialdiktatur**). Der hochbetagte Reichspräsident v. Hindenburg war nicht der Mann, diese unerwartete Machtfülle zum Segen des Reiches konstruktiv zu verwalten. Das deutsche Volk, durch Jahrhunderte gewohnt, die politischen Entscheidungen der Obrigkeit zu überlassen, sich selbst aber mit passiver Nörgelei zu begnügen, ließ die Dinge treiben und wurde damit zum Spielball terroristischer Extremisten. Nachdem der Höhepunkt der Krise bereits überschritten war, wurde der Ruf nach der rettenden Diktatur infolge einer verhängnisvollen Kette von Umständen in tragischer Weise erfüllt. Das weltanschaulich begründete „Dritte Reich" hat seit 1933 den Obrigkeits- und Konfessionsstaat in fratzenhafter Gestalt erneuert.

VII. Die **Länderverfassungen** der Weimarer Republik sind im ganzen ein Spiegelbild der Verhältnisse im Reich. Es herrschte das Einkammersystem, nur Preußen schuf einen dem Reichrat entsprechenden Staatsrat. Obgleich der Ministerpräsident in einigen Ländern den Titel Staatspräsident führte, gab es ein dem Reichspräsidenten entsprechendes Amt nicht. Die Regierungsgewalt lag damit letztlich bei den Landtagen (Parlamentsherrschaft), die aus dem gleichen Grunde auch nicht aufgelöst werden konnten. Das parteipolitische Leben in den Ländern entsprach dem im Reiche. Beim Zusammenbruch des Weimarer Systems verfügten die großen Länder (Preußen, Bayern, Sachsen, Württemberg) nur über geschäftsführende Regierungen. Ihre finanzielle Abhängigkeit vom Reiche und das Fehlen einer eigenen bewaffneten Macht ließ es aussichtslos erscheinen, das Schicksal des Reiches von den Ländern her zu wenden.

Schrifttum: W. G. Zimmermann, Bayern und das Reich 1918–1923, der bayer. Föderalismus zwischen Revolution und Reaktion, 1953; H. H. Hofmann, Der Hitlerputsch (1961); F. Menges, Reichsreform und Finanzpolitik. Die Aushöhlung der Eigenstaatlichkeit Bayerns auf finanzpolitischem Wege in der Zeit der Weimarer Republik, 1972; Th. Vogelsang, Das Verhältnis Bayerns zum Reich in den letzten Monaten der Weimarer Zeit (Juni 1932 – Januar 1939), Gedenkschr. W. Winkler (1960) 460 ff.; K. Schwend, Bayern zwischen Monarchie u. Diktatur, Beiträge z. bayer. Frage und Zeit von 1918 bis 1933 (1954); B. Habel, Verfassungsrecht und Verfassungswirklichkeit. Eine Untersuchung zum Problem Reich–Länder . . . unter dem Kabinett Held 1924–1933 (1968); W. Benz, Süddeutschland in der Weimarer Republik. Ein Beitrag zur deutschen Innenpolitik 1918–1923

(1970); E. Eimers, Das Verhältnis von Preußen und Reich in den ersten Jahren der Weimarer Republik (1918–1923), 1969.; W. Besson, Württemberg und die deutsche Staatskrise 1928–1933 (1959).

Kap. 49. Rechtsdenken und Rechtspflege

Schrifttum: K. Larenz, Methodenlehre der Rechtswissenschaft, Teil I: Rechtstheorie und Methodenlehre seit Savigny, 3. Aufl., 1975; W. Wilhelm, Zur juristischen Methodenlehre im 19. Jahrhundert, 1959; W. Metzger, Gesellschaft, Recht und Staat in der Ethik des deutschen Idealismus, 1917, Neudr. 1966; O. v. Stephanitz, Exakte Wissenschaft und Recht. Der Einfluß der Naturwissenschaft und Mathematik auf Rechtsdenken und Rechtswissenschaft in zweieinhalb Jahrtausenden, 1970; E. Molitor, Grundzüge der neueren Privatrechtsgeschichte, 2., von H. Schlosser neu bearb. und erw. Aufl., 1975; A. Laufs, Rechtsentwicklungen in Deutschland, 1973; W. Ogris, Die Rechtsentwicklung in Österreich 1848–1918, Wien 1975; G. J. Dahlenau, Der Strukturwandel des Deutschen Zivilprozesses im 19. Jahrhundert, 1971; E. Kern, Geschichte des Gerichtsverfassungsrechtes, 4. Aufl., 1965; F. Wieacker, Privatrechtsbeschichte der Neuzeit, 2. erw. Aufl. 1967; H. Coing, Wissenschaft und Kodifikation des Privatrechts im 19. Jahrhundert (Stud. z. Rechtswiss. d. 19. Jahrh. 1), 1974; J. W. Hedemann, Die Fortschritte des Zivilrechts im 19. Jahrhundert, 2 Teile, 1910, 1935, Neudr. 1968; R. Grawert, Historische Entwicklungslinien des neuzeitlichen Gesetzesrechtes, in: Der Staat 11 (1972) 1ff.; s. a. Kap. 43; E. Wolf (Hg.), Quellenbuch zur Geschichte der deutschen Rechtswissenschaft, 1950.

Bis über die Mitte des 18. Jhdt. hat sich die Rechtswissenschaft unter dem Eindruck der gewaltigen Autorität des Römischen und Kanonischen Rechtes im wesentlichen damit begnügt, den überlieferten Rechtsstoff zu gliedern und zu systematisieren. Auch die allgemeinen Ideen, deren man sich bediente, waren Teil des Traditionsgutes, so war etwa das Naturrecht im Kanonischen Recht verankert (s. Kap. 37 II 1). Im 18. Jhdt. wandelt sich dieses Naturrecht nun unter dem Einfluß des Rationalismus zum reinen Vernunftsrecht. Das „philosophische" Jahrhundert entthront den Traditionalismus zugunsten abstrakter Rechtsideen, spaltet sich dann aber auf und schlägt im Zeichen der Romantik in einen mystischen Vergangenheitskult um.

I. Das 19. Jhdt. erbt den Gedanken der Rechtsstaatlichkeit und staatsbürgerlichen Gleichheit (s. Kap. 45 I). Letztere wurde exemplarisch im Verfahrensrecht und im Strafrecht verwirklicht, die ein Ansehen der Person grundsätzlich ablehnen. Mit der Einigungsbewegung kommt das Streben nach Rechtseinheit hinzu.

1. Mit der Aufhebung der gutsherrlichen Gerichtsbarkeit (1848–1879, s. Kap. 45 II 3) gewann der Staat ein **Rechtspflegemonopol**. Die staatliche Justizhoheit lag dabei in der Hand der deutschen Bundesstaaten und seit 1919 der Länder, die sie Kraft eigenen Rechtes und im eigenen Namen ausübten, jedoch ab 1871 als Glieder des Reiches, d. h. in Bindung an den durch die Reichsgesetzgebung geschaffenen Rahmen.

2. Das Bismarckreich erlangte durch eine Reihe von Gesetzen (GVG, ZPO, StPrO, KO, RechtsanwO) mit Wirkung vom 1. Oktober 1879 **einheitliche Normen** für die Verfassung und das Verfahren der Gerichte. Gleichzeitig (GVG von 1877 §§ 12, 123 ff.) wurde eine oberstrichterliche

Rechtsprechung in Zivil- und Strafsachen eingeführt. Siebzig Jahre nach dem Verschwinden des Reichskammergerichts (1806) erstand so im **Reichsgericht zu Leipzig** ein neuer Hüter deutscher Rechtseinheit. Sache der Bundesstaaten blieb die Verwaltungsgerichtsbarkeit.

a) Die Abgrenzung zwischen Zivil- und Verwaltungsgerichtsbarkeit (GVG von 1877 § 13) war im wesentlichen den Bundesstaaten anheimgestellt. Voraussetzung einer förmlichen Verwaltungsgerichtsbarkeit war die Trennung von Justiz und Verwaltung, die in der unteren Instanz nur zögernd vollzogen wurde (s. Kap. 45 III 1).

b) Stärker als das Reichskammergericht es je vermocht hat, bestimmte das Reichsgericht in Leipzig Geist und Praxis der Rechtssprechung. Mittel dazu war die Veröffentlichung seiner Urteile, vor allem auch der Entscheidungsgründe, die beim Reichskammergericht nicht bekanntgegeben wurden.

3. Die Rechtssprechung basiert auf einem fachlich vorgebildeten Berufsrichtertum. Seit der Mitte des Jahrhunderts kommt es gleichwohl erneut zu einer Mitbeteiligung von Laienrichtern (Schöffen- und Schwurgerichte 1848, Handels- und Arbeitsgerichte seit 1861). Über die erstinstanzliche Zuständigkeit entschied nicht mehr der Stand der Parteien sondern allein die Art des Prozeßgegenstandes und die Höhe des Streitwertes. Mit Ausnahme der Urteile des Reichsgerichts war jedes Urteil der Berufung oder Revision unterworfen. Den Zivilprozeß beherrscht die Verhandlungsmaxime, er ist öffentlich und mündlich. Über den Strafprozeß s. unter III 4 und Kap. 47 V 3.

4. Die angestrebte **Rechtsgleichheit** (s. Kap. 45 I) beschränkte sich nicht darauf alle Staatsbürger gleichen Rechtsnormen zu unterwerfen. Um die Gleichbehandlung vor Gericht zu sichern, bemühte man sich den obrigkeitlichen Charakter der Rechtsprechung einzuschränken und ihrem Wirken möglichste Öffentlichkeit zu geben. Dem diente die Einführung der Schwurgerichte und der Staatsanwaltschaft, aber auch die Verpflichtung zur Bekanntgabe der Urteilsgründe. Das gesteckte Ziel wurde nur unvollkommen erreicht, Gerichtsstandsklauseln und der kostenbestimmende Streitwert erweisen sich auch heute noch als einseitige Bremse für Wirtschaftsprozesse gegen Großunternehmen. Im Strafprozeß hat sich das Geschworenensystem nur bedingt bewährt, die Ungleichheit der Sozialwirkung gleicher Strafen wurde nicht behoben.

Schrifttum: E. Kern, Die Gerichtsbeisitzer oder Gerichtszeugen (stumme Schöffen) in den partikulären Gerichtsverfassungen des 18. und 19. Jahrhunderts, Festschr. W. Sauer (1949) 71 ff.; E. Carsten, Die Geschichte der Staatsanwaltschaft in Deutschland bis zur Gegenwart, 1932, Neudr. 1971; R. v. Gneist, Die Bildung der Geschworenengerichte in Deutschland, 1849, Neudr. 1967; P. A. Alber, Die Geschichte der Öffentlichkeit im deutschen Strafverfahren, Schrift. z. Strafr. 21 (1971); W. W. Hahn, Die Entwicklung der Laiengerichtsbarkeit im Großherzogtum Baden während des 19. Jahrhunderts, Schrift. z. Rechtsgesch. 8 (1974).

II. 1. Dem Vernunftrecht des 18. Jhdt. setzte das Zeitalter der **Romantik** eine Neubewertung der individuellen historischen Befunde entgegen. Sie schlägt sich nieder in einer Besinnung auf die Rechtsaltertümer (Jacob Grimm) und in Zweifeln an der Legitimität rationaler Gesetzesmacherei (C. F. v. Savigny). Dabei gelangt im Zuge des nationalen Aufbruches der „Volksgeist" zur Würde einer rechtsschöpferischen Instanz (Gustav Hugo, Herder). Die Vorstellungen der Romantik vom Ursprung und Wesen des Rechtes, die an das germanische Recht der Vorzeit gemahnen (s. Kap. 3 II 1), haben im Ganzen auf die Gesetzgebung nicht befruchtend, ja vielfach hemmend gewirkt. Der starre Blick nach rückwärts, den der **Historismus** des 19. Jhdt., mit seiner Vorliebe für archaische „natürliche" Lebensformen zur Folge hatte, erschwerte die juristische Bewältigung der Veränderungen im Sozial- und Wirtschaftsgefüge, das sich bereits auf dem Weg zur modernen, von der Technik geprägten Massengesellschaft befand. In einer merkwürdigen, durch die überragende Persönlichkeit Carl Friedrich v. Savignys bestimmten Widersprüchlichkeit mündet die mit ihm aufblühende **Historische Rechtsschule** in eine Neubelebung der Pandektenwissenschaft und eine letzte große Rezeptionswelle ein, die erst mit dem BGB von 1900 abklingt (vgl. Kap. 40 I 4f).

Nach Meinung der historischen Rechtsschule war es die Aufgabe der Rechtsgeschichte, dem Verständnis des geltenden Rechtes zu dienen. Das Übergewicht der Pandektistik führte dazu, daß das historische Zivilrecht vorab unter dogmatischen Gesichtspunkten gesehen und dabei kaum anders als im 18. Jahrhundert deutschrechtliche Intitutionen wie Gewere, Verschweigung, Herrschaft, Eigen, mit romanistischen Begriffen behandelt wurden. Dementsprechend geht das historische Verständnis mittelalterlichen Rechtsdenkens mehr vom öffentlichen, als vom Privatrecht aus und blieb der Beitrag der Germanistik zur Weiterentwicklung des geltenden Privatrechts gering.

Schrifttum: R. Gmür, Savigny und die Entwicklung der Rechtswissenschaft (Schrift. d. Ges. z. Förd. d. Univ. Münster, Heft 49), 1962; F. Zwilgmeyer, Die Rechtslehre Savignys, eine rechtsphilosophische und geistesgeschichtliche Untersuchung, 1929, Neudr. 1970; E. W. Böckenförde, Die historische Rechtsschule und das Problem der Geschichtlichkeit des Rechtes, Festschr. J. Ritter (1965) 9ff.; ders., Die deutsche verfassungsgeschichtliche Forschung im 19. Jahrhundert. Zeitgebundene Fragestellungen und Leitbilder, 1961; F. Wieacker, Wandlungen im Bilde der historischen Rechtsschule, Schrift.Reihe d. jur. Stud. Ges. 77 (1967); W. Ebel, Jacob Grimm und die deutsche Rechtswissenschaft, Gött. Univ. Reden 41 (1963); ders., Gustav Hugo, Professor in Göttingen, ebda 45 (1964); H. Thieme, Savigny und das deutsche Recht, ZRG 80 (1963) 1ff.; ders., Historische Rechtsschule, HRG II 170ff.; ders., Über Zweck und Mittel der Germanischen Rechtsgeschichte, JZ 1975 S. 725ff.; O. Gierke, Die historische Rechtsschule und die Germanisten, 1903; R. Scheuermann, Einflüsse der historischen Rechtsschule auf die oberstrichterliche gemeinrechtliche Zivil-Rechtspraxis bis zum Jahre 1861 (1972); St. Gagnér, Zielsetzung und Werkgestaltung in Paul Roths Wissenschaft, Festschr. H. Krause (1975) 276ff.; H. Coing-W. Wilhelm (Hg.), Wissenschaft und Kodifikation des Privatrechts im 19. Jahrhundert, 1974.

2. Die politische Restauration nach 1814 und das Programm der Historischen Rechtsschule verhinderten die Schaffung eines gemeindeutschen Privatrechtsgesetzbuches. Die deutsche Rechtswissenschaft sah sich auf den weiteren Ausbau der am Corpus Juris entwickelten gemeinrechtlichen Dogmatik verwiesen. Die „Pandektenwissenschaft" des 19. Jhdt. erfüllte ihren Auftrag in strenger Begrenzung auf einen **Rechtspositivismus,** der sich auf die Systematisierung der gegebenen Rechtsordnung beschränkte und alle außerjuridischen Elemente ausschloß. Das Ergebnis war eine hohe, aber stark formale Rechtskultur (G. Fr. Puchta, Bernhard Windscheid u. a.).

Es ist das Verdienst R. v. Iherings, die dogmatische Erstarrung des Rechtspositivismus gelöst zu haben, indem er zwischen dem Recht als formalem Mittel zur Anspruchsverwirklichung und einem auf den Nutzen abgestellten substanziellen Recht unterschied. Die naturwissenschaftliche Denkweise seiner Zeit führte ihn zum „Zweck im Recht" (1877/84), das ihn zum Vater der sogenannten Interessenjurisprudenz (Ph. Heck, M. Rümelin) werden ließ. Die Antriebe konnten im Einzelnen, aber auch in der Gesellschaft gesucht werden. Über den Gedanken der „sozialen Gerechtigkeit" ließen sich die Sozialprogramme der Zeit im Recht verankern. Die hier angerührte Auseinandersetzung zwischen Persönlichkeits- und Gesellschaftsrecht wurde zum Erbteil des 20. Jahrh.

3. **Der Rechtspositivismus des 19. Jhdt.** setzte stillschweigend eine überzeitliche statische Rechtsordnung voraus. Eine solche glaubte Friedrich Julius Stahl („Philosophie des Rechts nach geschichtlicher Ansicht", 1830–37) unter Ablehnung des Naturrechtes in einer „christlichen Weltanschauung" finden zu können. Die Fiktion einer Autonomie des Rechtes brachte die Rechtspraxis in Gefahr einem leeren, die sozialen Bindungen des Rechtes verkennenden **Gesetzespositivismus** zu verfallen. Vor Übersteigerungen in dieser Richtung suchte sich das BGB von 1900 durch eine betonte Vorrangstellung allgemeiner Rechtsnormen zu schützen. Gleichwohl ist es in hohem Maße versteinertes Recht. Sein Sozial- und Wirtschaftsbild ist retrospektiv und aus der Sicht der patriarchalisch bestimmten bürgerlichen Kleinfamilie sowie eines betonten Wirtschaftsliberalismus konzipiert. Kennzeichnend ist seine Ahnungslosigkeit gegenüber den tiefgreifenden sozialen und wirtschaftlichen Veränderungen des neuen Jahrhunderts, dessen Lebensbedingungen immer weniger allein vom Einzelindividuum her gemeistert werden können. Das Fehlen einer auf Kooperation abgestellten Rechtsordnung mußte in der Folge das Eindringen einer aus den sozialen Untergründen gespeisten begrifflichen Halbwelt begünstigen.

In mancher Hinsicht bedeutete das BGB von 1900 sogar einen sozialen Rückschritt, so in der Aufgabe der laesio enormis, der clausula rebus sic stantibus und des pretium iustum. Es trägt ebensosehr liberale wie obrigkeitliche Züge (letztere im Vereinsrecht, im ehelichen Güter- und im Familienrecht). Die gewichtige Kritik Anton Mengers am Erstentwurf des BGB (Das bürgerliche Recht und die besitzlosen Klassen, 1890, Neudr. 1968) blieb unbeachtet. Verhängnisvoll ist auch die Gleichsetzung von Gesetz und Recht, die den Richter der Verantwortung für die sozialen und ethischen Folgen rein formaler Rechtspraxis enthob. Gesetzestreue war Staatstreue, sie gewährte absoluten Rechtsschutz („Dienst ist Dienst") und förderte die Flucht in den Befehlsnotstand.

Schrifttum: J. Bohnert, Über die Rechtslehre Georg Friedrich Puchtas, 1975; J. Edelmann, Die Entwicklung der Interessenjurisprudenz. Eine historisch-kritische Studie über die deutsche Rechtsmethodologie vom 18. Jahrhundert bis zur Gegenwart, 1967; Ph. Heck, Begriffsbildung und Interessenjurisprudenz, 1932; E. Müller, Anton Mengers Rechts- und Gesellschaftssystem, Münch. Univ. Schriften 19 (1975).

III. **Die strafrechtliche Aufklärung in Frankreich und Italien** (Montesquieu, Voltaire, Beccaria) begünstigte auch in Deutschland einen Frühling der **Strafrechtswissenschaft**. Hatte sich das 17. Jhdt. darum bemüht, das Gesetzesrecht im Sinne des Naturrechtes auszulegen, so wird nun verworfen, was nicht vernünftig erscheint. Die Philosophie erhebt sich zum Herrn auch über das Recht und bestimmt die Grundbegriffe der Rechtswissenschaft. „Die letzten Gründe" des Strafrechtes glaubt man durch philosophisches Nachdenken finden zu können. Es beginnt das große Zeitalter der Rechtsphilosophien.

1. Alle Strafrechtstheorie ist mit der jeweiligen Vorstellung von Sinn und **Daseinszweck des Staates** verquickt. Für die idealistische Philosophie um 1800 (Kant, Fichte, W. v. Humboldt) bestimmt die Frage nach der „Bestimmung des Menschen" (Fichte) den Standort des Staates und wird zum Fundament seines Strafanspruches. Den Sinn der menschlichen Existenz erblickt das Zeitalter in der Entwicklung der sittlichen Persönlichkeit, wobei die Allgemeinheit dafür zu sorgen hat, daß „die Willkür des einen mit der Willkür des anderen nach einem allgemeinen Gesetz der Freiheit zusammen vereinigt werden kann" (Kant). Der Staat ist „Rechtsschutzanstalt" (Feuerbach). Seine Strafhoheit soll sich darum auf Handlungen beschränken, welche die äußeren Bedingungen der sittlichen Existenz des Menschen beeinträchtigen. Da dieser Staat Rechtsstaat ist, wird der Grundsatz nullum crimen, nulla poena sine lege zum obersten Prinzip der Strafrechtspflege.

2. Während im älteren Strafrecht metaphysische Motive wie das der Vergeltung und Sühne vorherrschen ist für die liberale Staatsauffassung die Strafe vorrangig Mittel zur Verhinderung von Straftaten. Im weiteren Fortgang mußte man dabei auf die Frage nach den psychologischen und soziologischen Gründen des Verbechens stoßen.

a) Nach Anselm v. Feuerbach (1775–1833), der die moderne deutsche Strafrechtswissenschaft eröffnet, soll die Strafdrohung die Gesamtheit der Bürger von Straftaten abschrecken (Generalpraevention). Sein bayer. Strafgesetzbuch von 1813 sah sich zwecks wirksamer Abschreckung zur Beibehaltung harter Strafen gezwungen. Seine Straftheorie hat für eine wirksame Strafrechtspflege außer der Härte der Strafen auch noch das Bewußtsein des Täters von der Rechtswidrigkeit seines Handelns zur Voraussetzung. Feuerbach kommt damit zwangsläufig zum Schuldstrafrecht, das in der Folge das gesamte rechtsstaatlich-liberale Strafrecht des 19. Jhdt. beherrscht.

b) Einen Rückfall in das reine Vergeltungsdenken stellt der in der Kriminalistik erst um 1840 wirksam werdende Hegelianismus (Köstlin, Abegg, Berner) dar. Im Sinne der Hegel'schen Dialektik sieht er in der Straftat die Negation des Rechtes und in der Strafe die Negation dieser Negation; damit wird die Strafgerichtsbarkeit zu einem mechanischen Ablauf.

c) Einen echten Fortschritt bedeutete demgegenüber Franz v. Liszt (1851–1919). Er bringt die Kriminalistik in Einklang mit dem naturwissenschaftlichen Denken der Zeit, von dem er den Entwicklungsgedanken und das Kausalitätsprinzip übernimmt. Erstmals werden nun für die Schuldbemessung die soziologische Basis des Menschen und für den Strafvollzug die psychischen Folgen der Strafe bedeutsam. Liszt ist damit der Vater der Kriminalpsychologie und Kriminalpolitik geworden. Seine Vorstellungen entwickelten sich aus der Kritik an der Lehre Cesare Lombrosos (1835 bis 1909) vom geborenen Verbrecher. Durch diese drohte die Kriminalistik auf den Bahnen der Anthropologie ebenso der Mechanik zu verfallen wie dies durch den Hegelianismus auf logistischen Wegen geschehen war.

3. Kriminalpsychologie (forensische Psychiatrie), Kriminalbiologie und Milieubewertung haben unter dem Gesichtspunkt der **Resozialisierung** des Verbrechers während des 19. Jhdt. zu einer fortlaufenden Humanisierung des Strafrechtes geführt. Ausdruck dessen ist nicht nur

der Übergang zu milderen Strafen und die Abschaffung der Todesstrafe – letztere hat erst das GG von 1949 (Art. 102) unter dem Eindruck des Justizterrors des Hitlerreiches vollzogen – sondern auch die Einführung der Bewährungsfrist und eines eigenen Jugendstrafrechtes sowie die Ausklammerung des Polizeistrafrechtes aus dem Kriminalrecht.

4. Der Wunsch nach Rechtsstaatlichkeit und möglichstem Schutz der Einzelperson gegenüber Polizeiwillkür bestimmte auch die strafprozessualen Forderungen der Zeit. Auch hier markiert die französische Revolutionsgesetzgebung (Erklärung der Menschen- und Bürgerrechte 1789, Verfassung und Code pénal von 1791) für Deutschland den Anbruch der Neuzeit. Sie führte nach englischem Vorbild Schwurgerichte ein, schuf eine eigene Anklagebehörde (Staatsanwaltschaft), verpflichtete auch im Strafprozeß zur öffentlichen, mündlichen Verhandlung und freien Beweiswürdigung. Dazu kam das Verbot willkürlicher Verhaftung. Zu den neuzeitlichen Grundsätzen des Strafprozesses, die in die deutschen Grundrechte von 1848 (§§ 42 u. 44) Eingang fanden, zählen das Verbot der Kabinettsjustiz, die Unabhängigkeit der Richter und das Verbot, den Angeklagten seinem gesetzlichen Richter zu entziehen.

5. Die deutsche **Strafgesetzgebung** des 19. Jhdt. übernahm die grundlegenden Neuerungen des französischen Code pénal von 1791, der durch die Angliederung des linken Rheinufers an Frankreich (1798) in diesem Gebiet bereits Gesetzeskraft besaß und dort auch nach dem Sturz Napoleons in Wirkung blieb. Übernommen wurde von der rechtsrheinischen deutschen Strafgesetzgebung die Dreiteilung der Straftaten in Verbrechen (crimes), Vergehen (délits) und Übertretungen (contraventions), dagegen fanden die neuen strafprozessualen Normen nur zögernd Eingang. Der Deutsche Bund brachte es zu keiner bundeseinheitlichen Straf- und Strafprozeßgesetzgebung. Anläufe dazu versandeten. Zu den wichtigsten Strafgesetzbüchern der Bundesstaaten wurde das bayerische von 1813 und das maßgebend von Savigny mitgestaltete preußische von 1851, letzteres Vorlage des RStGbuches von 1871. Gemeinsames Kennzeichen der bundesdeutschen Strafgesetzgebung ist das Bemühen, vor allem auch was den Strafzweck anlangt, doktrinäre Festlegungen zu vermeiden und die Strafbarkeit auf äußere Handlungen zu beschränken. Die grundlegenden strafprozessualen Forderungen der Jahrhunderts (Staatsanwaltschaft, Öffentlichkeit und Mündlichkeit des Verfahrens, freie Beweiswürdigung, Schwurgerichte, Beschränkung der Untersuchungshaft, Unabhängigkeit der Richter, Ausschluß der Kabinetts- und Ministerialjustiz) gingen zumeist erst in die von der 48er Revolution ausgelöste Gesetzgebung ein. Sie wurde durch die am 1. Oktober 1879 in Kraft getretene RStPrO bestätigt.

6. Auch die deutsche Strafrechtswissenschaft des 19. Jhdt., so bedeutend sie ist, hat auf die Frage nach dem Sinn der Strafe und dem Recht der Gemeinschaft zu strafen, keine letztgültige Antwort zu geben vermocht. Anzuerkennen ist, daß sie stets mit großem Verantwortungs-

gefühl und wissenschaftlicher Behutsamkeit an die Grundfragen des Strafrechtes herangegangen ist. Gleiches gilt für die Rechtsprechung, vorab des Reichsgerichts in Leipzig. Trotz allen Bemühens die Menschenwürde zu schützen und dem Einzelnen einen größtmöglichen freien Bewegungsraum zu sichern, blieben auch nach dem Abbau polizeistaatlichen Denkens erhebliche Mängel bestehen, so im Strafrecht fragwürdige oder verwaschene Straftatbestände (Sittendelikte, Hoch- und Landesverrat), im Strafprozeß Unzulänglichkeiten im Hinblick auf den Schutz des Angeklagten und den Strafvollzug, aber auch die Stellung des Vorbestraften in der Gesellschaft. Die Humanisierung des Strafrechtes stieß hier an die Grenze kollektiver Unzulänglichkeiten und Vorurteile. Der Strafrechtspflege des folgenden Jahrhunderts verblieben so beträchtliche ungelöste Probleme.

Schrifttum: P. J. A. v. Feuerbach, Lehrbuch des gemeinen, in Deutschland geltenden peinlichen Rechts, 1800 (14. Aufl. bearb. von J. C. A. Mittermaier, 1847); F. v. Liszt-Eb. Schmidt, Lehrbuch des deutschen Strafrechts, 25. (teilw. 26.) Aufl., 1927 (1932); Eb. Schmidt, Einführung in die Geschichte der deutschen Strafrechtspflege, 3. Aufl., 1966; F. Hartl, Das Wiener Kriminalgericht. Strafrechtspflege vom Zeitalter der Aufklärung bis zur österreichischen Revolution (Wiener rechtshist. Arb. 10), 1973; M. Stenglein, Sammlung der deutschen Strafgesetzbücher (des 19. Jahrhunderts), 1958; O. Fischl, Der Einfluß der Aufklärungsphilosophie auf die Entwicklung des Strafrechts, 1913, Neudr. 1973; H. Holzhauer, Willensfreiheit und Strafe. Das Problem der Willensfreiheit in der Strafrechtslehre des 19. Jahrhunderts und seine Bedeutung für den Schulenstreit, 1970; A. Mechler, Studien zur Geschichte der Kriminalsoziologie, Kriminol. Stud. 5 (1970); Th. Würtenberger, Die geistige Situation der deutschen Strafrechtswissenschaft, 2. Aufl., 1959.

Kap. 50. Der nationalsozialistische Staat

Es kann hier nicht der Ort sein, die weltpolitische Rolle zu umreißen, die Adolf Hitler und seine Nationalsozialistische Deutsche Arbeiterpartei (NSDAP) gespielt haben. Auch das innerdeutsche Geschehen einschließlich der einzelnen Etappen der „Machtergreifung" und des organisatorischen Ausbaues des Systems muß hier außer Betracht bleiben. Das gleiche gilt für die psychologischen, politischen und wirtschaftlichen Voraussetzungen, unter denen der Nationalsozialismus zur Massenbewegung werden und sich an der Macht behaupten konnte. Auch kann nicht auf die aus der nationalsozialistischen „Weltanschauung" sich ergebende Kirchen- und Judenpolitik oder die Ablösung der bürgerlichen Gesellschaftsordnung durch ein neues Gesellschaftsbild eingegangen werden. Unsere Darstellung hat sich vielmehr darauf zu beschränken, die wesentlichen Elemente der in den Jahren 1933–1945 erfolgten Wandlung in Verfassung und Rechtsleben Deutschlands aufzuzeigen.

I. Das Hinüberwachsen der „Bewegung" aus einem politischen Tagesprogramm in eine „Weltanschauung" beginnt bereits in der Kampfzeit.

1. Ihre Elemente entstammen dem Ideengut des 19. Jahrhunderts. Pate stand einerseits die Spätromantik, andererseits die naturwissenschaftliche

Denkweise. Die Herder'sche Lehre vom schöpferischen Volksgeist verführte zu einer Verklärung des Volkes, die ihren praktisch-juridischen Niederschlag im „gesunden Volksempfinden" erhielt. Der mit solcher Vorstellungsweise eng verknüpfte Archaismus, zurückgehend auf die Gebrüder Grimm, begünstigte einen Germanismus, der sich gegen die christlich-antike Tradition des Abendlandes wandte und ein „Neuheidentum" verquickt mit Bauernromantik förderte. Die naturwissenschaftliche Verankerung lieferte die Rassenlehre. Die pseudowissenschaftliche Vermengung von Anthropologie und ethischer Wertung gab den Boden ab für eine Scheidung der Menschheit in Hoch- und Minderrassen, wobei das Judentum zur Antirasse der nordischen Idealrasse gestempelt wurde. Die in der Rassenlehre gegebene Bindung sittlicher Eigenschaften an biologische Sachverhalte, machte die Herrenmoral Nietzsches „natürlich". Ihre extreme politische Ausprägung erhielt die neue Herrenmoral im sog. Führerprinzip.

Besonders verhängnisvoll war die Verwirrung der Begriffe Volk und Rasse. Das Reichsbürgergesetz vom 15. 9. 1935 spricht von Staatsangehörigen „deutschen oder artverwandten Blutes", das Gesetz „zum Schutze des deutschen Blutes und der deutschen Ehre" vom gleichen Tage von der „Einheit des deutschen Blutes"

2. Für das Einzelwesen Mensch und seine Würde gab es in einem solchen Weltbild keinen Raum. Er verlangte nach einer entpersönlichten Gesellschaft und führte zwangsläufig zum totalen Staat, der keine individuelle Sinngebung des Lebens anerkennt. In der Rechtspraxis bedeutete die Verwirklichung der nationalsozialistischen Lehre die Aufhebung der staatsbürgerlichen Gleichheit, die Liquidation des Rechtsstaates zugunsten reiner Despotie, die Ausschaltung der christlichen Konfessionen und ihrer Sittenlehre und das Abtreten der bürgerlichen Gesellschaft zugunsten eines rassisch fundierten Neuadels.

3. Der weltanschauliche Charakter des Nationalsozialismus manifestiert sich in der Formulierung einer eigenen Rechtslehre. Das im Liberalismus kultivierte subjektive Recht des Einzelnen – monumental formuliert in den Grundrechten wurde ersetzt durch einen Pflichtenkatalog gegenüber der Gemeinschaft, denn das Recht galt nun als Funktion des Volkes, es war verankert in „Blut und Boden". Im Gegensatz zum Marxismus wurde dem biologischen Erbe (Rasse) gegenüber dem Umwelteinfluß (Milieu) die entscheidende Bedeutung zuerkannt. Das „gesunde Volksempfinden" war unmittelbare Rechtsbekundung. Das Recht wurde wieder Kind der Offenbarung, ein dunkles Rechtspathos verdrängte die „kalte" juristische Begriffswelt. Der Richter sollte „Priester des deutschen Volksrechtes" sein (Hans Frank, Präsident der Akademie für deutsches Recht) und den Einzelnen lehren: Du bist nichts – Dein Volk ist alles. Dieses Volk besaß seine charismatische Stimme im Führer, dessen Wille gleich Recht war.

Die Unterscheidung von Herren- und Minderrassen führte dazu, daß dem Recht der „Volksgenossen" ein Recht der Unterworfenen entgegengestellt wurde. Es entstand ein neues Sklavenrecht, dem im Krieg die „Fremdarbeiter" und die Bevölkerung des als Generalgouvernement organisierten besetzten Polen unterworfen wurden. Ein nicht mehr zu Rechtskraft gelangtes „Volksgesetzbuch" sah auch gegenüber „unwürdigen" Volksgenossen den strafweisen Entzug der Zugehörigkeit zur Volksgemeinschaft vor (§ 55).

Schrifttum: J. F. Neurohr, Der Mythos vom Dritten Reich. Zur Geistesgeschichte des Nationalzozialiamus, 1957; M. H. Kater, Das Ahnenerbe der SS 1935–1945. Ein Beitrag zur Kulturpolitik des Dritten Reiches, 1974.

II. Die „**Machtergreifung**", mit der eine mehr als zehnjährige „Kampfzeit" endete, datierte die NSDAP vom 30. Jan. 1933, dem Tag, an dem Hitler vom Reichspräsidenten v. Hindenburg zum Reichskanzler berufen wurde. Zunächst entstand dadurch lediglich ein neues Präsidialkabinett, das mit Notverordnungen nach Art. 48 RV weiterregieren konnte. Seine Konfrontation mit dem neugewählten Reichstag, in dem der Stimmenanteil der NSDAP stark zurückgegangen und sie, obgleich stärkste Partei geblieben, von einer absoluten Mehrheit weit entfernt war, suchte Hitler hinauszuschieben bis alle Machtmittel des Staates der Partei dienstbar gemacht waren. Der Reichstag wurde alsbald aufgelöst (1. Febr. 1933), der neugewählte fand bei seinem Zusammentritt (21. März 1933) eine völlig veränderte Lage vor. Preußen, das dank seiner Größe entscheidende Land, erhielt auf dem Verordnungswege einen Staatskommissar (6. Febr. 1933), der Reichstagsbrand wurde für eine VO „zum Schutz von Volk u. Staat" vom 28. Febr. 1933 ausgenützt, die alle in Notzeiten vorübergehend aufhebbaren Rechte der Reichsverfassung beseitigte und einen hemmungslosen Polizeiterror mit „Schutzhaft" und Konzentrationslagern ermöglichte und zur völligen Ausschaltung der kommunistischen Partei führte. Art. 2 dieser VO gab ferner der Reichsgierung die Möglichkeit, auch in allen anderen nicht nationalsozialistisch regierten Ländern Reichskommissare einzusetzen (5.–9. März 1933), womit der Reichsrat unschädlich gemacht war. Der verängstigte Reichstag beschloß am 23. März 1933 gegen die Stimmen der Sozialdemokraten das berüchtigte Ermächtigungsgesetz. Die Legislative hatte damit im Reich zugunsten der Exekutive abgedankt, über die nunmehr die Partei gebot.

1. Die nationalkonservativen Kräfte um den Reichspräsidenten glaubten Hitler neutralisieren zu können, indem sie ihn mit einer Mehrheit von nichtnationalsozialistischen Ministern umgaben. Hitler ließ sich jedoch nicht als Trommler mißbrauchen und nutzte den Mangel eines einheitlichen politischen Konzeptes bei seinen Gegnern. Er spielte sie geschickt gegeneinander aus und setzte seinen militant organisierten Parteiapparat mit brutaler Unbedenklichkeit ein.

2. Hitlers erster Erfolg als Reichskanzler war, daß es ihm gelang, dem Kabinett die Zustimmung zur Reichstagsauflösung abzuringen. Der neu gewählte Reichstag brachte der Regierungskoalition eine einfache Mehrheit, die eine Rückkehr zum parlamentarischen Gesetzgebungsverfahren ermöglicht hätte. Gleichwohl gelang es Hitler durch Änderung der Geschäftsordnung des Reichstages (Zählung Abwesender als Ja-Stimmen) und leere Versprechungen an die Opposition für sein Ermächtigungsgesetz die erforderliche Zweidrittelmehrheit zu erhalten. Die Art des Zustandekommens dieses Gesetzes war so ungewöhnlich, daß seine Legalität strittig blieb.

Schrifttum: H. O. Meissner-H. Wilde, Die Machtergreifung, ein Bericht über die Technik des nationalsozialistischen Staatsstreiches, 1958.

III. Nach der Machtergreifung im Reiche war es für die Partei vordringlich, auch die Länder in den Griff zu bekommen. Nachdem die Präsidialdiktatur der letzten Weimarer Jahre (vgl. Kap. 49 VI) die Länderautonomie bereits ausgehöhlt hatte, wurden die Länder jetzt zu reinen Vollzugsorganen des Reiches gemacht.

1. Die Landesgesetzgebung wurde „vereinfacht", indem man die Landesregierungen ermächtigte, unter Umgehung des Gesetzgebungsverfahrens der Länderverfassungen „Landesgesetze zu beschließen" (Gesetz zur Gleichschaltung der Länder vom 31. 3. 1933 § 1). Das zweite Gleichschaltungsgesetz vom 7. 4. 1933 unterstellte dann die Länderregierungen der Vormundschaft von Reichsstatthaltern. Deren vielfältige Kompetenzen (zusammenfassend das Reichsstatthaltergesetz vom 30. 1. 1935), wozu auch die Ernennung der Landesbeamten gehörte, benahmen den Ländern jeden Eigenwillen. In Preußen übernahm zudem der Reichskanzler Hitler selbst das Amt des Reichsstatthalters.

2. Den formellen Schlußstrich unter den föderativen Reichsaufbau brachte ein Gesetz vom 30. 1. 34. Die Länderregierungen wurden nun auch formell der Reichsregierung untergeordnet, die neues Verfassungsrecht setzen konnte. Die Landtage wurden aufgehoben und die Hoheitsrechte der Länder auf das Reich übertragen. Die Länder waren damit zu Auftragsverwaltungen des Reiches geworden und existierten nur noch als Rahmen für fortgeltendes Landesrecht. Formell verreichlicht wurde auch die Justizverwaltung (Ges. v. 5. 12. 1934). Folgerichtig kam die Staatsangehörigkeit der Länder in Wegfall (VO v. 5. 2. 1934), desgleichen der Reichsrat und die Ländervertretungen beim Reich (Ges. v. 14. 2. 1934). Da jedoch eine Neuaufteilung des Reiches unterblieb, überdauerten die Länder, wenn auch zu Schemen herabgesunken und boten nach dem Kriege Ansatzpunkte für die Neugestaltung.

Wichtige Versäumnisse der Weimarer Republik verstand die NSDAP zu nutzen. Das übergroße Preußen war 1919 ebenso erhalten geblieben wie eine erhebliche Zahl von Zwergstaaten des Bismarckreiches. So bestimmte Berlin 1933 das deutsche Schicksal. Unangerührt ließ Weimar auch den ostelbischen Großgrundbesitz und das Privateigentum an der rheinischen Schwerindustrie, Schichten, die Steigbügelhalter des Dritten Reiches stellten und an ihm verdienten. Weimar versäumte auch eine reinliche Abgrenzung von Staat und Kirche. So konnte Hitler, der in seinem Konkordat von 1933 nur ein Beschwichtigungsmittel sah, den Kirchen mit dem Entzug der Staatsleistungen drohen.

Schrifttum: H. A. Turner jr., Großunternehmertum und Nationalsozialismus 1930–1933, HZ 221 (1975) 18ff.

IV. In der Spätzeit der Weimarer Republik war es gestützt auf Art. 48 der Reichsverfassung zur Präsidialdiktatur gekommen. Preußen, das weitaus größte Bundesland war dabei im Zuge von Notverordnungen praktisch schon weitgehend im Reich aufgegangen. Das Dritte Reich vollendete sowohl den Zentralstaat als auch die Diktatur. Der Reichstag entmachtete sich selbst zugunsten einer gesetzgebenden Funktion der Reichsregierung (Ges. v. 24. 3. 1933), so daß nach Aufhebung des Reichsrates (Ges. v. 14. 2. 1934) als bestimmende Verfassungsorgane nur noch der Reichspräsident und der Reichskanzler verblieben. Beide Ämter wurden nach dem Tode des Reichspräsidenten v. Hindenburg in der Hand Adolf Hitlers vereinigt (Ges. v. 1. 8. 1934), der am 4. 2. 1938 auch die Befehlsgewalt über die Wehrmacht übernahm. Damit war Deutschland eine Diktatur geworden, in der die Willensbildung des Volkes auf bestellte Zustimmungen beschränkt blieb (Ges. v. 14. 5. 1933). In weniger als zwei Jahren hatte sich Hitler zum unumschränkten Herrn über Staat u. Volk aufgeschwungen. Abgesichert war diese Macht durch eine vollständige Beherrschung des Staates seitens der Partei, durch Justiz- und Polizeiterror und den äußersten Einsatz aller propagandistischen Mittel.

V. Die Machtergreifung vom 30. Jan. 1933 leitete eine vollständige **Herrschaft der Partei über den Staat** ein.

Schrifttum: P. M. Diehl-Thiele, Partei und Staat im Dritten Reich. Untersuchungen zum Verhältnis von NSDAP und allgemeiner innerer Verwaltung 1933–1945 (1969).

1. Ein Gesetz vom 14. 7. 1933, das die Neugründung oder Fortführung anderer Parteien bei Zuchthausstrafe verbot, erklärte: „In Deutschland besteht eine einzige politische Partei, die Nationalsozialistische Deutsche Arbeiterpartei." Ein Gesetz vom 1. 12. 1933 zur Sicherung der Einheit von Partei und Staat sagt von der NSDAP, sie sei die „Trägerin des deutschen Staatsgedankens und mit dem Staat unlöslich verbunden". Die Partei wird zur Körperschaft des öffentlichen Rechts mit eigener Strafgerichtsbarkeit u. Anspruch auf Rechtshilfe. Ihre Spitzenfunktionäre wurden Mitglieder der Reichsregierung. Alle Beamten und Funktionäre von Berufsorganisationen wurden auf die Ziele der Partei festgelegt. Als dann die Partei ihre Aufgabe, Volk u. Staat dem Führerwillen zu unterwerfen, erfüllt hatte, wurde sie selbst entmachtet und ihr durch Führererlaß vom 12. Dezember 1942 (RGBl. I S. 733) der Charakter einer Körperschaft des öffentl. Rechts wieder entzogen.

a) Voraussetzung für die Durchsetzung des Einparteienstaates war eine Umstrukturierung des Reichstages. Sie wurde bewirkt durch das Verbot der KPD nach dem Reichstagsbrand, dem ein Verbot der SPD (22. Juni 1933) folgte. Die übrigen Parteien lösten sich, um einem Verbot zu entgehen, selbst auf.

b) Die Beherrschung des Staates durch die Partei wurde vervollständigt durch die Einführung des „Führerprinzipes" auch in der Selbstverwaltung. Mittel dazu waren eine neue Gemeindeordnung (30. Jan. 1935), die Ersetzung der Wahl von Rektor und Dekanen der Hochschulen durch Ernennung und die Gängelung von Lehrkörper und Studentenschaft durch NS-Dozenten- und Studentenbünde; dazu kam die politische Beherrschung auch der freien Berufe durch NS-Kammern (Kulturkammer, Ärztebund usw.).

2. Ein Gesetz zur „Wiederherstellung des Berufsbeamtentums" (7. 4. 1933) führte zur Ausmerzung aller rassisch und politisch unerwünschten Beamten. Das Beamtengesetz vom 30. 6. 1933 unterwarf alle Beamten schlechthin dem Wohlwollen der Partei mit der Forderung, daß nur Beamter werden könne, wer „die Gewähr dafür bietet, daß er jederzeit rückhaltlos für den nationalsozialistischen Staat eintritt". Die nationale

Zuverlässigkeit im Sinne der Parteidoktrin wurde aber auch von den freien Berufen gefordert und durch die Zwangsmitgliedschaft bei politisch geführten Berufsorganisationen gesichert.

a) Die politische Zuverlässigkeit wurde zunächst nur für Ärzte mit Kassenpraxis gefordert (VO v. 17. 5. 1934 § 15 Nr. 3), durch die Reichsärzteordnung vom 13. 12. 1935 jedoch allgemeines Berufserfordernis (§ 3 Abs. 2 Nr. 2). Selbstverständlich mußten Schriftleiter die Eigenschaften besitzen, „die die Aufgabe der geistigen Einwirkung auf die Öffentlichkeit erfordert" (Ges. vom 4. 10. 1933 § 5 Nr. 7). Die Berufsausübung von Künstlern wurde von der Mitgliedschaft bei der zuständigen Reichskulturkammer abhängig gemacht (Ges. vom 22. 9. 1933).

b) Mit rückhaltloser Klarheit hat die Forderungen der Partei das deutsche Beamtengesetz vom 26. 1. 1937 zum Ausdruck gebracht. Dort heißt es in der Präambel: „Ein im deutschen Volk wurzelndes, von nationalsozialistischer Weltanschauung durchdrungenes Berufsbeamtentum, das dem Führer des deutschen Reiches und Volkes Adolf Hitler in Treue verbunden ist, bildet einen Grundpfeiler des deutschen Staates." Der Beamte sollte der „Vollstrecker des Willens des von der NSDAP getragenen Staates" sein (§ 1 Abs. 2). In der Praxis konnte das nur sehr bedingt erreicht werden, da es nicht genug gleichzeitig gesinnungstreue und fachlich qualifizierte Beamte gab. Keine andere Volksschicht ist von der Partei so geknebelt worden wie die Beamtenschaft. Gleichwohl wurde sie durch die Denazifizierungsmaßnahmen nach dem Kriege besonders schwer betroffen.

Schrifttum: H. Mommsen, Beamtentum im Dritten Reich, Schrift. Reihe d. Vjhefte f. Zeitgesch. 13 (1967).

3. Der Wille der Partei war nicht nur auf eine totale Beherrschung des Staatsapparates gerichtet. Darüberhinaus sollte die gesamte Bevölkerung den Parteizielen dienstbar gemacht werden. Zu diesem Zwecke wurde das Volk einer pausenlosen vom Reichspropagandaministerium (errichtet 13. 3. 1933) gelenkten weltanschaulichen Berieselung unterworfen. Gleichzeitig suchte man die Bevölkerung gegenüber dem Ausland abzuschnüren (Devisen- u. Paßbestimmungen, Bestimmungen über Rundfunksender). Die gesamte Bevölkerung wurde im Zeichen der wieder eingeführten allgemeinen Wehrpflicht (Ges. v. 16. 3. 1935) einer Kontrolle der Wehrbehörden unterworfen. Schließlich kam es zur Eintragung aller Staatsangehörigen in eine Volkskartei (VO v. 21. 4. 1939) und einer Meldepflicht sogar der Auslandsdeutschen gegenüber den deutschen Konsulaten, deren Nichtbeachtung zur Ausbürgerung führen konnte (Ges. v. 3. 2. 1938). Relativ frei gegenüber dem Diktat der Partei blieb allein die Wehrmacht, der daraus eine erhöhte Verantwortung für die deutsche Zukunft erwuchs.

Der Gewinn des Reichspräsidentenamtes versetzte Hitler in die Lage, die Reichswehr als Gegengewicht gegen die eigene militante Parteiorganisation der SS auszuspielen. Bewußt blieben alle Soldaten von der Mitgliedschaft der Partei und ihren Gliederungen ausgeschlossen. Erst in der Spätphase des Krieges kam es zu der Einrichtung von NS-Führungsoffizieren.

Schrifttum: R. A. Absolon, Die Wehrmacht im Dritten Reich, bisher 3 Bde (bis 1938), 1969–75.

4. Im Zuge einer Politisierung aller Lebensbereiche wurde auch die **Arbeit nationalisiert** (Ges. zur Ordnung der nationalen Arbeit v. 20. 1. 1934). Das Verhältnis von Arbeitgeber u. Arbeitnehmer wurde ein solches von Betriebsführer u. Gefolgschaft (§ 1). Für Arbeiter und Ange-

stellte wurden Arbeitsbücher eingeführt (Ges. v. 26. 2. 1935) und ihnen im Kriege auch die freie Wahl des Arbeitsplatzes benommen (VO v. 1. 9. 1939). Der politischen Kontrolle dienten für alle Berufszweige eingerichtete Fachorganisationen mit weitgehender Zwangsmitgliedschaft.

Die Gewerkschaften wurden aufgelöst (Mai 1933), ebenso entfielen die Arbeitgeberverbände. Ein Gesetz vom 20. 1. 1934 beseitigte den kollektiven Tarifvertrag zugunsten staatlicher Tarifordnungen. Die neue Organisationsform der Arbeit wurde die Deutsche Arbeitsfront, die das Führerprinzip bis in die Betriebe hinein durchsetzte. Die sozialpolitische Kontrollfunktion übten „Treuhänder der Arbeit"; für die Landwirtschaft bewirkte Entsprechendes der „Reichsnährstand".

5. Wichtigstes Mittel zur Durchsetzung der Parteiziele war von Anfang an die Beherrschung und der Ausbau des Polizeiapparates, der durch die Verordnung zum Schutz von Volk und Staat vom 28. 2. 1933 unbeschränkte Vollmachten erlangt hatte. Während des Wahlkampfes im März 1933 wurden SA und Stahlhelm als bewaffnete Hilfspolizei herangezogen, im April 1934 die politische Polizei als Geheime Staatspolizei (Gestapo) verselbständigt. Unter der Führung von Heinrich Himmler als Reichsführer SS gelang es den Schutzstaffeln (SS), einer militanten Parteiorganisation, die nach dem Röhmputsch sich von der SA gelöst hatte, im Juni 1936 die gesamte Polizei in ihre Hand zu bekommen (Reichsführer SS und Chef der deutschen Polizei im Reichsministerium des Innern) und sich dank des Doppelbezuges zu Partei und Staat von beiden zu emanzipieren und neben der Reichswehr selbständiger Machtträger zu werden. Hatte die Niederwerfung der SA 1934 für Himmler den Weg zur Übernahme der Polizeigewalt freigemacht, so brachte ihm der 20. 7. 1944 das Kommando über das Ersatzheer ein.

VI. Legalität und Gesetzestechnik

1. Hitler und seine Partei haben sich stets darauf berufen, daß sie legal an die Macht gelangt seien. Auch in der Folge war man bemüht, den Rechtsschein zu wahren. Selbst Änderungen grundlegender Art knüpften formal an den bestehenden Rechtszustand an und bedienten sich der herkömmlichen Gesetzgebungstechnik. Es kam dabei zu einer Sprachregelung, die nicht selten eine bewußte Verschleierung der Absichten war. Man begnügte sich jedoch nicht damit, den Sprachschatz des Rechtes zu denaturieren, es wurden auch neue Begriffe geschaffen, die unscharf und emotional aufgeladen waren. Sie boten die Handhabe unter dem Schein des Rechtes Willkür zu üben.

Typische Beispiele der Sinnverkehrung bilden die Wiederherstellung des Berufsbeamtentums (Ges. vom 7. 4. 1933), die Schutzhaft (VO vom 28. 3. 1933) und die Sühneleistung der Juden (VO vom 12. 11. 1938). Neue Begriffe, deren Auslegung dem freien Ermessen anheimgestellt blieb, brachte die Beschlagnahme von „Erzeugnissen entarteter Kunst" (Ges. vom 31. 5. 1938), vor allem aber eine Fülle vorwiegend strafrechtlicher Bestimmungen. Neu geschaffen wurden die Straftatbestände „Verrat an der deutschen Volkswirtschaft" (Ges. vom 12. 7. 1933 § 8) und „Zersetzung der Wehrkraft" (KriegssonderstrafrechtsVO vom 17. 8. 1938 § 5). Strafbar wurden Verstöße gegen das „Gebot soldatischen Mutes" (VO vom 1. 11. 1939 Art. I § 5a). Bestraft wurde schließlich schlechthin der „Volksschädling" (VO vom 5. 9. 1939 § 3).

Schrifttum: H. Schorn, Die Gesetzgebung des Nationalsozialismus als Mittel der Machtpolitik, 1963.

2. Die Beseitigung des Rechtsstaates im Namen des Rechtes, ein Vorgang, dem die Notstandsverordnungen der späten Weimarer Republik vorgearbeitet hatten, basiert vorzüglich auf dem unter massivem politischem Druck vom Reichstag erpreßten und immer wieder verlängerten Ermächtigungsgesetz vom 24. März 1933. Es lieferte das Gesetzgebungsrecht an die Exekutive aus.

a) Es wurde vervollständigt durch das Gesetz über den Neuaufbau des Reiches vom 12. Nov. 1933, dessen Art. 4 bestimmte: „Die Reichsregierung kann neues Verfassungsrecht setzen.“ Von dieser Möglichkeit wurde beim Tode des Reichspräsidenten v. Hindenburg Gebrauch gemacht, der Hitler zur zusätzlichen Übernahme des Präsidentenamtes verhalf (Gesetz v. 1. Aug. 1934). Auch die Reichstagsgesetze vom 30. Jan. 1939 u. 25. Jan. 1943 waren verfassungsändernde Regierungsgesetze. Gleichwohl ging es nicht ohne Rechtsbrüche ab. Die den Reichstag lahmlegende VO vom 30. 3. 1933 (RGBl. I S. 147) war ein erneuter Mißbrauch des Notverordnungsrechtes und ließ ein Urteil des Staatsgerichtshofes vom 25. Okt. 1932 unberücksichtigt. Der Ablauf des Ermächtigungsgesetzes von 1933 wurde nicht einmal durch Regierungsgesetz, sondern durch Führererlaß vom 10. Mai 1943 verhindert.

Schrifttum: F. v. Hippel, Die Perversion der Rechtsordnungen, 1955; B. Rüthers, Die unbegrenzte Auslegung. Zum Wandel der Privatrechtsordnung im Nationalsozialismus, 1968; E. Kern, Geschichte des Gerichtsverfassungsrechtes, 4. Aufl., 1965.

VII. Die Geschichte des Dritten Reiches ist begleitet von einer **Verwilderung des Strafrechtes u. Strafprozeßrechtes** von beispielloser Art. Zunächst wurden die in der Kampfzeit, bei der Machtergreifung und anläßlich des sog. Röhmputsches begangenen Straftaten durch Amnestiegesetze der Strafverfolgung vorenthalten. Freiheitsentzug unter mehr als zuchthausmäßigen Bedingungen und auf unbestimmte Zeit wurde als „Schutzhaft“ zur unkontrollierten Polizeimaßnahme (VO v. 28. 2. 1933). Richter und Staatsanwälte hatten einer „nationalsozialistischen Rechtspflege“ zu dienen (Führererlaß v. 20. 8. 1942, RGBl. I 535) und waren als Beamte auf die nationalsozialistische Doktrin festgelegt, deren Inhalt nicht die Gerichte, sondern die Partei bestimmte. Gesetze vom 28. 6. 1935 griffen tief in die Substanz des Strafgesetzbuches und der Strafprozeßordnung ein. Das Analogieverbrechen wurde neu belebt, wobei die Verletzung des „gesunden Volksempfindens“ ausreichender Strafgrund war. Das Verbot der reformatio in peius fiel; damit „dem durch die Staatserneuerung eingetretenen Wandel der Lebens- und Rechtsanschauung Rechnung getragen wird“ wurde das Reichsgericht der Bindung an seine früheren Entscheidungen enthoben. Strafurteile wurden auch gegen Abwesende möglich, „wenn das Rechtsempfinden des Volkes die alsbaldige Aburteilung der Tat verlangt“. Für die Verhängung der Untersuchungshaft war es bereits ausreichend, wenn es angesichts der durch die Tat „hervorgerufenen Erregung der Öffentlichkeit nicht erträglich wäre den Angeschuldigten in Freiheit zu lassen“. Eine VO gegen Gewaltverbrecher v. 5. 12. 1939 gewährte einer Strafnorm sogar rückwirkende Kraft

(§ 5), in noch weiterem Rahmen eine Strafgesetzbuchänderung vom 4. 9. 1941 (§ 10). Eine weitere Strafrechtsänderung (Ges. v. 16. 9. 1939 Art. 2 § 3) schuf auch noch einen außerordentlichen Einspruch gegen rechtskräftige Strafurteile. Selbstverständlich wurden für alle politisch oder weltanschaulich relevanten Straftatbestände die Strafen drakonisch verschärft. Dies galt insbesondere für Hoch- und Landesverrat, deren Tatbestandsmerkmale zudem erweitert wurden. Die Schaffung eines eigenen Volksgerichtshofs und die Tätigkeit der Standgerichte während des Krieges, die immer mehr von hemmenden Verfahrensvorschriften befreit wurden, sicherten überdies eine den Maximalanforderungen des Systems angepaßte Rechtssprechung.

Schrifttum: Die deutsche Justiz und der Nationalsozialismus: Bd. 1: H. Weinkauff-A. Wagner, Die Umgestaltung der Gerichtsverfassung und des Verfahrens- und Richterrechts im nationalsozialistischen Staat (1968), Bd. 2: R. Echterhölter, Das öffentliche Recht im nationalsozialistischen Staat (1970); F. K. Kaul, Geschichte des Reichsgerichts, Bd. 4 (1933–1945), 1971; H. Schorn, Der Richter im Dritten Reich. Geschichte und Dokumente, 1959; J. Staff, Justiz im Dritten Reich. Eine Dokumentation, 1964.

VIII. Damit nicht genug; man scheute nicht davor zurück, die Machtergreifung sogleich durch eine totale **Liquidation des Rechtsstaates** zu sichern.

1. Die VO „zum Schutz von Volk und Staat" vom 28. 2. 1933, die sich als „Abwehr kommunistischer staatsgefährdender Gewaltakte" tarnte, ersetzte weitgehend den Rechtsstaat durch einen unkontrollierten **Polizeiterror.** Sie ermöglichte „Beschränkungen der persönlichen Freiheit, des Rechtes der freien Meinungsäußerung einschließlich der Pressefreiheit, des Vereins- und Versammlungsrechtes, Eingriffe in das Brief-, Post-, Telegraphen- u. Fernsprechgeheimnis, Anordnung von Hausdurchsuchungen und von Beschlagnahmen sowie Beschränkungen des Eigentums auch außerhalb der sonst hiefür bestimmten gesetzlichen Grenzen". Die folgenden Jahre hatten dem nicht mehr viel hinzuzufügen. Wo die Propaganda nicht mehr half, setzte der Terror ein.

Schrifttum: B. Vollmer, Volksopposition im Polizeistaat, 1957; H. Rothfels, Die Opposition gegen Hitler. Eine Würdigung, 3. Aufl., 1969; P. Hoffmann, Widerstand-Staatsstreich-Attentat. Der Kampf der Opposition gegen Hitler, 1969.

Die Judenverfolgung Hitlers hat nur wenig Beziehung zu einer Geschichte des Rechtes, da sie gar nicht auf die Herbeiführung bestimmter Rechtsverhältnisse abzielte. Auf kaum einem anderen Gebiete wurde in gleicher Weise nicht einmal der Schein des Rechtes gewahrt. Die verhältnismäßig wenigen gesetzlichen Maßnahmen (Gesetz zur Wiederherstellung des Berufsbeamtentums vom 7. 4. 1933, Nürnberger Gesetz zum Schutze des deutschen Blutes und der deutschen Ehre vom 15. 9. 1935) waren keineswegs Ausdruck einer systematischen Rechtspolitik. Der totale Vernichtungsfeldzug, der im Krieg auch die besetzten Gebiete einbezog, setzte mit der sog. Kristallnacht (9. Nov. 1938) ein. Was folgte gehört in eine Geschichte des Unrechts und entzieht sich einer rechtsgeschichtlichen Betrachtung.

Schrifttum: B. Blau, Das Ausnahmerecht für die Juden in Deutschland 1933 bis 1945, 2. Aufl., 1954.

2. Die Schaffung der formalen rechtlichen Voraussetzungen für die totale Unterwerfung des deutschen Staates und Staatsbürgers unter den Willen der Parteiführung hat keine zwei Jahre NS-Regierung erfordert. Da es sich um Gesetze u. Verordnungen handelt, die in aller Förmlichkeit publiziert wurden, konnte schon frühzeitig über die Absichten des Regimes kein Zweifel mehr bestehen, es sei denn, daß man ihre Ernsthaftigkeit bestritt. Es gehört zur Tragik der Geschichte, daß sich das In- und Ausland überlange weigerte, das Unglaubliche zu glauben und nur allzugerne bereit war, die Geschehnisse als gelegentliche Ausschreitungen und vorübergehende Revolutionserscheinungen abzutun.

3. Die 1933 vollzogene Selbstabdankung der gesetzgebenden Körperschaft zeigt deutlich, daß die **parlamentarische Demokratie** kein ausreichender Garant des Rechtsstaates ist. Die deutschen Länderverfassungen des 19. Jahrh. glaubten die rechtsstaatliche Ordnung hinreichend zu sichern durch die Bindung wesentlicher Eingriffe an die Gesetzesform (Legalitätsprinzip). Das mochte genügen solange die Gesetzgebung an das Zusammenwirken mehrerer voneinander unabhängiger Institutionen gebunden war (König, Abgeordnetenhaus, erbliche Reichsräte). Das Grundgesetz von 1949 hat auf Grund der Lehren der jüngsten deutschen Geschichte die Grundrechte zu unmittelbar verbindlichen, klagbaren, durch Gesetz nicht abänderbaren Rechten erklärt. Erstmals wird auch die Bindung des Gesetzgebers an eine Wertordnung versucht (vgl. Kurzlehrbuch, Deutsch. Staatsrecht § 9 II 5). Doch weist die rechtsstaatliche Bestandsgarantie (GG Art. 79 Abs. 3) auch heute noch bedenkliche Lücken auf. Im Wege der Verfassungsänderung geschaffene Notstandsgesetze mit all ihren unabsehbaren Folgen blieben rechtens (GG Art. 1 Abs. 3).

IX. 1. Die allgemeine Entwicklung ist durch den Nationalsozialismus teils vorangetrieben, teils gehemmt worden. Durch raschen Abbau der Reste der Gesellschaftsordnung des 19. Jahrh. hat er das bürgerliche Zeitalter in Deutschland beendet. Doch wurden die von ihm virtuos beherrschten Massenmedien einer romantischen Traumwelt dienstbar gemacht, deren Ideale in ein vorfeudales Reckenzeitalter zurückweisen und die Strukturelemente der Gegenwart verleugnen.

Kap. 51. Ausblick

I. Die **Staatsvorstellung** des Dritten Reiches wurzelt im 19. Jahrhundert. Das „Führerprinzip" ist ohne das „monarchische Prinzip" kaum denkbar. Beide sind Ausdruck des Ringens einer etablierten Macht um formale Legitimation. Die Antike berief sich dafür auf die Fortuna, die germanische Welt auf das Königs- u. Adelsheil. Das Mittelalter lebt von der augustinischen Civitas Dei. Sein Endzeitglauben taucht den Staat in den Ablauf des Heilsgeschehens, Herrschaft kann nur von Gottes Gnaden bestehen. Die italienischen Stadtstaaten haben dem das Prinzip der Volkssouveränität entgegengestellt; auch die historische Rechtsschule des 19. Jahrh. legitimiert den Staat durch den Volkswillen. Da dieser manipulierbar ist, droht dem rationalen Staat stets die plebiszitäre Diktatur.

1. Der Untergang des Dritten Reiches hat keineswegs automatisch eine neue Staatsvorstellung erstehen lassen. Der pluralistischen Gesellschaft der Gegenwart, für die die Feststellung von R. Sohm gilt: „Das Recht ist Heide", kann nicht irgendein anderes vorgegebenes Staatsmodell entsprechen, das lediglich die Ansprüche der Gesellschaft bedenkt. Soll das Recht eine eigenständige Größe bleiben, wird auf die Entscheidungsfreiheit der Persönlichkeit nicht verzichtet werden können. Recht ist nicht zuletzt die Möglichkeit, ungefährdet Nein sagen zu können.

Der moderne demokratische Staat westlicher Prägung basiert nicht auf Herrschaft, sondern auf dem Ausgleich von Gruppeninteressen, die sich in Parteien, Verbänden usw. verkörpern. Diese sind die eigentlichen Machtträger, denen gegenüber die traditionellen Organe des Staates wie Regierung, Bürokratie und Parlament zu instrumentaler Funktion absinken. Im 19. Jahrh. stand der Staat, damals noch dargestellt durch den Monarchen ‚einen privilegierten Adel, Heer und Beamtenschaft, einer sich im Parlament zunehmend artikulierenden staatsbürgerlichen Gesellschaft gegenüber. Beide stritten miteinander, fanden aber auch zueinander in der Gesetzgebung (Legislative). Diese war in hohem Maße um die staatsbürgerliche Freiheit und die Erweiterung des individuellen Bewegungsraumes besorgt. Der moderne Sozialstaat mit seiner Sorge um die allgemeine Wohlfahrt, technisch perfektioniert, läuft Gefahr den Gruppeninteressen den Einzelnen zu opfern, dessen rettende Insel der Widerstreit der Interessen ist. Dieses negative Verhältnis des Einzelnen zum Staat bemühen sich die verfassungsmäßigen Grundrechte zu korrigieren. Vornehmste Aufgabe der Rechtsordnung muß es sein sie zu verlebendigen und damit gegenüber dem Ansturm der Gruppeninteressen das unbekannte Wesen Mensch zu schützen.

Schrifttum: G. u. M. Welan, Pluralismus und Föderalismus, in: Föderative Ordnung Bd. 2 (1970) 205 ff.; E. Forsthoff, Der Staat der Industriegesellschaft. Dargestellt am Beispiel der Bundesrepublik Deutschland, 2. Aufl., 1972.

2. Der Zusammenbruch von 1945 ließ der kleindeutschen Lösung Bismarcks ein Kleinstdeutschland folgen, als welches die Bundesrepublik erscheinen mag. Die Existenznot des Jahres Null hat dazu geführt, daß in Westdeutschland ökonomisches Geschehen und Denken für alle Lebensbereiche vorrangige Bedeutung gewann. An die Stelle des Primates der Politik trat ein solches der Wirtschaft. Die Restitution des Rechtsdenkens blieb unvollkommen. Das zeigt die Unbedenklichkeit, mit der heute vielfach Recht manipuliert wird. Solch schiefes Verhältnis zum Recht zeigt sich in allzu unbefangener öffentlicher Kritik an Gerichtsurteilen, in permanenten Verfassungsänderungen, in der artistischen Ausbeutung des Vorschriftengestrüpps und im hemmungslosen Rechtsmittelmißbrauch. Das Recht droht nur noch als subjektive Möglichkeit gewertet zu werden. Demgegenüber muß betont werden, daß Recht immer zugleich Bindung bedeutet. Ohne Präjudiz kann es kein Recht geben. Das will nicht besagen, daß das Recht blind sein soll im Sinne des Satzes fiat iustitia pereat mundus. Gerade die Rechtsgeschichte zeigt immer wieder, in welch dialektischem Verhältnis Rechtsbegriff und Rechtsidee zueinander stehen. Die Substanz des Rechtes ist letztlich transzendenter Natur, sie kann nur in der Zeit manifest werden. Die Rechtsgeschichte webt ihr das Kleid. Sie lehrt zugleich, daß ein lebensfähiges Recht weder ein bloßes Vokabu-

lar noch ein Gerüst zur Absicherung bestehender Machtverhältnisse sein kann. Das Recht muß in den Herzen der Menschen leben, nur so ist es in der Lage, Leistungen hervorzubringen.

Schrifttum: H. Mitteis, Vom Lebenswert der Rechtsgeschichte, 1947; H. Thieme, Rechtsgeschichte u. Zeitgeschichte, Festschr. E. Bonjour (Basel 1968) S. 227ff.; J. Binder, Rechtsbegriff und Rechtsidee, 1915, Neudr. 1967; H. Hattenhauer, Zwischen Hierarchie und Demokratie. Eine Einführung in die geistesgeschichtlichen Grundlagen des geltenden Rechts für Studienanfänger, 1971.

II. Das 19. Jahrhundert wurde zur Glanzzeit des **Besitzbürgertums**. Der Besitz von Vermögen und die Befähigung Besitz zu erwerben bestimmen in einem bis dahin nicht gekannten Ausmaß mehr als ererbter oder erworbener Rang den Lebensweg des Einzelnen. Das Gemeinschaftsdenken spaltet sich auf in ein zum Chauvinismus neigendes Nationalbewußtsein und die Sorge für eine vaterrechtlich bestimmte Kleinfamilie. Mit der Verwirklichung von Weltverkehr und Weltwirtschaft denkt unser zu Ende gehendes Jahrhundert, das die Arbeitermassen zum Staatenschicksal hat werden lassen, zunehmend weltbürgerlich. Die den persönlichen Erfolg voranstellende Leistungswelt des Bürgertums sieht sich zusehends ersetzt durch den Blick auf den sozialen Wert der Arbeit. Dem entspricht eine **klassenlose Gesellschaft**, die notwendigerweise pluralistisch sein muß, will sie nicht die Gefahr eines Kasernenstaates heraufbeschwören. Freiheit in diesem Sinne muß als soziale Wirklichkeit notwendigerweise die traditionelle Familie entprivilegisieren. Teilweise ist dies bereits geschehen durch Loslösung der Bildungs- und Ausbildungsmöglichkeiten von der Geburt, durch Entpatriarchisierung von Ehe und Familie, die Gleichstellung der Unehelichen. Noch unbewältigt ist die Loslösung des Erbrechts (Erbschaftssteuern) von den Ansprüchen der Familie. Auch das Wechselverhältnis von Lohn und Arbeit ist heute noch weitgehend mehr wirtschaftlich als gesellschaftspolitisch bestimmt.

1. Soziale Gerechtigkeit, wesentliche Zielvorstellung einer klassenlosen Gesellschaft darf nicht als einheitlicher Lebensstandard mißverstanden werden. Sie kann nur darin bestehen, daß die Einwirkungen der Gesellschaft auf den Einzelmenschen möglichst gleichartig sind. Das bedeutet etwa im Bereich der Erziehung Loslösung der Ausbildungsmöglichkeiten von der sozialen Herkunft. Während dies in Deutschland heute schon in beträchtlichem Maße erreicht ist, blieb das Arbeitseinkommen noch ungebührlich von der Rendite anstelle des gesellschaftlichen Wertes bestimmt (Unterbezahlung von Dienstleistungen und geistiger Arbeit).

2. Das soziale Ethos war in der Vergangenheit wesentlich Standesethos. Dieses durch ein allgemeines staatsbürgerliches Ethos zu ersetzen, stellt noch eine Zukunftsaufgabe dar. Der Erfolg ist daran zu messen, in welchem Ausmaß es gelingt alle Formen der Korruption auszuschalten. In der Praxis wird dabei ein im Höchstmaß unabhängiges Kontrollorgan nicht zu entbehren sein. Wie die Erfahrung lehrt, reichen dazu parlamentarische Untersuchungsausschüsse und eine weisungsgebundene Staatsanwaltschaft keineswegs aus.

III. Die deutsche Rechtsgeschichte ist die Geschichte des Rechtes im zentraleuropäischen Raum. Sein geographischer Standort hat dem deutschen Recht von Anbeginn an ein Inseldasein verwehrt. Für seine Ausgangslage war von entscheidender Bedeutung, daß die Grenze zwischen dem Imperium Romanum und dem freien Germanien mitten durch Deutschland verlief. Das Aufeinandertreffen von Antike und Germanentum hat anders als in der mittelmeerischen Welt und den Randzonen Europas hier zu keiner Dominanz eines der beiden Elemente geführt. Im Frankenreich sind zwar die späteren „deutschen" Stämme die vorzüglichen Träger der germanischen Überlieferung. Aber auch sie zählen als Teil dieses Reiches und der katholischen Kirche zu den Miterben des weströmischen Reiches. Sie haben auch keinerlei Anteil an Ostrom mit seinen griechisch-vorderasiatischen Grundlagen. Der orthodoxe Osten ist für Deutschland eine fremde Welt, von der es überdies durch einen staatlich eigenständigen Grenzraum (Polen, Ungarn, Venedig) getrennt bleibt.

1. Das Aufgreifen des Romgedankens durch Otto den Großen führt zum Heiligen Römischen Reich deutscher Nation, in dem sich nationale und übernationale Momente miteinander verbinden. Erwachsen aus einer Mehrzahl von Stämmen, die ihre rechtliche Sonderung weitgehend erhalten, ist das deutsche Reich mit seinen romanischen und slawischen Randzonen weder in der Idee noch auch in der politischen Wirklichkeit jemals ein Nationalstaat gewesen. Diplomatie und Wissenschaft bedienten sich bis in das 18. Jahrh. hinein der lateinischen Sprache, von den weltlichen Kurfürsten forderte die Goldene Bulle die Kenntnis romanischer und slawischer Sprachen. Die Translatio imperii auf die Deutschen trifft einen Staat, der unter der überwölbenden Kaiserkrone die Kronen von Deutschland, Italien und Burgund auf einem Haupt vereinigte. Sie hat das antike Rechtserbe, dessen Bannerträger zunächst die römische Kirche war, zum legitimen Bestandteil von Recht und Verfassung des Reiches gemacht.

Die deutsche Rechtsgeschichte, wie sie im 19. Jahrh. als neue wissenschaftliche Disziplin die diplomatische Reichsgeschichte ablöst, ist ein Kind der Romantik. Ihre Vorliebe für die Urzeit hat sie dazu verführt, sich allzu einseitig um die Rekonstruktion des archaischen germanischen Rechtes zu bemühen. Die neuere Forschung macht immer deutlicher, daß schon diese Frühzeit im Schatten des römischen Imperiums steht und der schöpferische Ausgleich beider Welten zu allen Zeiten eine Grundfrage des deutschen Rechtes gewesen ist.

Der sakrale übernationale Charakter des Reiches, schon durch die Glaubensspaltung ins Wanken geraten, ist 1806 endgültig erloschen. Der deutsche Bund bot dafür keine Basis mehr. Österreich, traditioneller Träger der Kaiserkrone, hatte zudem durch die Aufgabe der vorderösterreichischen Lande seine gesamtdeutsche Stellung zugunsten einer Randlage preisgegeben. Sein Erbe im Reich wurde Preußen, das von der Peripherie kommend, es nicht über sich brachte, seinen geistigen Schwerpunkt im kolonialen Osten zugunsten einer in den Traditionen des Reiches verankerten neuen Mitte zu verlagern.

2. Im politischen Bereich hat das 19. Jahrh. den Stadt bürger durch den Staatsbürger ersetzt, gleichzeitig aber auch an die Stelle der Stadtmauern Staatsmauern treten lassen. Gleichwohl sprengte das Recht im Zeichen des Weltverkehrs und der Weltwirtschaft zusehends die nationalen Grenzen (Völkerrecht, internationales Privatrecht, Handelsrecht usw.). Noch heute aber sperren sich die Völker immer wieder unter nationalstaatlichen Gesichtspunkten gegen eine in zahlreichen übernationalen Institutionen sichtbare Gestalt findende größere Gemeinschaft. Solchen Vorbehalten liegt das berechtigte Empfinden zugrunde, daß echte Gemeinschaften mehr sein müssen als ein Bündel von Organisationen. Wenn die Völker sich im supranationalen Bereich wohl fühlen sollen, müssen sie ihr nationales Erbe in die größere Gemeinschaft einbringen können. Völker sind gleich den Einzelmenschen Wesen, deren Selbstverständnis nur in der geschichtlichen Dimension realisiert werden kann. Völkergemeinschaften können daher nur dann echtes Leben verkörpern, wenn ihre Glieder in ihren nationalen Traditionen verwurzelt bleiben. Dies bedeutet für die Mitglieder einer solchen Gemeinschaft, daß sie bereit sind, auch beim anderen das geschichtlich Gewachsene zu sehen. Das Verständnis für das beiderseitige Recht und sein Werden bildet so ein gesamtmenschliches Anliegen.

Schrifttum: F. Ermacora, Allgemeine Staatslehre. Vom Nationalstaat zum Weltstaat, 1970; W. Emmerich, Gemeinschaftsrecht und nationale Rechte. Das Zusammenwirken der europäischen Rechtsordnung mit den nationalen Rechtsordnungen, Kölner Schriften z. Europarecht 13 (1971); J. Kropholler, Internationales Einheitsrecht, 1975.

3. An die Stelle einer noch unter Theodosius dem Großen (380–395) denkbaren vollständigen Eingliederung der Germanen in das römische Weltreich trat im 5. Jahrhundert eine Überwältigung des Imperiums, die dem Prozeß der Romanisierung der Germanen Einhalt gebot. Die deutsche Rechtsgeschichte spiegelt die daraus resultierende Spannung zwischen germanischer Welt und christlicher Antike. Beide waren traditionalistisch geprägt und begünstigten damit das über ein halbes Jahrtausend währende unorganische N e b e n e i n a n d e r i n a d ä q u a t e r R e c h t s s y s t e m e Erst die neue intellektuelle Strömung des 12. Jahrhunderts, Auslöser der Scholastik, der Rechtsschule von Bologna und des Decretum Gratiani, dem im 13. Jahrhundert im Bereich des weltlichen Rechtes eine breite Kodifikationswelle folgt (s. Kap. 37 II), verlangte nach Harmonisierung und Überschau (Theologische Summen, Rechtsspiegel). Die in der Naturrechtslehre in wiederholten Wellen (13.–17. Jahrhundert) auflebende Ratio modifiziert und überwindet schließlich den Traditionalismus. Sie bringt das Recht aber auch in Gefahr seine metaphysische Grundlage einzubüßen und zum formalen Gesetzesrecht zu entarten. Das Verdienst des Naturrechtes ist die Überwindung nationaler und konfessioneller Grenzen des Rechtes und seine Ausweitung zu einem Weltrecht, wie es vor allem im Wirtschaftsrecht heute bereits greifbar wird. Das moderne Recht hat zum T r a d i t i o n a l i s m u s und R a t i o n a l i s m u s als dritte Säule die E r f a h r u n g s w i s s e n s c h a f t hinzugefügt. Die von hier ausgehenden soziologischen und

wirtschaftspolitischen Impulse sind in unserer Zeit zur dritten Kraft im Rechtsleben der Völker geworden. Die Bewältigung der damit gestellten Aufgabe wird über den Wert der neuesten deutschen Rechtsentwicklung entscheiden.

4. Die aus dem Naturrecht hervorgegangenen Grundrechte stellen einen bedeutsamen Fortschritt in der Rechtsentwicklung dar. Sie gewährleisten jedoch in ihrer gegenwärtigen Gestalt keinen befriedigenden Minderheitenschutz, da sie nicht von den sozialen und wirtschaftlichen Folgen des Sonderseins zulänglich schützen. Erst wenn die Menschen gelernt haben werden Andersdenkende nicht nur zu tolerieren, sondern ihnen auch ein echtes Lebensrecht zuzubilligen, wird der Terror der Mehrheit verschwinden.

Das Diktat der Orthodoxie und die Diffamierung der Minderheiten haben zwar in der Vergangenheit letztlich niemals den Fortschritt zu verhindern vermocht, aber doch dazu geführt, daß die Geschichte der Menschheit mit Blut geschrieben wurde. Mögen die wissenschaftlichen Ergebnisse von Biologie, Psychologie und Soziologie das Verhalten der Menschen entmythologisieren und an die Stelle eines affektbestimmten das vernünftige Handeln treten lassen.

5. Ein ebenfalls erst der Neuzeit bewußt gewordenes Rechtsproblem stellt die Sicherung der wirtschaftlich Schwachen, zahlenmäßig meist eine Mehrheit, gegen den Mißbrauch von Herrschaftsmitteln dar. Hier hat das Recht über die Sicherung der Mindestbedürfnisse hinaus die Aufgabe dem Einzelnen die Entwicklung seiner Fähigkeiten zum Wohle der Gesamtheit zu ermöglichen und damit die formale staatsbürgerliche Gleichheit im Rahmen rechtlicher Möglichkeiten durch Chancengleichheit zu ergänzen. Dies muß geschehen ohne daß der Mensch seiner Vielfalt beraubt und zum Normalverbraucher herabgewürdigt wird. Persönlichkeitsart und Leistung werden von Mensch zu Mensch unterschiedlich bleiben und damit die Artung der Bedürfnisse differieren. Eine Rechtsordnung, die dem nicht Rechnung trägt, müßte den Fortschritt der Menschheit hemmen und in einen Termitenstaat einmünden.

Schrifttum: H. Scholler, Die Interpretation des Gleichheitssatzes als Willkürverbot oder als Gebot der Chancengleichheit, Schriften z. Rechtstheorie 16 (1969); Ch. Jenks, Chancengleichheit, 1973; H. J. Eysenck, Die Ungleichheit der Menschen, 1975.

Namen- und Sachverzeichnis

Die arabischen Zahlen nach den Stichworten beziehen sich auf die Kapitel, die römischen Ziffern und die nachfolgenden arabischen Ziffern, auf die jeweiligen Kapiteleinteilungen.

Juristische Kurzlehrbücher im Verlag C. H. Beck

Einführung in die Rechtswissenschaft von Jürgen Baumann, o. Professor an der Universität Tübingen. 4. Auflage. 1974. XXII, 528 Seiten 8⁰. Kartoniert DM 29.50

Römische Rechtsgeschichte von Gerhard Dulckeit (†), o. Professor an der Universität Kiel, und Fritz Schwarz (†), o. Professor an der Universität Marburg. Neu bearbeitet von Wolfgang Waldstein, o. Professor an der Universität Salzburg. 6. Auflage. 1975. XV, 312 Seiten 8⁰. Kartoniert DM 24.50

Römisches Privatrecht von Max Kaser, em. o. Professor an der Universität Hamburg. 9. Auflage. 1976. XIV, 371 Seiten 8⁰. Kartoniert DM 25.80

Deutsche Rechtsgeschichte von Heinrich Mitteis, weil. o. Professor an der Universität München. Neu bearbeitet von Heinz Lieberich, Professor an der Universität München. 14. Auflage. 1976. 410 Seiten 8⁰. Kartoniert DM 26.50

Deutsches Privatrecht von Heinrich Mitteis. Neu bearbeitet von Heinz Lieberich, Professor an der Universität München. 7. Auflage. 1976. XI, 188 Seiten 8⁰. Kartoniert DM 14.80

Völkerrecht von Eberhard Menzel, o. Professor an der Universität Kiel, und Knut Ipsen, o. Professor an der Universität Bochum. 2. Auflage. Erscheint Ende 1976

Internationales Privatrecht von Gerhard Kegel, o. Professor an der Universität Köln. 3. Auflage. 1971. XXVI, 483 Seiten 8⁰. Kartoniert DM 27.50

Allgemeine Staatslehre/Politikwissenschaft von Reinhold Zippelius, o. Professor an der Universität Erlangen-Nürnberg. 5. Auflage. 1975. XII, 316 Seiten 8⁰. Kartoniert DM 19.80

Deutsches Staatsrecht von Theodor Maunz, o. Professor an der Universität München. 20. Auflage. 1975. XII, 440 Seiten 8⁰. Kartoniert DM 24.80

Verwaltungsrecht von Hans J. Wolff, o. Professor an der Universität Münster. Band I: 9. Auflage von Hans J. Wolff, o. Professor an der Universität Münster, und Otto Bachof, o. Professor an der Universität Tübingen. 1974. XLVI, 623 Seiten 8⁰. Kartoniert DM 29.80. Band II: 4. Auflage. 1976. LI, 620 Seiten 8⁰. Kartoniert DM 29.80. Band III: 3. Auflage. 1973. XLV, 461 Seiten 8⁰. Kartoniert DM 24.80

Verwaltungsprozeßrecht von Carl Hermann Ule, o. Professor an der Hochschule für Verwaltungswissenschaften Speyer. 6. Auflage. 1975. XXII, 341 Seiten 8⁰. Kartoniert DM 24.80

Kirchenrecht von Adalbert Erler, o. Professor an der Universität Frankfurt. 4. Auflage. 1975. XVI, 232 Seiten 8⁰. Kartoniert DM 24.80

Presserecht von Rechtsanwalt Prof. Dr. Martin Löffler und Rechtsanwalt Dr. Reinhart Ricker. Erscheint Anfang 1977

Strafrecht von Hermann Blei, o. Professor an der Freien Universität Berlin. Band I: Allg. Teil. 16. Auflage des von Edmund Mezger begründeten Werkes. 1975. XVI, 414 Seiten 8⁰. Kartoniert DM 28.50. Band II: Bes. Teil. 10. Auflage. Erscheint im Herbst 1976

Arbeitsrecht von Wolfgang Zöllner, o. Professor an der Universität Tübingen. Erscheint Anfang 1977

Strafverfahrensrecht von Eduard Kern (†), o. Professor an der Universität Tübingen, seit der 9. Auflage bearbeitet von Claus Roxin, o. Professor an der Universität München. 14. Auflage. 1976. XVI, 390 Seiten 8⁰. Kartoniert DM 24.80

Steuerrecht. Allgemeiner Teil. Von Heinrich Wilhelm Kruse, o. Professor an der Universität Bochum. 3. Auflage. 1973. XX, 397 Seiten 8⁰. Kartoniert DM 27.80

BGB. Allgemeiner Teil von Heinrich Lange, o. Professor an der Universität Würzburg. 15. Auflage. 1974. VII, 376 Seiten 8⁰. Kartoniert DM 19.80

Juristische Kurzlehrbücher im Verlag C. H. Beck

Sachenrecht. Begründet von Friedrich Lent. Fortgeführt von Karl-Heinz Schwab, o. Professor an der Universität Erlangen-Nürnberg. 15. Auflage. 1976. XII, 329 Seiten 8⁰. Kartoniert DM 22.80

Familienrecht von Günther Beitzke, o. Professor an der Universität Bonn. 18. Auflage. Erscheint im Herbst 1976

Erbrecht von Horst Bartholomeyczik (†), o. Professor an der Universität Mainz, und Wilfried Schlüter, o. Professor an der Universität Münster. 10. Auflage. 1975. XVI, 452 Seiten 8⁰. Kartoniert DM 29.50

Handelsrecht von Karl-Hermann Capelle, o. Professor an der Hochschule für Wirtschaft und Politik Hamburg, Professor an der Universität Hamburg. 17. Auflage. 1975. XII, 166 Seiten 8⁰. Kartoniert DM 11.80

Gesellschaftsrecht von Alfred Hueck (†), o. Professor an der Universität München. 17. Auflage bearbeitet von Götz Hueck, o. Professor an der Universität München. 1975. X, 311 Seiten 8⁰. Kartoniert DM 18.50

Konzernrecht von Volker Emmerich, o. Professor an der Universität Bielefeld, und Jürgen Sonnenschein. 1973. XVI, 199 Seiten 8⁰. Kartoniert DM 18.50

Wertpapierrecht. Begründet von Bernhard Rehfeldt (†), o. Professor an der Universität Köln. Neu bearbeitet von Wolfgang Zöllner, o. Professor an der Universität Tübingen. 11. Auflage. 1975. XI, 166 Seiten 8⁰. Kartoniert DM 14.80

Bank- und Börsenrecht von Herbert Schönle, o. Professor an der Universität Genf. 2. Auflage. 1976. XXXII, 528 Seiten 8⁰. Kartoniert DM 48.50

Gewerblicher Rechtsschutz von Heinrich Hubmann, o. Professor an der Universität Erlangen-Nürnberg. 3. Auflage. 1974. XIV, 298 Seiten 8⁰. Kartoniert DM 24.80

Urheber- und Verlagsrecht von Heinrich Hubmann, o. Professor an der Universität Erlangen-Nürnberg. 3. Auflage. 1974. XVI, 307 Seiten 8⁰. Kartoniert DM 19.80

Gerichtsverfassungsrecht von Eduard Kern, weiland o. Professor an der Universität Tübingen. Neu bearbeitet von Manfred Wolf, o. Professor an der Universität Frankfurt. 5. Auflage. 1975. XVI, 216 Seiten 8⁰. Kartoniert DM 29.50

Zivilprozeßrecht. Begr. von Friedrich Lent. Neu bearbeitet von Othmar Jauernig, o. Professor an der Universität Heidelberg. 18. Auflage. 1976. 340 Seiten 8⁰. Kartoniert DM 24.80

Zwangsvollstreckungs- und Konkursrecht. Begr. von Friedrich Lent. Neu bearbeitet von Othmar Jauernig, o. Professor an der Universität Heidelberg. 13. Auflage. 1975. XVI, 216 Seiten 8⁰. Kartoniert DM 15.80

Freiwillige Gerichtsbarkeit von Walther J. Habscheid, o. Professor an der Universität Würzburg. 6. Auflage des von Friedrich Lent begründeten Werkes. Erscheint im Herbst 1976

Außerhalb der Reihe erschienen:

Grundzüge des Parlamentsrecht von Norbert Achterberg, Professor an der Universität Marburg. 1971. 87 Seiten 8⁰. Kartoniert DM 12.80

Kriminologie von Hans Göppinger, o. Professor an der Universität Tübingen. 2. Auflage. 1973. XXII, 528 Seiten gr. 8⁰. In Leinen DM 38.–

Der Konkurs. Eine Einführung in seine Hauptprobleme mit 78 Lehrbeispielen für junge Juristen, Wirtschaftsprüfer und Kaufleute. Von Max Pagenstecher. Neubearbeitet von Max Grimm. 4. Auflage. 1968. XV, 252 Seiten 8⁰. Kartoniert DM 14.80